Бурханы хамаг сургаалын гүний охь болсон
Цагийн хүрдний Очирт Зургаан Йогийн гүнзгий замд
орох аргууд болон тэдгээрийн тайлбарыг агуулсан

Өөрийн

Сэтгэлийн Мөн Чанараа Нээхүй

орших вой

བདེ་གཤེགས་སྙིང་པོའི་འཇུག་རིམ་རྟོགས་ལྡན་གསར་པའི་ཁྲིད་ཆོར

༄༅།།ཟབ་ལམ་རྡོ་རྗེའི་རྣལ་འབྱོར་དྲུག་ལ་འཇུག་ཆུལ་འཕྲོས་དོན་དང་བཅས་པ་ཀུན་འདུས་རྒྱལ་བསྟན་ཡངས་སྐྱིང་།།

— ХОЁРДУГААР БОТЬ —
Дотоод цагийн хүрдэн

Шар Ханбрүл Жамбал Лодой
གདར་མཁན་སྤྲུལ་རིན་པོ་ཆེ་འཇམ་དཔལ་བློ་གྲོས

Dzokden
SAN FRANCISCO, USA

Зохиогч: \Shar Khentrul Jamphel Lodrö \ Шар Ханбрүл Жамбал Лодой
Англи орчуулгыг: Дамбий Жанцэн
Монгол орчуулгыг: Самдангийн Отгонтөгс
Хянан засварласан: Зияандэвийн Лувсангэндэн

Эхний Хэвлэл

ISBN Хатуу хавтас 978-1-958229-28-6
ISBN Цаасан хавтас \Монгол хэл дээрх хэвлэл\ 978-1-958229-55-2
ISBN ePub 978-1-958229-29-3
Нэрс: Shar Khentrul Jamphel Lodrö \ Шар Ханбрүл Жамбал Лодой\, зохиолч

Хэвлэлийн газар:
Dzokden \Зогдэн\

Энэхүү бүтээлийг дан ганц сайн дурыхнаас бүтсэн ашгийн-бус байгууллага болох Зогдэнгоос эрхлэн гаргалаа. Манай байгууллага Буддын ном сургаалыг нэвтрүүлэхдээ дэлхийн сүсэг бишрэлийн аливаа нэгэн урсгалыг үл онцлон, ялгавар үгүй үнэн уламжлалт үзлийг баримтлахын хажуугаар Барууны соёлд мөн хүртээмжтэй болгох зорилготой. Төвөдийн алслагдмал оронд ховор эрдэнэ мэт хадгалагдан бидний үед уламжлагдаж ирсэн Цагийн хүрдний сургаалыг баримтлагч Жонангийн ёсыг дэлгэрүүлэхэд бид тусгайлан зорьж байгаа билээ.

Дэлгэрэнгүй мэдээллэл авах, үйл ажиллагааны хуваарь, сургалтын материал авах болон хандив өргөхийг хүсвэл бидэнд хандана уу:

Dzokden
3436 Divisadero Street
San Francisco, CA 94123
United States of America

www.dzokden.org
office@dzokden.org

ГАРЧИГ

ༀ། །ༀ་སྭསྟི། རྒྱལ་དབང་རྗེ་བཙུན་ཏཱ་ར་ནཱ་ཐ་ཡི། །རྟེན་འབྲེལ་ལོ་བརྒྱའི་གཏེར་ཁ་འབྱེད་མཛད་པའི། །
དཔལ་ལྡན་འཇའ་ཚོན་འོད་ཀར་འཕྲེང་ཅན་གྱི། །སྐུ་ཕྲེང་རབ་བྱུང་ཉེར་གཉིས་ཕྱི་ལོ་ཉིས་སྟོང་།།

至尊藏哇赤列南杰觉囊派第四十七任法王壤塘藏哇大藏寺金刚寺主

HIS HOLINESS TSANGWA TRINLÉ NAMGYAL

The 47th Vajra Throne Holder of the Great Eastern Monastery of Dzamthang Tsangwa and Lord of the Jonang Dharma.

ༀ། །ངང་སྒྲ་མགོན་སྐྱབས་འཛིན་དཔལ་སྟོ་སྒྲོལ་མ་ཆོག་གིས་དུས་ཡུན་རིང་པོ་ར་མ་དགེ་བགག་རྟེན་རྟོ་ཞད་དང་བཅས་པའི་སྐྱ་བྱུག་ལ་ཐོག་བསམ་སྒྲོལ་ལ་ཡང་དགེ་བྲལ་ནས་བོར་བཀྲ་ཞད་བསྟུན་ཀུན་ལ་ལེས་ནས་དང་ཐོག བོད་གིས་ཆོས་བརྒྱ་རིས་མེད་ཀྱི་ཆོས་འབྱུང་།
བྱུབ་བཅས་ཀྱི་དའི་རེ་བ་གའ་ཆེ་མ་ད་བྲི་ལ་སོགས་བཟས་པ་མ་སྐྱན་པའི་ཐུ་ལས་གའ་ཆེ་གནས་ཅོ་ཞིན་ཡོང་།

བོད་གིས་ཆོས་བཀུར་རིས་མེད་ཀྱི་དའི་བཞིན་གཉིན་མང་དུ་བསྐྱེ་ཞིན། རྒྱའི་རྒྱ་མ་རྡོ་རུ་ནི། རེས་མ་རྡོ་སྒ་མགགས་བྱག་གཉིན་སྐུ་ལ། རྗེ་བཙུན་རྒྱ་རྗེ་སྲང་གི་ལ་ས་མ་མགགས་བྱག་ང་རྒྱ་ཞིན་འཛིན་ཆོས་ཡིན། སྒ་ང་དས་ས་བོར་གི་མདུ་ནས་མར་སྤྱུར། གཉིན་ལ་རིས་བས་སྐྱོ་ས་ཡུན་རིང་བྱག སྐྱག་པར་ར་དངས་ས་ཀྱ་འཛེར་འོའི་རྟེན་ས་རེ་སྒ་ར་ཡར་ལ་ས་དྲ་གི་ཉས་ཞིག
འབག་ལ་ཡང་དག་ལས་མཛད། སྒ་མ་དས་ས་གགས་གིས་བོར་ལ་ཆོས་ལུགས་རིས་མེད་ཀྱི་གཉིན་པོ་མཆན་གགས་གཉིན། རེའི་མ་ཆད་ས
མ་དགར་བ་གང་སྒ་ཆེ་ཞིན་རེར་བཞིན་པའི་མགགས་འབུ་རྣས་འཆན་གའ་པུ་ན་དང་། བོར་གི་སྐུ་ཕྲིན་འོར་འཆེར་བའི་ཕྲག་ར་དའི་དའི
ཐང་ད་གཉིན་ག་གཉིན་མ་མོ་བར་འབྲེ་རྟེན་རྒྱ་ཆེན་ཡོ་བར་ཡུན་དུ་བསྐྱང་།

བོར་ཅུན་དས་དགོ་ཆེ་མགན་སྐྱ་ཀྱི་ཡང་སྲིད་དུ་བསྐྱ་ཡང་། སྐུ་ཆེ་ལ་བར་ཆད་སྒོ་ཆེ་ད་གཉིན་རྒྱ་དས་པོ་གྲ་ཡོད་འདག རྒྱ་མ
འབི་ལ་ཆེ་གིས་བར་ཆད་ཐམས་ཅད་བཟས་ནི་གཉིན་རྒྱ་བགོན་ཆོན་པའི་བགག་གནས་བོན་ནས་ཐེ་ས་ས་བགགས་ཆེས་ཐར་དགོར་པས
བོར་ཞ་ཕའི་སྒ་བཟོས་སྒ་རྟའི་ཡང་སྲིན་དུ་རིས་འཇིན་མན་ད་སྐྱེའི་གགས་སྟོན་ཞིག་གུང་གཉིན་སྒོ་འདག

ད་ནི་རིས་རོ་མའི་བཙ་དང་། སྐྱིང་བའི་མར་ཏུ་ཡི་དགོས་བ་མཐར་ཕྱག་སྒ་ན་དང་དབ་ས་མགཉིན་སྒོ་གི་སྐུ་གྲུབ་ན་ཐབ་གཉིན་དང་
། བུང་བསྒྱུའི་བའི་རེས་གསགས་ཐབ་མོ་ཆེས། དགཉ་དས་ཀྱི་འཛིན་པའི་སྒོ་འཆི་དངས་གཉིན་དང་བཟས་པའི་ཆོས་སྒོར་ན་བཧུས་ལེན
དང་། ད་གི་བོ་དུན་ནས་ཐུན་སྐྱུ་ཏུ་སི་སོ་བྱང་། དའི་ཉང་ནས་སྐྱུ་ཡི་གཉིན་བ་དུ་ཡང་འབུར་བཞིན་ཡོན་འདག་ལ། མ་བོན་ས
བར་སྐྱ་རིགས་ཆོས་ས་མ་དག་ཚིན་སི་བོ་ཧུ་བསྒུ་ཆེས་འཆན་གི་འདག དུ་ལ་འཆ་འསྒྱི་ནར་ནན་གཉིན་ས་ཡུ་ཕྱག་ལགས་ད་རུ་ས
གཉིན་སྒོ་ཀྱི་བ་བ་དར་ས་དང་། རེས་པ་ཧེས་རྒྱ་ཆེ་གཉིན་བཞི་ལ་འེགས་ན། ཞན་གི་ས་དགས་རྒྱ་བ་རོ་བ་ཀུན་ཀྱི་ཆོས
ཞུས་ཏེ་བོར་ལ་བསྒས་ཐོར་དང་རེ་ས་ཡི་རང་ཡོན་ས་ཐ། རྒྱ་སྒོར་ཡང་མཐར་གཉིན་ཏུ་ཞུ་གི་ཡོན།

ད་ས་མ་ཆད། མགན་ས་སྒ་བོར་གི་ཕྱག་བས་དང་སྒྲེ་སྒོས་ས་མ་མཆོ་ཡོན་ལ། ཆེས་དགོན་པའི་དཔལ་དས་ཀྱི་འཆན་འོའི་བསྒ་
ཐར་ཆེ་བ་བཞིན་ནས་ཆོས་ལུགས་རིས་མེ་ལ་ལུགས་སྒོ་གཉིན་ཏེ། སྒི་ཆོ་ གས་ཀུན་མཐུན་ལ་ལག་ཞ་ས་གགཉིན་འཛན་སྒིང་ཞི་བའི་ད
བར་བ་ས་ནད། མཐར་དང་ཐ་དས་བཞི་ཁི་མའི་ཏེ་གཉིན་ས་ཀྱི་སྐྱ་བཟང་ད་ལ་རྒ་བ་བའི་མཐུར་ཆེ་ཚས་གགས་ཞ་ཞག་ཡིན་བས
ཐུན་ཀྱི་བོར་ས་གི་མཐ་ད་ན་དེ་དག་ལ་དི་སྟེ་ན་ཞ་ས་ཡི་རང་ཡོན།

མ་ཐད་མགན་ས་སྒ་མ་ཆན་ས་མཐུན་འབད་དང་རྒྱ་སྒོར་འཆང་མགན་མགག་འ་ཞ་ས་ཞི་ས་སུ་འཇི་ཞིག་ལ་བ་ཀུན་ལ། བདག་གིས་ས
ནས་ཡི་རང་དང་དི་བག་འ་ཉིན་ཆ་ཞི་ལུ་ཞི། འདི་དི་སྒི་ཆོས་ཀུན་མཐུན་དང་ཞ་བདི་ཡང་དག་བོར་བར་ནན་བའི་དགོན་ཞི་མཆོ་གི་
ཐར་ཆས་ཞི་ཡིན་ས་ས་འོས་ར་དངོ་ཞན་འགི་སྒས་སི་སྒོ་ས་འཇ་ས་ཀྱི་སྐྱང་འབུ་སྒོ་ལ་ས་དང་བཟས།

ༀ་གཉིན་པ་སྒ་འབྲེ་བཙུན་པ་ཤེ་ནུ་མཆོག་སྐྱལ་འཇགས་མེ་རྡོ་རྗེ་སྒོགས་ལ་ས་རྣམ་ར་རྒྱལ་བའི་སྟེ།
ༀར་འཛིན་ར་བཙུན་ཆེ་ཞི་ས་དས་ས་མི་དུ་ལུ་ཀུ་ཆང་ས།
བོ་རར་བྱུ་ས་བརྒྱུན་པའི་ས་ར་གགས་ས་ཡ་ས་གཉན་ས་གཉན་སྒོ་གཉིས་ལུ་ཅ་ད་གི་། །།

གཅིང་ས་བ་སྐྱ་འབྲེ་བཙུན་པ་ཤེ་ནུ་མཆོག་སྒྱུ་འཇགས་མེ་རྡོ་རྗེ་སྒོགས་ལ་ས་རྣམ་ར་རྒྱལ་བའི་སྟེ།

无上怙主殊胜化身吉美多杰尊胜第八任藏哇活佛

The 8th Tsangwa Geitrul, Supreme Incarnation of All the Victorious Ones, Jigmé Dorjé

Жигмэд Дорж Гэгээнтний Бичсэн Үгс

Шар Ханбрүл Жамбал Лодой бол Нямава, Сажаава, Гаржудва, Жонанба, Гэлүгба гэсэн таван том урсгалаас эрчимтэй суралцан Төвөдийн Буддын сургаалыг бишрэх сэтгэлд хүрсэн нэгэн билээ. Тиймээс ч эдгээр урсгалуудаас суралцсан арвин мэдлэг дээрээ үндэслэн Бурханы Номын түүх хийгээд талцлын-бус үзлийн тухай олон агуу номуудыг туурвин бүтээлээ. Түүний бүтээлүүд энэ салбарт ихээхэн тусыг авчрах нь гарцаагүй юм.

Олон сайн багш нарын удирдлаган дор суралцахаасаа гадна Жавзан Лам Лувсан Принлэй буюу Лама Принлэй Цан ч гэж нэрлэдэг үнэнхүү гайхамшигтай Үндсэн Багшийнхаа удирдлаган дор Судрын ба Тарнийн ёсонд удаан хугацааны туршид төгс суралцахдаа ялангуяа зургаан гишүүнт Төгсгөлийн зэргийг эзэмшсэн билээ. Энэ бүх урсгалуудын сургаалыг бүрэн эзэмшихийн тулд гаргасан зүтгэлийг нь үнэлж түүний Багш түүнд "Римэ Мастер" хэмээх цолыг хүртээжээ. Ялангуяа Лам Лувсан Принлэй амьдралынхаа туршид өмссөн Кэнпо малгайгаа түүнд шагнал болгон өвлүүлж өгсөн явдал нэгийг хэлж байгаа бөгөөд энэ малгай ямар их адистидыг өөртөө агуулан яваag бодсон ч Жамбал Лодой ирээдүйд их хэргийг бүтээнэ гэсний дохио мөн ажгуу.

Хүүхэд байхдаа Жамбал Лодой нь Голог аймгийн Лам Гэцэ Ханбрүлийн хойд дүр болох нь танигдсан боловч бэрхшээл саад тохиолдох вий гэсэндээ нэг хэсэг нууцалж байсан байна. Олон жилийн дараа өөрийн үндсэн Багшийн зөвшөөрлөөр болон бүхий л саад барцад арилсны тул илчлэн зарлаж албан ёсоор Вашул Лхазу Лама- Агваан Чойжин Жамцын хоёрдугаар дүрийн хувилгаан хэмээн олонд танигдах болжээ.

Тэрбээр туйлын үнэн, Шандон Мадямака үзлийн гүнзгий ухааны талаар хийгээд Цагийн хүрдний үндсэн дадлага болох бэлтгэл номын зэргийн дадлагуудын талаар өргөн дэлгэрэнгүй хичээл заан сургаалаа айлдсаар яваа нэгэн билээ. Эдгээр хичээлүүдээ Төвөд ба Англи хэл дээр хүмүүст хүргэх гэж ихэд чармайн зүтгэсэн бөгөөд эцсийн зорилго нь өөр бас олон хэлэнд хөрвүүлэн гаргах явдал ажээ. Шандон үзлийг олонд таниулснаар дэлхий даяар тусыг хүртэх болсонд явдалд би хувьдаа туйлаас талархаж явдаг юм. Жонангийн урсгалын өмнөөс түүний энэ үйлсэд машид ихээр даган баясаж олон талаар бүрэн туслаж дэмжинэ гэдгээ илэрхийлж байна.

Замтан Цанва Их Хийд

Ялангуяа Цагийн хүрдний хамгийн ховор хийгээд гүнзгий сургаалын дамжлага уламжлалыг залгамжлагчийн хувиар үүргэнд авч үргэлжлүүлэн яваа түүний их зориг зүрхэнд нь болон бусад бүх урсгалуудтай амгалан энхийн замдаа нэгдэлтэй урагшлахад онцгой анхаарал тавьж байгаад нь би илүүтэй ихээр баярлаж яваа билээ. Түүний энэ үйлс цэцэглэн дэлгэрч Алтан Эринийг урган мандахын шалтгаан болоосой хэмээн зүрхний угаас даган баясаж байнам.

Ханбрүл Ринбүчигийн үйл хэрэгт тусалж хишиг буянаа машид арвижуулан яваа хүн бүхэнд талархах сэтгэлээ илэрхийлэн амгалан энхийн зохирлыг ертөнцөд авчрах энэ сургаалтай учирна гэдэг хамгийн олдошгүй ховор тавилан болохыг би энд онцлон хэлэхийг хүсэж байна. Бид бүхэн цөмөөрөө хойд зүгийн Шамбалын Дээд Оронд ирээдүйд хамтдаа дахин учрахын бэлэгтэй ерөөлийг өргөн дэвшүүлье.

"Замтан Занва хийдийн Аугаа Зүүн Жигүүрийн Номын Өргөөнөө 47-р Очирт Ширээний Залгамжлагч Занва Гэйтрулын Хойд дүр Жигмэд Дорж 17-р жарны гал бичин жилийн зургаадугаар сард \2016 оны 8 сар\ бичиж үлдээлээ"

Шар Ханбрул Жамбал Лодой

Өмнөх Үг

Зогдэнгийн нэрийн өмнөөс энэ номыг бүтээхэд оролцсон хүн бүхэнд талархал илэрхийлье. Юуны өмнө Цагийн хүрдний сургаалыг бидэнд хүртээсэн далай мэт гүнзгий ухаан, дээдийн тэвчээрийг үзүүлэн байж номыг хөтөлсөн төдийгүй ном бүтээх, гайхамшигт замаар замнах их боломжийг олгосон бидний энгүй сайхан сэтгэлт хамгаас эрхэм багш Ханбрүл Ринбүчи тандаа хязгааргүй ачийг санан үргэлжид гүнээ баярлаж явахаа илэрхийлье.

Ялангуяа бүтэн жилийн туршид уйгагүй зүтгэж энэхүү эцсийн хувилбарыг хэвлэлд бэлтгэсэн хянах багийн гишүүддээ талархаж байна. Ванэсса Мэсон, Холли Райли ба Вал Масон нарт гүнээ талархаж байнам. ТБР Хүрээлэнгийхэнд хамт олонд түүний дотроос арын албаны ажлыг голлон гүйцэтгэж бидэнд тав тухтай ажиллах боломжуудыг бүрдүүлж өгч байсан тул Жулие О Доннэллд онцгойлон талархал илэрхийлье.

Мөн Цагийн хүрдний сургаалын өөрт буй эх сурвалжуудыг хуваалцсан өгөөмөр сэтгэлт Эдвард Хэнниг танд гүн талархалаа илэрхийлж байна.

Ринбүчигийн сургаалыг бүтээл болгохын төлөө бид бүгд чадлынхаа хэрээр зүтгэцэгээсэн хэдий ч ур чадвараас харгалзан алив нэгэн алдаа мадаг гаргасан болбоос өршөөхийг хүсэж байна. Санал сэтгэгдэлээ бидэнтэй хуваалцвал бид машид баярлан хүлээн авах болно гэдгээ хэлье.

Таны Цагийн хүрдний замд орох хаалгыг нээж амьдралд тань тусыг бүтээн та хийгээд хамаг амьтны мөнхийн хувиршгүй амгаланд хүрэхийн шалтгаан болох болтугай гэсэн чин хүслээр энэхүү номыг бүтээв.

Ринбүчи багш маань эрүүл энх, урт удаан насалж Жонан Урсгалыг цэцэглүүлэн түгээх цаглашгүй сэтгэл хийгээд Шамбалын Алтан Эрин биеллээ олох болтугай.

Жо Флумерфелт
Белграв, Австрали
2015 оны 10 сар

Орчуулагчийн Зурвас

2018 оны 8 дугаар сард Ханбрүл Ринбүчийг АНУ-ын Вашингтон Ди Си орчимд айлчлан ирэхэд нь золоор учирч хадаг барин шавь орснооос хойш харамгүй нигүүлсэх сэтгэлээр буулгасан ван авшгийг нь удаа дараа хүртэж, Очирт хөлгөний сургаалыг дагаснаас хойш 3 гурван жилийн нүүр үзэж байгаа бөгөөд эрдэнийн дээд эрхэм багшдаа хэмжээлшгүй талархаж явдгаа энэхэн зурвасаар дамжуулан илэрхийлж байгаадаа баяртай байна.

Жонан-Шамбалын урсгалын уламжлал атгагчийн хувьд түүний бичсэн энэхүү Цагийн хүрдний сургаалын бүрэн цогцыг элэг нэгт монгол түмэндээ эх хэлнээ дээр нь буулган толилуулж, буян хишиг саруул билгүүнийг арвижуулах ховор завшаан олсноо ихэд бэлгээгшээж баярлаж ханамгүй байнам.

Юуны түрүүнд энэ цувралыг англи хэлнээ буулгасан Жо Флумерфелт \Дамбий Жанцан\ танаа гүн талархал илэрхийлэн, тийм үгүй сэн бол эдгээр нандин бүтээл өнөөдөр ийнхүү биеллээ олохгүй байсан гэдгийг хэлмээр байна.

Гар дор хэрэглэх материал анхааран авлага ховор хилийн чинадад байх үедээ номлол айлдварыг нь онлайнаар тасралтгүй сонсож тусгаж байсны тул Дээрхийн Гэгээн Далай Багш, Нямсамбуу гавж, Гантөмөр шунлайв, Баасансүрэн хамба, багш-орчуулагч С. Түвдэнцэрэн мөн цаашилбал Махамудрын гүрү Доржготов та нарыгаа эрдэнэ мэт эрхэм багшаа хэмээн үзэж үргэлж залбиран мөргөж явдаг юм аа.

Цаашилбал залж чиглүүлэн тусалж ирсэн Клое Брегман, Весна Уоллас, Жадамбын Лхагвадэмчиг, Самдангийн Сугар, Сонинбаярын Хүслэн, Даваагийн Онолмаа нарт болон энэ номыг бүтээхэд тусламж дэмжлэг үзүүлсэн өөр бусад миний мэдэхгүй олон хүн буй болбоос тэр бүгдэд буяны үр нь хүрэлцэх байх аа хэмээн бэлгээгшээж, чин сэтгэлийн угаас мэхийн хүндэтгэе.

Энэхүү нандин бүтээлийг судалж, тусган, орчуулсан буяны үрээр хамаг амьтан Шамбалын Алтан Эринийг хамтдаа үзэх болтугай!

Цагийн хүрдний сургаалын уламжлалыг хадгалагч Жонангийн алдарт урсгал мандан бадрах болтугай!

Миний саяын үйлдсэн энэ сайн буяны шимээр өвчин ядуурал, тэмцэл будилаан будилаан намжин дарагдаж, Бурханы ариун Ном хийгээд өлзий дэмбэрэлтэй бүхэн орчлон даяар цэцэглэх болтугай!

Дарьг

Шагжаамүни Бурхан Багш

Танилцуулга

"Сэтгэлийн Мөн Чанараа нээхүй" хэмээх ном нь Шагжаамүни Бурхан Багшийн сургасан сүсэг бишрэлийн замыг тайлбарлан таниулах зорилгоор бичигдсэн билээ. Би бээр Буддын шашны уг үндэс, шимийг нь алдагдуулахгүйгээр ойлгоход илүү амархан байдлаар танилцуулахыг хичээсэн болно. Тиймээс "Дотоод Сэтгэлийн Мөн Чанараа нээхүй" ном таныг амьдралдаа зорилготой, сэтгэлдээ энэрэлтэй явахад тусалж чадна хэмээн найдаж байна.

Энэхүү ном нь зохиолын ном уншихтай адилгүй юм. "Дотоод Сэтгэлийн Мөн Чанараа нээхүй"-гээр дамжуулан та Бурханы сургаалын эгнэшгүй нандин ухаантай холбогдон Бурханы Номыг ухааран сэхээрч өнгөрсөн ба эдүгээ цагийн алдартай бясалгагч нартай танилцах болно. Эртний урсгал гэдэг нь Бурханы шашны өвөг дээдсүүд хийгээд тэдгээрийн амьдралын түүх, тайлбар судар бичгүүд, далд ухамсарлахуйдаа хүрсэн түүх зэрэг нь бидний бишрэлийг төрүүлэн хөтөч болоходоо онцгой үүрэгтэй байдаг.

Бурханы сургаал гэдэг өөрөө олон янзаар зовж зүдэрсэн, сэтгэл хангалуун бус явдаг хүмүүст зориулагдсан байдаг учраас тэдгээрийг судалснаар бид хүрэх гэж тэмүүлсэн өөр өөр түвшингүүдэд хүрэх боломцоотой болдог. Хамгийн наад зах нь гэхэд өдөр тутмын амьдралдаа стресс багатай амьдрах, амьдралд ойр аргуудад суралцан утга учиртай аж төрөх цаашилбал гүнзгий түвшиндээ урт удаан үргэлжлэх жинхэнэ аз жаргалыг өөртөө хийгээд бусдад олгож чадах гайхам чадварыг ухамсарлах болно.

Бурханы бүхий л сургаалын дотроос миний хамгаас илүү холбоотой байдаг сургаал айлдвар нь Цагийн хүрдний Дандарын сургаал юм. Миний бодлоор энэ бол хүнийг нэгэн насанд гэгээрэлд хүргэж чадах машид уран чадварлаг аргуудыг агуулсан хамгийн гайхамшигтай төгс дараалал бүхий сургаал билээ. Ихэнх хүмүүс үүнийг тусгай өвөрмөц бясалгалуудтай холбож ойлгодог ч Цагийн хүрдэн бол үнэн хэрэгтээ сүсэг бишрэлийнхээ аль ч шатанд яваа хүмүүст бүгдэд нь тохирох түвшингүүдийг агуулсан бүрэн төгөлдөр сургаал гэж хэлж болно.

ЦАГИЙН ХҮРДНИЙ ЗАМЫН ЕРӨНХИЙ ДҮГНЭЛТ

Калачакра гэдэг үгчилбэл *цаг*\кала\ ба *хүрд* \чакра\ гэсэн утгатай. Энэхүү нэрээр Шагжаамүни Бурханаас уламжилсан дадлага сургаалын дараалал, тогтолцоог нэрлэх болсноос хойш он цагийн уртад тасралтгүй урсгалаар дамжин уламжилж явсаар өнөөдрийг хүрсэн билээ. Цагийн хүрдний сургаал нь хүмүүст мэдэрч буй зүйлдээ утга учиртай хандаж өөр бусадтай ч мөн илүүтэй амгалан зохицолт амьдралыг хөгжүүлэхэд нь туслахад голлон анхаардаг юм.

Тэгэхээр сүсэг бишрэлийнхээ өөр өөр төвшинд байгаа олон төрлийн бясалгагч нар ойлгон хүлээн авч чадах хэмжээнд нь тохируулсан сургаал гэдгээрээ Калачакра нь өвөрмөц онцлогтой. Нэгдмэл байдлын хүрээндээ бид ойрын холбоотой юмуу эсвэл шууд хүрэх аль ч замаар урагшлах мэргэн ухааныг эндээс олох болно.

"Дотоод Сэтгэлийн Мөн Чанараа нээхүй"-н гол сэдвийн хувьд Цагийн хүрдний Хөлгөнийг бүрэн цогц болгон үзүүлэх явдал билээ. Зам урагшлахынхаа хэрээр таны амьдралдаа туулан гарах олон олон давхаргуудын дагуу алхам бүрт тань газарчлан явах болно. Энэхүү өргөн дардан замыг би гурван хэсэгт хуваан үзэж гурван боть ном болгосон нь ном тус бүр нэг тусдаа давхаргыг танилцуулан бүдүүнээсээ нарийн руугаа чиглэсэн маягаар явах юм. Тиймээс сургалтын материалыг эхнээс нь авахуулан дараалуулан үзэж тус бүрд хамаарах дадлагад шаардлагатай суурийг тавин хөгжүүлж явахыг санал болгох байна.

Нэгдүгээр Боть:
Гадаад цагийн хүрд

Бид өөрсдийн шууд мэдэрч байгаа зүйлсийг судлахаас энэхүү аянаа эхэлнэ. Ялангуяа эгэлийн ертөнцөд өдөр бүр таарч байдаг эгэлийн үзэгдлүүдийг харан шинжилж, илүү утга учиртай тогтвортой амьдралыг авчрах ухааныг хөгжүүлэхэд чиглэх болно. Энэ шатанд бид үнэнийг ойлгох туршлагад баттай суурилсан арай илүү амьдралтай аргуудыг анхааралдаа авах болно.

Энэ ном та бидний амьдарч буй энэ гараг ертөнцийн талаар илүү өргөнөөр бодоход хүргэх туйлын шинэлэг, онцгой санаануудтай танилцуулах юм. Тэдгээр санаанууд Буддын сургаалын үүднээс ертөнцийг үзэх үзлийг ойлгох суурь болон хэлбэржиж улмаар төгс дадлагын гүнзгий тогтолцоонд орох үндэс болдог билээ.

.

Хоёрдугаар Боть:
Дотоод цагийн хүрд

Анхаарлаа гадагш чиглүүлснээр бид амьдралдаа тохиолдох зүйлстэй зөв харьцах аргуудыг хөгжүүлж чадна. Бид амьдралын хүнд хэцүү тулгаралтуудад саруул оюунаар хандах замуудыг олж илрүүлэх хэрэгтэй. Гэвч хэчнээн ухаалаг арга оллоо ч гэсэн сансрын хүлээснээс алдууран зовлонгийн үндсийг тасалж жинхэнэ аз жаргалын хаалгыг нээх боломжоотой урт удаан үргэлжлэх өөрчлөлтийг үүсгэн бий болгож аанай л чадахгүй билээ. Тиймээс бид өөрсдийн бодол сэтгэл рүү шууд чиглэн харж байгалиас заяасан үнэмлэхүй мэдрэмжээ амсаж эхлэх хэрэгтэй байна.

Хоёрдугаар ботид бид юмс үзэгдлийн хэрхэн оршдог хийгээд үздэгийг олж мэдэх болно. Бид онолын түвшинд бодож тунгаахын хажуугаар шууд мэдрэх тал руу хамаагүй илүүтэй хэлбийх болно. Юу хэрхэн болдгийг зүгээр мэдээд өнгөрөх биш бодолд дүрслэгдэж буй тэдгээр үзэгдлийг шууд гардан мэдрэх явдлыг хөгжүүлэх нь чухал юм. Ойлгож мэдсэн зүйлээ туршлага руу шилжүүлснээрээ бид эдгээр санааг оршин буй ахуйдаа ашиглаж чадах нь гарцаагүй билээ. Дадлага бясалгалын дүнд бид ойлголтоо амьдрал дээр хэрэгжүүлэн эдгээр санаануудыг оршихуйтайгаа нягт холбож чадах болно.

Гурван бүлэгт хуваан үзсэний бүлэг тус бүрд Буддын дандарт алхан ороход шаардлагатай үндсэн чанаруудыг хөгжүүлэхэд онцгойлон анхаарсан байгаа. Тариа тарихын өмнө хөрсөө боловсруулдгийн адилаар эдгээр сургаалууд арвин ургац хураахад шаардлагатай нөхцөл шалтгааныг бүрдүүлэхэд туслах юм.

Чухаг дээд Авралийн эх булагт Түшиглэх

Буддын сургаалаар бол бид төрөл тэргүүлшгүй цагаас авахуулаад сансарт хүлэгдсэн агаад төрлөөс төрөл дамжин эргэлдсээр яваа ажээ. Яагаад гэвэл бид өөрсдийн үнэн төрхөө таньж чадахгүй байснаас эцэс төгсгөлгүй зовлонгийн гогцоонд ороогдон яваа бөгөөд энэ байдлаа өөрчлөхгүй л юм бол бид мөнхөд ийн зовсоор байх болно. Энэхүү үнэнийг өөртөө тусган авч сансрын хүлээснээс ангижрах хүслийг хүчтэй өдөөснөөр бид хэрхэн чөлөөлөгдөх вэ гэсэн асуултанд хүрэх болно.

Хэдийгээр амьтан болгон жинхэнэ жаргалыг мөрөөдөх адилхан хүсэлтэй боловч энэ нь зүгээр байж байгаад аяараа амархан бүтчихдэг зүйл биш юм. Сэтгэл санаагаа одоогийн энэ байгаа үймээн самууны байдлаас нь чөлөөлөн хувиргаж, тогтвортой амгалан энхийн төлөвт хүрэх энэ үйл явц урт удаан хугацааны сургалт хийгээд хичээл шамдлыг биднээс шаардана. *Цагийн хурдний зам* бидэнд энэ үр дүнд хүрэх шууд замыг зааж өгч байгаа бөгөөд сэтгэлийнхээ хамгийн гүнзгий түвшинг мэдэрч чадахад хүргэх ер бусын өргөн хүрээтэй аргуудыг санал болгодог. Бид нэгэн биений чөлөө учралд хүрээд зогсохгүй төгс гэгээрсэн Бурханы хутагийг мөн олох боломжтой билээ. Энэ арга замыг ухааран ойлгосноор туйлын үнэмлэхүй нууцдаа хүрэх маш ойлгомжтой газрын зурагтай болох юм.

Ийм тодорхой зургийг даган явахад мэдэхгүй газрыг нээн илрүүлж байгаатай адилгүй. Энэ бол элдэв бэрхшээл саад ихтэй, буруу эргэлт хийх юмуу санаанд оромгүй бэрхшээлүүд гарч ирж болох тийм аян байх болно. Тэдгээр бэрхшээлийг амжилттай даван гарах чин сэтгэл, зүтгэл хоёрыг хөгжүүлэхийн тулд замын төгсгөлд хүрнэ хэмээн зориглосон тэр зүйлдээ чин сэтгэлээр шүтэн бишрч өөртөө итгэх итгэлтэй байх хэрэгтэй юм. Үүний тулд энэхүү номд үзүүлж буй энэ замаар биднээс өмнө алхсан хүмүүсийн амьдралын түүх зэргийг судалснаар Жонан-Шамбалын Урсгалаар уламжлагдан ирсэн хоёр мянга гаруй жилийн түүх бүхий туршлага болоод дадлагын нэгдэлтэй танилцах нь анхны алхмаа хийх урам зоригийг бидэнд олгож байгаа билээ.

Дадуулан үйлдэх чин хүсэлтэй байхад бидэнд газарчлах жинхэнэ эртний уламжлалыг хадгалсан номын Багш хэрэгтэй болно. Хэдийгээр энэ дэлхий дээр багш олон боловч зөвхөн ховор эрдэнэ мэт Очирт Йогийн Урсгалын багш нь Цагийн хүрдний замыг заах шаардлагыг бүрэн хангасан байдаг ажээ. Тийм хүмүүс маш ховор нандин учраас тэдэнтэй холбоо тогтоохын тулд хичээл зүтгэл гаргах хэрэгтэй. Тийм ч учраас багшийг юугаар шинжих вэ, энэ холбооноос хамгийн дэвшилттэй байдлыг хэрхэн гаргаж авах вэ гэдгийг мэдэх туйлаас чухал.

Итгэл найдвартай багшийн удирдлаган дор бид аянаа ийнхүү эхэлснээр Цагийн хүрдний замын үндэс болсон *Гурван Эрдэнэд* аврал одуулах дадлагад суралцана.Энэ гүнзгий сургаал аврал одуулах эх сурвалжууд яагаад биднийг чөлөөлөх чадвартай байдаг талаар тодруулан үзүүлнэ. Гуйвшгүй бишрэлээр тэдний авралд багтсанаар бид амьдралаа өөрсдийн хайж буй тэр жинхэнэ аз жаргалд хөтлөн аваачих зөв чигт чиглэсэн эсэхэд итгэлтэй байж чадна.

Бодьсадын Замд орохуй

Гурван Эрдэнийн хүчинд баттай сэтгэл итгэмжилсний хүчээр бид сансрын хүлээсийг тасдан зовлонгоос ангижрах боломжтой. Ганц Чухаг дээд гуравт сэтгэл итгэлжилснээр төгс гэгээрэлд хүрэхэд хангалттай биш юм. Ухамсраа нээж сэдлээ өргөжүүлэн бидэнтэй адилхан төрөл тэргүүлшгүй цагаас орчлонгийн хүрдэнд эргэлдэн буй тоогүй олон амьтанд туслахыг бодох ёстой.

Эх болсон хамаг амьтан бидэнтэй ямар холбоотойг ухамсарласнаар бид тэдний хязгааргүй сайхан сэтгэл байгаагүй сэн бол энэ ертөнцөд төрөхгүй байх байсан, тэр бүү хэл хормын төдий ч жаргал амсахгүй байж болох байсан. Энэхүү ухамсараар дамжуулан эх болсон хамаг амьтад энэрэх сэтгэлээр биднийг хайрлан асарч өөрсдөө хязгааргүй зовлонг эдлэн яваа болохыг ойлгох юм. Галд автсан газраас хүүхдээ аврах эх хүн мэт тэдэнд ямар нэгэн байдлаар туслах сан гэсэн гуйвшгүй хүслийг бид хөгжүүлж чадна. Энэхүү *хайр энэрэлийн сэтгэл* дээр үндэслэн хамаг амьтны тусын тулд гэгээрлийн дээд хутагт хүрэхэд өөрийн амиа үл хайрлах *"Бодь сэтгэл" буюу "Бодичиттаг"* үүсгэх болно.

Зөвхөн энэхүү ер бусын ухамсарт "Бодь сэтгэл", хүч лугаа төгөлдөр сэдлээр Цагийн хүрдний замд орох ёстой. Тэгээд энэ сэтгэлээ улам дээш арвидуулсан хөгжүүлснээр *Их Хөлгөний Бодьсадвын замд* алхан орох үйлийн жолоодох хүч болохыг бид харах болно. Энэрэлт баатрын энэ зам хамаг амьтны тусыг бүтээхийн төлөө бүхнээ зориулах төдийгүй Цагийн хүрдний сургаалын бүх өвөрмөц дадлагуудын үндсийг тавьж өгөх юм.

Бодьсадвын Замналын тухай судалж байх явцдаа бид төгс гэгээрсэн Бурханы хутагт хүрэхэд зайлшгүй шаардлагатай хоёр зүйлийг буюу *Зургаан Барамид* болон *Шавийг Эрхэнд Хураах Дөрвөн Хүч Аргыг* хэрхэн эзэмших аргыг олж мэднэ. Эдгээр хоёр дадлагаар нэгэн биений чөлөөнд хүрэх, бусдыг зовлонгоос гэтэлгэх аргуудад суралцахын сацуу *Гүн Ухааны Шандон Үзлийн* тусламжтайгаар эдгээр өвөрмөц аргуудаар бясалгахад баримтлах үзлээ олж авна. Бурханы эргүүлсэн Гурван Номын Хүрдний арвин номлолоос иш татан байж туйлын үнэний чинагуух утгыг хэрхэн мэдэрч болохыг тодруулсан үзлийг бодолдоо тунгааж бясалгах боломжтой болох ажгуу.

Тарнийн Ёсонд Ороход Сэтгэл ухамсараа Бэлтгэх

Их Хөлгөний дадлагуудад онцгойлон түшиглэснээр тоолшгүй олон төрлийн туршид хураасан мунхгийн харанхуйг эргэлзээгүй арилгаж төгс гэгээрэлд хүрэх нь гарцаагүй билээ. Харамсалтай нь ариусгалын үйл явц мянга түмэн төрөл дамжиж байж гүйцдэг учраас бидний эрхэмлэн үзэгч хамаг амьтан энэ хооронд тэсэх аргагүй зовлонг үргэлжлүүлэн эдлэсээр байх болно. Буддын Дандарын зам тэгвэл энэхүү үйл явцыг хурдасгах бололцоог бидэнд олгодог. Түүний өргөн хүрээг хамарсан чадварлаг аргуудын тусламжтайгаар бид төөрөгдлийн мананг хурдан арилгаж туйлын мөн чанартаа хүрч, саатан амрах боломжтой. Тэдгээр аргууд бидний сэтгэлийг нэгэн насанд маань төгс ариусгадаг учраас "цахилгаан зам" гэж нэрлэдгийн учир энэ болой.

Гэхдээ тэдгээр гүнзгий аргуудыг ашиглахын тулд газрын гүнд булаастай эрдэнэс мэт одоогоор биднээс далдлагдан нуугдсан байгаа тэр туйлын үнэнээ илчлэхэд шаардлагатай нөхцөл шалтгаануудыг эхлээд бүтээх хэрэгтэй. Өдөр тутмын уншлага бүхий дадлагаар бие сэтгэлээ сахилгажуулан захирснаар тэдгээр олон барцад хийгээд төөрөгдлийн давхаргыг өрөмдөн малтаж нуугдсан эрдэнэсийн гялбааг гаргаж үзэх хэрэгтэй. Уг урсгалд үүнд хүрэх гол уншлага болгон Жонангийн аугаа мастер Жавзан Таранатагийн *"Бурханлагт Хүрэх Шат: Цагийн хүрдний Очирт Йогийн Гүнзгий Замын Урьдатгал"* болон *"Гол Дадлага"* судрыг ашигладаг. Энэхүү судар биднийг туйлын үнэнээ шууд ухамсарлах явдалд өөрсдийгөө дадуулах завсрын амжилтуудыг олоход хэрэгтэй бүх аргыг агуулсан байдаг билээ.

Цагийн хүрдний Бэлтгэл Дадлагуудыг гурван хэсэгт хувааж үздэг: Үүнд гадаад, дотоод ба өвөрмөц дадлага юм. Уг номын үлдсэн хэсэгт гадаад ба дотоод Бэлтгэл номын дадлагуудыг хэрхэн бясалгах зааварчилгаанд голлож анхаарсан. Ялангуяа *Итгэл одуулах, Бодь сэтгэл Үүсгэх, Базарсадын бясалгал бүтээл* ба *Хот Мандал Өргөх* дадлагуудыг маш нарийн судлах болно. Сүүлчийн гурван бэлтгэл номын дадлагууд болох Багшийн Егүзэр, Ядмын Егүзэр болон Гурван Хумилтын Бясалгалыг Боть 3-т тодорхой үзүүлэх болно.

Гуравдугаар Боть:
Бусад цагийн хүрд

Дотоод сэтгэлийн үнэнтэйгээ тулж ажилласнаар бид аажимдаа гадаад ариун бус үзэгдлийг гэгээрлийн ариун үзэгдлүүдээс ялган салгах чадвартай болж эхэлдэг. Дурангийн бохирдсон шилийг цэвэрлэн тунгалаг болгох мэт бид сэтгэл доторх бүдүүн хэлбэрийн бүхий л түйтгэрүүдийг арилгаснаар үнэний хэлтэрхийг ч болтугай харж чадах болно. Энэхүү туйлын мөн чанар маань бүрнээрээ үзэгдэж эхлээгүй байх зуурт тэрхүү анханд олж мэдсэн жаахан хэлтэрхийд тулгуурлан хөгжүүлэх боломж бий.

Өмнөх хоёр номд Төвдийн Буддын шашны бүхий л урсгалуудад нийтлэг байдаг сургаалуудыг бид танилцуулсан бол энэхүү сүүлчийн номд *Цагийн хүрдний Дандарын сургаалд* агуулагддаг өвөрмөц дадлагуудад бид анхаарлаа хандуулах болно. Энэ замд сэтгэл шулуудан орсон чин сүсэгт бясалгагчийн хувьд эдгээр гүнзгий мэргэн аргууд нэгэн насандаа гэгээрлийн хутгийг олоход хэрэгтэй болгоныг бидэнд өгөх болно.

ЭНЭХҮҮ НОМЫН ШИМИЙГ БҮРЭН ХҮРТЭХ НЬ

Ном уншиж байна уу хичээл сонсож байна уу ялгаагүй Бурханы номыг судалж байгаа хэнд боловч анхаарвал зохих хамааралтай ерөнхий зөвлөгөөг санал болгож байна.

Зөв Сэдэлтэй Байж Сонсож Суралцах

Бурхан багшийн сургаалыг судлахдаа онцгой анхааралтай хандвал зохино. Эдгээр сургаалаар замнаж илүүтэй жаргал цэнгэлийг амсана гэдгийг ойлгосон хүнд энэ нь тийм ч хүндрэлтэй асуудал биш юм. Хурц сэргэлэн ухааныг хөгжүүлэх нь замдаа тулгарах бэрхшээл саадыг зугуухнаар давахад шаардлагатай чухал чадвар хэмээн нэрлэгддэг билээ. Нэгэн сургаалд эдгээр бэрхшээлүүдийг тодотгон *"Савны Гурван Гэм"* хэмээн нэрлэсэн байдаг нь:

1. **Хөмөрсөн сав** шиг байх хэрэггүй, яагаад гэвэл анхаарал сарнисан юм уу эсвэл сэтгэлээ нээгээгүй байсан цагт юу ч тийшээ нэвтэрч чадахгүй шүү дээ. Тиймээс хүлээн авахад бэлэн нээлттэй сэтгэлээр сонсогтун.

2. **Ёроол нь цоорхой сав** шиг байвал хэчнээн их мэдлэг юүлсэн ч сурсан мэдсэнээ тогтоохгүй дор нь асгаж орхино гэсэн үг.

3. Эцэст нь **Бохир дүүргэсэн сав** байх хэрэггүй. Бодож тунгаагаагүй санаа сэтгэл, дадал зуршилдаа хэт автсан буруу үзлийн занганд орохоос зайсхийх хэрэгтэй. Ийм бохироор бохирлогдсон сэтгэл сонссон зүйлээ мушгиж бодон, Бурханы Номыг шал өөр зүйл мэтээр ойлгоход хүргэдэг талтай билээ.

Хэсэг бүлэг бүрийг уншиж байхдаа хүлээн авахад бэлхэн нээлттэй сэтгэлийг баримтлан, алив бодол шүүмжлэлээс ангид байхыг хичээгээрэй. Одоогоос эхлээд хойшид уншиж байгаа чануудыг өөрт байгаа эсэхийг шалгаж яваарай. Тэгээд сурч мэдэх аргаа сайжруулахад танд урам зориг хэрэгтэй болохын цагт энэхүү энгийн сургаалыг эргэн санаж явагтун.

Тусгалыг Зогсоох нь

Мөн энэ номын хэсэг тус бүрт судалсан зүйлээ тусган авах боломж болгон ашиглахад зориулсан энгийн дасгалууд хавсаргасан бий. Аль нэг сэдвийг судалж мэдээд түүнд хэт автахгүй байх нь чухал. Зарим үе хэсэг зуур уншилтаа зогсоон өөртөө тусгах дасгал дээр төвлөрөх нь мэдлэгээ хувийн туршлагатай холбох дотоодын үнэт зөнтэй болоход тусална.

Хэсэг бүлгийн төгсгөлд дасгал байхгүй байх тохиолдолд ч гэсэн гол гол хэсгүүдийг эргэн сөхөж бүрэн ойлгох хүртлээ давтах нь сайн гэдэг. Дараа нь номоо доош тавиад саяын зүйлс амьдралд тань хэрхэн холбогдож байгааг бодох хэрэгтэй. Өөрт жишээ болон үзэгдэх хувьдаа тохиолдсон явдлуудын талаар бодоорой. Судалж байх үед гарч ирсэн асуултуудыг бичиж явах нь бас нэгэн сайн дадал болдог. Тэмдэглэлийн дэвтэр хажуухандаа байлгаж байгаад асуулт гарах болгонд зүгээр бичээд авчих хэрэгтэй. Бүлгээ судалж дуусгаад асуултуудаа хариулагдаж уу үгүй юу гэдгийг нэг шалгачих. Үгүй байвал багштайгаа юм уу өөр нэг сүсэг бишрэл нэгт нөхөртэйгөө хэлэлцэхээр төлөвлөх нь дээр.

Сонсож Суралцах Замдаа Цэнгэлийг Хүртэхүй

Эцэст нь таны ямар сэдэл сэтгэлтэй байхаас үл хамааран нээлттэй сэтгэлээр л хандаж чадсан бол Бурханы Ном танд ямар нэгэн хэмжээгээр тусыг бүтээх нь гарцаагүй юм.

Та бид эрэл хайгуулын аян хийж, өөрчлөлтийн үйл явц явагдаж байгаа гэдгийг санаж байх хэрэгтэй. Бодол төрж санаа хөгжихөд хугацаа хэрэгтэй болохоор өөртөө тэвчээртэй хандахыг хичээвэл зүйтэй. Сэдэв бүрт өөрийн хэмжээнд тааруулан ахиж аажуухан урагшлан, хэрэгтэй бол хэчнээн ч удаан болно. Хэдэн бүлэг яваад эргэн нэг хурдхан шинжээд таны ойлголт өөрчлөгдсөн эсэхийг шалгаарай. Арын бүлэг болгон өмнөх бүлгүүддээ шинэхэн гэрлийн тусгал өгч, бас нэгэн давхаргыг хуулан гүнзгий утга руу ойртсоор байх нь олон таарах бий.

Дээр өгүүлсэн бүхнээс гадна энэхүү нандин боломжийг олсондоо сэтгэлийн баяр цэнгэл эдлээрэй. Уншсан зүйл тань хуурай аргуун байхгүй нь лавтай билээ. Оронд нь харин адал явдалтай сорилт ихтэй аянд явлаа л гэж бодох хэрэгтэй. Буддын сургаалд бид ирээдүйд хүрэх ухамсарлахуйдаа үрийг нь тарих гэж ярьдаг бөгөөд энэ нь зүгээр л өнөөдөр бид будилж байвч маргааш ойлгохын уг суурь тавигдлаа л гэсэн үг юм.

"Эхлэн сурагчдын сэтгэлд боломж дүүрэн байдаг
харин мэргэжилтэн хүний хувьд боломж маш цөөхөн"
--Шунриу Сузуки--

НЭГДҮГЭЭР БҮЛЭГ

Чухаг Дээд Авралын Эх Булагт Итгэл Одуулах

Амгалан Энхийг Зохиох Цагийн Хүрдний Зам

Яг одоо нэгэн маш гайхамшигтай зүйл болох гэж байна. Харилцан хамаарлын шүтэлцээний хүчээр олон ховор нандин нөхцөлүүд нэгдэн нийлж боломж бололцооны богинохон хэрнээ хүчирхэг нэгэн холбоог үүсгэнэ. Бид хүсэл мөрөөдлийнхөө хамгийн учир утгатай зүйлийг амьдралдаа оруулах үнэтэй боломжийг олж аваад байна.

Нөхцөл байдал ер бусын болохыг ойлгохын тулд бид эхлээд өөрсдийн хэн болохыг болон тодорхой цаг үед хаанаас өөрсдийгөө олж болохыг ойлгох нь чухал. Амьтны олон төрөл зүйлийг аваад үзсэн ч энд ингээд хүн болон төрчихөөд байна гэдэг өөрөө гайхамшиг юм гэдгийг ухаарсан сэтгэлийг төрүүлэхэд хангалттай нотолгоо гэдэг нь гарцаагүй. Бид хүн биш, энэ ертөнцийг дүүргэн буй тэрбумаар тоологдох адгуус амьтны нэг юмуу, бирд эсвэл тамын амьтан байх боломж байлаа. Бид зогсоо чөлөөгүй зовлон эдэлсэн амьтан байх боломжтой. Гэхдээ л бид хүн болж төрсөн болохоор тийм биш юм.

Мөн түүнчлэн бид хүсэлт тэнгэрийн орны тэнгэрүүдийн тансаг дээд төрөлд төрсөн эсвэл дүрст болон дүрсгүй ертөнцөд уусан орших боломж бас бий. Өнгөн дээрээ ийм төрлийг авах нь жаргалтай сайхан мэт санагдавч цагийн хахир жам ирэхэд цаг хугацааг хэчнээн утгагүй үрсэнтэйгээ нүүр тулан учрахаас өөр аргагүй болно. Бидний амьдрал таашаал цэнгэлээр сатаарсан байдалтай байж болох байсан, гэвч тийм биш, бид чухам хүний энэ төрлийг аван төржээ.

Хүн болж төрснөөрөө бид хүчтэй өвчин зовлон эдлэх үе байвч бас тийм чиг тэсэх аргагүй биш санагдаж болохоор зовлонгоо хөнгөвчлөх боломж байдаг нь үнэн юм. Энэхүү завсарын үеэр бас ч үгүй боломжийн баяр таашаалыг амсах завшаан бидэнд олддог бөгөөд бид сайн муу аль алиныг нь адилхан туулах чадвартай байдаг. Энд бидний тэмцэх ёстой зүйл бол ялалтандаа талархаж, өөрсдийн туршлага мэдрэмждээ тулгуурлан дотоод сэтгэл шинжлэл, зөн билгийг хөгжүүлэх явдал мөн. Бид зовлон хийгээд түүний шалтгааныг таних ер бусын оюунлаг байдлаа ашиглах хэрэгтэй.

Гэвч бид өөрт хийгээд орчин тойрныхондоо жаргал эдлүүлэхэд хэрэгтэй бүхэн өөрт байгаа мэтээр мэдрэхүйц аз завшаантай байлаа ч гэсэн амьдралын

3

чөлөө учралт ухамсар маань биднийг залхуурал, хойш тавих явдалд амархан хүргэж болдгийг мөн ойлгох хэрэгтэй. Бидний сэтгэл мунхгаас үүсгэгдсэн төөрөгдөл, хуурмаг бодолдоо хөтлөгдөн явсаар нэг л мэдэхэд үхлээ хүлээн хэвтэж байх бөгөөд, "Цаг хугацаа хаашаа нисэн одов доо?" гэж гайхширан байх бий.

Бидний одоогийн үнэн байдал бол мөнх-бус билээ. Нөхцөл шалтгаанууд нэг дор хамт цугларсан шигээ амархаан сарнин арилж өнөөдөр жаргалтай байсан бол маргааш зовлон гутралд орох нь энүүхэнд. Ирээдүй бидэнд юу авчрах нь таашгүй хэрнээ ганцхан одоо бидний мэдэрч байгаагаас л ямартай ч өөр байх нь дамжиггүй юм.

Тийм учраас бид энэ төрлөө дордуулж яв ч болохгүй. Олдсон энэ нь өчүүхэн зол завшаан гэдгийг таньж, нөхцөл шалтгаан мөнхөд үргэлжлэхгүй шүү гэж бид үргэлж сэрэмжтэй байх ёстой. Ертөнцийн мөнх-бусыг байнга ухамсарлан түр олдсон эрдэнэт хүний төрлөө саатуулан барьж үнэнхүү утга учиртай амьдралыг зохиох хэрэгтэй. Өөр бусад төрлүүдийг бодвол бидэнд сонголт байна. Энэ бүхнийг тэвчээд даагаад яваад байх уу эсвэл ямар нэгэн зүйл хийж эхлэх үү гэдэг та бидний сонголт.

Ийнхүү ухаарах явдал өөрөө маш их гайхамшгийг агуулах бөгөөд гарч ирж буй аварга том бололцооны зөвхөн нэгээхэн хэсэг билээ. Гараг эрхэсийн тоогүй олныг хийгээд амьтны тооллшгүй олныг тусгаад харах юм бол Бурхан Багш морилж номлолоо айлдсан эрин цагт энэ дэлхий хэмээх гараг дээр төрсөн нь хэмжээлшгүй их аз завшаан болохыг ойлгох болно. Зүгээр ч нэг номлол бус Шагжаамүни Бурхан Багш номын хүрдийг дөрвөнтөө эргүүлэхдээ эхлээд шүтэн барилдлагын хуулийг дараа нь хоосон чанарыг, гуравт нь Бурханлаг-чанарын туйлын үнэнийг дөрөвдүгээрт үнэний хамгийн гүнзгий түвшнийг илрүүлэх аргууд бүхий Дандарсын сургаалыг бидэнд айлдсан юм. Түүн дотроо хамгийн гүнзгий хийгээд өргөн цар хүрээтэй Цагийн хүрдний Ханьцашгүй Дандарын сургаалыг номлосон ажгуу.

Түүний энэхүү харьцуулах аргагүй нандин сургаалыг Шамбалын орныхон хүлээн авч тэнд дадуулан үйлдэж эхэлсэн бөгөөд эрин галвын туршид учирсан бүхэндээ найдварын гал болон дүрэлзсээр ирсэн гэдэг. Аз болоход бүхий л амьдралаа номын үйлсэд зориулан ухамсарлахуйн гүнзгий түвшинд хүрсэн цөөхөн хүмүүсийн зүрх сэтгэл оюунаар дамжин сургаал номлол бидэнд уламжлагдан дамжсаар байна. Үеэс үед тасралтгүй урсгалаар дамжсан энэ нандин сургаалын шим найдвартай уламжлагдан бидний үе хүртэл ирсэн нь юутай гайхалтай. Сэтгэлийн нарийн түвшинд хүрсэн эрэгтэй, эмэгтэй бясалгагч хэн боловч энэхүү сургаалыг дадлага болгон хэрэгжүүлэхгүй юм бол аажимдаа мартагдаж алга болно гэдгийг машид сайн ухаарч байжээ. Дадуулан үйлдэхгүйгээр эхлээд хэсэг бусаг байдлаар ойлгосноор бүтдийг бүхлээр нь ухаарсан хүн үгүй болно, ийнхүү ховор нандин эртний уламжлал тасалдан алга болж, ганц ганцаар судлах аргад шилжин, адаг сүүлдээ зааж сургах хүнгүй болсноор уг сургаал зүгээр нэг оюуны мэдлэг болон үлдэнэ гэдгийг эртний уламжлалыг атгасан тэдгээр мастерууд тунгаан бодсон байна. Энэ бүхэн эцэстээ мартагдсан үеийн дурсамж төдий болон үлдэх байлаа. Гэвч дамжлага уламжлалаа баригч Егүзэрүүдийн (мастеруудын) хязгааргүй энэрэл хийгээд зүтгэлээр Цагийн хурдний сургаал өнөөдрийг хүртэл идэвхтэй байгаагаар барахгүй тэдгээрийн уламжлалт аргуудыг анхааран авлага болгох гайхамшигт боломж мөн та бидэнд ч байсаар байна.

Эдгээр сургаалууд хэрхэн яаж өнөөг хүртэл мартагдалгүй уламжилан хадгалагдсаар ирснийг бид хэзээ ч мартаж болохгүй. Тэдний цорын ганц зорилго бол амьтныг зовлонгоос гэтэлгэж, мунхаг сэтгэл төөрөгдлөөс шалтгаалан эцэс төгсгөлгүй эргэлдэх сансрын хүлээснээс чөлөөлөх гэсэн чин хүсэл байлаа. Амьдрал гэж нэрлэгддэг энэ ширүүн голын хахир урсгалд хэтэрхий удаан урсан балбуулж өөрсдийн урласан торон дотроо бид дэндүү удаан тарчиллаа бишүү.

Одоо бидэнд нүд гялбуулам гэрлийн туяаг олж харах үнэн итгэл олгогдоод байна. Ашиглахгүй алдвал түүнээс тэнэг хэрэг гэж юун. Энэхүү мэргэн оюуны дадлага болгон, өөрсдийн мэдрэмжийн тал бүхэнд нэгтгэх хийгээд гэгээн гэрлийн биелэл болон хувирах цаг нэгэнт иржээ. Өөрсдийн хүч чадлын хэмжээгээр зүтгэн байж сэтгэлийнхээ хамгийн гүнзгий амгаланд хүрэн, эргэн тойрныхондоо гялалзсан жишээ үзүүлэх цаг болоод байна.

ЦАГИЙН ХҮРДНИЙ СУРГААЛЫГ ДАДУУЛАХЫН ТУС ЭРДЭМ

"Дотоод Сэтгэлийн мөн чанараа нээхүй" цувралын нэгдүгээр ботийн гуравдугаар бүлэгт бид жинхэнэ аз жаргалд хүргэх уламжлалт арга замууд бол билиг оюун ба бусад арга техникүүдийн бүрдлийг агуулдаг юм байна гэдгийг мэдэж авцгаасан билээ. Дэлхийн шашин шүтлэгийн олон тогтолцооны дотроос бид Буддын сургаалын нэгэн өвөрмөц зам мөрийг тусгайлан судалдаг билээ. Тэдгээр сургаалууд бясалгагч хүний оюун санааны өсөлт хөгжлийн өөр өөр шатуудад гарч ирдэг олон төрлийн түвшинд зориулагдсан өргөн их аргуудыг агуулдаг. Ийм өргөн сонголт бясалгагч хүнийг гайхам уян хатан байдалд оруулж өгснөөр мэдрэмжийнхээ хамгийн гүнзгий түвшинд нэвтрэх өвөрмөц нөхцөлүүдийг бий болгож өгдөг байна.

Урьд нь бид сүсэг бишрэлийн замуудыг ойлгож авахад чиглэж байсан бол одоо сонголт хийхэд анхаарлаа шилжүүлэх болно. Өргөн хүрээг хамрах нь хэчнээн чухал ч гэлээ хүн болгоны оюуны хөгжлийн явцад илүү гүнзгий түвшинд орох цаг ирдэг. Тэгэхээр дадлагаа гүнзгий түвшинд оруулахын тулд бид харах хүрээгээ хумин нарийсгаж төөрөгдлийнхөө олон давхаргууд руу нэвтлэн ороход туслах чадвартай тусгай зам мөрийг анхааралдаа авах ёстой.

Энэ боть болон үүний дараагийн ботид үзүүлэх зам бол Цагийн хүрдний дандарын сургаал билээ. Энэ тогтолцоо (систем) бусад тогтолцоонууд дотроос ялгарах онцгой өвөрмөц олон аргуудтай байдгаараа Цагийн хүрдэнг *Дандарсын аймгийн Хаан* хэмээн нэрлэхэд хүргэсэн ажгуу.

Өргөн Цар Хүрээ

Цагийн хүрдэн бол үнэний нэгдсэн онол буюу туйлын үнэнийг ойлгох гүнзгий ойлголтын дагуух үзэгдлийн тоолшгүй олон янзаар үзэгдэх байдлыг хамруулан бүхэл бүтнээр харуулдаг нэгэн цул онол болохын хувьд Буддын байна уу Буддын бус байна уу хамаагүй сүсэг бишрэлийн бүхий л дадлагын тогтолцоо, дараалал Цагийн хүрдний уужим цар хүрээн дотор багтаж байдаг ажээ.

Цагийн хүрдний сургаалын туйлын шинж нь энэ боловч үүнийг Буддын сургаал хэмээн үзэх нь гарцаагүй. Энэ сургаал агуулга дотроо хүний мэдрэмжийн бүхий л талуудыг нэгд нэгэнгүй харуулдгаараа одон орон, анагаах ухаан, технологийн ухаануудтай ижил төстэй бөгөөд нэгэн насандаа гэгээрлийн хутгийг олох гол зорилгодоо туслуулах дайвар ухаан болгон ашиглагдаараа онцлог байдаг.

Бусад тогтолцоотой харьцуулаад үзэх юм бол судрын байна уу тарнийн байна уу ялгаагүй Бурханы бүх сургаалыг Цагийн хүрднээс ойлгож болдог онцлогтой бөгөөд бусад судлагдахууны хувьд ингэж хэлэх арга үнэндээ байдаггүй гэж хэлж болохуйц юм. Тэдгээрийн зүгээс Цагийн хүрдэнг өөр хаанаас ч хайгаад олохгүй тийм ховор мэдлэгийг агуулдаг ухаан гэж үзэх нь нийтлэг байдаг байна.

Тодхон Үзүүлэлт

Ерөнхийдөө, Буддын сургаал утгын гүнийг холбож ойлгоход амаргүй үг, нэр томьёогоор бичигдсэн байх нь олонтой бий. Тэдгээр сургаалууд ерөнхийдөө амьдралд ойрхон, байндаа ямагт шууд чиглэсэн арга барилтай байдаг нь ойлголтын бат суурийг хөгжүүлэхэд тусалдаг ажээ. Тиймээс бид бодож дадсан үзлээ сэгсрэхээр оролдож эхлэхдээ гарцаагүй зөрчилд орж сорилттой тулгардаг нь үнэн. Учир нь биднийг нэгэн хөдөлшгүй санаанд хүлэгдэж орхихоос сэргийлэхийн тулд элдэв янзын бэлэг тэмдэгтүүд дээр анхааран судлахад хүргэдэг болохтой уялдаж гардаг байна. Цагийн хүрдний сургаал энэ хэв маягт баригдалгүй өөр аргыг хэрэглэгдэхүүн болгодог. Бусад сургаалын хэллэгүүд машид бүрхэг тодорхойгүй, санаа өгсөн маягтай байдаг бол Цагийн хүрдэн дүрслэл болгоныг маш нарийн тодорхой үзүүлдгээрээ ялгаатай. Үнэний түвшин гүнзгийрэх тусам сургаал улам илүү шулуухан ойлгомжтой болдог ажээ.

Энэ өвөрмөц талаараа Цагийн хүрдний сургаал цөвүүн цагт маш тохиромжтой судлагдахуун болж байгаа юм. Амьтны сэтгэл ариун байх тусам илүү бэлэг тэмдгийн чанартай сургаал ашигтай байдаг бол дэндүү эрчимтэй түйтгэрээр түйтгэрлэгдсэн байгаа үед тодорхой бус үг хэллэг ашиглан буруу тайлбарлаж улмаар буруу ойлгоход хүргэдэг аюултай билээ. Хүмүүс сургаалын зорилгыг ойлгохоо байсан цагт төөрөгдөл үзэл газар аван, тэдгээр сургаалыг өөрт ашиглах боломцоогоо алдахад хүрдэг. Ийм учраас, Цагийн хүрдэн тод томруун дүрслэлээрээ зовлон бүхнээр дүүрсэн үед ч оюуны хүчийг сэлбэх чадалтай сургаал билээ.

Гүнзгий Арга Барил

Өргөн цар хүрээ болон томруун дүрслэл зэргээрээ Цагийн хүрдэн хэдийгээр амьтны мэдрэмжийн бүрэн хэмжээг хамарч чадах ч гэсэн амьдралд ойрхон арга барил, тактик хэрэглэхгүйгээр хүнийг оюун сэтгэлгээний өөрчлөлтөнд хүргэнэ гэдэг боломжгүй хэрэг байх сан. Аз болоход Цагийн хүрдний сургаал хүний ухамсарлахуйн гүнзгий түвшиндээ хүрэх явдлыг хурдасгаж аль болох түргэн амжилт гаргахад тусалдаг элбэг арвин арга зүй, зам мөрийг агуулдаг ажээ.

Ихэнх хүмүүс энэ судлагдахууны тогтсон дарааллыг маш төвөгтэй хэмээн буруу ойлгож эргэлзэх сэтгэлээр дадлага болгохоо азнах нь бий. Энэ бол дадлагадаа хангалттай анхаарал тавилгүй онолын тал дээр хэтэрхий анхаарсны гэм юм. Зөв дадуулж чадвал Цагийн хүрдэн шиг шулуун дардан зам олдохгүй бөгөөд бусад тогтолцоотой адил дуусашгүй урт номыг цээжлэх шаардлага гардаггүй билээ. Хэрэгтэй үед мэдээллийг олж болдог ч байнга бэлэн байж байдаг гэсэн үг бас биш юм. Амьдралдаа маш өндөр ухамсарлахуйд хүрсэн хүмүүс ч ганц ном уншиж судлаагүй байх нь бий. Багшийн хүртээсэн оньсон зааврыг ягштал дагахад л далд ухамсар аяндаа урган гардаг байна.

Цагийн хүрдний номд хар эсвэл цагаан гэсэн асуудал огт үгүй бөгөөд ганц л аргаар хийнэ гэсэн зүйл хэзээ ч байдаггүй. Хэрвээ та өөрийн байгаа байдлаа бүрэн ойлгож ухаарвал өөрт тохирсон арга зүйг сонгож хэрэглэх боломжтой. Заримдаа энэ нь дүрслэл үүсгэж байхад заримдаа бодож дүрслэхээс ангид орших дадлага байх жишээтэй. Туршлагатай худалдаачин хүн шиг багажны хайрцагтай явж байх нь байхгүйгээс хамаагүй дээр байдагтай адил юм.

ЦАГИЙН ХҮРДНИЙ ЗАМААР ЗАМНАЖ ӨӨРИЙН ОЮУНЫ ХУВЬСАЛД ХҮРЭХ

Энэ боть болон дараагийн ботид бид *Цагийн хүрдний Зам* хэмээн нэрлэгддэг дадлагын хэлбэр болон онолтой танилцах болно. Энэхүү дадлагын дараалал нь таныг өөрийн оюун хувьсан өөрчлөхөд хөтлөн явсаар эцэст нь хязгааргүй боломжоо нээхэд тань туслах болно.

Судлах зүйлийнхээ талаар ойлгомжтой дүрслэл олгохоос гадна Буддын сургаалын бусад хөлгөнүүдийг судлах үед \Боть 1\ хэрэглэсний адил хүрээ татаж судлах буюу Суурь, Зам мөр ба Үр Дүн гэсэн зарчмаар бид явах болно. Энд *суурь* гэдгээр замд орох үндэс болсон нөхцөлүүдийг, *мөр* гэдгээр тэдгээр нөхцөлүүдийг хэрхэн ашиглан оюуны тодорхой өөрчлөлтөнд хүрэх арга стратегиудыг, харин *үр* гэдгээр тухайн замаар замнасны эцэст бүтээх тэрхүү ухамсарыг хэлж байгаа билээ.

Суурь – Уг Үрийн Салшгүй Нэгдэл

Бидний хэн бэ гэдгээс үл шалтгаалаад эр эм, хүн ба хүн бус алин ч ялгаагүй нэгэн ижил мөн чанарыг дотроо тээн явдаг нь бидний хамгийн нандин эрхэм үнэн билээ. Амьтан болгон Бурханы аймагт харьяалагдаж Бурханы мөн чанарыг өөрийн дотоодын унаган урсгал болгон хуваалцаж явдаг байна.

Хэрвээ бид өөрсөндөө дотоод боломжоо бүрэн таних бололцоог олгох юм бол бид бүхий л сайн сайхан чанаруудыг төгөлдөржүүлж бүхий л муу барцад түйтгэрүүдийг арилган ариусгаж чадах сан. Энэ бол төгс гэгээрсэн Бурханы дээдийн оршихуй билээ. Иймэ чадварыг ойлгож хүлээн авахгүйгээр бидний сэтгэл эргэлзээгээр дүүрч, гэгээрэл гэдэг санаанд үл багтам хүршгүй нэгэн зүйл гэсэн буруу дүгнэлтэд ч хүрч болдог.

Ийм учраас "Цагийн хүрд"-ний сургаал Бурханлаг-чанарыг мэдрүүлэхэд онцгой анхаарал тавьдаг ажээ. Эхлэлээсээ төгсгөл хүртлээ энэхүү мөн чанарыг хязгааргүй өргөн хүрээний үзэгдлүүд болохыг энэхүү сургаал таниулдаг юм. Өөрийн хором болгоны мэдрэмжийг таних явдал нь бурханлаг-чанарын илрэл бөгөөд тэгснээрээ хором болгон ухамсарлахуйд хүрэх боломж болон хувирдаг байна. Тиймээс зөв нөхцөл нь бүрэлдсэн тохиолдолд юу ч гэсэн зорьсон замд тань туслах хэрэглэгдэхүүн болохгүй гэсэн баталгаа үгүй.

Ер сэтгэлийн мөн чанар төрөл тэргүүлшгүй цагаас авахуулаад байгалиасаа ариун байдаг боловч бидний мэдрэмж олон зуун давхарга бодлуудын түйтгэрүүдээр буртаглагдан булингартжээ. Газрын гүнд булаастай эрдэнэ адил бид дотоодын ариун чанараа бараа сураггүй алдаж орхиод түүнийхээ үр дагаварт сансрын хүрдэнд эцэс төгсгөлгүй эргэлдэж байдаг билээ. Цагийн хүрдний зам ариуныг бүтээх гэж зорьдоггүй, яагаад гэвэл ариун чанар байдаг газраа байж л байгаа. Харин түүнийг бүрэн бүтнээр гарч үзэгдэхээс халхалж буй түйтгэрүүдийг арилгахад чиглэдэг ажээ.

Харамсалтай нь, бидний сэтгэл одоогийн байдлаар хоёр гол түйтгэрт эзлүүлээд байгаа нь: мунхаг сэтгэл мөн алагчлах үзэл мөн. *Мунхаг сэтгэл* гэдгээр бид үзэгдэж байгаа зүйлийг үнэн гэж итгэдэг явдлыг хэлдэг. Юмс үзэгдлийг чинагуух, янагуух гэж ялгаж хоёрдмолоор харах үзэлд энэ буруу ойлголт л хүргэдэг байна. Үзэгдлийг өөрөөсөө бүтсэн хэмээн зуурч байгаа тэр мөчид л бид өөрсдийн мэдрэмжийг энэ үзэлд буцаагаад холбочихож байгаа юм.

Мунхаг сэтгэл дээр үндэслээд *алагчлах үзэл* гарч ирдэг. Энэ төрлийн мунхаглал аль нэг зүйлийг сайхан хэмээн зуурах нөгөө нэг зүйлийг муу хэмээн буруушаах мэтээр өөрсдийн ялган шүүх сэтгэлийн үнэлэмжээ хүлээн авч буй бүхэнд тусгадаг байна. Ингэснээр бид нэг зүйлээс үхэлдэн зуурч бусдаас нь татгалзан ухамсараа хуваан сэтгэлээ цууралд оруулж, сэтгэл хөдлөлийн шигүү торонд баригдан орооцолдож орхидог байна.

Сэтгэлд мунхаг болон алаг үзэл хүчтэй байх тусам бидний чадвар хумигдан багасаж өөрсдийн мөн чанараа гинжилж орхиход хүрдэг. Энэ тушаанаас салахын тулд эхлээд мунхаг сэтгэл, алагчлах үзэл хоёрыг тасар татан хаях хэрэгтэй бөгөөд тэр цагт л ариун мөн чанар тань бүрэн ил гарч үзэгдэх болно.

Түйтгэрүүдийг зүгээр нэг арилгачихаар болчихно гэсэн үг бас биш ээ. Мөн тэдгээрийг буцаад ирэхгүй байх тал дээр анхаарал тавин, баттай сэтгэлийг хөгжүүлэх ёстой. Үүнийг үнэмлэхүй дээдийн хоосон чанарыг ухаарах *билиг оюун* болон болзол үгүй хандах бүхнийг хамарсан алагчлал-үгүй *энэрэхүй сэтгэлийг* төгс дадуулснаар гүйцэлдүүлж болно. Энэ хоёр тал болох билиг оюун, энэрэнгүй сэтгэл хоёр нь шувууны хоёр далавч л гэсэн үг. Тэдний тусламжтайгаар бид өндөрт цойлон гарч хязгааруудаа даван Бурханы хутагт хүрэхэд шаардлагатай нөхцөлүүдийг бий болгож чадна.

Гаадам урсгалын аугаа мастер Атиша Дипамкара Шри Зана гэгээн айлдахдаа, "Арга барилгүй билиг оюун боолчлол, билиг оюунгүй арга барил мөн боолчлол" гэсэн байдаг. Энэ хоёрын аль нэг нь дангаараа байгаад ашиггүй. Энэрэх сэтгэлгүй билиг оюун хэтэрхий явцуу болохоор өөрчлөлт хийх завсар зай олдохгүй, үүнтэй адилаар билиг оюунгүй энэрэх сэтгэл маш хязгаарлагдмал өнгөцхөн байх учраас бидэнд амжилт гаргана гэвэл энэ хоёр чанар хоёулаа хэрэгтэй.

Мөр – Үнэнийг Баримтлахуй

Цагийн хурдний зам мөрд хэрэглэдэг аргуудын тусламжтайгаар сэтгэлээ түйтгэрээс цэвэрлэж дотоод зөн билгийг хөгжүүлэхийн тулд нэрний утгыг эхлээд ярилцах хэрэгтэй болно. Калачакра гэдэг санскрит үг кала буюу "цаг", чакра буюу "хүрд" гэсэн үгс бөгөөд нийтэд нь орчуулах юм бол "Цагийн Хүрд" гэсэн утгатай ажээ. Үгний утгаас давж харвал Калачакра өөртөө суурь, зам мөр ба үр дагавар бүгдийг хамтад нь агуулдаг байна. Энэ хоёр үгний хэрэглэгдэх өөр өөр замуудыг ойлгосноор бид уг тогтолцоон дахь арга ухааныг дадуулах чадварыг хөгжүүлэх болно.

Калачакра гэдгээр илэрхийлж байгаа эхний зүйл бол бидний ухамсарын бүхэл бүтэн хүрээг тэр чигээр нь хамруулан нэрлэдэг билээ. Энэ нэр үнэн хийгээд үнэний үзэгдэж болох бүхий л боломжийг аль алийг хамтад нь илэрхийлж байгаа юм. Цагийн хүрдний мөн чанарыг ухаарснаараа бид бүх юмс үзэгдлийн мөн чанарыг ухаарах юм. Аль түвшний мэдрэмжийн талаар хэлэлцэж байгаа нь хамаагүй цөм Цагийн хүрдний ойлголтод багтаж байгаа гэсэн хэрэг ажээ.

Дадуулгын талаас харах юм бол Калачакра үнэнийг зам мөрөө болгодог гэж хэлж болно. Энэ нь бид сүсэг бишрэлийнхээ өөр өөр шатуудад үнэнийг мэдрэх хүлээн авахуйтайгаа шууд тулан ажиллахыг хэлж байгаа юм. Зорилго нь өөрсдийн шууд мэдрэмжээ Калачакра хэрхэн үзэгдэхийг таних бололцоо болгон ашиглах, тэгснээр түүний цаана нуугдан буй мөн чанарыг ойлгох явдал билээ. Зам мөрд ахиц гаргахын хэрээр бүдүүн түвшнээс эхлээд нарийсан явсаар бурханлаг-чанартаа нэгэнтээ тулж очих нь гарцаагүй юм.

Энэ үйл явцыг энгийнээр илэрхийлэхийн тулд гурван түвшний үнэнийг тоочиж болох нь: 1. Гадаад Цагийн хүрдэн, 2. Дотоод Цагийн хүрдэн ба 3. Бусад Цагийн хүрдэн билээ. Түвшин болгон үнэний өөр өөр давхаргыг илэрхийлнэ. Тиймээс Калачакра гэдэг үгний утга аль түвшинд авч үзэж байгаад үндэслээд өөрчлөлтөд хүрч болдог ажээ.

Гадаад Үнэн буюу Сав Ертөнц

Гадаад үнэн гэдгээр хамаг амьтны оршин амьдардаг гадаад бодит ертөнцийг хэлэх бөгөөд бүх өргөн уудмаар нь аваад үзэх юм бол од гараг эрхэстэйгээ хамт энэ утганд багтаж байгаа юм. Мөн нүдэнд үл үзэгдэх тоогүй олон төрөл орнууд, хүний шууд хүлээн авах боломжгүй хэрнээ сэтгэл дэх үзэгдлүүдэд нөлөөлсөөр байдаг тийм амьтдыг цөмийг энд багтааж үзэх хэрэгтэй. Жишээ нь, доод төрлүүд болох бирд, адгуус, тамын амьтад хийгээд жаргалтай тэнгэрийн орны олон төрөл бүрийн тэнгэрүүд бас бий. Нэг үгээр хэлбэл Калачакра та бидний оршин буй орчин билээ.

Хэрвээ бид энэхүү орчныхоо мөн чанарыг бодоод үзвэл хоёр зүйлийг ажиглаж болно. Нэгд, бүх юм мөнх-бус чанартай, бүдүүн хийгээд нарийн түвшиндээ байнга өөрчлөгдөж байдаг. Хамгийн цул, хатуу тогтсон зүйл хүртэл ойртон судлах юм бол маш олон жижиг хэсгүүдээс тогтсон байх ба байнга хувирч өөрчлөгдөж байдгийг ажиглах болно. Бодит ертөнцөд үл өөрчлөгдөх зүйл нэгээхэн ч үгүй бөгөөд энэ мөнх-бус чанарыг бид *цаг* гэж нэрлэдэг ажгуу.

Энгийн үед бид цаг гэхээр эхлэл, дунд үе ба төгсгөл гэж \өнгөрсөн, одоо ба ирээдүй\ хувааж боддог боловч энэ бол үнэндээ тэдний хэрхэн оршдог тэрхүү өөрчлөгдөх чанарын илэрхийлэл билээ. Бидэнд ямар харагдаж байгаагаас үл хамааран цааш судлах юм бол энерги хийгээд биет нь хоосон агаараас үүсдэггүй, ер нь юу ч хоосноос үүсдэггүй байна. Энергийн хуримтлагдах үе буюу бидний хүлээн авч чадахуйц болох үеийг эхлэл хэмээн нэрлэдэг. Тэр нь задран сарних хүртлээ тэр хэвээрээ оршоод өөр зүйлд хувирахаар задардаг. Нэг зүйл нөгөө зүйл болон хувирч байгаа хэрэг бөгөөд энэ нь эргэлдэх хэлбэрээр явагдах учраас эхлэл дунд ба төгсгөл гэж үнэндээ байдаггүй юм байна. Үүнийг л бид *хүрд* гэж нэрлэдэг ажээ.

Энэ номд Калачакра гэдэг нь бидний гадаад орчинд үзэгдэж буй хэзээ ч үл төгсөх хувирлын үйл явцыг хэлж байна. Энэ үйл явц эхлэл төгсгөл хийгээд дунд үе үгүйгээр мөнхөд үргэлжилдэг ажгуу.

Мөн чанарыг ойлгох нь хоёр гол ашгийг авчирна. Эхлээд, гадаад ертөнцийн мөнх-бус болохыг ойлгож авах бөгөөд энэ нь итгэхэд хэчнээн хүнд ч гэлээ үнэхээр үнэн байдал мөн билээ. Нэг хэлбэрээс нөгөө хэлбэрт тасралтгүй шилжин хувирч байдгийг ойлгосноор нэг юмнаас мөнхөд зуурахаа болино. Бид оддын тооцооноос үүссэний дохио энэ бөгөөд сая сая жилийн туршид тэдгээр атомууд бидний биеийг өөр олон төрлийн хэлбэр дүрсүүдэд хувирган явсаар өнөөдрийн байгаа энэ хэлбэрийг олоход хүргэсэн. Энэ бие үхэж алга болоход атомууд мөн л ирээдүйн тоогүй олон хэлбэрийг бүрэлдүүлэх эд анги болон хувирах болно.

Хоёрт, бид үнэний эргэлдэх хөдөлгөөнтэйг ухаарснаар дотоод зөн билгийг хөгжүүлэн төөрөгдлийн мөн чанарыг олж харж болох ба өөрсдийнхөө мэдрэмжийг хэрхэн тайлж уншихаас шалтгаалж байгааг таних болно. Үүгээр эхлэл гэж хэзээ ч байдаггүйг харж эхэлнэ. Энэ хоёр бол хоёулаа ертөнцийг утга төгөлдөр болгон буй бодлын хоёр төөрөгдөл билээ. Хэрвээ бид илүү ойртон шинжлээд үзэх юм бол юмс үзэгдэл бидний сэтгэлээс гадуур биеэ даан хэзээ ч оршдоггүйг олж мэдэх болдог. Тэд цөм бидний төөрөгдлөөс шалтгаалан байж оршдог ажгуу.

Дасгал 1.1 – Өөрчлөгдөх Хэв Маяг

- *Тайван байдалд суугаад амьсгал дээр төвлөрөх замаар сэтгэлээ тогтвортой байдалд оруулна.*

- *Амьдралдаа тохиолдсон нэг зүйлийг сана. Танаас өөр л бол юу ч байж болно.*

- *Одоо түүнийг хаанаас гарч ирсэн бол гэдгийг бод. Хаанаас анх эхэлж үүссэн гэж бодож байгаа тэр үедээ ухарч очигтун. Тухайн агшинд юу ажиглагдаж болох вэ?*

- *Дараа нь энэ объект оршин буй байдлыг нэг сана даа. Тогтвортой байна уу хувирч байна уу? Тийм бол хэрхэн өөрчлөгдөж байна?*

- *Эцэст нь эд юмс нэг л өдөр хэрхэн үгүй болдгийг бод. Хэрэв тэгдэггүй сэн бол юу болох байсныг санаандаа төсөөлөөд үзэгтүн. Юу түүнийг өөрчлөгдөхөд хүргэсэн байж болохов? Матери хаашаа одох вэ?*

- *Тэдгээрийг эргэцүүлэн бодох зууртаа дотоодын шинжлэл рүү анхаарлаа хандуул. Бэлэн болсон үедээ энэ дадлагыг өөр объект дээр дахин нэг хийж үзэх юмуу эсвэл үүгээр ажиглалтаа төгсгөж болно.*

- *Ямар сэтгэл ургана түүндээ сааатаад амар.*

Дотоод Үнэн буюу Шим Ертөнц

Гадаад Үнэний орчныг авч үзэх үедээ бид амьтай, амьгүй гэсэн хоёр төрлийн үзэгдлийг ялгаж үзэж болно. Тэдгээрийг хооронд нь ялгаж таньж байгаа явдал өөрөө хоёрдмол үзэл байгааг илтгэж байна. Тэд цөм адилхан нарийн хэлбэрт бичил хэсгүүдээс тогтож байгаа бөгөөд амьтай объектын бичил хэсгүүд ухамсрын урсгалаар зохицуулагдаж байдгийг нь бид бие ба сэтгэл бүхий *хамаг амьтан* гэж нэрлэдэг билээ.

Бие сэтгэл хоёрыг хооронд нь барьцалдуулж байдаг цавуу бол биеийг сэтгэлийн нэгэн хэсэг гэж үздэг Би хэмээн зуурах сэтгэл юм. Зууралтын хүч энэ хоёр талын хоорондоо хэр их нөлөөтэйгөөс шалтгаална. Үр тогтох явцад бие сэтгэл хоёр холбогдоод төрөл авдаг учир бие тийнхүү сэтгэлийн үйлийн үрийн нөхцөлдөлтийн дагуу хөгжиж, сэтгэл махан биеийн бодит нөхцөлдөлтөөр үнэнийг мэдэрч эхлэхэд хүрдэг байна.

Бодит ертөнц өөрчлөлт хувиралтын үйл явцад байнга давамгайлуулан оршдогийн нэгэн адилаар сэтгэл ч мөн тийм байдаг. Энэ утгаараа сав болон шим ертөнцийн хооронд ялгаа гэж үгүй. Үнэн хэрэгтээ нарийн биений хийн хэв маяг орчин тойрны хий энергийн хэв маягтай нягт уялдаатай оршдог. Жишээ нь, хүний нэгэн өдрийн турш авдаг амьсгал гараг эрхэсийн бүтэн жилийн хөдөлгөөнтэй уялддаг байна. Тиймээс хамаг амьтны ёсоор бидний мэдэрч буй өөрчлөлтийн хэв маяг болгон гадаад огторгуйн зарим талуудтай холбоотой яваглдаг ажээ.

Энэ холбооны чухал нь юу юм бэ гэвэл бидний дотоод энергийн өөрчлөгдөх хэв маяг хавь орчныхондоо нөлөө үзүүлэх чадалтай байх явдал юм. Цөөхөн хүн ийм өөрчлөлт хийвэл үр дүн нь ихгүй байж болох хэдий ч энэхүү шинэ хэв маягийг дагах хүмүүсийн тоогоор энэ нь үржин нэмэгдэх бололцоотой байдаг. Энэ л зарчим Цагийн хүрдний дадлагуудыг орчиндоо томоохон хэмжээний өөрчлөлт гаргаж чадахуйц үр дүнтэй арга болгон хувиргаж байгаа юм. Амгалан тайван мэдрэмжийг бие махбод дотроо агуулснаар бид амьдран сууж буй орчлон хорвоод түүнийгээ идэвхтэй түгээх боломжтой байдаг байна.

Үүнийг сэтгэл дотроо агуулснаар Цагийн хүрдний утга учир одоо өөрсдийн ухамсар, мэдрэмжийн тал болгоны мөн чанарыг танихаар дотогш эргэснийг харж болно. Урьд нь *хүрд* гэдгээр эхлэл ч үгүй, төгсгөл ч үгүй эргэлдэх хөдөлгөөнийг хэлж байсан бол хором бүхэн хувирах үргэлжлэлээр дараагийн хоромтой холбоотой гэдэг нь үүнийг илэрхийлэх бас нэгэн өөр зам юм. Хэрвээ та бичил өөрчлөлт болгоны хөдөлгөөнийг дагаж мөрдөх юм бол цэгүүдийг хооронд нь холбон яг одоо урган буй төлөв өмнөх ургасан төлөв хоёрыг хооронд нь холбож чадах сан. Үүнтэй адилаар бидний мэдэрч байгаа сэтгэлийн төлөв өмнө мэдэрсэн сэтгэлийн төлвийн үр дүн мөн бөгөөд энэ харилцан холбоотой мөн чанарыг хүрдтэйгээ холбоод үзэх юм бол энэ холбооны мэдрэмж нь хайр энэрэл болон үзэгдэх болно.

Бидний эгэлийн үеийн хайр энэрэл гэдэг ойлголт маань үнэн хэрэгтээ хайр, шунал хоёрын нэгдэл байдаг. Хүссэнээ авах гэсэн шуналаас үүдэлтэй бол жинхэнэ хайр бусдын хэрэгцээн дээр төвлөрсөн байна. Хамгийн энэрэнгүй хайр гэдэг нь бусдын сайн сайхан, аз жаргалын төлөөх хайр байдаг. Бусдад төвлөрсөн хайр бидэнд хоёрдмол сэтгэлээ уусгах, өөрийг энхрийлэх сэтгэлийг уусгах боломжийг олгон сэтгэлээ нээхийн сацуу орчин тойрондоо утга учиртай холбоо тогтооход тусалдаг байна.

Ийм жинхэнэ хайр энэрлээр та холбоогоо бататгасан цагт аажмаар хүрээгээ тэлэн улам олон хүнийг хамрах болсноор хариу үл хүсэх хайр болон хувирч эцэстээ таны тэдэнтэй ямар харьцаатайгаас үл шалтгаалан хамаг амьтныг хамарсан хязгааргүй хайрлах сэтгэл болон хувирах болно.

Бусадтай ойр дотно мэдрэмж төрөх тусам тэдний сайн сайхны төлөө улам илүү санаа тавьдаг болж Орохын бодь сэтгэлийг хөгжүүлнэ. Тэдгээрийн харилцан хамаарлын хуулийн дагуу хайр өсөхөд энэрэл мөн дагаж өснө. Эхэндээ хамаг амьтны зовлонг харан өрөвдөхийн төдий өнгөцхөн сэтгэл байснаа дотогшоо гүнзгийрэх тусам хамаг амьтны нэгийг ч хоцроолгүй туслах юмсан гэсэн хариуцлагыг улам бүр илүүтэй мэдэрч эхлэх болдог. Бусдын төлөө өөрийгөө зориулах тусам та өөрийн хувийн аз жаргал, өөрийг энхрийлэх сэтгэлээс улам бүр умартан холдож эхэлнэ. Энэ нь туйлын үнэнийг ухамсарлах нөхцөлийг бий болгон, хоёрдмол сэтгэлийг зайлуулахад тусална.

Ийм төрлийн энэрэхүй сэтгэлийг бид *цаг* гэж үзнэ. Байдал ямар байгаагаас, мөн хэн мэдэрч байгаагаас үл шалтгаалан цаг урагшилсаар байх ба хэзээ ч зогсдоггүй. Түүнтэй адил жинхэнэ энэрэхүй сэтгэл цагийн явцад хамаг амьтныг ялгаагүй асран энэрэхээ хэзээ ч болихгүй. Тэдний хувьд одоо жаргал амсаж байна уу, зовлон амсаж байна уу ялгаа байхгүй. Жинхэнэ энэрэхүй сэтгэл нь үнэн төрхийг томоор нь харах чадалтай. Тиймээс хамаг амьтны өнөөгийн сайн сайхныг ирээдүйн сайн сайхантай хамтад нь бодож энэрдэг байна.

Тиймээс бид Цагийн хүрдэнг хайр энэрлийн шим гэж хэлж болно. Үүнийг зөв хөгжүүлсэн цагт бид тааралдсан хэнийг ч болов хүүхдээ гэх эхийн сэтгэлээр хайрлаж чаддаг болно. Энэ ухамсар өөрөө л гэхэд маш гайхалтай ер бусын ухамсар мөн билээ. Хүн болгон энэ чанарыг хөгжүүлбэл юу болохыг бодоод үзэгтүн.

Нэмж хэлэхэд энэхүү хэтийн төлөв хамаг амьтанд хязгааргүй тусыг бүтээгээд зогсохгүй бид өөрсдөө ч туйлын үнэний зүг дотоод сэтгэл шинжлэлийн маш чухал хоёр алхмыг хийлээ гэсэн үг. Эхнийх нь бүх юмс үзэгдлийн харилцан холбоотой тал юм. Энэхүү холбооны талаар ухаарах тусмаа бид энэ орчлон дээр хэнээс ч хамааралгүй ганцаараа биеэ даан оршиж байна гэдэг үзлээсээ улам бага зуурах сэтгэлтэй болдог. Шүтэн барилдлагын энэ ухаарал Би үгүйн хоосон чанарыг ухамсарлахад биднийг хөтлөн хүргэх болно. Энэ ухааныг жинхэнэ энэрэнгүй сэтгэлтэй хамтруулаад орхивол хамаг амьтны аз жаргалын төлөөх хариуцлагыг өөртөө хүлээн "хоосон чанар ба энэрэнгүй сэтгэлийн шимээр адислагдлаа" гэж хэлэх ба юут ч илүүд үл үзэх хэлбэрийн энэрэхүй сэтгэлд хүрч чаддаг ажгуу.

Дасгал 1.2 – Холбоогоо Бататгах

- *Тайван байдалд суугаад амьсгалдаа төвлөрөх бясалгалаар сэтгэлээ тогтвортой байдалд оруулна.*

- *Хүчтэй холбоо мэдэрч буй хэн нэгэн хүнийг санаандаа бод. Тэднийг өөртэйгөө хамт байна гэж бодохыг хичээ.*

- *Хүний амьдралдаа хүсдэг мөрөөддөг зүйл юу болохыг бод. Өнгөц хэсгээс даван гарч тэдний сэтгэлийн уг дахь сэдлийг ойлгохыг хичээ.*

- *Одоо өөрийн хүсэж мөрөөддөг зүйлтэй харьцуулаад бод. Ижил төстэй талууд байна уу?*

- *Өөрийн хүсэл мөрөөдлийг биелээсэй хэмээн мөрөөдөх адил тэр хүн ч мөн хүссэн болгон нь биелэх болтугай гэж хүсэх сэтгэлийг төрүүл.*

- *Тэр хүнийг санаандаа уусган алга болгоод хэн нэгэн өөр хүнийг санаандаа ургатал нээлттэй сэтгэлээр бясалган суу. Хэн байх нь хамаагүй тэдний зүрхний угийн хүслийг мэдэхийг хичээж хүссэн болгон нь биелэн аз жаргалыг эдлэх болтугай гэсэн сэтгэлийг төрүүлэн торд.*

- *Энэ дадлагыг хүссэний хэрээр олон давтаж болно.*

Гэгээрсэн Үнэн

Гадаад ба Дотоод Цагийн хүрдэнтэй танилцан судалж байх явцдаа нөхцөлдсөн үнэний туйлын чанар болох өөрөөсөө үүсээгүй хоосон язгуурыг илрүүлчихэж болох талтай. Үүнийг ухамсарлах нь бид сэтгэлийн мөн чанар, үнэнийг олж мэдэхээс хязгаарлан саатуулж байдаг түмэн бодол атгагын торлогийг арилгахад тустай. Одоо гол хөдлөх хүч болсон Бодь сэтгэлээр сэдлээ хийгээд хоёрдмол үзлийг төгс хувирган туйлын үнэнтэй учрах явдалд анхаарлаа шилжүүлэх болно. Энэ бол гэгээрсэн бодгалийн зүгээс үнэнийг харах явдал болохоор үүнийг Гэгээрсэн Үнэн хэмээн нэрлэдэг ажээ.

Хэрвээ бид хайр энэрлийг мэдэрч буй тэр ухамсрынхаа мөн чанарыг бодож үзэх юм бол мөн амгалан чанартайг олж илрүүлэх болно. Сэтгэл улам нээгдэх тусам илүү их амгаланг эдэлнэ. Амар амгалан гэдэг бол бидний сэтгэлийн суурь болсон чанар мөн гэдгийн илэрхийлэл. Хайр энэрэл барилдлага холбоог суурио болгодгийн адил бид *хүрд* гэдэг утгыг амгалангаар төлөөлүүлж болно.

Эгэл нэгний хувьд амгалан гэдэг нь нөхцөл байдлаас шалтгаалсан хувирах чанартай урвах жаргалыг хэлдэг. Шүтэн барилдлагын хуульд үндэслээд хоосон чанарыг ухаарвал аливаа өөрчлөлтөөс үл хамаарах алагчлалгүй энэрэх сэтгэлийг төрүүлж чадах болдог. Нөхцөл байдал ямар ч байлаа гэсэн энэ нь тогтвортой мэт үзэгдэж байдаг. Яваандаа тэр нь ялгаа үгүй амгаланг мэдрэхэд хүргэх бөгөөд урьд нь мөнх бус байдал хийгээд өөрчлөлтийг илэрхийлж байсан *цаг* одоо өөрчлөлт үгүй мөнхийн байдлын санаатай холбогдож ирнэ.

Энэ хоёр тал нийлэхээрээ *үл урвах амгаланг* үүсгэнэ. Энэ бол хоёрдмол үзлээс үл зуурах явдлаас хэлбэржин гарсан гуйвшгүйгээр саатан орших амгаланг хэлнэ. Энэ төрлийн амгаланг Калачакра буюу Дүйнхор хэмээх эрэгтэй ядмаар бэлгэдэн үзүүлдэг.

Дараа нь бид үл алагчлах хайр энэрлийн хэлбэрийг үүсгэх үндэс болсон үзэгдлийн мөн чанар нь юу болохыг тунгаан бодож эхлэх бөгөөд тэд мөн л байгалиасаа хоосон чанартайг илрүүлэх болно. Гэхдээ хоосон гэдгээр зөвхөн юу ч үгүй хоосонг хэлээгүй бодит мэдрэмжийн орныг үндсээр нь бүрэн хувиргасан атомын бичил хэсгүүдээс ч цааш давж гарсан хязгааргүй их боломжийн талбарыг хэлэх ажээ. Бүх зүйл аяараа байж аль ч талаар юунд ч үл зуурсан оршиж, орших ба үл орших хоёрыг хоёуланг хувиргасан *хоосон-дүрс* хэмээх үнэн бодлын төөрөгдлөөс ангид хязгааргүй боломжоор дүүрэн үнэний оршихуйг хэлэх ажгуу. Үнэний олон ургалч чанар бүхий энэ оршихуйг эмэгтэй ядам Вишваматагаар бэлгэдэн үзүүлдэг байна.

Гэгээрсэн сэтгэлтний хувьд үл урвахын амгалан ба хоосон дүрсний нэгдэл нь Дүйнхор Вишвамата хоёрын хослон орохуйгаар мэдрэгдэх бөгөөд туйлын үнэнийг чанагуух утгын ганц амт энэ болох ажгуу. Өөр өөр талуудыг илэрхийлэх өөр үгс байх хэдий ч тэдгээр нь нэг л зүйлийн мөн чанарыг хэлж байгаа гэдгийг бид ойлгох хэрэгтэй юм. Тэд бол биднийг анхаарлаа үнэнтэй илүү ойртуулахад тусалж байгаа уран чадварлаг аргууд билээ.

Дасгал 1.3 – Тэгш Сэтгэлд Саатан Амрах

- *Тайван байдалд орж, амьсгалдаа төвлөрөх дасгалаар сэтгэлээ тогтвортой байдалд оруулна.*

- *Нүдээ нээж өмнийн огторгуйг ширт.*

- *Амьсгал авч гаргах тоолондоо бодлуудаа гадагш зайлуулж байна гэж бод. Сэтгэлээ хоосон нээлттэй байх боломжийг олго.*

- *Энэ байдалдаа гацаж аль болох удаан азнаад юунаас ч зуурахгүй байхыг хичээ.*

- *Бодол орж ирэхэд дахин амьсгалаа ашиглан зууралтаа салгаад тэгш сэтгэлдээ эргэн саат.*

- *Ухамсраа тасалдуулалгүй урсган бясалгалаа дуустал ийн амрагтун.*

Үр – Амгалан Зохицлыг Төгөлдөржүүлэхүй

Цагийн хүрдний үндсэн аргууд бол хайр энэрлийн сэтгэлийг өсгөн тордсоор алагчлалын аливаа бүх хэлбэрүүдийг арилган, сэтгэлээ бүгдийг хамарсан өөрчлөгдөшгүй энхийн зохицолт төлөвтэй болох хүртэл нь хөгжүүлэх явдал мөн. Энэхүү гүнзгий ухамсарлахуйг бид Шамбал хэмээн нэрлэдэг. Шамбалын оронд хүрнэ гэдэг төгс гэгээрэлд хүрэх буюу Бурханлаг-чанарынхаа язгуурын үзэгдлийг төгс үзнэ гэсэнтэй ижил утгатай билээ. Яагаад гэвэл энэ мөн чанар суурийн цаг үест ч мөн үр дагаврын цаг үед ч адил тэнцүүгээр үзэгддэг ажээ. Тиймээс Шамбал нь Цагийн хүрдний сургаалын эх сурвалж хийгээд мөн түүний үр жимс гэж адилхан тооцогддог байна.

Туйлын утгаараа Шамбалын орон энх зохицолт оршихуйн төгөлдөр үзүүлэлт бөгөөд харин харьцангуй утгаараа хүний сэтгэлийн ариунаас шалтгаалан олон янзаар үзэгдэх байдал ажгуу. Тийм учраас энэ замаар замнах явцдаа Шамбал хэмээн нэрлэдэг олон дундын шатуудыг таньж гарах хэрэгтэй болно. Үзэгдэл болгон Туйлын Шамбалын чинагуух утгыг ухамсарлахад хүргэдэг харьцангуй боломжийг төлөөлөх бөгөөд Цагийн хүрдний сургаалыг гарын авлага болгон дадуулах явцад бий болдог байна. Хэдийгээр та зам мөрөө энэ удаад төгсгөж чадахгүй байлаа ч гэсэн ирээдүйд гарцаагүй гүйцээх боломжоо үүсгэн бүтээж байна гэсэн хэрэг билээ.

Шамбалын Тал Болгонд Үзэгдэх Бололцоот Орнууд

Шамбалын эхний давхарга *Шамбалын Тал Болгонд үзэгдэх Завшаант Орнууд* хэмээх Цагийн хүрдний дадлагын үр дүнд үзэгдэх боломжтой нэгэн зүйл мөн. Эдгээр мэдрэмжүүд Шамбалын орныг бүхлээр нь мэдрүүлнэ гэхэд учир дутагдалтай боловч хагас хугас байдлаар ч гэсэн түүний чанарыг мэдрэх боломжийг олгодог байна. Тэдгээрийг Завшаан олгосон орнууд хэмээн нэрлэдэг ба тэд бидэнд өөрсдийн унаган чанартайгаа танил дотно болох боломжийг санал болгож байгаа болохоор тэр ажээ. Дараах шинж эгэл хүний төрлийг авсан бидэнд мэдрэгдэж болох ба үүнд:

1. **Гол шинж:** Шамбалын орны гол шим нь *хайр ба энэрэнгүй сэтгэл* мөн. Энэ бол бидэнд хамаг амьтныг энэрэх жинхэнэ холбоо мэдрэгдэх тоолонд үзэгдэж байдаг шинж билээ. Жишээ нь хүүхдээ хайрлаж буй эцэг эхийн хайр үүнд багтана.

2. **Өргөн шинж:** Сүсэг бишрэлийн замаар хайр ба энэрэх сэтгэлийг хөгжүүлэх үед хамрах хэмжээ гадагш тэлдэг. Бүрэн хэмжээгээр илэрхийлэх үед хамаг амьтныг хамрахаар болдог. Энэ бол Шамбалын орны өргөн уудамыг харуулж буй *уудам шинж* билээ.

3. **Үл-алагчлах шинж:** Ялгавар гэдэг байгалиасаа юмсыг салган тусгаарлах чанартай байдаг бол хайр энэрэл тэдгээрийг холбох чанартай байдаг. Хайр энэрэл илүү өргөжих тусмаа алагчилж үзэх сэтгэл улам багасаж байдаг. Шамбалын орны үл-алагчлах шинжийн шалгуур нь хамаг амьтныг *тэгш сэтгэлээр* энэрэх явдлаар илэрч байдаг.

4. **Нэгдмэл шинж:** Шамбалын орны нэгдмэл шинж нь язгуурын мөн чанарыг ухаарах *билиг оюунаар* үзэгддэг байна. Жишээ нь, амьтан бүхэн аз жаргалыг хүсдэг, зовлонг хүсдэггүй чанартайг ойлгох ухаан үүнд багтана. Ижил төстэй талууд нэгдсэнээр биднийг салган буй ялгаатай чанарууд хүчээ алдан орхигдох болно.

Шамбалын Алтан Эрин

Цагийн хүрдний сургаалыг анхааран авлага болгон дадуулснаар хайр энэрлийн сэтгэлийг тордон өсгөж энэ хорвоогийн хамаг амьтантай үйлийн үрийн хүчирхэг холбоо үүсгэх боломжтой. Үүний зэрэгцээгээр Шамбалын тал болгоны шинжүүдийг өөрсдөдөө дадуулан зуршуулснаар *Шамбалын Алтан Эриний* үед дахин төрөх үйлийн холбоосыг бий болгох бололцоотой билээ.

Ерөнхийд нь хэлэхэд, "алтан эрин" гэдгээр нийгмийн ихэнх хэсэг сүсэг бишрэлээр дүүрэн, хайр энэрэлийн сэтгэлтэй болох тал руу нийгэм шилжих тийм үеийг хэлдэг бөгөөд асар их доройтолд орж зовлон эрчимжсэн цөвүүн цагийн дараагаар л урган гардаг байна. Тийм үед хүмүүс арга замаа өөрчлөх хандлага руу эргэсэн байх тул шинэ үзэл ухаанд илүү хүлээн авагчийн байдлаар ханддаг болсон байдаг.

Шамбалын Алтан Эрин гэдэг нь Цагийн хүрдний сургаал энэ ертөнцөд дэлгэрэн түгэж, хүн бүр сүсэг бишрэлтэй, өөр хоорондоо нийцтэй, эвтэй найрамдалтай гэгээрсэн нийгэм урган цэцэглэх үеийг нэрлэдэг. Энэ үед урьд Цагийн хүрдний сургаалтай учран барилдлага тогтоож хөгжүүлсэн хэрнээ хараахан гэгээрч чадаагүй нэгэн яг энэ ертөнц дээр дахин хүний төрлийг аван төрөх ажээ.

Алтан эрин хэзээ ирэх нь тодорхойгүй. Одоогоос хэдхэн зууны дараагаар болохыг зөгнөсөн зөгнөл бий боловч энэ тоог өөрөөр ойлгож болох талтай билээ. Алтан эрин үзэгдэх үү, үгүй юү гэдэг нь энэ гараг дээрх бүх амьд амьтны сэтгэлээс шууд хамааралтай. Хэрвээ бид энэ янзаараа мунхаг сэтгэл, ялгаварт үзэл зэргээ даган баримталсаар бйах аваас алтан эрин мандах бололцоо үгүй болж мэднэ. Нөгөө талаас, хүн болгон амар амгалан, энх тайван оршихуйг гол зорилгоо болгочихвол Алтан эрин бидний бодсоноос хамаагүй эрт эхлэх ч магадлал бий гэдэг.

Шамбалын Дээд Хувилгаан Орон

Мэдрэмжийн дараагийн давхарга бол *Хувилгаан Лагшинт Шамбалын Дээд Орон* бөгөөд Шамбалын орны бүрэн хэмжээгээр үзэгдэх эхний төлөв байдал юм. Энэхүү үзэгдэл нь Шамбалын бүхий л шинжүүд төгс үзэгдэхийг хэлнэ. Өмнө дурдсан Шамбалын хэлбэрүүд бүдүүн мэдрэхүйн хүрээнд үүсэж байсан бол энэ орон нэлээд нарийн мэдрэмж ухамсрын түвшинд мэдрэгдэнэ. Тэнд төрөхийн тулд доорх нөхцөлүүдийг бүрдүүлсэн байвал зохилтой:

1. **Үйлийн Үрийн Барилдлага:** Эхлээд, Цагийн хүрдний сургаалыг дадуулах замаар Шамбалын орныг тал бүрээс сэтгэлдээ сайтар зуршил болгосон байх хэрэгтэй. Энэ орон хоёр мянга гаруй жилийн турш Цагийн хүрдний сургаалыг дадуулан үйлдсэний дүнд үүссэн бөгөөд тухайн сургаал өөрөө Шамбалын орноос анх гаралтай юм. Иймийн тул Цагийн хүрдний сургаалыг дадуулан үйлдэх нь биднийг түүнтэй холбосон маш хүчтэй барилдлага үүсгэдэг билээ.

2. **Хүчтэй Ерөөл:** Хоёрт, тэнд төрөх болтугай гэсэн хүслийг маш хүчтэй төрүүлсэн байх ёстой бөгөөд ялангуяа нас нөгчих үед хүчтэй тэмүүлсэн сэтгэлтэй байх хэрэгтэй. Ерөөхүй нь үйлийн барилдлагыг бататган дараагийн төрөлд шууд боловсрох уг шалтгаан болж өгнө.

Амгалан энхийн ариун орон Шамбал

3. **Сэтгэл тогтвортой байх:** Эцэст нь, бид сэтгэлээ хангалттай хэмжээнд хүрэхүйц тогтвортой болгосон байх ёстой. Тэгснээрээ *Авахын Зуурдад* шаардлагатай нарийн сэтгэлийн төлөвт орж чадах болно. Энэхүү сэтгэлийн нарийн төлвийг Цагийн хүрдний замыг дадуулан үйлдэх явцдаа олж авдаг билээ.

Доор дүрслэгдсэн богино хэлбэрийн дүрслэлд Шамбалын Дээд Оронд төрсөн хүмүүст хэрхэн мэдрэгддэг талаар үзүүлэх болно:

Энэ газар тэр чигээрээ нэвтрэх аргагүй өндөр бөгөөд зузаан мөсөн уулсаар хүрээлэгдсэн байдаг. Болор адил гялтганах шовх оргилуудаас уруудвал хадат хавцал болон үргэлжилснээ түүнийг өнгөрмөгц өтгөн ширэнгэн ой болон хувирна. Уулс яваандаа толгод, өвс ногоо халиурсан хөндий болон цааш үргэлжлэх ба цэцэгсийн анхилуун үнэртэй ажээ. Газар орон тэр чигээрээ дулаан гэрэл гэгээ өөрөөсөө ялгаруулах нь ертөнцийн өнцөг булан болгонд хурсан харанхуйг хөөх гэсэн мэт.

Эзэнт улс руу доош хараагаа тусгах юм бол найман хязгаар аймаг гадаад тойргийг үүсгэж голоо тойрсон нь найман дэлбээт лянхуан хэлбэртэй ажээ. Аймаг бүр урсгал ус, өндөр уулс гэх мэт байгалийн заагаар хиллэн оршино. Гэхдээ эдгээр уулс Шамбалын орны гадуур хүрээлсэн тэдгээр мөсөн оргилт уулстай адилгүй бөгөөд хурц тод өнгөтэй хөндийнүүдээр дүүрсэн нь нэг аймгаас нөгөө рүү аялал зугаалга хийхэд таатай боломж олгоно. Аймаг болгоны газар зүйн байдал нь өөр өөр байх агаад цөм өтгөн халиурсан ногоо, цэцэгс хийгээд үзэсгэлэнт ой тэргүүтнээр ялгаатай содон ажээ. Орон бүхэлдээ сүлжилдэн урсаж тогтсон тоогүй олон гол нуурууд, рашаан лугаа цэвэр тунгалаг устай ба ойр орчны байгалийн үзэсгэлэнг тусгаж гялтганан үзэгдэнэ.

Тэнд амьдардаг хүмүүсийн зүгээс харвал тэр газар оронд олон төрлийн гоёмсог араатан амьтнаар баян бөгөөд шувууд уянгалаг яруу дуугарах нь ариун газрын чимэглэл гэлтэй. Тэд бол цөм Бодьсадва нарын хувилгаад бөгөөд Шамбалын орны иргэдэд уярал бишрэл төрүүлж байхын тулд ийн хувилж үзэгдэх нь энэ ажээ. Ногоон хөндийнүүд баян тансаг ургац, цэцгийн мандал, цэцэрлэгүүдээр дүүрэн. Газар дэлхийгээс байгалийн хүнс аяараа урган гарах нь хэн бүхэнд бүрэн хүрэлцээтэй шим тэжээлийг өгнө.

Аймаг болгонд арван-хоёр хаант улс байгалийн хилээр зааглагдан оршино. Хаант улс бүр тэгш хэмээр таран байрласан арван-сая хоттой. Орны төвийн аймагт, орчны хөндий нутгуудаас дээшээ шовойн ургасан нэгэн гоёмсог уул үзэгдэхийг Кайлаша Уул хэмээнэ. Түүний орой дээр Шамбалын орны нийслэл үзэсгэлэн төгс Калапа хот сүндэрлэнэ. Хотыг тойроод лянхуа цэцгэн хоёр нуур болон баян тансаг таашаалын цэцэрлэг хүрээлсэн үзэгдэнэ.

Энд төрсөн хүмүүс эд баялаг буян хишиг нь дэлгэрсэн байх бөгөөд ялангуяа, тэдний хайр энэрлийн зуршил үнэхээр гайхамшигтай. Эх хүнээс хүүхэд төрнө, гэвч энгийн төрөлттэй адил өвдөлт гэж үгүй. Эцэг, эх хоёул хүүхдэдээ хязгааргүй хайрлаж энэрэхээс гадна тэд зөвхөн бидний гэж үзэх нь үгүй. Тэнд хүүхэд бүхнийг ижил тэгш хайрлаж бодит эцэг эх хэн гэдгээс үл хамааран бүгд адилхан өсгөлцөнө. Хүүхдэд л хэрэгтэй байвал хэн нь ч гэсэн тусламжийн гараа харамгүй сунгана.

Хүүхэд маш бага наснаасаа сүсэг бишрэлийн замтай танилцан тухайн аймагтаа онцлогдох урсгалыг дагана. Сүсэг бишрэл өндөр хөгжсөн нутаг учраас хэн ч байсан хурдтай ахиц гарган дээшилнэ. Дугуй унаж сурахтай л адил урьдын төрлүүддээ заалгасан зүйлстээ хурдан суралцан гүнзгий түвшний бясалгалд бага наснаас эхлэн амархан дадах болно.

Хоол, хувцас орон байр хаа сайгүй бэлэн байх учраас мөнгө олох гэсэндээ ажил хөдөлмөр, худалдаа арилжаа хийх хэрэгцээ үгүй. Хаант улсуудын 96 засаг ноёдод хууль дүрэм гаргах шаардлага үгүй болохоор тэд захирагч гэхээсээ илүүтэй үлгэр жишээ, дуурайл болсон хүмүүс, багш сургагч байх нь олонтаа.

Хүмүүс Шамбалын орны нэг л аймагт өсөж торних хэрнээ газар нутаг, соёл урлаг, цэнгээн наадам зэрэгт сонирхон татагдах нь үгүй. Цагаа болохоор тэд нэг аймгаас нөгөө рүү аялан сүсэг бишрэлийн хөгжлөө ахиулан явна. Хүмүүсийн хооронд барилдлага үүсэхдээ энэ бүлэг, тэр бүлэг гэхээсээ илүү сүсэг бишрэлийнхээ хүрсэн түвшингийн хэмжээгээр бүлэглэн хэлбэрждэг байна.

Бас нэгэн нийтлэг холбооны хэлбэр бол багш шавийн барилдлага. Шамбалын орныхон ухамсрын түвшин өөрөөс дээш гарсан хүмүүсийг машид хүндэтгэнэ. Тэнд өрсөлдөөн гэсэн ойлголт үгүй болохоор хүн болгон дотоод сэтгэлийн унаган чадвараа амьдруулах явдалдаа бие биеэ дэмжин туслахыг хичээн хамтдаа зүтгэцгээнэ.

Хувь хүн шат ахих тусмаа нутгийн гол хэсэг рүү шилжин нүүх хөдөлгөөнд орно. Жижиг голууд нийлж их далайд цутгадгийн адил хүн болгон эцэстээ Кайлаша Ууланд ирж төгсдөг байна. Уулнаас уруудан таашаалын нугад орохдоо тэд Цагийн хурдний гэгээрлийн хот мандлыг олж, түүн дотор зохих авшиг дамжлагыг хүртэцгээнэ. Цагийн хурдний өвөрмөц бэлтгэлийн зэрэг буюу *Очирт Зургаан Йогийн* дадлагыг анхааран авч дадуулсны үр дүнд нийслэл хот Калапад нэвтрэн орох эрхтэй болж улмаар Хаанд бараалхах эрх олж авна. Ийнхүү тэд Дүйнхор ядмын нигуурыг харж туйлын Шамбалыг ухамсарладаг ажгуу.

Энэхүү ер бусын гайхалтай орон энэ дэлхийн хамаг амьтны үйлийн үрийн барилдлага хийгээд Бодьсадва нарын аугаа их хүсэл залбирлын хүчээр үүсэн бий болжээ. Энэ орон үйлийн үрээс ургадаг учраас Бодьсадва хүн болгон ерөөл залбирлынхаа хүчээр сүсэг бишрэлийн замаа гүйцээж төгс орчинд төрөх шалтгааныг хөгжүүлэн тордох хэрэгтэй байна. Энд төрсөн хэн боловч нэгэн хүний нэгэн биед гэгээрлийн хутагт хүрэх бүрэн баталгаа бий. Тийм болохоор түүнийг сансар орчлонгийн нэгээхэн хэсэг гэж хэдийнэ тооцохоо больсон ажгуу.

Шамбалын Дээд Төгс Жаргалантын Орон

Цагийн хүрдний Үүсгэлийн Зэргийн дадлагуудыг гүйцээн, хоосон-дүрс харж дадсан хүний хувьд үхлийн дараах шилжилтийн үеэр зүүд адил үзэгдэх Шамбалын Дээд Орны туйлын утгыг олж харах боломжтой. Үүнийг бид *Төгс Жаргалантын Лагшинт Шамбалын Орон* гэж нэрлэдэг.

Энэ нь төгс гэгээрэл хэдийгээр биш боловч энэхүү мэдрэмж ухамсарт саатан оршвол тухайн бясалгагч хүн гайхамшигт түвшний ухамсарлахуйд хүрэх боломжтой бөгөөд энэ нь аравдугаар газрын Бодьсадва болон хувирахтай ижил юм. Ийм төлөвт орсон хүн бүх үзэгдлийг гэгээрсэн ядам, бүх чимээг тарни, бүх бодлыг язгуурын билиг оюун гэж мэдэрдэг. Эндээс саруул оюун, буян хишиг хоёроо чинадад нь хүргэн арвижуулах хязгааргүй тооны боломж гарч ирдэг байна.

Шамбалын Дээд Дармакая Орон

Шамбалын орны үзэгдэх сүүлчийн төлөв бол энэхүү замын оргил үе буюу төгс зохицол амгалан энхийг туйлаас мэдрэх явдал бөгөөд үүнийг бид *Номын Лагшинт Шамбалын Орон* хэмээн нэрлэдэг. Цагийн хүрдний Төгсгөлийн Зэрэг болох *Очирт Зургаан Йогийг* төгөлдөржүүлсний дүнд түүнд хүрдэг байна. Хоёр замаар түүнд хүрч болно. Үүнд:

1. **Нөгчих Үеийн Гэгээн Гэрэл:** Үхлийн үеэр бидний сэтгэл бие махбодоос салах үед Шамбалын орны язгуур мөн чанарт уусан шингэнэ. Энэ үед бид ухамсраа бүрэн хадгалж үлдэж чадах юм бол тэрхүү мөн чанартаа саатан орших боломжтой байдаг.

2. **Энэ Насандаа:** *Очирт Зургаан Йогийг* дадуулах үйлсэд бүх амьдралаа зориулан, Шамбалын орны туйлын утгаас салшгүй нэгэн болох үл урвахын амгалан хийгээд хоосон-дүрсний нэгдлийг үзэхэд сэтгэлээ бэлтгээд шаардлагатай нөхцөлийг үүсгэн бий болгож чадвал нэгэн насандаа хүрэх боломжтой.

Хоёр тохиолдлын хөөуланд Шамбалын орны туйлын мөн чанарт саатан оршсоноор бидний үйлийн үрийн барилдлагууд аяараа уусан арилах ба цаашид ухамсар мэдрэмжид нөлөөлж чадахаа болино. Түүний бүхий л ул мөрүүд арилж дуусахын цагт төгс гэгээрсэн бурханы хутагт хүрэх болно.

Сүсэг бишрэлийн замд бүхий л амьдралаа бүрэн зориулах нөхцөл боломж маш цөөхөн хүнд олддогоо. Гэхдээ энэ нь биднийг Цагийн хурдний зам мөрд орж ашиг шимийг хүртэж болохгүй гэсэн үг биш. Шамбалын орны үзэгдэж болох төрөл бүрийн байдлаас харахад амар амгаланг мэдрэх чадвараа сайтар дээшлүүлсний үр дүнд хүрч болох завсрын олон шатууд байгаа билээ.

Энэ нь бидэнд учирсан зарим нөхцөл байдлаас үл шалтгаалан цаг үргэлж чин сүсгээр хичээн дадуулах аугаа их итгэлийг өгч байгаа юм. Цагийн хурдний замаар явахад нэг удаа нэг л шатанд хүрдгийг сана. Хэрвээ бид арай илүү их хайр энэрлийг амьдралдаа өсгөн тордож болдог бол гэгээрлийн зүг хийсэн нэг гайхамшигтай алхам байх сан.

Үүний адилаар, дээр дурдсан зүйлсийн заримыг ойлгоогүй бол бүү санаа зовогтун. Энэ бол шинэ танихгүй санаатай учраад дасаж чадахгүй байгаагийн л шинж мөн. Энэ бүлэгтээ бид Цагийн хурдний өвөрмөц шинжүүдийн талаар болон яагаад ийм хүчирхэг ухамсарлахуйд хүргэдэг болохыг нэлээд өргөн хүрээгээр ерөнхий ойлголт өгөх зорилготой байсан юм. Одоо цааш үргэлжлэхдээ бид илүү баттай ойлголт болгон хөгжүүлэх зорилго баримтлах болно.

ГОЛ ХЭСГҮҮДИЙГ ЭРГЭН СӨХВӨЛ

- Яг одоо түлхүүр болсон гурван нөхцөл дээр тулгуурлаад бидэнд ховор боломж гараад байгаа нь: 1.эрдэнэт хүний төрлийг олсон явдал, 2.зовлонгийн шалтгааныг таньж чадах оюун ухаан бүрэн төрсөн явдал, 3.жинхэнэ аз жаргалд хүргэх Цагийн хурдний замтай учирсан явдал юм.

- Эдгээр нөхцөлүүд мөнх-бус бөгөөд үргэлж байхгүй. Тийммээс, чадахын хэрээр ашиглах хэрэгтэй.

- Төрөл тэргүүлшгүй цагаас авахуулаад сансар орчлонд элдэв төрлийн зовлон эдлэн оршсоор байгаа. Одоо эндээс чөлөөлөгдөн гарах цаг болсон.

- Бидний зорилго бол аугаа амар амгаланг амьдралдаа авчрах явдал. Үүний тулд, буруу муу зуршлуудаа хөсөр хаяж, зэрэг сайн чанаруудаа өсгөн хөгжүүлэхэд сүсэг бишрэлийн замыг дагах зайлшгүй хэрэгтэй.

- Цагийн хурдний зам гурван шалтгаанаар Хаан дандар хэмээн

нэрлэгддэг нь: 1.өргөн цар хүрээг хамардаг, 2.тод томруун үзүүлэлттэй, 3.гүнзгий аргуудтай.

- Цагийн хүрдний замын суурь нь дотоод сэтгэлийн ариун Бурханлаг-чанар бөгөөд хором тутамд ухамсарт агуулагдаж байдаг явдал. Энэ ариун чанар мунхаг сэтгэл, алагчлах үзэл хоёроос болоод хязгаарлагдмал болдог. Саруул оюун, хайр энэрлийг хөгжүүлсний хүчээр энэ хязгаруудаа даван гарч болно.

- Цагийн хүрдний зам мөр үнэний олон давхрааг хамарч харуулдаг. Гурван төрлийн үнэн оршихуй: 1.Гадаад Үнэн, 2. Дотоод Үнэн, 3. Гэгээрсэн Үнэн юм.

- "Гадаад Үнэн" нь гадаад орчны бодит хувирлыг ойлгох замаар мөнх-бус байдал, зохиомол үнэний хоосон чанартайг ухаарах явдлыг хөгжүүлэх тал дээр ажилладаг.

- "Дотоод Үнэн" нь хайр энэрэхүйн сэтгэлийг хөгжүүлэхийн тулд хамаг амьтны хийсвэр мэдрэмж дээр тулж ажилладаг. Эдгээр чанаруудд нь шүтэн барилдлагын хоосон чанартайг ухаарахын үндэс болж өгдөг байна.

- "Гэгээрсэн Үнэн" нь үл урвах амгалан хийгээд хоосон-дүрсний нэгдлийг ухамсарлахын тулд язгуурын хоёрдмол бус ухамсартайгаа тулж ажиллахад зориулагддаг. Энэ нь өөрсдийн ухамсрын төгс бүтсэн мөн чанар ба дээд хоосон чанарыг ухамсарлахуйд хүрэх үндэс болдог.

- Цагийн хүрдний зам мөрийн үр дүнд амар амгалангийн төгс төгөлдөр хэлбэр, Шамбалын орон үзэгдэх боломжтой.

- Таны сүсэг бишрэл хүчтэй болон хүч сул буйгаас шалтгаалаад Шамбалын орон янз бүрээр үзэгдэх боломжтой. Бүдүүнээс нарийн чиглэл рүүгээ таван хэлбэр байдгийг үзүүлбэл: 1. Шамбалын Орны шинжүүдэд орших боломжит орнууд, 2 .Шамбалын Алтан Эрин, 3. Шамбалын Дээд Нирманакая Орон, 4. Шамбалын Дээд Самбогакая Орон, 5. Шамбалын Дармакая Орон эдгээр юм. Шамбалын эдгээр орнуудад Цагийн хүрдний Замаар замнан хүрч болдог.

ХОЁРДУГААР ХЭСЭГ

Жонан-Шамбалын Дамжлагатай Барилдлага Тогтоохуй

Шагжаамүни Бурхан энэ дэлхий дээр бидэнд мэдэгдэж байгаагаар хоёр мянга таван зуу гаруй жилийн өмнө саатан морилжээ. Тэрбээр Энэтхэгийн Ариун Газарт нирвааан дүригийг үзүүлэх хүртлээ ойролцоогоор тавь орчим жил ном сургаалаа айлдсан гэдэг. Түүний бүхий л амьдрал үүнд бүрэн зориулагдсан бөгөөд сургасан сургаалынхаа зарчим, сахилга журам зэргийг өөрт учрах завшаан тохиосон хувь төгөлдөр шавь нартаа биечлэн үзүүлсээр байжээ.

Тэр цагт Бурхан Багш ухамсар мэдрэмжийн маш олон дараалыг номлосон бөгөөд гэгээрлийн хутагт хүрснийхээ ачаар сэтгэлийн нарийн түвшний олон өөр давхаргад шингэн орох байдлаар сургаалаа номлодог байсан байна. Тэрбээр зөвхөн дэргэд байгаа шавь нараа сургах төдийхнөөр хязгаарлаагүй юм. Ихэнх цаг үест бясалган сууга мэт харагддаг байсан ч сэтгэл дотроо туйлын олон янзаар хувилан үзэгдэж амьтны тусыг элдэв аргаар бүтээсээр байсан юм.

Түрүүчийн бүлэгт тайлбарласан Цагийн хүрдний сургаал нь Бурхан багшийн айлдсан сургаалуудын нэг байсан бөгөөд маш нарийн сэтгэлийн хэмжээсээр энэхүү сургаалаа номлосон гэдэг. Зүүн хойд Энэтхэгийн нутагт байдаг Ражагриха тосгоны ойролцоо Тас цогцолсон Оргил Уулнаа "Билгийн Чинадад Хүрэхүй" буюу *Билиг Барамидын* сургаалаа айлдаж байх зуортаа одоогийн Амарвати буюу Өмнөд Энэтхэгийн алдарт суварга Данаякатака дотор Язгуурын Бурхан Дүйнхор Ядам бурханы дүрээр нэгэн зэрэг Цагийн хүрдний сургаалаа номлосон байна.

Тэр цагт очир-адил уусалтынхаа үеэр Бурхан Багш бээр Язгуурын Бурханы номын лагшиндаа саатан оршиж, тэнд цугларсан аравдугаар газрын Бодьсадва нарт Цагийн хүрдний Төгс жаргалантын лагшингаар үзэгдсэн нь дөрвөн нигур, хорин-дөрвөн мутартай, өөрийн илбийн хань Вишвамата лугаа арга билэг эвцэлдсэн дүртэй байжээ. Шамбалын Хаан Сучандраг Цагийн хүрдний дандарын сургаалаа айлдана уу хэмээн хүсэх үед тэр ийм дүрээр үзэгдсэн гэдэг.

Бурхан Багш түүний хүсэлтийг ёсоор болгон Дандарсын номын хүрдийг эргүүлснээр *Арван-Хоёр Мянган Шад бүхий Язгуурын Бурхан* хэмээн нэрлэгдэх болсон гүнзгий хийгээд өргөн утга бүхий тарнийн сургаал номлогдсон билээ. Түүний гол нүүрнээс энэхүү нандин сургаал номлогдох үед бусад гурван нүүрнээс мөн адил өөр дандарсын аймгийн сургаалууд номлогдсон нь амьтны хүлээн авахуйн чадварт нийцсэн олон ангилалтай байсан нь тэр ажээ.

Бурхан Багшийн адилаар Сучандра болон түүний ерэн-зургаан засаг ноёд гүнзгий бясалгалын уусалтанд орсон байдлаар уг номлолыг хүртсэн даруй ухамсраа биедээ буцааж авчран, Шамбалын Дээд Орныхонд дамжуулахын тулд цаасан дээр яаран буулгаж авснаар Цагийн хүрдний мэргэн ухаан тэнд нэвтрэн дэлгэрч эхэлжээ.

Номын Хаан Сучандра бол Очирваанийн хувилгаан биеэрээ байсан бөгөөд ийнхүү Цагийн хүрдний урсгалын анхны уламжлалыг хадгалан уламжилагч болон хувирсан ажгуу. Бурхан Багш энэхүү сургаалыг Сучандрад дамжуулж, Сучандра өөрийн шавь нарт номлон дэлгэрүүлсэн гэж ерөнхийдөө ойлгоход болох хэдий ч урсгалын уламжлалыг баригч гэдгээр Сучандра анх уг сургаалыг өөрийн сэтгэл ухамсартаа амьдруулан, чинагуух утгынх нь амьд биелэл болсон гэдгийг мэдэх нь хамгаас чухал зүйл юм. Хоёр төрлийн урсгалаар гарсныг тодруулбал:

1. **Дамжлага:** Эхний хэлбэрийн урсгал сургаалын агуулгыг багшаас шавьд дамжуулан өвлүүлэх тал дээр илүү анхаарч ирсэн байна. Чадварлаг мастер өөрийн бие, хэл ба сэтгэлийн алийг ч ашиглан байж номлол айлдах боломжтой ажээ. Жишээ нь, үгээр илэрхийлсэн аман дамжлага байж болоход мөн сэтгэлээс сэтгэлд шууд дамжуулах явдал бас байдаг байна. Мөн түүнчлэн Дилова багш Наровагийн толгойг зуны шаахайгаараа дэлсээд авсантай ижил бие махбодоор дамжуулах явдал байж болдог байна. Яаж дамжуулах нь хамаагүй тэрхүү үйлдлийн шимээр багш хүн шавийнхаа сэтгэлийн оюунд далд ухамсарлахуйдаа хүрэх үрийг суулгаж өгч байгаа нь л хамгаас чухал билээ.

   Төвөд хэлэнд аман дамжлагыг *Лүн* буюу үгчилбэл агаар гэсэн үгээр илэрхийлдэг. Ийм дамжлагын зорилго бол аливаа сургаалыг төөрөгдөл будилаангүйгээр баталгаатай дамжуулах явдал бөгөөд Бурхан Багшийн амаар анх хэрхэн өгүүлэгдсэн тэр ариун холбоосыг хадгалах гэсэндээ тэр ажээ. Ерөнхийдөө сургаалыг дадлага болгохоосоо өмнө эртний уламжлалаа барьсан багшаас дамжлага авах нь зөв болно гэж үздэг байна. Ингэснээрээ сургаалыг амьдруулах хамгийн сайн үйлийн барилдлагыг үүсгэж байгаа хэрэг юм. Эхлээд номлол айлдаач гэсэн айлтгал тавина, дараа нь дамжлагаа хүртэж эцэст нь заалгаснаа дадлага болгон үйлддэг байна.

2. **Ухамсарлахуйн Урсгал:** Нөгөө нэг төрлийн урсгал нь заалгасан сургаалынхаа үр дүнг үзүүлэх тал дээр илүүтэй анхаардаг байна. Сургаал

Шамбалын Их Номын Хаан Сучандра

номыг зөвхөн сонссоноор дамжлага уламжлал баригч болчихно гэдэг учир дутагдалтай хэрэг гэж тэд үздэг бөгөөд багшийн амнаас гарсан авиаг азтай ялаа хүртэл сонсох боломжтой юм. Гэвч тэр юу хэлснийг нь ойлгож утгыг нь нэгтгэж чадна гэсэн үг бас биш юмаа.

Жинхэнэ дамжлага уламжлал Баригч болно гэдэг уг сургаалдаа түшиглээд ухамсарлахуйн зохих түвшинд хүрсэн байх хэрэгтэй аж. Тэгсэн цагт шавийн сэтгэл нь багшийн сэтгэл дэх сайн чанаруудыг амжилттай үзүүлж чадах бөгөөд дамжлага хүртээсний зорилго ингэж биеллээ олдог байна.

Аль нэг урсгалыг *амьд* гэж үзэхийн тулд түүний бясалгаач мастерууд амаар дамжуулах төдий биш утгыг мөн ойлгуулах хэрэгтэй байдаг байна. Дамжлага урсгалын хэлхээг баригч болохын тулд айлдаж буй номлолдоо сэтгэлээ асар их хэмжээгээр зориулах шаардлагатай бөгөөд доройтлын энэ цөвүүн цагт эртний нандин сургаалтай учирна гэдэг тэдгээр бясалгаачдын хязгааргүй сайхан сэтгэлийн үр шим яах аргагүй мөн билээ.

УРСГАЛД ТҮШИГЛЭХИЙН АЧ ТУС

Буддын ухаанд сүсэг бишрэлийн аль нэгэн урсгалд маш их ач холбогдлыг өгдөг. Бурхан Багш нирваан дүрийг үзүүлснээс хойш лам хуврагийн аймаг л түүний сургаалыг бүхлээр нь хадгалан авч үлдсэнтэй ч энэ нь зарим талаар холбоотой. Нэлээд сүүл үеийг хүртэл эдгээр сургаалууд судар номд бичигдэж буулгаагүй байснаас дээдэс лам багш нарт дулдуйдан байж олж авахаас өөр арга байгаагүйтэй ч холбоотой байх боломжтой юм.

Өнөө цагт, технологи ихэд хөгжсөн учраас аль ч цаг үеийг бодсон мэдээлэл олох хийгээд хадгалан авч явахад хамаагүй амар болсон байна. Ганц хоёр товчлуур дарах төдийгөөр дэлхийн хаана ч байсан хэрэгтэй ном тайлбар юу хүссэнээ төрөл бүрийн хэл дээр олоод авч чадах болсон нь гайхамшигтай. Гэвч энэ нь дамжлага урсгал бидэнд хэрэггүй гэсэн үг огт биш юм. Харин бүр яг эсрэгээр, урьд урьдынхаас ч илүүтэй эртний уламжлалт урсгал бидэнд амин чухал хэрэгтэй.

Юуны түрүүнд хэлэхэд, мэдээлэл олох хэчнээн хялбар болсон ч гэлээ багшаас сургаал номлол хүртэхээр хол замыг туулан ирэх шавь нарын тоо цөөрөөгүй бөгөөд хаа нэгтээ үнэгүй мэт үзэгдэж болох атал нандин сургаалын ганц шад олж сонсохын төлөөнөө хорвоо дээр байгаа болгоноо өргөхөд бэлэн хүмүүс ч байдаг. Ийм их ялгаатай жишээнүүд ном сургаалыг үнэлэх үнэлгээ өөрчлөгдсөнийг харуулж байна. Сургаал илүү нийтлэг болох тусам түүний гайхам чадалд талархах сэтгэл багасаж ирдэг байна. Талархах сэтгэл үгүйгээр бидний дадлагад хүч үгүй, анхнаасаа хүртэх зорилготой байсан тэр их ашиг тусыг хүртэх боломжгүй болдог. Номлол сургаалаа хүртээж чадахуйц эртний уламжлалт урсгалыг идэвхилэн эрж олоод ийм алдаа гаргалгүйгээр дагахыг л зөвлөх байнам.

Сүсэг бишрэлийн замд яах гэж анх орсноо хэзээ ч мартаж болохгүй. Бид амьдралдаа амгалантай, урт удаан үргэлжлэх жинхэнэ жаргалыг хүсэн мөрөөдөж явахдаа хэнийг чухам жишээ болгон харах болж байна? Тэр бол Бурхан хийгээд амьдралаа энэ үйлсэд зориулсан ухамсарлахуйн өндөр түвшинд хүрсэн бодгалиуд юм. Тэд бол аугаа чадварын биелэл болж замнах замыг бидэнд үлгэрлэн үзүүлсэн дамжлага урсгалын хэлхээг баригч их егүзэр дээдэс багш нар билээ. Тэдгээрийн сэтгэл бишрэм хүндтэй үлгэр жишээ үгүйгээр бид хэрхэн далд ухамсартаа хүрнэ хэмээн найдах билээ? Тийм учраас бид дээдэс багш нараа сэтгэл зүрхнийхээ угаас бишрэн хүндэтгэх ёстой.

Нэг талаас харахад тодорхой нэгэн гэр бүлд хамааралтай өвөг дээдсээ хэрхэн чухалчилж үздэг билээ гэдгээ санацгаая. Хаанаас гаралтай болохоо олж мэдэх гэж л хүн ямар их зүйлийг хийж болдог билээ дээ. Бид өөрсдийн язгуур угаа, гарал үүсэл зэрэг материаллаг генетик холбоогоо олж авч чадах буюу ургийн бичигтээ багтааж болох нэг хоёр хүнийг ч олж болох боловч энэ нь эцсийн баталгаа биш юм.

Нөгөө талаас харвал сүслэн биширч, хүндэтгэдэг өвөг дээдэс гэдэг маань түүнээс хамаагүй илүү гүнзгий утгатай зүйл билээ. Энэхүү дамжлага урсгалын гишүүн болгон амжилттайгаар далд ухамсарлахуйдаа хүрч гайхамшигт чанаруудаа харуулсан байдаг. Хаа хол балар эртний номлол уншихын оронд уламжлал сахисан урсгалын баригч хэн нэгэнтэй барилдлага тогтооно гэдэг хамаагүй илүү шууд барилдлага холбоо болох юм. Ийм маягаар Бурхан Багшийн сэтгэл, гүн таалал үргэлжилсээр, сургаал номлолоо орчин цагт авчран түгээсээр, Бурхан багшаас бодитой номлол хүртэж байгаа мэт холбоог тогтоох бололцоог бидэнд олгодог билээ.

УРСГАЛ ДАМЖЛАГАД БИШРЭЛИЙГ ТӨРҮҮЛЭХ

Сүсэг бишрэлийн урсгалтай барилдлага тогтоох гол арга бол эртний уламжлалт дамжлага урсгалын хэлхээг баригч нэгнийг багшаа болгон шүтэх явдал билээ. Ийм хөтөч гэдэг бол бидний замнах замын амьд биелэл бөгөөд далд ухамсарлахуйдаа хүрэхэд тустай хамгийн хурдан бөгөөд хамгийн үр ашигтай аргыг танд өгч чадах болно. Дараагийн бүлэгтээ бид энэ талаар маш тодорхой судлах учраас одоо дадлага болгож байгаа зүйлдээ анхаарлаа чиглүүлэн харцгаая.

Үүний тулд бид эхлээд Цагийн хүрдний өнгөрсөн цагийн бясалгагч мастеруудын амьдралын түүхийг судлах замаар сүсэглэн бишрэх, талархах ухамсрыг хөгжүүлэх болно. Ингэснээрээ бид сургаалын дамжлагыг хүлээн авч, тэдний зам мөрөөр даган явахуйц шавь нар гэдгээ батлан харуулахаас гадна өөрсдийн хийж буй бясалгал дадлагыг хаа ч хамаагүй элбэг тааралддаг энгийн нэгэн бясалгал мэтээр үзэх үзлийн зангаид унаж орхихгүй байхад тань туслах бөгөөд амьдралд энэ сургаал ямар тустай болохыг чухалчлан үзэх үнэлэмжийг өндөржүүлэн, түүний ер бусын гүнзгий ойлголт болон утгыг нь үйл хөдлөлдөө тусгал болгон оруулахад туслах болно.

Нэг үгээр хэлбэл дараагийн бидний хийх алхам бол дамжлага урсгалын дээдэс багш нартайгаа танилцах явдал юм. Уг дамжлага урсгалын цаг хугацааны туршид явагдсан ерөнхий хувьсал өөрчлөлтийг таньж тухайн цаг үеийн тодотголуудыг нэмж нарийвчлан суралцан мэдэх нь бидэнд ашигтай. Чадвал дамжлага урсгалын лам нарын нэрийг цээжлэн, өдөр тутмын дадлагынхаа үед тэдний түүхээс сэргээн санаж байх ухамсраа өндөржүүлэхийг машид чухалчлан зөвлөх байна. Тэдгээрийн нэрсийн бүрэн жагсаалтыг энэ номын ард хавсаргасан болно.

Хэсэг хугацааны туршид тэдэнтэй холбоогоо мэдэрсээр ерөнхийд нь таних болсоноор багш тус бүрийн ямар онцлогтой байсныг сэргээн санаж чадах юм. Хэрвээ хэн нэгний нарийн тодорхой түүх байвал түүнийг нь өөрийн амьдралдаа тусган авч сайн сайхан чанаруудыг хөгжүүлэхийг эрмэлзэж болно. Тэдний шүтэж ирсэн судар ном зэрэгт анхаарлаа хандуулан ямар сэдлээр хандаж, ямар зан үйлүүдийг үйлдэж явсан зэргээс суралцахыг хичээх хэрэгтэй.

Эцэст нь, дамжлага урсгалын лам нарыг мэдрэх хүчтэй ухамсар хөгжсөний дараагаар тэдний амьдралыг жишээ болгон өөрийн амьдралд тусгах, суралцах, бясалгах зэрэг эзэмшиж мэргэжсэн чануудыг нь хөгжүүлэхэд ашиглах ёстой. Сорилт тулгарахад тэд байсан бол хэрхэн шийдэх байсан бол гэх зэргээр тэдний сорилтуудыг хэрхэн даван гарах арга барилаас суралцаж хичээх хэрэгтэй юм. Тэдгээрийг сэтгэл зүрхэндээ ойрхон хадгалж явснаар та тэдний гэгээрсэн сэтгэлийг үргэлж бишрэн хажуудаа байгаагаар, байнга таныг удирдан залж яваагаар мэдэрч сурах болно.

ЖОНАН-ШАМБАЛЫН УРСГАЛ

Цагийн хүрдний сургаал Шамбалын Дээд Оронд хоёр-мянга гаруй жил оршсон гэж тооцоолоход манай дэлхийд мянга гаруйхан жилийн өмнө IX-X зууны үед дэлгэрчээ. Хэрвээ бид Цагийн хүрдний урсгалын одоогийн уламжлал баригчийг харвал олон дамжлага урсгалаар өвлөгдөн ирсэн нь илэрхий болно. Төвдийн Буддын зургаан том урсгалаас энэ сургаалыг идэвхтэй хөгжүүлэн уламжлуулж ирсэн дөрвөн уламжлал бол: Сажаава, Гаржудва, Жонанба, Гэлүгба билээ. Энэ дөрвөөс Жонан урсгал ганцаараа Очирт Зургаан Йог хэмээх төгсгөлийн зэргийг тасралтгүй дамжуулж уламжлан өвлөж ирсэн ажээ. Тийм учраас Жонан урсгалыг дэлхийн дээр Цагийн хүрдний хамгийн төгс тогтолцоог баригч урсгал гэж тооцдог байна.

Сургаалыг дадлага болгох талаас нь аваад үзвэл томоохон урсгалуудад буй сургаал номлол бүгд эртний жинхэнэ уламжлалт үнэнхүү урсгал мөн бөгөөд адилхан гэгээрэлд хүргэх чадвартай гэж үздэг. Жонан урсгалын бусад урсгалуудаас ялгарах гол ялгаа нь гэвэл бусад урсгал Цагийн хүрдэнг гол дадлагадаа туслуулах дайвар болгон хэрэглэдэг бол ганцхан Жонанд л бүхэл тогтолцоогоор нь зуун хувь дагнан хэрэглэдэг ажээ. Тиймээс Жонан нь энэ тогтолцооны мөн чанарыг таних ховорхон гүнзгий шинжлэлийг хөгжүүлж, нэгэн хүнийг гэгээрлийн хутагт амжилттай хүргэх хамгийн ашигтай арга болгосон гэж үздэг.

Доор дурдах түүх бол Жонан-Шамбалын урсгалын хэдэн мянганы туршид үргэлжилсэн түүх билээ. Одоогийн бидний нэрлэж байгаа Жонан үнэн хэрэгтээ хоёр өөр хэтийн төлвөөс нэгдсэн хоёр урсгалын нэгдэл бөгөөд Бурхан багшийн уг шалтгааны буюу судрын ёс, үр дүнгийн буюу тарнийн ёсны замуудын нэгдэл юм. Энэ хоёр урсгалыг 14-р зууны үед гурван цагийн Номын Мэргэн Эзэн Долбува Шарав Жанцан нэгтгэсэн гэдэг. Тэр цагаас хойш тарнийн хийгээд судрын ёсны нэгдсэн тогтолцоонд Жонангийн урсгалын үндэс болон хэлбэржжээ.

Сүүлд тодорхой үзэх боловч Жонан урсгал Төвөдийн төв хэсэг дэхь Цанг аймагт хэдэн зууны тэртээ анх байгуулагдсан билээ. 17-р зууны үед улс төр эргэх үеэр энэ урсгалынхан олон өөр хүчнүүдийн дунд зүдрэн туйлдаж, сүм хийдүүдээ өөр урсгалд дагаар оруулан алдаж, сургаал номлолыг нь хорихыг амсаж үзсэн юм. Азаар Жонанг дагагсад гол сүм хийдүүдийг Төвөдийн төв хэсгийн алслагдмал газарт урьдчилан босгочихсон байж таарснаар тэндээс эхлэн цэцэглэж эхэлсэн байна.

Энэ номд агуулагдсан сургаалын талаарх ойлголтын хүрээг өргөжүүлэх үүднээс дараагийн хэсэгтээ гол гол хүмүүсийн тухай товчлон хүүрнэхээс гадна Жонан урсгал хэрхэн хэлбэржсэн тухай гол үйл явдлуудыг тоймлон үзүүлэх болно. Илүү нарийн тодорхой унших хүсэлтэй хүмүүс миний бичсэн *Шамбалын Нууцыг Тайлахуй* номоос үзээрэй гэж зөвлөх байна. Мөн *Нуугдмал Эрдэнэ* номд ч бас дамжлага урсгалыг дамжуулагч нарын түүхийг товчлон өгүүлсэн бий.

Цагийн Хүрдний Очирт Зургаан Йогийн

Дандарын Урсгал: Цагийн хүрдний сургаалыг Шамбалын оронд бий болгоход голлох үүргийг гүйцэтгэсэн хүн бол **Номын Хаан Сучандраг** гэж үздэг. Тэр үүнийг гүйцэлдүүлэхдээ эхлээд Бурханы айлдсан бүх сургаалуудыг эмхэтгэн *"Дээд Язгуурын Бурхан – Цагийн хүрдний Үндсэн Сургаал"* хэмээх судраа бүтээсэн байна. Тэгээд дараа нь асар том гурван хэмжээгээр үзүүлсэн гэгээрлийн хот мандлыг нийслэл хот Калапагийн зүүхэнтээ таашаалын төгөлд байгуулжээ. Тэрбээр гэгээрлийн хот мандлыг аравнайлах үндсэн дээр Шамбалын төв хэсэгт амьдардаг хүмүүст Цагийн хүрдний номыг айлдаж анхныхаа авшгийг хүртээсэн гэдэг билээ.

Уг эх бичиг бүхий судар ихэнх хүмүүсийн хувьд ойлгоход маш хүнд, хэтэрхий нарийн түвшний илэрхийлэл байсан тул Хаан Сучандра түүнд зориулсан Жаран-мянган шад бүхий дэлгэрэнгүй тайлбарыг зохиов. Ингэсний ачаар Цагийн хүрдний сургаал Калапа хот дахь хааны ордонгуудаар цэцэглэн дэлгэрч Сучандрагийн эхэлсэн үйл хэрэг үе залгамжлагч Номын Хаад болон ухамсарлахуйн гүнзгий түвшинд хүрсэн Бодьсадва нараар өөдлөн дээшлэв.

Нийтийн эринийг эхлэхээс хэдхэн зуун жилийн өмнө гэхэд Шамбалын Хаант Улс хэдийнэ машид гайхалтайгаар хувьсан өөрчлөгдсөн байлаа. Цагийн хүрдний сургаал хэдийгээр далд ухамсарлахуйд хүргэдэг ер бусын ашигтай зам гэдэг нь танигдан алдаршсан ч гэлээ Калапа орчмын л хэсэг аймгуудад гарын авлага болгон дадуулж хязгаар аймгуудаар олон өөр урсгалын шашинд хуваагдсан хэвээр байжээ.

Энэ үед Манзушри бурханы хувилгаан гэгддэг **Номын Хаан Яшас** увдис шидийнхээ хүчээр Шамбалын олон нийт салаа замын голд тулж очоод байгааг болгоон мэдсэн байна. Нийгэм соёлын зарим нэгэн байдлаас болоод сүсэг бишрэлийн хуваагдал хүчтэй газар авч эхэлснийг мэдсэн тэрбээр ингээд зөнд нь орхивол улам даамжирсаар тэдний хүмүүсийн туйлын үнэнийг олж үзэх хэрэгт чөдөр тушаа болж болох юм хэмээн сэтгээд шаардлагатай ерөндгийг олж хэрэглэх арга сүвэгчлэв.

Манзушри Яшас хаант улсын олон өөр нийгэмлэгүүдийн төлөөлөгчидтэй уулзан хурц оюунаа ашиглах замаар хэрхэн гүнзгий сургаалыг ойлгож өөрсдийн дотоод сэтгэлийн үнэнийг илрүүлэхийг тэдэнд зааж үзүүлэв. Энэхүү маргашгүй логик бүхий ухааныг хүлээн авах бодолгүй нэг хэсэг хүмүүс байсанд арай хүчтэй өөр арга хэрэглэх шаардлага гарч Хаан бээр хүн бүр нэгэн мөн чанартайг хүлээн зөвшөөрч байгаагийн баталгаа болгон бүгд нэгэн суудалд Цагийн хүрдний авшиг хүртэх ёслолд оролцох хэрэгтэй гэсэн зарлиг гаргалаа.

Бярманы бүлэг хүмүүсийн нийгэмлэг үүнийг өөрсдийн шашинд урвуулах гэсэн оролдлого хэмээн үзээд Хааны зарлигаас татгалзсанаа харуулж Шамбалын орныг орхин өмнө зүг рүү Энэтхэгийг зорин хөдөлжээ. Түүний сэдэл тэдний өөрсдийнх нь тусын тулд зорьсон хязгааргүй энэрэх сэтгэлийнх юм шүү гэдгийг батлахыг хүссэн Хаан ер бусын ид шидээ тэдэнд үзүүлэв. Түүний зорилгыг эцэстээ ойлгосон Бярманчууд Шамбалд буцан ирцгээсэнд Манзушри Яшас хүмүүсээ очирт нэгэн гэр бүлд ийнхүү нэгтгэж аван Шамбалын анхны \Калки\ *Ригдэн* Хаан буюу "Сүргийн Толгойлогч" хэмээх цолтой болсон ажээ.

Цагийн хүрдний Дандарын сургаалд нийт хорин-таван Ригдэн Хаан залрахыг зөгнөн хэлсэн байдаг бөгөөд бүгд барагцаагаар зуун жил хаан ширээнд залрах ёстой гэдэг. Яг одоо хорин-нэгдүгээр Ригдэн Хаан Анируддхагийн хаанчлалын үе болоод байгаа аж. Эдгээр Ригдэн Хаадын хүчин зүтгэлээр Цагийн хүрдний сургаал Шамбалын орон даяар цэцэглэн дэлгэрэх тавилантай юм. Үүнд Жанрайсэгийн хувилгаан болох **Хоёрдугаар Ригдэн Хаан Пундарикагийн** оруулсан хувь нэмэр маш их билээ. Тэрбээр өөрийн эцэг Манзушри Яшасын бичсэн *"Цагийн хүрдний Хураангуй"*-д тайлбар болгон *"Толбогүй Зул"* судраа бичсэн аж. Энэ хоёр судрын ачаар Цагийн хүрдний сургаал машид өсөлттэй дэлгэрч илүү олон хүн түүний шимийг хүртэх боломжтой болов.

Зуун зууны туршид энэхүү сургаалыг тасралтгүй дадуулан үйлдсэний хэрээр Шамбалын орны иргэдийн сэтгэл машид нарийсан нарийссаар бүхий л хаант улс тэр чигээрээ эгэл нэгний нүдэнд үзэгдэх боломжгүй нарийн хэлбэрийн орон болон хувирсан түүх энэ билээ. Гадаад ертөнцийн зүгээс авч үзвэл Шамбал түүхийн архивт орон үзэгдэхээ больж үлгэр домог төдийхөн л үлдэх болсон боловч ариун сэдэлтэй зарим нэгэн хүн бясалгалын хүчээр сэтгэлийнхээ нарийн төлөвт орсноор түүнийг үзэж чаддаг байна.

Тэгэж явсаар Арван-нэгдүгээр Ригдэн Хаан Ажагийн хаанчлалын үед **Манжуважра** хэмээх нэртэй авьяаслаг нэгэн егүзэр Шамбалын орноос энэ сургаалыг оньсон түлхүүрийн хамтаар залж авчран амьтны тусын тулд зориулан энэ дэлхийд дэлгэрүүлэхийн эхийг тавьсан гэдэг. Бенгалын зүүн аймагт төрөөд Буддын сургаал ид хөгжиж байх үед өсөж торнисон тэрбээр Одантапури, Наланда зэрэг алдартай хийдүүдэд суралцан таван ухаанд мэргэшсэн алдартай эрдэмтэн болсон байжээ.

Суралцах явцдаа Манжуважра, Пундарикагийн *"Толбогүй Зул"* судрыг хадгалан явсан Пиндо Ачараягаас олон ном хүртсэн байв. Судрыг уншаад сэтгэл ихэд хөдөлсөн тэр дадлага болгоосой хэмээн бодох болов. Энэ үед түүний оньсыг баригч урсгал гэж байсангүй тул хүн ганцаараа хэрхэн Цагийн хүрднийг бясалгал бүтээл болгох тухай хаа ч дүрслэл байсангүй гэнэ. Аугаа том сэдэлтэйгээр Манжуважра Шамбалын орны оньс түлхүүрийн эрэлд гарав.

Хойд зүгийг чиглэн аялж яваад тэр Ажа Хааны хувилгаантай тааралдсанд түүнд дээд авшгийг хүртээсэн бөгөөд ихэд хүсэж байсан оньс зааварчилгааг өгчээ. Түүнээс хойш олон сарын турш тэр тэдгээр зааврыг дадлага болгон үйлдээд далд ухамсрынхаа гүнзгий түвшинд хүрснээр удалгүй Шамбалын оронд өөрийн биеэр морилон очиж Ригдэн Хаанаас өөрөөс нь Цагийн хүрдний сургаалын дадлагын бүрэн номын аймгийг хүлээн авчээ.

Тэндээс ухамсраа буцааж авчрангуутаа Манжуважра сонсохыг хүссэн хүн болгонд саяын сургаалыг хүртээн номлох боллоо. Алдарт шидтэн болсон тэрбээр *Их Калачакрапад* хэмээн нэрлэгдэх болсон нь энэ ажгуу.

Түүний олон шавь нар дотроос хамгийн ойрын шавь нь болох **Шри Бадрабодь** гэгч багшаасаа дутахгүй алдартай егүзэр байсан бөгөөд *Бага Калачакрапад* болсон нь тэр билээ. Очирт Зургаан Йогийг төгөлдөржүүлж төгс гэгээрэлд хүрснийхээ дараагаар Шри Бадра, Магадха дахь алдарт Цогт Наландагийн хийдэд Цагийн хүрдний сүмийг байгуулав. Тэрбээр олон хүнд Цагийн хүрдний номыг номлосноос түүний арван-хоёр хувь төгөлдөр шавь солонгон биеийг олсон гэдэг.

Наландагийн хийдэд Калачакраг анх авчирсан хүн Шри Бадра боловч түүнийг Хаан Дандар болгон дэлгэрэхэд голлох үүргийг түүний шавь гүйцэтгэсэн гэж үздэг. **Налэдрава** хэмээх аугаа эрдэмтэн-бясалгагч шашны сургуулийн гол хаалган дээр Цагийн хүрдний бэлэг тэмдэг болох Арван үсэгт Хүчний Бэлэг тэмдгийн зургийг наагаад доор нь бичсэн нь:

"Язгуурын Бурханыг үл мэдэгч бээр Калачакраг үл мэдмүй. Калачакраг үл мэдэгч бээр Манзуширийн нэрсийг үл ойлгомуй. Манзуширийн нэрсийг үл ойлгогч болбоос Очирдарийн лагшинг үл ухаармуй. Очирдарийн лагшинг хэн үл ухаарваас тарнийн ёсыг тэр үл мэдэгч болой. Тарнийн ёсыг үл мэдэгч болбоос сансрын хүлээсэнд оршигч нэгэн бөгөөд туулсан Очирдарийн замаар үл замнах бөлгөө. Тийм учраас ариун явдалт багш нар Язгуурын Бурханыг шүтэгтүн, тэгээд ариун шавь нараа чөлөөлтүгэй"

Түүний энэ сорилт Наландагийн хийдийн таван-зуун эрдэмтдийг мэтгэлцээнд дуудсантай адил болж тэд цөм дараа дараагаараа ялагдал хүлээн гарцгаасан түүхтэй. Ийм маягаар хамгийн нэр хүндтэй багш нар хүртэл Калачакраг Бурханы айлдсан сургаалын чинагуух утга гэдгийг хүлээн зөвшөөрсөн ажээ. Наландагийн хийдийн Хамбаар өргөмжлөгдсөн Налэндрапа далай их шавь нартай болж тэр цагтаа бусад дамжлага тогтолцоо нийлснээс ч илүү олон хүн далд ухамсарлахуйдаа хүрцгээж байсан гэдэг.

Наландагаас Цагийн хүрдний сургаал гадагшаа тэлэн гарах үед Төвдөд Буддын шашны дахин сэргэлтийн үе эхлээд байв. Үй, Зан зэрэг аймгуудад шашин ихэд дэлгэрч олон орчуулагч нар Энэтхэг бандида, шидтэн нараас ном залахаар өмнө зүгийг зорих боллоо. 11-р зууны эхэн үед Цагийн хүрдний сургаалаар дадуулан үйлддэг олон урсгалууд Төвөдийн Цаст Уулс тийш ус урсан цутгаж буй мэт давлагаалж эхэлсэн юм. Тэдний нэг нь *Очирт Зургаан Йогийн До* урсгал байлаа.

Энэ урсгал анх **Кашмирын бандида Соманатагаас** уламжилж гарсан гэдэг. Баруун зүгийн Брахмины гэрт төрсөн Соманата суралцах явцдаа эхэн үед учирсан Калачакра судрын тайлбарыг эрэн хайж Наландагийн зүг аялсан байна. Тэнд Налэндрапагийн удирдлаган дор Очирт Зургаан Йогийн том мастер болон хувирчээ. Тэгээд Кашмиртаа буцаж ирснийхээ дараагаар "Толбогүй Зул" судрыг орчуулах ажилд туслуулахаар Төвөдөд уригдсан гэдэг.

Төвөдөд түүнтэй хамтран ажилласан хүн нь төвдийн орчуулагч **Дортон Шарав Дагва** хэмээх өөрийн урсгалаар овоглогдсон нэгэн байв. До Лозава гэдэг нэрээр илүүтэй алдаршсан тэрбээр Цагийн хүрдний сургаалыг Төвөд хэл дээр бий болгоход ихээхэн чармайн зүтгэсэн билээ. Өөр нэгэн Соманатагийн шавь болох **Лхажэ Гомбо** харин тэдгээр сургаалыг дадлагаа болгоход илүүтэй анхаарч байсан байна. Далд ухамсарлахуйдаа хүрэх гайхалтай амжилт нь тэднийг алдаршуулж тал талаас шавь нар цуглрах боллоо. Тэдгээр шавь нараас хамгийн өндөр амжилтыг гаргасан нэг шавь байсан нь **Дортон Намла Сэг** байсан юм. Соманата болон Лхажэ Гомбогийн шууд удирдлаган дор тэрбээр Цагийн хүрдний сургаалыг Төвөдийн Зүүн аймгуудаар өргөн нэвтрүүлэх ажилд ихээхэн үүргийг гүйцэтгэв.

Энэ үед Очирт Зургаан Йогийн оньс түлхүүр мөн л нууцаар хадгалагдаж, багшаас шавьд шивэгнэх хэлбэрээр нууцлагдан дамжиж явлаа. Соманата өөрөө л гэхэд бүрэн төгс сургаалаа гуравхан ойрын шавьдаа заасан байдаг. Тийнхүү энэ урсгал **Юмо Мижид Доржид** шилжин очсон нь машид өндөр увдис шидийг эзэмшсэн шидтэн болон өслөө. Эдгээр олон увдис, ид шидээс гадна Цагийн хүрдний сургаалаар өөрийн жинхэнэ туршлагыг төвөд хэл дээр бичиж үлдээсэн анхны лам бол Юмова байсан юм. Түүний энэ бичвэрүүд сүүлд Долбува Шарав Жанцангийн хийсэн ажлын эхлэлийг тавьсан байжээ гэж үздэг.

Юмогийн дараагаар энэ урсгал хоёр үе дамжсан түүний үр удамд шилжлээ. Эхлээд түүний сүсэг бишрэлийн болон жинхэнэ хүү, язгуурын гаралтай хүүхэд болох **Сичог Дармэшварад** шилжив. Ер бусын хурц ухаантайгаараа суу билигт хүүхэд хэмээн алдаршсан байсан бөгөөд маш бага насандаа нэгэн амаргүй сэдвээр дэлгэрэнгүй тайлбар хүртэл бичиж, хорин насандаа эцгээсээ сурч болох бүхнийг сурч гүйцээгээд хойшид өөрийн гурван хүүхэд болох **Намхай Одсэр, Мажиг Брүлгү Жобум, Сэчэн Намхай Жанцан** нарт нандин сургаалаа өвлүүлэн үлдээжээ.

Намхай Одсэрийг алдартай эрдэмтэн болон хувирах үед түүнийг дүү Мажиг Жобум маш их амжилт гаргасан йогийн болж хувирчээ. Түүнийг Очирт Зургаан Йогийн дадлагыг гарын авлага болгон үйлдэхдээ нэг өдрийн дотор эхний йогийг бясалган бүтээж гүйцээд долоо хоног болоход бүхий л дотоод хийнүүдээ удирдах чадвартай болсон байсан гэдэг. Түүний аугаа чадвар хавь орчинд таран түгэв. Бага дүү Намхай Жанцан уг нь хэл ба сонсголын гажигтай төрсөн нэгэн боловч ах, эгч хоёрынхоо сайхан сэтгэлийн үрээр өөрийн бие махбодын хязгаарлагдмал талуудаа даван гарч хөгжлийн өндөр түвшинд хүрсэн гэдэг.

Сүүлд тэр Төвөдийн Төв хэсгийн Өлүн аймгийн нутагт Сэмочэ хэмээх хийдийг байгуулан хөгжүүлсэнээс хойш энэ урсгал бусдад нэлээд нээлттэй болж эхэлсэн байна. Сэмочэ өөрийн зүрхэн шавь **Жамъян Сарма Шарав Одсэрт** энэ нандин сургаалыг албан ёсоор дамжуулсан байдаг. Уг нь Нямавагийн урсгалаас гаралтай

Жамсар Шарав бясалгал үзэгдэлдээ Манзушриг үзсэнд Сэмочэг олж уулзахыг түүнд зөвлөсөн ажээ. Хэрэгтэй бүх ван авшгийг хүртсэнийхээ дараагаар Очирт Зургаан Йогийн бясалгалд оршин сууж туйлын үнэнийг шууд ухамсарлан таних болсон байна. Үлдсэн амьдралаа Цагийн хүрдний сургаалыг дадлага болгоход бүрэн зориулсан Жамсар Шарав бясалгалын олон төвүүдийг байгуулсан гэдэг.

Сэмочэгийн бас нэгэн шавь мэргэн **Чойгү Одсэр** гэгч Шамсар Шаравын халааг залгамжлан авчээ. Энэтхэгийн алдарт мастер Шакяашригийн хойд дүр болох нь тодорсон Чойгү Одсэр үл хувирахын амгаланг гайхам тогтвортой мэдрэх болсноороо алдаршсан нэгэн байв. Түүний сэтгэл энэхүү ариун мэдрэмжнээсээ нэг ч хором үл салсан гэдэг яриа бий.

13-р зууны дунд үед Цагийн хүрдний сургаал Үй хийгээд Зан аймгуудад цэцэглэн дэлгэрэх үед Очирт Зургаан Йогийн болон Цагийн хүрдний судрын урсгалууд нэвтрэн орж ирэх болов. Энэ бүх урсгалуудыг нэгтгэсэн хүн бол **Гүнбэн Түгжэ Зундуй** байсан юм.

Гүнбэнжэ уг нь Сажаавийн урсгалаар хүмүүжин Цагийн хүрдний сургаалыг Ра урсгалын заншлаар судалсан нэгэн байжээ. "Толбогүй Зул" судрыг хурдтайгаар бүрэн судалж дуусгаад Кяндурын хийд рүү аялан очиж алдарт Чойгү Одсэроос суралцаж эхэлсэн байна. Тэнд байхдаа До урсгалын Очирт Зургаан Йогийн зааварчилгааг олж аван дадуулснаар удсан ч үгүй машид алдартай егүзэр болон хувирчээ.

Цагийн хүрдний сургаалыг тал бүрээс нь дадуулж гүйцээхсэн хэмээн мөрөөдсөн Гүнбэнжэ аймгуудаар аялан явж урсгал болгоны Цагийн хүрдний дамжлагыг хүртэн явав. Тэдгээрийг цөмийг нь амжилттай цуглуулж авмагцаа зааварчилгааг дадлага болгох их үйл хэрэгт шамдан орж уулнаас уул руу аялан бясалгаж, хязгааргүй хичээл зүтгэлийнхээ үрээр олон гэгээрсэн амьтдыг үзэх болсны дотор Шамбалын Ригдэн Хаан хүртэл байсан ажээ. Тэд цөм түүнд авшиг адислалаа хүртээснээр Цагийн хүрдний номын айтгийг төгс баригч болсон гэж болно.

Нутгийн савдаг түүний үзэгдэлд айлчилж Жомонан хөндийг эзэгнэх санал тавьснаар Гүнбэн Зундуй нь Уулын Бясалгалын Төвийг байгуулав. Тэнд бясалгалд байх хугацаандаа цуглуулсан оньс түлхүүрүүдээ анх удаагаа цаасан дээр буулгаж авсан байна. Далд ухамсрын гайхам түвшинд хүрсэн хүмүүсийн тухай яриа энд тэндгүй цуурайтах болсноор Төвөдийн өнцөг булан болгоноос хүмүүс ирж шавилан суух болж зүйрлэшгүй энэ Их егүзэрийн удирдлаган дор уулын бясалгалд бүгэн суух болцгоожээ. Тэдгээр дагалдагсад удалгүй *Жонангийн Алдарт Урсгал* хэмээн нэрлэгдэх болсон гэдэг.

1313 онд насан өөд болохоосоо өмнө Түгжэ Зундуй өөрийн гол зүрхэн шавь **Жансэм Жалба Ишийг** Жонан хийдийн тэргүүнээр томилов. Уг гарлаараа Гарма

Гаржудвын урсгалаас гаралтай Жалба Иш, Гармава багшаасаа Цагийн хүрдний алдарт егүзэртэй үйлийн хүчтэй барилдлагатай юм гэдгийг дуулаад Жонанд аялан очсон байна. Түгжэ Зундуйг анх хараад зүйрлэхийн аргагүй бишрэх сэтгэлд автсан Жалба Иш хүртсэн сургаалаа дадлага болгоход үлдсэн бүх амьдралаа зориулав. Тэрбээр Очирт суудалд долоон жилийг үдээд **Гэцун Ёндон Жамцад** суудлаа шилжүүлэн өгчээ.

Сажаагийн урсгалаар эрчимтэй суралцсан Ёндон Жамц Сажийн урсгалын тэргүүнээс Түгжэ Зундуйг олж очигтун гэж заалгуулаад багшийгаа хайж очсон гэдэг. Дараагийн гучин-найман жил Цагийн хүрдний далай их сургаалыг хүртэн Очирт Зургаан Йогийг ихээхэн дадуулсны хүчээр ухамсарлахуйн гүнзгий түвшинд хүрсэн байна. Түүний багш болоод нөхөр болсон Жансэм Иш нирваан дүрийг үзүүлсэнд Ёндон Жамц Жонан хийдийн хамбын суудалд заларчээ.

Шандон Төв Үзлийн Судрын Урсгал

Жонангийн уулын бясалгалын төв байгуулагдахад энэ нь үндсэндээ Цагийн хүрдний Дандарын сургаалын дээд шатны дадлагад бүхнээ зориулсан егүзэр нарын нийгэмлэг маягтай байсан ажээ. Хэзээ ч тэнд яваад очлоо гэсэн хөндийгөөр тархан байрласан зургаан-зуу гаруй бясалгагчийг тэр дариуд тоолж чаддаг байжээ. Тэдгээрийн ихэнх нь сүсэг бишрэлийн мэдлэгээ Нямава, Сажава, Гаржудва, Гаадамба зэрэг урсгалуудаас олж авцгаасан хүмүүс байлаа. Тиймээс Долбува Шарав Жанцанг хүрэлцэн ирэхийг хүртэл Жонан урсгал нь бүрэн гүйцэд тогтолцоот шашны урсгал болж хөгжөөгүй байсан гэдэг.

Долбува туйлын үнэний хамгийн шинэлэг санааг тэдэнд гаргаж танилцуулсан нь арагшаа хөөгөөд үзэх юм бол Шагжаамүни Будда болон Бодьсадва Майдар нарт тулж очих нь магадлал бүхий дундаа тасалдаагүй үргэлжилсэн судрын ёсонд үндэслэсэн урсгал байжээ. Бид энэ ухааныг *Шандон Мадяамака ёсны Судрын Урсгал* гэж нэрлэдэг ба "Бусдаас Өөр утгат Төв Үзэл" гэсэн утгатай ажээ.

Энэ үзлийн суурь болсон сургаалыг **Бурхан Багшийн** Гуравдугаар Номын хүрдээ эргүүлэхэд танилцуулсан Бурханлаг-чанарын тухай сургаалаас олж болох билээ. Энэ урсгалд гурван номын хүрдийг Бурхан Багшаас шавь нарынхаа хөгжилд тааруулан айлдсан гүнзгий утгын дээш дэвших чиглэлээр үзүүлсэн гэж тооцдог. Эхний номын хүрдэнд Будда шүтэн барилдлагын хуулийг, дараагийн удаад өөрөөсөө бүтсэн би-үгүйн хоосон чанарыг, эцэст нь гуравдугаар номын хүрдэнд туйлын үнэний мөн чанар болох бүхий л бодлын төөрөгдлөөс ангид дээдийн хоосон дүрсний талаар номлосон билээ.

Энэ замыг дагасан хүн бол Их хөлгөний аугаа зүтгэлтэн **Хутагт Нагаржуна** байлаа. Бурхан Багшийн адилаар тэр өөрийн сургаалыг гурван үет дэвшилтэт цоморлог болсон шастирын чуулганаар үзүүлсэн нь: *Суртгаалын Хураангуй,*

Шалтгаанд Тулгуурласан Төв Үзлийн Хураангуй ба *Магтаалуудын Хураангуй* эдгээр байв. Гуравдугаар чуулганд Нагаржуна бурханлаг-чанарын талаар дурдсан байлаа. Сүүлийн үеийн эрдэмтэд түүнийг голчлон Төв Үзлийн ухаанаар нь онцолж үздэг боловч нийт бичсэн судруудыг нь шинжлэн үзэхэд яах аргагүй "Бусдаас Өөр утгат Төв Үзэл" болох хоосон чанарыг баримталдаг байсан нь илэрхий болж байгаа юм.

4-р зууны үед Бурхан багш хийгээд Нагаржунайн сургаалыг дахин сэргээхийн үндсийг тавьсан бас нэгэн Их Хөлгөний зүтгэлтэн гарч ирсэн нь **Хутагт Асанга** байлаа. Түүний дэлгэрэнгүй сургаал Их Хөлгөнийг Энэтхэгт хэрхэн дадлага болгодог тухай үзүүлээд зогсохгүй хүмүүс бурханлаг-чанарыг хэрхэн авч үздэг байсан талаар хувьсгал хийсний үзүүлсэн байлаа. Хутагт Асангагийн урсгал *Йогачара Мадяамака* нь хүн бодол сэтгэлээ хэрхэн бясалгалаар хувиргалд оруулж болох тал дээр онцлон үзүүлэхийг эрмэлзсэн байжээ. Энэ бол Бодьсадва Майдараас хүртсэн сургаал дээрээ үндэслэсэн түүний туршлагаар бүтсэн зам байсан юм.

Майдарын зарим сургаалууд хэтэрхий гүнзгий утгатай буйг анзаарсан Асанга гэгээн нэн даруй нэвтрүүлнэ гэдэг боломжгүй хэрэг гэдгийг ойлгосон учраас тэдгээрийн заримыг цаг нь болохоор гаргаж ирэхээр суварган дотор нууцалсан гэдэг. Тэгээд үлдсэн амьдралаа Майдарын бусад сургаалуудыг номлох үйл хэрэгт зориулсан боловч харамсалтай нь энэ бүх явдал олон хүнийг Майдарын сургаалыг буруу тайлбарлахад хүргэж Сэтгэл-Төдийтөн хэмээх урсгалыг хэлбэржин гарч ирэхэд хүргэсэн билээ. Түүний сургаалын жинхэнэ зорилго бүр сүүлд илэрхий болсон юм.

Йогачара урсгал **Васубанду, Дигнага, Стирамати, Зандраагоми** нарын олон аугаа бясалгагч нараар дэлгэрэн хөгжиж иржээ. Эдгээр нэрт егүзэр мастеруудын үр дүнтэй олон номлол сургаалын хүчээр Наланда, Викрамашила зэрэг алдартай шашны сургуулиудын заадаг номлолын үндэс суурь ба хөтөлбөр болон баяжигдсан байна. Буддын үзлийг номлосон эдгээр алдартай Буддын Гүн Ухааны иа сургуулиудаар дамжин Асангагийн сургаал далай их шавь нарт дамжин түгэж тэндээсээ цаашлаад тоогүй олон урсгал болон салаалав.

11-р зуунд **Майтрипа** хэмээх нэгэн аугаа егүзэр төрөн гарч олон зуун жилийн өмнөөс нууцлагдсан байсан Асангагийн номлолыг илрүүлэн гаргасан бөгөөд Бодьсадва Майдарын адислал дор тэдгээр сургаалыг Викрамашила хийдэд номлох болсон нь хурдтай газар авч удалгүй олон дагалдагч нарыг араасаа дагуулах болов. *Майдарын Гэгээний Таван Ном*-д суурилан Асангагийн сургаал номлол үндсэн зорилгын далд санааг тодорхой ойлгох боломж ийнхүү гарч ирсэн ажээ. Тийнхүү туйлын үнэний мөн чанарыг илрүүлэхэд тэдгээрийг ашиглаж чадахаар болсон байна.

Майтрипагаас түүний шавь **Ратнакарашанти, Анандагирди** нарт дамжжээ. Кашмирын баруун хэсэг рүү аялж явах зуураа **Кашмирын эрдэмтэн Санжанад** номлолоо айлдсан хүн нь Их багш Анандагирди байсан юм. Энэхүү нандин сайхан сургаалыг алдагдаж мартагдах вий гэсэндээ Санжана тэр дор нь цаасан дээр буулгах ажилд идэвхилэн орсон байна.

Төвөдийн орчуулагч Ог Лодон Шарав гэгч Санжанагаас номлол хүртсэнийхээ дараагаар Майдарын таван шастирын нэг болох "*Дээд сэтгэл*" шастирын хөтөлбөр дамжлагыг хүртээгээч хэмээн хүсэлт тавьсан байдаг. Түүнийг дагалдан явсан хүн бол Цэн Кавочэ Дэрмээ Одсэр гэгч төвд өвгөн байсан ба Санжанагаас Бодьсадва Майдарын сургаалыг дадуулах оньс түлхүүрийг зааварчилгааны хамтаар хүртэх хүсэлтэйгээ илэрхийлэхтэй зэрэгцээд дуун хөрвүүлэгч Ог Лозава түүнийг дамжлага хүртэхээс өмнө явах хэрэгтэй болсон байв. Дэрмээ Одсэр өөр нэгэн орчуулагч олсон нь **Зу Гавай Дорж** байсан ба орчуулагч болон оролцохоор дуртай зөвшөөрч Санжанагийн бүхий л номлолыг Төвөд хэлнээ буулгав. Гавай Доржоос оньсон түлхүүр **Цэн Кавочэд** шилжиж түүгээр дамжин Төвөдөд нэвтэрч эхэлсэн түүх энэ ажгуу. Энэ үеэс Жонан урсгал *Майдарын Төгс үзлийн Урсгал* хэмээн нэрлэгдэх болсон байна.

12-р зууны үед Шинэ Орчуулгын сургуулиуд дөнгөж хэлбэржиж эхэлж байхад энэ урсгал Төвөдөд орж ирсэн юм. Цэн Кавочэгоос номлол Падамба Санжайгийн "Жижэ" урсгалын **Дарма Зундуйд** дамжиж, түүнээс Энэтхэгийн аугаа их багш Адиша Дипамкарагийн үндэслэсэн Гаадамба урсгалын **Долбу Ниэн Иш Жунай, Жанчүв Жав, Шонуу Жанчүв** нарт уламжлагдан дамжиж хүрсэн байна.

Эцэстээ энэ урсгал Нартан хэмээх **Киотон Монлам Цүлтэмийн** байгуулсан Гаадамба урсгалын алдарт хийдийг бий болгож дараа нь түүний шавь **Жомдаан Ригбэ Ралди** Төвөдийн анхны хэвлэх газрыг байгуулснаар алдаршиж, Бурханы сургаал түүний тайлбаруудын Төвөд хэл дээрх анхны төгс бүрдлийг хэвлэж гаргасан гэдэг.

14-р зууны эхэнд Ригбэ Ралдигийн шавь, улс төрийн үймээн самуунаас залхаж Нартанг орхихоор шийдсэн **Киотон Жамъян Дагвагаар** дамжин Сажаавийн хийдэд уг урсгал орж ирэв. Тус хийдэд байхдаа тэрбээр Цагийн хүрдний тарнийн сургаал болон Майдарын Гэгээний Таван Номыг зааж номлоход үлдсэн амьдралаа зориулсан байна. Долбувагийн хамгийн нөлөө бүхий багш нарын нэг нь яг энэ Гоодомба байсан юм.

Судрын хийгээд Тарнийн Ёсны Нэгдсэн Тогтолцоо

10-р зуунаас эхлээд далай их Номлол урсан орж ирсэн хийгээд чин сүсэгт, эрдэм төгс орчуулагч нарын хичээл зүтгэлийн хүчээр Төвөд улс Буддын шашны сэргэн мандалтын үедээ орсон юм. 14-р зуун гэхэд Төвөдийн эрдэмтдийн үзэл бодол

Мэргэн Долбуба Шэйрав Жанцан

ихэд дэвшилтэт шинжтэй болоод гүн ухааны ойлгомжтой хэлбэрийн тогтолцоо бий болгох гэсэндээ төрөл бүрийн тайлбар бичгүүдийг зохиох болсон байлаа. Энэхүү тогтсон хэв шинжэнд үндэслээд хоёр өөр сургуулийн хоорондын ялгаа их холдох шинжтэй болж иржээ.

Жонанба урсгалын хувьд **Долбуба Шарав Жанцангийн** бичсэн судруд л гэхэд өвөрмөц уламжлалыг хадгалсан байдгаараа онцлог байдаг. **Долбуба Шарав Жанцан нь** Зүүн Төвөдийн Долбу аймагт төрсөн Шарав Жанцан Нямаагийн урсгалаар өсөж хүмүүжжээ. Сажаагийн лам Гоодамбаагаас суралцах гэсэн түүний хүсэлд эцэг, эх нь хориг тавьдаг байсан учраас гэрээсээ оргон одоход хүрч Мустанг ороод Гоодамбаагийн шууд удирдлаган дор гүн ухаан, онолын ухаан, сэтгэл судлал, одон орон зэрэгт суралцсан байна. Тэгээд Гоодамбааг Сажаавийн хийд рүү буцах үед араас нь удалгүй дагаж очжээ.

Сажаавийн хийдэд байх хугацаандаа "Цагийн хүрдн"-ий сургаал болон Майдар, Асанга нарын номлолуудыг судлав. Тухайн цаг үеийнхээ хамгийн шилдэг их багш нараар ном заалгаснаар Долбува судрын хийгээд тарнийн ёсонд гарамгай болж Сажаавийн шавь нарт багшлаач гэсэн хүсэлтийг хүлээн авав.

Ханаж цадахыг мэдэхгүй сурах сэтгэлдээ хөтлөгдсөн тэрбээр ойр орчмын гол гол хийдүүдээр аялан явж суралцах, ном хаялцах зэргээр явсаар оюунаа хурцалж Бурханы Номыг бүрэн ойлгодог болоод "Гүнчэн" буюу "Хамгийг болгоогч" хэмээн нэрлэгдэх боллоо.

Хорин-таван насандаа Сажаавийн хийдийн хамбын суудлыг санал болгосонд хүлээн авсан хэдий ч тэнд удаан суугаагүй юм. Үүний дараа Жомонан хөндийд ирэх жил нь аялж очихдоо домогт Буян ханьцашгүй Ёндон Жамцтай учирсан ажээ. Тэгээд тэндхийн бясалгагч нарын гайхам ухамсарлахуйн түвшинг бахдан биширснээр удалгүй бүхнээ орхин Жомонан хөндийд ирж бясалгал нямбанд хамаг цагаа зориулах болов.

Ёндон Жамцаас бүрэн авшиг дамжлагыг хүртсэн дариудаа хатуу нөхцөлтэй бясалгалд хөл хорин сууж Очирт йогийн эхний дөрвийг гүйцээсэн байна. Чухам энэ үед *Шандон Мадяамака* үзэл түүний сэтгэлд ургасан гэж үздэг. Олсон мэдсэнээ хуваалцахад эртэднэ гэж үзсэн Долбува энэ мэдлэгээ бусадтай хуваалцахаа түр азнан эхний гурван йогийг төгөлдөржүүлэхэд хамаг анхаарлаа тавилаа. Дараа нь Ёндон Жамц багш нь түүнээс Жонангийн хийдийн Очирт суудалд залрана уу хэмээн айлдсанд зөвшөөрөн түүний залгамжлагч болов.

Энэ үеэс эхлээд Долбува номлол, бясалгал хоёрыг хослуулан ээлжлэх боллоо. Гоодамбаа багшийнхаа адилаар тэр Майдарын сургаал болон Цагийн хүрдний сургаалыг ихэд онцгойлон үзэх бөгөөд ямар ч сэдвээр номлож байсан Пундарикагийн аугаа тайлбар руу хадуураад орчихсон байдаг байжээ.

1327 онд өөрийн их багш Ёндон Жамцыг насан өөд болоход багшийнхаа дурсгалд зориулан аварга том суварга босгох ажлыг эхлүүлжээ. Олон хүмүүс ийм том үүргийг авдаг гэж гайхан шагширч байвч Долбува болон түүний шавь нар аливаа шүүмжлэлд тэвчээртэй байж Төвөд дэх хамгийн том суврагуудын нэгийг ийнхүү бүтээжээ. Байгууламжийн үеэр тэр анх удаагаа Бусдаас өөр утгат хоосны талаарх онолоо гаргаж танилцуулсан бөгөөд түүний энэ хувьсгалч санаа олон хүмүүсийн мэтгэлцээнийг өдөөсөн боловч Долбува өөрийн үзлийг улам нарийсган байр сууриа бэхжүүлж чадсан юм.

Энэ үйл явдлын үр дүн болсон *Уулын Суртгаал: "Чинагуух утгын Далай"* хэмээх түүний хамгийн алдартай бүтээл бичигдэн гарч тоолшгүй олон судар, шастираас иш татан байдаг ба нэг ёсны эрдмийн ажил хамгаалсан гэж болно. Ганц энэ судартаа л гэхэд тэр Бурхан Багшийн бүх сургаалын нийтлэг утгыг тод томруунаар дүрслэн судрын хийгээд тарнийн ёсыг холбож чадсан билээ.

Олон жилийн туршид Долбува гүн ухааны хийгээд дадлагын эрдэнийн сан болсон бүтээлүүдийг үргэлжлүүлэн туурвисан нь Жонан урсгалын баримтлалаг ёсны үндэс болон хувирсан юм. Арван-дөрвөн ойр дотно шавийнхаа тусламжтайгаар Үй, Зан аймгуудаар "Шандон" үзлийг дэлгэрүүлэн номлох болсноор Долбуваг багшаа гэж үздэггүй хүн тэр хавьд огт байгаагүй болсон гэдэг.

Энэ хооронд Жонан урсгал өөрөө Жомонан хөндийгөөс халин гарч Долбувагийн шавь нар хэдийнэ байсан хийдүүдэд тараагдах буюу хандивын цуглуулгаар шинэ сүм хийд босгон ном айлдах болов. Раднашри хэмээх нэгэн онцгой сурагч Амду, Хам аймгуудын зүүн хэсэг рүү аялан Замтан аймгийн ойролцоо Чойжэ Хийдийг байгуулжээ. Сайн удирдлагын хүчин дор түүнээс салбарласан зуу гаруй хийд энд тэндгүй байгуулагдан Жонан урсгал Зүүн Төвөдөд хүчээ аван мандсан юм.

1361 онд Долбуваг насан өөд болсны дараагаар очирт багшийн суудлыг түүний хамгийн ойр дотны шавь **Чоглэ Намжил** буюу Чогжалба эзэгнэлээ. Арван тав жил тэр багшийнхаа эхэлсэн ажлыг үргэлжлүүлэн "Шандон" үзлийг номлож өдөр өдрөөр нэмэгдсээр байх бясалгагч нарыг удирдсан билээ. Эцэстээ суудлаа тавьж өгөөд Сэ Гарчэн хэмээх гацаанд бясалган суух болсон байна.

Чоглэ Намжилын дараагаар "Шандон" үзлийн аугаа их багш **Чимэд Нянбо Гунгаа** гарч ирлээ. Амьдралынхаа ихэнх жилүүдийг Долбувагийн дэргэд суралцаж өнгөрүүлсэн тэрбээр Сажаавийн хийдэд нэг хэсэгтээ багшлаад дараагаар нь Цэчэн хийдийг байгуулан сууснаас хойш Жонан урсгалыг дагах маш олон дагалдагчидтай болсон гэдэг.

Бухий л Ялгаврыг Арилгагч Римэ Ухаан

Төвөдийн төв хэсэгт гүн ухааны эсрэг үзэлтнүүдийг авч байх зуурт Жонангийн бясалгагч нар тэр үеийн томоохон урсгалуудын доторх олон төрлийг олон ургалч үзлийн үүднээс үнэлэн үзэх алагчлал-үгүй замыг баримтлахыг хичээж байлаа. Өмнөх үеийн алдартай их багш нарын шилийг даган гарч ирсэн Нянбо Гунгаагийн ойрын шавь **Дүвчэн Гунгаа Лодой** тавь гаруй жил ганцаарчилсан бясалгалд амьдралаа зориулахдаа ганц "Цагийн хүрдэн"-нээр зогсохгүй *Аугаа Дадлагын Найман Урсгалыг* цөмийг нь гүйцээн эзэмшжээ. Урсгалуудын хуваагдмал үзлийг дэмжихийн оронд тэр сургууль болгонд туйлаас хүндэтгэлтэй хандаж оюун ухаанаар мэтгэлцэхээс хэтийдэн, туршлагадаа тулгуурлахыг эрмэлзэж байв. Түүний энэ замналаар түүний залгамжлагчид болох **Жамъян Гончиг Самбуу, Намхай Чойгон, Банчэн Намхай Балсан** нар мөн замнасан билээ.

16-р зуун гэхэд Намхай Балсангийн шавь **Лочэн Раднабадрагийн** удирдлаган дор Жонан урсгал гүн ухааны сургалт судалгаанаас бясалган дадлагад суралцах дараалсан сургалтын төлөвт шилжив. Нийгэмд тархсан олон урсгалын дунд Жонан урсгал Буддын Тарнийн ёсны егүзэрийн бясалгалд амьдралаа зориулах хүсэлтэй хэн бүхэнд аль урсгалынх болохоос үл хамааран үүд хаалга нь үргэлж нээлттэй байдаг нийтэд зориулсан төв болон хувирсан ажээ.

Энэ үеийн үл-алагчлах Римэ ухааны биелсэн төлөөлөгч бол **Балдан Гунгаа Долчог** байлаа. Амьдралынхаа ихэнхийг Үй ба Зан аймгуудаар аялан номд суралцахад зориулж томоохон гол урсгалуудын сургаалыг дадлага болгон явжээ. Тэрбээр Шанба Гаржуд урсгалын Нигума Дагины Сургаал болон Цагийн хүрдний Очирт Зургаан Йог хоёртой онцгой үйлийн барилдлагатай байжээ. Өөрийн багш лам Лочэн Раднабадраг насан өөд болсны дараагаар Гунгаа Долчог Жонан хийдийн шинэ хамбаар өргөмжлөгдөж дараагийн хорин жилээ дэлгэрэнгүй сургаал номлол айлдах болон тайлбар судар ном зохиоход зориулжээ. Түүний хамгийн алдартай "урсгалаас ангид" эмхэтгэл бол *Долчогийн Шимт Зааварчилгаа* байсан юм. Энэ эмхэтгэлд найман том урсгалын оньс түлхүүрүүд нэг дор бөөр бөөрөө нийлүүлэн орсон байжээ. Насан хутагийг олохынхоо өмнө тэрбээр сурсан мэдсэн болгоноо өөрийн гурван эрхэм шавь болох **Ханчэн Лүндэг Жамц**, Хайдүв Санжай Иш, Гиван Жамба Лхундүв нарт дамжуулсан гэдэг.

Долчогийг насан өөд болсноос хойш хэдэн жилийн дараагаар дөнгөж нэг нас хүрч байхдаа: "Би Гунгаа Долчог байна" хэмээн өөрийгөө зарласан Гунгаа Нянбуу гэх нэгэн хүү хойд дүрээр тодорлоо. Ер бусын ухаалаг хүүгийн тухай яриа амнаас ам дамжин явсаар шавь нарынх нь сонорт хүрсэнд хэдэн жилийн дараа Лүндэг Жамц түүнийг багшийнхаа хойд дүрээр албан ёсоор зарлалаа. Тэгээд түүнийг Чойлун Жанцэ хийддээ залах үед Долби Гомбо гэдэг нэр хайрласан юм.

Аливаа хойд дүрийн ёс заншлаар Долби Гомбо байж болох хамгийн сайн боловсролыг Гунгаа Долчогийг шавь нараас хүртэв. Тэд цөм түүнд урьд багшаасаа хүртсэн ёсоор далай их номлол, эрх авшигийн хамтаар хүртээн ухамсарлахуйд хүргэх тоогүй олон адистидыг хүүгийн сэтгэлийн урсгалд дамжуулжээ. Тэрбээр Лүндэг Жамцаас анх Долбувагийн сургаалыг сонсохдоо ихэд бишрэх сэтгэл төрсөн гэдэг. Арван-дөрвөн настайдаа Буддагуптаната хэмээх маш гүнзгий ухамсарлахуйд хүрсэн нэгэн Энэтхэг их егүзэр багштай учирчээ. Хязгааргүй бишрэн дээдлэх сэтгэл төрсөн Долби Гомбо энэ багшийн дэргэд багагүй цагийг өнгөрүүлэн ховор сургаалыг сонсож мөн өөр олон энэтхэг эрдэмтэдтэй хамтарч ажиллах болсноор нэлээд олон шастир бүтээлийг Самгарьд хэлнээс Төвөд хэлэнд буулгав.

Энэтхэг багшийн хязгааргүй нөлөөгөөр Долби Гомбо удалгүй өөрийн нэрний Санскрит хувилбараар нэрлэгдэж алдаршсан нь **Жавзан Дараната** байлаа. Түүний энэ насны барилдлага Хутагтын орон Энэтхэгтэй улам барилдан батжихын хэрээр өөрийн урьд төрлүүдээ санах болсноор Энэтхэгийн шидтэн Нагбова байсныгаа санах болов. Тэгээд өөрийн санаж байгаа хийгээд Буддагуптаната багшийхаа заасантай нийлүүлээд Энэтхэгийн тухай дэлгэрэнгүй түүхийг бичсэн нь одоо хэр эртний чухал баримт болон хэрэглэгдсээр байгаа билээ.

1588 онд Дараната гэгээн Жонан хийдийн тэргүүн болоод жилдээ ганц удаа номлол айлдчихаад ихэнх цагаа ойр орчмын сүм хийдүүдээр аялан явж суралцах мэтгэлцэхэд зориулж байлаа. Ийн явах зуургтаа олон хүмүүс Долбувагийн танилцуулсан "Шандон" үзлийн талаар буруу ташаа ойлголттой байдгийг олж илрүүлэн энэ алдааг залруулан засч Жонангийн мэргэн ухааныг ариусгахын үүднээс "Бусдаас өөр утгат Хоосон чанар"-ын тухай олон шилдэг бүтээлийг туурвисан байдаг. Түүний уйгагүй зүтгэлийн ачаар Долбувагийн үзэл дахин сэргэж ирэв.

Даранатагийн үйл хэргийг өгүүлээд баршгүй бөгөөд Жонан урсгалын хөгжил цэцэглэлтэд жишээ болохуйц жинтэй үүргийг гүйцэтгэн жинхэнэ "Римэ" их багш болохоо харуулаад зогсохгүй өөрийн урьд төрөл болох Долчогийн үйлсийг шууд залган үргэлжлүүлж *"Долчогийн Шимт Зааварчилгааг"* дэлгэрүүлэн *"Жонангийн Зуун Найман Шимт Зааварчилгаа"* хэмээх эмхэтгэлийг бичив. Энэ дэлгэрэнгүй сургаал сүүлд 19-р зуунд гарсан "Римэ" Хөдөлгөөний зүтгэлтэн *Жамгон Ханбрул Лодой Таяа* гэх мэт олон хүмүүсийн бишрэл хүндэтгэлийг хүлээсэн бүтээл болсон билээ.

Үл алагчлах Римэ мастер Аугаа Жэвзүн Дарнат

Хавчлага Нүүрлэхэд Аврагдсан нь

17-р зууны үеэс Төвөдийн төв хэсэгт ихэд тайван бус тогтворгүй цаг үе хэдийн эхэлсэн байлаа. Ю, Цанг аймгуудын хоорондын отог омгийн тэмцэлдээн, улс төрийн хуваагдал зэрэг нь урсгалуудын хооронд хуваагдал бий болох өөр нэгэн төрлийн хавчлага байсан юм. Ахмад урсгалууд болох Сажава, Гаржүдва, Гэлүгба урсгалуудыг бодвол Жонан хэзээ ч төрийн эрхийг барилцаж байгаагүй болохоор улс төрийн үймээнээс ихээхэн хаацайлагдсан гэж хэлж болно. Харамсалтай нь Дараната бээр Занба Хааны ивээлийг хүртсэнээс болж Монголын цэргийнхний бай болоод хувирчихав.

1635 онд Даранатаг насан өөд болсноос хойш Төвөдөд буй Жонан хийдүүдийг Лхас дахь Засгийн газрынхан тушаал гарган хүчээр шахуу Гэлүгвийн урсгалд нэгтгэв. Энэ үйл ажиллагаа нь удирдах шинэ хүчин бий болгож илэрхий ирж болохуйц заналхийллийг арилгах зорилгын нэгээхэн хэсэг байлаа. Энэхүү үйл явцаа хууль ёсны болгохын тулд Жонангийн сургаалуудыг "буруу" гэж хаяглаад удаа дараалан хориг тавьж эхлэв.

Жонангийн гол төв энэ үед Дагдан Дамчой Лин гэдэг хийд байлаа. Энэхүү шашны институт буюу хүрээлэнг Дараната өөрөө үндэслэн байгуулсанаас гадна Жонан урсгалыг тэр чигээр төлөөлсөн бэлэг тэмдэг байв. Түүний залгамжлагч **Гунгаа Ринчэн Жамцын** тус хүрээлэнг сургалтын хөтөлбөр, уламжлалтай нь хадгалан авч үлдэх гэж хичээсэн бүхий л зүтгэл талаар өнгөрсөн нь дээрээс ирэх дарамт шахалт хэтэрхий хүчтэй байсных байлаа. Эцэстээ тэр цөхрөлд орон хийдээ орхиж зэлүүд дүүрэгт хатуу нөхцөлтэй бясалгалд суусан билээ. 1658 онд хийдийг нь албан ёсоор Гандан Пунцаг Лин болгон хувиргажээ.

Хамгийн нөлөө бүхий хийдээ алдсан Жонангийн бясалгагч нар зүүн Замтан руу дүрвэцгээж эхэлсэн нь тэнд Жонангийн сургаал цэцэглэж байснаас үүдэлтэй гэж үздэг. Жонан урсгалын лам хувраг болох **Хайдүв Лодой Намжил, Дүвчэн Агваан Принлэй** нарын зүтгэлээр Замтан Занва хийд байгуулагдан, Чойжэ ба Цэчу нарын аугаа хийдүүдтэй зэрэгцэн орших болов. Энэ гурав хамтдаа Жонангийн голт зүрх нь болон цохилсон юм.

Замтан Занва хийд нь түүний чадварлаг удирдагч гэгддэг хийдийг үндэслэгч Лодой Намжилын дараагийн төрлүүд болох **Агваан Данзан Намжил, Гүнсэн Принлэй Намжил, Гончиг Жигмэд Намжил** нар бусад хийд орноос ялгарахуйц сургалт, хөтөлбөрийг бий болгон хөгжүүлсэн билээ. Тэд бүгд дамжлага уламжлалын үндэс суурь болсон их бүтээл дадлага "Цагийн хүрдний Очирт Зургаан Йог"-ийг онцгойлон анхаарч ирцгээсэн байв. Мөн тэдний удирдлаган дор Голог, Амду Аава аймгуудад олон шинэ сүм хийдүүд байгуулагдаж оршин тогтнох төдийгүй өргөжин тэлсээр байсан юм.

19-р зуун гэхэд Жамъян Чэнзэ Ванбо, Жамгон Ханбрүл Лодой Таяа гэх зэрэг аугаа их багш нар танигдан гарах болсноос гадна олон өөр урсгалууд устахын даваанд тулаад байсан ажээ. Энэтхэгээс Төвөдөд орж ирсэн арвин баялаг соёлын өвийг ингээд алдаж орхихгүй юмсан гэсэндээ эдгээр их багш нар ялгаваргүй үзлээр хандахын ашиг тусыг ойлгуулахаар цуцахыг үл умартан хөдөлмөрлөж хичээсэн байдаг. Жонан энэ ухааныг аль эртнээс баримталж ирсэн болохоор устахын даваанд тулж очоод байсан олон ховор урсгалуудад энэ нь үндсэн эх сурвалж болж өгсөн юм.

Жамгон Ханбрүлийн хамгийн их шүтэж байсан нэгэн их багш бол **Агваан Чойнпэл Жамц** байсан юм. "Цагийн хүрд"-ний үүсгэлийн зэрэг хийгээд Нямаавийн Зогчэн хэмээх дадлага, Шанба Гаржүдвийн Нигумагийн сургаал зэргийг олон жил судалсны дараагаар Жигмэд Намжилаас Замтан Занва дахь түүний очирт суудлыг эзэмшинэ үү гэсэн хүсэлтийг хүлээн авсан байв. Бараг бүх том урсгалуудад номлол айлдсан Чойнпэл Жамцыг "Занва Гэлэн" буюу "Ариун Гэлэн" гэж нэрлэх нь олон байлаа. Түүний араас гурван ойрын шавь нь залгамжилсан нь **Агваан Чойжи Пагва, Агваан Чойжор Жамц, Агваан Чойжин Жамц** нар билээ.

Тэд бол гурвуулаа машид өндөр амжилт үзүүлсэн их багш нар байсан бөгөөд тэдний дотроос ялангуяа Чойжин Жамц нь хамгийн ер бусын түвшинд хүрсэн гэдэг билээ. Бодьсадва Акашагарбагийн хувилгаан гэгддэг Чойжин Жамц хуврагийн сахилыг анх Чойнпэл Жамцаас маш бага ахуйдаа хүртсэн бөгөөд дараахан нь Очирт Зургаан Йогийн ганцаарчилсан дадлагад сууж тэр дариудаа ахин зургаан шатын цөмийг ядаж төдөх юмгүй төгөлдөржүүлсэн байна. Ингэхдээ шат бүртээ урьд үзэгдээгүй гайхам амжилтыг үзүүлж явсан гэдэг. Тэгээд зогсохгүй дараа нь Тасар Татах Ёсон \Жод\ хэмээх өвөрмөц дадлагыг тэрхүү гүнзгий ухамсарлахуйгаа ашиглан эзэмшсэн байна.

Занва Хийдийн төлөө олон жил зүтгэснийхээ эцэст тэрбээр Даш Лхари Цэ хэмээх гацаанд машид авьяаслаг болох нь тодорсон бүлэг шавь нараа Очирт Зургаан Йогийн дадлагад удирдан бясалгал бүтээл хийлгэхээр шийджээ. Түүний шавь нарын дотор **Агваан Дамба Равжаа**, Бамда Түвдэн Гэлүг Жамц, Лама Цогни Жамц нар хамгийн ойрын шавь нарт тооцогддог байлаа.

Арван-хоёрхон наснаасаа эхлээд Чойжин Жамцтай хамтдаа дадлага хийж эхэлсэн Дамба Равжаа бол "Цагийн хүрд"-ний Үүсгэлийн зэргийн томоохон егүзэр байсан юм. Багшийгаа өнгөрснөөс хойш Дамба Равжаа Занва хийдэд нүүн ирж Жонангийн алдартай багш нараар ном заалгасан байна. Тэгээд сургалтаа дуусмагц төрсөн нутагтаа очиж Чаюул Хийдэд шавилан сууж удалгүй хамбаар өргөмжлөгджээ.

Лам Лувсан Принлэй багш маань Дамба Равжаагаас Жонан урсгалын төгс дамжлагыг бүрэн эхээр хүлээн авсан газар нь Чаюул хийд байсан юм. Энгийн болон өвөрмөц дадлагуудыг гүйцээснийхээ дараагаар Лам Лувсан Принлэй төгсгөлийн шат болох Очирт Зургаан Йогийн дадлагад ороход шаардлагатай бүхий л эрх авшгийг хүртэж түүний шууд удирдлаган дор бясалгалдаа даруй оржээ. Хоёрхон долоо хоногийн дараагаар Лам Лувсан Принлэй эхний йогийн арван шинж тэмдэгийг үзэж гүйцээсэн гэдэг. Үүнийхээ дараагаар дадлагаа цаашид хичээнгүйлэн үргэлжлүүлэхдээ хуврагийн ёсыг машид ариунаар сахиж явжээ.

Гучин-хоёр насандаа Лам Лувсан Принлэй хүнд өвчин хүртэж биеийн байдал доройтолд орсон даруй таван жилийн хатуу нөхцөлт Очирвааний бясалгалд хөл хорин суужээ. Энэ хугацаандаа өөрийн өвчнийг мянга мянган өт болон хувилж биеэсээ нь ялгаран гарч, тахилын ширээн дээрх өргөлийн балинд шингэн орж байхыг нүдээр үзсэн байна. Тэр дариу өвчин нь бүрэн илааршиж өргөлийн балингууд харин өвчин анагаах гайхалтай эм болон хувирсан гэдэг билээ.

1954 онд бясалгалаа дуусган гарахад Төвөд улс Хятадын Коммунист Намын шууд удирдлаган дор ороод илтэд өөрчлөгдсөн байлаа. Түүнийг ухамсарлахуйн өндөр түвшинд хүрсэн учраас Чойжин Жамцын орыг залгамжилана уу хэмээн хүсэлт тавих үед Коммунист төрөөс аливаа нэгэн шашны зан үйл дадлага хийхийг хориглосон хууль гаргасан тул бүтээл бясалгалаа цаашид үргэлжлүүлнэ гэхэд хэтэрхий аюултай болсон байв. Жонанвийн олон хийдүүдийг нурааж лам нарыг нь нууц байдалд орохоос аргагүйд хүргэсэн энэ байдал яг хорин таван жил үргэлжилсэн юм. Лам Лувсан Принлэй олон нийтийн газарт оточ маарамба маягтай ажиллаж, тахилын эд зүйлсийг нууцаар хадгалан хамгаалах ажлыг гүйцэтгэн ариун Номыг аль болох чадахын хэрээр хойч үеийнхэндээ өвлүүлэхийн төлөө зүтгэж явжээ.

Мао Зэдунг нас барсны дараагаар олон хориг тавигдаж лам нар сүм хийдээ босгож хурал номоо хурж болохоор боллоо. Лам Лувсан Принлэй энэ үед Даш Чойтанд буцан ирж уламжилж авсан дамжлагаа дараагийн үедээ дамжуулан өвлүүлэхэд шуурхайлан оров.Түүн шиг шаргуу зүтгэлтэй лам нарын хүчээр Жонанвийн Номлол хүчтэй хэвээр дараа үеийн лам нарыг бий болгож Төвөдийн зүүн хэсгээр ийнхүү цэцэглэж эхэллээ. Энэ номыг туурвиж байх үед Замтан Занва Хийдийн Очирт Суудлыг Лодой Намжилын хамгийн сүүлчийн хойд дүр болох Дээрхийн гэгээн Жигмэд Дорж барьж буйг хэлэхэд таатай байна.

ГОЛ ХЭСГҮҮДИЙГ ЭРГЭН СӨХВӨЛ

• Хоёр төрлийн урсгал байдаг нь:

• 1. Дамжлагын урсгал буюу багш, шавь хоёрын хооронд амаар хэлэлцэх

• 2. Ухамсарлахуйн урсгал буюу сургаалыг дадлага болгосны дүнд гэгээрсэн чанаруудыг үзүүлэх зарчимд тулгуурладаг.

• Сүсэг бишрэлийн урсгалтай тулж ажиллахын тулд гол нь далд ухамсарлахуйдаа хүрсэн нэгэнтэй холбоо тогтоож тэдгээрийн адилаар гүнзгий ухамсрыг хөгжүүлэхийг эрмэлзэх явдал юм. Тэд бидэнд итгэл бишрэлээ бататган өөрсдийн чадварыг нээн үзүүлэх бодит жишээ болдог ажээ.

• Өнгөрсөн үеийн их багш арын амьдралын түүхтэй танил дотно болж тэдгээрийн эзэмшсэн чанаруудыг өөрсөндөө тусгаж өөрсдийн сэтгэлд бий болгох замаар сүсэг бишрэлийн урсгалд итгэх, итгэл бишрэлээ хөгжүүлэх хэрэгтэй.

• Жонан-Шамбалын урсгалыг Бурханаас уламжилсан ба уламжлал тасраагүй "Цагийн хүрд"-ний урсгал гэж үздэг. Дэвшилтэт төгсгөлийн шатны дадлагыг бүрэн төгс агуулсан ганц урсгал бол энэ.

• Жонан урсгал бол Судрын Ёсны Шандон Төв үзлийг Тарнийн Ёсны Цагийн хүрдний Дандарын сургаалтай холбосон нэгдмэл тогтолцоо мөн.

• Жонанвийн хоёр гол багш нь мэргэн Долбува Шарав Жанцан, Жавзан Дараната нар юм.

• Жонанвийн урсгал Төвдөийн Буддын бусад урсгалуудад ялгаваргүй тэгш үзлээр хандсаар ирсэн урт хугацааны түүх бий.

• 17-р зууны үеэс эхлээд Жонанвийн урсгал зүүн Төвөдийн хязгаар аймгуудад цэцэглэн хөгжих болсон. Гол хуврагийн хийд, дацан нь Чойжэ, Цэчу, Занва бөгөөд цөм Замтан аймагт оршдог ба олон салбар сүм, хийдүүд нь Жалрон, Голог, Амду Аава аймгуудад оршдог ажээ.

Дээдийн Номын Багшаа Хэрхэн Дагавал Зохих Тухай

Аливаа урсгалын аугаа их багш гарын амьдралаас харж байхад "Цагийн хүрд"-ний сургаалыг гарын авлага болгон дадуулахын ашиг тус хязгааргүй их болохыг ойлгож эхлэх болно. Түүх намтар болгоноос тэдгээрийн ямаршуухан бэрхшээлүүдийг даван туулж, хэрхэн далд ухамсарлахуйдаа хүрснийг ойлгож гайхан дуу алдах ч багадна. Тэдний амьдралын түүхийг уншаад бишрэн бахдах сэтгэл төрж, мөн тэдэн шиг замаар замнахыг хүсэх үед: "Би хэнийг дагах вэ?" гэдэг асуулт зүй ёсоор гарч ирнэ.

Үүнд хариулт авахын тулд "*Читигарбагийн Судар*"-т Бурханы өөрийнх нь айлдсаныг сөхөж харвал зохистой ба тэр нь юу гэвэл:

> "*Хамаг амьтны сэтгэлийг хувиргах Бурханы бүхий л хязгааргүй сайн чанаруд хийгээд үйлүүд Номын Багшаа зөв шүтэх явдлаас урган гардаг гэдгийг санагтун. Тийм учраас багшаа бүх Бурхадыг шүтэхийн адилаар шүт, ойрт, хүчин зүтгэ, дээдэл*" хэмээжээ.

Будда нирваан дүрийг олох гэж байх зууртаа өөрийн шавь нарт санаа бүү зов, би номын багшийн дүрээр байнга дэргэд чинь байх болно гэж хэлсэн байдаг. Буяны садан багшийг зөв шүтсэнээр түүний бүх сайн чанаруудыг эзэмших боломжтой. Тийм ч учраас Бурхан бидэнд багшаа дээдлэн шүтэхийн чухлыг сургасан ажээ.

Гэвч, дээд номын багш болон ном үгүйгээр, далд ухамсартаа хүрсэн хувраг хүн интернэт сүлжээгээр хичээл зааж болох атал яагаад заавал бидэнд багш хэрэгтэй гэж? хэмээн бодож болох юм. Номыг сонссоноор хангалттай болно гэж бодож ч мэдэх юм. Бурханы Номын талаар олон гайхалтай мэдээлэл байдаг болохоор тэдгээрийг сонссон төдийгөөр ашиг олно гэж бодож байгаа бол сонссон зүйлээ оюунаар ойлгох нэг хэрэг харин түүний утгыг өөрийн туршлагаар ухамсарлах гэдэг огт өөр хэрэг гэдгийг бодох хэрэгтэй.

Төрөл тэргүүлшгүй цагаас эхлээд хүний сэтгэл үйлийн үрийн барилдлагуудаар гүндээ ортол нөхцөлдчихсөн байдгаас бид сансарт хүлээстэй эргэлдээд л байгаа билээ. Энэхүү эцэс төгсгөлгүй эргэлтийг таслан зогсоож эндээс гарна гэвэл хүн болгонд тохирсон хөтөлбөрийг олж тааруулж өөрчилж чадах багшийн чадвар бидэнд зайлшгүй шаардлагатай. Чадварлаг эмчийн адил тэд ашигтай эмчилгээний арга, хэрэглэх эм зэргийг бичиж өгч чадах юм. Ийм учраас номын багштайгаа утга учиртай холбоо тогтоох явдал үнэхээр жинхэнэ амгалан жаргаланд зорьсон нэгэнд амин чухал зүйл мөн билээ.

Сүсэг бишрэлийн дадлагын ярвигтай байдлыг ч аваад үзсэн багштай зайлшгүй холбоо тогтоох бас нэг шалтгаан болно. Өгсөлт уруудалт, буруу замаар явж мухардалд орох явдлаар дүүрэн "Цагийн хүрд"-ний зам бүр шулуун дардан биш билээ. Яагаад гэвэл энэ зам таныг маш нарийн сэтгэлийн төлөвт хөтлөх учраас гүн рүүгээ орох тусам төөрөлдөж будилахад илүү амархан болно. Тэгэхээр жинхэнэ номын багшийн удирдлага хийгээд адислал дор тааралдсан бэрхшээлүүдээ даван гарч туйлын зорилгодоо хүрэхээр урагшлах боломжтой.

Цагийн хүрдний замд ялангуяа төгсгөлийн шатны дэвшилтэт дадлагуудад ороход шаардлага хангасан багш л оньс түлхүүрийг атгасан байдаг тул тэдэнгүйгээр ахих аргагүй болно. Ийм оньсон зааварчилгаа үеэс үед дамжин өвлөгдөхдөө яг ийм аргаар л далд ухамсарт нь хүмүүсийг хүргэсээр ирсэн юм. Багш зөвхөн тэгснээр ашигтай гэдэгт бүрэн итгэсэн үедээ л шавьдаа үүнийг хүртээдэг. Үүний тулд шавь зохих цаг хугацаа, хүч энергиэ зарцуулсан байж, утга учиртай хөгжүүлсэн сэтгэлээр багштайгаа зүрхний угаас нарийн шижмээр холбоотой болох ёстой.

Тийм холбоог гурван үе шаттайгаар үүсгэж болно: нэгд, тодорхой нэг багшийг судалж шинжлэн, түүнээс суралцаж чадах өөрийн чадвараа нэмэгдүүлнэ, хоёрт, бахдан бишрэх сэтгэлээ хөгжүүлэн багшийнхаа сургаалыг дадлага болгоход хичээнэ, гуравт, тэдгээрийн сайн чанаруудыг хуулбарлан авч өөрийн сэтгэлийн урсгалд амьдруулна. Одоо бид эдгээр үе шатуудыг нэг бүрчлэн тодруулах болно.

БАГШАА ЗӨВ СОНГОХ

Бид өдөр тутмын амьдралдаа аж төрөх байдлаа дээшлүүлэх янз бүрийн сонголтуудыг хийх чухал шаардлагатай тулгардаг. Мэргэжлээ сонгох, байшин авах, гэр бүл болох гээд л сайн бодож тунгаах асуудлууд мундахгүй. Хорвоогийн асуудалдаа гаргасан шийдвэрийн зөв, буруу эсэх таны энэ амьдрал төдийгүй ирэх хойчийн төрлүүдэд хүртэл ул мөрөө үлдээнэ гэдэг үнэн бол сүсэг бишрэлийн багшаа сонгох нь түүнээс ч илүү чухал гэдэг нь ойлгомжтой болно.

Багштай байхын ашиг тусыг бүрнээр хүртэе гэвэл харилцан итгэлцлийн үндсийг тавих зайлшгүй хэрэгтэй болно. Итгэл гэдэг зүгээр нэг сохор бишрэлээс төрөөд гарчихдаггүй эд бөгөөд багш, шавь хоёрын хоорондын харьцаа гэж юу болохыг тод томруун ойлгосны үндсэн дээр үүсэж бий болдог. Энэ талаа хөгжүүлэхэд бидэнд садаа болдог гол хүчин зүйл бол бидний түйтгэрт эргэлзээ бөгөөд түүнээс болоод хоёр дахь таамаглал бий болон нээлттэй байдлаар замдаа урагш ахихаас биднийг хазаарлаж байдаг байна. Энэхүү аяннаа эхлэх анхны алхам бол багшдаа эргэлзээ эргэлзээнээс бүрэн ангижрах явдал мөн.

Энэ үйл явц ганц шөнийн дотор гэвч болчихдоггүй билээ. Багшийгаа шаардлага хангахаар хүн мөн үү, үгүй юу гэдгийг мэдэхийн тулд цаг заавал шаардагддаг ба тэр нь бидэнд тийм чиг элбэг олдоод байдаггүй. Заримдаа бид нэг багшийг гайхам аугаа чанаруудтай гээд бодож байтал ёс суртахуун нь тийм чиг ариун бус болохыг дараа нь мэдэх нь бий. Анхны болзооны дараагаар шууд гэрлэчихдэггүйтэй адил сүсэг бишрэлийн багштай холбоо тогтоохын тулд өөртөө итгэх итгэлийг хөгжүүлэх нь чухал билээ.

Мөн бид хэтэрхий шүүмжлэлтэй хандаж болохгүй гэдэг. Сэжиг ихтэй байх нь эхэн үедээ ашигтай байж болох хэдий ч хэтрэх юм бол багшийн хувьд бидний санаанд нийцэх арга үгүй болох сон. Багшид хандах эрүүл хандлагыг бий болгож чадахгүй бол бид хэнтэй ч ийм холбоо тогтооо чадахгүй гэсэн үг. Бидний бишрэл машид өнгөцхөн байх болж нэг багшаас нөгөө рүү үсчин явснаар өөрийн жинхэнэ чадварыг амьдруулж чадахгүйд хүрэх билээ.

Эдгээр асуудлыг даван гарахын тулд эхлээд сүсэг бишрэлийн Гүрү буюу багш гэдэг бидний өөрсдийн сэтгэлийн түйтгэрүүдтэйгээ ажиллах явдал юм гэдгийг ойлгох хэрэгтэй. Энэ бол гадаад үйлдэл бус дотоод сэтгэлийн үйл хэрэг учраас тэдний хэн байх нь, юу хийж байх нь бидний сэтгэлд хэрхэн нөлөө үзүүлж байгаатай харьцуулахад гол биш билээ. Аль нэгэн багштай тодорхой цаг хугацааг өнгөрүүлээд та түүнээс тодорхой хэмжээний ашиг шим хүртэж байгаа л бол бишрэл хүндэтгэлийг үүсгэх хангалттай суурьтай боллоо гэсэн үг.

БАГШ НАРЫН ТӨРӨЛ

Сүсэг бишрэлийн багшийг эрчимтэй эрж хайх явдал бидний хэрэгцээг ганц л хүн хангаж чадна хэмээх буруу ойлголтод хүргэхдээ амархан байдаг. "Бүгдийг нь эсвэл алийг нь ч үгүй" гэсэн ийм хандлага цөхрөхөд хүргэж ч мэдэх төдийгүй бүтээлч харилцаа тогтооход тотгор болохоос өөрцгүй. Амьдралын туршид бидэнд олон өөр багш нар учрах болно гэсэн зарчмаар явах нь зөв. Зарим нь бидний амьдралд богинохон хугацаанд үзэгдээд өнгөрөхөд, зарим нь дараагийн олон төрлүүдээр ч эргэн эргэн золгосоор байх нь бий. Хэчнээн хугацааг хамтдаа өнгөрөөхөөс үл шалтаалан бидний сэтгэлийн урсгалд хэрэгцээтэй ухааныг дамжуулан өгч чадах чадвар л түүнийг багш болгон хувиргадаг. Бидний авна хэмээн найдаж буй ашиг шимийн хувиар тооцон авч үзвэл дөрвөн төрлийн багш танигдаж болно:

1. **Хорвоогийн Багш:** Энэ төрлийн багш нар гадаад хэл, нийгмийн соёл, аль нэг мэргэжилд сургах ч байдаг юмуу гадаад ертөнцтэй харьцахад туслах

мэдлэгийг олгодог. Ийм багш нараас хүртэх ашиг шим ерөнхийдөө энэ насанд л хэрэгтэй байх хязгаарлагдмал шинжтэй ажээ.

2. **Номын Нөхөр:** "Дээдийн Ном" гэдэг бол туйлын үнэнийг үзүүлэх аль ч үзэгдлийг хэлнэ гэж ойлгогддог бөгөөд мунхаг сэтгэлд шууд үйлчлэх ерөндөг гэж үздэг билээ. Бурханы Номыг үзсэнээр бид өөрсдийн мэдрэмжийн дотоод зөн билиг, гэгээрэлд хүргэх саруул оюуныг хөгжүүлэх ашигтай. Тиймээс "Дээдийн Ном"-ыг бидэнд сануулсан хэн ч байсан "Номын Нөхөр" хэмээн тооцогдоно.

   Номын нөхөр гэдэг заавал бүрэн шаардлага хангасан багш байх албагүй. Тэгэхээр яагаад багш гэсэн шалгуурт багтааж байгаа юм бэ гэвэл тэр таны мэддэггүйг мэдэж, та түүнээс ямар нэгэн шинэ зүйлийг суралцаж болох учраас тэр билээ. Жишээ нь, тэд бясалгал хэрхэн хийхийг зааж үзүүлж болно, эсвэл аль нэг ойлгохгүй байгаа сэдэв дээр тодруулан хэлж өгч тусална. Тэд бүхэл бүтэн ном заана уу, ганц дотоодын шинжлэл төдийхнийг хэлж өгнө үү хамаагүй тэдний нөлөөлөл бидний сэтгэлийн урсгалд ул мөрөө заавал үлдээнэ. Ингэснээрээ тэд энэ хийгээд дараагийн амьдралд урт удаан үргэлжлэх жаргалыг идэвхтэйгээр авчралцаж байгаа хэрэг билээ.

3. **Номын Багш:** Сүсэг бишрэлийн хөтөч хүмүүс цөм таны Номын нөхөр байх боловч Номын нөхөр болгон Номын багш байх албагүй. Гол ялгаа нь гэвэл Номын багш эртний жинхэнэ дамжлага урсгалтай холбоотой уламжлал баригч байдаг бөгөөд гэгээрлийн замдаа хэрхэн ахиц гаргахав, ном бясалгалыг хэрхэн амьдруулдаг вэ гэдгийг бидэнд сургадагт байдаг. Үүний тулд тэд шавь нартайгаа ойр холбоо тогтоон ажиллаж, бие биеэ сайн мэдээд ирэхийн цагт шавь тус бүрт хувьд нь таарсан зөвлөгөө юу байж болохыг олж сургадаг.

   Номын багштайгаа ойр дотно харьцаатай байх нь бидний үйлийн үрийн холбоосыг бататган ирээдүйд дахин багштайгаа учрах боломжийг ихэсгэж байдаг. Ийм замаар жинхэнэ Номын багш төрлөөс төрөлд бидэнтэй хамт байж гэгээрлийн хутагт хүрэн хүртэл хамтдаа явдаг байна.

4. **Очирт Багш:** Хамгийн сүүлчийн төрөл бол сүсэг бишрэлийн маш өвөрмөц хэлбэрийн хөтөч юм. Номын багшийн хийдэг бүх үйл хэргийг таны тусын тулд хийж гүйцэтгэхийн хажуугаар очирт багш бидний туйлын мөн чанараа задлан илрүүлэхэд хязгаарлаад байгаа бүхий л түйтгэр бэрхшээлүүдийг арилгаж өгдөг ажээ. Тэд маш олон төрлийн арга барилыг хэрэглэх замаар бидний зуршил болсон буруу дадлыг сэт цохин мунхгийн харанхуйг гийгүүлэх язгуурын билгүүнийг мэдрүүлдэг билээ.

Очирт багштай тогтоосон холбоо бусад багш нарынхыг бодвол илүү жинтэй. Яагаад гэвэл шавиас багшид өөрийн бүхий л "би"-д барих үзлийг төгс арилгуулах зөвшөөрлийг олгох дээр үндэслэн шавь хүн энэхүү үйл явцыг тэсэж даван гарах сэтгэлийн их хүчийг агуулсан байх ёстой. Тийм учраас, Очирт Багштай болохоосоо өмнө эхлээд Номын багштай нягт холбоо тогтоох ерөнхий зарчмыг баримталдаг.

Очирт Багштай байхын гол ач холбогдол нь хүн сүсэг бишрэлийнхээ замд маш хурдтай ахидагт оршдог. Уг нь тэр бумаар тоологдох төрлүүдийг авч байж хүрдэг далд ухамсарлахуйдаа нэгэн насандаа хүрэх боломж олгодог гээд бод л доо. Гүрү буюу багш таны бүхий л муу үйлийн үрүүдийг ариусгах арвин их бололцоог бий болгож өгч чаддаг. Амьтны зовлонг ойлгон энэрэх, бидний хайр энэрэл хүчтэй бол урт хугацааны ашиг шимийн төлөө богино хугацааны хатуужлыг давах нь үнэндээ юу ч биш билээ.

Бидний бага залуу насанд голдуу хорвоогийн ашиг тус эрдэм мэдлэг зэргийг хөөсөн *хорвоогийн багш* нар элбэг байдаг. Нас ахиж хөгшрөх тусам амьдралын тухай гүнзгий ул суурьтай бодох болж шаардлагатай мэргэн ухаанаа хуваалцах *Номын нөхөр* хэрэгтэй болдог.

Олон хүмүүс Номын багштай учирч хүчтэй барилдлага тогтоохоосоо өмнө Номын нөхөд олонтой байдаг нь нийтлэг бус биш билээ. Энэ үедээ тэд багш гэхээсээ *сүсэг бишрэлийн хөтөч* хэмээн нэрлэж цаг хугацаа өнгөрөх явцад багш, шавийн нандин холбоог хуваалцдаг байна.

Хэрвээ багш шаардлага хангасан байгаад шавийн зүгээс амь амьдралаа гэгээрлийн үйлсэд бүрэн зориулах чин үнэнч сүжиг хүчтэй бүрэлдээд ирэх юм бол магадгүй тэд *очирт холбоонд* шилжих нөхцөл бүрдэж болох юм. Шавь Очирт багшид андгай тангараг өргөсний дараагаар эргэж буцах зам нэгэнт үгүй болох тул аливаа эргэлзээ сэжиглэл байвал цөмийг нь урьдаар арилган цэвэрлэсэн байх ёстой.

Бид зөвхөн л замаа тавьж эхэлж байгаа болохоор үнэн номын багштайгаа холбоогоо утга учиртай байлгах тал дээр хамаг анхаарлаа шилжүүлэх хэрэгтэй. Очирт багштай холбоо тогтоох уу, үгүй юу гэдэг яаруу шийдэх асуудал бас биш ээ. Түүний оронд энэ шатанд зөв суурийг эхлээд тавих хамгаас чухал бөгөөд хэрвээ очирт багштай холбоо тогтоох боломж нөхцөл бүрдээд ирвэл бид тэр цагт сэтгэлээ бэлэн байдалд оруулсан байвал зохино.

Дасгал 3.1 – Амьдралдаа тааралдсан Багш нараа таних

- *Тохиромжтой байрлалд суугаад амьсгалдаа төвлөрөх бясалгалаар сэтгэлээ тайван байдалд оруулна.*

- *Бага насаа эргэн дурсаж гол гол өөрчлөлт хийсэн цаг үеүдээ тусга.*

- *Амьдралдаа нөлөө үзүүлсэн өөр өөр төрлийн хүмүүсийг, тэд мэддэг болгоноо өөртэй тань хэрхэн хуваалцсаныг, ямар нэгэн байдлаар таныг замчилсан талаар бодогтун.*

- *Тэр болгоноос сурч мэдэж авсан зүйлсээ бод. Аль төрлийн шалгуурт багтах багш байсныг тодорхойл.*

- *Тэр багш болгоноо өөрийн өмнийн огторгуйд байна хэмээн төсөөл. Хүсвэл өөрт хэр нөлөөтэйгөөр нь ялган ангилж болно.*

- *Бүх багш нараа нэг дор цугларсан хамтдаа байна гэдэг ухамсарт сааtaad амар.*

Өөрийн Чанарыг Шинжих

Олон хүмүүс маш явцуу санаатайгаар сүсэг бишрэлийн барилдлага холбоонд орох нь бий бөгөөд багш надад ингэж хандах ёстой, ингэж өгөх ёстой, би түүнээс ийм ашиг олох ёстой гэсэн олон буруу санаанд хадагдсан байдаг. Ийм урьдчилан тооцоолсон барилдлага, болзолд үндэслэсэн барилдлага тогтооход хүргэдэг ба үүнээс багш, шавийн барилдлага холбооноос гарч болох байсан ашгийн хэмжээг хязгаарлах болно.

Эхлээд бид өөрсдийн чадал чансааг тусган ойлгосноор сүсэг бишрэлийн замын чухам хаана яваагаа илүү мэдэж авах ба ямар төрлийн багш хэрэгтэйгээ тодруулж авах юм. Энэ нь ямар түвшний сургаал бидэнд хэрэгтэй, ямар хэмжээний Ном хүслээрээ дадлага болгон үйлдэх, сахил тангараг тавихад бэлэн байгаагаа танина гэсэн хэрэг юм. Жишээ нь, очирт хөлгөний багшаас ном сонсохын тулд гэгээрэлд хүрэх чин ариун хүсэл тэмүүлэлтэй, Номыг авлага болгон дадуулах эрмэлзэлтэй, багшаа гэсэн гуйвшгүй бишрэл хүндлэлтэй байх хэрэгтэй. Маш их зориг зүрх, хүчтэй итгэл, үнэмшил, сайн дураар өөрчлөлтөд бүхнээ зориулахад бэлэн сэтгэлтэй байх нь чухал. Хэрвээ танд эдгээр чанаруд бүрдэж амжаагүй байгаа бол түүнийгээ таньж олоод хөгжүүлэн тордож эхлэх хэрэгтэй. Өөрөө өөртөө ямагт үнэнч хандаж худлаа зүйлд найдахгүйг хичээх нь чухал.

Бусад хүмүүсийн сайн чанаруудыг олж харахын тулд өөрсдийн сайн талуудыг хөгжүүлэх хэрэгтэй. Тэгснээрээ аливаа нэг багшийн танд олгож буй зүйлийг таньж аван өөртөө итгэх итгэлийг хөгжүүлэхэд туслах болно. Тэдгээр чанаруд бол:

1. **Хараат бус байдал:** Багшаасаа сургаал номлолыг сонсох буюу багштайгаа харьцахад сэтгэлээ нээлттэй байлгах нь чухал. Ялгаварт үзэл ургах хором болгонд багшийн хэлж байгаа үгсийг ойлгох хаалтууд босож ирж байдаг. Эхэндээ шингээж чадахын хэрээр мэдээллийг авч хэтэрхий шүүмжлэлтэй хандахаас болгоомжлох хэрэгтэй.

2. **Оюунлаг:** Сэтгэлээ нээлттэй байлгаснаар мэдээллийг цуглуулж болох хэдий ч сонссон болгоноо хүлээн авах ёсгүй. Хамгийн хүчирхэг итгэл сонссон зүйлийнхээ учир шалтгааны тайлбар болон туршлага дээр үндэслэн бий болдог. Тийм учраас хүлээн авсан сургаал дээрээ сайтар тунгаан бясалгахад анхаарч ашигтай ашиггүй талаар сэтгэлдээ шинжлэн бодох ёстой. Хэрвээ түүнд саруул оюун шингэсэн гэж үзвэл гарын авлага болгон дадуулж хувийн туршлагадаа нэвтрүүлэх хэрэгтэй. Юуг нь өлгөж авах вэ, юуг нь орхиж хаях вэ гэдгийг нарийн задалж шинжлэх нь буруу үзэлд автахаас сэргийлэх ашигтай талтай байдаг.

3. **Хичээл зүтгэл:** Сүсэг бишрэлийн хөтөч олоход цаг тогтоох ёсгүй. Энэ эрэл сурал хэдэн сараар ч үргэлжилж болно, бүхэл бүтэн амьдралын жилүүдийг ч эзэлж болох бөгөөд үйлийн үрийн барилдлагаас шууд шалтгаална. Багшийн эзэмшсэн чанарууд танд шууд үзэгдэх боломжгүй байж болох тул цаг хугацааг зарцуулах шаардлагатай. Үүнийг ойлгосноор хичээл зүтгэлээ нэмэгдүүлэн таныг замдаа дайралдах сорилтуудад шантран буцахаас сэргийлж чадна. Хөтөчтэйгөө тийм их нарийн холбоо тогтоож амжаагүй байж ч болох бөгөөд тийм тохиолдолд өөрийн амьдралд тааралдсан Номын нөхдөө машид дээдлэн үзэх хэрэгтэй. Тэдгээрийн заасан хэлсэнд итгэл бишрэл төрүүлэн сэтгэлээ хөгжүүлсээр нөхцөл байдлууд бүрэлдэж тогтож эцэстээ таны сүсэг бишрэлийн хөтөч илт үзэгдэх болно.

Дасгал 3.2 – Толинд харах дасгал

- *Тайван байдалд суугаад амьсгалдаа төвлөрөх бясалгалаар сэтгэлээ тайван байдалд оруулна.*

- *Дараах асуултуудыг тусган хэсэг хугацааг зарцуулагтун. Мөр болгоныг тал бүрээс нь шинжилж байж дараагийн мөрөнд шилжинэ.*

- *Яагаад надад хөтөч хэрэгтэй болов?*

- *Тийм холбоо тогтоосноор юунд хүрнэ гэж найдаж байна?*

- *Багш хүнд ямар чанаруудыг чухал гэж боддог вэ?*

- *Одоо өөрийн чадал чансааг тунгаан доорх чанаруудыг байгаа эсэхийг бод:*

  - *Та шүүмжлэгч хүн үү, өөрийн гэсэн бодол санаатай хүн үү, эсвэл сэтгэл нээлттэй хүн үү? Найз нөхөд, гэр бүлийхнээ хараад төрсөн жишээг бодож ол.*

  - *Та төрөлхийн үл итгэмтгий зантай хүн үү, эсвэл шинэ санааг хүлээн авахдаа амархан хүн үү? Шинэ мэдээлэл авмагцаа өөрөө бодох шаардлага гарч байсан жишээг бодож ол. Тэр үед яаж хандаж байсан бэ?*

  - *Та эхэлснээ дуусгадаг хүн үү, эсвэл амархан шантардаг хүн үү? Өөр өөр үйл хэрэгт оролцож байснаа эргэн дурсаж сорилт бэрхшээл тохиолдоход яаж хандаж байснаа сана.*

- *Ямар ухамсар ургана түүндээ саатаад амар.*

Багшийн Чанарыг Шинжих

Багштай харьцахын тулд өөрийг шинжилсний дараагаар одоо багшаа шинжиж эхэлнэ. Өнөөдрийн ертөнцөд маш олон хүмүүс багш хэмээн өөрсдийгөө нэрийдэх боловч зарим нь дээдийн номын багш нар байдаг боловч зарим нь тийм биш билээ. Энэ хоёрын ялгааг олж илрүүлэхийн тулд доор өгүүлэх үндсэн зааврыг дагах нь таны цагийг хэмнэх тустай билээ.

Хуурамч Багшийн Шинж Тэмдгүүд

Дараагийн шалгуурууд өөрийгөө холхон байлгавал зохих зарим нэгэн багш гэсэн хүмүүсийн шинж тэмдгүүдийг илэрхийлнэ. Багшийн санаа сэтгэлд юу явагдаж байгааг таах амаргүй ч хэрвээ бид зарим нэг шинж тэмдгүүдийг харах юм бол тэдний сургаал олигтой үр ашиг авчрахгүй нь гэдэгт нэлээд итгэлтэй болох болно.

1. **Ариун-бус Сэдэл:** Багш хүн суралцах, тусгах, бясалгах зэргийг үзүүлэвч сүсэг бишрэлийн нийгэмлэгтээ чухал алба хашихын тулд хийж байгаа бол тэдний сэдэл ариун биш байна гэсэн үг. Ийм багш нар байнга нэр хүнддээ хэтэрхий автсан байх тул юу ч хийсэн нэрээ алдахгүйг хичээх болдог. Яагаад гэвэл тэдний гол бодол санаа хорвоогийн үйлсэд чиглэсэн учраас хүмүүсийг сургах тал дээр маш бага анхаарч шавь нарын сэтгэл

зүрхэнд болж буй асуудлуудаас өөрсдийн алдар хүндийг илүүд үзэж байдаг. Хэн нэгэн хүнд бэрхшээл түйтгэрүүдээ даван гарч урагшлахад туслахын оронд ийм багш нар тэдэнд өргөл барьц хэрхэн өгөх замаар өглөгийн Барамидыг хөгжүүлэх тухай заах болно. Иймэрхүү хуурамч багшлал маш элбэг тохиолддог бөгөөд тэдний сургаалыг олоход амар хялбар байхаас гадна байнга сохор бишрэлдээ автаж нарийн шинжлэл хийхээ орхигдуулсан олон сүсэгтнүүдийг хамрах шинжтэй байдаг нь харамсалтай.

2. **Үнэн Ухамсарлахуй Дутмаг:** Жинхэнэ дамжлага урсгалаас гаралтай биш буюу жинхэнэ дамжлагын багш нараар хэзээ ч номлол заалгаж үзээгүй багш нар тэр урсгалаар ном заахад шаардлага хангахгүй. Тэд сургаалыг зүрх сэтгэлдээ хүртэл хүлээн авч чадаагүй учраас дадлага болгож чадахгүй байдгаар энэ нь харагдана. Ийм багш нар магадгүй боловсролын талаар зэрэг цол хамгаалсан байдаг ч гэсэн тэд ухамсарлахуйг хөгжүүлээгүй л бол тэдний сэтгэл түйтгэрлэгдсэн хэвээр байж, шаардлагатай сахилгыг баримтлах чадвар дутна гэсэн үг. Гадна талдаа хэдийгээр хайр энэрлийн сэтгэлийг үзүүлэвч дотоод сэтгэлдээ үзэн ядалт, атаа жөтөө гэх мэт гэгээрлийн замд бусдыг хөтлөгч хүнд байж үл зохих чануудыг агуулсан байдаг. Ийм багш нарт найдна гэдэг өөрөө төөрөгдөлд улам гүнзгий шигдэн цааш ахих замдаа ноцтой тотгор учруулж байгаа хэрэг болно.

3. **Хаалттай Сэтгэл:** Ийм багш нар тийм их сайн чануудыг хангаагүй байх хэрнээ олон шавь нарын сэтгэлийг татаж тэгснээрээ бардамнан, өөрийг дөвийлгөх, өөрсдийн сайн чануудыг хэтрүүлэн үнэлэх шинжтэй болж үнэн Номын багш ямар шинжүүдийг хадгалсан байх ёстой тухай огт мэдэхгүй явдаг байна. Тэд бүх насаараа худгийн мэлхий адил байж хязгааргүй далай тэнгис гэж байдаг талаар ч ажиг сэжиггүй явдаг байна. Ийм багш нар шавь нарыг баян чинээлгээр нь хооронд нь уралдуулж үнэтэй тансаг сүм дугана, суварга тахил босгоход хамаг хүч энергийг нь чиглүүлэхийг зорьдог. Тэд яг ном номлохыг хэзээ ч зорилгоо болгодоггүй харин өөрсдийн зүүд зэрэглээ мэт аугаа байдлын гайхамшигт үзүүлбэрийг л бий болгоход зорьдог ажээ.

Эдгээр төрлийн багш нар энэ дэлхий дээр Бурханы Номыг доройтолд орохын голлох шалтгаан болдог бөгөөд Мэргэн Долбува Багшийн дуу алдсанаар: "Буддизм таван үе шатаар доройтолд ордог бөгөөд хамгийн сүүлд гаднаа тогос адил үзэсгэлэнтэй боловч дотроо өмхөрч муудсан нэгэн байх болно" гэж хэлсэн бол аугаа Богд Зонховын айлдсанаар: "Миний хийдийн лам нар баяжиж дуусмагц миний Бурханы шашин эд баялагт дарагдан няцаагдах болно" гэжээ.

Номыг дадуулан үйлдэгч хэн боловч Бурханы Номыг ийнхүү доройтолд орохоос сэргийлж явах нь зүйтэй. Бид хуурмаг лам багш нарт итгэлээ хүлээлгэх явдлыг өөрсөндөө зөвшөөрч болохгүй. Тийм учраас бид мэдлэг боловсрол, ухамсар сэрэхүйгээ хөгжүүлэн буруу муу явдал гарахаас чадлынхаа хэрээр зайлсхийх ёстой.

Үнэн Багшийн Шинжүүд

Доройтлын энэ цөвүүн цагт бидний хэрэгцээнд бүрэн нийцсэн сүсэг бишрэлийн төгс төгөлдөр багш олно гэдэг туйлаас амаргүй хэрэг билээ. Энэ нь голдуу жинхэнэ Номын багшийн мөн чануудыг таних бололцоог хааж байдаг бидний ариун-бус хүлээн авахуйгаас шалтгаалж байдаг гэхэд хилсдэхгүй. Тийм учраас эхлээд үнэн багш гэж ямар чануудыг агуулсан нэгнийг хэлэх талаар ойлголттой танилцаж нүдлэн ухаарч авах хэрэгтэй. Хутагт Майдарын *"Судрын Аймгийн Чимэг"* шастираас:

> *"Их Хөлгөний сахил сахисан, амгалан төлөв, билиг билгүүнтэй, шавь нараас эрдэм үлэмж илүү, хичээнгүй, эш номоор баяжуулан тайлбарлагч, амьтныг энэрэх сэтгэлтэй, Хоосон чанарыг онож ухаарсан бөгөөд өгүүлэхүйд мэргэн, сүсэг бишрэлээ хэзээ ч үл алдан шавь нараа зааж дагуулах чадвартай багшид шүтвээс зохино"* хэмээжээ.

Нийтдээ үнэн Номын багшийг таних арван шинжийг бид дурдаж болох бөгөөд энэ бүх шинж бүрдсэн багш олох үнэндээ тийм ч амар биш байх болно. Хэрвээ та түүнийг олохоор сайн буянтай төрсөн нэгэн бол хамаг сэтгэл зүрхээрээ багшийгаа хайрлан хүндэлж дээдлэн тахиж яваарай гэж захих байна.

1. **Ёс Суртахууныг Сахидаг:** Төвөдийн Буддын урсгалд гурван төрлийн ёс суртахууны сахил яригддаг: 1. Ангид гэтлэхийн санваартны гадаад Сахил, 2. Бодьсадва хүний дотоод Сахил 3. Очирт Хөлгөний Нууц Тангараг билээ. Бид энэ гурван сахилыг сахидаг багш олох нь маш сайнд тооцогддог. Ийм багш биднийг урьдчилсан бэлтгэлийн хийгээд дэвшилтэт шатны дадлагуудад газарчлан явах шаардлагыг хангасан байх бөгөөд бидэнд нэгэн насандаа Бурханы хутагт хүрэх бололцоог олгодог.

2. **Бясалгалаар Сэтгэл Номхорсон:** Номын багш хүн тодорхой хугацааны туршид бясалгалд оржамгалангийнүндэсболсонсэтгэлийнтогтворжилтод хүрсэн байх шаардлагатай. "Шамата буюу Амирлан орших" түвшинд хүрсэн байвал маш сайн боловч байнга ийм багш шаардлагатай биш юм. Гол нь багшийн сэтгэл төвшин амгалантай, тогтвортой, цэвэр тунгалаг, хүчтэй төвлөрөл, хурц сэтгэхүйтэй байх шаардлагатай билээ.

3. **Түйтгэрүүдийг Сайтар Намжаасан:** Сүсэг бишрэлийн хөтөч хүн түйтгэрт сэтгэлээр дарангуйлагдсан байвал бусдад тусална гэхэд хэтэрхий хэцүү байх болно. Тийм учраас бид сэтгэлийнхээ түйтгэрүүдээс ангижирсан багш болж өгвөл олох, бүр ядахад атаа хорсол, үзэн ядалт мэтийн хүчирхэг түйтгэрүүдээс ядаж салсан нэгнийг олох хэрэгтэй. Сэтгэлийн түйтгэрүүдийн эсрэг ерөндөг болдог хоосон чанарыг илтэд оносон багш олдвол хамгийн дээд багш болох билээ.

4. **Шавиас Илүү Эрдэм ба Сайн Чанаруудыг Агуулсан Байх:** Шавь хүн багшаас суралцахын тулд багшийн эзэмшсэн чанаруул шавийхаас давуутай байвал зохино. Багшийн бүхий л чанаруул шавийхаас дээгүүр байх ёстой гэсэн хэрэг биш бөгөөд ядаж ганц ч болов талаасаа шавьд хэрэгтэй байж чадахаар байвал зохилтой. Багшийн хүчин чадал шавийн хэрэгцээг хангахаар байдалтайг мэдэхэд болно. Зарим үед хэд хэдэн багш нартай зэрэг харьцах ч шаардлага гарч болох ба тэд цөм чадварын хувьд өөр өөр байх болно. Энэ нь таны хязгааруудаа даван гарах чадварыг дээд цэгт хүртэл нэмэгдүүлж байгаа бөгөөд замнан буй замдаа гаргах ахиц шим нь дээшлэх талтай байдаг.

5. **Номд үнэн Сүжигтэй Байх:** Жинхэнэ Номын багш гэдэг өөрийн бие сэтгэлийг Бурханы Номыг сонсох, санах, бясалгахад суралцах зэрэгт бүрэн зориулсан нэгэн байдаг. Тэд маш их шамдалтай, зүтгэлтэй, сургаал номлолд хичээлтэй, түүнийгээ бусдад хүртээх сэн гэсэн хүсэлтэй, номлохдоо дуртай байх ёстой. Энэ чанарынхаа улмаас тэд олон төрлийн зан үйлд оролцох, шавь сурагчдынхаа хэрэгцээнд тааруулсан үйлсэд зүтгэх, эрдэм мэдлэгт цаг заваа зориулах ёстой. Ийм багш нь шавь нартаа үнэн сүсгийг төрүүлэн Бурханы Номд бишрэх сэтгэлийг хөгжүүлж, амьдралынхаа гол зорилго чиглэлийг олоход тусалж, хорвоогийн ашгийн хойноос хөөцөлдөн замаа алдчихгүй байхаас сэргийлэхэд тусалдаг билээ.

6. **Шашны Өндөр Боловсролтой Байх:** Бурханы сургаал гэдэг өргөн бөгөөд гүнзгий, төрөл бүрийн бясалгагч нарт тохирсон өргөн хүрээг хамарсан байх тул бусдад хэрэгтэй багш байхын тулд шавь нарын хэрэгцээнд тохируулсан өргөн мэдлэгийг эзэмшсэн байвал зохино. Үүний тулд нэлээд цагийг ном сударт судалгаа шинжилгээ хийн өнгөрөөсөн байх хэрэгтэй болно. Тэгэхдээ бас олон номоос иш татаж чаддаг байх нь хамгийн гол биш бөгөөд тэдгээр ном судруудын цаад нарийн утгыг мэддэг ойлгодог, тайлбарлаж чаддаг, шимийг нь хичээлдээ тусгаж чадах чадвартай байх нь чухал билээ. Айхтар эрдэмтэн биш хэрнээ шавийн тусыг зайлшгүй бүтээх бололцоотой бөгөөд номыг сайтар сэтгэлдээ шингээсэн багш байх хэрэгтэй.

7. **Бусдыг Асрах Сэтгэлтэй Байх:** Ном заах жинхэнэ шалтгаан бол бусдын тусыг л бүтээх явдал юм. Тийм учраас шавийнхаа өсөлтийг үнэхээр чухалчлан үздэг, хэрэгтэй бол гараа сунган ямар ч аргаар туслахад байнга бэлэн тийм багш олохыг хичээх хэрэгтэй юм. Үр хүүхдээ асарч буй эцэг, эх адил хандаж үүрээ орхиод нисэхийн цагт сайн багш хүн тэднээсээ зууран таталдахгүйгээр явал тэдэнд ашиг тустай байх вэ гэдэг талаас нь харж хөдөлдөг байх ёстой.

8. **Ухамсарлахуйн Тодорхой Түвшинд Хүрсэн Байх:** Сүсэг бишрэлийн багшийн эцсийн зорилго бол таныг туйлын үнэнд хүргэх явдал болохоор тэд өөрсдөө түүнийг хэзээ ч мэдэрч үзээгүй байвал шавийг сургахад хүндрэлтэй болох билээ. Багшийн ухамсрын түвшинг таана гэдэг хэтэрхий хэцүү учраас түүнтэй хамтдаа хангалттай цаг хугацааг өнгөрүүлэн тэднийг сургаалаа айлдахад нь зүгээр нэг судраас иш татаж байна гэж бодохын оронд өөрийн дотоодын зөн билгээр хэлж байна гэж мэдрэх мэдрэмжийг бид өөрсдөдөө хөгжүүлэх хэрэгтэй. Гол утга нь зүгээр оюун ухааны талаас нь багшийг бүү дүгнээсэй гэсэн үг. Аливаа нэгэн жинхэнэ урсгалын уламжлал хэлхээг баригч байхын тулд багш хүн тодорхой түвшний ухамсарлахуйд хүрсэн байх ёстой.

9. **Харилцааны Өндөр Чадвартай:** Номыг бусдад амжилттай түгээхийн тулд багш хүн сонсогч нарын олон төрөлд тааруулсан олон өөр замаар харилцах чадварыг эзэмшсэн байх хэрэгтэй. Өөр өөр зам хэрэглэснээр шавийн төөрөгдлийг тас цохих хамгийн сайн аргыг олж чадна. Энэ нь гэвч бүх багш нарыг маш өндөр чадвар эзэмшсэн, боловсролтой гэж хэлж байгаа хэрэг биш, тоог биш чанарыг энд анхаарах ёстой. Зарим багш нар цөөхөн хэдхэн үгээр гайхалтай мэргэн ухааныг дамжуулах чадвартай байх нь бий.

10. **Мятаршгүй Тэвчээртэй Байх:** Хамаг амьтан сансрын хүрдэнд тэргүүлшгүй цагаас авахуулаад эргэлдэн оршиж байгаа билээ. Тиймээс тэдэнд маш гүнзгий дадуулсан муу зуршлууд бий. Тиймээс асар их зүтгэл шамдал, тэсвэр тэвчээр, цаг зав, давтлага зэргийг хэрэглэж байж тэдгээр буруу дадлуудыг арилгана. Жинхэнэ Номын багш сорилттой тулгараад хэзээ ч шантрахааргүй тэвчээрийг эзэмшсэн байх ёстой. Хэчнээн ч удлаа гэсэн хамаагүй сансрын хүрднээс гаран гартал нь хамаг амьтанд тусласаар байх хэрэгтэй. Тэд заримдаа завсарлага авч дахин шинээр бүлэг байгуулах, чадвараа нэмэгдүүлэх зэргийн аргыг хэрэглэх боловч амьтны тусыг бүтээх гэсэн гол зорилгоо хэзээ ч умартах ёсгүй билээ.

Сүсэг бишрэлийн багшаа сонгох нь магадгүй таны амьдралд тохиолдох хамгийн чухал шийдвэр байж болох ч талтай бөгөөд одоо үүсгэсэн барилдлага тань энэ хийгээд ирээдүй хойчийн төрлүүдэд ч хүртэл нөлөөлж гэгээрлийн хутагт хүрэн хүртэл тань чухал үүргийг гүйцэтгэсээр байх болно. Тийм учраас, цаг гарган байж багшийгаа судал, таныг зорьсон замд тань алдаа эндэгдэлгүй замчилж чадна гэсэн итгэл төрөн төртөл чадах хэрээр шалгах хэрэгтэй.

Энэ арван чанарыг биедээ шингээсэн хүнийг санаандаа бодож олох гээд үз л дээ. Маш ховор байх болно. Тиймээс төгс төгөлдөр бус нэгэнтэй харьцах болно гэдэгт сэтгэлээ бэлтгэгтүн. Тэдэнд шавиас илүү нандин чанаруд байж, шавийнхаа сайн сайхны төлөө үнэхээр санаа тавьдаг ариун энэрэх сэтгэлтэй байсан цагт ахиц гарах бат суурь үүсэх нь гарцаагүй. Хэрвээ таны багш жинхэнэ уламжлал урсгалаас гаралтай байх юм бол хэдийгээр тэдний ухамсарлахуй төгөлдөр түвшинд хүрээгүй байлаа ч гэсэн шавийг гэгээрэлд хүргэх чадлыг агуулсан мэргэн ухаанаас суралцах үүдийг танд нээж өгч байгаагаараа таны амжилтыг нугалж өгөх ашигтай талтай билээ. Багшаас ямар ч алдаа олдсон бай тэдний уламжлал урсгал ариун байсан цагт түүний сургаал Бурханы адис жанлавыг агуулсан гэдэгт та бүрэн итгэлтэй байж болно.

Эцэст нь хэлэхэд, хувь хүний хувьд шууд холбогдож болох багш хамгийн сайн багш юм шүү. Хүний биеэр таны өмнө үзэгдэж байгаа цагт бидэн шиг л хүнд байдаг алдаа дутагдал болгон байхыг үгүйсгэх аргагүй. Бидэнтэй чухам адилхан төрсөн болохоороо л бидэнд олдож, хязгааргүй сайхан сэтгэлээр биднийг зааж сургаж байгаа юм гэдгийг мартаж болохгүй. Товчоор хэлэхэд, багшийгаа үлгэрийн баатар шиг байна гэж бүү хүлээ, харин тэднийг жинхэнэ амгалан энхийн оршихуйд биднийг хөтлөн хүргэх эгэлийн ертөнц дээрх хамгийн нандин эгэл үзэгдэл гэж хүлээн авах хэрэгтэй юм шүү.

Дасгал 3.3 – Багшийнхаа Сайхан Сэтгэлийг Санах

- *Тохиромжтой байрлалд суугаад амьсгалдаа төвлөрөх дасгалаар сэтгэлээ тайван байдалд оруулна.*

- *Өмнийн огторгуйд амьдралдаа нөлөө үзүүлсэн бүхий л багш нараа байна гэж санаандаа төсөөл.*

- *Тэдний нэгийг сонгон авч танд бишрэл төрүүлдэг түүний сайн талуудыг бодож танд хэрхэн нөлөөлснийг эргэн дурс.*

- *Энэ багшаас ямар ашиг танд хүртсэнийг бодож тунгаа.*

- *Баярлан талархах сэтгэл оргилбол түүндээ аль болох удаанаар саатахыг хичээ. Дараа нь бүдгэрсээр арилж одоход дараагийн нэг багшийг одоо сонгож дасгалыг түүн дээр давт.*

Багш, Шавийн Барилдлагаа Хөгжүүлэх

Өөрийгөө болон багшийгаа сайтар шинжлэн судлах нь эрүүл саруул сүсэг бишрэлийн хэлхээ холбоонд орох боломжийг бий болгох бөгөөд энэхүү харилцааны мөн чанар нь бидний хөгжүүлж дадсан энгийн хэлхээ олбооноос машид өвөрмөц тусгай байх болно. Энгийн үедээ бид өөрийг энхрийлэн барих сэтгэлд их бага хэмжээгээр удирдагдан явдаг учраас аль нэгэн талаар хоосорсон мэт мэдрэмжийг агуулж явдаг. Тэрхүү талаа нөхөхийн тулд аливаа нэгэн холбоо харилцааг тогтоохыг эрмэлздэг бөгөөд энэ нь романтик холбоо ч юмуу, ажил мэргэжлийн талаар дэвшихэд нэмэр болох бизнес харилцаа эсвэл хэрэгтэй тусламж дэмжлэгээ авч байх энгийн нөхрийн харилцаа ч байж болох талтай билээ.

Өөрийг энхрийлэх сэтгэлд суурилсан харилцаа холбоонд хүн голдуу бэрхшээл сорилттой тулгарахаараа сандарч барьц алддаг. Жишээ нь, үйлдвэрлэл хөгжсөн орнуудад гэр бүл салалтын тоо огцом өссөн нь бидний харилцаа холбоо сулхан бөгөөд итгэлтэй бус болсныг хүчтэйгээр илтгэж байгаа юм. Хүмүүс бидний хэрэгцээг хангахаа болиод ирмэгц бид тэр хүнийг орхих гэж яаран бидэнд илүү ихийг өгч чадна гэж бодсон хүнээрээ сольдог байна.

Сүсэг бишрэлийн холбоонд утга учиртай хандахын тулд энэ зуршлаа бид орхих хэрэгтэй. Багш хүнийг бид шидэт саваагаараа дохингуут бидний хамаг асуудлууд шидийн юм шиг арилж наашай сайхан болно гэж боддогоо, хэдийгээр ингэж болдог сон бол тэд эргэлзэх юмгүй дохих байсан ч болох хэрэгтэй билээ. Бидний аз дутахад энэ бүтэхгүй хэрэг. Энэ харилцаанд багшийн үүрэг бол хувь хүний гэгээрлийн замдаа ахиц гаргах нөхцөлүүдийг үүсгэн бий болгож тэрхүү өөрчлөлтийг амьдруулдагт оршиж байгаа билээ.

Багш, Шавийн Харилцааны Төрлүүд

Хүчтэй бөгөөд эрүүл харилцаа тогтоохын тулд цаг хугацааны туршид харилцаа холбоо хөгжиж хувирдаг замуудыг бодож үзэх нь тустай байдаг. Харилцан үйлчлэл явагдаж, туршилт дадлагаа хуваалцах явцад багш, шавь хоёрын хооронд нүдэнд үл харагдах уяа холбоос үүсэн хөгждөг байна. Энэ уяа бат болох тусам тэдний холбоо харилцаа илүү үр ашигтай болох болно.

Асрагч ба Хүүхэд

Энэ холбоонд шавь хүн одоогийн байгаа байдлаа жаахан дээрдүүлэх л сонирхолтой байдаг байна. Амьдралд тохиолдох элдэв хямрал хүнийг сүсэг бишрэлийн өмөг түшиг эрэн хайхад ямагт хүргэдэг боловч дадлага сургаал хэтэрхий сорилттой байх юм бол ийм шавь дорхноо шантарч хичээлд ирэхээ болиод өөр амар арга хайж оддог байна.

Ийм тохиолдолд туршлагатай багш нялх хүүхэд асарч буй мэт зөөлөн аядуу хандах хэрэгтэй болдог. Тэгээд шавийн сэтгэл санааг боловсорч ухаан суух хүртэл нь ийнхүү асарч харьцаад илүү сорилт хатуужлыг давж чадахуйц болоод ирмэгц ирээдүйд боловсрох жаахан үрийг тариад орхих хэрэгтэй.

Шавийн зүгээс багшийг бишрэх сэтгэл маш бага байх бөгөөд арилж одоход амархан, жаахан айлгах төдийд л үргээд явчихаар байдаг ажээ. Энэ холбоог өнгөцхөн байдлаас давж гарсан холбоо болгон хувиргахын тулд шавь хүнд өөрт нь амьдралаа өөрчилье гэсэн хүчтэй эрмэлзлэл байх хэрэгтэй.

Худалдаачин ба Үйлчлүүлэгч

Шавь амьдралаа дээшлүүлье гэсэн чин хүсэлтэй болмогц энэхүү өөрчлөлтийг хэрхэн хийдэг билээ хэмээн бодож эхэлдэг учраас багшийн хэлэх сургахыг илүү хүлээн авах нээлттэй тал руугаа эргэдэг байна. Сэтгэлээ тодорхой хэмжээгээр нээж эхлэх нь сургаал номлолын санааг өөрийн хүслээр тусгаж авах явдалд хүргэнэ.

Энэ шатанд хүрээд тэд мэдээллийг эрчимтэй хайж эхэлдэг тул багшийг эрдэм ухааны эх үүсвэр хэмээн үзнэ. Үүнийг худалдан авагч хүн тооцоогоо хийхээс өмнө худалдагчаас мэдээлэл асууж цуглуулдагтай адилтгаж болно. Багш шавийн өсөж дэвших гэсэн хүслийг хүндэтгэж шавь нь багшийн эрдэм туршлагатайг хүндэтгэх харилцан хүндлэл энд хэрэгтэй болно.

Ийм холбооны гол дутагдал нь шавь өөрийн сайн сайхны төлөө яавал хамгаас ашигтайг мэдэж байгаа гэдгээс хэтэрхий зуурдагт оршдог нь: байнга үйлчлүүлэгчийн зөв байдаг гэдэгтэй ижил ажээ. Бардам зан нь шавийг сохроход хүргэж цаашид өсөж дэвших аргагүй явцуу байдалд хүлж орхино. Багшдаа итгэх итгэлийг хөгжүүлэн, өөр өнцгөөс юмыг харах чадвараа өсгөснөөр энэ хязгаараасаа мултарч болдог байна.

Нэгэн Гэрийн Ахан Дүүс

Туршлага дээр үндэслээд итгэл аажуухнаар нэмэгдэнэ. Багш итгэл бишрэл хүлээхүйц нэгэн гэдгээ харуулах тусам шавь сургаж хэлсний улам дагамтай болж ирнэ. Итгэл гүйцээд ирмэгц багш зөвлөгчийн дүрдээ бүрэн орж сурагч харин нэлээд биеэ даасан хэвээр байх боловч зөвлөгч багшийн хэлснийг үнэлэх үнэлэмж нэмэгдэн нэлээд ноцтой тунгаадаг болох хандлагатай.

Энэ шатанд багш яг ах, эгч нар шиг санагдах болно. Холбоо харилцаа одоо баттай болж тэр хоёр хамтдаа нэлээд хүнд бэрхшээлүүдийг туулан гарах болно. Шавийн сүжиг энэ үед амьдралд нь маш чухал үүргийг гүйцэтгэн харилцан хүндлэл гүнзгийрэх замд хөтлөн дагуулсан багшдаа бишрэх бишрэл нэмэгдэнэ.

Шавиа энэ түвшинд хүрсний дараагаар багш тэдний зуршилт хандлагуудыг сорин, шаардлагатай чанаруудыг харьцангуй хурдтай эзэмших олон төрлийн аргуудыг ашиглах болдог. Багш шавийг хувирал өөрчлөлтөд сайн дураар ороход шаардлагатай зүтгэлийг гаргахуйц болж гэдгийг хармагц хоёр талаас нэлээд ноцтой хэлбэрийн сахил тангараг тавих хэрэгцээ гарч ирнэ.

Энэ холбооны ганц хязгаар бол шавийн зүгээс үзүүлэх зүтгэлийн хэмжээ мөн. Үндсэндээ энэ нь далд ухамсартаа хүрэхийн тулд аль хэр их цагийг зориулж чадах вэ гэдэгт тулж очино. Үүнд зарцуулах цаг их байх тусам шавийн хүртэх холын хийгээд ойрын ашиг тус их байх болно.

Эх ба Үр

Итгэлийн бат бөх суурьтай болмогцоо шавь хүн сүсэг бишрэлийн замынхаа хөгжилд хүрэх бөгөөд газарчин маань хамаг амьтны төлөө болзолгүй хайр энэрлийг агуулсан үрээ гэх эх хүн шиг юм гэдгийг олж харах болно. Энэ шатанд шавь ер бусын ариунаар үзэхүйг хөгжүүлэн багшаа гэх аугаа бишрэлийг өвөртлөх болно.

Энэ холбоо багш, шавийн хоорондын гуйвшгүй итгэлээр илрэх бөгөөд энэ нь шавийн нарийн сэтгэлийн бэрхшээлүүдтэй маш чадварлагаар тулж ажиллахад тэдэнд тусална. Үүнийг амжилттай гүйцэтгэхийн тулд шавийн зүгээс бүрэн итгэх сайн дурын үндсэн дээр зорилгоо ухамсарласан, гэгээрлийн төлөө учраас юу хэрэгтэй тэр бүхнийг хийнэ гэсэн хүсэл эрмэлзлэлтэй байх ёстой. Мөн түүнчлэн багшийн чадварт өчүүхэн ч үл эргэлзэх түвшинд хүрсэн байх ёстой. Сэжиглэл хардалтын үеийг бид аль дээр даваад өнгөрсөн байгаа билээ.

Шавь аливаа эсэргүүцэл, үл хүсэх байдлаа цөмийг таягдан хаях үед багш түүнийг туйлын мөн чанартай нь учруулах болно. Энэ шууд мэдрэмж бол шавийн илрүүлэх гэж оролдон зүтгэсэн гол зорилго мөн бөгөөд түүн дээрээ үндэслээд маш шаламгайгаар замаа гүйцээн төгсгөлд нь хүргэх болно.

Багштай холбоо тогтоох эхний үед түүнээс аль болох ихийг суралцахын тулд маш ойрхон байх хүсэл төрж мэдэх юм. Ийм хүсэл тэмүүлэл өөрөө сайн хэрэг хэдий ч маш болгоомжтой хандвал зохино. Төвөдөд бид: "Гүрү гэдэг асаж байгаа гал билээ. Хэтэрхий ойртвол түлэгдэх аюултай, хэтэрхий холдвол даарах аюултай" гэж хэлэлцдэг. Энэ бол эрүүл зөв харилцаатай байхын чухлыг илтгэж байгаа хэрэг билээ. Бид багшдаа татагдан туйлшрах хэрэггүй бас бусдаас ялгаагүй мэт үл тоон орхих ч хэрэггүй юм. Тиймээс багштайгаа байнга учирч холбоогоо хадгалахаас гадна өгсөн зөвлөгөөг нь хэрэгжүүлэхийг хичээвэл зохино.

Номын Барилдлага Хэрхэн Тогтоох Тухай

Багш, шавийн харилцаа холбооны төрлүүдийн тодорхой бус байдлаас шалтгаалан олон азгүй үл ойлголцол гарч ирдэг нь үнэн билээ. Албан ёсны зан үйл, авшиг хүртээх, тангараг өргөх зэрэг үйлүүдэд оролцох нь багш, шавь хоёрын аль аль нь тусгай холбоо барилдлагад орохыг хүссэний илэрхийлэл болдог. Шавь гэхдээ дараагийн алхмыг хийхэд бэлэн биш байгаа бол асуудал босож ирж болно. Тиймээс хийж буй үйлдэлдээ ухамсартай хандаж багш та хоёр нэгэн ижил хуудсан дээр яваадаа итгэлтэй болох ёстой.

Багшийгаа нөхөр шигээ үзнэ үү, сүсэг бишрэлийн хөтөч маягаар үзнэ үү, эсвэл очирт мастер хэмээн үзнэ үү таны хэрхэн хүлээн авахаас шалтгаална. Багшийг нөхөр мэтээр үзэх тохиолдолд аливаа нэгэн сахил санваар сахих ба тангараг тавигддаггүй боловч хөтөч юмуу "очирт багш" гэж үзэх тохиолдолд барилдлагын гол үүд болсон сахил, тангаргийг сахих хэрэгтэй болно.

Уламжлал ёсоор бол, сүсэг бишрэлийн хөтөч, Номын багштай тогтоох холбоо албан ёсны хүсэлт тавих буюу сахил хүртэх ёслолд оролцох байдлаар эхэлнэ. Сахил хүртсэн мөчөөс эхлээд тэд *Сахил Сахигсад* хэмээн тооцогдож үүний хамтаар сүсэг бишрэлийн холбоо хэлбэржихийн үндэс болсон хүндлэл бишрэлийн тодорхой зэрэг үүсгэх хэрэгтэй болдог.

Очирт багштай холбоо байгуулахад шавь заавал авшиг хүртээх ёслолд оролцож *Тарнийн Ёсны Тангараг* өргөх ёстой. Ийм тангараг өргөх түвшинд хүрээгүй мэт танд санагдаж байсан ч хамаагүй оролцох хэрэгтэй. Яагаад гэвэл энэ хорвоо дээр ийм боломж тэр болгон олддоггүй, маш цөөхөн тохиох учир олдсон боломжийг алдаж болохгүй. Тиймээс маргааш хүртэл тангараа сахиж байж чадах уу, үгүй юу гэж санаа зовнихын оронд тэр өдөртөө юутай ч болсон чин сэтгэлээс ариун хүсэл тэмүүлэл өвөрлөсөн байх чухал билээ. Ийм байж чадвал зан үйлийн үеэр та адислалыг үнэхээр хүртэж ирээдүйд тангараа сахин явж чадах үйлийн үрийг суулгаж чадах болно.

Сүсэг бишрэлийн буюу багш, шавийн барилдлагад орох уу, үгүй юу гэдэг нь таны өөрийн сонголт байдаг. Таныг багш, шавийн барилдлага тогтоолгох гэж хүч хэрэглэх хүн нэг ч байхгүй. Үүний зэрэгцээгээр бид өөрсдийн үйл хөдлөлөөр багшдаа буруу ойлголт төрүүлэхгүйг хичээж анхааралтай байх хэрэгтэй. Замнахаар шулуудсан аяндаа итгэлтэй байж харилцан ярилцах замаар аливаа нэгэн эргэлзээ байвал таслах нь зүйтэй билээ.

БАГШАА ШҮТЭН БИШРЭХ ДАДЛАГА

Багшаа сонгосны дараагийн алхам нь багшаа яг хэрхэн дагах вэ гэдэг дадлага байдаг. Энэ түвшинд хүрээд та өөрийн өсөлтөд тохирсон, зорьсонд тань алдаагүй хөтлөн хүргэх таарсан багшаа оллоо доо гэсэн тодорхой хувийн итгэлтэй болсон байна.

Шаардлага хангасан багш танд хоёр замаар тусалж чадна: 1.тэд сургаалын дамжлагын эх сурвалж болох ба уламжлалт урсгалтай таныг холбож өгнө, 2.тэд бол таныг буянтай үйл хийхэд бишрэл тэмүүллийг төрүүлэх дээдэлбэл зохих гол суурь мөн ажээ. Эхнийх нь далд ухамсарлахуйдаа хүрэх ухаанаа анхаарч, хоёр дахь нь тэрхүү ухамсарлахуйд хүрэх арга замаа анхаарсан байдаг байна.

Бишрэл гэдэг үгийг энэ бүлэгтээ бид нэлээд олон удаа давтсаныг та ажигласан бол одоо "хэн нэгнийг бишрэх" гэдгээр юу өгүүлж байгааг тайлбарлах хэрэгтэй болов уу. Энэ бол бие, хэл, сэтгэл гурвааараа бишрэлийн аливаа оронд хүндэтгэл үзүүлэхийг хэлнэ. Жишээ нь, та эцэг, эхийнхээ хүссэн зүйлийг хийж гүйцэтгэх замаар бишрэн хүндэтгэж байгаагаа илэрхийлж болно. Түүний адилаар, Номыг дадуулан үйлдсэнээр багшаа шүтэн бишич түших болно.

Бишрэх сэтгэлийг ойлгохын тулд бид өөрсдийн сүсэг бишрэлийн багштай тогтоосон харьцааны мөн чанарыг ухаарах хэрэгтэй. Харилцаа нь өөрийн болон бусдын сайн сайхан байдал амгалан энхийн оршихуйн урт удаан жаргаланд хүрэх хүсэл дээр үндэслэн хэлбэржиж байгаа болохоор энэ сэдэл нь багштай тогтоож буй харилцаа холбоо болон бидний хийж буй үйлийн зорилгын аль алийг тодруулж өгч байгаа юм. Бишрэх сэтгэлийг дадлага болгоноор сэтгэлийг дарангуйлан оршиж байгаа мунхгийг дарах ерөндөг саруул оюуныг хөгжүүлэхэд тустай байх болно. Ийм замаар, бидний зорчих зам өөрийн бие, хэл, сэтгэлээ зориулах багшийг шүтэх ёсонд тэр чигээрээ багтаж байгаа билээ.

Багшийн Таалалд Нийцүүлэх Гурван Арга

Хэрвээ бид бусад хүмүүстэй ямар харьцаатай байдгаа бодож үзвэл ихэнх хувь нь мөнгө олох буюу сэтгэл санааны хэрэгцээгээ хангах гэсэн хорвоогийн үйлд хамааралтай болох нь илэрхий болно. Тэгэхээр энэ холбоог энгийн үгээр илэрхийлэх юм бол таныг дотоод ертөнцтэй тань холбох ганц хүн бол багш ажээ. Үйлийн үрийн хуулиар ярих юм бол таны амьдралын хамгийн хүчирхэг нэгэн бол таны багш мөн. Яагаад гэвэл энэ харилцаа холбоонд таны үйлдсэн үйл болгон үйлийн үрийн холбооны гайхалтай хүчтэй ул мөрийг үлдээдэг болохоороо жинтэй байдаг байна. Тийм учраас та зам мөрдөө ахиц хурдан гаргана гэвэл өөрийгөө багшдаа бүрэн тушааж багшийн таалалд тал бүрээр нийцүүлэх шаардлагатай.

Сэжиг ихтэй хүн буруу ойлголт төрүүлэхдээ маш амархан байдаг тул бүхнээ тушаана гэдгээр багшийнхаа боол нь болох юмуу, багш тань таныг буруугаар ашиглаж магад гэсэн утгаар ойлгож болох талтай. Ингэж буруу ойлгох нь таны сүсэг бишрэлийн дадлагын гол утгыг орхигдуулж байгаа хэрэг бөгөөд энэ дадлагын үр дүнд гарах ашиг шим нь багшид бус шавьд хэрэгтэй гэдгийг мартуулж байгаа хэрэг билээ. Багшдаа тахил өргөх үйлээр шавь жинхэнэ жаргалын үрийг боловсруулах, буяны үйлийн хүчтэй зуршлыг өөртөө тогтоож өгч байгаа юм. Багш нь таниас тахилыг өргөх нөхцөл шалтгаан болж байгаагаараа тэрхүү зуршлыг хэлбэржүүлж өгч байна.

Хэрвээ та цаг зав гарган судалж багшийн жинхэнэ уламжлал баригч болохыг мэдэж авсан бол ийм тахил өргөлийг дадал болгохоос болгоомжлох хэрэггүй болно. Үнэн хэрэгтээ тийм багш нарт хорвоогийн эд зүйлс тааламжтай зүйл огт биш билээ. Тэдний цорын ганц хүсэл мөрөөдөл бол хамаг амьтныг зовлонгоос гэтэлгэх явдал учраас нэг ч гэсэн амьтан энэ зорилгодоо хүрч байвал л түүний таалалд нийцдэг байна. Тэд шавиа буяны үйлийг зуршил болгон сайн чанараа хөгжүүлж байвал харин ч даган баясаж гэгээрэлд алхам алхмаар ойртож байгаад нь баярлах болно.

Замын төгсгөлд хүрэхэд бид арвин баялаг буян хишиг, саруул оюуныг хуримтлуулсан байх болно. Энэ хоёр үйлийн холбоосыг л хөгжүүлсэн байхад Бурханы хутагт хүрэх боломжтой. Бишрэлийн дадлага эдгээр хуримтлалыг төгөлдөржүүлэх гурван төрлийн тахилын хэрбэрийг агуулж болно: 1. бодитой тахил өргөл, 2.өргөл хүндлэл үзүүлэх, 3. эд материалын тусламж юм. Эхнийх нь саруул оюуныг сүүлийн хоёр нь буян хишгийг нэмэгдүүлэхэд ашиглагдана.

Бодитой Тахил Өргөх

Багшдаа өргөх хамгийн чухал тахил бол Номыг дадуулан үйлдэж далд ухамсарлахуйдаа хүрэх замдаа ахиц гаргах явдал мөн. Сургаал номлолд суралцан, утга санааг нь өдөр тутмын амьдралдаа тусгах зэрэг нь хүнийг ухамсарлахуйд яваандаа хүргэдэг. Дараа нь бид дамжлага урсгалын жинхэнэ уламжлал баригч болон хувирч нандин ухааныг дараагийнхаа залгамж үед дамжуулж өгөх чадвартай болно. Аливаа үнэн зөрчилгүй дамжлага урсгалын уламжлал баригч байсан цагт энэ дэлхий дээр Ном байж, амьтны тусыг бүтээсээр байх болно. Ном ийнхүү цэцэглэн дэлгэрч байна гэдэг санаа багшийн сэтгэлийг эзлэн дүүргэх үед түүний амсах баяр хөөрийг өгүүлээд гүйцэшгүй бөгөөд үүнээс илүү үнэтэй бэлэг гэж үгүй билээ.

Гэгээрлийн үйлсэд таны зориулсан цаг мөч бүр бодитоор тахил өргөж байгаа явдал болон хувирна. Ингэхийн тулд багшийн зүгээс таны ухамсарлахуйг хүлээн зөвшөөрөх шаардлага үгүй. Үнэндээ багшаас сайшаал хүртэнэ хэмээн горьдох нь бясалгал дадлагын замд тохиолдох хүчирхэг саадуудын нэг юм. Яагаад гэвэл бардам зан, өөрийг энхрийлэх сэтгэлийг л хөгжүүлэхээс өөр тус гэж түүнд үгүй. Түүнийхээ оронд харин бид Буддагийн жишээгээр хүн, түүний ухамсарлахуйдаа хүрснийг хэн гэрчлэх юм бэ гэж асуухад хуруугаар газар руу зааж газар шороо түүний гэрч хэмээн хэлсэнтэй адилаар бодох хэрэгтэй юм.

Дасгал 3.4 – Дадлагаа Амьдралд Хэрэглэх

- *Тохиромжтой байдалд суугаад амьсгалдаа төвлөрөх бясалгалаар сэтгэлээ тайван байдалд оруулна.*

- *Амьдралдаа тааралдсан Номын багш нараа сана.*

- *Багш болгон дээр тогтон:*

  - *Ямар сургаалууд түүнээс хүртсэнээ бод*

  - *Тэдгээр сургаалтай холбогдуулан ямар дадлага хийв?*

  - *Дадлага болгосноор ямар үр ашиг гарав?*

- *Одоо амьдралдаа гарч ирсэн нөхцөлүүдийг бодож үз. Аль дадлага энэ үед илүү холбоотой байх байсан байна?*

- *Дадлагадаа ашиглаж болохоор ямар боломжуудыг танъж болох вэ?*

- *Тэдгээр боломжуудыг ашиглах хүслийг хүчтэй төрүүлж хөгжүүл.*

- *Энэ хүсэлдээ сааатаад амар*

Өргөл Хүндлэл үзүүлэх

Номын багш гэдэг төрөлхийн хүчирхэг орон биш билээ. Шавь хүн хэрхэн хандаж буйгаас багшийн хүч чадал хамаарч байдаг. Бид багш хийгээд өөрийн эрхэм чанарын холбоог танъж чадах юм бол түүнтэй харьцах харьцаа болгон илүү гүнзгий түвшиндээ нэвтрэх бололцоо болж хувирах болно. Тэр холбоог бид чангатгах тусам багш улам хүчирхэг болон хувирна.

Өргөл хүндлэл үзүүлэх гол зарчим нь энэ билээ. Бид бие, хэл, сэтгэлийн алинаар ч хамаагүй багшдаа өргөл хүндлэл үзүүлж болно. Энэ нь аяга цай өргөн амных нь цангааг тайлах төдийхөн ч бай, мөн хот, тосгонд нь Номоо дэлгэрүүлэн түгээх төв байгуулан удирдах мэтийн томоохон үйл хэрэг ч байж болно.

Өргөл хүндлэл үзүүлэхийн ашиг тустай байх эсэх нь багшийн юу хүсэж байгааг мэдэхээс шалтгаална. Жинхэнэ уламжлалаа баригч багш Номын үйл хэрэгт илүүтэй оролцон шууд ба шууд бусаар сургаалыг дэмжин тэтгэж, урт удаан үргэлжлэх жаргалыг амьтанд авчрах үйлд илүү цаг зарцуулахыг хичээдэг. Хорвоогийн үйл хэрэг сатааруулахаас өөрцгүй гэдгийг таньснаар гэгээрлийн үйл хэргээс нь хөндийрүүлэх магадтайг ойлгон хоол хийж, хувцас угааж өгөх зэргээр Бурхан Номд зориулах цагийг нь чөлөөлж өгөхөөр шавь хүн оролдож болох билээ.

Багшид өргөл хүндлэл үзүүлэх бас нэгэн арга бол өөрийн онцгой чадварыг олж мэдэн түүнийгээ багшийн зорьж буй зүйлд ашиглах явдал. Харилцан ярилцсаны үндсэн дээр юу хүсэж зорьж байгааг нь тодорхой мэдэж аваад өөрт хийх боломжтой зүйл юу байна гэдгийг бодох хэрэгтэй. Шавь нар голдуу идэвхгүй замыг баримтлан багшийн юу хэлэхийг хүлээн алгуурладаг. Үүнээс болж ихээхэн цаг, хүч алдах бөгөөд багшид шавиа шахаж шаардахаас илүү чухал хийх ажил их бий гэдгийг мартаж болохгүй билээ. Юу хийвэл үнэхээр ашигтай тустай байж болох вэ гэсэн чин ариун бодлоо үүрэг хариуцлага болгон бодох нь буруу хандлага болно. Энэ дадлагаас ашиг тус гаргахын тулд бид өөрсдийн үйл хөдлөлдөө хяналттай хандаж аль нэгэн талаар тусыг бүтээхийг эрмэлзэн зарцуулсан цаг зав, хүчин зүтгэлээс машид их таашаалыг амсахаар утга учиртай хүндлэл үзүүлбэл зохино.

Нэмж хэлэхэд, өргөл хүндлэл үзүүлэх нь зөвхөн дан ганц багшид чиглэлтэй байх бус шашны бүхэл бүтэн нийгэмлэг рүү чиглэсэн ч байж болно. Нийгэмлэг гэдэг багшийн нэгэн үргэлжлэл гэдэг утгаараа Номын нөхөд, ах, дүүсдээ туслах нь багшийн зорилгод мөн тусалж байгаа нэгэн хэлбэр болох билээ. Үүний тулд орон нутгийнхаа Номын нийгэмлэгт сайн дураар туслах, Номын цуглаан өдөрлөг зохиох, тустай зөвлөгөө өгөх зэргээр ямар ч хэлбэртэй байж болно. Зөвхөн багшийн хэрэгцээ юу байна тэдгээрийг анхаарахын хажуугаар түүний шавь нарт хэрэгтэй юм юу байна гэдгийг мөн бодож үзэх ёстой билээ.

Дасгал 3.5 – Өргөл хүндлэл үзүүлэх Боломжийг Таних

- *Тохиромжтой байрлалд суугаад амьсгалдаа төвлөрөх бясалгалаар сэтгэлээ тогтвортой байдалд оруулна.*

- *Хамгийн хүчирхэг холбоотой гэж бодсон багшаа санаандаа авчрагтун.*

- *Түүний үйл хөдлөлийг тусга. Одоо ажиллаж байгаа төсөл юу болохыг хийгээд ирээдүйд юу хийх хүсэлтэйг нь сана.*

- *Түүний үйл хэргийг гүйцээхэд юу хэрэг болоод байна? Гол үйлдлээс гадна туслах нөхцөлүүд юу байж болохыг бод.*

- *Багшдаа энэ хэрэгт тусалж чадах чадвар танд бий билүү?*

- *Байгаа бол түүнийгээ ашиглахын тулд ямар алхамуудыг хийвэл зохих вэ?*

- *Сайн дураар хүчин зүтгэж үйлчилгээ үзүүлэх хүслээ өдөөн хөгжүүл.*

Эд Материалын Өргөл

Заримдаа бидний хүссэн ёсоор нөхцөл байдлууд бүрэлдэж өгөхгүй байх тохиолдол байдаг. Бидэнд тодорхой эзэмшсэн чадвар байлаа ч түүнийгээ ашиглах цаг хийгээд боломж олддоггүй. Аз болоход шууд гар бие оролцон тусалж чаддаггүй юмаа гэхэд шууд бус байдлаар ч туслах аргууд бий.

Энэ тохиолдолд ямар үйл хийх вэ гэдэг дээр биш ямар эх сурвалж байгаа билээ гэдэг дээрээ төвлөрөх хэрэгтэй. Энэ эх сурвалжууд бусдын хэрэгт тустай нөхцөл шалтгаан болон ашиглагдаж болох юм. Жишээ нь: багшдаа зоог өргөх нь бие махбодыг тэжээж тэтгэх нөхцөл болж өгнө. Тэд эрүүл саруул л байвал амьтанд илүү тустай байх болно шүү дээ.

Багшдаа хандив өргөхдөө бид өглөгийн буян болох ашгийг нь сааруулж байдаг аливаа буруу ойлголтоос ангид байх ёстой. Багшийг аль эртнээс судлаад таньчихсан байгаа учраас түүнд өргөсөн хандив Номын үйлсэд гарцаагүй зарцуулагдана гэдэгт эргэлзэх хэрэггүй. Бидний өгсөн өглөг болгон амьтны гэгээрлийн тусад зориулагдана гэсэн үг. Тийм болохоор багш хүн эд баялаг өгсөнд нь бус түүгээр юуг бүтээж болохоо бодон баясдаг гэж хэлж болно.

Хэрвээ та энэ тал дээр багшдаа бүрэн итгээгүй байвал нэгэн зүйлээр шинжилж үзэж болно. Бусдын буруугийг олж харахаасаа өмнө өөрийн хандлагыг ажиглагтун. Тодорхой нэгэн тохиолдолд харагдах таны хүлээн авахуйн чанар өглөгийн дадлагыг хийхэд тань садаа болоод байгаа юм биш биз? Энэ чанар тань танд болон бусад амьтанд ашиг авчирч чадаж байна уу? Сэдэл тань ариун байна уу, үгүй юу гэдэг рүү сайтар анхааран шинжиж алс хэтдээ ашигтай үйлсэд зориулахыг хичээх хэрэгтэй.

Эдийн өглөг хандив өргөх сонирхолтой хүмүүст хамгийн ашигтай замууд юу байж болохыг санал болговол:

1. **Ариун эд хэрэгслийг бүтээх:** Шүтээний эд хэрэгсэл гэдэг гэгээрсэн чанаруудыг агуулсан бэлэг тэмдэг болдог тул харсан болгоны бишрэл

хүндлэлийг төрүүлдэг билээ. Үүнд Бурхадын зураг, баримал, суварга, тахил шүтээний зүйлс цөм багтах бөгөөд та тэдгээрт зориулсан түүхий эд, материал худалдаж авах юмуу, ивээн тэтгэж бүтээлгүүлэх, урлаачийг хөлслөх ба шагнах зэргээр нэмэр хандив үзүүлж болно.

2. **Ном сургаалыг орчуулах ба хэвлүүлэх:** Ном судар бичих болон бичигдсэн байгааг нь өөр хэлэнд орчуулан буулгах, илүү олон хүнд Дарма буюу Номыг хүргэх зэрэг нь өглөгийн нэгэн хэлбэр бөгөөд зохиолч, орчуулагч зэрэг хүмүүсийнх нь үндсэн хэрэгцээг хангах зэргээр сургаалын дэлгэрэлтэд хувь нэмрээ оруулах, ивээн тэтгэн хэвлүүлж мөн болно.

3. **Чин сүжигт бясалгагч нарыг ивээн тэтгэх:** Далд ухамсарлахуйдаа хүрэхээр сэтгэл шулуудан байгаа бүхнээ тэр үйлсэд бүрэн зориулснаар хорвоогийн хэргээс хөндийрч орлого олох цаг заваа гэгээрлийн үйлсэд зориулсан хүмүүс бий. Тэд сүсэгтэн олны хандив дээр дулдуйдан амьдардаг гэсэн үг. Тэдний амьжиргааны өртөг мэтийн зүйлс дээр тусламж тэтгэлэг үзүүлж өдөр тутмын дадлагадаа төвлөрөх бололцоог олгож болно.

4. **Үйл ажиллагааг ивээн тэтгэх:** Багш нар урьдын үйлийн барилдлагатай амьтанд л тусыг хүргэх бололцоотой байдаг. Сургаал номлол, бясалгалын үйл хэргийг ивээн тэтгэх, олон хүнийг оролцуулж чадах үйл ажиллагааг зохион байгуулах нь тустай үйл мөн. Энэ нь багшид бүр илүү олон барилдлагыг үүсгэн тэдэнд улмаар гэгээрэх үйлсэд нь туслах нөхцөлийг бүрдүүлж өгдөг билээ.

5. **Сүм, хийд, бясалгалын төвүүд барьж байгуулах:** Бурханы Номыг анхааран авах, дадуулан бясалгал үйлдэх байр орон бий болгоно гэдэг олон хүмүүсийг цуглуулж тэдний сэтгэлийг буянтай үйлд чиглүүлэх болно гэдэг утгаараа маш хүчирхэг зүйл билээ. Тиймээс газар худалдаж авах, сүм дугана бариулах, шашны нийгэмлэг байгуулах үйлсэд хувь нэмрээ оруулж хандив оруулах нь Номыг дэлгэрүүлэх гайхамшигтай замууд билээ.

Хэрвээ та өглөгийг үнэхээр дадуулах хүсэлтэй байгаа бол багштайгаа ярилцан сууж байгаад өөрт байж болох эх үүсвэрүүдийг хэлэлцэж болох юм. Багш хүн гэдэг ямагт юмыг илүү өргөн хүрээгээр харах учраас хамгийн чадварлаг үйл юу байж болохыг таньж мэдэхэд танд туслах нь гарцаагүй.

Дасгал 3.6 – Өгөөмөр Занг Тордох

- *Тохиромжтой байрлалд суугаад амьсгалдаа төвлөрөх бясалгалаар сэтгэлээ тогтвортой байдалд оруулна.*

- *Маш хүчирхэг холбоотой гэж үзсэн багшаа сэтгэлдээ авчрагтун.*

- *Тэр багшийн буюу түүний шашны нийгэмлэгээс явуулсан үйл ажиллагааг бодож үз.*

- *Өөрийн одоогийн байгаа байдлыг болон олдож болох бусад эх сурвалж зэргийг бодож үз.*

- *Энэ бүхний аль нэг нь багшийн хүссэн зорилгод тустай байх боломж байна уу?*

- *Таны тусламжаас гарах ойрын болон холын ашиг тусыг тооцож үз.*

- *Чадахын хэрээр туслах юмсан гэсэн сэтгэлээ хөгжүүлэн түүндээ сааттад амар.*

Багшийн Дэргэд Биеэ Хэрхэн Авч Явах

Өглөг тахил өргөлийн дадлагаар бид богино хугацаанд далай их буяны чуулганыг хуримтлуулах боломжтой. Хэрвээ та өөрийн сүсэг бишрэлийн багштай хүчтэй буяны барилдлагатай бол энэ нь бүрэн боломжтой болох бөгөөд барилдлага хүчтэй байх тусмаа таны дадлагын үр дүн илүү хүчирхэг байх болно.

Цаашдаа энэ холбоогоо улам бататган хэтэрхий энгийн ба хэтэрхий хорвоогийн чанартай болж орхихоос сэргийлэх хэрэгтэй. Тиймээс багшийг дэргэд байх үед биеэ байнга хянаж байх нь чухал. Барааг нь харахын төдийд сэрэмж анхаарал чангарч, үзэгдэл болгонд хүндлэл бишрэлээр хандах журмыг сахих ёстой. Одоо бие, хэл, сэтгэлдээ зориулсан дадлагыг судалж үзэцгээе.

Хандлагадаа Анхаарах

Бидний бүхий л үйлийн үндэс нь сэтгэл байдаг учраас өөрийн багшид хандах сэдэл хандлагаа байнга ухамсарлаж байх нь зүйтэй. Дамжлага урсгалын уламжлал ёсоор бол багшид хандах хандлагад дөрвөн зүйлийг анхаарвал маш ашигтай:

1. **Өөрийгөө маш хүндээр өвчилсөн гэдгийг таньж мэдэх:** Өвчилсөн гэдгээ мэдэх хүртлээ бид хэзээ ч эмчилгээ олох гэж явахгүй. Тиймээс төрөл тэргүүлшгүй цагаас эхлээд сэтгэлд нөхцөлдсөн тоолшгүй олон түйтгэрүүдийг маш гүнзгий тусган бодох хэрэгтэй. Бид бүх юм зүгээр хэвийн байгаа, болно биз дээ гэж өөрсдийгөө хуурах тайтгаруулах гэх хэрэггүй билээ. Дотоод сэтгэл рүүгээ хараагаа тусгаад үзвэл үнэндээ хэзээ

ч сэтгэл үл ханах язгууртай болохыгоо ойлгож өөрчлөх юмсан гэсэн сэдэл төрүүлнэ. Энэхүү сэдэл байж гэмээ нь бид багшийн нөлөөнд сэтгэлээ нээлттэй болгож чадна.

2. **Багшийгаа оточ болохыг таних:** Номыг дадлага туршлагаар амьдруулснаар өөрийн эрж буй үр дүндээ хүрч болох бөгөөд багш тань таныг бүрэн илааршуулах чадварыг эзэмшсэн байдаг. Тусгай мэргэжлийн эмч адил танд тусалж чадах цорын ганц хүн бол тэр мөн. Тийм учраас бид сүсэг бишрэлийн багш нартаа эргэлт буцалтгүй итгэх хэрэгтэйн учир энэ билээ.

3. **Багш үгүй бол эмчилгээ үгүй гэдгийг таних:** Түйтгэрүүдийг үндсээр нь сугалж хаяхын тулд бид мунхгийг ул мөргүй арилгах ёстой. Үүний тулд яахын аргагүй багшид найдахаас өөр арга үгүй бөгөөд мэргэжилтний ёсоор зохих заавар зөвлөгөөг тохирох эмийн жорын хамтаар тэр л бидэнд олгож өгч чадна. Тиймээс итгэл авралын хуурамч эх сурвалж хийгээд орчлонгийн найман явдалд сатааралгүй багштайгаа тулж ажиллахын чухлыг бататган харуулж байгаа билээ.

4. **Багш бол бидний цорын ганц эмчилгээ мөн гэж таних:** Өвчнөөсөө салах арга бол эм хэрэглэх явдал. Багшаас ямар зааварчилгаа авна хамаагүй бид түүнийг чадлынхаа хэрээр бишрэл хүндэтгэлтэйгээр дагах нь чухал. Эмчилгээ амаргүй юм гэж бодогдсон ч ялгаагүй хичээн зүтгэж, хэзээ ч шантарч бууж өгч болохгүй, ингэж чадсан цагт л бид хайсан зүйлээ олох болно.

Энэ дөрвөн зүйлийг ухамсарласнаар бид өөрсдийгөө нээлттэй бөгөөд хүлээн авагч шинжтэй болсон мэт мэдэрч, эмчилгээний үр дүн сайн болох нь гарцаагүй гэсэн илүү итгэлтэй болох ёстой. Ийм сэтгэл багшийн дэргэд байхад аяндаа төрөх болж өдөр тутмын дадсан хэв маягтаа эргэж орохоос биднийг сэргийлж байх болно.

Үг Яриандаа Анхаарах

Багшийн дэргэд хэлж байгаа үгээ хийгээд хэлж байгаа байдлаа аль алиныг нь байнга ухамсарлаж байх ёстой. Хүндэтгэх сэтгэлийн үүднээс утга төгөлдөр үгс биш л бол хэлсний хэрэггүй ба дэмий сул ярианаас зайлсхийх хэрэгтэй. Багш таныг онцлон яриа эхэлбэл зохих ёсоор хариулахдаа анхаарлаа сулруулж болохгүй.

Багшийг бусад шавь нарын өмнө илээр хэзээ ч шүүмжилж болохгүй, итгэл сулхан нэгэнд муугаар нөлөөлж тэднийг улмаар сүжиг алдахад хүргэж болзошгүй. Хэрэв багш өөрөө танаас шүүмжлэл тавихыг хүсэх юм бол түүнд маш хүндэтгэлтэй үгсээр тайван хариулах ба уур уцаараа хэзээ ч харуулж болохгүй.

Багшийн танд хандан хэлж ярьж байгаа зүйлийг сайтар ойлгож ухаарахад хичээл зүтгэлээ гарган хэтэрхий түргэн дүгнэлт хийхээс зайлсхий. Буруу ойлгохоос зайлсхийн алив будилааныг арилгахын тулд асуулт асуухаас бүү эмээгтүн.

Хэлэхээс өмнө үгээ бод, тайван дөлгөөн байдалд биеэ бэлтгэн, энгийн чөлөөтэй байдлаар ярь. Ерөнхийдөө, харилцан ярилцах тань аль болох эерэг байх ёстой.

Биеэ Зөв Авч Явахад Анхаарах

"Багшийг Дээдлэх Тавин Шад" хэмээх шастирт шавийн зүгээс хүндлэл бишрэлээ илэрхийлэн анхаарал сэрэмжээ нэмэгдүүлэх, багшийн дэргэд биеэ зөв авч явах журмуудыг үзүүлсэн байдаг. Зарим аргууд нь орчин цагийн өнөө үед жаахан хачин санагдаж болох хэдий ч сайн шавь бол журам болгоны шимийг ойлгож авахыг хичээн багш, шавийн харилцааны утга учрыг ойлгохдоо ашиглаж чадна.

Ерөнхийдөө, бид багшийн дэргэд өөрийн байр суурийг юу билээ гэдгийг ухаарч үйл хөдлөлдөө тусгадаг байх хэрэгтэй. Багшийг босоход бид зогсож байх ёстой. Тэднийг суусны дараа л суух бөгөөд аль болох доошоо суухыг эрмэлзэж, хэзээ ч багшаас дээр суудалд сууж болохгүй. Энэ нь тэдний дэргэд даруу номхой байдлаа ухаарах ухамсрыг нэмэгдүүлнэ.

Багшийн дэргэд туслах маягаар алхаж яваа бол ард нь гарахыг аль болох хичээж, Азийн уламжлалд байдагчлан болж өгвөл зүүн талд нь байх нь илүү хүндэтгэлтэй байх болно. Аюул бартаатай замаар яваа бол урд нь гарч болно гэхдээ зөвшөөрөл эхлээд авах хэрэгтэй.

Үйл хөдөлгөөнөө аль болох багасгаж, зөвхөн хэрэгтэй үед л хөдөл. Хаалга чангаар тогших болон савж хаахаас зайлсхий. Биеийн ерөнхий хөдөлгөөнөөр хэтэрхий илэн далангүй задгай байхаас сэргийлж алив бүхэнд болгоомжтойгоор хандан, багшийн хэрэгцээг урьдчилан анзаарч түүнийг биелүүлэхээр даруй хөдлөх хэрэгтэй.

Хэрвээ байнга анхаарал сэрэмжээ хадгалж чадвал багш гэдэг таны амьдралын маш чухал хэсэг болон хувирч сүсэг бишрэлийнхээ замд таны өсөж сэхээрэхэд шаардлагатай нөхцөлийг бий болгож өгч чадна. Хэрэв эдгээр дүрэм журмуудыг үл тоомсорлож хандвал таны холбоо хүчээ алдан суларч, таны багш амьдралд тохиолдох жирийн нэгэн хүн адил болон хувирч, гайхалтай ашигтай замд хөтөч тань байхаа болино. Тийм учраас, бид цаг үргэлж сонор сэрэмжтэй байж амьдралынхаа хамгийн нандин барилдлага мөн гэдгийг таньж сайтар арчилж тордох учиртай.

БАГШИЙН ЗАН ЧАНАРУУДЫГ ДАГАХ

Хэн нэгэнтэй цагийг хамтдаа өнгөрүүлэх тусам тэдний ааш араншингийн нөлөөнд илүү орж эхэлдэг. Сайн нөлөө юу, муу нөлөө юу гэдэг нь уг чанарын ямар болохоос шалтгаална. Хэрвээ та байнга хов жив ярьж, дэмий сул чалчиж цаг нөхцөөдөг хүнтэй ихээхэн цагийг хамт өнгөрүүлбэл тэр нөлөөнд орж болдог. Тэдний энэ зан төлөвийн хэв маяг нөлөөнд орсноо та өөрөө мэдэж амжихаас өмнө аль хэдийнээ таны өөрийн хэв маяг болон хувирсан байх болно.

Аз болоход сайн чанарууд ч мөн ингэж нөлөөлж болдог байна. Хэн нэгний бүтээлч бие, хэл, сэтгэлийн үйл хөдлөлд анхаарал тавих үед тэрхүү зуршилт үйлийн холбоос таны сэтгэлд баттай сууж амьдралд тань голлох үүргийг гүйцэтгэх болдог. Үлгэр жишээ нэгэн гэдгийн гол санаа нь чухам энэ билээ. Бид өөрсдийн зан араншинг бидний мөрөөддөг чанаруудыг эзэмшсэн хүнээр үлгэрлэн загварладаг байна.

Багш нарын хувьд авч үзвэл бид дагах гэж байгаа шалгуурынхаа талаар мэдлэгтэй байхгүй бол заримдаа энэ нь муу үр дагаварт хүргэх тохиолдол байдаг. Бид багшийгаа ариун-бус гэж хүлээн авахуйгаар тусгаж байгаагаас болж энэ асуудал үүсдэг. Хүн болгон өөрсдийн үйлийн үрээс шалтгаалаад багшийнхаа зарим чанаруудыг хүсмээр, заримыг нь үл хүсмээр гэж хүлээж авдаг. Тэгэхээр сайн гэсэн талуудаа тусган авч муу дутагдал гэж үзсэн талуудаа үл тоон орхих хэрэгтэй.

Таны багш олон алдаа дутагдалтай хүн байлаа ч гэсэн түүнд сайн сайхан чанаруудаа байгаа л бол танд ашгийг хүртээнэ гэсэн үг. Тэдний сайн талуудыг дагасны дүнд өмнө нь танд дутагдал мэт санагдаж байсан талууд ч одоо сайн шинж чанаруудаа болон үзэгдэх бий. Энэ нь таны саруул оюунаар хиргүй тунгалгийг үзэх үзлийг хөгжүүлж эхэлсний илтгэн харуулж байгаа бөгөөд удахгүй багшийн илүү олон сайн чанаруудаа танд гарч ирж үзэгдэх нь дамжиггүй юм.

Дутагдлыг үл тооно гэхээр тэдгээрийг байхгүй гэж өөрсдийгөө хуурна гэсэн үг биш билээ. Дутагдал гэдэг бол хүлээн авч буй сэтгэлээс шалтгаалж байгаа үзэгдэл гэж таних ёстой. Жишээ нь: хэрвээ та их унтах дуртай хүн байгаад багш тань бага унтдаг хүн байж таарвал танд тэр алдаатай мэт санагдах болно. Үүнтэй адилаар та эрдэм мэдлэгийн өндөр зэрэг эзэмшсэн хүн бол багш тийм эрдмийн зэрэг дэв үгүй болохоор дутагдалтай харагдана. Үзэгдлийн харьцангуй мөн чанарыг таньснаар бид сэтгэл дэх ашиггүй олон талууд дээр хүч анхаарлаа зарцуулах хэрэггүй юм гэдгийг ухаарах болно.

Дасгал 3.7 – Багшийн Чанаруудыг Тусгах

- *Тохиромжтой байрлалд суугаад амьсгалаа төвлөрөх бясалгалаар сэтгэлээ тайван байдалд оруулна.*

- *Маш хүчтэй барилдлагатай гэж боддог багшаа сэтгэлдээ авчир.*

- *Таныг бишрүүлдэг чанаруудыг нь бодож ол.*

- *Чанар нэг бүрд:*

  - *Ямар үед багш тань энэ чанараа гаргаж харуулсныг сана.*

  - *Өөрийгөө мөн тийм нөхцөлд байна гэж төсөөлөөд тэрхүү чанарыг үзүүлэхийг хичээ. Та яах байсан бэ?*

  - *Энэ чанарыг хөгжүүлэх юмсан гэсэн хүслийг төрүүлэн сэтгэлдээ бататга.*

- *Багшийнхаа бүх сайн чанаруудыг эзэмших юмсан гэсэн чин хүслийг төрүүлснээр дасгалаа төгсгөгтүн.*

БАГШ, ШАВИЙН БАРИЛДЛАГА ТОГТООХ

Чадварлаг багштай ажиллана гэдэг таны амьдралд тохиолдох бараг хамгийн дээд шагнал байх болно. Багш шавийн холбоо эрүүлээр хөгжинө гэдэг маш хүчирхэг зүйл боловч харамсалтай нь олон үзүүлэлтүүд аль аль талыг буруу ойлголтод хүргэж болзошгүй. Тиймээс ийм харилцаанд энэ бүлэгт үзүүлсэн хэсэг бүлэг зүйлсийг нэг бүрчлэн ойлгож дадал зуршлаа болгох хэрэгтэй. Доорх зөвлөгөөг зүрхэндээ ойрхон хадгалж яваарай гэж захья. Үүнд:

1. **Ариун сэдэлтэй бай:** Хэрвээ та багшийгаа шүүмжлэхээр байвал маш онч үндэслэлд суурилан байж үүнийгээ гүйцэтгээрэй гэж зөвлөе. Хэрвээ тэдний зорилго танд буянтай чанаруудыг хөгжүүлэн, өөрийг энхрийлэх сэтгэлийг үгүй хийх гэж байгаа тохиолдолд та тэдний зааварчилгааг ёсчлон дагах нь зохистой болно. Гэвч тэдний сэдэл хорвоогийн үнэлэмжийг хөгжүүлэхэд зорьсон эд баялгыг хуримтлуулах чиглэлтэй байгаа тохиолдолд тэдний зааварчилгааг заавал дагах албагүй. Тэдний жинхэнэ зорилго юу болохыг мэдэхийн тулд цаг бүү харамла, харин мэдсэнийхээ дараагаар сэтгэлээ тайвшруулан Номыг дадуулахад төвлөрөх хэрэгтэй.

2. **Ямагт ил тод, нээлттэй сэтгэлээр харьц:** Танаас өөр үндэсний багштай харьцаж байгаа бол аливаа нэгэн зүйлийг болно гэж хүлээхээс зайлсхийх хэрэгтэй. Төвөдийн олон багш нарт хэрхэн биеэ авч явах талаар маш өвөрмөц үзлүүд байдаг болохоор тэднийг тэр журмаа өөрчилж Барууны шавь нарын бодож байгаа шигээр авирлахыг хүлээгээд нэмэргүй. Тийм учраас ил тод нээлттэй үгээр харилцахыг онцлох нь маш чухал бөгөөд багшаас юу хүсэж байгаа талаар хэлэлцэх боломжтой. Та хоёр хоёулаа нэгэн хуудсан дээр яваа гэж л битгий андуурагтун.

3. **Хатуужлаас бүү зугт:** Сүсэг бишрэлийн холбоонд шавьд урт удаан үргэлжлэх аз жаргалыг авчрахын тулд багш шавийн хооронд уян хатан байдал бий болох ёстой. Багш ажлаа хийж байхдаа шавийн дадал зуршлыг эвдэн арилгахын тулд байнга сорьж шалгах хэрэг гарна. Энэ үйл явц маш хэцүү хатуужил шаардсан ч байж болно. Хорт хавдар туссан хүмүүс урт удаан үргэлжлэх хэцүү бэрх эмчилгээг даван туулж муухай өвчнөөсөө ангижирдаг шүү дээ. Сайн өдөр, муу өдрийн ялгаанаас үл хамааран өвчтөн нэг л өдөр эмчилгээний үр дүнг олж үзэх болно. Түүний адилаар багш та хоёрын харьцаа тэвчээр барагдуулах мэт санагдлаа ч бүү шантар. Хэтэрхий мэт санагдан бармааргүй шиг байлаа ч бүү зугт. Багшдаа хэцүү байгаагаа хэл. Харилцаа холбоогоо таслах л юм бол багш танд юугаар ч тусалж чадахаас өнгөрнө.

4. **Үл зөвшөөрөлцлийг саруул оюунаар шийд:** Хэрвээ та ямар нэгэн байдлаар үл зөвшилцөх байдалтай болж ирвэл яаран шийдвэр бүү гаргаарай. Ямар түвшний харилцаа хөгжүүлж байгаас тань үл хамааран үл ойлголцол гарсан үед заавал ярилцах хэрэгтэй. Маш тайван бөгөөд хүндэтгэлтэй байдлаар үүнийг гүйцэтгэнэ гэдгийг санаарай. Уурлан эрхэлж байгаа хүүхэд шиг аашилж огт болохгүй, түүний оронд нэг нэгнийхээ сайн сайхны төлөө санаа тавьж буй хоёр том хүн адил ярилцах хэрэгтэй. Эцсийн бүлэгт та өөрийн шүүн тунгаах чадвартаа түшиглэн, харж ажигласны үндсэн дээр ариун цэвэр сэдлээр хандахад суралцах хэрэгтэй билээ. Танаас хүссэн зүйл хэрээс тань хэтэрсэн мэт санагдвал багшдаа энэ талаар хүндэтгэлтэйгээр илэрхийлж хүсэлтийг биелүүлэх аргагүй байгаагаа чөлөөтэй хэлж болно. Бүхий л асуудалд тэгш сэтгэлээр хандах мэдрэмжийг хөгжүүлэн багшийн алдаан дээр бүү анхаарал тавигтун.

5. **Суралцах боломцоо болгоныг ашигла:** Миний өөрийн хувийн туршлагаас харахад өөр бодолтой юмуу сэжиг эргэлзээтэй байх нь төгс төгөлдөр багш олоход тустай байдаггүй. Сургаал номлол хүртэх чин үнэн тэмүүлэлтэй, эрдэм оюунаа хуваалцаж буй хүмүүст хүндэтгэл бишрэлтэй ханддаг хүмүүс л их ашиг шимийг хүртдэг билээ. Аль болох шүүмжлэлтэй бус хандах нь

хавьгүй илүү дээр байдаг бөгөөд багшаас юу ч бүү хүлээ, хэзээ ч юу ч бүү горьдогтун. Энэ бол хамгийн сайн арга бөгөөд Бурханы Номыг айлдсанд нь зүгээр л талархаж баярлах сэтгэлээ өдөөн хөгжөөж, заалгаснаа дадлага болгоход хамгаас чухалчлан анхаарагтун.

Эртний уламжлал баригч багштай учирсан бол түүнээс сургаал номлолыг хүртэхийн төлөө бололцоо бүхнээс зуурах хэрэгтэй гэж би хувьдаа боддог юм. Хэтэрхий шүүмжлэлтэй хандсанаараа өөрт хамгаас илүү тохирох байсан багшаа алдахад хүргэж мэдэх юм шүү. Багшийн алдар хүндэд анхаарлаа тавихын оронд сонссон зүйлээ тунгаан бодох өөрийн дотоод зөн билэгтээ анхаарвал дээр билээ. Ийм шинжлэл хийснийхээ дараагаар одоо би таныг мэдлэгтэй, даруу, үнэнч, энэрэнгүй, тэгсэн хэрнээ ширүүн, соригч, шулуухан бөгөөд нээлттэй илэн далангүй хийгээд уян хатан багшаа олж учирна гэдэгт бүрэн итгэлтэй байна. Тийм багштай барилдлага үүсгэсэн бол хэдийгээр шууд ажиглаж танихад амаргүй ч гэлээ нь энэрэнгүй сэтгэл саруул оюунаас амжилттай суралцан гүнзгий түвшнийг ухамсарлах нь дамжиггүй билээ.

ГОЛ ХЭСГҮҮДИЙГ ЭРГЭН СӨХВӨЛ

- Дамжлага урсгалын адислалыг хүртэн өөрийн хэрэгцээнд нийцсэн зааварчилгааг авахын тулд амьд багштай учрах хэрэгтэй.

- Сүсэг бишрэлийн хүчтэй барилдлага шаардлага хангасан багштай үүсгэх гурван үе шат бий: 1.шаардлага хангасан багш сонгох, 2.багшаа бишрэн хүндлэх дадлага 3.багшийнхаа сайн чануудыг даган дуурайх.

- Амьдралынхаа туршид бид өөр өөр төрлийн багштай учирч өөр өөр түвшинд ашиг тусыг хүртэж болох юм. Дөрвөн гол төрлийн багш байдаг нь: 1.хорвоогийн багш, 2.номын нөхөр, 3.номын багш, 4.очирт хөлгөний багш. Танд олдож болох багш нарын тоонд хязгаар байхгүй.

- Багш сонгохынхоо өмнө бид өөрсдийн сэдэл ба чануудыг шаардлага хангах эсэхийг шалгана. Ялангуяа бидэнд байвал зохих чанарууд: 1.хараат бус байдал, 2.оюунлаг, 3.хичээл зүтгэл юм.

- Чадварлаг багшийг шинжихэд бид хуурамч багшийн шинжүүдийг хайх хэрэгтэй нь: 1.ариун-бус сэдэл, 2.гүнзгий ухамсарлахуйд хүрээгүй, 3.холч бодолгүй, 4.сэтгэл хаалттай. Ийм чанар бүхий хүмүүсээс аль болохоор зайлсхийх хэрэгтэй.

- Шаардлага хангасан багшийг арван шинжээр тодруулна: 1.ёс

суртахуунтай, 2.бясалгалаар сэтгэлээ номхруулсан, 3.түйтгэрүүдээ намжаасан, 4.шавиас илүү чанартай, 5.номд шамдалтай, 6.шашны өндөр мэдлэгтэй, 7.үнэн асралт сэтгэлтэй, 8.тодорхой түвшний ухамсарлахуйд хүрсэн, 9.харилцааны чадвартай, 10.шантаршгүй тэвчээртэй.

- Сүсэг бишрэлийн холбоо цаг хугацааны явцад хөгждөг. Хөгжлийнх нь хувьд дөрвөн шатанд хувааж болно: 1.асрагч ба хүүхэд, 2.худалдагч ба худалдан авагч, 3.нэг гэрийн ахан дүүс, 4.эх ба үр.

- Бишрэлийг дадуулахад бие хэл сэтгэл гурваараа багшийн таалалд нийцүүлнэ. Энэ дадлагын гурван гол арга бол: 1.Бодит тахил өргөл, 2. Өргөл хүндлэл үзүүлэх, 3.Эд материалын тусламж.

- Багшийн дэргэд хөгжүүлбэл зохих хандлагууд: 1.өөрийг өвчтэй гэж таних, 2.багшийг оточ гэж таних, 3.багш үгүй бол эмчилгээгүй болохыг таних, 4.багш бол цорын ганц аврал гэж таних. Үүнийг таньсныгаа бие, хэлээ ухамсарлах байдлаар илэрхийлбэл зохино.

- Дутагдал харагдавч багшийн сайн чанарууд дээр анхааран авч дагахыг чадлаараа хичээ.

- Эрүүл холбоо үүсгэх гол түлхүүр бол багштайгаа нээлттэй ил тод ярилцах. Үнэнч шулуухан байснаар жинхэнэ итгэлийг хөгжүүлж чадна.

Гурван Эрдэнэд Итгэл Одуулах - *Бүх Хөлгөнд Орохын Үндэс*

Амьдрал дээр бид өөрсдийн мөрөөдсөн үр дүнд хүрэхийн тулд олон зүйлд түшиглэх хэрэгтэй болдог. Өлссөн үедээ ходоод дүүргэх хоол идэж, ядарсан үедээ унтаж амардаг. Гунигласан үедээ найз нөхдийн үгэнд тайтгарч, аливаа нэгэн зүйлийг хүсэх болгонд бидэнд аврал одуулах орон заавал гарч ирдэг байна. Биднийг хүсээгүй байдлаас авран хаацайлах тийм нэгэн зүйлийг бид эрж олох болдог бөгөөд хорвоогийн тийм зүйлс бидэнд амь авралгаж өдөр хоногоо өнгөрөөхэд тусалдаг ч зовлонгоос эгнэгт хагацъя гэвэл бид арай илүү гүнзгий хэлбэрийн зүйлээс авралыг эрэх хэрэгтэй болов уу.

Задлан шинжлэл хийж үзвэл, хүн ууланд авирахыг хүслээ гэж бодъё. Аль талаас нь ойртохоо болгоомжтойхон тооцож гаргаад өмнө нь тэр уулыг амжилттай давсан нэгний явсан замыг дагахаар зориглоно. Мөн иймэрхүү аялалд туршлагатай амташсан газарчинг тооцоондоо оруулна. Хамгийн аюултай хэсгээр авирахаар төлөвлөж байх нь зөвхөн л бэлтгэлийн нэгээхэн хэсэг болдог. Яг уулын шороонд хөл тавихын өмнө тэр хүн замд хэрэгцээтэй багаж зэвсэг, ойр зуурын хүнс зэргийг төхөөрнө. Түүнд өлсөөд байхааргүй хоол, даараад байхааргүй хувцас, гишгэх газрыг нөхлэх алх, осолтой газруудаар дүүжигнэх олс хэрэгтэй бөгөөд тэдэнгүйгээр оройд гарах боломж үгүй билээ.

Үүнтэй нэгэн адилаар, өөрийн сэтгэлийн мөн чанараа нээн илрүүлэх аянд гарахын тулд бид амжилтанд хүргэх зөв нөхцөл байдлуудыг цуглуулах хэрэгтэй. Бидэнд гурван чухал зүйл хэрэг болно: 1.дагах хэрэгтэй эртний жинхэнэ үнэн зам, 2.тэр замаар биднийг зорьсон газарт маань хүргэх уламжлалт урсгал, 3.зорьсон газарт маань аюулгүй хүргэх жинхэнэ урсгалаас гаралтай хөтөч хэрэгтэй. Бэлтгэлээ гүйцээхийн тулд өөрсдийн сэтгэлийн урсгалд бид зөв суурИа яг одоо бий болгох хэрэгтэй.

Цагийн хүрдний аугаа багш, егүзэр нарын замналын дагуу харвал *Гурван Эрдэнэ* хэмээх Бурхан, Ном, Хуврагт авралыг одуулалгүйгээр гэгээрэлд хүрнэ гэж байдаггүй ажээ. Аливаа нэгэн ухамсарлахуйд хүрэх болгоны үндсийг хэлбэржүүлдэхэд тусалдаг чухаг дээд гурав дэндүү эрхэм нандин учраас бид "эрдэнэ" хэмээн хүндэтгэн нэрлэж байгаа юм. Дараагийн хэсэгтээ бид илүү тодорхой үзэх боловч Гурван Эрдэнэд итгэл одуулна гэдэг нь үнэн чанартаа дадлага бясалгалдаа туслуулахаар өөрсдийн дотоод чадвараа л хөгжүүлж буй хэрэг билээ.

Амьдрал дээр хүмүүст ийм төрлийн итгэлийг үүсгэх амаргүй байдаг. Бурханы мөн чанар болон өөрсдийн бурханлаг-чанарын холбоог бодоод үзэхээр санаанд багтамгүй ойлгох аргагүй зүйл шиг санагддаг байна. Аз болоход Гурван Эрдэнийг өөр өөр өнцгүүдээс авч судалснаар өргөн хүрээний ойлголтыг хөгжүүлж бидний өөрсдийн чадваруудыг бодитой болохыг ухаарч улмаар энэ бэрхшээлийг даван гарч болдог ажээ.

Би хэмээх үзлийн булингартай шилний цаанаас энэ хорвоог харж зуршуулсан гүнзгий түйтгэр маань биднийг итгэл бишрэл төрүүлэн хөгжүүлэхэд садаа болж байдаг байна. Бид өөрсдийгөө яаж харагдах, яаж хөдлөх, хүнийхээ хувьд ямар байх зэрэгт байнга бусадтай харьцуулж үздэгийг нийгэм олон төрлийн жишээгээр харуулж байдаг. Бид өөрсдийгөө болон бусдыг ямагт шүүн, шүүмжилж амьдардгаасаа болоод ихээр өөрийгөө хамгааламтгай, эмзэгхэн болгож хувирдаг билээ. Биеэ өмөөрөх тусам "би" гэдэг итгэл улам бүр батжин бэхжиж үнэндээ та өөрийн хэн болохоо мэдэх арга байхгүй болгоход хүргэдэг. Энэхүү зуурах сэтгэлийг сулруулахын тулд бид өөрсдийн анхаарлыг өөрөөс холдуулж, өөрөөсөө илүү нэгнийг харах сэтгэлийг хөгжүүлэх ёстой. Бурханы сургаалд тэр нь "Гурван Эрдэнэ" билээ.

АВРАЛ ОДУУЛАХ ШАЛТГААНУУД

Аврал одуулах үйлийг үйлдэхийн тулд сэтгэлээ хүчтэй байлгах хэрэгтэй бөгөөд итгэл аврал эрж хайх болсон гол шалтгануудаа ойлгох нь тустай байдаг. Авралын орон болгонд хоёр шалгуур байдаг нь: 1.айдаг зүйлээсээ зайлсхийхийн тулд, 2.айхаас тань таныг хамгаалж чадах нэгэнд итгэх явдал юм. Бид одоо энэ хоёр шалтгааныг нэг бүрчлэн хэлэлцэх болно.

Айдас

Айдас гэж бодонгуут бид сандарч тэвдэн, яах учраа олохгүй болох, айснаасаа болоод давж гарахад хэцүү байдалд орох явдлуудыг санадаг. Бидний энд хөгжүүлэх гээд байгаа айдас бол энэ биш юм. Гол зорилго нь зовлонгийн мөн чанарыг тодхон ойлгосны үндсэн дээр сүсэг бишрэлийнхээ замыг хурдасгах хүчирхэг хурдасгуур болох чадвар бүхий тийм айдсыг үүсгэн төрүүлэх явдал билээ. Ерөнхийдөө бид гурван гол айдсын тухай ярьдаг бөгөөд тэдгээр нь аврал одуулах хүчин төгөлдөр эх сурвалжаа эрж олох хөшүүрэг болж өгдөг ажээ.

1. **Бүдүүн Зовлонгоос Айх:** Хамаг амьтан цөмөөрөө зовлонгоос ангид байх гэж хүсдэг хэдий ч үнэндээ бидний энэ амьдрал зовлонгоос зайлах ямар

ч боломжгүй юм. Энэхүү үндсэн суурь болсон зовлон шаналал хүмүүсийг илүү амгалан зохицолт ертөнцийг хүсэхэд хүргэдэг хөшүүрэг болдог байна. Зарим хүмүүсийн хувьд хүсэл тэмүүллийн хэр хэмжээ нь энэ насных байдаг, харин заримд нь үхсэний дараа хүртэл дараа дараагийн төрлүүддээ ч зовлон эдлэх боломжтой юм шүү гэж бодоход хүргэдэг ажээ.

2. **Сансраас Айх:** Юмс үзэгдлийн мөн чанар руу гүнзгий шинжин харсан нэгний хувьд бидний жаргал гэж үздэг бүхэн үнэн чанартаа зовлонгийн л нэг хэлбэр гэдгийг ухаарсан байдаг байна. Бидний үнэн энэ гээд тайлбарлаж байгаа арга зам нь өөрөө сэтгэл хангалуун бус байхын үрийг тариалж, байдлыг улам дордуулж байгаа гэж болох бөгөөд бүр төрөл тэргүүлшгүй цагаас авахуулаад ийн үйлдэж иржээ. Өөрсдөө өөрсдийн зовлонг тариад байгаагаа ухаарахын цагт бид өөртөө шорон барьсаар байхаас айж эхэлдэг байна. Энэ айдас биднийг бүдүүн хийгээд нарийн аливаа бүх зовлонгоосоо бүрэн төгс чөлөөлөгдөн гарах хүслийг хүчтэй өдөөдөг билээ. Ийм сэдэл нь сансарт эцэс төгсгөлгүй эргэлдэх явдлыг таслан зогсоож мөнхийн амгаланг эдлэхэд зоригжуулж байдаг байна.

3. **Шарвага, Брадигын Нирванаас Айх:** Нэгэн биений чөлөөнд хүрэх нь хэдийгээр зовлон амсахаас ангижирч байгаа боловч сансарт зовсоор байгаа хамаг амьтанд ямар ч тусгүй хэрэг билээ. Тоолшгүй олон төрлийн туршид хамаг амьтнаас их хайр энэрлийг хязгааргүй хүртсэнээ бодоод үзэх юм бол тэднийг тэнд нь хүлээстэй чигээр нь үлдээнэ гэдэг уучилшгүй хэрэг мэт санагддаг ажээ. Хамаг амьтныг нэгийг ч хоцроолгүй аврах юмсан, гэтэл ганц өөрийн биеийг амгалантай болгочихлоо гэсэн айдас төрүүлэх нь хүнийг төгс гэгээрсэн Бурханы хутагт хүргэх сэдлийг хөгжүүлдэг байна.

Хэрвээ бид эдгээр айдсуудыг томоор харж чадах юм бол яг одоо эдэлж байгаа энэ зовлонгоосоо зайлсхийх сэдэлтэйг эхнийхээс харж болно. Хоёр дахь айдаст туйлын үнэний мөн чанарыг илүү өргөнөөр харж байгаа бөгөөд гуравдугаар айдасаа улам илүү өргөнөөр харж байгаа хэрэг юм. Цагийн хүрдний сургаалд энэ гурван төрлийн айдсыг итгэл одуулах үнэн мэдрэмжийг хөгжүүлдэг үндэс суурь хэмээн үздэг билээ.

Дасгал 4.1 – Чөлөө, Учралт Хүслийг Хөгжүүлэх

- *Тохиромжтой байрлалд суугаад амьсгалаа төвлөрөх бясалгалаар сэтгэлээ тайван байдалд оруулна.*

- *Өнгөрүүлсэн амьдралаа эргэн харж биеэ өвдсөн гэсэн мэдрэмжээ сэтгэлдээ дахин ургуулж маш тод томруун төсөөлөхийг хичээ. Одоо бусад хүмүүс янз бүрийн өвчин зовлонг ийнхүү мэдэрч байгаа даа гэж бод. Өвчин шаналалыг тэсэж тэвчих ямар болохыг та төсөөлж чадах уу? Иймэрхүү зовлонгоос ангид байх юмсан гэсэн чин хүслийг өдөө.*

- *Дахиад, амьдралаа эргэн харж сэтгэлийн шаналгаа эдэлж байснаа бодож олон амьтан үүнээс илүү зовлонтой өдөр болгон учирч байгаа гэж төсөөл. Тийм сэтгэлийн төлвийг мэдрэх ямар байх бол? Иймэрхүү сэтгэлийн зовлон шаналгаанаас ангид байх юмсан гэсэн чин хүслийг төрүүлэн хөгжүүл.*

- *Дараа нь, урсгал усан дотор хаягдсан төмөр торон дотор өөрийгөө хашигдсан байна гэж төсөөл. Толгой усанд автахад амьсгаа авах аргагүй болно, дээш гарахад арай гэж амжиж агаар сорно. Төмөр тор давалгаанд тал бүр тийш хайр найргүй шидэгдэнэ. Ийм байдалд орохын аймшгийг бодоод үзэгтүн. Танд байдлыг хянах бололцоо өчүүхэн ч үгүй гэж бод.*

- *Сансрын хүрдэнд эргэлдэн байгаагаа бод. Дуусашгүй зовлонгоор тал талаас хашиих төмөр тор л гэсэн үг. Ширүүн урсгалт гол хайр найргүй урсах нь хором болгоны мэдрэмжээр тань нөхцөлдөж байдаг үйлийн үр гэсэн үг. Тэр таныг доод төрлүүдэд төрүүлнэ, гэвч заримдаа амьсгаа авах бололцоо олгох мэт дээд төрлүүдэд ч төрүүлнэ. Ийм байдлаар байгаад л байя гэж бодож байна уу? Энэ гяндангийн торыг эвдлэн гарч эндээс нэг мөсөн чөлөөлөгдье гэсэн хүслийг төрүүлэн хөгжүүл.*

- *Эцэст нь, гэр бүл, үр хүүхэд, найз нөхөд ахан дүүсээ бодогтун. Тэд цөмөөрөө шатаж байгаа байшин дотор хашигдчихаад гарч чадахгүй тусламж дуудан орилж байхад та туслахгүй гэж үү? Тэднийг нэгийг ч үлдээлгүй цөмийг нь авран чөлөөлөх сөн гэх хүслийг хүчтэй төрүүлэн хөгжүүл.*

- *Тэгэх болно гэсэн сэдэлдээ саатаад амар.*

Итгэл

Айдсаа бүтээлч идэвх болгохын тулд бид итгэлийг хөгжүүлэх ёстой. Итгэлээр бид тэдгээр айдсуудыг давж гарах чадвараа нэмэгдүүлэх юм. Итгэл үгүй бол бид сэтгэлээр унах, сонирхол буурах зэрэг хэнд ч хэрэггүй зорилгогүй байдалд орчихдог. Энд бид сохор итгэл бус саруул оюунд үндэслэсэн итгэлийн талаар ярилцах гэж байна. Бидний зорилго бол шийдвэрлэх мэдрэмжийг хөгжүүлэн дадлагын баттай суурийг бий болгох явдал юм. Үүний тулд гурван төрлийн итгэлийг бид ашиглах болно:

1. **Аяндаа Төрөх Итгэл:** Аяндаа төрөх тодхон итгэл Бурхад Бодьсадва нарын гайхалтай чанаруудыг санан биширч бахдах үед түр зуурын байдалтайгаар бий болдог. Ийм итгэл хүнийг бурхан шүтээний хэрэгсэл зураг баримал үзэх, сүм хийдэд орох зэрэг тодорхой сэтгэлийн төлвийг хөндсөн нөхцөл байдлууд хамтдаа бүрэлдэн нэгдэх үед үүсдэг. Багшийг хараад үүсэж болно, эсвэл дамжлага урсгалын аугаа их багш нарын амьдралын түүхийг унших үед бидэнд төрж болно. Энэ төрлийн итгэл маш хүчирхэг байх нь бий болов нөхцөл байдал өөрчлөгдөхөд мөн арилж алга болох нь бий. Тиймээс аяндаа төрөх итгэлийг илүү гүнзгий хэлбэрийн итгэл, аврал төрүүлэх хурдасгуур болгон ашиглах нь чухал.

2. **Шалтгаантай Төрөх Итгэл:** Аяараа төрөх итгэл учир шалтгааныг олох явдалтай хамтрахаараа зориуд төрөх итгэл болон хувирна. Ийм төрлийн итгэл аливаа нэгэн зүйлд итгэхийн ашигтайг таньсны үндсэн дээр үүсэж, ямар нэгэн буянтай үйлийг зориудаар хийхэд биднийг хүргэнэ. Бид итгэлийнхээ цаад шалтгааныг таньснаар энэхүү итгэлээ улам хүчтэй бөгөөд тогтвортой болгож болно. Тогтвор сайн байх тусмаа замд таарч болох хөндөлдөх эргэлзээнүүдэд дийлдэхээргүй болж чадна.

3. **Төгс Итгэл:** Учир шалтгааныг олох явдлын дүнд эргэлзээ бүрэн арилж дуусахад гуйвшгүй бат итгэл бий болох бөгөөд бидний мэдрэмжийн тал болгонд байх бүхий л итгэлүүдийг бүрэн нэгтгэж чадна. Яагаад гэвэл ухамсарлахуй өөрөө туйлын үнэнийг мэдрэхийн тулд бүрэн нээлттэй сэтгэлээр хандахыг шаарддаг тул төгс итгэлтэй байж гэмээ л замаа гүйцээх хүчин төгөлдөр үндэстэй болох ажээ.

Бурхан Багшийн нэгэнтээ айлдсанаар:

> *"Өө, Шайрийн хөвгүүн, ганц итгэл байхад л туйлын үнэнийг ухамсарлаж болно шүү дээ"* гэсэн байдаг.

Мөн аугаа их багш Ловон Бадамжунайн нэгэнтээ өгүүлсэнээр:

> *"Үнэн итгэлтэй бишрэл танд адислал нэвтрэх бололцоог олгоно. Сэтгэл эргэлзээнээс салсан цагт хүссэн бүхэн биелэх боломжтой"* гэжээ.

Итгэл гэдэг сайн сайхан бүхэн ургаж болох үр билээ. Итгэл үгүй болоход үр устаж алга болно. Итгэл гэдэг бидний хамгийн эрхэм эрдэнэ бөгөөд түүнгүйгээр үнэхээр дээдийн юу ч гэсэн цэцэглэж чадахгүй билээ. Төгс итгэл байсан цагт гадаад нөхцөлүүд хамааралгүй болж доор өгүүлэх нохойн шүдний тухай үлгэртэй л адилхан болно гэсэн үг. Юу гэвэл:

Нэгэн худалдаачин Төвдөөс Энэтхэгийн Бодьгаяа орохоор ажлаар явж гэнэ. Эх нь түүнээс дадлага залбиралдаа хэрэглэхээр нэгэн ариун шүтээний зүйл авчирч өгөхийг гуйв. Хүү гэвч эхийн захиасыг мартаж Төвдөд хоосон гартай буцаж ирээд гэрийнхээ ойролцоо очмогцоо гэнэт санаж гэнэ. Тэгээд нэгэн нохойн шүд олж авангуут торгонд ороож бэлдээд Бурханы өөрийнх нь шүд гэж хэлэхээр шийдэв. Эхийгээ уурлаж загнана хэмээн айж байтал харин бүр эсрэгээр юм болж ээж нь учиргүй баярлан аваад дадлага бясалгалдаа хэрэглэн дээдлэн тахин шүтэж гэнэ. Түүний итгэл бишрэлийн хүч хэрэгцээтэй байсан гадаад нөхцөлүүдийг бүрэлдүүлэн хөгшин нохойн шүд гайхамшигт шүтээний хэрэгсэл болон хувирав. Эцэстээ үнэхээр ариун эд Бурханы жинхэнэ шүд мэт хүчтэй болсноор шидэт сувд түүнээс төрөн гарав гэнэ. Эмгэн машид их бишрэл хөөртэйгөөр насан өөд болохдоо чөлөө, учралд хүрснийг нь гэрчлэх олон гайхам шинжүүдийг үзүүлсээр одов. Гэгээрэлд хүрсний гол хүч нь түүний гуйвшгүй ариун итгэлт сэтгэл байсан юм.

Итгэл бишрэлийн хүч бидэнд Бурханы бүгдийг хамарсан энэрэхүй сэтгэлийг нээж өгдөг бөгөөд өөрсдийн гэгээн чануудтайгаа бид холбогдон сайн болгон өсөн нэмэгдэхийг мэдрэх болно. Итгэл бага бол адислал бага, итгэл аугаа байвал түүний авчрах адислал хур шиг бууж байх болно. Өнөөдөр хүртэл хэзээ ч байсан шавь хүн Бурхан хийгээд аугаа их багш нугуудад итгэл одуулахуйд тэдгээрийг ариун адислалыг шууд хүртэх нь гарцаагүй ажгуу.

Дасгал 4.2 – Итгэлийн Нэгэн Асуулт

- *Тохиромжтой суудалд суугаад амьсгалдаа төвлөрөх дасгалаар сэтгэлээ тайван байдалд оруулна.*

- *Амьдралынхаа туршлагаар аль нэгэн газарт юмуу хэн нэгэн хүнийг хараад учиргүй бишрэх сэтгэл төрсөн мөчөө эргэн сана. Тэр үед яг ямар байсан нөхцөл байдлыг тэр чигээр нь тусгахыг оролд. Тэгтлээ бишрүүлсэн зүйл юу байсан бэ? Бишрэлдээ хөтлөгдөөд юу хийхэд хүрсэн бэ?*

- *Аль нэгэн санааны талаар сонсох юмуу уншаад цаашаа ихийг мэдмээр санагдаж байсан уу? Тэр санааг судалгаа хийгээд үзэхэд юу ойлгож авахад таныг хүргэсэн бэ? Уг санаанд итгэх итгэл тань батажсан уу эсвэл суларсан уу?*

- *Одоо өөрийн яг үнэн гэж боддог өөр итгэлүүд дээрээ тунгаан бод. Ийм итгэлтэй байдал хаанаас гарч ирэв? Ямар шалгууруудаар баараггүй гэсэн дүгнэлтэд хүрэв?*

- *Ямар ч дүгнэлтэнд хүрсэн бай түүндээ саатаад амар.*

ГУРВАН ЭРДЭНЭ

Сүсэг бишрэлийн зам бол нэг нэгнээсээ харилцан хамааралтай олон бүрдэл хэсгүүдээс шалтгаалдаг нэгэн өвөрмөц хувиргалтын үйл явц билээ. Алив хормын мэдрэмжинд цорын ганц шалтгаан байдаг түүх үгүйтэй адил аврал итгэлээ одуулах цорын ганц орон гэж мөн үгүй ажээ. Аль орон ба хэнд бид шүтэх вэ, хэрхэн шүтэх вэ гэдгээс бидний цаашдын зам шалтгаална.

Тийм учраас, бид олон өөр давхаргаар ойртох замаар Гурван Эрдэнийг шинжлэх болно. Түвшин болгонд өөр өөр хэтийн төлөв тодорч харагдах бөгөөд тэдгээрийг илүү нарийн сэтгэлийн ойлголтыг илрүүлэхэд бид ашиглах болно. Бүхлээр нь аваад үзвэл бидний замд эхлэхээс авахуулаад төгсгөл хүртэл дагуулан явах гурван түвшний уян хатан суурь харагдах болно.

Гадаад Гурван Эрдэнэ

Бурханы сургаалыг анхааран авах замд дөнгөж орж эхэлж байгаа нэгний зүгээс эхэлж харвал дадлага амжилттай болоход ямар нөхцөлүүд шаардлагатайг таних тал дээр бид анхаарлаа тавих хэрэгтэй болно. Тэдгээр нөхцөлүүдийг бид *Гадаад Гурван Эрдэнэ* гэж нэрлэх бөгөөд бидний өөрсдийн мөн чанараа ухаарах үйлсэд гадаад хүчин зүйл болон туслах учраас тэр билээ.

Бурхан

Эхний Эрдэнэ бол *Бурхан Эрдэнэ* юм. Харьцангуй түвшиндээ Шагжаамүни Бурхан Багшийг буюу номын хүрдийг эргүүлж ариун Номыг хамаг амьтанд анх таниулсан Бурханыг хэлж байгаа билээ. Аврал одуулах эх сурвалжийн хувьд Бурхан гэдэг хүмүүст Номыг хэрхэн дадуулан үйлдэж эцэстээ юунд хүрч болохыг үзүүлсэн үлгэр жишээ нэгэн. Туйлын утгаараа, Бурхан гэдэг бидний өөрсдийн Бурханлаг-чанарын төгс төгөлдөр үзэгдэл мөн. Тэр бол бидний дотоод сэтгэлийн мөн чанар, хамаг амьтны эзэмшсэн хязгааргүй чадавхын төлөөлөл билээ.

Бид Бурханд итгэх итгэлээ түүний гэгээрсэн чанаруудыг тусгах замаар хөгжүүлдэг. Тэдгээр чанарууд хязгааргүй боловч ерөнхийдөө дөрвөн гол шалгуураар хувааж үзэж болно:

1. Гэгээрсэн Лагшин: Их Хөлгөний Сударт дурдсанаар Бурханы дээдийн

Үл алагчлах Римэ мастер Аугаа Жэвзүн Дарнат

хувилгаан лагшин *гучин-хоёр тэмдэг болон наян найраг болох тусгай шинжүүдээс* бүрдсэн байдаг ажээ. Эдгээр шинж тэмдэг болгон тоолшгүй гурван галвын туршид хураан хуримтлуулсан далай их буяны үр шим гэдэг. Гэвч Очирт Хөлгөний Ёсонд хоосон чанарыг төгс оносны тул Бурханы лагшин төсөөлж барамгүй ба хэчнээн ч өөр дүрээр дараалан үзэгдэхэд түүнд хязгаар үгүй гэж үздэг.

2. **Гэгээрсэн Зарлиг:** Бурханыг ярихад түүний оюун ухаан амьтан бүхэнд өөр өөрсдийнх нь сэтгэлд тааруулан хүрдэг гэдэг. Хэрвээ зургаан зүйл хамаг амьтан цөм нэгэн зэрэг асуулт асуувал тэр хоромхон зуурт ойлгоод ганцхан үгээр бүгдэд нь хариулж чаддаг гэдэг. Тэдгээр амьтдын хаана хэрхэн оршиж буйгаас үл хамааран тэдний өөрсдийн ойлгох хэлээр яг дэргэд нь зогсож буй мэт хариулдаг ажээ.

3. **Гэгээрсэн Таалал:** Саруул билгүүний чанадад хүрсний тул Бурханы мэргэн сэтгэл бүхий л юмс үзэгдлийн талаар хязгааргүй мэдлэгтэй байдаг гэдэг. Хором болгонд явагдаж буй шалтгаан хийгээд үр дагавруудын хязгааргүй их учир утгыг зөвхөн төгс гэгээрсэн Бурхан л мэдэж чадна. Аугаа төгөлдөр энэрэнгүй сэтгэлтэй учир Бурханы таалал амгалан Нирваанд саатахын оронд амьтныг хязгааргүй хайрлах сэтгэлээр дүүрэн байдаг байна.

4. **Гэгээрсэн Үйл:** Лагшин, зарлиг, таалльнхаа салшгүй нэгдэл дээр үндэслээд Бурхан хамаг амьтны тусыг бүтээн үзэгдсээр байдаг. Буянтай чануруудаа бүрэн төгөлдөржүүлсэн түүнд нөхцөл байдлыг бодож тунгаах хийгээд шийдвэр гаргах ямар нэгэн шаардлага байдаггүйн учир бүх зүйл хар аяндаа чөлөөтэй үйлдэгдэж байдаг байна. Тухайн хором мөчид ямар ч нөхцөл байдал нүүрлэлээ гэсэн амьтанд яавал хамгаас тустай вэ гэдгийг тэр дор нь үзүүлдэг ажээ. Их наран адил түүний гэрэл ямагт цацарч байх ажгуу.

Бурханы гэгээрсэн чануудыг судалснаар бид заавал зовлон эдлэх шаардлагагүй юм байна гэдгийг мэдэж авах болно. Өөрийн бурханлаг чанарыг нээн илрүүлснээр Бурхан бүхий л түйтгэрүүдээс арилгаж бүх сайн чануудыг төгөлдөржүүлж чадсан билээ. Яг тэрхүү бурханлаг чанарыг эзэмшсэний хувьд та бидэнд ч мөн тийм чадавх бий билээ. Хязгаарлагдмал талуудаа хувирган төгс гэгээрсэн Бурхан болох боломж бидэнд байна. Тэрхүү чадавхдаа итгэх нь Бурханд авралыг одуулж буй хэрэг билээ.

Бурханд аврал одуулах дадлага нь өөрөө хоёр сахих зүйл байдаг нь:

1. **Хамаг амьтныг аврал одуулах туйлын эх сурвалж үл болгох:** Сансрын хүрдний мөн чанарыг судлаад үзэх юм бол орчлонд хүлэгдсэн л байгаа бол тэр амьтан хэн ч байсан таныг эндээс бүрэн чөлөөлж гаргаж чадахгүй гэж ойлгогдоно. Хамаг амьтныг түр зуурын чанартайгаар итгэж ашиглаж

болох хэдий ч туйлын утгаараа тэд хүчин төгөлдөр эх сурвалж болж чадахгүй. Хамгийн хүчирхэг тэнгэр ч байсан үйлийн үрийн эрхэнд түйтгэрлэгдсэн хэвээр байгаа бөгөөд уг сууринаасаа хязгаарлагдмал шинжтэй билээ. Тийм учраас аврал одуулах цорын ганц төгс төгөлдөр эх сурвалж бол алив хязгаараас бүрэн төгс чөлөөлөгдсөн, гэгээрсэн нэгэн л байх учиртай. Бид хорвоогийн амьтнаас тусламж дэмжлэг авч болох боловч харин туйлын аврал одуулах эх сурвалж болгон хэрэглэж болохгүй ажээ.

2. **Гэгээрсэн тааллын бэлэг тэмдгүүдийг хүндэтгэж дээдлэх:** Гэгээрлийн үйлсэд зорих замдаа өөрийн хүчин чадалд төвлөрөх төвлөрлийг нэмэгдүүлэхийн тулд бид бодит биет бэлэг тэмдэг болсон эд зүйлс, бурхан тахил, баримал, зураг зэргийг хүндэтгэн дээдэлж тахих учиртай. Хэн нэгнийг шүтэн биширдэгтэйгээ үүнийг андуурч болохгүй. Баримал, шуумал, цутгамал, зурмал дүрүүд гэдэг Бурханы гэгээрсэн чанаруудыг танд зүгээр нэг сануулах нөхцөл болж байгаа хэрэг биш юм. Тэдгээр чанаруудтай өөрийгөө танил дотно болгон хэвшүүлж бишрэн бахдах сэтгэлийг өөртөө төрүүлэн, гэгээрлийн хутагт эцэстээ таныг хүргэх хүсэл тэмүүллээ өдөөх хэрэгтэй. Таны тахин шүтэж байгаа зүйл бол үнэн хэрэгтэй хувиргалын энэхүү үйл явц юм шүү дээ. Бурханы дүрийг харах болгондоо биеэр мөргөх юмуу эсвэл сэтгэл дотроо хүндлэл бишрэлээ илэрхийлэн залбирах хэрэгтэй.

Дасгал 4.3 – Чадвараа Илрүүлэх

- *Тохиромжтой байрлалд суугаад амьсгалдаа төвлөрөх бясалгалаар сэтгэлээ тайван байдал оруулна.*

- *Хэсэг зуур өөрийн одоогийн байгаа байдлаа бод. Хаана амьдардаг, юу хийдэг, юутай холбогдоод байгаа, хэнтэй холбоотой, хүнийхээ хувьд ямар хүн бэ зэрэг олон талаар бодогтун.*

- *Таны амьдрал яг одоо байгаа шигээ байнга байсан уу? Хэрвээ тийм биш бол юу өөрчлөгдсөн байна? Таны одоогийн мэдрэмжийг хэлбэржүүлэхэд гол үүрэг гүйцэтгэсэн зүйл юу гэж бодож байна? Гол гол үеүдийг санаандаа тусган тэр үед өөрөөр эргэсэн бол амьдрал хэр өөр байх байсныг бод.*

- *Одоо Бурханы амьдралын түүхийг сана. Түүнд ямар зүйлүүд нөлөөлсөн бэ? Тухай бүрд та өөрөө яах байснаа орлуулан бод:*

- *Хэрвээ таны хүссэн болгон биелэхээр хааны гэр бүлд төрж өссөн бол*

- *Хэрвээ та машид зовлонтой байдалд өсөж илүү утга учиртай амьдрах юмсан гэж мөрөөдөж байвал*

- *Хэрвээ та хорвоогийн тухай бүхий л бодлыг орхин Ариун Номыг авлага болгон дадуулж байсан бол*

- *Хэрвээ та бясалгалаар төвлөрлийн гүнзгий түвшинд хүрээд тэрхүү төвлөрлөө ашиглан үнэний мөн чанарыг ажиглаж байвал*

- *Үйлийн үрийг ойлгодгийнхоо хувьд дээрх нөхцөлүүд яагаад ч таны мэдрэмжинд ургахгүй гэж бодох шалтгаан танд бий юу? Тэдгээр нөхцөлүүдийн шалтгааныг үүсгэхэд юу танд саад болоод байна?*

- *Ямар дүгнэлт гарна түүндээ саатаад амар.*

Ном

Хоёр дахь Эрдэнэ бол *Ном Эрдэнэ* билээ. Энэ бичиглэлд туйлын үнэнийг илрүүлэхэд л ашиглаж болохоор бүхий л үзэгдлийг Ном гэдэг үгээр төлөөлүүлж байгаа болно. Харьцангуй утгаараа Ном гэдэг нь Бурхан Багшийн амаар зарлигласан үгс буюу судар ном болон үзэгдэж байгаа болгоныг хэлэх бөгөөд тэдгээр сургаалууд биднийг Дээдийн Номтой танил дотно болох аргуудыг төлөөлж байгаа болохоор Ном гэдэг үгээр нэрлэж байгаа билээ. Гүнзгий утгаараа, Ном гэдэг бясалгагч хүний сэтгэлд дадлагын үр дүн болон үзэгдэх тэрхүү хүрсэн амжилтыг хэлж байгаа юм. Тэдгээр амжилтууд туйлын үнэний өөр өөр талуудыг ухамсарласан үр дүнгийн бүрэн нэгдэл юм. Тэд бол бидний нандин үнэн хэмээн нэрлэн буй туйлын үнэний чанагуух утгын шууд ухамсарлахуй билээ.

Бид туйлын үнэнээ амьдруулсан цагт бүх зовлон арилж үгүй болох бөгөөд үүний тулд бид бүхий л бэрхшээлүүдээс сэтгэлээ ангижруулах хэрэгтэй. Ялангуяа биднийг орчлонд хүлээд байгаа нисваанисын түйтгэрүүд болон үнэнийг төөрөгдлөөр харуулж байгаа бидний мэдэгдэхүүний түйтгэрүүд хоёрын аль алинаас ангижрах шаардлагатай. Ном гэдэг сэтгэлийг ариусгах арга бөгөөд мөн ариуссаны дараах сэтгэлийн төлөв аль аль нь мөн юм.

Ном сэтгэлийг ариусгах чадвартай ба үүний учир нь түйтгэрүүд гэдэг уг гарлаараа үүсмэл чанартай буюу тэд бидний сэтгэлийн нэг хэсэг биш юм. Сэтгэл өөрөө саруул ухаан болон мунхаг сэтгэлийг ч үзүүлэх чадвартай учраас тэрхүү дотоод чадвар дээр түйтгэрүүд суурилан оршиж байдаг. Гэвч мунхаг сэтгэл тэнд үүрлэн оршоод сэтгэлийн угийн мөн чанарыг бүрхэн далдалж улам цаашаа зузаарч эхэлдэг байна. Мунхгийг ийнхүү бүрэлдэн зузаарахаас сэргийлэхийн тулд бид саруул билгүүнийг зуршлаа болгох хэрэгтэй. Үүний тулд өөрсдийн дотоод бурханлаг чанарт итгэн түйтгэрүүдийг арилган ариусгах Номын чадварт итгэл одуулах нь өөрөө Номд аврал одуулж буй хэрэг ажгуу.

Номд итгэл одуулах дадлагад хоёр сахигдахууныг баримталдаг нь:

1. **Амьтныг хохироохоос зайлсхийх:** Зовлонгийн үндэс бол өөрөөсөө үүссэн би байгаа гэдэгт итгэн өөрийн биеийг энхрийлэн хайрлаж, өөрийг бусдаас ямагт дээгүүр тавих явдал юм. Өөрийг энхрийлэх сэтгэл дээрээ суурилаад бид өөрсдийн ялгаварт үзлийг улам хүчирхэгжүүлэх үйлийг үйлдэн, үнэнийг мэдрэх мэдрэмжээ нөхцөлдүүлээд байдаг. Номын шим нь өөрөө "би"-д барих үзлийг уусган, анхаарлыг өөрөөс холдуулан бусад руу чиглүүлэх явдал ажээ. Хамаг амьтан бүхэн зовлонг хүсдэггүй жаргалыг хүсдэг гэдгийг таньснаар үүнд хүрч болдог байна. Хайр энэрэлд суурилсан сэтгэл амьтныг хохироох явдлаас зайлсхийн тэдний чин хүслийг биелүүлэхэд туслахад чиглэдэг. Амьтныг хохироохоос аргагүй үе тохиолдлоо ч гэсэн бид хүчирхийллээс зайлсхийх хүслийг хүчтэйгээр зуршуулах хэрэгтэй.

2. **Эрхэм зарлигт номыг хүндэтгэн дээдлэх:** Бурханы лагшингийн бэлэг тэмдгийн нэгэн адилаар бид түүний сургаал зарлигийг ч мөн түүнчлэн дээдлэн шүтэх хэрэгтэй. Ялангуяа түүний сургаалыг төлөөлүүлсэн эд зүйлсийг ариун шүтээн болгон хүндлэх ёстой. Ном судар мэтийн зүйлс зовлонг таслахын үндэс болдог саруул ухааныг агуулсан байдаг бөгөөд тэдэнгүйгээр бид мэргэн ухаанд суралцах боломцоо үгүй, тэдэнгүйгээр жинхэнэ жаргалд хүрэх найдвар үгүй байх сан билээ. Ийм хувирал өөрчлөлт бий болгодогт нь Номд гүн хүндлэл үзүүлэн талархах үүднээс ямарч судар номыг машид утга учиртайгаар арчлан тордвол зохино. Уламжлал ёсоор бол газарт юмуу доод оронд тавихгүй байх, хүндтэй сайн газарт хадгалах ба тахих, дээгүүр нь алхахгүй байх, дээр нь гишгэхгүй байх нь чухал билээ. Болж өгвөл удаан хадгалах, хямгадахад тустай торго даавуу зэрэгт ороож баринтаглан хамгаалж хандах хэрэгтэй. Ийм маягаар сэтгэлээ дадуулснаар бурханы номтой ямагт учирч, замдаа ахиц гаргахын үүд нээгдэх юм.

Дасгал 4.4 – Өөрийн Дотоод Сэтгэлийн мөн чанарыг нээхүй

- *Тохиромжтой байрлалд суугаад амьсгалдаа төвлөрөх дасгалаар сэтгэлээ тайван байдалд оруулна.*

- *Маш их уур хүрсэн үеэ санаандаа оруул. Та байнга ингэж уурладаг уу? Үгүй бол ямар нөхцөл үүнд хүргэв? Мөн ямар нөхцөл үүнийг зогсоосон бэ? Дүгнэлт хийгээд үзэхэд уурын шинж чанар ямар байна? Та өөрөө уур юмуу эсвэл уур гэдэг танаас салангид нэг зүйл байна уу?*

- *Сэтгэлийн өөр бусад түйтгэрүүдээс аль нэгийг сонгон авч ийм маягаар шинжил. Энэ бүхний аль нь танаас хүн гэдгийн тань хувьд салшгүй нэгэн хэсэг байна ол.*

- *Ямар дүгнэлт ургана түүндээ сааттаад амар.*

Хувраг

Гурав дахь Эрдэнэ бол *Хувраг Эрдэнэ* юм. Санга гэдэг үг Номыг дадуулан үйлдэх бидний дадлагад туслах шашны нийгэмлэг, бүлэг хүмүүсийг төлөөлдөг. Харьцангуй утгаараа бид хоёр төрлийн нийгэмлэгийг таньж болох ба Хутагт Хувраг болон энгийн Хуврагууд билээ. *Хутагт Хуврагууд* гэдэг нь туйлын үнэнийг сэтгэлийн урсгалдаа шууд ухамсарласан хүмүүсийг хэлнэ. Бид тэднийг арьяа хутагт хэмээн хүндэтгэнэ. Тэд Номыг дадуулах замаар сэтгэлийн мөн чанараа таньж илрүүлсэн хүмүүс учраас аврал одуулах хүчин төгөлдөр эх сурвалж болж чадна. Ийм нийгэмлэгийн хэн ч байсан биднийг замд газарчилж чадах нь дамжиггүй.

Хутагт Хуврагийн адислалыг хүртэх гайхам сайхан хэрэг боловч бид *энгийн Хуврагуудын* нэгдэлд мөн өөрсдийгөө даатгаж болно. Ийм нийгэмлэг янз бүрийн түвшний хөгжилд хүрсэн олон амьтнаас бүрдсэн байдаг. Ганц ганцаараа бол тэд хүчин мөхөсдөж болох хэдий ч хамтдаа бол харин зорьсон замд тань ахиц гаргахад хэрэгтэй гол үүргийг гүйцэтгэх болно. Энгийн Хуврагууд буяныг дадлага болгон биднийг бишрүүлж учирсан бэрхшээлүүдээ давахад бидэнд тусалдаг. Хуврагийн нийгэмлэгт хамрагдсанаар Ном нь хэчнээн чухал болохыг бататган харуулж өөрсдийн амьдралд хорвоогийн нөлөөллийг чадах хэрээр багасгах болно.

Туйлын утгаараа Хувраг гэдэг Бурханы гурван лагшин болох Номын, Төгс жаргалангийн болон Хувилгаан лагшний салшгүйн илэрхийлэл байдаг. Тэд цөм Бурханлаг чанарыг төлөөлөх бөгөөд өөр өөр амьтдын зүгээс гэгээрсэн сэтгэлийг хэрхэн мэдэрдгийг үзүүлж байгаа хэрэг юм. Номын, Төгс жаргалангийн лагшингуудыг зөвхөн Бурхад хийгээд аравдугаар газрын Бодьсадва нар л үзэж чаддаг бол Хувилгаан лагшинг бүх төрлийн амьтан цөм мэдэрч чаддаг байна.

Бидний мэдэх Будда Шагжаамүни бол бүхий л шинж тэмдгүүд бүрэн бүрдсэн *Дээд Хувилгаан* лагшин билээ. Бурхан багш МЭӨ 6-р зуунд энэ дэлхий дээр ирж ная орчим жил болоод мөнх бусыг үзүүлсэн билээ. Хэдийгээр бид бүхэн тэр үед төрж Бурханаас өөрөөс нь сургаал зарлигийг нь сонсох үйлийн үр дутсан боловч эгэл хүний мэдэрч чадах хязгааргүй олон янзаар энэ өдрийг хүртэл үзэгдсээр байгаа юм.

Энд бидний ойлгох ёстой нэг гол зүйл бол Бурханы хувилгаан дүр болгон Бурханы гэгээрсэн тааллын төлөөлөл болохоор бүхий л чануудыг төгс агуулсан байдаг. Тэд үнэндээ салангид зүйлс биш юм. Бурхантай учрахын тулд бид цагийг ухраан аялж болохгүй болохоор Номыг сэтгэлдээ амьдруулж чадсан нэгэнтэй холбоо тогтооход л болж байгаа юм. Бурханлаг чанар бидэнд үзэгдэх тэр цагт хагас хугас ч болтугай бид Бурханыг мэдэрч, түүний гэгээрсэн чануудыг бишрэн дагах болно.

Тиймээс багш нарынхаа болон нийгэмлэгийнхээ гэгээрсэн чадвар бүхий чануудад итгэх нь Хуврагт аврал одуулж байгаагийн шим билээ. Энэ нь Номыг дадуулах үйлсдээ буянтай нөлөөллөөр өөрсдийгөө хүрээлүүлнэ гэсэн хэрэг юм. Ийм нөлөөлөл байдаггүй сэн бол бид хуучин зуршилт буянгүй үйлдэлдээ эргэн орох аюулд орж сансарт хүлэгдсээр байх болно. Номыг авлага болгоно гэдэг үлэмж хичээл зүтгэл бүхий сэтгэлийг шаардсан тэмцэл бөгөөд зорилго нэгтэй хүмүүсийн нийгэмлэгт түшиглэх нь бидэнд зүйрлэшгүй ашигтай юм. Тэгвэл замдаа бүдэрсэн ч ийм найдвартай нийгэмлэгийнхээ хүчээр ухралгүй урагшилсаар байх болно.

Хуврагт аврал одуулах дадлагад хоёр сахигдахуун баримталдаг нь:

1. **Хорвоогийн эгэл нөхдийн нөлөөнөөс зайлсхийх:** Архичин хүн асуудлын учиг юунд байгааг таньж хүлээн зөвшөөрөхөөрөө энэ зуршлаа орхих хэрэгтэйг ойлгож байнга архи уудаг нөхдөөр өөрийгөө хүрээлүүлэн байдгаасаа зайлсхийх хэрэгтэй болдог. Оронд нь харин өөртэйгөө адилхан муу зуршлаасаа салах гэж оролдож байгаа хүмүүсийг эрж хайн тэдний туршлагаас хуваалцах болно. Үнтэй нэгэн адилаар, түйтгэрт сэтгэлийн зуршил дадалтай болсныгоо ойлгомогцоо бид тэрхүү түйтгэрүүдийг маань хүчирхэгжүүлж өгөөд байгаа нөлөөллүүдээс зайгаа авах хэрэгтэй. Хэр их холдуулах шаардлагатай нь бидний тухайн хоромд төрж буй сэтгэлийн хүч болон нөгөө хүмүүстэй тогтоосон барилдлагын хэв маяг зэргээс хамааралтай. Хэрвээ бид энэхүү барилдлага түйтгэрээр төгс тэжээгдэж байдаг юм байна гэж үзвэл бид тэр хүнээс бүрэн холдох талаар ноцтой

бодож эхлэх хэрэгтэй болно. Хэрвээ зарим нэг талаар л түйтгэрлэгдэж байгаа тохиолдолд тодорхой нэг үйлд оролцохоос зайлсхийснээр шийдэж бас болох талтай. Хамгийн гол нь өөрийн амьдралд байгаа нөлөөллүүдийг анхааралдаа тусган авч Номыг дадуулахад зохихгүй ямар нөлөө байна түүнийг л багасгах хэрэгтэй юм.

2. **Гэгээрсэн лагшингийн дүрүүдийг хүндэтгэн дээдлэх:** Бурханы чанаруудыг өөрсөндөө тусгаж байх нь маш ашигтай боловч тэдгээрийг өөрсдийн мэдрэмжинд бий болгох нь түүнээс хүчтэй. Бид эргэн тойрноо шинжлэн хараад тэдгээр чанаруудыг тодхон үзэгдэхийг харах юм бол сүсэг бишрэлийн замд газарчилж яваа хүний зүг эрхгүй татагдан очих болно. Тэдгээр хутагт хүмүүс бол Бурханы шууд үзэгдэх байдал бөгөөд бидний мэдэрч байгаа болон хамтран ажиллаж болох тийм хэлбэр юм. Тэдгээрийг таньсан даруйд бид тэдэнд өөрсдийгөө зориулахад бэлэн байгаагаа харуулан боломж гармагц сэтгэлээ нээн үзүүлэхийг оролдох хэрэгтэй. Ингэх тохиолдол болгонд хамаг амьтныг энэрэх сэтгэлийнхээ чадлыг хүлээн зөвшөөрөх байдал улам хүчтэй болно. Хутагт хув& рагуудын гэгээрсэн чанарууд дээр анхаарахын сацуу Номд өөрсдийгөө зориулсан хүмүүсийг төлөөлүүлсэн бэлэг тэмдэг лам хувраг, гэлэнмаа хүмүүсийг хүндэтгэн бишрэх ёстой. Энэ дадлагаар бид өөрсдийн сэтгэлийг дадуулж байгаа болохоор уг хүн далд ухамсарлахуйн аль нэг түвшинд хүрсэн байна уу, үгүй юү гэдэг үнэндээ тийм чухал биш. Бэлэг тэмдгийг харах гэдэг өөрөө чухал бөгөөд бидэнд сэрэмж мэдэмсэр төрүүлэх хангалттай шалтгаан болох учраас мөн л адил амьтны тусыг бүтээх нь гарцаагүй билээ.

Дасгал 4.5 - Өөрийн Амьдралд буй Нөлөөллийг Шалгах

• *Тохиромжтой байрлалд суугаад амьсгалдаа төвлөрөх бясалгалаар сэтгэлээ тайван байдалд оруулна.*

• *Өөрийн амьдралд хамгийн чухал гэж боддог хүнээ санаандаа оруул. Тэднийг өмнийн огторгуйд оршиж байгаагаар төсөөл. Одоо тэр хүнтэй байгуулсан холбооныхоо мөн чанарыг ямар болохыг бод. Та хоёр ямар үйлд хамтран оролцдог вэ? Түүнд оролцохын зорилго нь юу вэ? Түүнд оролцоход сэтгэл ямар төлөвтэй байдаг вэ? Танд ямар санагддаг вэ? Түүнтэй хамтарч ажиллах нь тустай гэж санагдаж байна уу?*

• *Дүгнэлт төрсний дараа сэтгэлээ саатуулан амраагаад тэр хүнийг огторгуйд уусган бүдгэрүүлнэ. Дараа нь саяын үйл явцыг өөр хүн дээр дахин шинжилж үз. Энэ маягаар цааш үргэлжлүүл.*

- *Харсан үзсэн дээрээ үндэслээд бодохоор хэн нэгэн хүнтэй холбоотой байх тусгүй юм гэсэн санаа төрөв үү? Яавал тэдний нөлөөллийг өөрийн ааш араншинд багасгаж болмоор байна?*

- *Үүнтэй адилаар, аль нэг холбоо харилцаа танд тустай санагдав уу? Тэр харилцааг амьдралдаа онцгойлон авч үзэхийн тулд юу хийвэл зохих вэ?*

- *Тэдгээр холбоог хүчтэй анхааран онцлох тэмүүллийг төрүүл.*

Дотоод Гурван Эрдэнэ

Задлан шинжлэх дараагийн давхарга бол аврал одуулах дотоод эх сурвалж болох бидний дотоодын чанаруд бөгөөд хүүхэд эцэг, эхдээ асрулан торнидогтой ижил юм. Хүүхэд эхлээд эцэг эхийн халамжин дор туршлагажаад дараа нь өөрсдийн чадварт итгэж эхэлдэг. Өөрт итгэх итгэл нэмэгдэх тусам эцэг эхэд түшиглэх нь багасна.

Үүнтэй адилаар Гадаад гурван Эрдэнийг бид өөрсдийн чадварыг бий болгохдоо туслуулан байгаад, дараа нь өөрсдийн хувийн чанаруддаа түшиглэж чадахаар болдог. Үүнийг бид *Дотоод Гурван Эрдэнэ* буюу **Гүрү, Ядам, Дагинас** нарт итгэл одуулах дадлагаар гүйцэтгэнэ. Тэдгээрийг мөн *Гурван Үндэс* гэж нэрлэдэг ба Гурван Эрдэний үндэс ёзоорыг төлөөлж байгаа учраас тэр ажээ.

Гүрү Багш

Бурханы үндэс бол *Гүрү* юм. Харьцангуй утгаараа Гүрү буюу сүсэг бишрэлийн хөтөч гэдэг Бурханы саруул билгүүний тааллаас салшгүй нэгэн бөгөөд дадлага бясалгалын тань замд таныг газарчилж дагуулахаар Бурханы танд үзэгдэж буй дүрст лагшин ажгуу. Гүрү багшийн таны амьдралд гүйцэтгэх үүрэг Гүрү багш гэж юу вэ гэдгээс хамаагүй илүү чухал хэмээн ярилцдаг.

Танд харагдаж байгаа Гүрү таны өөрийн дотоод чадварын толь, Бурханлаг чанарын тань тусгал, гэхдээ бидэнд толь ямар хэрэгтэй юм бэ? гэж бодож болно. Тольгүйгээр бид нүүрэндээ наалдсан шаврыг олж харахгүй билээ. Хэрвээ нүүрэндээ шавар шавхай наалдсан байгааг хардаг сан бол бололцоо гармагц түүнийг цэвэрлэн жинхэнэ өөрийн царайгаа ил гаргаж чадна.

Ийм замаар гадаад Гүрү гэдэг маань биднийг одоогийн байдлаар далдлагдчихаад харагдахгүй байгаа дотоод Гүрүтэйгээ холбоогоо хөгжүүлэхэд тусалдаг харьцангуй түвшний нэг л арга юм. Номыг дадлага болгоноор бид тэдгээр бүх бэрхшээл түйтгэрүүдийг арилган цэвэрлэж дуусахад дотоод Гүрү зөн билиг, өөрт итгэх итгэлээр дамжин гарч ирж үзэгддэг байна. Зөн билигтээ итгэн өөрийн сэтгэлийн төрөлх мөн чанарыг бишрэх нь Гүрүд аврал одуулж байгаа хэрэг билээ.

Сүүлд тодруулан үзэх ёсоор дотоод Гүрүтэй холбоогоо зузаатгах дадлагыг *Гүрү Йог буюу Багшийн Егүзэр* хэмээн нэрлэнэ. Энэ хүчирхэг арга бидний өөрсдийн төрөлх чадавхаа ухамсарлах явдлыг нэмэгдүүлнэ. Гүрүг залах залбирал таныг өөрийн бурханлаг чанартай салшгүй нэгэн болохыг ухааруулна. Авшиг хүртсэний дараагаар бид өөрсдийн дотоод чадварууд боловсрон, бидний мэдрэмжээс урган гарч ирж үзэгдэхийг дүрслэх болно. Эцэст нь өөртөө дахин уусгаж тэр ухамсартаа саатан аль болох удаан амарна. Энэ дадлагыг хийх тусам та нүүрээ цэвэрлэж толинд харахын адил болно.

Дасгал 4.6 – Дотоод Гүрүгээс Суралцах

- *Тохиромжтой байрлалд суугаад амьсгалдаа төвлөрөх дасгалаар сэтгэлээ тайван байдал оруулна.*

- *Өөрт хэлсэн үг юмуу хийсэн зүйлийн төлөө машид хүчтэй хариу үйлдэл үзүүлж байсан амьдралынхаа нэгэн үеийг сана. Тэр үед болсон явдлыг сэтгэлдээ дахин ургуулж юунд итгэж хариу үзүүлснээ тань. Сэтгэлд тань юу орсон байх вэ? Юунаас болоод тэгтлээ сүртэй загнасан байна? Тэгснээрээ ямар сэтгэгдэлтэй үлдсэн бэ? Таны хариу үйлдлийн дүнд юу болсон бэ?*

- *Эргээд харахад амьдралдаа тийм чиг ухаалаг хандаагүй мэт санагдсан зүйл байдаг уу? Ямар асуудлуудтай тулгараад түүнд хэрхэн хандаж байснаа таньж мэдэхийг хичээ. Тэр асуудлыг өөрөөр шийдсэн бол яах байсан бол? Туршлагадаа суурилан суралцсан зүйлс байна уу?*

- *Өөрийн туршлагаасаа ухааран өөрийгөө таньж эхэлсэн жишээг бодож ол. Ийм сургамжтай явдал ямар нөхцөлд бий болж байсан байна? Гайхамшигтай дотоод ажиглалт ямар үр дүнд хүргэж вэ? Тэдгээр ажиглалт шинжлэл сэтгэлд тань ямар ул мөрөө үлдээв?*

- *Таны ухамсар нь туршлагад харагдаж болох өөр аргуудыг бодож ол. Ямар үед өөрийн ухамсрыг юу хэлэхийг сонсож, ямар үед түүний хэлэхийг үл тоож байсан байна вэ? Аль нь илүү элбэг байна вэ?*

- *Ямар ухамсар ургана түүндээ саатаад амар.*

Ядам

Номын үндэс бол *Ядам* билээ. *Ядам* гэдэг Төвөд үг бөгөөд орчуулбаас "сэтгэлийг холбох" гэсэн утгатай. Гүрүтэй тулж ажиллана гэдэг өөрийн туйлын үнэнтэйгээ холбогдоход ихэнхдээ анхаардаг бол Ядам гэдгээр гэгээрсэн чанаруудын үзэгдэл маягаар туйлын үнэн хэрхэн үзэгдэж буй замуудтай холбогдохыг голчлон анхаардаг.

Харьцангуй утгаараа Ядам өөр өөр гэгээрсэн чанаруудыг бэлэгдсэн бэлэгдлийн хэлбэр билээ. Тэдгээр хэлбэрүүдийг уламжлал ёсоор бол билгүүний ядам бурхдын дүрээр төлөөлүүлэн үзүүлдэг бөгөөд сансарт хүлэгдсэн хорвоогийн тэнгэрүүдтэй андуурч болохгүй. Тэд амьтны мэдрэмж дэх төгс жаргалангийн орныг төлөөлнө. Одоогоор бид Бурханыг энэ дүрээр харах чадваргүй байгаа учраас зураг хийгээд баримал, шуумал, цутгамал дүрслэлд түшиглэн шүтэхээс аргагүй болдог.

Бидний хязгааргүй Бурханлаг чанарын хүчээр тоолшгүй олон гэгээрсэн чанаруд үзэгдэж болох тул түүний тоогоор мөн тийм хязгааргүй олон ядам бурхад байх боломжтой ажээ. Ядам болгон тодорхой нэгэн цогц чанаруудын илэрхийлэл болно. Жишээ нь, Жанрайсэг энэрэнгүй сэтгэлийг төлөөлдөг бол Очирваань сүр хүчийг төлөөлдөг.

Цагийн хүрдний хөлгөний гол ядам "Дүйнхор" нь голдуу илбийн хос Вишваматагаа тэвэрсэн дүрээр дүрслэгддэг. Гол шимийг нь энгийнээр тайлбарлавал Цагийн хүрдэн хэмээх "Дүйнхор" бол боломжтой бүх сайн чанаруудыг хамарсан *бүхий л үнэн оршихуйн нэгдэл* ажээ. Тийм учраас Цагийн хүрдний замыг дадлагаа болгосноор та үндсэндээ бүхий л ядам бурхадыг дадлагаа болгож мөн өөр ядамтай тулж ажиллалаа гэхэд Дүйнхорын нэг талтай л дадлага хийж байгаа болно. Цагийн хүрдний дадлагын нэг өвөрмөц шинж нь энэ билээ.

Ядам бидний өөрт буй хүлээн авахуйтайгаа тулж харьцах нэг арга болдог. Энгийн үедээ бид өөрсдийгөө эгэлийн шинжүүдийг агуулсан эгэл нэгэн гэх "би"-д барих үзлээр ханддаг бөгөөд орчлон хорвоог өөрсдийн мэдрэмжээр бий болгосон таних мэдрэмжтэйгээ холбож хүлээн авдаг. Таньсан энэ зүйлдээ татагдсанаар бид өөрт хийгээд хавь ойрынхондоо зовлон авчрах үрийг суулгадаг. Тийм учраас, энэхүү жирийн таних сэтгэлээ сансар орчлонд хүлэгдэхийн үндэс хэмээн ор тас орхин, туйлын үнэний мөн чанарыг тусгасан шинэ танихуйг үрчилж авах хэрэгтэй. Өөрийн ариун чанарыг таних явдлыг хөгжүүлэх нь Ядамд аврал одуулахын шим болдог байна.

Үүнийг гүйцэлдүүлдэг дадлагыг *Ядамын Йог буюу Ядмын Егүзэр* гэнэ. Энэ дадлагад бясалгагч хүн эгэл би гэх мэдрэмжээ урвуулан түүний хоосон чанартайг ухамсарлаж, бурханлаг чанартайгаа холбосноор үнэний энэ түвшинд өөрийг ямар

Дотоод Гурван Эрдэнийн биелэл Цогт Цагийн хүрдэн

дадлага хийж байгаа түүнтэйгээ холбогдсон ядмаар хувирган үүсгэж дүрсэлнэ. Гол зорилго бол өөрийн чадвар чадавхийг тухайн Ядамтай адил ялгалгүй чанартай болгон дүрслэх явдал юм. Үүний дунд бясалгагч хүн тэдгээрийн гэгээрсэн мөн чанар дээр үндэслүүлэн өөрийгөө шинэ танихуйгаар өөрчилж харах болно. Энэхүү таньсан шинэ чанараа буцаагаад хоосонд уусгаснаар дадлагаа төгсгөж өөрөөсөө үүссэн "би"-д барих чанар энд юу ч үгүй гэдгийг батлан үзүүлнэ.

Ядам гэдэг нь Номыг дадуулан үйлдсэнээс үүдэн хүний гэгээрсэн чанаруудыг гарч ирж үзэгдэх нөхцөлүүдийг бий болгодгоороо Номын үндэс гэж тооцогддог байна. Ийм маягаар Ном гэдэг Ядамыг мэдрүүлэх явдлыг бий болгохоор бүтээгдсэн зүйл ажгуу. Бидний нүдэнд харагдах Ядам бол цэвэр бэлэг тэмдгийн чанартай бөгөөд гэгээрсэн чанаруудыг л чадварлагаар дүрслэн харуулж байгаа хэрэг гэдгийг санах хэрэгтэй. Тэдгээр чанарууд бүгд нэг бүрчлэн үзэгдэхэд жинхэнэ Ядам төгс амилах болно.

Дасгал 4.7 – Өөрийг Задлан Салгах

- *Тохиромжтой байрлалд суугаад амьсгалдаа төвлөрөх дасгалаар сэтгэлээ тайван байдалд оруулна.*

- *Өөрийн бодит биеийг хэлбэр, хэмжээ, өнгө арьс гээд нэг бүрчлэн бодож үз. Бие юунаас бүтсэн байна? Бүрдэл хэсгүүдийг нь атом молекулд хүртэл нь бодож үзээгтүн. Тэдгээр хэсгүүдийг цөмийг нь тус тусад нь салгачихлаа гэж одоо бод. Жишээ нь: нэг таваг дүүрэн төмөр, таваг дүүрэн кальци овоолсон байна гэх мэт. Бүрэн задаргаа хийж өмнөө бүгдийг нь овоол. Тэдгээр овоолгоостой бодисуудын аль нэгэнд өөрийгөө байна уу ол.*

- *Одоо сэтгэлийнхээ өөр өөр талуудыг бодож үз. Дурсамж, бодол, дуртай зүйл гэх мэт. Тус тусад нь авч үзэхэд энэ бүх зүйлийн аль нэг нь та гэжүү? Хэрвээ "би" гэж энийг хэлнэ гэсэн зүйл олох юм бол тэрнийгээ одоо задлан шинжлээд үз. Сэтгэлд мэдрэгдэж байгаа бүхэн хором хормын үндсэн дээр яваглдаг. Хором бүхэн эхэн дунд төгсгөл гэсэн хэсгүүдэд хуваагдана. Аль хэсэг нь та байж болох вэ?*

- *Бүх боломжоор бодож үзэн ханалаа гэж бодох хүртлээ үргэлжлүүл. Тэгээд зогсож ухамсраа амраан аль болох удаан сааатан амар.*

Дагинас ба Номын Сахиуснууд

Хуврагийн үндэс бол *Дагинас* билээ. Гадаад Хувраг гэхээр бид сүсэг бишрэлийн замдаа хань нөхөр болдог хүмүүсийг боддог. Тэд биднийг хамгаалж, бэрхшээлээ даван гарахад тусалж халамжилж явдаг. Гаднаас тусламж хайхад болохгүй юм юу ч үгүй боловч өөрийн дотоод эх булгийг үгүйсгэж бас болохгүй.

Бурханлаг чанар олон давхар барцад хилэнц дор булаастай байгаа ч гэсэн гэрлийн тусгал цоорхойгоор нь цацрах боломжтой. Энэхүү гэрлийн цацраг дотоод мэргэн оюуны бишрэл хэлбэрээр бидэнд мэдрэгддэг. Хэрвээ бид тэдгээрийг таньж сурах юм бол дадлага бясалгалдаа ашиглаж болох сон.

Янагуух утгаараа, тэдгээр мэдрэмжүүд тайван амгалан дүртэй *Дагинас* хэмээх ядмууд юмуу заримдаа догшин дүртэй *Номын Сахиусны* дүрээр үзэгдэнэ. Хэдийгээр бид зураг, баримал, цутгамал гэх мэт бодит зүйлүүдээр төлөөлүүлэн үзүүлэвч тэдгээрийн цаана буй далд утгыг хэзээ ч мартаж болохгүй. Зарим нэгэн гүнзгий ухамсарлахуйдаа хүрсэн хүн тэдгээрийг гадаад хүчин зүйл болгон үзэх нь бий боловч ихэнх бясалгагч нарын хувьд илүү бэлэг тэмдгийн байдалтайгаар мэдэрдэг байна.

Дагинас ямагт тайтгаруулах туслах мэдрэмжээр үзэгддэг. Энэ нь эхийнхээ гарт тэврүүлж хайрлуулсан хүүхэд хайр энхрийлэл мэдэрдэгтэй ижил юм. Өөрийн хүчин чадалд үл итгэсэн байдалтай тулгарч эргэлзээ төрөх үед таны дадлагад энэ мэдрэмж тусалдаг. Түйтгэрт эргэлзээ таны урагш алхах хөлийг тушин, хоёрдогч таамаг дэвшүүлэн цагийг дэмий барж байх үед Дагинасынхаа нөлөөгөөр бид эргэлзээ гэдэг бидэнд байх ёстой чанар биш, үнэн хэрэгтээ бидэнд бүхнийг даван гарахад хэрэгтэй бүхэн хэдийнэ бүрэн бий гэсэн итгэлээ сэргээн санахад хүрдэг. Яг л эх хүн хүүхдийнхээ гарыг илэн тайтгаруулж амжилтад хүрнээ хэмээн итгүүлж байх мэт.

Сэтгэлд түйтгэрүүд урган үзэгдэх үедээ олон янзын бэрхшээлүүдийг үүсгэн бий болгож биднийг бүрэн эзэмдэж мэдэх аюултай болдог. Ийм тохиолдолд бидэнд тэдгээрийг даван гарах хүчтэй эсэргүүцэх хүчин хэрэгтэй. Хүрвээ бид дотоодын мөн чанараа тогшоод орхих юм бол бид дотоод сэтгэлийн их хүчийг мэдэрдэг бөгөөд энэ бол Номын Сахиус нарын үзэгдэх байдал юм. Бид сүсэг бишрэлийн замыг даган явах зуургаа сэтгэлд гүнзгий шигдсэн буруу үзлээсээ салахад Номын Сахиуснуудын тусламж амин чухал хэрэгцээтэй. Цаашдын замдаа аялан урагшлах тусам бидний өөрийгөө энхрийлэх тэр муу сэтгэл зөвхөн өөрийгөө хамгаалах гэсэндээ улам илүү гарч ирж улайран өрвөлзөх болно. Гэвч Номын Сахиуснуудтайгаа холбоо тогтоосны хүчээр түйтгэрт зуршлын арганд орж ухралгүй замаа цааш амжилттай үргэлжлүүлж чадна.

Дагинас хийгээд Номын Сахиуснууд хамтдаа бодол сэтгэлд урган түйвээх түмэн янзын чөтгөр шуламс тэргүүтний эсрэг биднийг хамгаалан тэргүүн шугаманд дайтдаг хамгаалагч нар билээ. Бид өөрсдийн дотор буй эдгээр чануудтайгаа үнэхээр холбоо тогтоож чадвал түйтгэрүүдийн бидэнд өгүүлэх үлгэрт цаашид итгэхээ болин өөрсдийн төрөлх мөн чанартаа л ганцхан итгэж эхлэх болно. Энэ итгэл бол Дагинас хийгээд Номын Сахиуснууд дор авралыг одуулж байгаа хэрэг юм.

Дагинас ба Номын Сахиуснуудтайгаа холбогдох дадлага олон байдаг. Ийм дадлагууд дүрслэл үүсгэдгээрээ Ядамын Егүзэртэй төстэй боловч бид өөрсдийгөө Дагина юмуу Номын Сахиуснууд болгон үүсгэдэггүй. Гол анхаарах зүйл бол дүрсэлсэн амьтанд тахил өргөн, хүсэлт тавин залбирч мөргөх аргаар хүч чадал, тусламж дэмжлэгийн мэдрэмжтэйгээ холбогдох явдал билээ. Хэллэг хийгээд дүрслэлээр бид гадаад хүчин зүйлтэй харьцах мэт хандавч энэ нь үнэн хэрэгтээ Дагинас ба Номын Сахиуснууд гэдэг бидний төрөлх мөн чанарын л үзэгдлүүд юм шүү. Залбирч гуйж байгаа нь хамаг амьтны зүгээс хийгдэж байгаа боловч өөрсдийн гэгээрсэн чануудаасаа тусламж хэрэгтэй болоод гуйж байгааг анхаарах хэрэгтэй.

Дасгал 4.8 – Бэрхшээлүүдийг Даван Гарах

- *Тохиромжтой байрлалд суугаад амьсгалдаа төвлөрөх дасгалаар сэтгэлээ тогтвортой байдалд оруулна.*

- *Өөрийн чадал хүчинд итгэх итгэл алдарсан өөр өөр жишээнүүдийг мөн эргэлзээ дүүрэн байсан үеэдээ эргэн сана. Эргэлзэх сэтгэл танд хэрхэн нөлөөлсөн бэ? Та давж гарч чадсан уу? Тийм бол яаж давж гарсан? Танд ямар нөхцөлүүд гарч ирж туслав?*

- *Хэцүү байдалд ороод сэтгэл түүнд эзэмдэгдсэн байсан өөр өөр жишээнүүдийг сана. Ямар мэдрэмж төрж байв? Энэ сорилтыг та хэрхэн давсан бэ? Хаанаас тэгэх хүч чадлыг олов? Тэгэхд танд хүч чадал өгнө гэж юунд найдаж байв?*

- *Эдгээр жишээнүүдийг тусган бишрэлийнхээ эх сурвалжийг танихыг хичээ. Юу таны хүчийг сэлбэн итгэлийг дэмжиж зоригжуулж байв?*

Нууц Гурван Эрдэнийн биелэл Дандарын Егүзэр

Нууц Гурван Эрдэнэ

Аврал одуулах бүхий л дадлагууд бол сэтгэлд ургах янз бүрийн айдсуудаас өөрийгөө хамгаалах түр зуурын хамгаалалт олдог харьцангуй чанарыг агуулсан байдаг. Авралын орон болгонтой харьцахдаа айдсаас үүсдэг сул талаа арилган арилгасаар сүүлдээ тэдгээрийг бүрэн хувиргаж чадна. Гэвч аврал одуулахын туйлын зорилго бол төгс гэгээрсэн Бурханы хутгийг олох явдал бөгөөд энэ нь сүүлдээ аврал одуулах явдлыг хүртэл давж гарсан байх хэмжээнд тулж очихыг хэлж байгаа хэрэг юм.

Ийм сэтгэлтэйгээр бидний хийх эцсийн шинжлэл бидний сүсэг бишрэлийн хөгжил дэх сүүлчийн давхаргад тулж ирнэ. Хүүхэд өөрсдийн хүчин чадалд бүрэн итгээд юу ч тохиолдсон давж гарах итгэлтэйгээр гэрээ орхин явдагтай үүнийг адилтгаж болно. Өсөж том хүн болсныхоо зорьсон үйлсээ гүйцээхийн тулд хүсэн тэмүүлэхийн хүчээр, олдсон аливаа боломжийг өөрийн хэрэгт тэр ашиглах болно.

Өмнөх хоёр аврал одуулах дадлагын дүнд хатуужин ухаажсан бид одоо өөрсдийн мэдрэмжинд үзэгдэх ховор нөхцөлүүдийг бүрэн дүүрэн ашиглаж эхлэхэд бэлэн болсон байна. Маш чадварлаг аргуудын тусламжтайгаар тэдгээр нөхцөлүүдийг ашиглан тэдгээрээс үүдэн гарч ирэх олон олон боломж бололцоог алгаа дэлгэн угтаж сурна.

Нууц Гурван Эрдэнийн талаар ярихдаа бид **дотоод нарийн биеийн судал, хий, дуслуудыг** хэлж байгаа билээ. Тэдгээр элементүүдтэй тулж ажилласнаараа тодорхой нэгэн сэтгэлийн төлөвт зориулсан нөхцөлүүдийг үүсгэн бий болгох боломжтой ажээ. Нарийн бие гэдэг өөрсдийн гэгээрсэн мөн чанартайгаа шууд харьцах харьцааг хөгжүүлэх дээр үндэслэн аврал одуулах орон болдог бөгөөд сэтгэл хийгээд нарийн биеийн энергийн хөдөлгөөний харилцан шүтэлцээний хамаарлаар үүнийг гүйцэтгэдэг байна.

Судал

Хоёрдмол үзлийн хамгийн нарийн түвшинд сэтгэл ба дотоод хийн энергийн маш хүчтэй холбоо оршдог. Тэр хоёрыг морь булгиулан буй адуучин, адуу хоёроор төсөөлүүлэн бодож болно. Нэг нь хаашаа явна нөгөөх нь мөн тийшээ гэсэн энэ зарчмын цаана нарийн биеийн байгууламж болсон судлууд ба хүрднүүдийн бүхэл бүтэн сүлжээ хэлбэржиж байдаг байна.

Энэхүү байгууламж бол сэтгэлд ургах бодлуудын хэв маягийн үр дүн болон хэлбэржиж, бидний үйлийн үрийн хандлагуудын энергийн тэнцүү байдлыг илэрхийлж байдаг. Эдгээр энерги тогтворжихын хэрээр судлууд бий болдог ажээ. Энэ нь шөнийн цагаар машинуудын гэрэл их хурдтай урсгалд хэрхэн харагдахын адил галан цагариг үүсгэн эргэлдэх илбийн үзэгдэл шиг төстэй үзэгдэл юм. Яг бодит биет байгууламж биш учраас бодит багаж төхөөрөмжөөр үүнийг харж илрүүлэх боломж үгүй билээ. Гагцхүү чадварлаг бясалгагч хүний туршлагаар л мэдрэгдэж болох ажгуу.

Бие махбодын дотуур тоогүй олон судлууд нэлэнхүйдээ хамран сүлжилдэх боловч гурван гол том судал байдгийг ерөнхийд нь дүгнэн хэлж болдог нь: 1.зүүн судал, 2.баруун судал, 3.гол судал юм. Энэ гурван судал нь хором болгонд сэтгэлийг нөхцөлдүүлж байдаг бусдаас давамгай хэв маягуудыг төлөөлж байгаа билээ. Сэтгэл баруун, зүүн судлаар гүйж байгаа нь жирийн бодлын бүдүүн сэтгэлд үндэслэн ажиллаж байгаагийн шинж юм. Сэтгэл дэх "би"-д барих үзлээс шалтгаалан үндэслэгдэн ертөнцийн бүх юмс үзэгдлүүд дуртай, дургүй гэсэн хэсгүүдэд хуваагдаж, шунал ба хорслын аль нэг үзэгдэл болдог. Энэ хоёрын дунд сэтгэл тэнцвэртэй орших үед дундыг барих сэтгэл үүснэ. Аль тал нь илүү байх нь хамаагүй сэтгэл баруун, зүүн гэсэн судлуудаар л явж байгаа цагт үнэн байдал бодлын төөрөгдлөөр булингартан шууд бус мэдрэгдэх болно.

Гэгээрэлд хүрэхэд тэдгээр төөрөгдлүүд бүгд арилах учиртай бөгөөд үнэн байдал үнэнээр мэдрэгдэх ёстой. Энэ нь биднийг гол судландаа найдах хэрэгтэй гэсэн үг юм. Энерги гол судлаар урсаж эхлэхэд бүдүүн сэтгэл дарангуйлагдсан байдалд орж бодол-үгүй ахуйн нарийн сэтгэл гарч ирж үзэгдэх болно. Оронд зоригдсон ба оронт гэсэн сэтгэл мөн л гарч ирж болох хэдий ч тэд энэ үед төөрөгдлийн хучилт үгүйгээр одоо цагт шууд мэдрэгдэж байх болно. Бодлын урсгалыг тасдах хэрэгтэй гэсэн итгэлийг хөгжүүлэх нь судлууддаа итгэл авралыг одуулж байгаа хэрэг мөн.

Дасгал 4.9 – Одоо Цагаа Ухаарах

- *Тохиромжтой байрлалд суугаад амьсгалдаа төвлөрөх бясалгалаар сэтгэлээ тогтвортой байдалд оруулна.*

- *Нээлттэй нүдээр өмнийн огторгуйгаа ширт.*

- *Ухамсартаа мэдрэмжээ дүүргэх бололцоог олгон мэдрэмжийн тань талбарт юу л ургана түүнийг ухамсарлахыг хичээ.*

- *Ургасан болгон дээр сэтгэлээ саатуулан тогтоо. Юу болж байгааг дүрслэн бодох гэх хэрэггүй зүгээр мэдрэгдэж байгаа зүйлийг аль болох нүцгэн мэдрэмжээр ажиглахыг хичээ.*

- *Юу болж байгаа гэдэгт одоо цагтаа анхаарлаа хандуул. Хэрэв таны бодол өнгөрсөн хийгээд ирээдүй рүү тэнэж одвол сатааралаа зөөлнөөр сааруулан буцааж ухамсраа одоо цагтаа авчир.*

- Ийм маягаар ядартлаа бясалга.

Хий

Саяын ярьсан судлуудын эмх замбараагүй сүлжээг засах арга үгүй ажээ. Энэ бол сэтгэлийн хөдөлгөөнөөс шалтгаалаад байнга өөрчлөгдөж хувирч шилжиж байдаг өвөрмөц тогтолцоо юм. Энэ нь хавцлаар урсаж буй голтой олон талаар адилхан бөгөөд ус урсаж байгаа үед гол байнга үзэгдэх нь хууль юм. Ус саадтай учрахаараа тойроод гарчихна, үүний тулд чиглэлээ өөрчлөн урсдаг замаасаа гажих хэрэгтэй болно. Үүнтэй л эгээ ижил сэтгэлийн урсгалаас судлууд бий болно. Сэтгэл нь дадсан зуршлаараа хөдөлж байх үед тодорхой нэгэн хэв маягийг үүсгэж, тэдгээр хэв маягийг тасалдах үед байгууламж мөн өөрчлөгдөнө. Өөрчлөлт хэрхэн явагддагийг ойлгохын тулд сэтгэлийн хөдөлгөөнүүдийг захирч байдаг тэдгээр хэв маягуудыг ойлгох хэрэгтэй болно. Энэ хэв маягуудыг бид чухамдаа *"хий"* гэж нэрлэж байгаа юм.

Нийт арван төрлийн хий байх боловч өнөөдрийн зорилгодоо бид тэдгээрийн зөвхөн хоёрыг л авч ярилцана, үүнд: 1.гол хийнүүд ба 2.туслах хийнүүд юм. Тэдгээр хий судлын дагуу тодорхой замаар урсах үедээ маш олон төрлийн үзэгдлүүдийг ургуулдаг байна. Ерөнхийд нь хэлэхэд гол хийнүүд оюуны үзэгдлүүдийг бий болгож хоёрдогч туслах хийнүүд бүдүүн мэдрэмжийн үзэгдлүүдийг бий болгож байдаг байна.

Бодит үзэгдэл сэтгэлд ургахад түүнд тохирсон хийсвэр мэдрэмж хариу урвал болон гарч ирнэ. Сэтгэл тэрхүү хариу урвалаас зууран авснаар хий хүч авч сэтгэл хөдлөхийн шалтгаан болдог байна. Хэрвээ зууралт хариу урвалын эсрэг чиглэлээр хөдөлбөл урсгал өөрчлөгдөж сэтгэл огт өөр хэв маягаар урсах болдог байна.

Сэтгэл хөдөлж байгаа цагт хоёрдмол үзэгдэл үргэлжлэн гарч үзэгдсээр байх учраас тэдгээр үзэгдлүүдийг гарч ирж үзэгдэхийг зогсоохын тулд сэтгэл доторх хөдөлгөөн зогсох шаардлагатай. Сэтгэлээ алив үзэгдлээс үл зуурах байдалд дасгах дадлагаар бид үүнд хүрч болдог. Үүний тулд бид хийнүүдээ гол судал руугаа чиглүүлэх ба ингэснээрээ бодлын урсгалыг таслан маш нарийн сэтгэлийн мэдрэмжтэйгээ тулж ажиллах боломжтой болдог. Тиймээс бид аливаа үзэгдлийг зуурахгүйгээр хөдөлгөөнгүй байж сурах нь чухал. Тэгсэн цагт хийнүүд аяндаа уусан арилж сэтгэл уусалтын байдалд шингэн орно. Бид үзэгдлээс зуурах явдлыг таслан зогсоох хэрэгтэй гэсэн итгэлийг хөгжүүлэх нь "хий"-нүүддээ авралыг одуулж буй хэрэг билээ.

Дасгал 4.10 – Сэтгэлээ Төрөлх Төлөвт нь Аваачих

- *Тохиромжтой байрлалд суугаад амьсгалдаа төвлөрөх бясалгалаар сэтгэлээ тогтвортой байдалд оруулна.*

- *Нүдээ хараастай чигээр өмнийн огторгуйг ширт.*

- *Ухамсраа мэдрэмжээсээ салган сэтгэл доторх хоосон орон зайд ухамсраа шилжүүл. Ингэж чадахгүй шиг байвал зүгээр ямар ч хамаагүй бодол үүсгээд түүнийгээ ажигла, тэгэж хэсэг зуур саатаад дараа нь буцаагаад хоосонд уусгана.*

- *Одоо ухамсраа хөдөлгөөнүй байдалд саатуулан барьж бодол, дүрслэл гэх мэтийн үзэгдэл ургаж ирэхийг ажиглан буцаагаад уусга.*

- *Тэдгээр үзэгдлийг дагаж хойноос нь зуурах хэрэггүй, харин ухамсрын урсгалаа нээлттэй байлган өргөн хүрээнд, тод байдлаар, үл зуурах, үл сатаарах сэтгэлээр бясалгалдаа ханд.*

- *Сэтгэл сатааралд автан хөдөлж эхэлбэл буцаагаад хөдөлгөөнгүй байдалд нь авчирч ухамсраа хоосон огторгуйд дахин саатуул. Дараа нь юу ургахыг зүгээр ажигла.*

- *Энэ бясалгалыг ядартлаа үргэлжлүүл.*

Нарийн Дусал

Үр тогтох үед гурван бүрдэл хэсгүүд нэгдэж бүтдэг нь: **эцгийн цагаан дусал, эхийн улаан дусал, ухамсрын урсгал** юм. Маш хүчтэй зууралтын дунд энэ гурван хэсэг хоорондоо нэгдэж "*нарийн биеийн дусал*" гэдгийг бий болгоно. Сэтгэл дэх нөлөөллөөр дуслыг агуулсан эсүүд аяндаа хуваагдаж эхэлдэг бөгөөд эцэг эхийн дуслууд сэтгэлийн холбоостой цугтаа хуваагдаж олширно. Есөн сар орчмын турш энэ үйл явц тоолшгүй олон удаа давтагдсаар хүний хэлбэрийг олж хэлбэржинэ. Хүүхэд төрөхийн цагт тэдгээр дуслууд хүүхдийн эс нэг бүрд амжилттай тархан байрласан байдаг.

Ихэнх хийнүүд биеийн тодорхой нэг хэсгийг эзлэн байрлаж байдаг бол бүх биеийг хамарсан хийнүүд бүх эсүүдэд нэвчин орж улмаар сэтгэл нь тэдгээр эсүүдэд нөлөөгөө үзүүлж байдаг байна. Та үүнийг бүх жижиг хэсгүүдийн хооронд нь нааалдуулж барьдаг цавуу гэж ойлгож болно. Сэтгэлд энэ хий бодит "би" хэмээх өөрөөсөө үүссэн зүйл бий гэдэг бодол санааны ёзоортой нягт холбогдон оршдог ажээ. Хийний нэгэн адил "би"-д барих үзэл хоёрдмол үзэлд агуулагдан ухамсрын бүх хэлбэрүүдийг хамарч оршдог байна.

Бүхнийг хамарсан хий биеийн дагуу тархахад сэтгэл тэрхүү хоёрдмол ухамсарлахуйн үүднээс хандаж үйл ажиллагаагаа явуулах болдог ажээ. Тэгэхээр хийнүүд цөм голын судланд цугларч хураагдлаа ч гэсэн цаашаа хийх юм бас л дуусаагүй байгаа гэсэн үг юм. Ухамсараа бүрэн хувиргахын тулд язгуурын ухамсарлахуйн сэтгэлийн мөн чанартаа хүрч саатан оршсоноор бид бүх нарийн биеийн дуслуудыг бүхнийг хамарсан хийнүүдийн хамтаар цуглуулан гол судалдаа авчирч уусгах хэрэгтэй.

Тэгэхээр судлууд ба хийнүүдтэйгээ тулж ажилласнаар бид үүнд хүрч болно. Судлын тогтолцоог авч үзэхэд биеийн дагуу салаалсан судлуудын огтолцож давхацсан цэгүүд бөгөөд тэдгээр төвлөрлийн цэгүүдийг бид "хүрд" \чакра\ хэмээн нэрлэдэг. Хийнүүдийг хүрднүүдийн гол төвүүд оршдог голын судландаа авчран саатуулахад уусалтын төлөвт орсон сэтгэл бүхий л нарийн биеийн дуслуудыг татан авчирч эдгээр хүрднүүдийн эргэн тойронд байрлуулна. Сэтгэл төвлөрөл уусалтын төлөвтөө удаанаар саатан орших тусам тэдгээр дуслууд улам ихээр хуримтлагдан сэтгэл машид хүчтэй төвлөрөлтэй болно. Эцэст нь бүх дуслууд нэгэн газарт хуримтлагдаж дуусахад хамгийн нарийн түвшний хоёрдмол сэтгэл уусаж язгуурын ухамсар илрэн гарна. Язгуур ухамсрын хоёргүй сэтгэлээр л нарийн хэлбэрийн түйтгэрүүдийг арилгаж болдог учраас Цагийн хүрдний замын туйлын ухамсарлахуй энэ билээ. Бүхий л төрлийн бүдүүн, нарийн хийгээд маш нарийн түвшний хоёрдмол сэтгэлийг хувиргах хэрэгтэй гэдэгт итгэх итгэл маань "нарийн биеийн дусал"-ууддаа авралыг одуулж байгаа хэрэг билээ.

Дасгал 4.11 – Сэтгэлийг Огторгуйтай Нэгтгэх

- *Тохиромжтой байрлалд суугаад амьсгалдаа төвлөрөх бясалгалаар сэтгэлээ тогтвортой байдалд оруулна.*

- *Нүдээ том хараастайгаар өмнийн огторгуйг ширт.*

- *Амьсгал гаргахдаа ухамсраа огторгуй мэт тэлэн аливаа нэг зүйлд үл төвлөрөн бүхий л чангарлыг суллан явуул. Сэтгэлээ нээлттэй уужим болго.*

- *Амьсгал авахдаа өөрийн буйг арай илүү эрчимжүүлж, одоо цагийн ухамсраа сэтгэлтэй зөрөлдүүлэхгүйгээр тодосго.*

- *Энэ нарийн хэлбэлзлийг давтах болгондоо огторгуйд улам суллан орж ухамсраа түүний хажуугаар эрчимжүүлнэ. Амьсгалаа бүү хяна, агаар аяараа орж гарч байх ёстой.*

- *Хоёр мэдрэмж нэгдэхийн цагт давтамжийг орхин суллаж ухамсраа сэтгэлдээ саатуулан амраахдаа алив нэгэн зууралт үгүй одоо цагийн тодхон ухамсартай байх хэрэгтэй.*

- *Ядартлаа үүнийг давт.*

ГУРВАН ЭРДЭНИЙГ АМЬДРАЛДАА АВЧРАХ

Гадаад, дотоод ба нууц Гурван Эрдэнэ байдгийг судалсныхаа дараагаар бид аврал одуулах орнууд гэж юу болохыг, аврал одуулахын ашиг тус хийгээд тэдгээрийн хэлбэр болгоныг тус тусад нь бататгаж өгөх дадлагуудын талаар үндсэн ойлголттой болсон байгаа билээ. Энэ түвшинд таны сүсэг бишрэлийн үе шат магадгүй гүнзгий хэлбэрийн аврал одуулалтад хүрээгүй байж болох хэдий ч тэдгээрийн талаар мэдэж авах нь ямар ч үед туршид дадлага сургууль хэрхэн өөрчлөгдөх боломжтойг үзүүлэхэд тустай байх билээ.

Аврал одуулах хэлбэр тус бүр бидний дадлагад хэрхэн тустайг бодоод үзэх юм бол Гадаад гурван эрдэнэ болох **Бурхан, Ном, Хувраг** гурав голдуу Судрын ёсны энгийн хөлгөнөөр замнагсдад холбогдолтой, Дотоод гурван эрдэнэ болох **Гүрү, Ядам, Дагинас** болохоор Тарнийн ёсны үүсгэлийн зэрэгтэй, харин Нууц гурван эрдэнэ болох **Судал, Хий, Дуслууд** нь төгсгөлийн зэрэгтэй холбогдолтой ба сүүлчийн хоёр эрдэнэ хоёулаа Очирт хөлгөний замд холбогдолтой болохыг бид сая харлаа. Хамтдаа нийлээд тэд дадлагын шат болгонд үл ажиглагдам замаар ахиулан хувиргаж гараанаас авахуулаад төгс гэгээрэлд хүрэн хүртэлх замналын төгс арга замыг бүрдүүлж байгаа билээ.

Ийм сэтгэлтэйгээр бид энэ замд хөл тавьж анхныхаа алхмыг хийхэд юуны түрүүнд гадаад Гурван Эрдэнийг өдөр тутмын амьдралын нэг хэсэг болгоход анхаарах хэрэгтэй.

Нэмэлт Гурван Сахигдахуун

Түрүүн дурдсан тусгай зургаан зүйл сахигдахуун дээр нэмэгдээд Гурван Эрдэнэтэй барилдлагаа хөгжүүлэхэд хэрэгтэй чанаруудыг тодотгож өгөх **нэмэлт гурван сахигдахуун** мөн бий. Эдгээр чанарууд нэг бүрчлэн бидний сэтгэлд үзэгдсэн цагт бидний аврал одуулах дадлага хүчтэй бөгөөд зөв чиглэлтэй явагдах болно.

1. **Хүндлэлийн орон, Нэр төртэй, Дээд гэгээнтэн гэж хандах:** Сэтгэлдээ хүчтэй ул мөр үлдээхийн тулд Гурван Эрдэнийг өдөр тутмын амьдралдаа

байгаагаар мэдэрч сурах маш хэрэгтэй. Тиймээс тэдэнтэй адил төстэй чануудыг үзүүлсэн болгоныг хүндэтгэх сэтгэлийг хөгжүүлснээр бид үүнд хүрэх болно. Бурханы гэгээрсэн лагшин, зарлиг ба тааллын илэрхийлэл болсон зураг, баримал, ном судар тэргүүтнийг яагаад бид шүтэн бишэрдгийн цаад утга энд агуулагдаж байгаа билээ. Бид Гурван Эрдэнийг амьдралдаа харах тусам улам их хүндлэх болж энэ нь цаашид улам их бишрэн зан төлөв, аж байдалдаа тусгаж туслуулахад хүргэдэг ажээ.

Хүний сүсэг бишрэлийн хөтчөөс илүүтэй хэнд ч Гурван Эрдэнэ тийм бүрэн төгс үзэгддэггүй гэдэг билээ. Бид багшийгаа харахаар Хувраг, сургаал айлдварыг нь сонсохоор Ном, тэдний сэтгэлийг Бурхан болгон хардаг учраас багшийгаа харах тоолондоо Гурван Эрдэнэтэй мөн учирдаг гэж үздэг. Ингэж бодох нь Гурван Эрдэнийг хийсвэр бодлын хүрээнээс гаргаж шууд харилцаж болохоор үнэн оршихуйд авчирдаг ажээ.

Өөрийн багшийг ингэж таних нь байнгын бишрэлээ нэгэн хэвээр хадгалж явахад бидэнд туслах бөгөөд багшийн тааллад байнга нийцүүлэн багш, шавийн харилцаагаа ямар нэгэн байдлаар муутгахгүй байхыг хичээхэд тустай юм. Гурван Эрдэнийн амьд биелэл болсон номын багшдаа өөрийгөө даатгаснаар тэдний энэрэхүйгээс хамаг сайн сайхан бүхэн ундарч байдгийг ойлгох болно.

2. **Адислалын Дурдлыг Төрүүлэх:** Гурван Эрдэнийг амьдралдаа байгааг ухаарснаараа итгэл ба бишрэлийн хэлбэрээр бид тэдний адислалыг хүртэж явах болно. Тэдний эрэг эрчис ба адислалтыг өөртөө байнга мэдэрч явах нь тэдэнтэй холбоогоо байнга батжуулж, амьдралдаа олдсон гайхам боломжуудыг олж харан, сөрөг үйлийн үрийн дарамтан дор булагдаж явахын оронд Гурван Эрдэнэтэй учирч дадлага сургаалыг авлага болгон дадуулах ер бусын тавилан заяасанд талархан хандах болно.

Гурван Эрдэнийн адислалыг амьдралдаа олж харан мэдэрч байх нь аль нэг зүг рүү хөдлөхийн дайтай энгийн асуудал билээ. Цаг зориуд гарган Язгуурын Билгүүний Зургаан Бурханд сэтгэлдээ залбирах жишээ нь: 1.зүүн зүг алхахдаа Амогасидди Бурханыг, 2.өмнө зүг хөдлөхдөө Раднасамбава Бурханыг, 3.хойд зүг рүү хөдлөхдөө Авид Бурханыг, 4.баруун зүг рүү Вайрочана Бурханыг, 5.дээш хөдлөхдөө Акшобия Бурханыг, 6.доош чиглэн хөдлөхдөө Базарсад Бурханыг бодох хэрэгтэй.

Эдгээр Бурхадын дүр болгон бидний Бурханлаг-чанарын өөр өөр талуудыг төлөөлж байгаа бөгөөд тэдгээрийг урин залж мөргөснөөрөө өөрийн харах, сонсох, үнэрлэх, амтлах, хүрэлцэх болон оюун ухамсартаа улам их итгэл, хүч оруулж байна гэсэн үг билээ. Хаашаа ч явсан юу ч хийсэн эдгээр Бурхадын адислал дор явах болно.

3. **Талархал:** Таны мэдрэмжийн тал болгонд Гурван Эрдэнэ мэдрэгдэхийн цагт хязгааргүй талархах сэтгэл өөрийн эрхгүй аяндаа төрөх болно. Биднийг баярлуулсан ямар нэгэн зүйл тохиолдох тааламжтай зүйл болох болгонд Гурван Эрдэнийн хязгааргүй энэрэхүй сэтгэлийн нөлөөллөөс болж байгаа гэдгийг санах учиртай.

Тиймээс өөрсдийн тааламжтай мэдрэмж болгоноо Гурван Эрдэнэд тахил болгон өргөх зуршлыг дадал болгох хэрэгтэй. Жишээ нь, хоол идэхийнхээ өмнө тэднийг сэтгэлдээ урин авчран хоол унд өргөж сурах ёстой. Үүний нэгэн адилаар сайхан зүйлс харах, үзэсгэлэнт наран ургах ч юмуу, үүлгүй тунгалаг шөнийн бүтэн сар мандсан зэрэг үзэгдэл тохиоход тэдгээрийг ч мөн тэдэнд өргөл болгох хэрэгтэй. Юу ч хийсэн Гурван Эрдэнэд баярласан талархсанаа илэрхийлэх боломцоо заавал олж байх ёстой.

Тахил өргөх явдал бидний тусын тулд бүрэн зориулагдаж байгаа бөгөөд Гурван Эрдэнэд үнэндээ биднээс юу ч хэрэггүй билээ. Энэ бол цэвэр өөрсдийн Бурханлаг-чанарын бидний мэдрэмжид хүлээх үүргийг тусалж дэмжих зорилгоор ухамсарлаж байгаагаас гадна үл-зуурах сэтгэлийг даран өгөөмөр өглөгч сэтгэлийг дэмжихэд мөн тусалж байгаа хэрэг билээ.

Хэрвээ та ийм маягаар дадуулан үйлдээд байвал эдгээр сахигдахуунууд аяндаа таны өөрийн хоёр дахь чанар болон хувирах болно. Унтаж байгаа үедээ хүртэл сахигдахуйнаа сахиж байх нь таны дадлага гүнзгий үндэстэй болсныг илтгэсэн сайн шинж юм. Энэ бүхэн таныг Гурван Эрдэнэд үнэн авралыг одуулах сэтгэлийг хөгжүүлж чадсаныг илтгэн гэгээрлийнхээ замд хамгаалах тэдний ивээлд багтлаа гэсэн үг юм.

Сахигдахуунаа Бататгах

Гурван Эрдэнэд аврал одуулах нь Бурханы шашин ба сургаалд нэвтрэн орох эхний алхам гэж тооцогддог. Энэ бол Бурханы шашныг дагагсад хийгээд Христ, Ислам зэрэг өөр бусад шашныг дагагсдын нэг нэгнээсээ ялгарах гол шинж юм. Хүн аврал одуулах уу, үгүй юу гэдэг цэвэр тухайн хүний сэтгэлийн төлөв ямар байгаагаас шалтгаална. Энэ бол дотоод сэтгэлийн ухамсар болохоос биш ямар нэгэн гаднаас авч буй зүйл огт биш юм. Үнэхээр хүчтэй итгэл бишрэлийг хөгжүүлж, өөрийн зан чанаруудыг маш ноцтой тусган харсны үр дүнд л үнэн авралыг одуулж чадна.

Болгоомжтой бодож тунгаасны эцэст та Бурханы сургаал замыг дагахаар шийдэх юм бол *Аврал Одуулах Зан Үйлд* оролцохоор сонголт хийж байнаа гэсэн үг юм. Энэ бол таныг замдаа орсныг нийтэд зарлан, багшийн тань өмнө тунхаглаж, гаргасан шийдвэрийг тань тэмдэглэн үлдээх боломцоо олгож буй богино хэмжээний зан үйл байдаг. Зан үйлийн төгсгөлд багш амьдралынхаа шинэ замыг эхэлж байгаагийн бэлэгдэл болгон Буддист нэр хайрладаг заншил бас бий.

Өөртөө чухал шийдвэр гаргасны дээр нэмэгдээд *Аврал Одуулах Зургаан Суртгаалыг Нэмэгдэл Гурван Сахигдахууны* хамтаар хүртэж сахих хэрэгтэй болно. Мөн шавь нарт *Нэгэн Биений Чөлөө учралд хүрэх сахигдахуун* хэмээх бас нэгэн ёс зүйн баримтлалыг хүртэх нь нийтлэг байдаг. Эдгээр сахигдахууныг нэгэн насандаа хэрэгжүүлэхээр авдаг бөгөөд бие, хэл, сэтгэлээр арван хар нүглийг боомтолж үйлдэх дээр голлон анхаардаг. Лам хуврага ба гэлэнмаа хүмүүст сахил санваар хүртээх ёслол тусдаа байдаг болохоор сахил хүртээх зан үйл ихэвчилэн *Энгийн Хүмүүсийн Таван Сахил* гэж нэрлэгддэг.

1. Амьтны амь таслах
2. Хулгай буюу эс өгснийг авах
3. Буруу хурьцал
4. Худал үг
5. Согтууруулах ундаа зэргийг хэрэглэхгүй байхыг хэлнэ.

Эхний дөрөв нь Арван хар Нүглийн дөрөвтэй адилхан \Боть 1 үз\. Гагцхүү ялгаа нь гэвэл бид эдгээр сахилыг насан туршдаа сахина гэж авч байгаагаараа хүчтэй байгаа билээ. Зарим хүмүүс эдгээр сахилыг бусдаас илүүтэй сахиж чаддаг бөгөөд шавь нар нэг буюу түүнээс дээш зүйлийг сахих гэсэн хувь хүний сонголт, чадварынх нь дагуу таарууулж өгдөг. Хамгийн багаар бодоход *амьтны амь таслахгүй* гэсэн хамаг амьтныг хохироохгүй байх Номд аврал одуулахтай холбогдолтой сахилыг сахидаг байх ёстой.

"Согтууруулах ундаа үл хэрэглэх" гэсэн тавдугаар сахигдахууны тухайд авч үзвэл энэ сахил бусад дөрвөн сахилыг алдуулахад хүргэж болох ба согтууруулах ундааг ухаанаа алдтал хэрэглэхээс сэргийлэх л зорилготой ажээ. Архины мансуурал дор хүн юу хийж байгаагаа мэдэхээ больж оюун санааны хувьд буян, нүглийг ялгах зөв шийдвэр гаргах чадавхгүй болдог гэж үздэг учраас ийм сахил авч байгаа хэрэг. Тиймээс түүнээс зүгээр л татгалзчих гэж хэлсэн санаа. Яг ямар согтууруулах бодис вэ гэдэг тал дээр ялгаатай байж болох учраас сахил хүртээж буй багшаасаа энэ талаар зохих зааврыг авах хэрэгтэй.

Энгийн хүний авдаг сахил дээр үндэслээд та хуврагийн сахил хүртэхээр шийдэж болно. Энэ бол маш ноцтой, анхааруушитай шийдвэр учраас өөрийн ойр дотно багштайгаа зөвлөж ярилцах нь зүйтэй. Лам гэлэнмээ байх гэдэг гайхалтай адистидтай хэрэг боловч таны шашны боловсролд туслуулах шашны нийгэмлэг байх хэрэгтэй. Тийм тусламж дэмжлэггүйгээр сахил санваар хүртэнэ гэдэг маш ноцтой үр дагаварт хүргэж болох ба тангараа зөрчсөн хэрэг болж болох билээ. Хэрвээ та үнэхээр энэ түвшинд хүртэл өөрийгөө зориулахад бэлэн байгаа бол багштайгаа уулзан дэлгэрэнгүй мэдэж авбал зохино.

Хуврагийн ёс зүйг мэдэрч үзэх хүсэлтэй бусад хүмүүст зориулсан мөн түр зуур сахидаг хэдэн үндсэн сахигдахуун бий. Тэдгээрийг *Их Хөлгөний Тэтгэн ариусахуй* гэнэ. Энэ дадлагууд уг гарал үүслээрээ хүчирхэг байр суурь эзлэсэн хаан, хатан гэх мэт хүмүүст хатуу ширүүн ламын амьдралаар явах аргагүй учраас түр зуур сахихад зориулан гарч ирсэн байдаг. Тэдгээрийг маш эрт өглөөний цагаар нар мандахаас өмнө авах ёстой бөгөөд хорин-дөрвөн цаг үргэлжлэх ба хэрэв тухай хүн өөрөө хүсвэл хэдэн хоног ч бай сахиж болно. Энэ хооронд тэр хүн уг найман сахилыг сахих ёстой бөгөөд түүний дотор үдээс өмнө ганцхан удаа хоол иднэ гэсэн зүйл багтдаг байна. Мацагийн энэ хэлбэр хоолонд шунах шуналыг багасгах зорилготойн зэрэгцээгээр бясалгалд цэвэр сэтгэлтэй оруулах бэлтгэл болдог ажээ.

ГОЛ ХЭСГҮҮДИЙГ ЭРГЭН СӨХВӨЛ

- Аврал итгэл одуулна гэдэг өөрийн сүсэг бишрэлийн дадлагад тустай орнуудыг тод таньж мэдсэний үндсэн дээр тэдэнд итгэж даатгахыг хэлнэ. Буддын бүхий л замд орох эхлэл бол Гурван Эрдэнэд аврал одуулах явдал бөгөөд тэдгээр нь: 1. Бурхан, 2. Ном, 3. Хувраг билээ.

- Гурван Эрдэнэд аврал одуулах хоёр шалтгаан бий: 1.гурван муу заяаны зовлонгоос айх айдас, 2.айдсаас таныг хамгаалж чадах оронд итгэх итгэл.

- Сүсэг бишрэлийн дадлагад хүнийг зоригжуулдаг гурван төрлийн айдас байна: 1.бүдүүн хэлбэрийн зовлон эдлэхээс айх, 2.сансар орчлонд нөхцөлдөн эргэлдэхээс айх, 3.хамаг амьтныг орхин нирваанд саатахаас айх.

- Үнэний зарим талуудад үнэмшлийг хөгжүүлэхийг итгэл гэнэ. Жинхэнэ итгэл гурван талтай: 1.сэтгэлд бишрэл төрүүлсэн хар аяндаа төрөх итгэл, 2.эргэлзээг арилгадаг утга учиртай итгэл, 3.гуйвшгүй бат итгэл.

- Ерөнхийд нь хэлэхэд Бурхан гэдэг төгс гэгээрсэн багш, Ном гэдэг гэгээрэлд хүргэх сургаалууд, Хувраг гэдэг дадлага бясалгалд туслах нийгэмлэгийг хэлдэг билээ.

- Одоогийн замнан буй замын аль үе шатанд яваагаас хамаарч Гурван Эрдэнийн өөр өөр хэлбэрүүдийг таньж болно. Бүдүүнээс нарийн руу нь үзүүлбэл: 1.**Гадаад** Гурван Эрдэнэ болох Бурхан, Ном, Хувраг, 2.**Дотоод** Гурван Эрдэнэ болох Гүрү, Ядам, Дагинас ба 3.**Нууц** Гурван Эрдэнэ болох Судал, Хий, Дусалууд билээ.

- Гадаад Гурван Эрдэнийн дагуу авч үзвэл Бурханд аврал одуулах нь хамаг амьтны нэг хэсэг болсны хувиар гэгээрэлд хүрч чадна гэсэн өөрсдийн чадвартаа итгэх явдал юм. Хоёр сахигдахуун баримтлах нь: 1.хамаг амьтныг аврал одуулах орон болгон үзэхээс зайлсхийх, 2.гэгээрсэн тааллын бэлэг тэмдгүүдийг хүндэтгэх.

- Номд аврал одуулна гэдэг нь Номыг дадуулан үйлдэх явцдаа сэтгэл дэх бүхий л түйтгэр бэрхшээлүүдээ арилгах явдал юм. Хоёр сахигдахуун баримтлах нь: 1.хамаг амьтныг хохироохгүй байх, 2.гэгээрсэн зарлигийн бэлэг тэмдгүүдийг хүндэтгэх.

- Хуврагт аврал одуулна гэдэг нь өөрийн багш хийгээд шашны нийгэмлэгийнхний гэгээрсэн чануудад итгэх явдал. Хоёр сахигдахуун баримтлах нь: 1.хорвоогийн нөхдийн нөлөөллийг багасгах, 2.гэгээрсэн лагшингийн бэлэг тэмдгүүдийг хүндэтгэх.

- Дотоод Гурван Эрдэнийн дагуу авч үзвэл Бурханы үндэс бол Гүрү. Өөрийн зөн билиг, ариун чанартаа итгэх гэсэн үг.

- Номын үндэс бол Ядам. Өөрийн гэгээрсэн чануудыг таних ба энэ бол таны унаган чанар гэдэгт итгэх.

- Хуврагийн үндэс бол Дагинас болон Номын Сахиуснууд юм. Бэрхшээлүүдийг даван гарч өөрийн сэтгэлийн мөн чанарыг илрүүлж чадна гэсэн итгэлийг төрүүлэх.

- Нууц Гурван Эрдэнийн ёсоор авч үзвэл Хуврагийн шим нь судлууд юм. Гол судалдаа найдан бодлын урсгалыг тасална гэсэн үг.

- Номын шим нь Хий билээ. Бүхий л зууралтыг тасдан хийнүүдийг гол судалдаа оруулж уусгана гэсэн үг.

- Бурханы шим нь Дусал билээ. Нарийн биеийн дусалуудыг гол судалдаа хурааж хоёрдмол ухамсрыг орхино гэсэн үг.

- Гадаад, дотоод ба нууц Гурван Эрдэнэ нь судрын ёс, үүсгэлийн зэрэг, төгсгөлийн зэрэгтэй тохирч байдаг.

- Хөгжүүлбэл зохих Нэмэгдэл Гурван Сахигдахуун бий: 1.хүндэтгэх, нэр төртэй үзэх, гэгээрсэн ба ариун гэж үзэх, 2.адислалын дурдал, 3.сайхан сэтгэлд талархах.

- Бурханы сургаалыг дагаж явахаар нэгэнт шийдсэн бол үүнийгээ бататган Авралын зан үйлд оролцох ёстой. Энэ үеэр Гурван Эрдэнэд итгэл одуулж 1.Аврал одуулах Зургаан Суртгаал, 2.Нэмэгдэл гурван Сахигдахуун болон 3.Энгийн хүний Таван Сахилыг сахих андгай тавина.

Бодьсадвын Замд Орохуй

Хайр Энэрлийн Сэтгэлээр Алагчлах Үзлийг Ялах

Үйлийн Үрийн Шалтгаан ба Үр Дагаврын Хуулийн дагуу авч үзвэл бидний бие, хэл ба сэтгэлээр үйлдэгдэж буй үйл хөдлөл бүхэн уг шалтгаантайгаа адил төстэй үр дүнд хүргэдэг байна. Аливаа үйлийн мөн чанар нь уг үйлийг үйлдэж байгаа сэтгэлийн сэдлээр голдуу өдөөддөг тул тэр сэдэл нь үйл хөдлөл ба хүсэл шуналын хооронд гүүр болж өгдөг байна. Бид ямар нэг зүйлийг хийхийг хүслээ гэхэд тийм сэдэлтэй байж тэрхүү үйл үйлдэгдэнэ. Энэ бол үйлийг аль нэг цэг рүү татах соронз адил үүрэгтэй бөгөөд үйлдэл түүнд татагдан хийгддэг байна.

Хэрвээ бид сэдлээ өөрчилчихвөл бид үйлдлийнхээ мөн чанарыг өөрчилж байна гэсэн үг. Жишээ нь, Цагийн хүрдний замыг гурван хүн дагаж байна гэж бодъё. Эхний хүн энэ насандаа илүүтэй амгалан зохицлыг хүсэж байж, хоёр дахь хүн сансрын хүрднээс бүрэн чөлөөлөгдье гэж хүсэж байж. Харин гурав дахь хүн төгс гэгээрсэн Бурхан болъё гэж хүсэж байжээ. Тэд гурвуулаа Цагийн хүрдний сургаалыг анхааран авлага болгож буй хэрнээ тэдний зорилго сэдэл өөр өөр учраас гарах үр дүн ч мөн адилгүй ажээ. Гуравдугаар хүн л гэгээрлийн хутагт хүрэх шалтгааныг үүсгэж чадах болно.

Ийм учраас бид Гурван Эрдэнэд аврал одуулах дадлагаар хүчтэй холбоо тогтоосны дараагаар хамгийн утга учиртай сэдлийг бий болгоход анхаарах хэрэгтэй. Тийм сэдэл энэ мөчөөс эхлээд цаашаа туйлын мөн чанараа нээх хүртэл бидний үйл хөдөлгөөн бүрд агуулагдсан байх ёстой.

БОДЬ СЭТГЭЛИЙГ ХӨГЖҮҮЛЭХИЙН ЧУХАЛ НЬ

Цагийн хүрдний тогтолцоо яагаад ийм өвөрмөц судлагдахуунд тооцогддог вэ гэвэл хоёргүй үзлээр үнэнийг харуулахад анхаардаг дадлага сургуулийн тогтолцоо учраас тэр ажээ. Тийм мэдрэмжийг төрүүлэх цорын ганц сэдэл бол *Бодичитта* буюу *Бодь сэтгэл* билээ. Тэгэхээр Цагийн хүрдний сургаалыг жинхэнэ ёсоор дадуулан үйлдэнэ гэвэл бид өөрсөддөө Бодь сэтгэлийг төрүүлэн хөгжүүлэх хэрэгтэй.

Бодь сэтгэл бидний замын эхэнд, дунд болон адагт ч хэрэгтэй. Эхэн үед энэ нь гэгээрлийн шалтгааныг нарийсгаж өгдөг бөгөөд зөвхөн аврал одуулах үйл л гэхэд Бурханы сургаалаар замнагсдад Бодийн дээд сэтгэлийг төрүүлэн Их Хөлгөнийхнийг \Махаяана\ Ахмад Хөлгөнийхнөөс \Хинаяана\ салгаж харахад тусалдаг билээ. Нэгэн биеийн гэгээрэл болон төгс гэгээрлийн ялгааг үүгээр хэлж байгаа юм. Их хөлгөн л төгс мэргэн болохоос хязгаарлаж байдаг маш нарийн сэтгэлийн түйтгэрүүдийг арилгах мэргэн аргуудыг агуулдаг билээ.

Бодь сэтгэл нь замын дунд үед чухал хэрэгтэй, яагаад гэвэл хамаг амьтны тусын тулд гэгээрлийн хутагт хүрэх гэсэн хүсэлтэйгээр бидний үйл хөдөлгөөн болгоныг залах хүч нь болж өгдөг байна. Энэхүү сэдэл бидний сэтгэлд аяндаа төрөх үед бид далай их буяныг хурааж Бурханы хутагт хүрэх гол нөхцөлийг бүрдүүлж чадах болно. Түүний хязгааргүй өргөн хүрээг эзэлдгийн ачаар уудам амьдрал хамгаас утга учиртай болон хувирч зөвхөн өөрийн төдий биш бас бусад амьтдын төлөө юм шүү гэсэн итгэлтэй байх болно.

Эцэст нь Бодь сэтгэл энэ замын төгсгөлд ч мөн хэрэгтэй. Төвдөөр "Жанчув Жи Сэм" гэж хэлнэ. Бодь сэтгэл төрүүлэхийн утга нь "жан" гэдгээр төгс ариун, "чүв" гэдгээр хүрэх, гүйцээх, "сэм" гэдэг нь сэтгэл гэдгийг илэрхийлдэг байна. Ийм маягаар бодь сэтгэл гэдэг бүхий л бэрхшээл түйтгэрээс ангид, сайн сайхан чанаруд хязгааргүй гарч үзэгдэх сэтгэлийг хэлдэг ажээ. Түүний утга тэгэхээр Бурханы хутаг мөн билээ.

АУГАА ЭНЭРЭХҮЙ СЭТГЭЛИЙН ХЭРЭГЦЭЭ

Бодь сэтгэлтний зүрх сэтгэлд хамаг амьтныг зовлонгоос чөлөөлөх сэн гэсэн хүсэл бий. Энэ хүсэл амьтан болгонд хүрэлцэх цагт тэр, энэ ба хол ойрын гэх ялгаа үгүй болох бөгөөд түүнийг бид *Аугаа их энэрэхүй* гэж нэрлэж байгаа юм. Их энэрхүй сэтгэл бидэнд байхын цагт бид аяндаа хамаг амьтны төлөө хэрэгтэй бүхнийг хийж эхэлдэг. Бидний хайрт хамаг амьтан зовлон шаналал эдэлж байна гэдэг байж болшгүй хэрэг мэт санагдан тэдний зовлонг эцэслэх нөхцөлүүдийг бий болгох үүрэгтэй мэт өөрсдийгөө санах болно.

Зургаан зүйл амьтны олныг бодоод үзэхтэй зэрэг бидний энэ хүсэл бүтэшгүй мэт санагдаж болно. Бидэнд аугаа энэрэхүй сэтгэл үгүй байх юм бол Бодь сэтгэл хүчин мөхөс болж өөрсдийн амин хувийг хичээсэн байдалдаа буцаж орох ч магадтай. Аугаа энэрэхүйг хөгжүүлснээрээ бид гаргасан шийдвэртээ бат тогтвортой оршин, амьтны өргөн хязгааргүй цар хүрээт байдалтай нүүр тулахдаа санаандаа хөдөлшгүйгээр зогсож үүргийг гартаа аван саадыг давж гарч чаднаа.

Цаашилбал, төгс гэгээрсэн Бурханы үнэн номын лагшинг олохдоо ч амгалан төлөвтөө саатан үлдэлгүй түм буман янзаар хувилан амьтны тусыг бүтээдэг билээ. Амгалан нирваанд саатан үл-оршиж хэлбэр нь өөрөө аугаа энэрэхүй мөн бөгөөд түүнгүйгээр Будда ч хүртэл Шарвага болон Брадигабуд архадуудаас ялгаагүй нэгэн болох сон билээ.

Их энэрэхүйг бий болгохын чухлыг таньж мэдсэнээр бид өөрсдөөсөө үүнийг гарч ирүүлэхэд бидэнд юу саад болоод байна гэж асуух хэрэгтэй. Хариулт нь *өөрийн биеийг энхрийлэн барих сэтгэл* юм. Их энэрэхүйн төгс хэлбэр аливаа нэгэн ялгавраас чөлөөтэй оршдог ба өчүүхэн ч гэсэн алаг үзэх үзэл байх л юм бол бидний энэрэх сэтгэлийг хязгаарлаж орхино.

Бид өөрийг энхрийлэх сэтгэлийн үүднээс харах болгонд л алагчлах үзэл илэрч байдаг. Таван бүрдэл цогц хэсгийг өөрөөсөө үүссэн мэт зуурснаас орчлон хорвоог хоёр хэсэгт хувааж үзэх болж байгаа юм. Нэг талд нь "би" нөгөө талд нь "тэд" буюу "надаас бусад нь" гэж хуваагдаад "би"-г яагаад ч юм хамгаас онцгойлон илүүд үзэх явдлыг өөрийг энхрийлэн барих сэтгэл гэж нэрлэж байгаа юм. Энэ үзлийнхээ үүднээс "би" гэдгийнхээ хүслийг биелүүлэхэд л бүхнээ зориулна. Би даарчихвал дулааныг эрж олно, би өлсчихвөл хоол эрж олно, би доромжлуулчихвал яаран дүрсхийж хамгаална. Өөрийг энхрийлэх сэтгэл байсаар байх цагт бүх ертөнц зөвхөн түүнийг л тойрон эргэлдэнэ. Заримдаа хааяахан энэ сэтгэл бусдынхтай давхцах үед гардаг боловч ихэнхдээ голдуу зөрж таардаг, үүнээс болоод зөрчил үүсдэг байна.

Их энэрэхүй сэтгэл үгүйгээр жинхэнэ Бодь сэтгэлийг хөгжүүлнэ гэж үгүй, яагаад гэвэл өөрийг энхрийлэх сэтгэлийг арилгаагүйгээр аугаа энэрэхүй хөгжиж чадахгүй. Үүнийг ойлгоод Бурхан бидэнд ганц өөрийг гэх зуршилт сэтгэлийн эсрэг зүрх сэтгэлээ тэлэх аргуудыг сургасан байдаг. Эдгээр аргууд бол бэлтгэлийн зэргийн шатанд хамгийн чухалд тооцогддог Бодь сэтгэл үүсгэх дадлагууд билээ.

ӨӨРИЙГ ЭНХРИЙЛЭН БАРИХ СЭТГЭЛИЙН ЭСРЭГ ЕРӨНДӨГ - ЦАГЛАШГҮЙ ДӨРВӨН СЭТГЭЛИЙГ ХӨГЖҮҮЛЭХ НЬ

Өөрийг гэх сэтгэлийг арилгах гол арга бол *Цаглашгүй Дөрвөн Сэтгэл* хэмээх – асрахуй, энэрэхүй, баяр, тэгш сэтгэл дөрвөн чанарыг хөгжүүлэх явдал юм. Эдгээр чанар нэг бүр хамаг амьтантай утга учиртай холбоог үүсгэж өөрийг энхрийлэх түйтгэрт сэтгэлээс нэг хэсгийг эмтлэн авдаг байна. Үүний дүнд бусад хийгээд та хоёрын хоорондын хил зааг нуран унаж тэлсээр эцэстээ цаглашгүй уудам нэгэн мөн чанартай болон хувирна.

Чанар	Юуны ерөндөг болох	Эсрэг Чанар
Асрахуй	Үзэн ядалт	Хар амиа хичээх
Энэрэхүй	Хэрцгий	Цөхрөл

Хөөр баяр	Атаа жөтөө	Хэрэгцээгүй тансаглал
Тэгш сэтгэл	Шунал, хорсол	Үл хайхрах явдал

Хүснэгт 5.1 – Цаглашгүй Дөрвөн Сэтгэл

Эдгээр дөрвөн чанарын шим нь доорх залбирал мөргөлд маш тодорхой илэрхийлэгдсэн байдаг:

"Хамаг амьтан амгалан хийгээд амгалангийн шалтгаан лугаа төгөлдөр болтугай
Хамаг амьтан зовлон хийгээд зовлонгийн шалтгаанаас эгнэгт хагацах болтугай
Хамаг амьтан зовлонгүй амгалангаас хэзээд үл хагацах болтугай
Хамаг амьтан хол, ойрт хүсэх шунах, алагчлах үзлээс ангид тэгш сэтгэлээр орших болтугай"

Одоо бид энэ залбирлын мөр тус бүрийн дотоод мөн чанарыг тус тусад нь шинжилж судлах болно.

Асрахуй

Эхний мөрөнд **Асрахуй цаглашгүйг** илэрхийлэн:

"Хамаг амьтан амгалан хийгээд амгалангийн шалтгаан лугаа төгөлдөр болтугай" гэжээ.

Энэ хэсэгт Асрахуй гэдгээр сэтгэлийн хөдөлгөөн бус амьтан болгонд түр зуурын сайн сайхныг олох хийгээд туйлын үнэний мөнхийн амгаланг олоосой гэсэн хүсэлтэй нэгэн өвөрмөц сэтгэлийг хэлсэн байна. Энэхүү хүслээ жаргал гэх түүний шалтгаан нөхцөлийг бүтээсний үр дүнд ирэх юм шүү гэдгийг танин мэдсэний үндсэн дээр хүсэл жаргалдаа хүрэхийн тулд түүний шалтгааныг бүтээх хэрэгтэй юм шүү гэсэн санааг илэрхийлсэн байна.

Энэ ойлголт бидний ойлгодог Хайр хэмээх ойлголтоос нэлээд ялгаатай юм. Яагаад гэвэл хайр гэдгээр бид зовлонгийн үндэс болсон шунал зууралтандаа үндэслэсэн сэтгэлийн хайрыг хэлдэг бөгөөд тэр биднийг жинхэнэ жаргалтай маань учруулж чадахгүй билээ. Хайрыг шуналаас салгаж сурснаар бид жинхэнэ Асрахуйг хөгжүүлж чадах болно. Ерөнхийдөө таван төрлийн Асрахуйн тухай тайлбарлаж болдог нь:

1. **Өмчлөгч Асрахуй:** Хар амиа хичээх зан, бардам омогтой, явцуу зан бүхий хайрыг хэлнэ. Энэ нь хайрыг ганц өөрийн сэтгэлийг хангах зорилготой амин хувийн хэрэгсэл болгон үзүүлдэг. Яагаад гэвэл өөрийг энхрийлэх сэтгэлээр түйтгэрлэгдсэн байгаа тул маш жаахан энэрэлийг агуулж өмчлөн эзэмших гэсэн шуналтай сэтгэлээр давамгайлуулсан байдаг. Өмчлөгч Асрахуйг таниснаараа бид түүнийг бүрэн орхиж бусад төрлийн Асрахуйг хөгжих орон зайг гаргаж өгөх болно.

2. **Дурлалт Асрахуй:** Энэ бол голдуу хоёр хүний хооронд явагддаг нэг

нэгэндээ дурлах хүчтэй сэтгэлийн хөдөлгөөний илрэл юм. Энэ нь сэтгэл татагдах, тачаах, өхөөрдөх сэтгэлээр хэн нэгэнд хандах байдлаар илэрдэг ба голдуу бардам зан, хэт анхаарах, жаргалтай мэт санагдах сэтгэлтэй холилдсон байдаг. Ерөнхийдөө өөр дээр төвлөрсөн сэдэлтэй, өмчлөх мэдрэмж олонтаа илэрсэн, хардах сэтгэлээр илэрхийлэгддэг байна. Энэ бүх шинжүүдээр дурлалт асрахуй нь маш их хар амиа хичээсэн үзэлтэй хайранд тооцогдоно.

Харамсалтай нь дурлалт хайр ба асрахуй удаан үргэлжлэх нь ховор. Хоёр хүн "хайр дурлалд умбалаа" гэхэд голдуу бусад хүмүүсээс харамлах шуналаас үүдэлтэй холбоогоор бат барилдсан байдаг учраас нөхцөл байдал яалт ч үгүй өөрчлөгдөхөд тэр мэдрэмж нь арилж холбоо тасрахад хүрдэг байна. Ийм холбоонд гэхдээ бусдаас илүүтэй халамжлах, энэрэх тал бага зэрэг бий.

Гэхдээ хосууд хэрвээ энэрэлт сэтгэл дээрээ тулгуурлаад холбоогоо хөгжүүлбэл илүү бодолтой, халамжтай, талархалтай хайр болон хувирч болдог. Энэ бол дурлалт хайр уусан арилж илүү тогтвортой асрахуй хэлбэржиж эхэлсний шинж билээ. Ийм замаар бүтээлч хайрын харилцаа хоёр хүний хооронд бий болж хамтдаа жаргах цэнгэлийг эдлэхэд нь тусалдаг байна.

3. **Дассан Асрахуй**: Энэ төрлийн хайр бусад амьтны зүг хандсан дулаан зөөлөн сэтгэл, ойр дотно мэдрэмж, хайр татам, өхөөрдөм гэдэг сэтгэлийн үүднээс үүсдэг. Бид жаахан хүүхэд юмуу амьтны зулзага харахаараа "хөөрхөн юм бэ" гэж үзээд тэдний зүг хайрлах сэтгэл өөрийн эрхгүй төрдөг билээ.

Нэг хүн нөгөө хүнтэй удаан хугацаагаар хамт байсны дараа дассан сэтгэлээс ийм хайр мөн үүсэх боломжтой байдаг. Дасах тусам илүү холбоотой мэтээр мэдэрч тэр хүнийг зөнгөөрөө халамжлах, асрах сэтгэлтэй болдог бөгөөд найз нөхөд гэр бүлийн гишүүн хүмүүсийг багтааж болно. Бусдад баяр хөөр авчрах чадалтай учраас ийм хайр шуналтай холилдохдоо амархан бөгөөд шунал, баяр хөөр нэгдэхээрээ өмчлөх шинжтэй болж хувирах боломжтой байдаг байна.

Зөв сайхан тордоод өгвөл ийм хайр сайн барилдлага тогтоох гайхалтай үндэс суурь болох ба харин "би" төвтэй сэтгэлээр хандаж харьцвал дассан асрахуй нь өмчлөгч асрахуй хайр болон хувирахдаа амархан ажээ.

4. **Эцэг, Эхийн Асрахуй**: Энэ бол бидний голдуу "эхийн хайр" шиг гэж зүйрлэдэг эцэг, эхийн үр хүүхдээ хайрлах хайр буюу асрахуй юм. Ийм хайр маш хүчирхэг, тогтвортой бөгөөд насан туршид үргэлжлэх чанартай. Ийм хайр илрэх үед голдуу болзол маш цөөхөн байх ба хүүхэд ямар ч

байлаа гэсэн хайрлан энэрэх сэтгэлийн үндэс алдагддаггүй байна.

Харамсалтай нь ийм хайр өмчлөх, бахархах, шунал гуравтай хамтрахаараа хамгийн их алагчлах үзэлтэй аминчхан хайр болон хувирдаг. Өөрийн хүүхдийг асарч хайрлах тусам өөрийн биш бусдыг үл хайхрах, тэдэнд зовлон ч учруулж болох байдалд хүргэдэг. Энэхүү ялгаварт үзэл арилчихвал эцэг, эхийн асрал маш олон хүнийг хамран тэлэх боломжтой.

5. **Хариу Үл Горьдох Асрхауй:** Ийм төрлийн асрахуй хайр туйлын мөн чанарыг ойлгох гүнзгий ухаарал дээр үндэслэсэн хамаг амьтныг өрөвдөн хайрлах сэтгэл юм. Энэхүү машид асралтай чанар ямар хэлбэр дүрстэй байх нь хамаагүй амь амьдралын үнэ цэнийг үнэлэх явдалд суурилдаг. Түүхийн туршид болзолгүй асрал, хайрын биелэл болсон олон гайхамшигтай хүмүүсийн олон ч уярам түүх домог байдаг. Жишээ нь, аугаа мэргэн Мухаммед, сургаал номлолынхоо гол төвийг хайр энэрэл болгон харуулсан Бурхан Багш гэх мэт. Эсвэл түүнээс хойш үеийн Ариун Эх Тереза, Дээрхийн Гэгээнтэн Далай Лам гэх мэт амьтныг энэрэх хязгааргүй энэрхүй сэтгэлтнүүд хэдийгээр өөрсдөө зовлон гамшигт унасан ч бай амьтны төлөө л бол зүрх сэтгэл нь хөөр баяраар дүүрэн байдаг хүмүүс бий.

Ийм төрлийн Асрахуйн суурь нь бүх амьтныг өөртэйгөө ижилсүүлэн үзэх үзэл юм. Үүний тулд бодитойгоор тусгах, дадлагыг хөгжүүлэх шаардлагатай байдаг боловч зарим ер бусын хүмүүс төрөлхийн бусдыг энэрч асрах сэтгэлтэй төрдөг нь бий. Тэгэхээр энэ бол тэдний урьд төрлүүддээ үүнийг дадуулан үйлдэж байсны шинж билээ.

Хариу үл горилох асрахуй нь саруул билгүүнтэй хамтрахаараа хамгаас хүчирхэг болдог бөгөөд цэвэр ариун, тогтвортой үнэнч байдаг байна. Саруул оюун үгүйгээр зүгээр л нэг өрөвдөн хайрлах сэтгэл үлдэх бөгөөд амьтанд туслах арга замаа олохгүй сэн билээ. Үр дүнд нь зовлон үүсгэж болох бөгөөд тухайн хүнийг өөрийг нь урамгүй сулбагар байдалд хүргэж болзошгүй. Хэрвээ ийм зүйл болбол таны асрал хайр арилж ашиггүй зүйл болон өнгөрнө. Харин нөгөө талаас саруул ухааныг хамтад нь хөгжүүлж чадваас Бодьсадвын ариун чануудыг нарийсган хөгжүүлж түүний аймшиггүй чин зоригт баатрын шинжээр тааралдсан саад барцадыг төвөггүйхэн даваж гарах болно.

Эдгээр төрлийн Асрахуйгаас хариу үл горьдох асрахуй л ганцаараа өөрийг энхрийлэн барих сэтгэлийн эсрэг ерөндөг болж чадна. Ялангуяа амьтныг хооронд нь хагаралдуулан салгадаг будилаанд өдөөдөг үзэн ядах сэтгэлийг дарах эм болдог байна. Үзэн ядалтаас хор хүргэх явдал урган, өөрөөсөө өөр төрлийнхнийг үл хүлээн авах, барилдлагаа тасдах зэрэг уршиг төрдөг бол асрал, хайр энэрэл харин халамж дэмжлэг үзүүлж олон ургалч байдлыг алгаа дэлгэн уттаж, харилцан хамаарлын хуулиар өсгөн тордох явдалд хүргэдэг ажээ.

Жинхэнэ Асрахуй дэгдээхэйнүүдээ хайрлах шувуухай адил, зөөлөн тохитой үүр засчихаад салхинаас халхлан далавчин доороо дулаацуулдаг билээ. Тэд жаахан үрсээ өсөж том болоод үүрээ орхиод нисэх хүртэл нь ийнхүү асардаг. Эх шувуухай шиг гурван заяаны амьтанд сайхан бодол санаатай, сайхан үг хэл үйл хөдлөлтэй байх ёстой.

Бид амьтан болгон жаргаасай гэж хүсэж чадах юм бол жинхэнэ Асрахуйг үүсгэж чадна гэдгээ мэднэ. Хэдийгээр тэд бидэнд хор хохирол учруулсан ч гэсэн бид тэдэнд сайн сайхныг хүссэн сэтгэлээ орхиогүй цагт тогтвортой бат зогссоор байх болно гэдгээ мэднэ.

Ийм төрлийн Асрахуй хайранд бид өөрсдийн бие, хэл ба сэтгэлээр юу хийж болох хэр чадлаараа туслах ёстой. Бид үйл хөдөлгөөн болгоноо утга учиртай байлгахын төлөө чадах бүхнээ хийж, хатуу ширүүн үг хэлэхээс зайлсхийн зөөлөн тааламжтай байдлаар байнга харьцахыг хичээх хэрэгтэй. Ямар ч их ашиг тусыг хүргэсэн байлаа хариуд нь юу ч үл хүсэн хүмүүсийг жаргаасандаа сэтгэл бүрэн ханах ёстой. Ийм түвшний сайхан сэтгэлийг бид үүсгэж чадвал бидний амьдралын тал бүхэнд үзэн ядалтын орон зай үгүй болох сон билээ.

Дасгал 5.1 – Асрал ба Энэрлийг Бясалгах

- *Тохиромжтой байрлал эзлээд амьсгалдаа төвлөрөх дасгалаар сэтгэлээ тогтвортой байдалд оруулна.*

- *Жинхэнэ аз жаргал ямар байхыг дотроо төсөөл. Танд хэрэгтэй гадаад дотоод бүхий л нөхцөлүүд цэцэглэн бүрэлджээ. Баяр хөөр сэтгэл ханамжийг мэдэрч байна гэж бод. Ийм төлөвт хүрэх чадвар бий гэдэгтээ итгэ.*

- *Зүрх сэтгэл доторх дотоод чадварыг бөөрөнхий цагаан гэрэл байна гэж бод. Энэ жижиг гэрэл өчүүхэн боловч хамаг баяр жаргалын эх үүсвэр. Амьсгал гаргах тоолондоо цагаан бөмбөлөгнөөс гэрэл гадагшаа зүг бүр тийш цацран бие махбодыг дулаацуулан амгалан зохицолтой болголоо.*

- *Одоо гэрэл гадагш цацран гарч өрөөг дүүргэлээ гэж бод. Хамаг амьтан таны эргэн тойронд дүүрэн цугласан байх ба тэдгээрийн биеийг ч мөн гэрэл дүүргэн дулаацуулна. Тэд хамгийн их хүсдэг зүйлсээ авч амьдралдаа*

жаргалтай, зохицолтой бүхнийг амсан байна. Энэ зуртаа өөрийгөө
багтаан: "Та ч бас жаргалтай сайн болтугай. Амгалан зохицолын
шалтгааныг олох болтугай" хэмээн бодно.

• *Амьсгаа гаргах болгондоо энэ үйл явцыг давтан гэрлийн цацраг улам олон*
  амьтныг хамарлаа гэж бодно. Тэд баяр хөөр сэтгэл ханамжийг мэдэрч
  таны залбирлыг бататган байна.

• *Энэ бясалгалыг ядартлаа үргэлжлүүл. Эцэст нь, дүрслэлээ ууссан ухамсраа*
  амраж хэдэн минут чөлөөтэй сууосны дараагаар дасгалаа төгсгөнө.

Нигүүлсэхүй

Дараагийн мөрөнд **Нигүүлсэхүй** цаглашгүйг илэрхийлэн:

"Хамаг амьтан зовлон хийгээд зовлонгийн шалтгаанаас эгнэгт хагацах
болтугай" гэжээ.

Энэрэнгүй сэтгэлийн шим нь хамаг амьтныг зовлонгоос хагацаасай хэмээн
хүсэх сэтгэл юм. Ингэж хүсэж байгаа хүний зүгээс харахад энэ бол бусдын сайн
сайхны төлөө анхаарсан хүчтэй орохын сэтгэл юм. Хайрын чанар ямар байдгийн
нэгэн адилаар зовлон ч бас шалтгаангүйгээр гарч ирэхгүй, тиймээс хэн нэгэн хүн
зовлонгоос ангид байхыг хүсвэл түүний шалтгаанаас ангид байх хэрэгтэй.

Асрал, энэрэл хоёр бие биеэ дэмждэг нэг зооосны хоёр тал юм. Асрахуй нь
хамаг амьтны юу хүсдэг тал дээр анхаардаг бол Энэрэхүй нь тэдний юуг үл хүсдэг
дээр онцлон анхаардаг байна. Гол ялгаа нь гэвэл **Асрах** сэтгэл хамаг амьтны
хорвоогийн таашаалыг даван гарч чадах **чадвараа** мэдээсэй, тэгснээр амгалан
зохицолт байдалд хүрч төгс гэгээрэлд хүрээсэй хэмээн хүсдэг бол **Энэрэх** сэтгэл
бидний амьдралын *үнэн* байдал, бид яг одоо юу мэдэрч байгаатай тулж ажилладаг.
Асрахуй ирээдүйг хардаг бол Энэрэхүй одоо цагийг хардаг гэж болно.

Асрахуйн нэгэн адилаар энэрэнгүй сэтгэлийг мөн ойролцоо санаануудтай
андуурч болно. Түрүүн хэлсэн ёсоор бодь сэтгэлтний зүрх нь ауга энэрэхүйг
агуулсан байх ёстой, тэгвэл энэрэх сэтгэл бидний сэдэлд хэрхэн нөлөөлдгийг
тод ойлгох нь бидний энэ сэдэвт ихээхэн тустай байх болно. Бидэнд мэдрэгдэж
байдаг өөр өөр төрлийн энэрэх сэтгэлийг үзүүлбэл:

1. **Уярах сэтгэл:** Энэ бол нэг амьтан нөгөө амьтны мэдрэмжийг тусгах
   мэдрэмж юм. Хүсэл биш учраас жинхэнэ **энэрэх сэтгэл** гэж тооцогдохгүй
   боловч бас л чухал нэгэн хэсэг нь гэж болно. Хамаг амьтны зовлонг
   мэдрэх сэтгэл байхгүй бол тэднийг зовлонгоос хагацаасай гэж хүсэх хэцүү
   байх сан. Тийм учраас бид өөрсдийн зовлонг тусгах замаар тунгаан бодож

өөрсдийгөө сансрын хүрднээс чөлөөлөх юмсан гэсэн сэтгэлийг эхлээд хөгжүүлэх хэрэгтэй. Уярах сэтгэлтэй байж бид амьтан болгонд жаргалыг хүсэх хүслээ тэлж чадах болно.

2. **Өрөвдөх сэтгэл:** Уярах сэтгэл өөрийг бусадтай сэтгэл санааны хувьд холбох холбоог бий болгодог бөгөөд тэрхүү мэдрэмжинд бид хэрхэн хариу үзүүлэхээс жинхэнэ энэрэл төрөх эсэх шалтгаална. Амьтны зовлонг хараад яах ч аргагүйгээр мэдрэх юмуу санаагаараа юу ч хийх хүсэлгүй байх гэдэг бол зүгээр л өрөвдөж байгаагийн илрэл мөн. Энэ нь зовлон шаналалыг хараад хөөрхийлөн үзэж, тэдний адилаар мэдрэвч, юунаас болоод зовж байгааг нь таньсан ч гэлээ туслах аргагүй нэг л сайхан сэтгэлээс өөр юу ч биш. Зурагтаар мэдээ үзээд энд тэнд гамшиг тохиолдсон газруудыг хараад танд ийм сэтгэл төрөх боломжтой. Тэдгээрийг зовлонгоос гэтэлгэе гэсэн хүсэл байвч байдлыг хэрхэн өөрчлөх билээ гэдгийг ухаарах саруул оюун дутагдаж байгаа хэрэг. Иймэрхүү өрөвч байдал удаан хугацааны туршид хуримтлагдсаар байгаад сүүлдээ сэтгэлийн шаналгаанд оруулах юмуу сэтгэл гутралын байдалд ч хүргэж болзошгүй билээ. Үйл хөдлөлтэй холбогдоогүй ийм сэтгэл өөрт хийгээд өрөвдүүлж байгаа амьтан хоёрт хоёуланд туслана гэхэд хязгаарлагдмал юм.

3. **Бүдүүн Энэрэхүй:** Жинхэнэ энэрэнгүй сэтгэл саруул оюунтай байнга хамтдаа оршдог. Энэ сэтгэлийг агуулсан хүн зовлонг хараад таньж түүнээс ангижруулах чадвартай. Энэ үндсэн дээр зовлонд автсан амьтанд туслахаар хөдөлж эхэлдэг байна. Энэрлийн хэмжээ түүний эзэмшсэн саруул оюуны гүнээс шалтгаална. Илэрхий харагдах ядуурал, өлсгөлөн, байгалийн гамшиг зэрэг зовлонд хариу үзүүлж байгаа сэтгэлийг *бүдүүн энэрэхүй сэтгэл* гэнэ. Энэ нь голдуу зовлон хүчтэй мэдрэгддэг зүгээр орхих аргагүй хямралын үетэй холбоотой үзэгдэж хүмүүсийг сайн дураар нэрвэгдэгсдэд туслахаас аргагүй болгосон үед хандив тусламж үзүүлэх зэргээр илрэн гардаг. Харамсалтай нь ийм энэрэх сэтгэл нь хямрал намдаж дарагдахтай хамтаар бидний анхаарлыг татахаа больдог тул зовлон төдөлгүй мартагдаж бид энгийн амьдралдаа буцаж ороход хүрдэг байна.

4. **Нарийн Энэрэхүй:** Дараагийн түвшний энэрэх сэтгэл амьдралыг зовлонгийн шинж чанартай гэж таньсны дээр үндэслэн гарч ирдэг. Зовлонгийн шалтгаан бидний сэтгэлийн урсгалд байгаа гээд бодохоор тэдгээрийг хэзээ боловсрох бол доо гэхээс шаналж эхэлдэг. Цаг тохируулчихсан тэсрэх бөмбөг адил хэзээд дэлбэрэхэд бэлэн байнгын шаналгаанд биднийг байлгана. Ийм төрлийн энэрэх сэтгэлийг олж харахад амаргүй болохоор нь *нарийн энэрэхүй сэтгэл* гэдэг. Бүдүүн

энэрэхүйтэй адилгүй зовлон нүдэн дээр ил харагдаж байгаа биш учраас олон хүмүүс хорвоогийн таашаалыг хөөцөлдөн сэтгэлээ нөхцөлдүүлээд байгаагаа олж харах чадвар дутагддаг. Тийм учраас тэдэнд хийх юм үнэндээ байдаггүй. Энэхүү мэдэгдэхүүний дутагдал нь тэдэнд зөвхөн ирээдүйд зовлон авчрахгүй байхад л зориулсан үйлийг үйлдэхэд нь туслахаас өөрцгүй байдаг байна. Нарийн хэлбэрийн энэрэхүй сэтгэлийг хөгжүүлснээрээ бид хүмүүсийг ирээдүйн сайн сайханд хөтлөх үйлсэд өдөөж болох билээ.

5. **Үл-Алагчлах Нигүүсэл:** Нарийн энэрэхүй нь чухал ач холбогдолтой хэдий боловч гүнзгий шигдсэн хоёрдмол үзлийг арилгана гэхэд ихэд учир дутагдалтай билээ. Хэрвээ бид хамаг амьтныг дахиад хэзээ ч муу зүйл хийхгүй дээ гэж баталгаа өгч чаддаг байсан бол асуудал үнэндээ үгүй байх сан. Гэвч харамсалтай нь тийм биш билээ. Үнэн байдал гэвэл бид үйлийн үрийн бүрэн захиргаан дор байгаа бөгөөд байнга нүгэл үйлдэх бололцоотой өдөр тутмын амьдралдаа зовлонг эдлэхээс зугатаж чадахгүй билээ. Зовлонгоос төгс ангижрана гэвэл хоёрдмол үзлээс бүрмөсөн салах хэрэгтэй. Энэ эрх чөлөөнд хүрэх гол түлхүүр нь хоосон чанарыг онох явдал юм. Нарийн энэрэхүй сэтгэл нь энэхүү ухамсарлахуйтай нэгдэхээр *Үл-алагчлах энэрэхүй* болон хувирдаг байна. Ийм энэрэхүй сэтгэл хамаг амьтныг ялгаварлах хязгаар үгүйгээр бүхэлд нь хамардаг байна. Тийм болохоор энэ нь Номыг анхааран авлага болгож гэгээрэлд хүргэх цаглашгүй мөн чанартай үнэнхүү энэрэхүй сэтгэлийг бий болгохын үндэс болдог ажээ. Энэ замыг өөрсдийн мэдрэмждээ амьдруулсан цагт л бид бусдыг чөлөө учралын замд хөтөлж чадах итгэлтэй болох болно.

Эдгээр таван чанараас эхний хоёр нь жинхэнэ энэрэхүй сэтгэл төрөн гарах нөхцөлүүд болж өгдөг. Уярах сэтгэл байхгүй бол өрөвдөх сэтгэл төрөхгүй сэн билээ. Өрөвдөх сэтгэл төрснөөр зовлонгоос гэтэлгэх хүсэл урган гарсан байдаг. Сүүлчийн гурав нь нөхцөл байдалд нөлөөлөх саруул оюунаас шалтгаалан тэр болгонд тохирох ач тусыг амьтанд авчрах боломжтой. Бодь сэтгэл үүсгэхэд туслах чадвартай энэрэнгүй сэтгэлийг бий болгоно гэвэл тэр нь хамгийн гүнзгий хэлбэр болох үл-алагчлах энэрэл байх юм. Үл-алагчлах энэрэл л юмс үзэгдлийн хоосон мөн чанарыг ойлгох билгүүнийг эзэмшихэд хүргэж чадах учраас ийм энэрэхүй сэтгэл нь өөрийг энхрийлэх сэтгэлийн үндэс болсон мунхаг сэтгэлийн эсрэг ерөндөг болж чадах юм.

Бид өрөвдөх сэтгэлийг энэрэх сэтгэлтэй хольж андуурч болохгүй. Өрөвдөх сэтгэлд саруул оюун байхгүй болохоор илүү эрчимтэй гуниг гасланд оруулах аюултай бөгөөд сэтгэлд маш хүндээр туссанаас ирээдүйд итгэх итгэлгүй, сөрөг үзэлтэй, амьдралд сонирхолгүй төлөвт оруулах болзошгүйг онцгой анхаарах хэрэгтэй. Энэ нь харин ч энэрэх сэтгэлийг бус эсрэгээр юу ч хийгээд нэмэргүй юм чинь гэсэн аль нэгэн тустай үйлд хүнийг өдөөхийн эсрэг сэдлийг үүсгэдэг байна. Энэ бол өөртөө ялагдал хүлээж байгаатай ижил хэрэг бөгөөд амьтны сайн сайхныг бодохыг мартуулж цөхөрсөн мэдрэмждээ залгиулж орхиход хүргэдэг байна.

Иймэрхүү сэтгэлд автахаас сэргийлэх гол түлхүүр нь биднийг олон талаар зовлонд унагадаг зүйлст сэрэмжтэй хандаж сурах явдал юм. Зовлонгийнхоо үндсийг ойлгох оюуныг хөгжүүлснээр түүнийг даван гарах боломжийг олж авна. Өөрийн зовлонг давж чадвал бусдад мөн зовлонгоос салахад тусалж чадах болно. Тийм учраас байдал ямар ч байлаа гэсэн заавал арга байдаг, бүр ядлаа гэхэд л хамаг амьтан зовлонгоос хагацаасай хэмээн залбирч болно шүү дээ. Энэ л гэхэд өөрийг энхрийлэн барих сэтгэлийг бууруулахад жинтэй хувь нэмэр үзүүлж гэгээрэлд хүрэхэд шаардлагатай дотоодын чануудаа хөгжүүлэхэд бидэнд туслах болно. Замдаа ахиц гаргахын хэрээр бид зовлон эдэлж байгаа хөөрхийсүүдэд илүүтэй туслах чадвараа нэмэгдүүлнэ.

Энэрэнгүй сэтгэлийг хөгжүүлэх дадлага бидний урьдын бүхий л сөрөг үйлдлүүдийг ариусгаж эрдэнийн дээд бодийн сэтгэлийг хөгжөөх чадалтай. Тийм учраас бид энэрэнгүй сэтгэлийг хичээнгүйлэн бясалгах хэрэгтэй, бид өөр юу хийж чадах билээ? Энэрэнгүй сэтгэлийн бясалгалд өгөгдсөн дүрслэлд гаргүй эх хүн хүүхдээ урсгал усанд алдчихаад байгаа нь гардаг. Энэ эхийн цөхрөл харуусал ямар их байхыг, хүүхдээ авахаар араас нь гүйгээд гүйгээд ядаж гартай сан бол даанч дээ гэх тэсэхийн аргагүй хүчтэй хайрыг бодож бясалгаад үзэгтүн. Хүүхдээ улам холдон урсаж одохыг харан гүйж, зүрх зүсэм бахирч уйлж гашуудахын зовлонг бодон бодон бясалгагтун.

Гурван зүйл амьтан цөмөөр сансар орчлонгийн далайд унаад урсаж яваа хүүхэд билээ. Бид зүрх сэтгэлээ нээн тэдний зовлонг тусган мэдэрч одоо энэ байгаа шигээ байгаад байвал юугаар ч тусалж чадахгүй гэдгээ бодогтун. Тиймээс багшдаа итгэ, Гурван Эрдэнэд итгэ, тэдний газарчилж зааж сургаснаар явж амьтныг зовлонгоос чөлөөлнө гэдэгтээ итгэгтүн.

Дасгал 5.2 – Энэрэнгүй Сэтгэлийг Бясалгах

- *Тохиромжтой байрлал эзлээд амьсгалаа төвлөрөх бясалгалаар сэтгэлээ тогтвортой байдалд оруулна.*

- *Өөрийн мэдрэмж дээр анхааралаа авчир. Амьдралдаа ямар бэрхшээлүүд тохиолдож байсныг сана. Өвдсөн ч юмуу, сэтгэл санааны хувьд бачимдаж сандарсан жишээ ол. Иймэрхүү зовлонгууд амсахгүй юмсан гэсэн хүслийг өдөө. Өөрийн амьдралыг амгалан энхийн зохицолт байдлаар хангагдсан, зуурах,, шунах, цангах, будлих аливаа зовлонгийн ул мөр бүхэн арилсан байгаагаар мэдэр.*

- *Одоо өөрийн анхаарлыг хайртай хүндээ чиглүүл. Түүний амьдралд ямар бэрхшээл тулгараад байна? Тэр хүний ертөнцийг харах үзлийн зүгээс амьдралыг харж мэдрэхийг хичээ. Дараа нь өөрийн зүгт эргэн ирж тэр хүнийг энэ байдлаасаа салаасай, бүхий л зовлонгоос ангижрах болтугай хэмээн бод. Түүнийгээ хамаг зовлон амирлаад илүү амгалан жаргаланг авчрах эрх чөлөөг олжээ гэж бод.*

- *Түйтгэрт сэтгэлдээ эзэмдүүлээд буянтай-бус үйлийг үйлдэн яваа нэгнийг одоо бод. Ийм араншин түүнд ирээдүйд юу авчирч болохыг бод. Дахиад тэр хүний өмнөөс хорвоог хараад үз. Тэгээд түүнийг жинхэнэ үнэн зам мөрийг олж аваад түйтгэрүүдээ ялж даван гараасай гэж хүчтэйгээр хүсэгтүн. Түүнийг замдаа ороод жинхэнэ амгалангийн шалтгааныг бүтээж явна гэж төсөөл.*

- *Энэ хүнийг агаарт уусах боломж олгоод дараа нь ухамсраа нээж бүх орчлонг тэрчигээр нь бод. Санаандаа орсон хэн ч байсан хамаагүй зовлон эдэлж буй хэсэг бүлэг хүмүүсийг бод. Бид цөм энэрэнгүй сэтгэлийг эдлэх ёстой гэсэн сэтгэлийг төрүүлэн: "Та бүгд зовлон хийгээд түүний шалтгаанаас ангижрах болтугай. Та бүгд цөм энэ дэлхийд энх амгалантай учран золгох болтугай" гэж бод.*

- *Энэ дасгалыг ядартлаа үргэлжлүүл. Дүрслэлээ уусгаад ухамсраа хэдэн минут амраасны дараагаар бясалгалаа өндөрлөнө.*

Цаглашгүй Баяр Баясгалан

Дараагийн мөрөнд цаглашгүй баярыг хөгжүүлэн:

"Хамаг амьтан зовлонгүй амгалангаас хэзээд үл хагацах болтугай" гэжээ.

Хөөр баярын сэтгэлийн гол шим нь бусдын аз жаргал сайн сайхан байдалд даган баясах явдал мөн. Хоёр зүйлд анхаарснаар үүнийг хөгжүүлж болно: 1.бусдын аз жаргалд хөөрөх, 2.жаргалын шалтгаан болдог бусдын буянд даган баясах. Энэ хоёр хоёулаа таны дадлагад өөр өөр төрлийн тусламжийг үзүүлэх болно.

Эхнийх нь бидний нүгэлтэй үйлийг дадуулсан зуршил байдалдаа уусах сэтгэлийн эсрэг үйл болдог. Бид өөрсдийн ирээдүйн төлөө хэтэрхий их төвлөрөн залбирснаар замнаж буй замдаа ахиц гарахгүй удаж байна гэж гутарч эхлэх, зүрх зориг шантрах, мөн л зөндөө хийх зүйл байна даа гэж бодоход хүрдэг. Тэгвэл амьтны сайн сайханд хөөрөн баясах нь таны энэ хэлбэлзсэн сэтгэлээ тэнцвэржүүлэхэд тусалж юуны төлөө ингэтлээ шаргуу суралцаж байгаа билээ гэх сэтгэлийг тань бишрүүлэн дэмжиж өгнө.

Хоёр дахь нь, бид жинхэнэ жаргалд хүрнэ гэвэл буянтай үйлийг ихээр үйлдэх хэрэгтэй, энэ бол цорын ганц арга гэдгийг таньж хэн нэгэн хүнийг буян үйлдэх болгонд нь баярлах сэтгэлээр жаргалын шалтгааныг бүтээж байна хэмээн баярлах ёстой. Ингэснээр гол зорилгоо хүчирхэгжүүлж өгөх төдийгүй шууд бусаар таны буяныг мөн адилхан нэмэгдүүлэх үйлийн үрийн холбоосыг бататгаж өгнө. Тодорхой нэгэн үйлд хэдий чинээ баясана төдий чинээ ирээдүйд илүү их баясан үйлдэх магадлалтай болдог ажээ.

Бусдын буянд даган баясах дадлага хэдийгээр анхааралаас төдийлөн шалтгаалахгүй боловч хэний буянд даган баясаж байгаагаас шалтгаалан үрждэг байна. Ерөнхийд нь хэлэхэд, өөрөөсөө сүсэг бишрэлийн хөгжил багатай нэгний буянд даган баясвал түүний бүтээсэн буяныг нугалж хураана, ижил түвшний нэгэнд даган баясваас ижил буян хураана, өөрөөсөө дээгүүр хүний буянд даган баясвал түүний үйлдсэн буяны талтай тэнцүү буяныг хураадаг. Тэдгээрийг яг хэлсний дагуу тийм байна гэж бодож мэдээж болохгүй ч бидэнд аль нэгэн харагдаж буй орон болоод буяны харьцааны талаар санаа өгч байгааг ойлгох хэрэгтэй. Энэ ойлголтон дээр үндэслээд даган баясвал зохих таван төрлийн амьтан байдгийг таньж болно:

1. **Бурхад:** Төгс гэгээрсэн Бурхад гэдэг хамаг амьтны тусын тулд хязгааргүй хувилан буяныг үйлдэх тул бүхнийг хамарсан энэрэнгүй сэтгэл төдий биш бүхий л хязгараас ангид байж хэзээ хэрэгтэй цагт үзэгдэж чаддагийн хувьд тэдний буянд даган баяссанаараа бид далай их буяныг хуримтлуулан өөрсдийн гэгээрсэн чануудыг амьдруулах гэсэн хүслээ улам бататгах болно.

2. **Бодьсадва нар:** Хамгийн нарийн түвшинд аравдугаар газрын Бодьсадва нар амьтны тусыг бүтээх хэмжээлшгүй чануудыг эзэмшсэн байдаг. Ялангуяа, бид *Шамбалын Хаан Бодвсадва* нарын буянд даган баясаж Цагийн хүрдний сургаалыг хорвоод танилцуулан дэлхийг харж хандаж байдагт нь талархан бодож явах ёстой. Бүдүүн түвшиндээ бид *Дамжлага Урсгалын Лам Хуврагууд болон Бодьсадва* нарынхаа буянд даган баясаж, Цагийн хүрдний замаар замнан тоогүй олон хүнийг буянд дагуулж байдагт нь талархах ёстой. Тэдний гэгээрсэн үйл хэрэг, түүний дотор өөрийн Язгуурын Багшдаа хамаг Бурхадаас илүү энэрэнгүй нэгэн байхын сацуу тантай хүний дүрээр шууд тулан харьцаж байгаад нь талархан

баясах ёстой. Ийнхүү даган баясах нь зорьсон замдаа бишрэл дээдлэлээ улам нэмэгдүүлж, амжилт гаргахад бидэнд тусалдаг билээ.

3. **Брадигабуд, Шарвага:** Бид эцсийн дүнд нирваанд хүрэх зорилго өвөртлөөгүй ч гэсэн Архадын зэрэгт хүрсэн хүмүүс гайхалтай ер бусын гэдэг нь маргаангүй билээ. Тэд хоосон чанарыг ухаарч хамаг түйтгэрээс ангижирсан, бүдүүн хийгээд нарийн хэлбэрийн бүхий л зовлонгоос чөлөөлөгдөж чадсан билээ. Зөвхөн хүрсэн амжилтынх нь түвшинг л бодоод үзэхэд ямар их буянг хураасан байхав, тэдгээрийн буянд даган баяссанаар бид чөлөөлөлтөнд хүрэх өөрсдийн итгэлийг бататгах болно.

4. **Хамаг амьтан:** "Үзэхүйн мөр"-д орж хараахан амжаагүй байгаа эгэл амьтны буянд бид их, бага хамаагүй даган баясах хэрэгтэй. Ядуу гуйлгачин охин атга дүүрэн тоосыг чин ариун сэдлээр Бурханд тахил болгон өргөж өөрийн гэгээрлийн шалтгааныг бүтээсний адилаар хамаг амьтан ч гэсэн буянтай хэргийг бүтээсэн бол жинхэнэ аз жаргалын шалтгааныг бий болгож байгаа юм. Тэдгээр амьтдын буянд даган баяссанаар бид өдөр өдрөөр зовлонгоос хагацах чөлөө рүүгээ ойртсоор байна гэсэн итгэлээ бататгана.

5. **Өөртөө:** Бид өөрсдийнхөө буянд даган баясахаа мартаж болохгүй. Саруул оюун, буян хишгээ нэмэгдүүлэхийн тулд хийж буй буян болгон биднийг гэгээрлийн зорилгодоо ойртсоор байгаагийн илрэл билээ. Ийнхүү үйлдэх замдаа бид амьтанд илүү их тусыг бүтээх чадвараа улам хөгжүүлж, илүү их буяныг ирээдүйд хуримтлуулах бололцоог бий болгож байгаа хэрэг юм. Чадварлагаар ашиглаж чадвал өөрийн буянд даган баясах явдал буян хишгээ арвижуулах гайхалтай сайхан арга болох юм. Гагцхүү өөрийгөө дөвийлгөх, бардамнах, сэхүүн загнах дадлага болчих вий гэдэг дээр анхаарах хэрэгтэй шүү. Бид өөрсдийгөө ер бусын мундаг учраас даган баясаж байгаа бус, бидний бүтээсэн буян гайхамшигтай үр дүн авчрах бололцоотой учраас даган баясаж байгааг санахад илүүдэхгүй.

Даган бясахдаа яагаад гэдгийгээ санаж байх ёстой шүү. Бид бишрэл төрүүлж байгаа болохоор нь гэгээрсэн бодьгалд даган баясаж байгаа юм. Бид тэдэнд сайн сайхныг хүсэж, жаргалтай байгаасай гэж хүсдэг болохооро хамаг амьтныг даган баясаж байгаа юм. Мөн түүнчлэн амьтанд тустай болох учраас бид өөрөө өөртөө даган баясаж байгаа билээ. Бид энэхүү ариун сэдлээ бүх үйл хөдлөлийн харилцан шүтэн барилдлагатай холбон таньж чадах юм бол бидний даган баясалт үнэхээр үр ашигтай болох сон билээ.

Даган баясах дадлагаар буян хишгээ арвижуулахаас гадна энэ дадлага бусдад атаархаж жөтөөрхөх түйтгэрт сэтгэлийг арилгахад тусалдаг. Баяр хөөр гэдэг яг л эцэг эх нь үр хүүхдээ сайн дүн авсанд нь баярлахтай адил юм. Хүмүүсийн сайн сайхан амжилтанд атаархаж хорсохын оронд хүрсэн амжилт бүхэнд нь чин сэтгэлийн угаас баярлаж хөөрөх нь эргээд бидэнд аугаа их тустайг ойлгож талархах хэрэгтэй. Тэгснээр өрсөлдөн тэмцэлдэхийн ул мөр арилах болно.

Дасгал 5.3 – Уяран Хөөрөх Бясалгал

- Тохиромжтой байрлал эзлээд амьсгалдаа төвлөрөх дасгалаар сэтгэлээ тогтвортой байдалд оруулна.

- Өөрийн сайн мэддэг хүнээ сонгож бүхий л сайн талуудыг нь бод. Биеэ авч яваа байдлаараа, хэлж байгаа үгээрээ, үйл хөдлөлөөрөө таныг бишрүүлдэг хүнээ бод. Түүнийг бодож байх хоорондоо зүрхээ нээн баярла. Энэ хөөрөндөө сааатаад амар.

- Одоо анхаарлаа өөр хүн рүү чиглүүлж амьдралдаа гайхамшигтай зүйлтэй учирсан талаар нь бод. Болсон явдлыг санан тэр хүн юу мэдэрч байсан бол доо гэж бод. Дахиад зүрхээ нээн түүний хөөрийг хамтдаа хуваалц.

- Одоо сэтгэлдээ машид буянтай үйлийг бүтээсэн нэгнийг бод. Өгөөмөр сайхан сэтгэлээрээ таныг бишрүүлсэн нэгэн. Энэрэл хайр, оюун ухаанаараа таны шүтдэг нэгэн. Тэдний буянтай үйлсэд даган баясаж танд хийгээд хамаг амьтанд тустай байх болно гэж таларх.

- Эцэст нь, одоо өөрийн амьдралыг эргэн харж бишрмээр юу хийснээ дурс. Хийсэн буянаа бодон тэдгээр буянаа тордон хөгжүүлэхээр юу хийснээ сана. Таныг энэ хэрэгт оролцоход бололцоо олгосон тэр бүх хүмүүсийг санаандаа авчирч талархал хөөрөө илгээ.

- Энэ маягаар ядартлаа үргэлжлүүл.

Цаглашгүй Тэгш Сэтгэл

Эцэст нь, сүүлчийн мөрөнд цаглашгүй тэгш сэтгэлийг хөгжүүлнэ:

"Хамаг амьтан ойр, хол, хүсэх шунах, алагчлах үзлээс ангид тэгш сэтгэлээр орших болтугай" гэжээ.

Төвдөөр "Дан нёом" гэдэг үгийг "тэгшитгэх буюу хараат бус" гэж орчуулах нь их байдаг. "Дан" гэдэг үг уг нь "үл шунах буюу татгалзах" гэсэн утгатай, "Нёом" гэдэг нь "сэтгэл тэгшхэн" гэсэн утгатай билээ. Хоёул нийлээд сэтгэл тэнцвэртэй тэгш оршиж ялгаварлах үзлээс ангид байх гэдэг утгыг илэрхийлнэ.

Энэ хэсэгт хүртэл асрахуй, энэрэхүй, баяр баясал зэргээр алагчлах үзэл, өөрийг энхрийлэх үзлийг сулруулах гэж л оролдоод байсан билээ. Асрахуйг бясалгаснаар бид хамаг амьтны бидэнд ямар зүйл хийх нь хамаагүй асран халамжилж шуналын хязгараас гарахад суралцаж байгаа юм. Энэрэнгүй сэтгэлийг бясалгаснаар бид хамаг амьтад бидэнд хохирол учруулж байлаа ч гэсэн энэрэн үзэж хорсол хилэнгээс хагацахад суралцаж байна. Баяр хөөрийг бясалгаснаараа бид бусдын сайн сайханд даган баясаж хар амиа бодон атаархахын хязгараас гэтлэхэд суралцаж байна. Одоо эдгээр чануудыг үнэхээр *Цаглашгүй* болгохын тулд хоёрдмол сэтгэлээ шууд уусгаж, хамаг амьтныг нэгийг ч үл хоцроох нийтийг хамарсан хүслээ тэлэн томруулах тэгш сэтгэл дээр төвлөрөх болно.

Үүний тулд сэтгэл тэгш гэж хамаг амьтныг тэнцүүхэн авч үзэхэд суралцахыг хэлж байгаа юм. Ялгаагүй адилхан гэдэг үзлийг сэтгэлийн төлөвтэй хольж будлих хэрэггүй. Бидний хөгжүүлэх гэж оролдож буй тэгш сэтгэл маань асрал, энэрэлийн сэтгэлээр хамаг амьтныг халамжилсан сэтгэлээс хөгжиж гарна. Бүгдийг хамруулна гэдэг хандлага, аугаа мэргэн хүн найр зохион байгуулж тэр хотын иргэдийг зэрэг дэв, баян ядуу гэж ялгалгүй цөмийг нь урихтай адил байх хэрэгтэй.

Алагчлалын бүхий л хэлбэрүүд нэг үзэгдлийг нөгөөгөөс дээр тавьсан бодлын шүүмжлэгч үзлээс үүдэлтэй. Ийм шүүмжлэгч үзлүүд өөр өөр төрлийн мунхагт үндэслэсэн байх бөгөөд түүнийг арилгах цорын ганц арга бол тэдгээрийн мөн чанарын тухай ухааныг хөгжүүлэх явдал байдаг. Ийм учраас ялгаварт бүх үзлүүд гэдэг бодлын төөрөгдлийн үйл явц юм. Уг язгуурта бид цөм адилхан гэдгийг таних тэгш үзлийг ихэнхдээ шинжлэх бясалгалын үеэр хөгжүүлдэг билээ. Бид уг язгууртайгаа илүү холбогдохыг хичээн, нүдэнд үзэгдэж буй ялгаанаас зайгаа авах тусам тэгш сэтгэлийн баттай суурийг тавьж чадах юм.

Дасгал 5.4 – Тэгш Сэтгэлийг Бясалгах

- *Тохиромжтой байрлал эзлээд амьсгалдаа төвлөрөх бясалгалаар сэтгэлээ тогтвортой байдалд оруулна.*

- *Өмнөө гурван хүн байна гэж төсөөл. Зүүн талд байгаа нь таны найз дотны хүн. Баруун талд тантай зөрчилдөөд байдаг нэгэн дайсан юмуу өрсөлдөгч гэж нэрлэдэг хүн байна. Эцэст нь гурав дахь хүн сайн танихгүй шахам уулзаад удаагүй хүн байна. Сэтгэлдээ аль болох тодхон тусгаж тэднийг тэнд яг байна гэж бодно.*

- *Найзаасаа эхлээд нөхөрлөл хэрхэн хөгжсөнийг бод. Яагаад дотноссон* билээ? Цаг хугацааны туршид хөгжсөн үү? Та хоёрын харьцаа байнга сайхан байдаг уу, эсвэл заримдаа бас маргадаг уу? Та яагаад энэ хүнтэй бусдаас илүү холбоотой байгаа вэ?

- Одоо дайсан руу анхааралаа хандуул. Энэ хүнтэй дандаа асуудалтай байсан уу? Түүний юуг хүлээж авахад хэцүү байдаг вэ? Та хоёрын хооронд яагаад зөрчил байгаад байдаг гэж боддог вэ? Түүнийг хүн болгон тан шиг боддог болов уу? Тэр хүн гэр бүлийнхэндээ бол ямар хүн гэж үзэгддэг бол?

- Одоо нөгөө танихгүй хүнийг бод. Та энэ хүнтэй нөхөрсөг харьцаа тогтоож гэж төсөөлж чадах уу? Тэгнэ гэвэл юу хийх хэрэгтэй бол? Мөн тэр хүнийг дайсан болгох ямар нөхцөлүүд байж болох вэ? Харьцаа өөрчлөгдөж болох ямар нөхцөлүүд байдаг вэ?

- Хүн болгон дээр хэрхэн нөхөр ба дайсан болсон эсвэл танихгүй хүмүүс шиг болсон талаар бодож үз. Тийм тохиолдлууд болж байсан жишээ олохыг хичээ. Түүнчлэн дайсан яавал нөхөр болж болох талаар сөргүүлэн бод. Дахин дахин жишээ бодож олохыг хичээ.Энэ гурван хүний харилцаа яаж өөрчлөгдөж болох талаар эргэцүүл.

- Ямар ухамсар ургана түүндээ сааатаад амар.

БОДЬ СЭТГЭЛ ТӨРҮҮЛЭХ ШАЛТГААНЫГ БИЙ БОЛГОХ

Цаглашгүй Дөрвөн Сэтгэлийг бясалгаснаар өөрийг энхрийлэн барих сэтгэлийг багасгаж зүрх сэтгэлээ нээлттэй болгох ухааныг хөгжүүлдэг. Тэдгээр чанар нэг бүр бусадтай харилцах явцад хөгжих бөгөөд сэтгэлийг ер бусын тэнцвэртэй байдалд оруулдаг учраас тохиромжтой зөв нөхцөл бүрэлдэх цагт Бодь сэтгэл танд аяараа бий болох болно.

Хоёр Их Тэрэгч Нагаржуна, Асанга нар Их Хөлгөний замд орроход эдгээр чанаруудын амин чухал болохыг хоёулаа онцлон таньсан байдаг. Тиймээс тэд аль аль нь асрахуй, энэрэхүй, баяр баясгалан, тэгш сэтгэл дөрвийг хөгжүүлж Бодь сэтгэлтэй болох явдлыг хурдасгах гайхамшигтай аргуудыг гаргаж ирсэн байдаг. Эдгээр аргууд Төвдөд хоёр гол урсгалаар хөгжсөнийг үзүүлбэл:

1. **Асангагийн Долоон Зүйлт Шалтгаан ба Үр Дагаврын Аугаа Дамжлага:** Энэ аргууд өөрийгөө хамаг амьтантай сэтгэл санааны хувьд холбосон хүчирхэг холбоог үүсгэхэд голчлон анхаарсан байдаг. Энэ нь Бодь сэтгэлийг үүсгэх шалтгаан ба үр дагавар болох үүрэгтэй зургаан зүйл дээр

тунгаан боддогоос энэ нэрийг авсан байдаг. Хайрын үндсийг бий болгох эхний шат нь 1.хамаг амьтантай төрөл тэргүүлшнүй цагаас авахуулаад харилцан холбоотой гэдгээ таних, 2.тэдгээр амьтдаас тоогүй их ашгийг хүртэж ирсэн гэдгээ таних, 3.тэдэнд талархан ачийг нь хариулах чин хүслийг төрүүлэх дээр бясалгах явдал юм. Холбоогоо бататгасны дараагаар бясалгагч хүн дараагийн чанаруд болох 4. Сэтгэлд зохистой асрахуй, 5.их энэрэхүй сэтгэл 6.хамаг амьтны тусыг бүтээх үүргийг өөртөө хүлээх амь үл хайрлах үлэмж сэтгэлээр ялгардаг байна. Эдгээрт төвлөрөн зөв бясалгаж чадвал үйл явц ер бусын үр дагаварт хүргэж 7. Бодийн дээд эрдэнийн сэтгэл хэмээх хамаг амьтныг төгс гэгээрэлд хүргэх хүсэл хүнд төрөх болно.

2. **Нагаржунайн Өөрийг Бусдаар Тэнцүүлэн Солих Гүнзгий Дамжлага:** Хоёр дахь арга нь Нагаржунайн сургаал дээр үндэслэн Энэтхэгийн алдарт их багш Шантидева гэгээний гаргаж танилцуулсан арга юм. Асангагийн сургаал оюун санааны хувьд чиглэл нь тавигдсан хүмүүст тохирдог бол Нагаржунайн арга өөрийн биеийг энхрийлэн барих үзлийг дарах тал дээр голчлон анхаардаг байна. Бясалгагч хүн олон төрлийн шинжлэн тунгаах бясалгалыг хийсний дээр 1.хамаг амьтантай уг чанараараа ижил юм гэсэн тэгш сэтгэлийг үүсгэнэ, 2.ашиггүй талыг нь бодож тунгаанаар өөрийг энхрийлэх үзлээс татгалзан, 3.энэхүү ашиггүй гэдгийг тунгаасан дээрээ үндэслээд бусдыг энхрийлэх сэтгэлийг төрүүлэх, 4.”би”-д барих сэтгэлийг бүрмөсөн орхиж түүний оронд бусад амьтныг бодох дээр төвлөрөх, 5.аугаа асрахуй ба энэрхүйг хөгжүүлэх санаагаа тордох чадвартай болдог ажээ. Энэ арга бол өөрийг энхрийлэн барих мунхаг сэтгэлийг тасдан Бодь сэтгэл төрөх үндсийг тавьж алагчлалыг арилгадаг маш үр дүнтэй арга билээ.

Наландарын их багш Жово Атишагийн сургаалаар дамжин энэ хоёр дамжлага Төвөдийн Буддын зургаан гол урсгалд байр сууриа олон нэвтэрч цаг хугацааны туршид аль алиныг нь нэгтгэн хэрэглэдэг заншил тогтсон байна. Энэхүү нэгдмэл дамжлага Бодь сэтгэл төрүүлэх хамгийн үр дүнтэй аргад тооцогддог учраас бид одоо өөрсдийн бясалгал дадлагадаа ашиглах үүднээс тэдгээрийг нэг бүрчлэн судлах болно.

Тэгш Сэтгэлийн Үндсийг Тавих

Хүн болж төрсөн бид хийгээд гурван зүйл амьтан болгон зовлонгоос илүү жаргалыг хүсдэг. Энэхүү маргаангүй хүсэл хэдийгээр байвч мунхгийн харанхуйгаасаа болоод зөвхөн зовлонг л авчрах хохиролтой үйлдлийг хийгээд байдаг нь харамсаад баршгүй хэрэг бөгөөд буянтай үйлийг үйлдэж байж л жаргаланд хүрнэ гэдгийг санадаггүй билээ. Хэн ч зовлонг үл хүсэх мөртлөө бид үүнийг хийгээд байдаг шүү дээ.

Энэ үнэнийг амьдралдаа бүрэн хэвшүүлэхийн тулд амьтан болгон миний нэгэн адил жаргалыг хүсэж, зовлонг хүсэхгүй байгаа шүү гэдэг дээр дахин дахин тунгаан бясалгах нь зүйтэй. Энэ нь бидний бусад амьтан руу чиглэсэн шунал, хорсол, уур хилэн, атаа жөтөө зэрэг хандлагуудыг арилган өөрт ашиггүй үр дагаварт хүргэх явдлыг зогсооход тусална. Амьтан болгон бүх шалгуураар адилхан гэж хэлж байгаа хэрэг биш хэдий ч уг мөн чанар нь нэг юм гэдэг дээр үндэслээд ижил авч үзэж байгаа билээ.

Энэ тал дээр харьцангуй түвшинд нь тусган бодвол бид бүхэн цөм энэ будилаанд нэгэн адил төөрчихөөд байгаа юм байна, байдал ямар ч байлаа гэсэн бид нэг нэгэнтэйгээ барилдлагаа зузаатгах үндэс байнга байдаг юм байна гэдгийг аажимдаа ухаарч эхэлнэ. Үнэмлэхүй түвшиндээ энэ мэдрэмж нь бидний уг язгуурын унаган мөн чанарын нэг юм байна шүү гэдэг нэгдмэл ухамсар төрсний үндсэн дээр энэхүү дотоод сэтгэлийн мөн чанар биднийг харилцан хамаарлын оршихуйд холбож байдгийг таних болно. Энэ үндсэн холбоог таньсан цагт бусдын зовлон, жаргал миний өөрийн зовлон жаргалаас ангид тусдаа зүйл огт биш юм байна гэдэг дүгнэлтэнд заавал хүрэх болно. Зовж байгаа амьтныг харахаар өөрөө бас зовох болдог нь зайлах аргагүй юм. Үүнтэй адилаар бусад амьтан жаргаж байвал би ч мөн жаргах юм.

Дасгал 5.5 – Нийтлэг Хүслээрээ Холбогдох

- *Тохиромжтой байрлал эзлээд амьсгалаа төвлөрөх бясалгалаар сэтгэлээ тогтвортой байдалд оруулна.*

- *Оюун санаандаа найз ч биш, дайсан ч биш нэгнийг авчирч өмнийн огторгуйд байгаагаар төсөөлөөд түүний амьдралын нөхцөл, ажил төрөл зэрэг өөртэй тань төстэй талууд юу байгааг бод. Хүн гэдгийнх нь хувьд анхааран харьцаж түүнтэй хамт хэсэг цагийг өнгөрөө. Яг тань лугаа адил тэр ч мөн жаргалыг хүсч, зовлонгоос чөлөөтэй байхыг хүсч байгаа. Энэхүү үндсэн хүслээс өөр бусад ялгаатай талуудыг нь уусган бүдгэрүүлээд үз. Тэр таны амьдралд айхтар нөлөөтэй биш шиг санагдавч түүний жаргал таныхтай адилхан эрхэм байгаа.*

- *Одоо таны амьдралд чухал үүрэгтэй, сайн сайханд маш чухал тийм нэгэн хүнийг төсөөл. Хамгаас хайртай хүнээ бодож болно. Энэ хүнтэй ойртон очиж түүний хүсдэг болон айдаг зүйлсийг өөртэйгөө холбохыг хичээ. Хэдийгээр та хоёр нэг нэгэндээ хайрын сэтгэлээр хандавч та хоёрт ямар ч ялгаагүй ханддаг хүмүүс гадуур олон бий. Зарим нь бүр дургүй ч хүн байгаа. Тэгэхээр хайртай хүнээ жинхэнэ аз жаргалын эх булаг болох боломжгүй гэдгийг бод. Түүний энэ чанаруд таны бодлоос л урган гарч байгаа үзэгдэл мөн гэж бод.*

- *Танд муу хортой зүйл хийхийг санаархаж байх шиг санагддаг нэгнийг санаандаа оруул. Тантай дандаа зөрчилдөж байдаг нэгэн. Одоо түүний үндсэн хүсэл мөрөөдөл айдаг зүйлсийг бодоод үз. Тэр таны зовлон бачимдлын жинхэнэ эх булаг мөн гэжүү гэдгийг бод. Бүх уур хилэн цөхрөл гутрал таны бодлоос урган гарч байгаа гэдгийг бод.*

- *Одоо ухамсраа нээн амьдралдаа тааралдсан өөр хүмүүсийг тойруулан бод. Тэдний айдаг хүсдэг зүйлсийн талаар хэсэг зуур бод. Бид цөм язгуур түвшиндээ нэг мөн чанартай юм байна гэдэг мэдрэмжээ бататга.*

- *Эдгээр сэдэв дээр тунгаан бясалгах зуурт аа адил тэгш мэдрэмж ургахыг мэдэр. Тэгвэл түүндээ сааттаад амар.*

Хамаг Амьтантай Асрахуй, Энэрэхүйн Холбоо Байгуулах

Тэгш сэтгэлийн дадлагаар бид алагчлах үзлийг багасган бусадтай адил тэнцүү сэтгэлийг үүсгэдэг. Энэ үндсэн дээрээ суурилаад тэдний зүг чиглэсэн тэгш тогтвортой байдлаар халамжлан үзэх хайр энэрлийн хандлагыг үүсгэхэд анхаарч ажиллах болно.

Бүгдийг Өөрийн Эх гэж Таних

Бусдыг хайрлах сэтгэлийг хөгжүүлэхийн тулд цаг хугацааны туршид ямар харьцаатай явж ирснийг таних явдал гол түлхүүр болдог. Энэ амьдралаа хараад үзэхэд маш олон төрлийн амьтантай учирдгийг амархан хэлж болно. Автобус, галт тэргэнд хамт явсан хүмүүс л гэхэд хоромхон зуур үзэгдээд өнгөрдөг бол харин зарим нь ээж шиг төрөхөөс эхлүүлээд насан туршид хамт байна. Ажилд явах зам зуур зөрдөг олон хүмүүс шиг зарим нь амьдралд ул мөр гэхээр юм бараг үлдээхгүй байхад амралтын өдөр уулзаж ном заалгадаг сүсэг бишрэлийн багш адил маш чухал өөрчлөлтийг таны амьдралд гаргадаг хүмүүс бий. Хэрвээ бид арагш нэг алхаад амьдралаа нэг бүхэл зүйл болгон ажвал маш их олон хүнтэй холбоо харилцаа тогтоосон байгаа.

Гэвч энэ бол төрөл тэргүүлшгүй цагаас сансарт эргэлдэн буй тоогүй олон амьдралын ганц л амьдралын харилцаа холбоо билээ. Бидний сэтгэлийн урсгал хязгааргүй гээд бодох юм бол бидний тогтоосон холбоо харилцаа ч мөн хязгааргүй болох ёстой. Энэ амьдралд тохиолдсон хэнтэй ч болов бид төрөл бүрийн барилдлага тогтоож байсан гэдэг нь гарцаа байхгүй юм. Заримдаа найз, заримдаа дайсан, заримдаа үл таних хүн, заримдаа хамгаас хайртай нэгэн, эх, үр, эцэг эсвэл ахан дүүс.

Ийм ойлголтыг хөгжүүлэх нь асрал, энэрлийн сэтгэлийг бий болгох үндэс болж гэгээрэлд эцэстээ хөтлөх Бодь сэтгэл үүсэхийн эхлэл болдог байна. Хамаг амьтан өнөөдөр бидэнтэй ойр дотно байна уу, урьд биднийг хөнөөж байсан байна уу гэдэг ямар ч хамаагүй юм. Бид таван настай байхдаа хоолоо идэхгүй гэж ээжтэйгээ тэмцэлдэж байсны адил чухал биш хэрэг, өнгөрсөн хэцүү үеийг эс тооцон бид одоо хайрлаж чадна. Бидний зорилго бол аль нэг нөхцөл юмуу болзол байхгүйгээр, өнөөдрийн нөхцөл байдлаас давж харан тэрхүү холбоогоо таних явдал бөгөөд ийм холбооны ашиг тус ганц талаас хязгаарлагдахгүй билээ.

Энэхүү гайхамшигт чадварыг олж авахын цагт бид эх, хүүхэд хоёрын харьцаан дээр анхаарлаа хандуулах болно. Ерөнхийдөө эх хүн л хүүхдээ ямар нэгэн болзолгүйгээр асарч хайрладаг, ямар ч амьтан ялгаагүй эх гэдэг хүүхдийнхээ төлөө амиа өгөхөөс буцдаггүй. Хамаг амьтан ийм холбоогоор бидэнтэй холбоотой байсан гэж үзэх бүх талаар бололцоотойгоор барахгүй тэргүүлшгүй цагаас оршсон гээд бодох юм бол тэр амьтад цөм нэг бус тоолшгүй олон удаа энэ насанд бидний ээж ямар байгаа яг тэдэнтэй адил эх болж явсан юм гэдэг нь гарцаагүй болж байгаа юм.

Бидний эхтэйгээ харьцах холбоо хариу үл горьдох асрал, энэрлийн баталгаа болж байгаа юм. Гэвч таны харьцаа ээжтэйгээ тийм чиг сайн биш байдаг бол хэн нэгэн хайртай хүнээ оронд нь тавьж бодогтун. Таныг хамгаас илүүтэйд үзэн асарч энхрийлдэг нэгэн, аав юмуу өвөө, эмээ, ах дүүс байж л таарна. Гол нь таны амьдралд хайр энэрлийн бэлэгдэл болон үзэгдсэн нэгнийг жишээ болгон бодох хэрэгтэй.

Тэдний Сайхан Сэтгэлийг Ухаарах

Дараагийн шат бол ээж бидэнд сайхан сэтгэлээ яаж гаргаж байсан билээ гэдгийг жишээ болгон авч хамаг амьтан ч мөн түүнтэй адил миний эх явсан юм чинь мөн л тийм сайхан сэтгэлийг надад үзүүлсэн байж таарна гэж ухаарах явдал юм.Сайхан сэтгэл гэдгээр бусдаас хүртсэн ашиг тусыг хэлж байгаа бөгөөд санаатайгаар уу, санаандгүй юу гэдгээс үл хамаарна. Сайхан сэтгэлийг бид өөрсдийн мэдрэмжээс таньж болох бөгөөд ерөнхий дөрвөн төрлийн сайхан сэтгэлийг бид эхээсээ хүртдэг байна. Үүнд:

1. **Биднийг төрүүлсэн сайхан сэтгэл:** Эх хүн жирэмсэн байх есөн сарын туршид маш их олон хатуу хөтүүг давдаг бөгөөд бие махбодын тав тухгүй

байдал, өвдөлт зэргээс гадна сэтгэл санааны хувьд ч төрнө гэхээс айх, хүүхдээ эсэн мэнд төрүүлэхэд санаа зовох, орон гэрийн асуудал гээд цаашлах юм бол тэд энэ бүхэнд өөрийгөө үл хайхран анхаардаг билээ. Эхийн энэ их хичээл зүтгэлийн үрээр бид эрдэнэт хүний биеийг олж төрснөөр Ном буюу Дармаг анхааран авлага болгож гэгээрэлд хүрэх боломжийг олсон билээ.

2. **Бидний үхүүлээгүйн сайхан сэтгэл:** Төрөх үедээ бид үнэхээр өрөвдөлтэй, юу ч хийж чадахааргүй, зүгээр тэгээд л орхичиход үхээд өгөхөөр тийм амьтад байдаг. Бид маш жижигхэн эмзэг, турьхан байхад ээж л элгэндээ тэврэн учиргүй баярлан хөөрч өсгөдөг билээ. Сайхан цагаан сүүгээрээ тэжээж уянгалаг тааламжтай хоолойгоор бүүвэйлэнхэн өсгөдөг биш гэж үү. Түүний ивээл хамгаалал дор бид эсэн мэнд өсөж торнидог билээ.

3. **Эдийн хэрэгцээгээр хангасан сайхан сэтгэл:** Ээж хүн л бидниг харж хандан хэзээ ч хариу үл горилох хайраар энэ дэлхийд хэнээс ч илүүтэй асарч хайрлаж өсгөдөг. Төрснөөс хойш залгуулаад олон жилийн турш тэр бидниг хоол, хувцас, орон гэр хэрэгтэй болгоноор ханган мэдлэг боловсрол олоход бүх талаар бүрэн тусалдаг. Ээж хүн хүүхдийнхээ төлөө санаа тавиад зогсохгүй ач зээ нарыгаа хүртэл өсгөж өндийлгөдөг билээ. Түүний санаа тавих сайхан сэтгэлд хязгаар төгсгөл гэж үгүй. Гэр бүл, үр хүүхдийнхээ төлөө эх хүн өлсөх өвдөхөөс үл айна. Харин ч хүүхдээ өлсгөхөөр өөрөө өлсөхийг эрхэмлэнэ. Хүүхдээ ач санадаггүй байсан ч тоохгүй, ирээдүйд хохирол учруулах байсан ч, өнгөрсөн төрөлдөө дайсан байсан ч хамаагүй гагцхүү хүүхдийнхээ сайн сайхны төлөө л санаа тавина. Түүний сайхан сэтгэлийн шимээр бид хүний нандин төрлийг олсноо сүсэг бишрэлийн үйлсэд зориулах хэрэгтэй бүхнээр хангагдан торнидог билээ.

4. **Хорвоог таниулсан сайхан сэтгэл:** Нялх байгаад хөлд орох үед ээж гэдэг бидний хоол идэж сурч байгаад баясан хөлд орох, үг хэлж сурах, хувцсаа хэрхэн өмсөх, гутлаа хэрхэн үдэх гэхчилэн бүхнийг зааж сургадаг билээ. Үнийгээ хязгааргүй их тэсвэр тэвчээрийг үзүүлэн зааж хүмүүстэй биеэ хэрхэн авч явах вэ гэдгийг мөн заан хэчнээн буруу зүйлийг хийсэн байлаа ч хайраар бидниг булж байдаг хүн бол ээж юм. Сургуульд хүргэж өгнө, гэртээ ирээд даалгавраа хийхэд тусална, шилжилтийн наснаас том хүн болтол уйгагүй ингэж зүтгэнэ. Түүний тэрхүү зүтгэлийн шимээр бид өөрсдийн унаган мөн чанарыг тусган бодох эрх чөлөөг эдэлдэг билээ.

Одоо үед ялангуяа Баруунд хүүхэд эцэг, эхтэйгээ таарамж муутай, будилаан ихтэй амьдрах явдал олон байх болж өөрсдийн алдаанд эцэг эхээ буруутгах явдал гарч байна. Эцэг, эхийн зүгээс буруу хүндрэлтэй асуудлууд байдаг байж болох хэдий ч буруутгах үзэл үйлийн үрийн хуулийг мэдэхгүй өсдөгтэй холбоотой. Алдааг урьд төрлүүд болон аль нэгэн нуугдмал учир шалтгаанд тулгах боломжгүй билээ.

Алдаа дутагдал гарахад эцэг, эхээ буруутгах учир шалтгааны хувьд утгагүй хэрэг. Алдаа тэднийх бус таных билээ. Тийм байдаг бол нэг гэрт өссөн хүүхэд болгон адилхан байх сан. Эцэг, эх гэдэг зүгээр л нэг тодорхой нэгэн мэдрэмжинд нөхцөл болж үйлчилж байгаа болохоос биш гол шалтгаан нь тэдгээр мэдрэмжийг хэрхэн холбож үзэх бидний сэтгэлд л байгаа юм.

Зарим нэг хо
ворхон тохиолдлыг үл тооцвол эцэг, эх гэдэг бидэнд чадах бүхнээрээ тусалж дэмжиж байдаг хүн. Хүүхэд нь болж төрсний хувьд бид хэн бүхнээс илүү тэднээс л сайхан сэтгэлийг хүртдэг билээ.

Өөрсдийн асуудлыг эцэг, эхэд тохдог явдлын занганд орохгүйг хичээн учрыг өөрсдөөсөө хайвал зохилтой. Үнэндээ бид өөрсдийн буруу муу зуршилт хандлагуудаа даруухнаар хүлээн зөвшөөрч сайн сайхан чануудыг хөгжүүлэх хязгааргүй чадвар бидэнд бий шүү гэсэн сэтгэлээр цааш хөдлөх хэрэгтэй. Өөрсдийгөө буруутган гэмших сэтгэлтэй явах болон бусдыг буруушаан уур хилэн агуулж явахын аль аль нь ашиггүй ирээдүйд ихээхэн хор учруулж болох аюултай араншин билээ. Харин эсрэгээр эцэг эхдээ хязгааргүй таларх
ах сэтгэлийг төрүүлэн ялангуяа эхээ, тэгээд цаашилж найз нөхөд хамаатан садангуудаа хүртэл тэлэн томруулж эцэстээ бусад хүмүүс болон адгуус, тоолшгүй олон төрлүүдэд эх болж явсан зургаан зүйл хамаг амьтныг талархан нигүүлсэх сэтгэлийг хөгжүүлбэл зохино.

Өөрийн эхийн сайхан сэтгэл дээр тунгаан бясалгах нь бидний сэтгэлийг уужим болгон хамаг амьтантай гүнзгий ерөөлтэй болохыг мэдрэхэд хүргэнэ. Ганц эхийн хайр энэрлээр хязгаарлан бодож болохгүй амьдралд хайртай болгоноо аав, ах, эгч дүү нараа хамтруулан бодно. Тэр байтугай танихгүй хүмүүсээс хүртэл ямар их сайхан сэтгэлийн бэлгийг авсан байж болохов, дор хаяж бидний идэж байгаа ногоог тарьж ургуулсан хүмүүс унтах ор, амьдрах гэрийг минь бүтээн байгуулсан хүмүүсийн сайхан сэтгэлийг таньж ойлгох хэрэгтэй. Өдөр болгон тоогүй олон амьтан бидний тусын тулд шаардлагатай бүх нөхцөл боломжуудыг бүрдүүлж өгч байдаг билээ.

Хэрвээ та хамтран ажиллахад хэцүү хэсэг бусаг хүмүүсийг олох юм бол тэгш сэтгэлийг хөгжүүлэх дасгалдаа анхаарвал зохино. Хорсол шуналын сэтгэлээ арилгачихвал тэдгээр хүмүүсийн өгсөн сайхан сэтгэлийн жишээнүүдийг бодож олоход хялбар байх болно. Тантай дандаа маргаж амьдралыг тань хэцүү болгож байдаг хүн л гэхэд таны тэвчээрийг батжуулж сайн чануудаа хөгжүүлэхэд тусалж байгаа нэгэн билээ. Энэ талаас харах юм бол харин ч ашигтай тустай юм биш үү гэж бодогдоно.

Ачийг Хариулах Хүсэл

Эх болсон хамаг амьтны сайхан сэтгэлийг сайтар тусган бодоод үзэхтэй зэрэг хязгааргүй талархах сэтгэл өөрийн эрхгүй төрнө. Тэднээс бидний хүртсэн тусын хэмжээ үнэндээ гайхам ихийн тул бид ачийг ямар нэгэн байдлаар хариулах юмсан гэсэн хүслийг төрүүлдэг.

Өрөө төлөх юмсан гэсэн дарамттай сэтгэл энэ биш юм. Харин энэхүү харилцаагаа хоёр талтай гэж ойлгож авах нь чухал. Нэг хүн нөгөө хүндээ тусаллаа гэхэд тэдний харилцаа холбоо мэдээж батжин аль аль нь ирээдүйд нэг нэгэндээ тусыг хүргэж байх гэсэн боломжтой болгоно. Ачийг хариулах хүслээ нэмэх тусам тэдэнд тус хүргэхдээ бид илүү нээлттэй хандаж эхэлдэг болно.

Дасгал 5.6 – Бусдын Ачийг Хариулах

- *Тохиромжтой байрлал эзлээд амьсгалдаа төвлөрөх бясалгалаар сэтгэлээ тогтвортой байдалд оруулна.*

- *Ээжийгээ өмнийн огторгуйд байна гэж төсөөл. Түүнийг яг тэнд байна гэж мэдрэгдэх хүртэл хэсэг байзана. Одоо түүнээс ямар ашиг хүртсэнээ бод. Түүний хэвлийгээс гарч ирсэн цагаас хойш одоог хүртэл эхийнхээ гаргасан зүтгэл хатуужил зэргийг, таныг хэрхэн хооллож, ундалж, хувцаслаж, боловсрол олгосны хамтаар бод. Түүний тэсвэр тэвчээр ямар их байсныг сана. Эхийн сайхан сэтгэл үгүйгээр таны энэ амьдрал ийм байх байсан гэжүү хэмээн бодогтун.*

- *Эхийгээ гэх сэтгэлээ тордон нэмэгдүүл. Хайрлан энхрийлэх сэтгэл ургаж ирэхэд нь хэсэг зуур саатан амар. Мэдрэмж бүдгэрээд ирэх үед дахиад эргэн санаж мэдрэмж ургахыг хүлээ. Энэхүү мэдрэмжээ маш хүчтэй болох хүртэл нь үргэлжүүл.*

- *Одоо ээжийгээ уусган арилгаж өөр хэн нэг хүн магадгүй гэр бүлийн нэг гишүүнээ сонгож болно. Түүнийг амьдралдаа байнга ийм үүрэгтэй байгаагүйг бод. Тэд цөм төрөл тэргүүлшгүй цагаас эхлүүлээд яг таны ээж шигээр таныг асарч тордсоор ирсэн. Ээжийгээ оролцуулаад бодохоор холбоотой мэдрэмж дахиад ургана. Түүндээ саатан амар.*

- *Хүмүүсийг нэг нэгээр нь ингэж авчирсаар байгтун. Тэдэнтэй одоо ямар холбоотойгоо бодож эрт урьд цагаас ямар холбоотой байсан мөн чанарыг бод. Тэднийг эхийн ачийг санахын үндэс болгон ашиглаад тийм мэдрэмж дахин ургахыг хүлээ.*

- *Бясалгалын төгсгөлд хараа хүрэхгүй хол хүртэл эргэн тойронд хамаг амьтнаар хүрээлүүлсэн байгаагаар төсөөл. Тэд цөм таны эхийн нэгэн адилаар таны эх болж явсныг сана. Хүч хүрэх бүхнээ хийж тэдний ачийг хариулах сан гэсэн хүслээ өдөө. Тэдний сайхан сэтгэлийн ачийг хариулах ёстой гэж мэдэр.*

Өөрийг Бусдаар Тэнцүүлэн Солих

Бид өөрсдийн хамаг амьтантай холбоотойн мөн чанарыг ялангуяа тэднийг асрах, энэрэх сэтгэлийг хөгжүүлэх талаар судаллаа. Одоо "би" хийгээд "бусад" гэсэн хоёр зүйлийн талаар дэлгэрүүлэн авч үзэх хэрэгтэй. Энгийн үедээ "би" гэхээр бусдаас ямагт илүү чухал, "бусад" гэхээр биднээс бага жинтэй мэт сэтгэлд ургадаг. Бид үүнийг яагаад гэдэг талаас нь биш ялгаварт үзэлтэйгээр угаасаа оршдогийг таних тал дээр анхаарах болно. Өөрийгөө бусдаас илүүд тавьж үзэхийг бид "өөрийг энхрийлэн барих сэтгэл" хэмээн нэрлэж байгаа билээ. Бид энэ мэдрэмжээ тод таньдаг болох үедээ түүний хаанаас гаралтайг шинжлэн судлах болно.

Өөрийг бусдаар тэнцүүлэн солих гэдэг бусдын хэрэгцээг, өөрийн хэрэгцээг хангах мэт хангах зорилготой биш юм. Гол нь өөрийг гэсэн мэдрэмжээ авч бусдыг гэсэн мэдрэмжээр солих ба үүний тулд эхлээд тэднийг амьдралдаа оруулан үзэж дараа нь тэдний тусын тулд үйл хөдлөл хийх болно. Энэ хандлагаа өөрчлөх явдал Бодь сэтгэлийг үүсгэх сэдлийн хөдөлгөгч хүч болон үйлчлэх учиртай болохоор түүнийг хөгжүүлэх нь амин чухал хэрэгтэй билээ.

Өөрийг Энхрийлэхийн Хор Уршиг

Эхлээд бид өөрийг бусдаас илүүтэй чухалд авч үзсэний харгайгаар гарч болдог олон ашиггүй уршигт талуудыг бодож үзэх хэрэгтэй. Бүх зовлонгийн үндэс ёзоор болдог өөрийг энхрийлэх сэтгэл, үнэндээ бидний зовоод байгаагийн ганцхан шалтгаан бөгөөд бид өөртөө жаргалыг авчирна гэсэн цорын ганц зорилготойгоор үйл хөдлөлд оролцох болдгоос тэр ажээ. Зэр зэвсэгтэй холбоотой гардаг зовлонг аваад үзье л дээ.Бид амьтныг урьд төрлүүддээ хохироосон учраас л энэхүү таагүй нөхцөл байдалтай эдүгээ учраад байгаа ба бусдыг хохироохын ганцхан шалтгаан нь өөрийн аз жаргалыг бусдынхаас дээгүүр тавьсных билээ.

Өөрийг энхрийлэх сэтгэл ганцхан зовлонгийн үндэс болоод зогсдоггүй ажээ. Үүнээс болж бид урьдын буянаа барахад хүрдэг бөгөөд өөрийгөө байнга хамгаалж байх нөхцөл шаардлага гарч ирдэг байна. Орчин тойрныхонтойгоо эв нэгдэлтэй амьдрахын оронд бид байнгын дайралтан дор оршиход өөрсдийгөө хүргэж үүнээс болоод сэтгэлийн үзэн ядалт, уур хилэн гэсэн төлвүүдэд ороход хүрдэг байна. Сэтгэлийн иймэрхүү төлвүүд бидний буяныг үгүйрүүлээд зогсохгүй урт удаан үргэлжлэх аз жаргалд хүрэх замыг хаадаг байна.

Энэ үзлийн үүднээс аваад үзвэл өөрийг энхрийлэх сэтгэл бидний зайлсхийвэл зохих бүхний гол цөм мөн ажээ. Энэ үнэн учрыг зөвхөн оюунаар ойлгоход хангалттай биш ээ. Бид цаг гарган өөрсдийн эдэлж буй зовлонгоо тусган түүнд өөрийг энхрийлэх сэтгэлийн гүйцэтгэж байгаа үүргийг тунгаан бясалгах хэрэгтэй. Тодорхой зорилготойгоор үүнийг хийх юм бол бид өөрийг энхрийлэн барих сэтгэлийг орхих сэдлийг хүчтэйгээр төрүүлэн өөрсдийн дотор байгаа тэр амьтныг энэрэх сэтгэлээ хөгжүүлж чадах болно.

Бусдыг Илүүд Үзэхийн Ашиг Тус

Өөрийг гэх сэтгэлээ бусад руу чиглүүлж эргүүлснээр бидний сэтгэлд орон зай гарч бусдад юу хэрэгтэйг илүү тодоор харж чадах болдог. Тэдний сайн сайхны төлөө зүрх сэтгэлээ хөдөлтөл санаа тавиад ирэхээр тэдний төлөө үйлийг хийх явдалд аяндаа ороод явчихна. Чиглэлээ ийнхүү өөрчлөх явдал биднийг буян хийхэд хөтлөх бөгөөд эцэстээ өөрсдийн жаргалын замыг олох шалтгааныг үүсгэж байгаа хэрэг билээ.

Эрдэнэт хүний биеийг олсноор мэдэрдэг жаргалуудаа бодоод үзье л дээ. Ийм төрөл авч төрнө гэдэг ёс суртахууныг сайтар сахисны үр дүн бөгөөд ёс суртахуун гэдэг нь бие, хэл, сэтгэлээр амьтныг үл хохироох явдалд томоохон үүрэгтэй байдаг байна. Бид хамаг амьтан зовлонг хүсэхгүй гэдгийг ойлгосон ба тэднийг халамжлах сэтгэл төрсөн, тэднийг зовлонд учруулахгүй байхын чухлыг ойлгосны үндсэн дээр ёс суртахууныг сахиж байдаг учиртай.

Мөн энэ орчлон дээрх бидэнтэй харьцаж байгаа, бидэнд зааж сургаж байгаа бусад хүмүүсийг ажиглаж үзээрэй. Та ганцхан өөрийгөө гэдэг хүнтэй хамтдаа баймаар байна уу эсвэл бусдыг боддог хүнтэй хамтдаа баймаар байна уу? Бардам зан, хор шаранд эзэмдүүлсэн бөгөөд өөрийн олзны төлөө хавь орчныхноо ашигласан хамгийн хар амиа хичээсэн нэгнийг бодоод үзэгтүн. Одоо бүх амьдралаа амьтны сайн сайхны төлөө зориулсан Бурхан Багшийг бодоод үзэгтүн. Хар амиа хичээсэн хүнийг тоолшгүй олон галавт зовлонгоо эдлэх шалтгаанаа хийсээр явахад Бурхан багш гэгээрэлд хүрчихээд хамаг амьтанд үргэлжлүүлэн тусласаар байгаа билээ. Алийг нь та сонгомоор байна?

Бусдыг гэсэн сэтгэлтэй байх нь өөрийн хийгээд бусдын аль алины тусыг бүтээхийн гол түлхүүр гэдгийг таньж өөрийг бусдаар тэнцүүлэн солих хүслийг хөгжүүлэх хэрэгтэй. Бодоход энэ боломжгүй хэрэг мэт санагдаж байгаа ч юутай ч гэсэн бид эхлээд сүсэг бишрэлийн дадлагын замаар орон саруул оюунаа хөгжүүлсэнээр үүнд хүрч болно. Эцэстээ бид юмсын хоосон чанартайг ухаараад ирэхийн цагт энхрийлээд байх "би" өөрөө гэж үгүй болохыг ойлгоно. Тэр үед бид бүрэн чөлөөтэй болж хайр энэрэлийн сэтгэлийг хязгааргүй амьтанд бүгдэд нь түгээж чадах болно.

Асрахуй, Энэрэхүй Сэтгэлийг Бататгах

Өөрийг энхрийлэх сэтгэлийг орхисны дараагаар бусдыг гэх сэтгэлээ хөгжүүлж Төвдөөр "*Донлэн*" гэж нэрлэдэг аргад өөрсдийгөө сургах болно. "*Дон*" гэдэг нь "өгөх", "*Лэн*" гэдэг нь "авах" гэсэн утгатай ба нийлэхээрээ өөрийн жаргалыг бусдад өгч, бусдын зовлонг өөртөө авах гэдэг дадлага ажээ. Энгийн бясалгалаар энэ хоёрыг хөгжүүлснээр бид асрахуй ба энэрэхүй сэтгэлийг машид ихээр бататгаж чадна. Эдгээр чанарууд хүчтэй болох үед амьтны төлөө гэгээрэлд хүрэх хүсэл аяндаа төрөх болно. Их егүзэр Ланри Танва гэгээн доорх мөрөнд үүнийг сайхнаар илэрхийлсэн байдаг нь:

"*Ялалт хийгээд олзыг бусдад өг*
Ялагдал хийгээд хохирлыг өөртөө ав" гэжээ.

Та жаргал цэнгэлийг мэдрэх болгондоо тэрхүү мэдрэмжээ эрчимжүүлэн хөгжүүлж жаргалыг хүссэн бусад бүх амьтанд илгээх хэрэгтэй. Амьсгаа гаргах тоолондоо эх болсон хамаг амьтанд баяр талархлаа хайрын цагаан гэрэл болгон илгээгтүн.

Хэцүү өвчин зовлон эдлэх үед түүнийгээ зүрх хөдөлгөм энэрэхүйд шингээж мөн тийн зовсон буюу түүнээс дор зовлон эдэлж буй олонд илгээгтүн. Тэднийг зовлонгоос чөлөөлөх юмсан гэж халуурсан хүн мэт ээнэгшин хүсэж, зовлонгий нь өөртөө хүлээж авагтун. Тэгээд тэдгээр зовлонг зүрхэндээ хар утаа болгон сорж аваад өөрийг энхрийлэх сэтгэлийг түүнд шингээн уусгаж өөрийгөө нээлттэй гэрэлтсэн нэгэн болгон хувиргагтун.

Энэ дасгалыг гүнзгий мэдрэн бясалгаад ирэхийн цагт дөрвөн төрлийн солих зүйлс байдгийг мэдэж байвал бидэнд хэрэгтэй байх. Үүнд:

1. **Өөрийг Энхрийлэх Сэтгэлээ Солих:** Өөрийг гэх алив сэтгэлээ ор тас орхиж бусдыг өөрөөсөө илүүд үзэх сэтгэлээр солих.

2. **Өөрийн Хамгийн Сайхан гэснээ Солих:** Өөрийн таван бүрдэл цогцоос хамгийн их хайрладаг өөрийгөө гэж боддог хэсгээ бусдад өгч бусдын бүрдэл цогцыг өөрийнх гэж үзэх сэтгэлээр солих.

3. **Жаргалаа Зовлонгоор Солих:** Өөрийн аз жаргалыг хүсэх сэтгэлээ орхин бусдын зовлонг авах хүслээр солих.

4. **Буян ба Нүглээ Солих:** Өөрийн сайн сайхны төлөө буян хураах хүслээ орхин бусдад жаргалдаа хүрэх шалтгааныг бүтээхэд нь туслах юмсан гэсэн хүслээр солих.

Ийм маягаар сөрөг бодол болон муу сэтгэлийн хөдөлгөөн сэтгэлийн урсгалд тань илрэх болгонд бид бусдын сөрөг үйлийн үр, түйтгэр барцдыг өөртөө авч буян хишгээ бусдад өгөх сэтгэл баримтлах ёстойгоо өөртөө сануулахад ашиглах хэрэгтэй. Өөрийг энхрийлэх энэхүү сэтгэлээ даван гарахын тулд үүнээс дээр ямар аргыг бид төсөөлж чадах билээ?

Дасгал 5.8 –Өгөх, Авахын Бясалгал

- *Тохиромжтой байрлал эзлээд амьсгалдаа төвлөрөх бясалгалаар сэтгэлээ тайван байдалд оруулна.*

- *Чөлөөт сэтгэлдээ яг одоо хэцүү бэрхшээлтэй учраад байгаа нэгэн хүнийг бод. Өвчин зовлонтой ч юмуу саадтай тулгараад байгаа нэгэн ажээ. Түүнийг өмнөө байна гэж төсөөл. Түүнийг тоолшгүй олон удаа таны эх болж явсан амьтан шүү дээ гэж бод. Зүйрлэшгүй хайр энхрийллээ танд харамгүй зориулж ирснийг нь бод. Түүний сайхан сэтгэлийн ачийг хариулах хүслийг сэтгэлдээ төрүүл.*

- *Энэ хүн зөвхөн зовлонгоос ангид жинхэнэ аз жаргалтай л учрах юмсан гэж мөрөөдөж байгааг бод. Түүний хүслийг биелүүлэх юмсан гэж бод. Зүрхнийхээ голд гэрэлтсэн бөөрөнхий гэрэл үзэгдэхийг төсөөл.*

- *Амьсгал авахдаа тэр хүний бүх зовлон гачигдлыг өөртөө хар утаа болгон сорж авлаа гэж бод. Хар утаа бөөрөнхий гэрэлд уусан оргүй алга болно. Нөгөө хүн зовлонгоосоо салж амарлаа гэж бод.*

- *Дараа нь амьсгал гаргахдаа бөөн гэрлийн цацраг амнаас тань гарч нөгөө хүнийг амгалан хөөр баяраар дүүргэлээ гэж төсөөл. Түүний сэтгэл амарч зовлон гуниг үгүй болжээ.*

- *Ийм маягаар зовж байгаа төрөл бүрийн амьтныг санаандаа авчран тэдгээрийн зовлонг өөртөө шингээж авах хүслийг хөгжүүл. Үүнтэй адилаар өөрийн хуримтлуулсан буяныг тэдэнд өгнөөр тэд ирээдүйд жаргалыг эдлэх болно гэж хүслээ өдөө.*

- *Энэ хүнтэйгээ аль болох удаан байсан ч болно. Одоо боллоо гэж үзмэгцээ түүнийг бүдгэрүүлэн уусгаж өөр нэг хүнийг санаандаа авчир. Тэгээд дахин үргэлжлүүл.*

- *Эцэст нь сэтгэлдээ дахин уусгаад нээлттэй уужим байдалд хэсэг саатан байзна. Энэ дасгалыг хэд л бол хэдэн удаа давтаж болно.*

Бусдын зовлонг ийнхүү өөртөө авах тухай төсөөлөн бодсоноор өөртөө ямар нэгэн байдлаар мууг хийнэ гэж айж мэдэх хүн байж болно. Энэ дасгалын хортой байж болох ганцхан зүйл бол таны өөрийг энхрийлэх сэтгэлд л хортой байх болно. Үүнийг хэцүү дасгал гэж үзэх юм бол зүгээр бусдад сайн сайхныг хүсэх төдийгөөр дасгалаа эхэлж болно. Энэ нь цаашдаа илүү зорилготой шийдвэртэй сэдэл үүсгэхэд хөтлөх юм. Бидний төсөөлөн бодсон хүн маань тусыг хүртсэн үү үгүй юу гэдгийг хэлэхэд бэрхтэй ч та өөрөө тусыг гарцаагүй хүртсэн гэдэгтээ харин итгэлтэй байж болно.

ГОЛ ХЭСГҮҮДИЙГ ЭРГЭН СӨХВӨЛ

- Сэдэл үйлдлийн мөн чанарыг тодорхойлно. Цагийн хүрдний зам гэгээрэлд хүргэдэг гэдэгт итгэлтэй байхын тулд бид гэгээрлийн мөн чанар болсон сэдлийг бий болгох хэрэгтэй. Тэр бол Бодь сэтгэл буюу Бодичитта бөгөөд өөрийг хийгээд хамаг амьтныг гэгээрлийн хутагт хүргэх гэсэн хүсэлт сэтгэл юм.

- Бодь сэтгэл бидний замын: 1.эхэнд, гэгээрэлд хүргэх Их Хөлгөний зам мөрд орохын эхлэл болдог, 2.дунд, бүх үйлдлээ ганцхан зорилгод чиглүүлж, үйлдэл болгоныг хязгааргүй буяны эх сурвалж болгоно, 3.эцэст нь, замынхаа төгсгөлд Бурханы хутагт хүрэх явдал учир нэн чухал юм.

- Бодь сэтгэлийн үндэс нь хамаг амьтныг зовлонгоос чөлөөлөх явдлыг өөрийн үүрэг гэж үзэх аугаа энэрхүй юм. Өөрийг энхрийлэх сэтгэлээс үүсдэг ялгаварт үзэл ийм энэрэхүйг илрэхээс хязгаарлана.

- Өөрийг энхрийлэх сэтгэлийн эсрэг ерөндөг бол Цаглашгүй Дөрвөн сэтгэл: 1. Цаглашгүй Асрахуй, 2. Цаглашгүй Энэрэхүй, 3. Цаглашгүй баяр баясгалан, 4.Цаглашгүй тэгш сэтгэл юм.

- Асрахуй гэдэг бол бусдыг жаргаасай гэх хүсэл. Таван төрлийн асрахуй байна: 1.өмчлөгч асрахуй, 2.дурлалт асрахуй, 3.дассан асрахуй, 4.эцэг эхийн асрахуй, 5.хариу үл горьдох асрахуй. Энэ таваас сүүлчийн хоёр нь жинхэнэ асрахуй гэж тооцогдоно.

- Энэрэхүй сэтгэл гэж бусдыг зовлон бүү эдлээсэй гэх сэтгэл. Энэрэх сэтгэл таван талтай: 1.уярах, 2.өрөвдөх, 3.бүдүүн энэрэл, 4.нарийн энэрэл, 5.үл-алагчлах нигүүсэл. Сүүлчийн гурвыг жинхэнэ энэрлийн хэлбэр гэж үзнэ.

• Баяр баясгалан бусдын сайн сайханд баярлах сэтгэл ба бусдын буянд даган баясах сэтгэл. Таван оронд даган баясаж болно: 1.Бурхад, 2. Бодьсадва нар, 3. Брадигабуд, Шарвага архадууд, 4.эгэл амьтан, 5.өөртөө.

• Тэгш сэтгэл гэж алагчлалгүй тэнцүү үзэх үзлийг хэлнэ. Бусад гурван чанарыг цаглашгүй болгох боломжийг олгодог.

• Цаглашгүй Дөрвөн сэтгэлийг үр ашигтай хөгжүүлдэг хоёр дамжлага увьдас бий: 1.Асангагийн долоон зүйлт шалтгаан ба үр дагаврын аугаа дамжлага, 2.Нагаржунайн өөрийг бусдаар тэнцүүлэн солих гүнзгий дамжлага. Хоёулангий нь нийлүүлж хэрэглэснээр: 1.тэгш сэтгэлийн үндсийг тавих, 2.хамаг амьтантай барилдлагаа таних, 3. Өгөх, авахын дадлагаар өөрийг бусдаар тэнцүүлэн солих гэсэн аргуудтай байдаг.

Бодь Сэтгэл Үүсгэх - Гэгээрлийн Дээд сэтгэл

Хэрвээ бид Бурхан Багшийн айлдсан бүх наян дөрвөн-мянган номын цогцыг бүхлээр нь хараад үзвэл энэ нь бидний сэтгэлд "Бодь сэтгэл" үүсгэх буюу гэгээрэлд хүртэл түүнийг бататгах гэсэн нэг зорилготой маш чадварлаг аргууд болохыг ойлгох болно. Бодичитта бол гэгээрлийн замд орох гол шим нь бөгөөд үүнийг дээд түвшнийхэнд зориулсан зүйл юмуу эхлэн сурагчдад зориулсан зүйл мэтээр буруу ойлгож болохгүй. Аврал одуулан Бодь сэтгэл үүсгэх дараалсан хэдэн дадлага нийлээд гарааны суурь болж өгдөг ба тэдэнгүйгээр гэгээрэлд хүрэх зам гэж үгүй.

Доройтлын энэ цөвүүн цагт дадлага хичээлийг Бурхан Багшийн үед байсан шигээр заана гэхэд хэцүү учраас бид зайлшгүй шаардлагатай суурийг эхлээд тавих хэрэгтэй. Гол шим болсон дадлагуудыг гарын авлага болгон дадуулснаар эртний жинхэнэ дамжлагын оньс түлхүүр зааварчилгаанууд дор гэгээрлийн замдаа тохиолдох аль ч нөхцөл байдлыг бид давж гарч чадах болно. Бид зөн билгээ ухамсар мэдрэмжтэйгээ нэгтгэж чадаж байж л хувиргалт хийж чадах тул "Бодь сэтгэл" үүнд маш чухал үүрэгтэй юм.

Одоо бид Бодь сэтгэлийн шалгууруудыг тодруулан үзэж судлах бөгөөд тэгснээр түүнийг өөрсдийн амьдралд нэгтгэх талаар ойлголттой болох юм. Бидний замнах замын үе шат болгонд Бодь сэтгэл ямар үүрэгтэй болохыг тодруулснаар бид даган мөрдөх сайн гарын авлагатай болох юм. Тэгээд гол гол хэсгүүдийг санаандаа хадаж авснаар эхнээсээ дуустал нь төөрч будилалгүй ахих аргаа олох болно.

Энэ хандлагад зориулан тэдгээр сургаалын заримаас дурдахад Аугаа егүзэр Паадамба Санжай дээдсийн айлдсан үгийг санаж явбал тустай болов уу гэж санана:

"Багшийн зааварчилгааг олж авахын тулд олз хайсан эх шонхор адил байж, сургаалыг сонсохдоо хөгжим сонссон буга мэт бай, бясалгахдаа харин олон бодолгүй хүн хоол амсахын адил байж, тунгаан шинжлэхдээ хонины ноос хяргах нүүдэлчид шиг бай, эцсийн үр дүнд хүрэхдээ үүлний цаанаас гарч ирж буй наран адил бай" хэмээжээ.

Эртний нандин урсгалын урамжлал болсон сургаал заав_рчилгааг эрж хайж олж авахын тулд идэш олж үрсээ тэжээх гэсэн шонхор шувуу мэт цуцахаа үл мэдэн явах ёстой байна. Тэгээд олж сонсмогцоо хөгжим сонссон буга гөрөөсний адил тэдгээр ухаанаар бие сэтгэлээ дүүргэж бусад бодлуудыг бүдгэрэн гандахад хүргэх хэрэгтэй. Бодож санаад байх юм нэг их байдаггүй хүний адил сэтгэл оюунаа сатааруулалгүй сургаал номлолыг шимтэн бясалгах хэрэгтэй. Эцэст нь нэг ч үс ноос үл гарздан хяргах туршлагатай нүүдэлчид шиг өчүүхэн ч Номыг үл гээгдүүлэн бясалгал дадлагадаа хэрэгжүүлэх ёстой.

Сурах, тусгах, бясалгах гуравт өөрсдийг бүрэн зориулснаар Бодь сэтгэлийн хайр энэрлийг хөгжүүлж, "би"-д барих түйтгэрийг давхар арилгаж чадах болно. Тэдгээр сургаал номлолын агуулгыг сонсох юмуу оюун ухаанаар ойлгох гэж оролдохын хэрэггүй зүгээр л тэднийг амьдралын салшгүй нэгэн хэсэг мэтээр гараа алдлан хүлээж авч таны голт зүрхний хамгийн гүн рүү нэвчин орох боломцоог түүнд олгоорой.

ХОЁР ТҮВШНИЙ БОДЬ СЭТГЭЛ

Бодь сэтгэлийг гүнзгийрүүлэн авч үзвэл нэрлэж байгаа үгнээсээ шалтгаалаад олон давхаргын өөр өөр талуудыг заан үзүүлж болдог. Багшаас хүлээж авсан заав_рчилгааг ойлгохын тулд хэдэн төрлийн шалгуурудыг сэтгэлдээ хадаж авах нь тустай. Ерөнхийдөө хоёр гол давхаргын Бодь сэтгэл байдгийг үзүүлбэл: 1. Үнэмлэхүй Бодь сэтгэл ба 2. Чинагуух Бодь сэтгэл хоёр юм. Энэ хоёрыг туйлын хийгээд харьцангуй үнэнтэй давхацдаг гэж үзэж болно.

Үнэмлэхүй Бодь Сэтгэл

"*Үнэмлэхүй Бодь сэтгэл*" гэж Бурханлаг-чанар, үнэмлэхүй үнэн, болон далд ухамсар, бидний нандин үнэн зэрэгтэй ижил нэгэн утгыг илэрхийлнэ. Өөр өөр үгээр илэрхийлж байвч бид төгс гэгээрсэн Бурханы Номын үнэн сэтгэл буюу нэг л мөн чанарыг хэлж байгаа юм гэдгийг ойлгох хэрэгтэй.

Энэ хэсэгт Бодь гэдгээр бид бүхий л төөрөгдлөөс ангид гэгээрсэн чанаруудаар дүүрэн дээдийн амгаланд орших мэргэн сэтгэлийг хэлж байгаа билээ. Цагийн хүрдний замаар явсаар бидний хүрэх газар бол энэ бөгөөд гэгээрлийн сэтгэл гэж чухам үүнийг хэлдэг ажээ. "Үнэмлэхүй Бодь сэтгэл"-ийг бүрэн мэдрэхийн тулд Бурханы хутагт хүрэх хэрэгтэй бөгөөд үүний тулд бидэнд садаа болж буй бүхий л барцад түйтгэрийг арилгах хэрэгтэй болдог билээ.

Чинагуух Бодь Сэтгэл

"Үнэмлэхүй Бодь"-д хүрэхийн тулд хамаг амьтны тусын тулд гэгээрлийн сэтгэлд хүрэх чин хүсэл тэмүүлэлтэй байх ёстой. Энэхүү хүслийг бид "*Чинагуух Бодь*" гэж нэрлэж байгаа бөгөөд Бодь сэтгэл гэж ярих болгонд бид "Чинагуух бодь сэтгэл"-ийг хэлж байгаа гэж ойлгох хэрэгтэй. Энэхүү хүслээ доорх залбирлаар голдуу илэрхийлдэг нь:

"Эх болсон зургаан зүйл хамаг амьтны тусын тулд төгс гэгээрсэн Бурханы хутагт хүрэх болтугай"

Энэ залбиралд хоёр бүрдэл хэсэг байгааг харж болох нь:

1. **Зорилго:** Эхнийх нь бидний хүсэл тэмүүллийн сэдэл буюу яагаад гэгээрэлд хүрэх гэсэн зорилго. Түрүүчийн бүлэгт үзсэнээр ийм хүсэл сэдэл гэдэг амьтныг энэрэх ауга их хайр энэрлийг хөгжүүлсний үр дүн юм. Эдгээр чанарууд бидний сэтгэлд үүссэнээр эх болж явсан энэ олон амьтанд аль чадах хэрээр туслах юмсан гэсэн хэмжээлшгүй хүсэл аяндаа төрөн гардаг байна. Бид тэдний зовж байгааг харж байгаа болохоор чөлөөлөхийг хүсэн зүтгэх болно.

2. **Арга зам:** Хоёрдугаарх нь бүрдэл хэсгийн идэвхтэй тал бөгөөд бид өөрсдийнхөө одоогийн байгаа байдлыг шинжлээд үзэхэд бидний тусламж шаардлагатай байгаа хэмжээлшгүй олон амьтныг зовлонгоос гэтэлгэнэ гэхэд бид хэтэрхий хязгаарлагдмал байгаа гэдгээ мэдэрч ухаарч байна. Сайтар тунгаагаад үзэх юм бол зөвхөн төгс гэгээрсэн Бурхан л бүхий л хязгаараас ангижирч гэгээрсэн чанаруудыг хөгжүүлж чадсан байдаг. Тиймээс амьтныг зовлонгоос чөлөөлөхийг хүсвэл өөрсдөө эхлээд гэгээрлийн хутгийг олох ёстой болж байна.

Бодь сэтгэл өөрөө хүсэл тэмүүллээр илэрдэг учраас бидний дадлагад хэрхэн хүч нэмж болдгыг ойлгохын тулд Бодь сэтгэл гэж яг юу болохыг мэдэх хэрэгтэй. *Өөрийн Дотоод Сэтгэлийн Мөн Чанараа Нээхүй* номын Боть 1-д *Буддын Сэтгэл зүйн* бүлэгт гарсныг та санаж байгаа бол сэтгэл нь "Сэтгэл" ба "Нөхөр сэтгэл" гэсэн хэсгүүдээс бүрддэг билээ. Гол сэтгэл гэдэг ухамсарт үзэгдсэн маш олон Нөхөр сэтгэлүүдийн нэгдэл юм. Нөхөр сэтгэлүүдийг аягатай цайнд орсон найрлагууд гэж үзвэл Сэтгэл нь аягатай цайг уухад мэдрэх мэдрэмж өөрөө юм.

Тодорхой өвөрмөц Нөхөр сэтгэлүүдээр бий болсон Сэтгэл бол Бодь сэтгэл билээ. Тэгэхээр эдгээр Нөхөр сэтгэлүүдийг агуулсан ямар ч ухамсар "Бодь" гэж нэрлэгдэнэ. Асрахуй, энэрэхүй сэтгэл, бусдын сайн сайхны төлөө хариуцлага хүлээх амь үл хайрлах сэдэл, тэрхүү сэдлээ амьдруулахын тулд гэгээрлийн хутагт хүрэхийг эрмэлзэх зэрэг цөм Нөхөр сэтгэлүүд юм. Энэ дөрвөн оюуны үзүүлэлт үзэгдэхээрээ мөн Бодь сэтгэл болж хувирдаг байна.

Жинхэнэ Бодь сэтгэл гэдэг бясалгагч хүнийг Их Хөлгөний замд алхан орсон мөчөөс гэгээрэлд хүртэлх замд өөрөө аяндаа урган гардаг гэдгийг ойлгох нь чухал. Энэ нь бясалгагч хүн цаг мөч тутамд Ерөөхүйн бодь сэтгэлийг үүсгэж байхыг хэлж байгаа бус түүний хийж байгаа үйл болгон гэгээрлийн шалтгаан болж байхыг хэлж байгаа билээ. Жишээ нь, Бурханы номыг уншихаар аваад суулаа гэж бодоход гадаад сэдэл нь ном унших мэдлэгээ тэлж хэрхэн дадлага болгох мэдлэг авах гэж байгаа боловч далд утгаараа хамаг амьтны төлөө гэгээрлийн хутгийг олъё гэсэн дотоод сэдэлтэй байдаг. Ийм маягаар түр зуурын бүх хүслүүдийн язгуурын далд утга нь Бодь сэтгэл байхаар болох ёстой.

Бодь сэтгэлтний зүрхэнд үүрлэсэн хүсэл, зорилгодоо хүрэх гэж тэмүүлэх замаар мөн илэрч болдог. Бид өөрийг бусдаар тэнцүүлэн солих замдаа яваа учраас бидний гол зорилго бол бусдын зорилго байх ёстой. Саруул ухаанаар бодоод үзэх юм бол бид өөрсдийн чадавхийг эхлээд амьдруулахгүй бол бусдад нэмэр болох чадвар бололцоо үнэндээ бага шүү дээ. Онгоцны ослын үеэр өөрөө эхлээд хүчил төрөгчийн багаа амжилттай зүүж байж бусдад туслах боломжтой болдогтой л адилхан юм. Үүнийг таньсныхаа дараагаар бид аль болох хурдан гэгээрэлд хүрэх хэрэгтэй гэж шавдах болно.

Бидний энэ ярианд тулгуурлан бодоход өмнөх бүлгүүдэд танилцуулсан дадлагууд Бодь сэтгэл үүсгэхэд шаардлагатай нөхцөлүүдийг хуримтлуулахад зориулагдсан байгаа. Харамсалтай нь мөнх-бусын хуулиар \энэ ухамсар ч мөн мөнх бус гэж бодвол\ бүрдүүлсэн нөхцөлүүд маань доройтоод ирэх юм бол бид Бодь сэтгэлийг дахин шинээр үүсгэх хэрэгтэй болно.

Тийм учраас Бодь сэтгэл аяндаа урган гарах үейг бид Их Хөлгөний зам мөрд орлоо гэж тэмдэглэдэг бөгөөд тэр цагт түүнийг үүсгэх бясалгалын хэрэгцээ үгүй болсон байдаг. Энэ бол Бодь сэтгэл таны сэтгэл зүрхийг бүрэн эзэлж, үйл хөдөлгөөн болгоны тань ард мотор болон ажиллах болсныг илтгэж байгаа юм. Үүнд хүрсэн цагтаа бид өөрсдийгөө "*Бодьсадва*" гэж нэрлэх бүрэн эрхтэй болно.

Хоёр төрлийн Чинагуух Бодь Сэтгэл байдаг нь:

1. **Ерөөхүйн Бодь сэтгэл:** Энэ бол хамаг амьтны тусын тулд гэгээрлийн хутагт зорих хүний Бодьсадва хэмээн нэрлэгдэхийн тулд хамгийн багаар эзэмшсэн байх шаардлагатай аяараа төрөх хүсэл юм. Ийм сэтгэл анх ургахад дадлагаар батжаагүй учраас хэврэгхэн байх тул доройтох юмуу бүр арилж алга болохдоо амархан байдаг. Аз болоход хэрэгцээтэй нөхцөлүүдийг бүрдүүлснийхээ дараагаар үүнийг сэтгэлдээ дахин үүсгэх бололцоотой байдаг нь их хэрэг юм.

2. **Орохуйн Бодь Сэтгэл:** Ерөөхүйнн Бодь сэтгэлтэн аль нэгэн үйлд гар бие оролцоод ирэхээрээ Орохуйн Бодь сэтгэлтэн болж хувирна. Ийм бодь сэтгэлтэн хамаг амьтны тусад зориулан Цагийн хүрдний замыг анхааран авлага болгох зэргээр дадлага бясалгалд шамдан орох эрмэлзлэл зорилготой болдог. Яарах хэрэгтэй гэдэг ухамсарт шийдвэр нь түүнийг буянтай үйл хийхэд хөтлөх сэдэл болж өгдөг ажээ.

Дээрх хоёрыг жишээгээр үзүүлбэл замд гарах хүсэлтэй нэгнийг замдаа ороод алхаж яваа хүнтэй зүйрлэж болох юм. "Ерөөхүйн бодь сэтгэл" нь "Орохуйн бодь сэтгэл" үүсгэхэд голлох хэсэг нь болж өгдөг хэдий ч бид юу ч хийхгүйгээр зүгээр хүсээд залбираад суух хангалтгүй билээ. Тэгэхээр Орохуйн бодь сэтгэл л гэгээрэлд хүргэх шууд шалтгаан болон үйлчилж чадах юм.

Замд хөл тавиад байгаа шинэхэн бясалгагч нарын хувьд Бодь үүсгэх гэж хичээл зүтгэл гаргах хэрэгтэй бөгөөд сайтар зуршил болгосноор аяндаа төрдөг болж эхлэх болно. Сэтгэлээ ариусган түйтгэрүүдээ арилгаад байхаар зүтгэл цаанаасаа шаардагдахаа больж ирэх хэдий ч саруул оюун ба буян хишгийн чинадад хүрэхийн тулд бидэнд бодь сэтгэл мөн л хэрэгтэй байсаар байх болно. Эцэст нь бодь сэтгэл цаанаасаа аяараа төрдөг төгс чөлөөтэй болоод ирэхийн цагт бид зорьсон замынхаа төгсгөлд хүрч Бурханы хутгийг олно.

ЕРӨӨХҮЙН БОДЬ СЭТГЭЛ ҮҮСГЭХ

Бид Бодь сэтгэл гэж юу болох талаар ойлголттой болсон учраас дараагийн алхам бол түүнийг сэтгэлдээ хэрхэн үүсгэх вэ гэдэг асуудал юм. Эхлээд Ерөөхүйн бодь сэтгэлийг дадуулж байж Орохуйн бодь сэтгэлд шилжинэ. Ийм маягаар дадуулж байгаад бидний Бодь сэтгэл сайн суурьтай болоод ирлээ гэж итгэсэн цагтаа сүсэг бишрэлийн нарийн дадлагад орох боломжтой болно.

Бодь Сэтгэл Үүсгэх Шалтгаанууд

Бүхий л юмс үзэгдэл мөнх-бусын ёсоор Бодь сэтгэл тодорхой нөхцөл шалтгаануудын нэгдлээс урган гарна. Тиймээс хэрвээ бид үүнийг сэтгэлдээ ургуулна гэвэл шаардлагатай нөхцөлүүдийг гүйцэлдүүлэх хэрэгтэй болно. Аръяа Асангагийн номлосны дагуу авч үзвэл бидэнд дөрвөн зүйл бүхий гурван бүлэг нөхцөлүүд бүрдэх хэрэгтэй. Үүнд: 1. Дөрвөн Нөхцөл, 2. Дөрвөн Шалтгаан ба 3. Дөрвөн Хүч билээ. Тэдгээрийг тодруулан судалснаар аль нь бидэнд одоогоор байгаа болон алийг нь хөгжүүлэх шаардлагатай болохыг мэдэж авах болно.

Дөрвөн Нөхцөл

Эхний бүлэгт гэгээрлийн сэтгэл төрүүлэхэд биднийг бишрүүлэх үүрэгтэй нөхцөлүүдийг дүрслэх болно. Тэд цөм хамтдаа бүрдсэн байх шаардлагагүй бөгөөд хэдийгээр зарим нь нөгөөгөөсөө илүү үр дүнтэй боловч аль нэг нь л байхад сэтгэл үүсгэх хангалттай нөхцөл болж үйлчилж чадах юм. *Бодь сэтгэл Төрүүлэх Дөрвөн Нөхцөл* гэвэл:

1. **Бурхад ба Бодьсадва нарын чанаруудыг харах:** Эхний нөхцөл бол Бурхад ба Бодьсадва хүмүүсийн гайхамшигтай чанаруудыг харах буюу сонсоход тэдэнтэй адил болох юмсан гэсэн сэтгэл төрж болдог. Бидэнд тийм хувь

тохиох азтай тавилантай бол бид тэдгээр чануудыг увдис шидийн байдлаар мэдрэх боломжтой. Ямар ч хэлбэрээр үзэгдсэн байлаа гэхэд тэд бидний сэтгэлд гэгээрэл гэдэг гайхамшигтай зүйл учир түүнд хүрэх юмсан гэсэн хүслийг гарцаагүй үүсгэх болно.

2. **Бурхан Багшийн сургаалыг сонсох:** Дараагийн нөхцөл Бурханы сургаал номлолыг сонсох юмуу уншихад төрдөг байна. Энэ тохиолдолд бид гэгээрлийн санааг шууд бусаар таньж авдаг. Сурч мэдсэнээ дадлага болгосноор бид итгэл бишрэл байвал гэгээрч болшгүй зүйл биш юм гэдэг ухамсарт хүрдэг. Тэгээд гэгээрэлд хүрэх чадвараа амьдруулах хүсэл төрөн гарахад хүрдэг байна.

3. **Номлол доройтолд орж устах аюулд орсныг харах:** Бясалгагч хүний сэтгэлд гэгээрлийн сэтгэлийг амьдруулахгүй л юм бол Их Хөлгөний зам ингээд арилж алга болох нь гэдэг байдлыг таньж авах үед гурав дахь нөхцөл бүрдэнэ. Ийм үед гэгээрэлд хүрснээр үнэн урсгалын уламжлалыг залгамжлан үргэлжлүүлж хойч үедээ уламжлуулна гэсэн хүсэл төрдөг байна. Гэхдээ ийм хүсэл төрөхийн тулд бидэнд Их Хөлгөний зам хүмүүсийг зовлонгоос гэтэлгэж чадна гэдэгт итгэх итгэл аль хэдийнэ төрсөн байх ба түүнийг хүндэлж биширдэг болчихсон байх шаардлагатай.

4. **Бодь сэтгэлийг төрүүлэх ховор боломж гэдгийг харах:** Бид одоо Доройтлын цөвүүн цагт амьдарч байгаа бөгөөд сансар орчлонгийн зовлонгоос чөлөөлөгдөхийн тулд төгс гэгээрлийн хутгийг олох үйлсэд хүн амьдралаа зориулах бололцоо тэр болгонд олдохгүй ховор боломж шүү гэж харах үед сүүлчийн нөхцөл бүрэлдэнэ. Энэ тохиолдолд хүн гэгээрэлд бушуухан хүрээд бусад хүмүүст өөрсдийн чадвараа ухамсарлахад нь үлгэрлэх юмсан гэж боддог байна.

Эдгээр нөхцөлүүд гэгээрлийн хүслийг төрүүлж чадах хэдий боловч төгс Бодь сэтгэл гэж тооцогдоход хангалттай биш юм. Түүнд хүрэхэд аугаа асрахуй, аугаа энэрэхүйн чануудтай хослон орших хэрэгтэй.

Дөрвөн Шалтгаан

Дараагийн бүлэгт Бодь сэтгэл урган төрөхөд хэрэгтэй тусгай нөхцөл шалтгаануудыг таниулна. Эдгээр шалтгаануудын аль нэг нь үгүй бол танд Бодь сэтгэл үүсгэхэд хангалттай шалтгаан бүрдээгүй байна гэсэн үг мөний тул хүчин мөхөсдөх билээ. *Бодь сэтгэл үүсгэх Дөрвөн Шалтгаан гэвэл:*

1. **Сүсэг бишрэлийн дамжлага:** Эхний шалтгаан нь Номыг гарын авлага болгон дадуулах шаардлагыг хангасан байх хэрэгтэй бөгөөд үүнийг *эрдэнэт хүний биеийг олж төрөх* гэж хэлэх нь нийтлэг. Ийм болж

төрөөгүй бол Бурханы Номтой хэзээ ч учирч чадахгүй болохоор дадлага болгох арга байхгүй сэн.

2. **Сайн багшийн дэмжлэгтэй байх:** Хоёр дахь шалтгаан бол таныг дадлагад газарчилж дагуулах чадвар бүхий сүсэг бишрэлийн багштай учрах. Ийм багш нар бидний урд бүлэгт судласан шаардлага хангасан багшийн шинжүүдийг хадгалсан байх ёстой. Багш хүн Бодь сэтгэл төрүүлэх шалтгаан болохын тулд Их Хөлгөний Судрын ба Тарнийн Ёсны уламжлалыг бариглч байх ёстой.

3. **Амьтныг энэрэх сэтгэлтэй байх:** Гурав дахь шалтгаан бол жинхэнэ хайр энэрлийн чанаруудыг агуулсан байх хэрэгтэй. Сэтгэлд эдгээр чанаруудыг ургахын тулд зовлон үзэгддэг орчлонд төрсөн байх шаардлагатай, яагаад гэвэл зовлон байхгүй бол Бодь сэтгэл үүсгэхэд хэрэгтэй энэрэл хайр төрөхгүй юм, тэгэхээр Бодь сэтгэл үүсгэх бололцоогүй байх сан.

4. **Бэрхшээлд шантардаггүй байх:** Бусдад туслана гэдэг амаргүй хэрэг. Бэрхшээл саад тотгор нь бясалгагч хүнийг амархан эзэмдэж болно. Тэднийг амь хайргүй сэдлээ орхиход ч хүргэж болно. Үүнийг даван гарахын тулд Ерөөхүйн Бодь сэтгэлтэн зориг зүрхтэй, туйлбартай, сэтгэл санааны хувьд хүчирхэг нэгэн байх ёстой.

Эхний хоёр шалтгаан гадаад мөн чанартай бол сүүлчийн хоёр дотоод мөн чанартай байгааг харж байна. Бид тэдгээр бүтдийг эзэмшихэд сайхан хэдий ч дутуу нэгийг нь бүрдүүлэхэд няцаж огт болохгүй билээ. Аль нэг нь дутуу байхад буянтай үйлсийг бүтээх хүсэл зоригоо хөгжүүлснээр тэд цөм бидний амьдралд, ирээдүйд үзэгдэх нөхцөлийг бий болгох хэрэгтэй. Энэ насанд биш юмаа гэхэд ирээдүй хойд төрөлд төрөх нь үнэхээр зайлшгүй хэрэг ихтэй билээ.

Дөрвөн Хүч

Дөрвөн шалтгаан гэгээрлийн сэтгэл төрүүлэх бишрэлийн эх сурвалж дээр онцолж байдаг бол сүүлчийн энэ бүлэг нэрнээс нь харахад ойлгомжтой ба хүссэн үр дүндээ хүрэх хүч чадлын нөлөөнөөс шалтгаалах нөхцөлүүд болдог байна. *Бодь Үүсгэх Дөрвөн Хүчийг* үзүүлбэл:

1. **Өөрийн хүч:** Энэ бол бидний мэдрэмж хийгээд чадварт үндэслэж гардаг хүч юм. Бид саруул оюуны чинадад хүрэх буюу бясалгалаар сэтгэлээ дадлагажуулснаар мунхагаа дарж гэгээрэлд хүрч чадна гэсэн чанд итгэл билээ.

2. **Бусдын хүч:** Энэ хүч багш хөтөч зэргийнхээ зааврын дагуу явах буюу сургаал номлолыг сонсохоос хамаарч гардаг. Энэ нь голдуу багшийн үзүүлсэн чадварлаг сургалт материал, сургаалын утга учиртай таны хир холбогдож чадаж байгаагаас үүсэн гардаг байна.

3. **Шалтгааны хүч:** Урьд төрлүүддээ хийж байсан сүсэг бишрэлийн дадлагууд дээр үндэслэж энэ хүч гарч ирдэг. Хэрвээ бид төрөлхийн Бодь сэтгэлийн хандлагатай төрсөн байх юм бол түүнийг энэ төрөлдөө үүсгэх маш амархан. Заримдаа зөвхөн "гэгээрэл" гэдэг үгийг сонсос л түүнийг бодь сэтгэл урган гарахад хангалттай хүч болж өгч чаддаг байна.

4. **Дадлагын хүч:** Хэдийгээр бидэнд урьдын зуршил болсон бодь хандлага үгүй байлаа ч гэсэн бид сургаал номтой учирч, түүнийг үүсгэн бий болгох дадлагуудтай танилцах боломжтой. Тэдгээр дадлагуудад түшиглэн Бодь сэтгэлийн үрийг суулгачихвал энэ болон ирэх төрлүүддээ урган гарах нөхцөлийг бүтээлээ гэсэн үг. Эхлэхэд хэзээ ч оройтохгүй юм шүү.

Бусдын хүч болон дадлагын хүчинд тулгуурласан Бодь сэтгэл шууд бус аргад тулгуурласан учраас гэгээрэлд хүрэх сэтгэлийг тордон хөгжүүлээд зүтгэх хэрэгтэй болно. Бодь сэтгэлийг хатуу чанд, гуйвшгүй бат байлгахын тулд өөрийн болоод шалтгааны хүчинд онцгойлон найдах хэрэгтэй. Гэхдээ дөрвүүл хамтдаа байвал машид сайнд тооцогдоно.

Бодь Сэтгэлийг Жинхэнээр Үүсгэхүй

Бүх шалтгаан нөхцөлүүд бүрэн бүрэлдсэн байхад Бодь сэтгэл аяндаа төрөх болно. Бясалгагч хүний үйлийн үрийн барилдлаганаас шалтгаалан тодорхой нөхцөлүүд үзэгдэж болох бөгөөд арай өөр өөр төрлийн энэрэхүй сэтгэл урган гарах болдог байна. Ерөнхийдөө хэлэхэд *Бодь буюу Энэрэхүй Үзэгдэх Гурван Байдал* гэж байдаг нь:

1. **Хаан Хүн:** Үр ашигтайгаар төрийн эрх барихын тулд Хаан хүн хаант улсаа тэргүүлэн явах ёстой. Тэгсэн цагт л өөрийн ардуудыг хамгаалан хэрэгцээг нь хангаж чадах чадвартай болно. Үүний адилаар эхлээд өөрөө Бурханы хутгийг олж дараа нь бусдыг *Их Ерөөлт Бодь Сэтгэл Ургах* гэж нэрлэгддэг өөрсдийн бурханлаг-чанараа төрүүлэхэд хөтөлж чадах ажээ. Ийм төрлийн Бодь сэтгэлтний гайхам жишээ бол Шагжаамүни Бурхан Багш билээ.

2. **Онгоцны Ахмад:** Онгоцны ахмад хүн хөлгийн жолоог чадварлаг атган бүх зорчигчдоо аюул осолгүй хүссэн газарт нь хүргэж өгдөг билээ. Үүнтэй адилаар өөрөө хийгээд хамаг амьтан хамтдаа Бурханы хутагт нэгэн зэрэг хүрэхийг *Саруул Билгүүнт Бодь Сэтгэл Ургах* гэдэг ажээ. Энэ загварын бодь сэтгэлийн жишээ бол Эзэн Майдар билээ.

3. **Хоньчин:** Хоньчин хүн хониныхоо араас явахдаа хонио гэртээ мэнд хүргэх хүртэл амралтгүй дагаж явдаг. Үүний нэгэн адил гурван орныг төгс гэгээрсэн Бурханы хутагт өөрсдөөсөө өмнө хүргэх хүсэлтэй сэтгэлийг *Зүйрлэшгүй Бодь Сэтгэл Ургах* гэж нэрлэдэг байна. Хамаг амьтныг

гэгээрч дуусмагц би Бурханы хутагт хүрмүй гэж андгайлсан Бодьсадва нарын жишээ бол Жанрайсэг, Манзушри нар билээ.

Зарим эрдэмтэд тэдгээрийн ашиг тустай байдлын талаар мэтгэлцээн хийцгээх боловч миний хувьд гурвуулаа тэнцүүхэн ер бусын гайхамшигтай үр дүнд хүргэх нь гарцаагүй мэт санагдана. Ерөнхийд нь авч үзвэл хоньчин хүн адилаар хүсэх сэтгэл нь хамгаас илүү шударга амь хайргүй, харин хаан хүн шиг сэтгэл илүү амьдралд ойрхон мэт санагддаг. Бодь сэтгэл төрнө гэдэг таны сонголтын тухай асуудал биш юм, тэгээд ч энэ биш тэр гэж хоёрдмол үзэл үүсгэх бидэнд хэрэггүй билээ. Зүгээр өөрийн төрөлхийн хандлагыг ажиглан өөрийн ухамсар, шийдвэрээ бататгахад эдгээр шалгууруудыг ашиглаж болно.

Бодь сэтгэлийг үүсгэх хоёр зам бий: 1. Бодь сэтгэл төрүүлэх шинэ үйлийн барилдлага үүсгэх зан үйлийн зам ба 2.хэдийнэ бий болсон сэтгэлийг хөгжүүлэх бясалгалын зам билээ.

Зан Үйлээр Бодь Сэтгэл Үүсгэх

Өөрийн сэтгэлээ Цаглашгүй Дөрвөн Сэтгэлээр сайтар дадуулж авсныхаа дараагаар бид Ерөөхүйн бодь сэтгэл өөртөө төрөхийг мэдэрч болно. Энэ нь бидэнд угаас заяасан үйлийн барилдлага байгаагийн илрэл юм. Харин тийм үйлийн барилдлага хэзээ ч үүсч байгаагүй нэгний хувьд Жово Атиша гэгээний хэлсэн зөвлөгөөг дагавал ашигтай байх болно. Үүнд:

"Бодь сэтгэлийг хөгжүүлээд дадуулахыг хүсэгч бээр
Цаглашгүй хайр хийгээд бусад сэтгэлийг
Урт удаан хугацаагаар дасган зуршуулж
Шунал атаа мэтийг арилган цэвэрлэснээр
Шударга зан үйлийн дагуу Бодийг үүсгэмүй" хэмээжээ.

Ерөөхүйн Бодийн Сэтгэлийг Үүсгэх Зан Үйлд оролцохын тулд түүнийг хүртээх боломжтой шаардлага хангасан багштай байх хэрэгтэй. Яагаад гэвэл энэ зан үйлд шавь сүсэг бишрэлийн хөтөчөө сахил хүртээгч болгон хүлээн зөвшөөрч андгай ам өчиг өгөх зэрэг үйл багтдаг. Сахил хүртээгч багш өөрөө сахил сахигч байх шаардлагатай. Бодь сэтгэлийн үндсийг ойлгох, шавийн сэтгэлд үүсгэхэд шаардлагатай чин хүсэл зоригдол зэрэг нь зан үйлийн үеэр тэдний сэтгэлд хир их гүнзгий ул мөр үлдээхээс шалтгаална.

Энэ ёслол өөрөө бол зааварчилгаат бясалгал маягтай явагдах бөгөөд сахил хүртээгч таныг дагуулан аврал одуулах, мөргөл гэх зэрэг долоон гишүүт тахилаар сэтгэлийг тань ариусган бэлтгээд Бодь сэтгэл үүсгэж сахих сахилтай тань таныг танилцуулна. Ийм замаар Бодь сэтгэл төрүүлсний дараагаар бясалгалын тусламжтай улам өргөжүүлэх үндсэн суурьтай боллоо гэсэн үг юм.

Бясалгалын Тусламжтайгаар Бодь Сэтгэл Үүсгэх

Урьд төрлүүдэд хийсэн үйлийн барилдлагыг сэргээх буюу зан үйлийн дагуу шинээр барилдлага үүсгэсний дараагаар Бодь сэтгэл хөгжүүлэх үндсэн үйл явц гурван хэсэгтэйгээр явагдана:

1. **Асрахуй, Энэрэхүй Сэтгэлийг Тордох:** Түрүүчийн бүлэгт судалсны дагуу хамаг амьтныг гэх асрал, энэрлийн хүчтэй холбоог бий болгоно. *Авах ба Өгөхийн* бясалгалаар тэдгээр чанаруудыг үнэхээр цаглашгүй болгон цар хүрээг нь өргөжүүлнэ.

2. **Амьтны Тусыг Бүтээх гэсэн Амь Үл Хайрлах Сэдлээ Тордох:** Амьтны зовлонг голдоо ортол мэдэрсний дараа тэдэнд туслах гэсэн хүсэл гал цоргих мэт хайрах болно. Тэгээд тэдний үзүүлсэн сайхан сэтгэлийн ачийг хариулах үүрэгтэй гэдгээ ухамсарлан тэднийг зовлонгоос гэтэлгэхийг хүснэ. Энэ хүслээ тордох тусам эх болсон хамаг амьтны тусын тулд хүч хүрэх бүхнээ хийх гэсэн зорилго тэмүүлэл улам хүчтэй оргилох болно.

3. **Гэгээрэлд Хүрье гэсэн Хүслийг Үүсгэх:** Амь үл хайрлах тэмүүлэл дээрээ үндэслээд "Би тэдний төлөө юу хийж чадах билээ?" гэсэн бодол төрнө. Өөрсдийгөө хуурах гэлгүй үнэн сэтгэлээс харьцах ба үйлийн үрийн эрхэнд орсон түйтгэрт сэтгэлд хүлэгдсэн байгаа болохоор тийм чиг их тусыг хүргэж чадахгүй болохоо хүлээх хэрэгтэй. Сайндаа л энэ насанд учирсан ганц нэг хүнд жаахан тустай байх зүйлийг хийж болох хэдий ч доод төрлүүд хийгээд тэнгэрийн орныхныг яах билээ? Далай мэт их өргөн хүрээг ээлсэн амьтныг урт удаан үргэлжлэх жаргалтай нь учруулна гэвэл төгс мэргэн Будда болох хэрэгтэй. Тэгсэн цагт л бид хязгааргүй дүрээр хувилан үзэгдэж ая зөнгөөрөө амьтны тусыг бүтээж чадах болно.

Ингэж бодож бясалгаснаар бид зорилгодоо хүрэх зам бол Бурханы хутагт л зорих явдал юм гэдгийг ухаараад зогсохгүй түүнд хүрэх бүрэн бололцоо бидэнд байгаа юм байна гэдэгт итгэх болно. Өнгөрсөн цагийн Бурхад Бодьсадва нарын адилаар бидэнд өөрсдийн сэтгэл дэх түйтгэрүүдийг арилган хязгааргүй чадавха нээн илрүүлэхэд хэрэгтэй болгон бидэнд бий билээ. Үр дүнд хүрнэ гэдэгтээ итгэж чадвал Бурхад, Бодьсадва нарын адислал бидний зүрх сэтгэлийг дүүргэн Бодь сэтгэл төрөн гарч үндэслэн нахиалах нь гарцаагүй юм.

Дасгал 6.1 – Гэгээрлийн Сэтгэл Үүсгэх

- *Тохиромжтой байрлал эзлээд амьсгалдаа төвлөрөх бясалгалаар сэтгэлээ тогтвортой байдалд оруулна.*

- *Өмний огторгуйд энэ насныхаа ээжийг байна гэж төсөөлөөд бод:*

"Энэ хүн бол миний ээж, гэдсэнд олсон цагаасаа л намайг асарч хайрлан их зүтгэл гаргасан билээ. Өвдөх, өлсөх, өвчин хүрэх хийгээд үзсэн туулсан болгон нь, намайг хувцаслаж хооллож, хирэнд хутгалдахад цэвэрлэж өсгөсөн, юу сайн, юу муу гэдгийг зааж сургасан, тэр ачаар би өдийд Бурханы Номтой учран золгоод гарын авлага болгон дадуулж яваа нь энэ билээ. Яасан хязгааргүй сайхан сэтгэл гэгч энэ вэ".

Зөвхөн энэ насанд ч биш тоогүй олон төрлүүдэд тэр энэ бүхнийг дахин дахин хийсээр ирсэн. Намайг гэсэн сэтгэлээр өөрийгөө умартан төрөл болгоны зовлонг эдлэн орчлонд хүлэгдэн эргэлдсээр байгаа шүү хөөрхий.

- *Хайрт ээжийгээ өрөвдөн хайрлах сэтгэл урган ургатал энэ тухай үргэлжлүүлэн бодсоор байгтун. Одоо цаашаа хөдөлж хайр энэрлээ өөрийн амьдралд учирсан өөр нэгэн хүн дээр чиглүүлэн ийнхүү бод:*

"Төрөл тэргүүлэшгүй цагаас авахуулаад амьтан болгон миний эх болж явсан нь миний ээжээс ялгаа үгүй ажээ. Тэд цөм намайг асарч тэтгэн хайрлаж явжээ."

- *Өөрийн ойр дотны хүнээс эхлэн хүрээгээ тэлж зөрчилдөөд байдаг хүнээ хүртэл орлуулан бодож үз.*

- *Хамаг амьтныг хайрлан энэрэх сэтгэл эн тэнцүү юм гэдэг мэдрэмж төрсний дараагаар тэдний ачийг хариулах сэдлээ хөгжүүлэн бод:*

"Энэ бүх амьтад миний эцэг, эх мөн ба тэд төрөл бүрийн зовлон шаналанг эдэлсээр ирсэн төдийгүй ирээдүйд ч үргэлжлүүлэн хязгааргүй эдлэх бүрэн бололцоотой үйлийн үрээр дүүрэн байгаа гээд бодоход юутай өрөвдөлтэй. Юу хийвэл дээр вэ? Ачийг хариулахын тулд ядаж нэг өвтгөөд байгаа зүйлийг нь ч болсон арилгаж тэднийг тохитой жаргалтай болгох сон".

- *Тэдэнд туслах хүсэл хүчтэй бөгөөд эрчимтэй болоод ирмэгц үргэлжлүүлэн бод:*

"Миний хайрт ээж юу хүсэж мөрөөддөг болоо? Яг л над шиг зовлонгоос

ангид жаргалтай байх сан гэж хүсдэг мөртлөө мунхаг сэтгэлээс болоод бид түүнийхээ эсрэг үйлийг бүтээгээд явах юм даа.

Яагаад бид тэгдэг юм болоо? Зовлонгийн үндэс гэдэг чинь төрөл тэргүүлшгүй цагаас эхэлсэн миний "өөрийгөө энхрийлэх сэтгэл" шүү дээ, аль эртнээс л эхлээд бидний амьдралын цорын ганц зовлонгийн шалтгаан байсаар ирсэн, байсаар буй билээ.

Бурхад хийгээд Бодьсадва нар өөрийгөө энхрийлэх сэтгэлийг ганц дайснаа гэж хэдийнэ ойлгоод бүрэн огоорсон. Оронд нь тэд бусдыг энхрийлэх сэтгэлийг хөгжүүлсэн. Үүнийхээ дүнд тэд төгс гэгээрэлд хүрч чадсан шүү дээ".

- *Өөрийг энхрийлэх сэтгэлийг огоорох хүсэл хүчтэй төрсний дараагаар өөрийгөө амьтны тусад бүрэн зориулах чин хүсэлтэйгээр дахин бод:*

"Миний хайр энэрлийн бай болсон миний эцэг эх маань шууд ба шууд бусаар зовлон хийгээд зовлонгийн шалтгаанаар зовж шаналан яваа билээ. Тиймээс би одоо эх болгоныхоо эдэлж байгаа зовлонг, түйтгэртэ сэтгэлийн хөдөлгөөн, үйл хөдөл, зовлонгийн шалтгаан болгонтой нь хамт өөртөө авъя".

- *Амьсгал авах болгондоо хайрт эхчүүдийнхээ сөрөг муу бүхнийг хар гэрэл болгон сорж авч байна гэж төсөөл. Тэднийгээ өвчин шаналалаас салгалаа гэж баясан бод. Бас дахин ийнхүү бод:*

- *"Би өөрийн өнгөрсөн, эдүгээ ба ирээдүй цагийнхаа бүхий л буянтай үйлүүд аз жаргал болгоныг харамсах зүйлгүй өөрийн эд баялаг, бие, сэтгэлийн хамтаар эцэг эх болсон хамаг амьтанд зориулъя".*

- *Амьсгал гаргах болгондоо өөрийн саруул оюун ба буян хишгийг гэрэлтсэн цагаан туяа болгон гаргаж хамаг амьтныг эдгэрүүлэн бүхий л төрлийн сайн сайхнаар хангалаа гэж бод. Тэд аз жаргалыг эдэлж байна даа гэсэн баясах сэтгэлийг төрүүл.*

- *Ийм хэмнэлээр амьсгал авч, гаргаж зовлонг сорж жаргалыг илгээсээр байгтун. Хэсэг зуур ингэж бясалгасны дараагаар мөн бод:*

"Өгөх ба авахын бясалгалыг хийх нь миний сэтгэлд хязгааргүй ач тустай боловч энэ нь зөвхөн дүрслэл төдий болохоор хайрт ээжүүд маань үргэлжлүүлэн зовсоор л байгаа даа. Тэд зовлонгийн шалтгаанаас болон үйлийн үрийн холбооноос, түйтгэртэ сэтгэлүүдээс ангижрах

хүртлээ ийнхүү зовсоор байх болно.

Яг одоогийн байдлаар би өөрийгөө арай гэж болгож байж ээжүүддээ хэрхэн жинхэнээсээ туслах билээ? Тэдэнд үнэхээр тусалъя гэвэл төгс гэгээрсэн Очирдарь Бурханы хутагт хүрэхээс өөр арга байхгүй.

Тийм учраас би сонсох, санах, бясалгах гурав дээр төвлөрч Цагийн хүрдний гүнзгий Очирт хөлгөний замаар орсугай. Би өөрийн бүхий л түйтгэрүүдийг арилган арван зүгийн тоолшгүй олон амьтны хязгааргүй тусыг бүтээх болтугай".

Бүх дүрслэлээ уусгаад ухамсраа энэхүү хүчтэй зорилгодоо саатуулан амар.

Бодь Сэтгэлээ Бататгах Журам

Анханд Ерөөхүйн Бодь сэтгэлийг үүсгэхэд хүч нэлээд султай уусахдаа амархан байх боломжтой. Ерөөхүйн Бодь сэтгэлээ өөрсдийн үйл хөдлөл болгонтой нэгтгэхийн тулд дотоод сэдэл байдлаар аяндаа төрдөг болгох хэрэгтэй. Тэр цагт л Бодь сэтгэлийн төгс хэлбэрт орлоо гэж тооцогдоно. Бодь сэтгэлийн зан үйлийн үеэр андгай өргүүлэгч бидний дагаж мөрдөх учиртай хэдэн төрлийн дүрэм журмыг танилцуулах бөгөөд ингэснээр тарьсан Бодь сэтгэлийн үр найдвартай соёолох боломжийг олгон, доройтож алга болохоос сэргийлж байдаг.

Энэ насандаа Бодь Сэтгэлээ Доройтохоос Хэрхэн Сэргийлэх Тухай

Бодь сэтгэлээ доройтож алга болохоос сэргийлэхийн тулд: 1. Бодь сэтгэл үүсгэхийн ач тусыг тунгаах, 2. Ерөөхүйн Бодь сэтгэлийг өдөртөө нэг удаа үүсгэж заншиx, 3. Буянаа арвижуулан сөрөг энергийг ариусгах 4. Хамаг амьтныг хэзээ ч үл орхих гэсэн зүйлүүдийг сахиж явбал тустай.

Аугаа Бодьсадва Адишагийн өгүүлсэнээр:

"Бодь сэдлийн ашиг тус хэрвээ бодитойгоор оршдог сон бол түүнийг багтаана гэхэд аль ч огторгуй багадах байсан. Үүнээс хуримтлуулах буян Ганга Мөрний элсний тоогоор эрдэнийн чулуун тахил өргөснөөс илүү их байх байсан" хэмээжээ.

Бодь сэтгэл төрөхөд бидний нэр ба зорилго тэр чигээрээ өөрчлөгдөн бусдын төлөө амь үл хайрлах аугаа сэтгэлээр хураах буяны хэмжээ цэцэг жимс дэлгэрэх мэт маш ихээр арвиждаг байна. Бодь сэтгэлгүйгээр хийсэн үйлдлийг бодвол энэ хамаагүй дээгүүр бөгөөд тийм үйлдлүүд ганц удаа мэдрэгдээд л дуусдаг билээ. Цаашилбал Чинагуух Бодь сэтгэл ганцаараа байх нь Бурханы хутагт хүрэхэд хангалтгүй ч гэлээ түүнгүйгээр бүтэх зүйл нэгээхэн ч үгүй тул хэмжээлшгүй ашигтай хандлага гэдэг нь гарцаагүй юм.

Бид Бодьсадвын сахилаа бэхжүүлэхийн тулд хүсэлт сэтгэлээ өглөөдөө гурван удаа оройдоо мөн гурван удаа сэргээн залбирч болно. Ингэснээр өөрсдийн сэтгэлийн урсгалд Бодь сэтгэлийн хөгжлийг нэмэгдүүлэн доройтохоос сэргийлэх ач холбогдолтой. Мөн түүнчлэн аль нэгэн амьтныг ганцаардуулан орхиж, энэрэл хайр хүртэх эрхгүй нэгэн хэмээн үзэх мэтийн алив сөрөг хандлагуудыг таньж түүний эсрэг Бодь сэтгэлээр хандах замаар буян хуримтлуулахад зүтгэх хэрэгтэй. Ялангуяа нэг ч амьтныг хоцроох ёсгүй бөгөөд ямар ч бэрхшээл учирлаа гэсэн гэгээрлийн зоригт эрмэлзлэлээ хэзээ ч орхиж гээгдүүлэхгүйн төлөө бид зүтгэх учиртай билээ.

Бодь Сэтгэлийг Хойчийн Төрлүүддээ Үүсгэх Андгай

Бодь сэтгэлийн андгайг тавихдаа бид "Бурханы хутагт хүрэн хүртлээ" хэмээн бодож бясалгаж байдаг. Тиймээс тэр хүртэл олон төрөл дамжих магадтай тул ганцхан энэ насаа бодолгүй хойчийн төрлүүдээ оруулж тооцох хэрэгтэй. Нас нөгчих үед өөрсдийн дараа төрөл рүүгээ ухамсраа чиглүүлж чадах чадвар хангалттай бий эсэх нь эргэлзээтэй учир дараагийн төрлүүддээ дахин үүсгэхэд хялбар байлгахын тулд энэ төрөлдөө өөрсөддөө сайтар зуршуулж авах нь чухал. Ингэснээр урьд насанд хүрээд зогссон газраасаа ирэх төрөлд үргэлжлүүлэх боломцоотой болно. Үүний тулд бид дөрвөн "хар" дадлагыг орхин дөрвөн "цагаан" дадлагыг хөгжүүлэх хэрэгтэй билээ.

Бодь Сэтгэлийг Сулруулдаг Дөрвөн Хар Дадлагыг Орхих

Эхний бүлэгт Бодь сэтгэлийг хөгжүүлэх үйлсэд маань эсрэг нөлөө үзүүлдэг дөрвөн араншинг чадахын хэрээр зайлсхийвэл зохих хэрэгтэй Тэдгээрийн талаар мэдэхгүй явснаас болж Бодь сэтгэл үүсгэх хүсэл байвч бүтэхгүй байж болох талтай билээ. *Дөрвөн Хар Дадлага* юу гэвэл:

1. **Багшийн санаа сэтгэлийг үймүүлж будлиулах:** Бидний багш гэдэг сургаал номлолын эх үүсвэр, аян замын хөтөч билээ. Хэрвээ бид хуурамч жудаггүй зангаар энэхүү холбоогоо гэмтээвээс үйлийн үрийн холбоогоо султгаж ирээдүйд дахиад номтой учрахгүй байх саадыг бий болгох болно.

2. **Харамсахааргүй зүйлд бусдыг харамсахад хүргэх:** Ном буюу Дармаг дадлага болгох сонирхолтой нэгний зүрхийг үхүүлж, зоригийг нь мохоож зориуд эргэлзээ будилаан төрүүлэх явдал нь дадлага бясалгалдаа шаардлагатай тусламжийг олж чадахгүйд хүргэхийн шалтгааны бүтээж байгаа хэрэг билээ.

3. **Их Хөлгөний замд зөвөөр алхаж орсон нэгнийг дээрэлхэх буюу гүтгэх:** Бодьсадва хүнийг уур хилэн, үзэн ядалтаар дээрэлхэх ба доромжлох, нэр төрийг нь гутаах буюу гүтгэх нь Их Хөлгөний замдаа сөрөг холбоо үүсгэн бий болгож байгаа хэрэг юм. Энэ холбоос Их Хөлгөний итгэл бишрэл төрүүлэх үйлсэд шууд садаа болж үйлчилдэг. Замд итгэлгүйгээр бид Бодь сэтгэл үүсгэх хүсэл огт төрөхгүй билээ.

4. **Бусдыг хуурах зорилготойгоор буруу мэдээлэл өгөх, заль үзүүлэх:** Далд булхайтай аргаар бид зориуд буруу мэдээлэл өгөх буюу худлаа хэлэх, хамаг амьтныг залилж өөрийн хэрэгцээнд ашиглах зэрэг нь бидний өөрийг энхрийлэх сэтгэлийг машид идэвхтэйгээр өөгшүүлэх хортой. Ийм хандлага амьтны тусыг бүтээх гэсэн үндсэн зорилгод маань шууд садаа болон хөндөлдөж Бодь сэтгэл үүсгэх замд бэрхшээл учруулах болно.

Гол нь, эдгээр дөрвөн хар дадлагыг орхин цээрлэснээр бид Гурван Эрдэнэ болон Их Хөлгөний зам, хамаг амьтантай холбоогоо гэмтээхээс сэргийлэх болно. Ирэх хойчийн төрлүүддээ Бодь сэтгэлтэй холбогдоход тэд хамгийн чухал холбоосууд болдог билээ.

Бодь Сэтгэлийг Сулрахаас Сэргийлдэг Дөрвөн Цагаан Дадлага

Дараагийн бүлэг дадлагууд бол дөрвөн харын яг эсрэг ерөндөг болдог. Тэд бидний Бодь сэтгэлийг доройтохоос сэргийлээд зогсохгүй ирэх төрлүүдэд Бодь сэтгэл үүсгэхэд тохиромжтой нөхцөлүүд болж өгдөг. *Дөрвөн Цагаан Дадлага* бол:

1. **Бүх талаар худал хэлэхээс цээрлэх:** Хуурахын тулд худал хэлнэ гэдэг үнэнч шударга, асралт, энэрэлт сэтгэлийн эсрэг хандлага мөн. Аливаа бүх хуурмаг занг таягдан хаяснаар багшаа болон өөр хэн нэгнийг хуурах ямар нэгэн явдал гарахаас бүрэн сэргийлж үнэнч итгэлтэй зангаараа харин ч холбоогоо улам бэхжүүлж чадах болно. Энэ бол эхний хар дадлагын эсрэг ерөндөг мөн.

2. **Бусдад Номд дадуулахад нь туслах:** Бусад хүмүүсийг дадлага хичээлээ орхиулахын оронд үл алагчлах үзлийг дотроо баримтлан үнэн Номын дадлагад бусдыг оролцуулах тал дээр байнга зүтгэж ажиллах хэрэгтэй. Өөрийг бодох аливаа нэгэн сэдэл үгүйгээр тэднийг ямар л тустай арга байна түүнийг зааж сургахыг хичээх ёстой. Энэ бол хоёр дахь хар дадлагын эсрэг ерөндөг юм.

3. **Бодьсадва нарт хүндэтгэл бишрэлийг үзүүлэх:** Бодь сэтгэлийг төрүүлсэн нэгнийг хүндлэн дээдлэх нь бидний Их Хөлгөний холбоог бэхжүүлэн түүний биелэл болсон Бодьсадва нартай ч холбоогоо бататгана гэсэн үг. Энэ холбоо ирээдүйд номтой учрахын үндэс болж түүнд итгэж бишрэл төрүүлэхийн суурь болдог байна. Энэ бол гуравдугаар хар дадлагын эсрэг ерөндөг билээ.

4. **Хамаг амьтныг гэсэн өөрийн амь биеийг үл хайрлах сэдэл:** Хамаг амьтныг хэдүй чинээ хүндэтгэн энхрийлнэ бид тэдэнд туслах сан гэсэн сэтгэлийг төдий чинээ их төрүүлж чадах болно. Энэ хандлага биднийг ирээдүйн төрлүүддээ төрөлхийн хайр энэрэлтэй занг эзэмшин бусадтай холбоо тогтооходоо амархан, Бодь хөгжүүлэхдээ хялбар байхад туслах болно. Энэ бол дөрөвдүгээр хар дадлагын эсрэг ерөндөг юм.

Эдгээр дөрвөн дадлагыг ухамсарласнаар таны бүхий л үйл хөдлөл аяараа Бодийн мөн чанартай болж тэгшрэх нь зандан модыг хадгалсан сав зандан шиг үнэртэй болдгийн нэгэн адил Бодь сэтгэл таны сэтгэлээс зай завсаргүй бүрэн ханхлах болно. Энэ үйл явц Ерөөхүйн Бодь сэтгэлийг тогтворжуулан бэхжүүлснээр эцэстээ зоргоороо төрөн гардаг болоходоо хүргэдэг.

Ерөөхүйн Бодь Сэтгэлээ Сэргээх

Сөрөг зуршлын харгайгаар бид Ерөөхүйн Бодь сэтгэлээ доройтуулж мэдэх билээ. Ийм тохиолдолд алдагдсан хүч нь бидний үйл хөдлөлд цаашид нөлөө үзүүлж чадахаа болино. Аз болоход үүнийг харьцангуй амархнаар сэргээж болдог байна. Эхлээд өөрийн ухамсарт Бодь сэтгэлээ султгасан араншингаа оруулж ирээд дараа нь гэмших сэтгэлийг хүчтэй төрүүлэн эцэст нь ирээдүйд дахин үүнийг үйлдэхгүй байх хатуу шийдэл гаргана. Үүний эцэст Ерөөхүйн Бодь сэтгэл дахин үүсгэж залбирал мөргөлөө уншин өмнө судалсан ёсоор бясалгал дадлагаа хийж эхэлнэ. Бодийн сэтгэл төрүүлэхэд хэзээ ч оройтдоггүй гэдгийг байнга санаж явах хэрэгтэй.

Жанрайсэг – Энэрэнгүй сэтгэлийн Бурхан

ОРОХУЙН БОДЬ СЭТГЭЛИЙГ ДАДУУЛАХ

Ерөөхүйн Бодь сэтгэл ба Орохуйн Бодь сэтгэлийг хооронд нь ялгахад тийм ч амар байдаггүй. Бид сонирхолтой газраар аялах ч юмуу тодорхой нэг хүсэл зорилго төрөх үед тиймэрхүү ялгааг гарч илрэхийг мэдэрч болдог. Олон жилийн турш "нэг л өдөр явна даа, нэг л өдөр" хэмээн бодож төлөвлөдөг байж байгаад эцэст нь мөрөөдлөө биелэл болгох нөхцөл боломцоо бүрдэлдэж ирснийг мэддэг. Тэр үеэс эхлээд бодлоо үнэн болгоход таны хүч энерги түүнд чиглэж ажиллах болно. Онгоцны тийз худалдаж авах, буудал захиалах гээд л аяны төлөвлөгөө зохионо. Ажлаас чөлөө авах өдрөө товлон долоо хоног болгоныхоо цалингаас жаахныг хойш нь хадгална. Өөрөөр хэлбэл мөрөөдөлдөө үзэгдсэн болгоныг амьдруулах гэж бүхнийг хийнэ.

Үүнтэй адилаар Ерөөхүйн Бодь сэтгэл гэгээрлийг хаа нэгтээ хол байгаа шигээр санаж байдаг бол Орохуйн Бодь сэтгэл үүнийг одоо цагт авчирдаг байна. Энэ бол бидний үйл хөдөлийг хувиргах гэсэн шалтгаан сэдлээр жолоодогдсон төгс гэгээрэлд хүрэх туйлын зорилготой мэдрэмж юм. Ийм сэтгэл төрөх үед бүх зүйл энэ утганд бүрэн багтаж Бодьсадва хүний ёсоор дадлагажихаас илүү чухал зүйл тэр хүний хувьд үгүй болно. Ингэсэн тохиолдолд идэх, унтах зэрэг тань хүртэл таны дадлагын нэгээхэн хэсэг болон хувирч гэгээрлийн шалтгаан суурь болно. Тийм учраас Орохуйн Бодь сэтгэл хэмжээлшгүй их буян хишгийг хурааж ухамсартай, ухамсаргүй хийсэн болгон тань ямагт буяны эх үүсвэр болдог.

Бодьсадвын Сахил Хүртэх

Бодьсадвын Ам Өчиг хэмээх сахилын дагуу дадлагаар андгай тавих хормоос эхлээд Орохуйн Бодь сэтгэлийн үүсгэл үзэгдэж эхлэх болно. Ариун андгай тангараг гэдэг Бодь сэтгэлийг тордон өсгөх чадвартай найдвартай зам мөрийг дагахад туслах, сэтгэлийн урсгал дахь саад бэрхшээлүүдийг ариусгах зорилгоор бий болсон байдаг. Тэдгээр андгай сахилыг олон өөр шалгууруудад хувааж болох хэдий ч гол загвар нь хамаг амьтныг нигүүлсэн асрах, тэдэнд аль болох туслах явдалд чиглэсэн байдаг. Энэ зарчмыг бүрэн ухамсарласан Бодьсадва хүн урьд төрлүүддээ дадлага болгон хүлээн авч байсны үндсэн дээр аяндаа сахил андгайг баримтлан явах болдог ажээ.

Бодьсадвын Сахилыг богино хэмжээний зан үйлээр хүртээдэг тул тэрхүү сахилыг хүртлээ гэдэг хүчтэй ухамсар холбоог үүсгэхийн тулд санваарын тухай ерөнхий ойлголтууд заавал байх хэрэгтэй. Тэдгээрийн талаар илүү мэдэж байх тусам зан үйлээр сэтгэлд тань үлдэх ул мөр гүнзгий байж сахилаа баримтлах бишрэл ихээр төрдөг. Тийм учраас арван-найман үндсэн сахилыг доор үзүүлсэн болно. Мөн дөчин-зургаан салбар сахилыг дараагийн долоон хэсэгтээ бид үзэж судлах болно. Энд орсон эх сурвалжуудыг судалж амьдралдаа тусгаснаар танд Бодьсадвын Андгай тавих хүчтэй үндэс бий болгох юм.

Гэвч тэдгээрийг судалж мэдэхээс өмнө сахил хүртэх боломцоо олдсон ч гэсэн ховор учрал тохиолдлоо хэмээн хүртэх нь зөв. Энэ талаар "Гончог Далала Судраас:

"Хүний урьдын үйлийн үрээс үл шалтгаалан Гурван Эрдэнэд итгэх итгэл хүчтэй байсан цагт Бодьсадвын замд бишрэнгүйгээр орж Бодьсадвын сахилыг хүртэх боломжтой" хэмээн заасан байдаг.

Их Хөлгөний Зам хийгээд Гурван Эрдэнэд ихэд итгэл төрүүлснээр андгай тавих болгондоо Бодь сэтгэлээ бид бататгаж чадна. Энэ нь биднийг цаашид үргэлжлүүлэн сурах ба бясалгахад хүргэж дараагийн удаа түүнийг хүртэхдээ илүү тодорхой ухамсарлах боломжийг олгоно.

Бодьсадвын андгай өргөх зан үйлд оролцох бас нэгэн шалтгаан нь шаардлага хангасан багшаас нэг л удаа үүнийг хүртсэн байхад дараа нь Бурхад ба Бодьсадва нарыг гэрчээр байлгаж байгаад өдөр болгон дахин дахин бататгаж болдог. Гэхдээ сахилын зан үйлд хамгийн багаар бодоход нэг удаа өөрийн биеэр оролцсон байх нь зүйтэй. Дараагийн дасгал энэ зорилгод чиглэсэн болно.

Дасгал 6.2 – Бодьсадвын Сахил Хүртэх

- *Тохиромжтой байрлал эзлээд амьсгалдаа төвлөрөх бясалгалаар сэтгэлээ тогтвортой байдалд оруулна.*

- *Өмнийн огторгуйд өргөн уудам талбарт Бурхад, Бодьсадва, Архадууд болон өөрийн багш, Цагийн хүрдний урсгалын их багш, мастерууд байна гэж дүрсэлнэ. Газраар дүүрэн хамаг амьтанаар хүрээлүүлэн байна хэмээн төсөөл, тэд цөм хүний дүрээр танаас туслалцаа хүсэн харцгаана. Энэхүү аугаа чуулганыг гэрчээ болгон доорх залбирлыг гурвантаа давт:*

  "Багш дээдсүүд, Бурхад, Бодьсадва нар хийгээд авралын бусад эх сурвалж та бүгд миний залбирлыг сонсож ажаамуу. Урьд цагт дээд төрөлхтөн нугууд Бодь сэтгэл үүсгэн Бодьсадвын явдал мөрийг даган үйлдсэний нэгэн адилаар би одоо Бодьсадвын сахилыг хүртэж тэдний зам мөрийг дагах болно. Бодь сэтгэлийг үүсгэн эх болсон хамаг амьтны тусын тулд Бодьсадвын замналаар дадлага бясалгалаа үргэлжлүүлэхээ андгайлж байна".

- *Давтах тоолондоо өөрийн зорилгыг улам бататгана. Сүүлчийн удаа давтахдаа Бодьсадвын андгай тавьж сахилыг хүртлээ гэдэгтээ итгэлтэй байх хэрэгтэй. Тэгээд тэр сэтгэлээ улам нэмэгдүүлэн өсгөж баярлан талархах сэтгэлээр:*

"Өнөөдөр миний энэхүү хүний биеийг олсон явдал нь улам эрхэм болж Бодьсадвын гэр бүлийн нэгэн гишүүн \хүү,охин\ боллоо.Энэ мөчөөс эхлэн эдгээр журмаа хэзээ ч зөрчихгүй авч явах болно. Сохор хүн хогон дундаас эрдэнэс олсон лугаа адил тохиолдох ховор учралаар Бурханы гэр бүлд багтах боллоо би. Тэнгэр хийгээд Асурууд болон бусад бүх амьтад, Бурхад, Бодьсадва нарын буйд андгай тавьж сахил хүртсэн миний сайн үйлсэд даган баясах болтугай".

• *Доорх зориулга ерөөлөөр дадлагаа төгсгөнө:*

"Бодийн дээд эрдэнийн сэтгэл төрөөгүй нэгэнд нь төрөх болтугай, төрсөн нэгэнд нь эс доройтож улам бүр өөдөө арвидах болтугай".

Арван-найман Үндсэн Сахил

Их тэрэгч Нагаржуна, Асанга нарын дамжлагын нэгдмэл байдлын дагуу авч үзэхэд Бодьсадва хүний баримтлах ёстой үндсэн арван-найман зүйлт сахил байдаг ажээ. Тэдгээр сахиглахуунууд өөрийн тань үндсэнд буй Бодь сэтгэлийг ариун нандинаар авч явахад тусалдаг. Эдгээр сахилыг та алдах юм бол хамаг амьтны тусыг бүтээж чадах үгүй болох учраас Орохуйн Бодь сэтгэлтний сахилаа алдана гэсэн үг. Гэвч хамаг амьтныг бас бүрмөсөн орхичихоогүй байгаа цагтаа Ерөөхүйн Бодь сэтгэлээ хадгалан үлдэж Бодсадвын сахилыг сахил хүртээгчийн өмнө юмуу Бурхад, Бодьсадва нарыг гэрчээр дуудан байж дахин хүртэх боломжтой.

Асангагийн Дамжлага Дахь Дөрвөн Зүйл Сахил

Асангагийн дамжлага дагуу авч үзэвээс Бодьсадва хүний дагавал зохих ариун дадлагын журамд нийцээгүй бүхэн сахилын үндсэн унал хэмээн тооцогддог ажээ. Бүх уналуудыг доорх дөрвөн зүйлээр тодорхойлон харуулж болно. Үүнд:

1. **Далд ухамсарлахуйдаа хүрсэн гэж худал ам алдах:** Бид магтаал, олз олох, бусдын хүндлэл хүлээх гэсэн аливаа оролдлогоо бүрэн орхивол зохино. Өөрсдийгөө ухамсрын гүнзгий түвшинд хүрсэн нэгэн хэмээн итгүүлж бусдыг дорд үзэх, бусдын хүрсэн түвшинг бага хэмээн басамжлах зэрэг нь маш хортой учраас тэдгээрээс бүрэн зайлсхийвэл зохино. Хоосон чанарыг би илтэд онолоо гэж худлаа хүлээх нь энэ сахилаа алдах шалтгаан болно. Энэ бол зарим талаар үнэхээр онож мэдлээ гэсэн итгэлтэй хавсарсан худал үг болдог. Их гүнзгий ухамсарт хүрлээ гэж гаднаа худлаа хэлсэндээ гол биш зүгээр л дотоод мөн чанартаа сахил алдагдахад хангалттай нүглийг бүтээж байгаа хэрэг юм.

167

2. **Эдийн тусламж юмуу номын айлдвар өгөхөөс татгалзах:** Бидний туслалцаа зайлшгүй хэрэгтэй амьтанд хармын сэтгэлээр хандах, эд материалын тусламж үзүүлэхээс татгалзах, ном зааж юмуу сүсэг бишрэлийн тусламж үзүүлэхээс татгалзах хэрэггүй билээ. Хэрвээ биднээс тусламж хүсээд бид татгалзах юм бол энэ сахилаа зөрчлөө гэсэн үг. Яагаад гэвэл бид өглөгийн дадлагыг байнга авлага болгон дадуулж байдаг тул үүнийгээ хэрэгжүүлэх боломж цаанаасаа гарч ирэхэд түүнээс зайлсхийх ёсгүй. Ном сургаал сонсох хүсэлт тавьсан хүнд ном номлож, бясалгал хэрхэн хийвэл зохихыг тайлбарлаж саруул оюунаа тэлэхэд нь тэдэнд туслах ёстой.

3. **Өршөөл хүссэн хүнийг үл уучлах:** Хэн нэгэн хүн биднийг хохироосон боловч чин ариун сэтгэлээр өршөөл гуйсаар атал түүнийг хүлээн зөвшөөрөхөөс татгалзах, өш хонзон, үзэн ядалт өөрлөн явах нь энэ сахилын уналд орох үр дүнд хүргэнэ. Тиймээс бид бусад амьтанд буруугаа хүлээж гэмших уучлалт гуйх бололцоо олгосноороо тэднийг муу үйлийн үрээ багасгахад нь тусалж байгаа хэрэг билээ.

4. **Их Хөлгөнийг орхин буруу номлолд орох:** Их хөлгөний сургаалаас татгалзан буруу болон үнэн-бус Буддын номлолд ороход энэ сахил алдагдана. Зарим хүний хувьд Их хөлгөний замнал цар хүрээнээсээ авахуулаад дааж давшгүй санагдаж болох ба энэ нь зарим Буддын сургаалыг Буддын сургаал биш гэж үзэхэд хүргэдэг, үүний жишээ бол хоёр ба гуравдугаар Номын хүрдэнг үгүйсгэн үзэх явдал билээ.

Эдгээр дөрвөн сахилын гол утга нь бясалгагч хүнийг үндсэн дөрвөн түйтгэрээ даван гарснаар Бодь Сэтгэлтэн болох замд тохиолдох саадыг арилгах, түүний дотор шунал, хармын сэтгэл, үзэн ядалт төөрөгдөл дөрвийг ялан гарахад туслах явдал билээ. Хэрвээ бид эдгээр түйтгэрүүдэд өөрсдийгөө дарамтлуулахгүй байж сурвал сүсэг бишрэлийн аль ч хэлбэрээр замнах бат суурьтай болох болно.

Нагаржунайн Дамжлага Дахь Арван-дөрвөн Зүйл Үндсэн Сахил

Нагаржунайн дамжлага дагуу авч үзвээс үндсэн сахилуудыг өөр өөр хүмүүсийн өөр өөр үүрэг гүйцэтгэдэг тал дээр зайлсхийвэл зохих гурван шалгуурт хуваяж үздэг байна. Эдгээр шалгуурууд гэхдээ хүн болгонд адилхан хамааралтай гэдгийг санаандаа тусгах хэрэгтэй.

Эхний бүлэг сахилд хаан, удирдагч, ахмад настан гэх мэт дээгүүр байр суурь эзэлдэг хүмүүсийн үйл хөдлөлд ойрхон хамааралтай зүйлс орно. Тийм хүмүүс ихээхэн эрх мэдлийг ямагт атгаж байх тул тэрхүү эрх мэдлээ хэрхэн зөв ашиглах тал дээр зориулагдсан ажээ.

5. **Гурван Эрдэнэд зориулсан эд зүйлсийг хулгайлах:** Гурван Эрдэнэд зориулан өргөсөн өргөл тахилын аливаа зүйлсийг хулгайлахад энэ сахил

дооройтно. Хуврагт зориулсан эд юмсаас өөрийн эрх ашигт хэрэглэхээр хулгайлах, хүмүүсийн итгэлийг хөсөрдүүлэх зэрэг нь Номыг дадлага болгох үйлсэд шаардлагатай Хуврагийн тусалцааг алдах болно.

6. **Номлол хүлээн авахаас татгалзах:** Бага хөлгөн, Их хөлгөн, Очирт хөлгөний сургаалуудыг Буддын сургаал биш гэж үзэх болон тэдгээрийг шүүмжлэн буруушаах явдал нь сахилаа уналд ороход хүргэнэ. Бид Бурханы айлдсан аливаа сургаалыг шүүмжлэх, дорд үзэх зэргээс ямагт зайлсхийх хэрэгтэй. Учир нь тэдгээр сургаалаас хүртэх байсан ашиг тусыг шууд алдах болно.

7. **Ёс журамгүй нэгнийг залхаах:** Хэрвээ бид лам хувраг, гэлэнмээ хүнийг сахил санваараа орхин, орхимжоо тайлахад хүчээр хүргэх, сахил санваараа зөрчихөөр зүйлийг хийлгэх гэж хүч хэрэглэхэд энэ сахил алдагдана. Бид хүмүүсийг ёс зүй ариунаар сахихад нь болон хэрвээ зөрчсөн бол түүнийгээ ариусгах зэрэгт харин зоригжуулах учиртай билээ.

8. **Шууд үр дагаварт хүргэх үйлийг үйлдэх:** Завсаргүй таван нүглийн аль нэгийг үйлдэх нь хамгийн муу үйл бөгөөд дараа төрөлдөө шууд хамгийн доод тамын оронд зуурдын үеийг ч үл дамжин шууд төрнө. Тэнд зовлон эдлэхээс өөр зав чөлөө гарахгүй учраас Бодь сэтгэлийг төрүүлэн амьтны тусыг бүтээх ямар ч бололцоо гарахгүй болно.

9. **Буруу үзэл баримтлах:** Гурван Эрдэнэ хийгээд үйлийн үрийн шалтгаан ба үр дагаврын хууль, Хоёр Үнэн, Хутагтын Дөрвөн Үнэн, Арван-Хоёр Шүтэн Барилдлага гэх мэтийн сургаалуудад үл итгэх юм. Ийм буруу үзэл баримтлах нь биднийг үндсэн сахилын уналд хүргэх бөгөөд ингэснээр өөртөө ч тусыг бүтээж чадахгүй учир хамаг амьтныг орхисноос өөрцгүй болно. Жишээ нь, үйлийн үрийн хуулийг няцааснаараа бидний үйлдэл үр дагавар авчирна шүү гэдэгт итгэхгүйгээр бусдыг хохироон муу үйлийн үрийг үргэлжлүүлэн үйлдсээр байх болно.

Дараагийн бүлэг сахил тодорхой нэг хэсэг газрыг захирагч, албан тушаалтан, менежер, сонгогдсон эрх мэдэлтэн, захирагч нарт ойр хамааралтай зүйлс юм.

10. **Хот, тосгон, дүүрэг, аймаг юмуу үндэстнийг устгах:** Хэрвээ бид амьд амьтан амьдардаг аливаа нэг газрыг бүрэн устгаж үгүйрүүлбэл энэ үндсэн сахилаа алдах болно. Гал түймэр, бөмбөг, хар шид юмуу өөр аль нэгэн зүйлээр хот хийгээд амьдрах орчныг устгаж олон амьтныг хөнөөх муу үйл ба энэ үйлдлийн үр дагаварт хуримтлуулсан сөрөг үйлийн үр Бодь сэтгэлийг хөгжүүлэх үйлсэд голлох бэрхшээлийг учруулна.

Сүүлчийн бүлэг сахилд энгийн хүмүүст холбогдолтой найман үйлдэл багтдаг:

11. **Дадлагагүй хүнд хоосон чанарыг номлох:** Зөв ухаарч ойлгож авч чадах чадвар бүрдээгүй байгаа нэгэнд хоосон чанарыг номлох юмуу дадлага

хийх сонирхолгүй нэгэнд номлоход бид энэ үндсэн сахилын уналд орно. Аюул юунд байна гэхээр хоосон гэдгийг хов хоосон юу ч байхгүй, эс-орших гэж ойлгож авснаар үгүйсгэлийн үзэлд автан, шалтгаан ба үр дагаврын хоорондын харилцан хамаарлыг няцаахад хүргэж болно. Өөрийн хийгээд юмс үзэгдлийн хоосон мөн чанар маш гүнзгий утгатай бөгөөд ойлгоход амаргүй асуудал билээ. Олон хүмүүс энэ сургаалыг гүнзгий нэвтрүүлсэн Аугаа их багш Нагаржуна өөрөө үгүйсгэх үзэлтэн байсан гэж боддог боловч энэ нь тэд зүгээр л нарийн түвшинд нь ухаарах чадвар дутагдснаас тэгж ойлгоход хүрч байгаа хэрэг юм. Тиймээс бид юмс үзэгдлийн үнэн мөн чанарыг ойлгож ухаарах чадвартай нэгэнтэй л хуваалцах ёстой юм.

12. **Өөр нэгнийг Бодь сэтгэлээ орхиход хүргэх:** Их хөлгөний замаар замнан яваа нэгнийг Бага хөлгөнийг дага гэж зөвшөөрүүлэх нь энэхүү үндсэн сахилаа зөрчиж байгаа хэрэг болно. Жишээ нь, бид хэн нэгэн хүнд Бодь сэтгэлтэн болно гэдэг чиний хирээс хэтэрсэн хэрэг тиймээс больж үз, түүний оронд нэгэн биений гэгээрэлд зоривол чамд тохирно гэж хэлэх явдал бол үүний жишээ юм.

13. **Үндсэн сахил санваараа орхиход хүргэх:** Бид хүнийг нэгэн биений чөлөө юмуу хувраг хүний 253 зүйлт сахил, гэлэнмээ хүний 362 зүйлт сахил, энгийн хүний тав юмуу найман зүйлт сахил санваар болон арван цагаан буяныг сахих явдлыг орхиход хүргэх шалтгааныг бүтээх ёсгүй. Энэ бол доогуур түвшний тогтолцооны нэг хэсэг учраас Их Хөлгөний бясалгагч нарт чухал биш гэж хэзээ ч хэлж болохгүй. Жишээ нь бид хэн нэгнийг сахилаа мартан архи уухад шахах юм бол тэд Очирт хөлгөнийг бодвол бага хөлгөний замаар яваа учраас сахилаа алдсан ч онцын чухал хэрэг биш гэж үзсэнийх болно. Хэрвээ бид хэн нэгнийг нэгэн биейн чөлөөнд хүрэх гэж өргөсөн андгайгаа зөрчихөд хүргэвэл энэ үндсэн сахилын уналд орно гэсэн үг.

14. **Бага Хөлгөнийхөн түйтгэрүүдийг арилгаж чадахгүй гэж нотлох:** Бид Шарвага, Брадигабуд нарын дадлагыг хамаг амьтныг хорвоогоос гэтэлгэх чадалгүй гэж үзсэнээр энэ үндсэн сахилаа уналд оруулах болно. Энэ нотолгоо уг хүнийг Бага хөлгөнийх нь замаас гаргах гэсэн оролдлого гэж үзэгдэх тул сахилын уналд гарцаагүй тооцогдоно.

15. **Өөрийг магтаж бусдыг дорд үзэх:** Атаа жөтөөнөөс болоод ч юмуу өөрийн чанаруудыг дөвийлгөн бусад Бодьсадва нарын бясалгалыг шүүмжилбэл бид энэ үндсэн сахилаа алдах болно. Бид энэ тал дээр маш болгоомжтой байж бусад бясалгагч нарын буянд байнга даган баясах хэрэгтэй.

16. **Өөрийн ухамсарлахуйг хэтрүүлэн үнэлэх:** Шуналаасаа болоод нуугдмал үзэгдлийг үзлээ хэмээн худал ам алдах, хоосон чанарыг оноож мэдсэн гэж бусдын магтаалыг горилох санаагаар хэлэхэд үндсэн сахилаа алдана. Ерөнхийдөө, бид өөрсдийн далд ухамсрын талаар нийтэд зарлах учиргүй. Үүнийг өөрийн багшаас бусад хэнтэй ч ярих учиргүй билээ.

17. **Хааныг шийтгэл онооход хүргүүлэх:** Нийтийн өмнө лам хувраг, гэлэнмээ хүнийг шийтгэх буюу доромжлуулахад хүргэх, тэдний эд хөрөнгийг хураалгахад хүргэх явдлыг хийвээс энэ үндсэн сахилаа уналд оруулах болно. Ийм зовлон хатуужлыг тэдэнд авчирсанаар тэднийг нэгэн биеийн чөлөөнд хүрэх гэж авсан сахилаа алдахад хүргэж байгаа хэрэг билээ.

18. **Бясалгагч хүний эд хөрөнгийг хулгайлах:** Хэрвээ та хатуу нөхцөлт бясалгалд орсон хүнд туслахаар өгсөн зүйлээ буцааж авах юмуу түүнийгээ зүгээр нэг ном уншиж, судар цээжлэн суугаа хүнд өгөх зэргээр аашилбал та үндсэн сахилаа алдах болно. Хоосон чанарыг мэдрэх цорын ганц зам бол бясалгалаар сэтгэлээ дадуулах явдал учраас туслалцаагаа зогсоосноор түүний энэ нөхцөл бүрэлдэх явдлыг зогсоож байгаа хэрэгт тооцогдоно.

Бодьсадвын Сахилыг Алдах Болон Засах

Бодьсадвын Сахилыг үндсэн уналд оруулахад дөрвөн нөхцөл бүрдсэн байх хэрэгтэй нь: 1\ та хийж буй үйлдлээ сахилтай зөрчилдөж байгааг мэдсэн байх, 2\та сахилаа албаар зөрчсөн байх, 3\ үйлдэл төгс үйлдэгдсэн байх 4\ үйлдсэн зүйлдээ та сэтгэл хангалуун байх эдгээр юм. Дөрвөн нөхцөл бүгд бүрдээгүйгээр та Орохуйн Бодь сэтгэлээ алдахгүй юм. Хэрвээ алдсан тохиолдолд дахин андгай өргөх зан үйлд орох хэрэгтэй болно.

Бодьсадвын андгай тавихдаа сахилаа аль болох ариунаар сахихыг хичээх сэтгэлтэйгээр авах хэрэгтэй юм. Хэрвээ бид тангаргаа зөрчвөл түүндээ гэмшин харуусаж засахаар яаран тэтгэн ариусгах аргыг хэрэглэх хэрэгтэй. Ийм маягаар Бодь сэтгэлийн хөгжил зогсолтгүй хөгжин дэвжсээр тийм чиг их сөрөг үйлийн үр хуримтлагдахгүй болно.

Хэрвээ бид үндсэн сахилынхаа аль нэгийг алдвал төрөл бүрийн аргаар түүнийг сэргээж болдог:

- Хоосон чанарыг бясалгах
- Бурхад Бодьсадва нарт долоон гишүүт тахил өргөх
- Шүтээний, гэмшлийн, ерөндөгийн ба боомтлохын дөрвөн хүчийг үүсгэх.

Тэтгэн ариусгах дадлага бол Цагийн хүрдний урьдчилсан бэлтгэлийн зэргийн гол хэсэгт агуулагддаг бөгөөд түүний талаар Боть 1-д машид тодорхой үзүүлсэн байгаа билээ. Дариу чин сэтгэлээр гэмшин наманчилж андгайгаа сэргээн, үйлийн үр дагаврыг багасгах хэрэгтэй. Энэ нь ямар ч үр дагавар гарахгүй болно гэсэн үг биш ч гэсэн олшрч арвижихаас сэргийлэх болно.

Зүрх шантрах, андгайгаа сахиж чадахгүй байх гэж битгий айгаарай. Түүнийг сахиж явах нь хэтэрхий дарамттай гэж ч үзэх үү эсвэл маш их амар амгалан байдалтайгаар, баяр хөөртэйгөөр үүнийг мөрдөж явахыг хичээх үү гэдэг цэвэр та бидний сэтгэлийн хандлагаас шалтгаалах юм. Хамгийн багаар бодоход л бид хамаг амьтанд туслах юмсан гэсэн хүсэл өчүүхэн ч болов хадгалж чадлынхаа хэрээр зүтгэл гаргах хэрэгтэй билээ. Замдаа хааяа бүдэрлээ ч гэсэн бидний олох олзны жин, туулах хатуужилтай маань харьцуулахад хамаагүй хол давах нь гарцаагүй.

Зургаан Барамидын Дадлага

Бодьсадва хүний гарын авлага болгодог дадлагуудыг тооцих юм бол үнэндээ тоогүй олон хувилбарууд гарч ирэх билээ. Хамаг амьтан гэдэг тоолшгүй олон учраас тэдэнд зориулсан мөн төдий чинээ тусгай хувилбарууд байж болдог байна. Бодьсадва хүн амьтан болгонд тохирох хамгийн аюулгүй, ашигтай аргыг хэрэглэх хэрэгтэй тул маш олон чадварлаг аргуудыг эзэмшсэн байвал зохино.

Хэрвээ бид Бодьсадва хүний дадлагуудыг эмхлэн хураагуйлаж үзвэл зургаан дадлагыг төгөлдөржүүлэх буюу Зургаан Барамид гэж нэрлэдэг: 1. өглөг, 2.ёс суртахуун, 3.тэвчээр, 4.хичээнгүй, 5. диян бясалгал, 6.билиг оюун юм. Эдгээр дадлагууд Бодьсадва хүнийг Орохуйн Бодь төрүүлсэн цагаас эхлээд бүхий л үйл хөдлөлийг хамран харуулдаг байна.

Энэ хэсэгтээ бид Зургаан Барамидын бүтэц болон зорьсон замд тань ямар үүрэг гүйцэтгэдэг талаар ерөнхий ойлголтыг өгөх юм. Дараа нь үргэлжилсэн долоон хэсэгт Барамид тус бүрийг нарийвчилан судлах бөгөөд амьтны тусыг бүтээх бидний үйлсэд ямар чадварлаг нөлөө үзүүлдэг болохыг тэндээс мөн мэдэж авах болно. Төгөлдөржүүлэх дадлагууд голдуу судрын ёсонд үндэслэдэг боловч Очирт Хөлгөний Цагийн хүрдний зам хэрхэн тэднийг үр ашигтайгаар гэгээрлийн зорилгодоо ашигладаг болохыг нарийн ажиглан шинжилж үзүүлэх болно.

Төгөлдөржүүлэх Зүйлсийн Нарийвчилсан Тоо

Яг зөв ойлгож чадах юм бол Их Хөлгөний замын ямар ч тал Зургаан Барамидад хамрагдаагүй байх нь үгүй. Энэ тухайд "юу ч дутаагүй байгаа" гэсэн бат итгэлтэй болох нь чухал бөгөөд "өөр бас хийх зүйл бий бус уу" гэсэн бодолтой үлдэх нь эргэлзээ бий болгохоос өөр ашиггүй. Эргэлзээ байсан цагт замаа гүйцээх бололцоо маш найдваргүй бөгөөд хийж буй дадлага маань хүч сул, зорилгогүй болж хувирах аюултай. Зорилго байхгүй бол Үнэмлэхүй үнэний гүнд нэвтэрч орох бидний чадвар багасч гэгээрэл гэдэг хаа холын хүршгүй зүйл мэт санагдах болно. Тийм учраас, Майдарын гэгээний "Их Хөлгөний Судрын Чимэг" хэмээх шастираас: 1.өндөр зэрэглэл, 2.хоёр зорилгод хүрэх, 3.бусдын хэрэгцээг төгс хангах, 4.Их хөлгөнг тэр чигээр нь хамруулбал, 5.гурван дадлага гэсэн таван сэдэв дээр үндэслэсэн төгөлдөр зургаан дадлагын үнэн тоог үзүүлэхэд зориулагдсан судрыг бид эхлээд судалж үзэх болно.

Өндөр Зэрэглэлд Үндэслэн

"Өндөр зэрэглэлд эд баялаг, бие бялдар, найз нөхөд
Үйлс, бүтээл гэсэн энэ гайхалтай чанаруудбуй
Оюуны түйтгэрүүдийн хүчинд хэзээд үл автсанаар
Аливаа үйлдэл болгоныг зөв зүйтэй ухаарах болой"

Тэгэхээр Майдар, зургаан дадлага буй гэж таних болсны анхдугаар шалтгаан бол түр зуурын хийгээд туйлын зорилгодоо хүрэхэд тэд цөм зайлшгүй хэрэгтэй гэдэг үзэл юм. Бидний туйлын зорилго бол хамаг амьтныг гэгээрлийн хутагт хүргэх явдал, энэ зорилгодоо хүрэхийн тулд төрөл бүрийн дадлагыг урт хугацааны туршид хэвшүүлэн дадуулах хэрэгтэй. Хэрвээ бид зүйрлэшгүй хувьтай төрөөд энэхэн насандаа "Цагийн хүрд"-ний замын ер бусын аргуудтай учрах аз таарвал бид урьд төрлүүддээ хэмжээлшгүй арвин буяныг хураасан байна гэсэн үг юм. Гэхдээ энэ нь бид ямар ч хүч гаргахгүйгээр нэгэн насандаа гэгээрэлд хүрчихнэ гэсэн үг бас биш билээ.

Үнэн хэрэгтээ эцсийн үр дүн үзэгдэж гарах хүртэл бид хэд хэдэн төрлийг дамжих магадлалтай байдаг. Тийм учраас дадлагынхаа үргэлжлэлийг олон зүйлийн төрлүүдийн хооронд алдаж болохгүй юм. Хэрвээ бид болгоомжгүй хандвал муу үйлийн үр хуримтлагдаж доод төрөлд амархан төрж болох тул энэлэл, зовлонг эрин галавын турш завсарлагагүй эдлэн Номыг дадуулах ямар ч боломж олохгүй болно.

Ийм болчимгүй явдал гарахаас сэргийлж эрдэнэт хүний биеийг дахиж олон төрөхийн төлөө зорих хэрэгтэй. Зургаан Барамидыг төгөлдөржүүлэн дадуулах нь гэгээрэлд хүрэх гэсэн туйлын зорилго хийгээд дээд төрөлд төрөх гэсэн түр зуурын зорилгын аль алиных нь шалтгааныг үүсгэх ажгуу. Түүний тулд бид:

1. **Өглөг:** Бусдыг хэрэгтэй зүйлээр нь хангаснаар бид хэрэгтэй зүйлээ байнга олж байх тавиланг эдлэж төрнө. Хүнс ба баялаг зэрэг нь бидэнд хүссэн үйлсээ гүйцээхэд дэмжлэг болох болно.

2. **Ёс суртахуун:** Амьтныг үл хохироон, буянтай үйлийг үйлдэн нүглийг боомтолсоноор бид урт настай гоо үзэсгэлэнтэй хөмүн болон төрөх тавилантай.

3. **Тэвчээр:** Өөрт муу зүйл хийсэн ч ялгаагүй бусдыг ямагт сайхан сэтгэлээр

асран хандсанаар тохилог тухтай орчинд тустай хүмүүсээр хүрээлүүлэн төрөх ба хүмүүс бидний гоо үзэмжинд татагдан цуглана.

4. **Хичээнгүй:** Эхэлснээ дуусгах хичээл зүтгэлтэй байвал бид хүссэн бүхнээ олох болно.

5. **Диян Бясалгал:** Бясалгалан төвлөрөхүйгээр сэтгэлээ дадлагжуулснаар ирэх хойчийн төрлүүддээ эдлэв түйтгэрүүдэд захирагдахгүй Номыг үр ашигтай гарын авлага болгох чадвартай төрнө.

6. **Билиг Оюун:** Сонсох, санах, бясалгах гуравт өөрсдийгөө бүрэн зориулсанаар сурч мэдэх ихээхэн хүсэл сонирхолтой, оюун ухаан нээлттэй, хурц мэдлэгтэй болж төрнө. Ингэснээр гүнзгий сургаалыг ойлгож ухаарах замдаа ахиц хурдан гаргах бололцоотой билээ.

Эдгээр чанарууд гайхамшигтай төрөл авахуулахад хангалттай бөгөөд "Цагийн хүрд"-ний замаар замнан Зургаан Барамидыг төгөлдөржүүлбэл илүү их ач тус, ашиг шимийг хүртэх болно. Яагаад гэвэл түүний "Шамбалын Дээд орон"-той өвөрмөц холбоотой байдгийн учир Цагийн хүрдний дадлагыг гарын авлага болгогсод гарцаагүй нэгэн насандаа Бурханы хутагт хүрэх үнэхээр ер бусын нөхцөлүүд бүрдсэн тэр газарт төрөх шалтгааныг давхар бүтээдэг билээ.

Хоёр Зорилгод Хүрэх дээр Үндэслэн

"Амьтны тусад зоригсод бүгд
Өгөх, үл-хохироох, тэвчээр гурав дээр анхаарваас,
Тогтворжилт, чөлөөлөлт хоёрыг үндэс болгон
Өөрийн зорилгыг ч төгс бүтээж чадмуй"

Зургаан Барамид яагаад зургаа байгаагийн хоёр дахь шалтгаан бол тэд цөм өөрийн хийгээд бусдын зорилгыг бүтээхэд чиглэдэг учраас тэр ажээ. Энэ хэсэгт өглөг, ёс суртахуун, тэвчээр гурав нь бусдын хэргийг бүтээхэд, бясалган төвлөрөх, билиг оюун хоёр нь өөрийн хэргийг бүтээхэд тустай байдаг харин хичээнгүй хоёуланд нь хэрэгтэй байдаг байна.

Энэ хуваагдлын үндэс нь юу гэвэл бид хэчнээн гүнзгий ухамсарт хүрсэн байлаа ч амьтны тусыг бүтээхийн тулд тэдэнтэй үйлийн үрийн барилдлагатай байх ёстой. Барилдлага үгүйгээр харилцаанд орох ямар нэгэн үндэс байхгүй бөгөөд бусад амьтан ч мөн хүлээцтэй, нөлөөнд автахаар байж чадахгүй байх болно. Тийм учраас өглөгийг дадуулах нь зөв холбоо харилцаа тогтоохын үндэс болж эх болсон хамаг амьтанд хэрэгцээтэй болгоныг нь өгөхөд чиглэдэг. Ёс суртахууны тусламжтайгаар амьтан үл хохироох тэргүүтэй зөв араншинг бий болгон тэвчээрээр бид амьтныг хэцүү бэрхшээл тарьж хохирол учруулж байлаа ч гэсэн орхихгүй байх хатуужлыг олж авдаг байна. Энэ гурван чанарыг батжуулснаар бусадтай харилцах холбоогоо бэхжүүлэн, нөхөрлөлийн үндсийг суулгаснаар ирээдүйд ч тэдний тусыг бүтээнэ гэсэн магадлал гарч ирдэг байна.

Амьтанд авчрах тусын хэмжээ бидний хаана хүрсэн ухамсарлахуйн хэмжээнээс шалтгаалах ба түйтгэр барцад их байх тусам бусдад туслах чадварын хэмжээ төдий чинээ бага байх болно. Бясалган төвлөрхүйгээр нарийн хэлбэрийн мэдрэмжийг ажиглаж сурч, үнэний мөн чанарыг ухамсарлах Үлэмж үзэхүйг хөгжүүлж чадах болно. Зөвхөн энэхүү дотоодын шинжлэлээр л бид бүдүүн хийгээд нарийн хэлбэрийн түйтгэрүүдийг арилгаж чадах тул бусдад үнэнхүү тустай байж чадна гэсэн үг.

Бусдын Зорилгыг Төгс Гүйцээх Явдалд Үндэслэн

"Бусдыг үл хохироон гачигдлаас аварснаар
Буруу муу бүхэнд сэтгэл гундалгүй тэвчсэнээр
Аядуу зөөлөн хандаж таатай үгсийг хэлснээр
Амьтны зорилгыг өөрийнхтэй хамт гүйцэлдүүлмүй"

Зургаан Барамидын тооны гурав дахь шалтгаан бол бусдын түр зуурын төдий биш туйлын зорилгыг ч мөн гүйцээдэг явдал юм. Өглөгч сэтгэлээр гачигдлаас тэднийг аврах ба ёс суртахуунаар тэднийг хохирол үзэхээс зайлуулж чадна. Тэвчээрийн тусламжтайгаар тэдний зүгээс өөрт хандсан муу хандлагуудад хямрахгүй байж чадах бөгөөд хичээл зүтгэлээр амьтны тусыг үргэлжлүүлэн бүтээсээр байх болно. Тэд цөм түр зуурын ашиг авчирдаг тул түр зуурын зорилго гэж нэрлэдэг.

Туйлын зорилго нь Бодь сэтгэл дээр үндэслэн авч үзвээс амьтны түр зуурын зорилгыг хангаснаар сэтгэл ханаж үл болно. Бид тэднийг сүсэг бишрэлийн замаар дагуулан оруулж, өөрсдийн түйтгэрүүдийг арилгахад нь тусалж, сансрын хүрднээс чөлөөлөгдөхөд нь дэмжлэг үзүүлэх ёстой билээ. Бясалган төвлөрөхүйг хөгжүүлснээр төрөл бүрийн ер бусын мэдрэмжийг илрүүлэн гаргаж шавь дагагчиддаа үлгэр жишээ болж, сургаал номлолд итгэх итгэлийг нь нэмэгдүүлсэн чадварлаг хөтөч болж чадна. Үүнийг билиг оюуны хүчтэй хамтруулбал хүн болгонд тохирсон зам мөрдөө ахиц гаргах аргыг олж чадах билээ.

Их Хөлгөнийг Бүхлээр нь Хамруулахад Үндэслэсэн

"Их Хөлгөний замнал тэр чигээрээ
Эд баялагт үл хөөрөхөд багтмуу
Хоёр замын явдалд үл гутрах ба бишрэхүй
Алив бодлоос ангид оршихуйн егүзэр буюу"

Энэхүү дөрөв дэх бадагтаа Майдарын гэгээн Их хөлгөний дадлагууд Зургаан Барамидад агуулагддагийг илэрхийлж "Их Хөлгөнөөр замнана гэдэг Зургаан Барамидыг төгөлдөржүүлэх гэсэнтэй адил" гэдгийг өгүүлсэн байна. Бид өглөгийг дадуулснаар амьдрал залгуулах эх булаг болсон эд хөрөнгөнд шунах шуналаас ангижран өөрт байгаагаар сэтгэл ханаж сурна. Эд баялаг хураах хүслээ үгүй болгоcноор сахил журмаа сахин явах бололцоотой болж ёс суртахууныг хүндэтгэн баримтлах болно. Тэвчээрийн тусламжтайгаар хамаг амьтны тарьсан гай барцад ба идэвхгүй нөхцөлүүдийг үзэж сэтгэл гундан шантрахгүй болно. Хичээнгүйн тусламжтайгаар өөрийн хийгээд бусдын хоёр зорилгыг гүйцээх үйлсэд хэр их удахыг бодон сэтгэл шантрахаас зайлсхийж чадна. Бясалгалаар бид сэтгэлээ номхруулан тайвшруулж сэтгэшгүй ахуйд саатан орших бөгөөд билиг оюун дахь бодлоос ангижирсан сэтгэлийн үндсэн дээр туйлын үнэнийг таних дотоод зөн билгийг хэрхэн хөгжүүлэхэд суралцдаг байна.

Гурван Дадлагад Үндэслэсэн

"Гурван Дадлагын онол болох эхний гурваар
Ялагч Бурхан төгөлдөр зургааг алдаагүй үзүүлсэн бөлгөө
Зургаан зүйлийн хоёр гэдэгт сүүлчийн хоёр холбогдож
Үлдсэн нэг нь бусад гуравт бүгдэд агуулагдах бөлгөө"

Эцэст нь Майдарын гэгээн Буддын бүхий л дадлага болох *"Гурван Дадлага"* гэж нэрлэгддэг ёс суртахуун, бясалгал, билиг оюун гуравт багтдаг гэдгийг үзүүлсэн байна. Эдгээр гурван дадлага зургаад хуваагдахаар бид Зургаан Барамидад тулж ирнэ. Ёс суртахуун дотроо гурав хуваагдана: өглөг, ёс суртахуун ба тэвчээр. Энд өглөгийг ёс суртахуун үүсэхийн урьдчилсан нөхцөл гэж үзсэн бөгөөд үүнгүйгээр хорвоогийн явдалд хэтэрхий автсан хүн дадлага хийх сахилга дутагдалтай байдаг. Мөн тэвчээр урт удаан хугацаагаар сахиж мөрдөж явахад ёс суртахуунд тусалдаг хэрэгсэл болдог ажээ. Сүүлчийн хоёр болох Диян бясалгал, билиг оюун хоёр сүүлчийн хоёр дадлагад тааран давхцах бөгөөд харин хичээнгүй нь өөрийн хийгээд бусдын зорилгыг бүтээхэд чиглэсэн бусад таван дадлагадаа цөмөөрөнд нь ашиглагддаг ажээ.

Төгөлдөржүүлэх Зүйлсийн Нарийвчилсан Дараалал

Бурхан Багш эдгээр Зургаан Барамидыг тодорхой дараалаар үзүүлсэн нь үнэхээр гайхамшигтай билээ. Майдарын гэгээний *"Их Хөлгөний Судрын Чимэг"-т* бичсэнээр:

"Нэгдүгээрээс шалтгаалж хоёрдугаар ургамуй
Зарим нь доод байх учраас дээд гарах буюу,
Бүдүүн байхаас нарийн залгамуй
Ийм замаар дараалал биесээ хүндэтгэн орших буюу" хэмээжээ.

Эхний мөрөнд Төгөлдөр Зургаагийн сэтгэлд ургах дараалыг хэлсэн бөгөөд эхэн үейин дадлагууд дараа дараагийнхаа дадлагуудын суурь болдгийг таниулсан байна. Өглөгийг хөгжүүлснээр ёс суртахууныг хөгжүүлэх чадвартай болно. Ёс суртахууны дадлагаар бусдыг хохироохоос зайлсхийж сурах тул тэд биднийг хохироосон ч тэвчээртэй байж сурах болдог. Дайсантай учирлаа ч тэвчээртэй байж сурсан хүн үргэлжлүүлэн дадуулсаар хичээл зүтгэлд хүрнэ. Зүтгэл шамдлаар бясалгасаар төвлөрөхөд хүрч сэтгэлээ төгс тогтворжуулж авсны дараа Үнэмлэхүй үнэний туйлын мөн чанарыг мэдрэх билиг оюунтай учирна.

Хоёр дахь мөр Төгөлдөр Зургаагийн зэрэг дэвийг холбогдуулахад анхаарчээ. Энд үзүүлснээр эхэн үеийн дадлагууд доод ухамсарлахуй гэж үзэн сүүлчийн дадлагууд нь дээд ухамсарлахуй болон дараалж явна. Жишээ нь, өглөгийн дадлага ёс суртахуунаас доогуур зэрэг дэвийг эзэлдэг байна. Тэгэхээр дээгүүр дадлагууд илүү гүнзгий ухамсарлахуйд хүргэдэг гэдгийг л үүгээр илэрхийлсэн бөгөөд ийнхүү билиг оюун хамгийн дээдийн дадлага болдог байна.

Эцэст нь, бид Төгөлдөр Зургааг эхэн үеийн дадлагууд сүүлчийн дадлагуудаа бодвол илүү бүдүүн хэлбэрийн байгааг бодож олоход төвөггүй байх болно. Энд дээд, доод гэдэгтэй ойролцоо утгыг илэрхийлэвч тухайн дадлагыг хийснээр бидний мэдрэх ухамсарлахуйн гүний давхаргын нарийслийг онцлон үзүүлсэн байгаа билээ. Хамгийн нарийн түвшинд билиг оюуныг төгөлдөржүүлснээр л хүрч болдог ажгуу.

БОДЬ СЭТГЭЛ ЦАГ ХУГАЦААНЫ ТУРШИД ХЭРХЭН ХӨГЖДӨГ ТУХАЙ

Зургаан Барамидыг түүний тоо ба дараалын үндсэн дээр ойлгож авснаар дадлагын өвөрмөц тогтолцоонд хэрхэн хамтарч үйлчилдэг, ер бусын ухамсарлахуйд хүрэхэд хэрхэн ашиглаж болдог талаар бид ойлголттой болдог билээ. Одоо бид Зургаан Барамидын дадлага хүний сэтгэлийг хэрхэн ариусгасаар байдгийг Бурханы хутгийг амьдруулах хүртлээ Бодьсадва хүний дамжин өнгөрдөг дөрвөн түвшний хөгжлөөр зүйрлэн үзүүлснийг судалж Бодь Сэтгэлийн талаарх энэ ерөнхий ярилцлагаа өндөрлөх болно.

Ерөөл Өргөх Дадлагаас Төрөх Бодь сэтгэл

Сэтгэлээ асрал, энэрэлээр хөгжүүлэн Ерөөхүйн Бодь сэтгэл төгс үүсгэсний дараа бидний Их хөлгөний замд орох эхлэл тавигдлаа гэсэн үг. Гэгээрэлд хүрэх Таван Зам Мөрийн \Боть 1-ийг үз\ дагуу авч үзвэл бид Их Хөлгөний Чуулганы Мөрд орлоо гэж үзэж болно. Бид Чуулганы ба Найруулгын мөрд ахиц гарган явах зуурт Бодь сэтгэл маань бидэнд сүсэг бишрэлийн дадлагадаа бишрэл төрүүлэх сэдэл болж өгдөг. Гэвч бид улам их хичээл зүтгэлтэй байж Ерөөхүйн Бодь сэтгэлээ доройтуулахгүй байх хэрэгтэй. Энэ түвшний Бодь сэтгэлийг дүрсэлдэг дөрвөн зүйрлэл бий. Үүнд:

1. **Газар мэт Ерөөл:** Их Хөлгөний замд анх орж эхлэхэд бидний Бодь сэтгэл ерөөл залбиралд түшиглэсэн байдалтай байдаг. Тиймээс энэ үеийг найдвартай дадлага босгон, дээр нь суурилуулж болох бат бэх газар шороотой зүйрлэдэг ажээ.

2. **Алт адил Тогтвортой:** Бурханы хутагт хүрэхийн тулд бидний ерөөл залбирал батжих хэрэгтэй бөгөөд ийм байж гэмээн л замынхаа төгсгөлд хүртэл тогтвортой оршиж чадах болно. Үүнийг бид бусад төмөрлөгтэй адилгүй, элдэв хоргүй, зүлгэсэн байна уу зүлгээгүй байна уу хамаагүй ижилхэн гялалзах чадалтай шижир алттай зүйрлэж болно. Бидний ерөөл нөхцөл байдлаас үл шалтгаалан алт мэт хувиршгүй үнэн байх ёстой.

3. **Дүүрэх Саран мэт Улам Сайжрах:** Хичээнгүйлэн дадуулснаар бидний Бодь сэтгэл хамаагүй гүнзгий бөгөөд дүүрэн баялаг болж ирнэ. Эхэндээ Туйлын Бодийг олж үзэхгүй ч гэсэн түүний гэрэл яваандаа ил гарч ирж үзэгдэх нь гарцаагүй юм. Үүнийг дүүрэх сарантай зүйрлэх бөгөөд аажуухан томорсоор тэргэл саран болон гэрэлтдэг билээ.

4. **Түйтгэрийг Хуйхлах Гал мэт:** Туйлын Бодь сэтгэлийн өчүүхэн хэлтэрхийг ч атугай зэрвэсхэн харах нь сэтгэлээ түйтгэр бэрхшээлүүдээс арилгах явдалд ихээхэн үр дүнг авчирдаг. Дүрэлзэх халуун гал мэт Зургаан Барамидын дадлагууд туйлын Бодь үзэгдэхэд саатуулж буй түйтгэр бүхнийг хуйхлан шатаах гал мэт байх болно.

Дээдийн бөгөөд Төгс Ариун Сэдлээс Төрөх Бодь Сэтгэл

Өмнөх шатанд бодь сэтгэлийг сайтар хөгжүүлж чадсанаар юмс үзэгдлийн язгуурын хоосон чанарыг ухаарч эхлэн Үзэхүйн Мөрд орж Хутагт Бодьсадва хэмээн нэрлэгдэх болно. Бясалгалын мөрд цаашдаа орсход бидний Зургаан Барамидын дадлага тогтвортой сайжирсаар Туйлын Бодийг үзэх болно. Үе шат болгоныг хөгжүүлснээр түүний хязгааргүй чанар нь улам бүр илэрхий тодорч эцэстээ бүрнээ үзэгдэх боломжтой байдаг. Энэ түвшний бодийн хөгжлийг үзүүлсэн дөрвөн зүйрлэл байдаг. Үүнд:

5. **Сан Хөмрөг мэт Өгөөмөр:** Бид хоосон чанарыг мэдэрсэн сэтгэлтэй хавсруулан өглөгийг дадуулан үйлдсэнээр барагдашгүй эд баялгын шалтгааныг бий болгоно. Тиймээс хамаг амьтанд ирээдүйд ихээхэн ашгийг авчрах чадвартай тийм арвин баялгийн сан хөмрөгтэй зүйрлэдэг ажээ.

6. **Эрдэнэсийн Уурхай мэт Ёс Зүй:** Өглөг гэдэг бусдад өгөхийн нэр байдаг бол ёс зүйгээр өөрийн сэтгэлийг ариусгадаг билээ. Хоосон чанарыг ухаарснаар бид өөрийн бүдүүн түйтгэрүүдийг тасдаж чадан улмаар дотоодын ариун чанар илэрч эхэлнэ. Үүнийг газар малтаад аугаа их эрдэнэсийн уурхай нээхтэй зүйрлэдэг ажээ.

7. **Далай мэт Тэсвэр:** Хоосон чанарыг оносноор амьтны муу үйлд өртөнө гэхээс айх нь үгүй болох тул тэвчээр нэн өсөж далай адил болно.

8. **Очир мэт Хичээнгүй:** Үнэний мөн чанарыг илүү мэдрэх тусам бид аяндаа улам сайжирсаар Туйлын Бодь сэтгэлийг үзэж эхэлнэ. Түүний энэ үл няцах гуйвшгүй тэмүүллийг бутаршгүй бөх очиртой зүйрлэсэн байна.

9. **Уул мэт Диян:** Хоосон чанар дээр төвлөрөн бясалгаснаар бид бүхий л төрлийн бүдүүн зууралтыг тавиулж уул мэт үл хямрах гуйвшгүй бат тогтвортой сэтгэлтэй болно.

10. **Ерөндөг адил Билиг оюун:** Эцэст нь бясалгалын хүчээр нарийн хэлбэрийн бүх түйтгэрүүдийг арилгаж чадаад туйлын үнэний төгс бүтсэн мөн чанарын мэдрэмжинд сэтгэлээ саатуулан оршоож чадах болно. Дээдийн амгалангийн нэгээхэн хэсгийг ийнхүү мэдрэх нь бүхий л гажиг согогийг засаж тэгшлэх ерөндөг мэт ажгуу.

11. **Газарчин Багш мэт Мэргэн Арга:** Билиг оюунаа бусдын төлөө зориулж Бодийн мэдрэмжээ улам бүр сайжруулна. Үүнийг төсөөлөхийн аргагүй ашиг тустай сүсэг бишрэлийн багштай зүйрлэжээ.

Төгс Боловсрон Ургах Бодь Сэтгэл

Энэ үеийг хүртэл Туйлын Бодь сэтгэлийг мэдэрсэн сэтгэл түйтгэрт бэрхшээлүүдээсээ бүрэн салаагүй байсан болохоор өмнөх долоон шатыг ариунбус шат гэж нэрлэдэг. Харин одоо хэдийгээр Бясалгахуйн Мөрд байсаар байгаа ч гэсэн нисваанисын түйтгэрүүдийг бүрэн арилгасны тул төгс боловсорсон Бодь сэтгэл болж аливаа зүтгэл гаргахын хэрэг одоо үгүй аяараа төрж байх болно. Гол анхаарал мэргэн болохоос биднийг хязгаарлан буй нарийн сэтгэлийн түйтгэрүүдийг арилгахад чиглэнэ. Эцсийн энэ үйл явцыг доорх байдлаар зүйрлэдэг. Үүнд:

12. **Чандмань Эрдэнэ мэт Эрч Хүч:** Билиг оюун ба арга барилын салшгүй нэгдлээр хязгааргүй олон амьтны тусыг бүтээх аугаа хүч үүснэ. Тийм учраас түүнийг хүслийг гүйцээгч чандмань эрдэнэтэй зүйрлэсэн байна.

13. **Наран лугаа Мөргөл:** Дээдийн хоосныг улам бүр илүүтэй мэдрэх тусам бидний чадвар ерөөл залбиралтай тэнцэж ирнэ. Ямар л зүйлийг хүсэж мөргөн залбарана бид түүндээ хүрэх болно. Хамаг амьдралыг тэтгэдэг нартай үүнийг зүй ёсоор зүйрлэсэн ажээ.

14. **Аялгуу мэт Язгуурын Билгүүн:** Дээдийн хоосныг үзэх бидний үзэл төгөлдөржиж гүйцмэгц бид язгуурын билиг билгүүндээ саатан орших болж Аравдугаар Газрын Бодьсадва болон хувирна. Үүнийг сонссон болгон уярам сайхан аялгуут дуутай зүйрлэжээ.

Аравдугаар Газрын Бодьсадва бүхий л маш нарийн түйтгэрүүдийг арилгаж зорилгодоо хүрнэ. Төгс гэгээрсэн Бурхан болж үзэгдэхэд одоо тэдэнд хэрэгтэй юм гэвэл саруул оюун, буян хишгээ төгөлдөржүүлэн чинадад хүргэх явдал билээ. Тэдний хэмжээлшгүй бүтээх үйлсийг доорх тавтай зүйрлэсэн нь:

15. **Хаан мэт Хэтийдсэн Мэдрэхүй:** Дээдийн хоосныг мэдэрсэн бидний мэдрэмж мэдрэх эрхтний ер бусын хүлээн авахуйтай хамтрахаараа бидний хийж чадах зүйлд хэмжээ хязгаар гэж үгүй болно. Бид өөрсдийн унаган чанарыг бүрэн хянах болж хэзээ хүссэн цагтаа амьтны хэрэгцээнд тааруулан хувилж чадна. Үүнийг юу хүссэнээ хийж чадах хүчирхэг хаантай зүйрлэсэн байна.

16. **Хааны Сан мэт Шамата, Випашьянагийн Нэгдэл:** Бидний мэдэрсэн Дээдийн хоосон чанар Амирлан оршихуй болон Үлэмж үзэхүйтэй хослохоороо бидний мэдэх боломжгүй үнений аль нэг тал гэж үгүй болно. Бид хэдийгээр аяндаа бүхнийг мэдэж байдаг мэргэн болох болоогүй байгаа ч анхаарлаа чиглүүлэх юм бол мэдэж чадахгүй юм гэж нэгээхэн ч үгүй болно. Тиймээс хамаг амьтныг яг хэрэгцээнд нь нийцүүлэн залж чадна. Үүнийг хамаг амьтны хэрэгцээг хангаж чадах хааны баян сан хөмрөгтэй зүйрлэж байна.

17. **Их Хурдны Зам мэт Таван Зам Мөр:** Дээдийн хоосныг мэдэрснээ гэгээрлийн замд нэгтгэснээр бид хийж буй бүхий л үйл маань Бурханы хутагт хүргэнэ гэдэгт гарцаагүй итгэлтэй болох болно. Өнгөрсөн цагийн бүхий л Бурхадын замнасан бөгөөд ирээдүйн бүх Бурхадын замнах Их Замтай үүнийг зүйрлэжээ.

18. **Эмнэг мэт Үл-Алагчлах Нигүүсэл:** Дээдийн хоосон чанарыг ухаарсныгаа аугаа энэрэхүйтэй төгс холбоод бүхий л хязгаараас гэтэлсэн алаг үзэлгүй нигүүлсэхүйн сэтгэлтэй болно. Унасан хүнээ Бурханы хутгийг олох эцсийн шатанд хүртэл авч давхих хүчирхэг эмнэг морьтой энэхүү шатыг зүйрлэжээ.

19. **Рашаан Булаг мэт Сургаалуудын Цогцолбор:** Бурханы сургаалын тал болгоныг бүрэн нэгтгэснийхээ дараагаар тэдгээрийг цаг мөч бүхэнд үйл хөдлөл болгондоо байгаагаар мэдэрч бидний ухамсарлахуйн илрэл болдгийг байгалийн тогтоцтой рашаан булаг аяараа тасралтгүй оргилон урсаж цангасан болгоныг ундаалж байдагтай зүйрлэжээ.

Бүхий л Түйтгэрүүдээс Ангид Ургах Бодь сэтгэл

Дээдийн хоосонд саатан оршихыг төгс зуршуулсныхаа дараагаар хамаг амьтанд хязгааргүй хувилан үзэгдэхийн сацуу аливаа нэгэн хичээл, зүтгэлийг үүний төлөө гаргах хэрэгцээ мөн арилна. Бид төгс гэгээрсэн Будда адилаар аяндаа хувилан үзэгдэх болж Үл Суралцахуйн Мөрд орно. Энэ бол өөрийн хийгээд бусад хоёрын тусыг адилхан бүтээх гэсний маань туйлын үр дүн болох ажгуу. Энэ төлвийг гурван зүйлтэй зүйрлэсэн нь:

20. **Ятга мэт Гэгээрсэн Зарлиг:** Бурханы зарлиг хамаг амьтныг тэдний гэгээрсэн мөн чанартай нь танилцуулахад боловсруулдаг билээ. Амьтан болгон энэ сургаалыг сонсох сон гэж хүсэх тул уянгат ятгын аялгуутай зүйрлэсэн ажгуу.

21. **Гол мэт Гэгээрсэн Лагшин:** Зөнгөөрөө урсах гол нь газар дэлхийг зүсэн өөрөө хэлбэр гарган урсдагийн адил Бурхан хязгааргүй олон дүрд аяараа хувилан амьтны хэрэгцээг гүйцэлдүүлдэг ажгуу.

22. **Үүлс мэт Гэгээрсэн Таалал:** Үл алагчлах нигүүлсэхүй сэтгэлээр аяараа хувилан үзэгдэх Бурханы таалал ауг хурын үүлс адил газрыг ундаалан амьтан болгоныг тордон тэтгэсний ачаар тэд орших хийгээд дэлгэрдэг ажгуу. Энэ бол бороон дуслууд адил хязгааргүй хувилахын эх булаг билээ.

ГОЛ ХЭСГҮҮДИЙГ ЭРГЭН СӨХВӨЛ

- Хоёр төрлийн Бодь Сэтгэл байдагт: 1.үнэний мөн чанарыг ухамсарласан Туйлын бөгөөд Үнэмлэхүй Бодь Сэтгэл ба 2.хамаг амьтны тусын тулд өөрөө гэгээрэлд хүрье гэсэн Чинагуух Бодь Сэтгэл юм.

- Чинагуух Бодь сэтгэл хоёр талтай: 1.хамаг амьтныг зовлонгоос чөлөөлөх зорилго, 2. Бурханы хутгийг олох арга зам юм.

- Чинагуух Бодь сэтгэл хоёр төрөлд хуваагдаж болно: 1. Амьтны тусын тулд гэгээрэлд хүрэх хүсэл бүхий Ерөөхүйн Бодь сэтгэл ба 2. Номыг дадлага болгосноор хүслээ сэдэл болгон ашиглах Орохуйн Бодь сэтгэл юм.

- Гэгээрлийн сэтгэл үүсэхэд дөрвөн нөхцөл бүрэлдэх ёстой: 1. Бурхад, Бодьсадва нарын сайн чанаруудыг харах, 2. Бурханы сургаалыг сонсох, 3.түүнийг устаж үгүй болох аюулд орсныг харах, 4. Бодь сэтгэл үүсгэх нь маш ховор завшаан гэдгийг олж харах.

- Ерөөхүйн Бодь сэтгэл үүсгэх Дөрвөн шалтгаан бий: 1. дамжлага, 2.сайн багш, 3.амьтныг энэрэх сэтгэл, 4.бэрхшээлд зүрх үл шантрах.

- Бодь сэтгэл тогтворжиход нөлөөлдөг Дөрвөн Хүч: 1.өөрийн хүч,

2.бусдын хүч, 3.шалтгааны хүч, 4.дадлагын хүч.

- Бодь сэтгэл гурван байдлаар үзэгдэж болно: 1.хаан адил, 2.онгоцны ахмад адил, 3.хоньчин адил.

- Бодь сэтгэл хоёр замаар үүсэж болно: 1.шаардлага хангасан багшаас зан үйлийн замаар хүртэх, 2. Асрахуй ба энэрэхүйг бясалгах замаар үүсгэж болно.

- Ерөөхүйн Бодь сэтгэлтний сахилд: 1. Бодь сэтгэл үүсгэхийн ач тусыг тунгаах, 2.өдөрт зургаан удаа Бодь сэтгэл үүсгэх, 3.өөрийг энхрийлэх сэтгэлийг орхих багтана.

- Ирэх төрлүүддээ Бодь сэтгэлээ доройтуулахгүйн тулд орхих ёстой зүйлс бол: 1.Дөрвөн Хар Дадлага бөгөөд хөгжүүлэх ёстой зүйлс бол: 2.Дөрвөн Цагаан Дадлага юм.

- Ерөөхүйн Бодь сэтгэл тогтворжоод ирэхийн цагт Бодьсадвын Андгайг дамжлага уламжлал баригч багшид өргөж Орохуйн Бодь сэтгэлийг үүсгэвэл зохино. Үндсэн 18, салбар 46 сахигдахуун бий.

- Сахилаа алдахын тулд та: 1.өөрийн сахилаа зөрчиж байгааг мэдэж байх, 2.зориудаар сахилаа зөрчих, 3.үйлдэл төгс гүйцэх, 4.энэ үйлдээ баясах гэсэн дөрвөн зүйл цөм бүрдсэн байх ёстой.

- Орохуйн Бодь сэтгэл үүсмэгц Зургаан Барамидыг дадуулж эхлэх хэрэгтэй. Үүнд: 1.өглөг, 2.ёс зүй, 3.тэвчээр, 4.хичээнгүй, 5. дияан бясалгал, 6.билиг оюун багтдаг.

- Зургаан Барамидад танд хэрэгтэй бүхэн багтсан байна, яагаад гэвэл тэдгээр нь: 1.дээд төрөлд төрөх шалтгааныг бүтээнэ, 2.өөрийн болон бусдын зорилгыг гүйцээнэ, 3.бусдад түр зуурын болон туйлын зорилгодоо хүрэхэд тусална, 4.Их хөлгөний бүх дадлагыг агуулна, 5.гурван дадлагыг мөн агуулна.

- Цаг хугацааны туршид Бодь сэтгэл хөгждөг Дөрвөн Үе шат бий: 1.ерөөл өргөх дадлагаар ургах бодь сэтгэл, 2.дээд төгс ариун сэдлээр ургах бодь сэтгэл, 3.төгс боловсрон ургах бодь сэтгэл, 4.түйтгэрээс ангид ургах бодь сэтгэл билээ.

Өглөгийн Дадлагаар Шуналыг Ялах

Асрахуй ба энэрэхүйгээр бялхсан агуу эмч хүн өвчтөнүүддээ тусалъя гэсэн хэчнээн ариун сэдэлтэй байлаа ч хэрэгцээтэй мэдлэг чадварыг эзэмшээгүй байх юм бол түүнээсээ доор үр дүнд хүргэж ч болох билээ. Үүнтэй адилаар сэтгэлээ номхруулан сайн чанаруудыг хөгжүүлээгүй бол амьтанд туслах чадвар нэн хязгаарлагдмал хэвээр байх болно. Ийм учраас бидний дараагийн шатны дадлага бол Зургаан Барамид буюу өглөг, ёс суртахуун, тэвчээр, хичээнгүй, дияан бясалгал, билиг оюун гэсэн чанаруудыг хөгжүүлэх дадлагууд юм.

Цагийн хүрдний зам эдгээр чанар болгонтой тулж ажиллах тусгай арга техникуудыг санал болгодог бөгөөд бид эхлээд тэдгээрийг ерөнхийд нь илүү өргөн хүрээгээр харж, ямар зорилготойг нь ойлгож, Бодьсадвын замдаа итгэлтэй алхах явдлыг сайтар хөгжүүлэн Андгай тавих замаар Орохуйн Бодь сэтгэлийг дадлага болгох хүсэл тэмүүллээ бататгах болно. Энэ хандлага уг номын сүүл хэсэгт нарийвчлан судлагдах Цагийн хүрдний Урьдчилсан Бэлтгэлийн дадлагуудад ихээхэн нэмэр тус болдог билээ.

Барамид болгонд бид таван-зүйл дээр тогтон шинжлэх аргыг ашиглах ба үүнд: 1.хөгжүүлэх чанарын тодотгол, 2.түүнийг дадуулах шалтгаан, 3.дотроо хэрхэн хуваагддаг, 4.хэрхэн дадуулах болон 5.дадлагын үр дүн эдгээр юм.

ӨГӨӨМӨР ЗАН ГЭЖ ЮУ ВЭ?

Өглөгч чанар бол бусад бүх чанаруудын адил бодит зүйл биш харин сэтгэлийн тодорхой нэгэн төлөв юм. Энэ нь *өөрт байгаа юмаа өчүүхэн ч хармын сэтгэлгүйгээр бусдад өгөхөд бэлэн сэтгэлийг* хэлнэ. Энэхүү сэдэл байгаа эсэхээс үнэхээр өглөгч гэж тооцогдох эсэх шалтгаална. Өөрийн нэр төр, олз ашгийн төлөө өгч байгаа бол бид өглөгийг хөгжүүлж байна гэж үзэхгүй.

Өгөөмөр зан нь сэтгэлд төрөхөд заавал ядуурлаас гаргах явдалд түшиглэсэн байх албагүй. Хэрвээ тэгдэг бол бид тоолшгүй олон амьтан гачигдал дунд амьдардаг байтал Будда өглөгийн дадлагыг төгөлдөржүүлсэн гэж ярихгүй байх байсан. Өгөөмөр занг дадуулна гэдэг нь энэ гараг дээрх хамаг амьтны бүгдийнх нь хэрэгцээг хангана гэхээсээ ядуурлын мөн чанартай хэрхэн харьцахад илүүтэй анхаардагт байдаг ажээ. Энэ нь амьтан болгон үйлийнхээ лайг эдлэн амьдардаг гэдгийг мэдэх ухааснаас урган гардаг бөгөөд асуудлыг үнэхээр шийднэ гэвэл тэдэнд жаргалын үрийг тарихад нь туслах хэрэгтэй юм.

Өглөгч сэтгэлийн хоёр талыг голлон үздэг нь:

1. **Өөрийн бие махбод хийгээд эд хөрөнгөнд үл татагдах сэтгэл.** Өөрсдийн бие хаа эд баялагт хэт сэтгэл хоргодон зуурахын оронд тэдгээрийг бусдын сайхан сэтгэлийн үрээр бүтсэн нь энэ гэж бодох хэрэгтэй бөгөөд миний дадлага бясалгалд туслах түр зуурын дэмжлэг юм гэж ойлгох хэрэгтэй. Ингэж хандах нь "би", "минийх" гэх *өөрөөс хэт зуурах үзлийг* тавиулах ерөндөг болдог байна.

2. **Өөрт байгаагаа харамгүй өгөх сэтгэл.** Амьтны хэрэгцээг ухаарч өөрт бололцоо байгааг олж таних явдлаас энэ хандлага төрдөг. Тэгснээр өөрт байгаагаа бусдад өгч ашиглуулах хүсэл хэлбэртэй болон хувирч, өгөхийг хичээсэн энэ сэтгэл маань *харамч занг* шууд анагаах ерөндөг болон үйлчилдэг ажээ.

Энэ хоёр зан төгс хөгжиж гүйцэхэд бид юугаа ч хайрлахгүй өгөхөд бэлэн болж өөрийн бие махбодыг ч гэлээ өгөхөөс үл харамлах сэтгэлтэй болдог ажээ. Энэхүү ер бусын өгөөмөр сэтгэлийг Бурхан Багшийн урьд төрлийн нэгэн түүхээр үзүүлсэн байдаг нь, тэрбээр залуу хунтайж болон төрөөд хоёр ахтайгаа ойд зугаацан явж байтал зулзагалаад удаагүй эм бар машид өлсөж ядарсан байхтай учирчээ. Хоол олдохгүй бол тэр эсвэл үхнэ, эсвэл өөрийн зулзагануудаа иднэ гэдгээс өөр аргагүй болсныг таньж мэдсэн залуу хунтайжийн зүрх сэтгэл энэрэн хайрлах сэтгэлээр дүүрэв. Тэгээд цааш хөдлөхөд түүний санаанаас эм бар болон түүний зулзагануд гарч өгсөнгүй. Түүнд мах идүүлэх зайлшгүй хэрэгтэй боловч бусдын амийг авна гэдэг хүлээн зөвшөөрөх аргагүй хэрэг тул өөрийн биеийг өргөх давагдашгүй хүсэл түүнд төрлөө. Тэгээд ах нартайгаа салах ёс гүйцэтгээд ойд эргэн ирж өчүүхэн ч харамсах сэтгэлгүйгээр өөрийн биеийг өлөгчин баранд өргөжээ. Энэхүү ер бусын амь үл хайрлах явдлын дүнд тэдний хооронд маш ойр холбоос үүсч олон төрлийн дараа тэрхүү үйлийн холбоос боловсрон бар болон түүний зулзагануд Бурхан Багшийг гэгээрэлд хүрсний дараах хамгийн анхны шавь нар болох хатуу сахилт таван егүзэр болон төрсөн гэдэг.

Ихэнх хүмүүсийн хувьд ийм хязгааргүй өгөөмөр зан биелүүлэхэд хэтэрхий хэцүү мэт санагдаж болно. Ийм байхын тулд байж боломгүй гүнзгий ухаан хийгээд энэрхүү сэтгэлтэй, өөрийн биед татагдах өчүүхэн ч шунал үгүй, үйлийн үрийн хуулинд гуйвшгүй итгэлтэй үхэх ба төрөхийн мөн чанарыг бүрэн ойлгосон байх ёстой. Тийм учраас өгөөмөр сэтгэлийн энэ хэлбэр ухамсарлахуйн гүнзгий түвшинд хүрсэн Бодьсадва нар л биш бол хүн болгонд зориулагдсан зүйл биш билээ.

Хэдийгээр бид төгс төгөлдөр сэдэл олж амжаагүй байж болох боловч үүнээс болж өглөгийн дадлагыг эхлэхээ хойшлуулах хэрэгтэй гэсэн үг биш юм. Бид юу эрээд байгаагаа мэдэж байх юм бол өгөөмөр сэтгэлийн хандлагыг бататгахад туслах амьдралын олон талыг олж харах болно. Бидний үйл хөдлөл түр зуурын ашиг авчирч байлаа ч гэсэн тэгснээр бид үнэхээр үнэтэй туйлын зорилгодоо жаахан ч гэсэн ойртож байгаа хэрэг юм.

ӨГЛӨГИЙГ ТӨГӨЛДӨРЖҮҮЛЭХ ДАДЛАГЫН УЧИР ШАЛТГААН

Аливаа нэгэн дадлагад орохын өмнө шалтгааныг тусган авах нь тустай. Түүнийг авлага болгон дадуулсны ашиг тус, үл дадуулсны хор уршгийг бодох нь бидний дадлагад зорьсон сэдлийг нэмэгдүүлэн түүнийг үр дүнтэй явагдахад хэрэгтэй тодруулалтыг бидэнд өгөх юм.

Өглөгийг дадуулахын хувьд бидний даван ёстой гол саадууд бол нөгөө харамч зан, шунал тэргүүтэн бөгөөд тэдгээрээс болж бид өөрсдийн бие махбод хийгээд эд зүйлээсээ хэтэрхий зуурах явдлаар амьдралаа зохицуулаад байгаа билээ. Бидний өөрсдийгөө тойрон хүрээлүүлээд байгаа юмсын цуглуулга бүгд үндсэн өмчлөх мэдрэмжийн хэлбэртэй байдаг байна. Бие махбодоо "би" хэмээгээд эд юмсаа "минийх" гэнэ. Ийм зууралт бодит эд зүйлст ихээхэн хамааралтай байгаад зогсохгүй мөн оюун санааны шунал зууралт болох эх орон, улс төрийн үзэл, бидний ажил, найз нөхөд гэх мэт үзэгдлүүдээр ч жишээлэгдэж болно.

Зуурах сэтгэлийн үр дүн хармын сэтгэл билээ. Бид өөрсдийн дуртай цамц, ном гэх мэт зүйлсийг өөрийнхөө нэгэн хэсэг бөгөөд бидний хэн болохыг илэрхийлж байгаа мэт үзэн бусадтай хуваалцахдаа дургүй байдаг. Бараг л өөрийн биеийн нэг хэсгийг тасдаад өгч байгаа мэт болон хэзээ буцааж авахаа мэдэхгүй, түүнээсээ хагацана гэдэг айдас олон хүнд хүлээн авахад хэцүү байдаг билээ. Түүний оронд эдэлж хэрэглэж байсан бүхнээ цуглуулан гэртээ "хадгалах" сонголт гаргаж хайрцаг хайрцгаар хураахыг илүүд үзнэ. Дахиад тэдгээрийг хэрэглэхгүй байлаа ч гэсэн шуналын сэтгэлээр бид хэзээ нэгэн цагт хэрэг болж мэднэ хэмээн зөвтгөнө.

Энд л хамгийн гол уршиг агуулагдаж байгаа юм. Харамч хүний сэтгэлд өөрийг энхрийлэх үзэл хүчтэй ноёлж, өөрийг бусдаас илүү чухалд тооцно. Энэ нь бүр одоо үеийн аз жаргалаас даван ирээдүйн аз жаргалаа бодох хүртэл сунана. Харамчийн сэтгэл хэрэгтэй байгаа хүнд одоо өгч хэрэглүүлснээс би өөрөө хэзээ нэгэн цагт хэрэглэсэн нь дээр гэж бодно. Ийм байснаараа бид бусдын түр зуур ч болтугай жаргал эдэлж болох байсныг булаан үгүй хийж өөрсөддөө харин ирээдүйд ийнхүү зовохын шалтгааныг тарьж буй хэрэг билээ.

Харамч зангийн үндэс нь өөрсдийн эд зүйлсээс ашиглах боломжийг бусдаас булаан, бүх юмаа өөртөө хадгалан бусад хүмүүсээс эд хөрөнгөө хамгаалан тэмцэж байгаа хэрэг юм. Ийм сэтгэлтний үйлийн үрийн үр дагавар хамгийн энгийн амьдралд хэрэгтэй эд юмаар байнга дутаж гачигдаж амьдралаа өнгөрөөдөг бирдийн төрөл авахад хүргэнэ. Хоол ундаар дутагдаж хэзээ ч үл цадах ба цадсан ч цангаагаа тайлах гэсэн эцэс төгсгөлгүй хүсэлдээ тарчилж насаа барна. Ийм нөхцөл байдалд байгаа амьтанд Номыг дадлага болгох ямар ч бололцоо олдохгүй. Бүр хүний төрлийг авах аз тохиолоо ч гэсэн эд баялгаар дутагдах буюу байлаа ч байнга түүнийг алдаж булаагдахын аюул дор тарчлах тавиланг эдэлнэ.

Шунал хийгээд харамч сэтгэлийн нөлөөнд амьдрах нь нүсэр хүнд ханаар хүрээлэгдсэн цайзанд амьдрахтай төстэй. Өндөр зузаан хаалт бусдыг оруулахгүй байх ашигтай боловч биднийг гаргахгүй, орчлонтой танилцуулахгүй тусгаарлан байх талтай бөгөөд бидний бусадтай харьцах чадварыг үгүй болгож байдаг. Тийм холбоо байхгүйгээр асрал, энэрэлийн сэтгэл төрөхгүй бөгөөд туйлын чадавха ухаарахгүй билээ. Бодь сэтгэлийг жинхэнээр мэдрэхийн тулд эдгээр түйтгэрүүдийг орхивол зохилтой.

Үүнд хүрэх хамгийн сайн арга бол өглөгийг дадлага болгох явдал мөн. Бусдад өгөх хүслийг хөгжүүлснээр харамч атгагийн эсрэг шууд дайрахын сацуу шуналаа багасгаж чадах болно. Эд юмсаа өөртөө байлгаад байхын оронд бусдын тусыг бүтээхийн төлөө ашиглаад хэрвээ хүмүүст үнэхээр хэрэг болсон бол учиргүй их хөөр баяслыг мэдрэх хэрэгтэй.

Хэрвээ бид ингэж амьдарч чадвал үхэл ирэхийн цагт олдсон боломжийн ихэнхийг ашиглаж чадсан юмаа гэдгээ мэдэх болно. Өөрийгөө бусдын төлөө зориулснаар ирэх хойчийн төрлүүддээ ихээхэн элбэг дэлбэг хангалуун амьдрах шалтгааныг тарьж буй хэрэг билээ. Тийм эх сурвалж биднийг эрүүл энх, урт насыг наслах боломжийг олгосноор өглөгийн дадлагыг үргэлжлүүлсээр байх боломжтой бөгөөд амьтны тусыг улам ихээр бүтээхийн үрийг тарих болно.

ӨГЛӨГИЙГ АНГИЛАН ХУВААХ НЬ

Өөр өөр өгөгдлүүдийг ашиглан бид өглөгийн дадлагыг хэдэн төрөлд хуваан ангилж болно. Бясалгагч нарынх нь мөн чанараар ангилбал хорвоо дээр амьдарч байгаа энгийн бясалгагч нарын өглөгийн дадлага ба хорвоогоос гадуур амьдарч буй лам хувраг хүмүүсийн өглөгийн дадлага гэж хуваахж болно. Тусгай нөхцөл байдлаас шалтгаалан аль аль нь өөр өөр аргаар өгч болдог. Жишээ нь, цалин авч амьдардаг өрхийн тэргүүн хүн эд зүйлсийн өглөг өгөх бололцоотой байдаг бол ажил хийж мөнгө олох хорвоогийн явдлаас огоорсон лам хүн сүсэг бишрэлийн тусламж туслалцаа, номлол айлдвар хийх зэргээр өглөгийг дадуулах нь тохиромжтой байдаг.

Өөрсдийн байгаа байдлыг маш сайн ухамсарлаж байх хэрэгтэй бөгөөд тодорхой нөхцөл байдал тохиогоогүй байна гээд өглөгийг өөр аргаар дадуулахгүй байж болохгүй. Дадлагын өөр ангиллуудыг судалснаар бид олдсон боломжийн ихэнхийг дүүрэн ашиглахад туслах тод томруун ойлголттой болж чадна.

Бусдын хүлээн авч байгаа ашгийг нь харгалзан өглөгийн дадлагыг гурван хэсэгт ангилж болох нь: 1. Номын өглөг, 2.үл айхын өглөг, 3.эд баялагийн өглөг юм. Эдгээрээс урт удаан үргэлжлэх жаргалыг амьтанд өгч гэгээрлийн шалтгааныг бүтээдэг ганц өглөгийн хэлбэр нь Номын өглөг билээ. Үлдсэн хоёр нь энэ насанд үйлчлэх богино хугацааны ашгийг авчирдаг ажээ.

Номын Өглөг

Энэ орчлон дээрх бүхий л баялгийн дотроос хамгийн үнэтэй эрхэм зүйл бол үнэн Номын дадлагын дүнд хөгждөг билиг ухаан ба ухамсарлахуй билээ. Тэдгээрийн ачаар бид түйтгэр бэрхшээлүүдээ арилгах чадвартай болж амьтныг зовлонгийн хүлээснээс ангижруулахад туслах үндсийг тавина.

Хөгжүүлсэн билиг ухаанаа бусадтай хуваалцах нь "*Номын Өглөг*" Өгөх дадлага билээ. Энэ нь сургаал номлолын дамжлага, ван авшиг хүртээх юмуу ашигтай зөвлөгөө өгөх ч байж болно. Номын тусыг амьтанд хүргэж л байгаа болгон Номын бэлэгт тооцогдоно.

Өгч буй бэлгээ ашигтай байлгах үүднээс бид доорх зүйлүүдийг анхаарах ёстой:

1. **Хүчин төгөлдөр хүлээн авагчтай байх:** Бид Номыг зөвхөн дадуулан үйлдэх гэсэн чин хүсэлтэй хүмүүст л өгөх ёстой. Хэрвээ ном хийгээд багшид сүжиггүй, үл хүндэтгэсэн байдлаар хандах юм бол тэд сургаал номлол хүртэх хүчин төгөлдөр хүлээн авагч биш байх болно. Ийм тохиолдолд номлол уг хүнд тустай байх боломжгүй болж өөр бусад хүмүүсийг ч цаашдаа итгэл алдахад хүргэнэ. Шавь хүний шийдвэрийг шалгах сайн арга бол тэдний номыг айлдана уу гэсэн хүсэлт тавихыг хүлээх явдал юм.

2. **Зөв сэдэлтэй байх:** Бид номыг айлдахдаа зөвхөн тэнд байгаа хүмүүст зориулах хүсэлтэй биш байх хэрэгтэй. Бид олзын үүд нээх, нэр төр эрх ашиг нэмэгдүүлэн арвижуулах зэрэг хорвоогийн үйлсэд чиглэсэн сэдлээ бүрэн орхих хэрэгтэй. Ариун Номд суралцахын цорын ганц зорилго бол зовлонг арилгах явдал учраас номын өглөг өгөх цорын ганц хүчин төгөлдөр сэдэл бол энэрэнгүй сэтгэл байх ёстой.

3. **Алдаа мадаггүй байх:** Бид Бурханы Номыг номлоно гэвэл заавал гарцаагүй үнэн уламжлал барьсан багшаар заалгасан байх, өөрийн мэдрэмжээр оролцож, дадлага болгож үзсэн зүйлээ номловол зохилтой.

Тухайн сэдвээр гүнзгий ухамсарлахуйд хүрээгүй байдгиймаа гэхэд ядаж л алдаа мадаг гаргалгүй, буруу мэдээлэл өгөлгүй, дамжлага урсгалынхаа багш нарын заасан номлолд үндэслэн сургах хэрэгтэй.

4. **Зохих зааварчилгааг өгөх:** Номыг бусадтай хуваалцахдаа бид хүн болгоны тусгай хэрэгцээг ойлгох хэрэгтэй байдаг. Сургаал болгон хүн болгонд тохирсон байх нь үгүй тул дэвшилтэт шатны сэдвийг номлохоосоо өмнө болгоомжтой байж шаардлагатай суурийг эхлээд хөгжүүлсэн байх хэрэгтэй. Ямар номлол тэр үед тохиромжтой вэ гэдгийг мэдэж байх нь сурсан мэдсэнээ бусадтай хуваалцахаас өмнө эзэмшсэн байвал зохих чухал чадвар юм.

5. **Бусдыг дадлагад уриалах:** Бидний номлоо хэрхэн айлдаж байгаа байдал бусад хүмүүст түүнийг гарын авлага болгон дадуулах хүслийг төрүүлэх ёстой. Үүгээр бид ном сонссон хүнийг дадлага болгоход зоригжуулан, бурханы сургаалыг хүндэтгэх, тэдгээрийг сонсогч нарт ойлгогдохоор болон олдоцтой байлгах цэвэр таатай орчинд айлдах хэрэгтэй.

Энэхүү доройтлын цөвүүн цагт Номыг үр ашигтай дамжуулах гэдэг амаргүй. Жинхэнэ ухамсарлахуйдаа хүрсэн хүний тоо маш цөөхөн байгаагаас түүнийг алдаатай танилцуулах магадлал өндөр байдаг байна. Гаадамбын урсгалын ауга Гэвш Бромдонба гэгээний айлдсанаар:

"Ямар ч туршлагагүй бөгөөд ухамсарлаагүй эхлэн сурагч хүн Номоор бусдад тусална гэдэг ашиггүй хэрэг. Хоосон савнаас юу ч дусахгүйтэй адил түүнээс ямар ч адислал хүртэшгүй" хэмээжээ.

Ийм учраас бид Номын өглөг өгөх хэмжээнд хүрч очоогүй байгаа боловч бусдад бас л тусалж чадах бололцоотой. Үүнийг ном судар орчуулах, багшдаа Номын үйлс нь амжилттай болоход туслах, сургаал номлол дэлгэрэхэд чадах бүхнээ хийхийг оролдох зэргээр гүйцэтгэж болно. Ингэснээр та өөрт хийгээд бусдад хэмжээлшгүй тусыг бүтээж байгаа хэрэг юм.

Үл Айхын Өглөг

Тэргүүлшгүй цагаас сансарын хүрдэнд хүлэгдсээр байсан цагтаа бид юмсын үнэн мөн чанар мөнх-бус байдалтай хүссэн хүсээгүй харьцах ёстой болно. Энэ нь одоо бидний ямар мэдрэмжтэй байгаагаас үл шалтгаалан эрт, орой хэзээ нэгэн цагт байдал гарцаагүй өөрчлөгдөж, жаргал маань зовлон болон хувирна гэсэн үг. Сэтгэлийн маш гүнзгий түвшиндээ төрөл тэргүүлшгүй цагаас авахуулаад дадуулсан зуршил бидэнд ялгаагүй байгаа учраас энэ бүхэн болж байгаа юм. Хувиран урвахын зовлонг зуршуулсан болохооро бид золоор олдсон жаргал таашаалаа хадгалж байх гэж хямарч бачимдахын мэдрэмжийг зөнгөөрөө эдэлдэг байна.

Бидний айдаг бүхий л зүйлсээс хамгийн аймшигтай нь амиа алдана гэдэг явдал. Амьд байх хүсэл маш хүчирхэг учраас л хүн бусдын амийг хөнөөх, хулгай хийх, худлаа яриахад хүрдэг. Ихэнх улс оронд өөрөө амь гарахын тулд яах аргагүй үүнийг үйлдсэн гэж зөвтгөх үзэл давуутай зонхилдог.

Үүнийг таниад бид амьтанд амиа тэтгэж дэмжих бололцоог олгох юм бол тэднийг айх аюулгүй амьдрахад тусалж байна гэж үзэх болно. Аливаа нэг амьтны амь аврахаас эхлүүлээд нэг шөнийг өнгөрүүлэх тавтай газар олгох хүртэл эдгээр тусыг *Айдаггүй буюу Аюулгүй Өглөг* хэмээн нэрлэнэ. Айхын зовлонг л арилгаж байгаа бүх хэлбэр Аюулгүйг өгөх өглөгт тооцогддог бөгөөд өргөн утгаар нь аваад үзвэл айдсаас хамгаалах боломжтой гурван зүйл байдгийг таньж болно:

1. **Адгуус араатнаас хамгаалах:** Адгуус амьтны төрөл аюулаар байнга дүүрэн ба хоромхон зуурт л амиа алдаж болохоор байдалтай байдаг. Хортой амьтанд хатгуулахаас эхлээд махчин араатанд идэгдэх зэргээс хамгаалах нь нэг төрлийн хамгаалах өглөг юм. Торонд баригдсан ялааг суллаж явуулах, хонь мал хариулах гэх мэт энгийн хандлагаас эхлээд амьтан үржүүлэх газар барих, махчин араатны дайралтаас сэргийлэх бүс байгуулах зэрэг томоохон үйл хэрэг ч байх боломжтой.

2. **Хүмүүсээс хамгаалах:** Хэтэрхий их мэдлэг оюуныг эзэмшсэн байдгаараа хүн гэдэг амьтан маш аюултай байж болдог. Хэрвээ тэдний сэтгэл түйтгэрлэгдсэн байх юм бол тэдний энэ оюун ухаан бусад амьтанд маш хөнөөлтэй болно. Тахиа, гахай, үнээ гээд л амьд хүнсний бүтээгдэхүүн болдог амьтдыг бодоод үзэхэд дандаа л хүний бүтээсэн зүйл байдаг шүү дээ. Алагдах гэмтхээс амьтныг аврах үйлс хоёр дахь төрлийн аюулгүй өглөгт орно.

3. **Амьгүй юмсаас хамгаалах:** Эцэст нь бидний бодит орчинтой холбоотой олон төрлийн асуудлууд гарч болдог жишээ нь, хад нурах ч байдаг юмуу, хар салхи, газар хөдлөлт, үер усны гамшиг зэрэг нь аюулаас амьтныг авран хоргодуулах байдлаар амь нас алдагдахаас сэргийлж буй өглөгийн хэлбэр болдог байна.

Бид хүн ба адгуусанд аль алинд энэрэнгүй сэтгэлтэйгээр хандах хэрэгтэй. Зовсон гэмтсэн амьтдыг хамгаалахын сацуу тэднийг зовоосон гэмтээсэн амьтдад ч мөн энэрэх сэтгэлээр хандахаа мартаж болохгүй. Буянтай-бус үйлийг үйлдэж байгаа амьтан ирээдүйд эдлэх зовлонгийнхоо үрийг тарьж байгаа гэдгийг санаж энэрэн өрөвдөх хэрэгтэй. Хэрвээ бид тэднийг санаагаа өөрчлөхөд хүргэж чадах юм бол мөн зовлонгоос аварч байгаа өглөг болох учиртай билээ.

Аюулгүй өглөгийг хэн нэгэнд өгөхөд тэдгээр амьтдын сэтгэл санаа амирлангүй болж өөрсдийн эргэн тойронд ч амгалан энхийн уур амьсгалыг бий болгох чадалтай. Хүмүүсийн хувьд авч үзэхэд ялангуяа Номыг судлах үүд хаалгыг нээж өгөх явдал байнга амь гарах гэж тэмцэж байдгийг нь болиулж дадлага бясалгал хийх бололцоог нь нээж өгч байгаагаараа хамгийн дээд чухал үйлд тооцогдоно.

Эд Зүйлсийн Өглөг

Өглөг өгөх эцсийн дадлага бол эд материал өгөх замаар амьтныг шууд эдэлж буй зовлонгоос түр ангижруулах явдал мөн. Үүний шууд жишээ гэвэл өлссөн гуйлгачинд хоол өгөх явдал юм. Шууд бус жишээ гэвэл буяны үйлд зорьсон нэгэнд санхүүгийн тусламж үзүүлэх зэрэг багтаж болно. Ямар хэлбэртэй байх нь хамаагүй бусдын хэрэгцээг л хангахад чиглэсэн байхыг бид *Эд Зүйлсийн Өглөг* гэж нэрлэдэг.

Ерөнхийд нь энэ хэлбэрийг хоёр ангилалд хувааж болно. Үүнд:

1. **Дотоод Зүйлс:** Өглөгийн дадлагыг хийж буй хүний бие махбодтой холбогдсон өглөгийн зүйлсийг дотоод зүйлс гэнэ. Үүнд эд эрхтэнээ хандивлах, бусдад хэрэглүүлэх, цусаа өгөх зэргээр амьтны амийг аварч болдог. Түрүүчийн удаа дурдсанаар өөрийн амийг бусдын амь аврахын төлөө зориулах гэдэг маш хэцүү бөгөөд ухамсрын өндөр түвшинд хүрсэн хүмүүс л үүнийг оролдвол зохино. Та өөрийн бие махбодыг мөн бусдын хэрэгцээнд зориулан зарц, үйлчлэгч маягаар зориулж болно.

2. **Гадаад Зүйлс:** Таны биеэс гадна байгаа л бол бүх зүйлс гадаад өглөгийн зүйлст тооцогдоно. Гэвч өгөх бололцоотой байхын тулд та тэр зүйлсийг өөрөө эзэмшдэг байх хэрэгтэй. Өөр хүний юмыг зөвшөөрөлгүйгээр авч өглөгт өгч болохгүй гэсэн хэрэг. Өгөхдөө өөрийн эзэмших эрхийг бусдад бүрэн шилжүүлж өгөх юмуу эсвэл та эзэмшсэн хэвээр мөртлөө бусдад хэрэглүүлэхээр өгч бас болно. Аль ч тохиолдолд та тэр хүний мэдэлд зориулан өгч байгаа учраас "эргэн шунах" явдал үгүй байвал зохино.

Энэ хоёроос гадаад эд зүйлсээ өгөх нь дотоод сэтгэлийн өглөг өгөхөөс илүү амархан байдаг. Харамлах сэтгэл хүчтэй байх тохиолдолд эхлээд өөрийн эд зүйлст чиглэсэн шунах сэтгэлээ багасгаж дараа нь өөрт хэрэггүй болсон зүйлсээ бусдад өгөхөөс эхлүүлээд аажуухнаар өгөөмөр сэтгэлийг дадуулж хөгжүүлэх хэрэгтэй. Бусдад ашигтай зүйл өгөх хүсэл оргилоод ирэхээр өөрийн цаг зав зэргийг зориулан сайн дураараа зүтгэх бололцоотой болно. Ийм маягаар өгөөмөр сэтгэл нь эцэстээ хармын болон өөрийг энхрийлэх сэтгэлийг ялж гарах болно.

Энэ үйл явцыг жишээлэн үзүүлэх гэвэл бид Бурхан Багш ба Харамч Хааны тухай түүхийг санаж байх хэрэгтэй. Нэг өдөр Хаан Будда дээр ирж зөвлөгөө авахыг хүсчээ. Тэр ард түмэндээ үнэхээр туслахыг хэчнээн хүсэвч хааны сангаас ганц зоос гарздахаас харамлах сэтгэл төрөөд болж өгөхгүй байгаагаа хэлэв. Будда түүнд санаа зовох хэрэггүй, эхлээд баруун гараар өгч зүүн гараар авах дадлагыг хий гэж зөвлөсөн байна. Түүний зөвлөгөөнд сэтгэл ханасан Хаан гэртээ буцаж ирээд баруун гартаа алтан зоос авч зүүн гартаа шилжүүлэх дадлагыг хийх болов. Ийнхүү гарнуудынхаа хооронд дамжуулах дасгалыг олонтаа үйлдсэнээр өгөх явдалтай танил дотно болж харамлах сэтгэлээ аажуухнаар багасгаж, өгөөмөр сэтгэлээ хөгжүүлж чадсан гэдэг.

ӨГЛӨГИЙГ ХЭРХЭН ДАДУУЛАХ ВЭ

Өглөгийг дадлага болгох гэдэг хүн өөрийн шунал, хармын сэтгэлээ эсэргүүцэн хөдөлж болох боломжийг таних явдалд үндэслэдэг бөгөөд өглөг өгөх замаар тэдгээр боломжуудыг ашиглахыг хэлдэг. Энэ нь ерөнхийдөө дадлагын өөр өөр талуудыг санаж тунгаах бясалгал ба уян хатан сэтгэлийг аль алийг хөгжүүлэх оюун санааны дадлагажуулалт юм. Эхэндээ доорх сэдвүүдтэй танил дотно болж өөрийн баримтлах ёс журмыг хэлбэржүүлж авах нь чухал.

Хэзээ Өгөхөө Мэдэх

Өглөгийн үйл урт удаан үргэлжлэх жаргал авчрах эсэх нь түүнийг үйлдэж буй хүний ухаанаас шалтгаална.Нөхцөл байдал болгон өөр байдаг тул тодорхой үед юу өгвөл зохихыг ойлгох чадвараа нэмэгдүүлэх шаардлагатай. Эдгээрийг хооронд нь ялгаж ойлгохын тулд дөрвөн гол зүйлийг бодох ёстой. Үүнд:

1. **Тааламжгүй бөгөөд Ашиггүй:** Өгч байгаа зүйл маань хүлээн авч буй нэгний одоогийн шууд хэрэгцээг хангах болон урт удаан үргэлжлэх жаргалыг авчрахад тустай биш байгаа тохиолдолд өглөгөө зогсоовол зохино. Нөхцөл байдал өөрчлөгдөх хүртэл хүлээх нь дэмий өглөг өгч гарздахаас дээр. Жишээ нь өлсөж байгаа хүнд зурагт бэлэглэвээс тус болохгүй бөгөөд харин эд зүйлст шунах шуналд тэднийг хөтлөн улмаар ирээдүйд зовлон авчирна.

2. **Тааламжтай мөртлөө Ашиггүй:** Өгч байгаа зүйл түр зуурын таашаал эдлүүлэхээр боловч урт удаандаа ямар ч нэмэргүй байвал тийм зүйлийг өгөхөөс түдгэлзэх нь зүйтэй. Жишээ нь, хүнд архи өгснөөр түрхэн зуур зовлонгий нь мартуулж жаргалтай болгох магадгүй хэдий ч түүний архинд донтох сэтгэлийг даамжруулан муу зуршлаа орхиход улам хэцүү болгох хортой билээ.

3. **Тааламжгүй мөртлөө Ашигтай:** Өгч байгаа зүйл маань хүний зовлонг тэр дорхноо арилгах боломжгүй боловч ирээдүйд түүнд ашиг авчрахаар байвал тийм өглөгийг өгөх хэрэгтэй. Жишээ нь, эмнэлгийн тааламжгүй зааварчилгаа өгөх зэрэг нь өвчнөөс анагаах үр дүнтэй юм. Гол нь цаашид эрүүл байлгах ашгийн төлөө түр зуурын тааламжгүй эмчилгээг хийлгэсэн нь ашигтай билээ.

4. **Тааламжтай бөгөөд Ашигтай:** Өгч буй зүйл маань түр зуурын хийгээд урт хугацааны ашиг тусыг авчирахаар байвал зайлшгүй тийм өглөгийг өгөх хэрэгтэй. Жишээ нь Номыг бясалгагч хүнд хоол өгөх ч юмуу тэдний бие махбодыг тордсоноор тэр хүн Номыг сайтар дадлага болгох бололцоотой болж улмаар сэтгэлээ хөгжүүлж чадсанаар жаргалын шалтгааныг бүтээж, түүгээр зогсохгүй бусдын тусыг эцэстээ бүтээдэг болох боломжтой билээ.

Энэ дөрвөн тохиолдол дөрвүүлээ нөгөө тал өглөгөөс хир их ашгийг олж болохыг шийдэж байна. Түр зуурын таашаал хэчнээн сайхан ч гэсэн урт удаандаа асуудлыг шийдэх чадалгүй байх юм бол ашиггүй болно. Шархны тууз адил тэр үедээ л жаахан тустай юм. Урт хугацааны ашгийг авчирна гэвэл бид өөрсдийн өгч буй зүйлсийн үйлийн үрийн үр дагаврыг бодох ёстой. Бодит ба хэрэгцээт эд зүйлс бодохоосоо илүүтэй авч, өгч байгаа хоёр хүний аль алиных нь сэтгэлд хэрхэн нөлөөлөх вэ гэдгийг тусгавал зохино.

Учир Утгатай Сэдэлтэй байх

Өглөг, бэлэг өгөх үйл хэрэгт өгч буй эдийн хэмжээ том жижиг байх нь гол биш ямар сэтгэлээр өгч байгаа нь гол байдаг. Өглөгийн үйлээ үнэхээр ашигтай болгоё гэвэл буянтай сэдлээр өгөх нь зүйтэй юм. Доорх зүйлсийг бодож сэдлээ бататгаж болно:

1. **Шалтгаан:** Өглөг өгөх явдал Бодьсадва хүний дадлага гэж тооцогдохын тулд үүнээс бүр илүү том Бодь сэтгэлтэй нэгдсэн байх хэрэгтэй. Өглөгийн дадлагыг үйлдсэнээр саруул оюун, буян хишиг хоёроо арвижуулж байгаа гэдгээ таньснаар үүнд хүрч болно. Ингэж арвижуулахын ашиг тус Бурханы хутгийг олох явдал учраас туйлын чанартаа амьтанд урт удаан үргэлжлэх жаргалыг авчрах юм.

2. **Өглөгийн эд:** Өглөгийн үйл аливаа шунал зуурлтаас чөлөөтэй байх ёстой тул өглөгийн эд зүйлсийг хамаг амьтнаас зээлээр авсан эд гэж үзэх хэрэгтэй. Бодьсадва хүн юу ч өмчлөх ёсгүй бөгөөд байгаа бүхнээ цаг нь болохоор буцааж өгөхөөр зээлж авсан түр зуурын юмс гэж бодох ёстой. Ийм үзлийг хөгжүүлснээр өмчлөх үзлээ арилган бусад амьтдын зүг сайхан сэтгэлийнх нь ачийг хариулж байна даа гэсэн сэтгэлээр талархах хандлагатай болно.

3. **Хүлээн авагч:** Өглөг өгч байгаа хүн өөрийг энхрийлэх сэтгэлээс чөлөөлсөн байх тул хүлээн авч буй цаад хүнээ номын нөхрөө хэмээн үзэх хэрэгтэй. Бусдад тус хүргэх гэсэн бидний энгийн хандлага өөрсдийгөө "сайн хүн" гэж үзэх бахдалын сэтгэлийг төрүүлэх болно. Энд таних ёстой гол зүйл бол туслах хэрэгтэй гэдэг сэтгэлийг үүсгэснээр хүлээн авагч хүн таны шунал харамын сэтгэлээс салах туслагч болон үйлчлэх болно. Ийм маягаар энэ

үйлээс жинхэнэ ашгийг хүртэх хүн бол үнэндээ та өөрөө билээ. Та хамаг амьтанд талархах сэтгэлээ хөгжүүлэн нэг нэгэнтэйгээ холбоо харилцаагаа үүгээр бататгаж чадах юм.

Зайлсхийвэл Зохих Зан Байдлууд

Саруул ухаанд суурилсан сэдэлтэй байснаар буянаа машид арвижуулах хэдий ч мөн эсрэг байдал гарах тохиолдол бий. Таны сэдэл төөрөгдөлт байдалд үндэслэсэн байвал буян машид хязгаарлагдмал болж магадгүй ба ирээдүйд зовлон ч авчрах шалтгаан болж мэднэ. Тийм учраас цаг гарган өглөгийн дадлагыг ашигтай болохоос хязгаарлаж байдаг зан авир, түйтгэрүүдтэйгээ танилцах хэрэгтэй.

1. **Буруу үзэл:** Буруу үзэлд түшиглэн өглөгийг дадуулбал үйлийн хүчин чадал аяндаа хязгаарлагдмал болон үйлчилнэ. Хамгийн голлох буруу үзэл бол өгөөд ашиггүй гэж үзэх явдал юм. Бидний бэлэг хэчнээн жижиг байх нь хамаагүй зөв сэдлээр үйлдэгдсэн бол ирээдүйд гарцаагүй жаргалыг эдлэх шалтгаан болно. Өөрөөр бодох нь үйлийн үрийн шалтгаан ба үр дагаврын хуулийг зөрчиж байгаа хэрэг билээ.

   Бас нэгэн буруу үзэл бол ганцхан өглөг өгснөөр гэгээрэлд хүрэх биш дээ гэсэн ойлголт. Тийм биш байсан бол Будда нь бусад таван Барамидыг номлохгүй байх байлаа. Хандив тусламж өгөх явдал хэмжээлшгүй ашигтай бөгөөд мөн л харьцангуй мөн чанартай болохоор бид түр зуурын тусламж өгөхөөс даван гарч бидний зовлонгийн үндсийг тасдан хаяж, урт удаан үргэлжлэх амгалан энхийг тогтоохыг зорих хэрэгтэй. Өглөг бол түүнд хүрэхийн нэг хэсэг мөн билээ.

2. **Бардам омог:** Өглөг өгдгөөрөө бардамнахаас бид болгоомжлох хэрэгтэй. Түүгээр бусадтай өрсөлдөх хүрээнд орсноороо бид буянаа доройтуулж өглөгийг жинхэнэ ёсоор дадлага болгож чадахгүй болно. Өглөгийн дадлагыг нэр хүндээ нэмэгдүүлэн албан тушаалаа өсгөх хэрэгсэл болгох нь өөрийг энхрийлэх сэтгэлийг өөгшүүлэн улмаар дадлагын маань гол зорилгыг баллаж орхино. Тэгэхээр даруу төлөв байдалтай байхыг хичээн бусдад хандив өгөх үнэхээр хувьтай төржээ хэмээн таних хэрэгтэй.

3. **Зориг мохох:** Өглөг хандив өгсний дараагаар бид гэмших харамсах, өөрт байсан зүйлээ үгүй болсны хатуужлыг эдлэх сэтгэл төрж болох юм. Буянтай үйлдээ харамссанаар бид түүнээс гарах ашиг хураах буянаа дор нь багасгаж орхино. Ийм харамсал төрөхөөс сэргийлэхийн тулд түүний урт удаан хугацаанд үргэлжлэх жаргал авчрахыг таньж баяр хөөртэйгөөр өгөөд араас нь машид ихээр даган баясах хэрэгтэй. Бидний хувьд байдал хэчнээн бэрх болж мэдэх хэдий ч бүхнийг холуур харж чадсанаар бидний буян хишиг нэмэгдэн арвижсаар байх болно.

4. **Алагчлах үзэл:** Өглөг хэзээ ч амьтныг хянах юмуу шийтгэх хэрэгсэл болон үйлчлэх ёсгүй ба хэнд туслах вэ гэдэг бидний шийдвэр алагчлах үзэлд тулгуурласан байх ёсгүй. Хүмүүс бидэнд яаж хандах нь хамаагүй бидний зүгээс тэднийг тэгш үзэх үзлээр хандаж чадлынхаа хэрээр туслах хэрэгтэй.

5. **Горьдлого:** Өглөг гэдэг бол хөрөнгө оруулалт бизнес хийж байгаа биш учраас ашиг гарна гэж хүлээх хэрэггүй. Ингэж хүлээснээр бидний өглөг хамаг амьтанд зориулагдсан бус болж хувирна. Хариу шагнал үл горьдсон байдалтайгаар өглөгийг чөлөөтэй үйлдвэл зохилтой бөгөөд хүлээн авч буй хүмүүсийн ашиг олж байгаагаар сэтгэл ханаж үлдэх хэрэгтэй.

6. **Ашиг харж туслах:** Бид өөрсдийн гол сэдлээ түрхэн зуурын зорилгод чиглүүлчихээс болгоомжилж байвал зохино. Өглөг бидний ирээдүйн амьдралд тохиромжтой нөхцөлүүдийг бүтээж байлаа ч хорвоогийн нөхцөлүүд бидний үйлийн сэдэл болох ёсгүй. Хэдийгээр сайхан нөхцөлүүд урган гарахад бид хэзээд баяртай байдаг боловч тэд бидний өгч буй өглөгийн залуурдах хүчин болох учиргүй. Бидний сэдэл үүнээс цааш давж гарч энэ хорвоогийн нэг ч амьтныг үл хоцроон сансрын хүрднээс төгс чөлөөлөх зорилгод чиглэх ёстой.

Өглөг Өгөх Ёс

За одоо бид төөрөгдлөөс чөлөөгдөн утга төгөлдөр сэдэлтэй болсон болохоор жинхэнэ өглөгөө өгөхөд бэлэн боллоо. Энэ үйл бидэнд ашиг авчирна гэж итгэлтэй байгаа болохоор хүртэх ашгийг дээд цэгт нь тултал ихэсгэхийг хичээх хэрэгтэй. Үр ашиг нь шууд харагдан үзэгддэг бол сайхан ч гэлээ Бодьсадва хүнтэй барилдлага тогтоохын буяны үр урт удаан хугацааны тусыг авчирна хэмээн тооцох хэрэгтэй.

Бидний хэрхэн өгч байгаа байдал хүлээн авагчийн сэтгэлд ямар чанар мэдрэгдэхийг тодорхойлж өгнө. Хэрвээ энэ нь тааламжтай мэдрэмж байх юм бол үүсгэсэн барилдлага хүчтэй байхын тэмдэг бөгөөд харин таагүй мэдрэмж төрөх юм бол тэд буцааж түлхэх мэт барилдлагаа сулруулж байгаа хэрэг болно. Тэгэхээр биднийг Бурханы хутагт хүрэхийн цагт бидэнтэй сайн холбоотой байдаг бүх амьтан хамгийн их тусыг хүртэх болно. Тийм учраас маш анхааралтай байж өглөгийг үйлдэх хэрэгтэй юм. Дараах хэдэн зүйлс анхаарвал зохих ерөнхий гарын авлага болно. Үүнд:

1. **Таатай байдал:** Өглөгийг өгөхдөө та маш их эвлэгхэн таатай байдлаар хийх ёстой. Таны нүүр царай тайван амгалан, ууртай ярвагар биш байх хэрэгтэй бөгөөд болж өгвөл инээмсэглэсэн, өөрийн үйлдлээс цэнгэлийг эдэлж байх ёстой. Өөрийн ашигтай үйл хийж байгаад ханалттай тусгаж

чадаж байх тохиолдолд ийм төрх байдал цаанаасаа аяндаа төрөх тул худлаа сайхан аашлах гэж оролдох хэрэггүй билээ.

2. **Хүндэтгэл үзүүлэх:** Хүнийг байнга талархал хүндэтгэлтэйгээр асрахаа мартаж болохгүй. Хамгийн их ашгийг авч байгаа хүн бол та өөрөө болохоор хүлээн авч буй хүн нэн сайхан сэтгэлээр бэлгийг тань авч байгааг сана. Тиймээс бэлгийг гардуулахдаа бөхөлзөх юмуу хүндтэй байдлыг харуулах заншилтай байдаг. Ихэмсэг сүртэй байдлыг гаргахаас зайлсхийх хэрэгтэй.

3. **Өөрөө өгөх:** Боломжтой бол бэлгийг хүнээр дамжуулалгүй өөрөө өгөх хэрэгтэй юм. Энэ нь таныг хүлээн авагчтай илүү хүчтэй барилдлагад оруулна. Яагаад гэвэл энэхэн нэг хоромд нэг дор хамтдаа байгаа учраас тэр ажээ.

4. **Үл хохироох байдал:** Өглөг өгөхдөө хүнийг ямар нэгэн байдлаар хохироох учиргүй. Өглөгийн эд зүйл эхэндээ эвгүй байдал төрүүлэх байвч хүлээн авч байгаа хүний өвчин, зовлонг багасгахуйц энэрэнгүй сайхан дүрээр өгөхөд байдал өөрчлөгдөх нь зайлшгүй. Ямар нэгэн байдлаар хүний сэтгэлийг тайвшруулж амраах, тохь тух олгохоор байвал зохино.

5. **Төвөггүй байх:** Ямар ч хэцүү нөхцөлд байсан та өглөгийн дадлагыг дадуулах бололцоо гарсанд баяртайгаар хүлээн авах ёстой. Өөрийн хэцүү байдалд өөр хэн нэгнийг буруутгах учиргүй, тэгснээрээ та тэдэнтэй үйлийн үрийн барилдлагаа гэмтээхээс өөр ашиггүй билээ.

Эдгээр хэдэн зүйлийг санаандаа хадаж авснаар та болон бусад хүмүүсийн хооронд хүчтэй холбоо бий болж ирээдүйд тэдэнд үргэлжлүүлэн тустай байхын үндэс болно. Ийм маягаар замд дайралдаад өнгөрсөн ядуу гуйлгачин хүртэл танд буян хишгээ арвижуулах гайхам боломж болон хувирдаг билээ.

Дүрслэлээр Өглөг Өгөх

Эд зүйлсээр өглөг өгөх бололцоогүй хүмүүс дүрслэн бясалгах байдлаар өглөг, тахил өргөж болно. Энэ бол харамч шуналтай зангаасаа салах чадварлаг арга болдгоос гадна өглөгийн дадлага бас болж чадна. Бясалгалаар тахил өргөх үндсэн байгууламж нь: 1.хүлээн авагчийг сонгох, 2.тахил өргөлийн зүйлсийг үүсгэх, 3.тахилаа өргөх явдал юм. Хүлээн авагчдын хувьд хоёр гол зам байдгийг таньж болно:

1. **Гэгээрсэн бодьгал:** Шуналт атгааг хорихын тулд гэгээрсэн бодгалиудаар дүүрсэн хотол чуулганыханд тахил өргөх маш ашигтай дадлага болдог. Аврал одуулах чуулганыг өмнийн огторгуйд дүрслээд тахил болгон өргөх зүйлсийг санаандаа оруулна. Энэ нь таны дуртай олон төрлийн юмс, хоол,

Өглөгийг дадуулах мэргэн арга бол мандал өргөх

орчин үеийн технологи ч байж болно. Тэдгээрийг санаандаа оруулсныхаа дараа огторгуйг дүүргэхээр их элбэг арвин болгон дүрсэлнэ. Шунал зууралтат сэтгэлийн хор уршгийг бодон байх зуур гэгээрсэн амьтдад тахилаа чөлөөтэй өргөнө. Эцэст нь дүрслэлээ гэрэлд уусган төгсгөнө. Энэ дадлагыг хэчнээн л бол хэчнээн удаа давтан санаандаа орсон бүхий л зүйлсийг өргөх хэрэгтэй.

2. **Хамаг амьтан:** Хармын сэтгэлийг багасгахын тулд өөрийг энхрийлэх сэтгэл рүү шууд халддагаар нь хамаг амьтанд өглөг өргөвөл мөн илүү зохистой байдаг. Энд бид тэдний хэрэгцээг хангаж, тусыг хүргэх хүслээ бататгах тал дээр онцлон үзэх хэрэгтэй. Хандах хүсэлтэй байгаа нэг хүн юмуу бүлэг хүмүүсийг санаандаа оруулан хэсэг зуур тэдний байдлыг эргэцүүлэн бодоод тэдний зовлон зүдгүүрийг урт ба богино хугацаагаар хэрхэн арилгаж болох талаар бодох хэрэгтэй. Тэдгээр нөхцөл байдлуудыг олж санаандаа ургуулаад өргөхдөө үүгээр тэдний зовлон шаналал ариллаа, оронд нь урт удаан үргэлжлэх сайн сайхан жаргалантай учирлаа хэмээн төсөөлнө. Тэд аз хийморьтой, жаргалтай буйд баясах сэтгэлийг төрүүлнэ. Ийм маягаар өөр өөр байдалд байгаа амьтад дээр үргэлжлүүлж тэр бүхний хүслийг хангасаар байна гэж төсөөлнө.

Өглөгийг Дадуулахад Гардаг Саад Бэрхшээлүүд

Өглөгийн эдгээр аргуудтай хэдий танил дотно болсон байсан ч яг үйлдэл болгохын цагт заримдаа хэцүү байх тохиолдол гарна. Үүнийг даван гарахын тулд Хутагт Асанга гэгээн бээр гарч болох дөрвөн бэрхшээл ба тэдгээрийн эсрэг ерөндгүүдийг таниулан тайлбарласан байдаг. Үүнд:

1. **Өгч сураагүй байх:** Бидний замд таарч болох эхний бэрхшээл бол өөрийн эд баялгийг бусадтай хуваалцах санаа огт төрөхгүй байх явдал юм. Өглөг өгөх шалтаг гарч ирсээр байтал огт анхаарахгүй байснаар дадлага хийх хүслээ хөгжүүлж чадахгүй болдог. Үүнийг эмчлэх арга бол хэсэг хугацаагаар шунал ба харамын сэтгэлийн хор уршгийг тунгаан, өглөг өгөхийн ач тусыг бясалгах явдал мөн. Ийнхүү тусгахад их цаг зарах тусам түүнийг дадлага болгох хүсэл хийгээд сэрэмж илүү сайн болох боломжтой.

2. **Өгөхөд зохимжтой зүйл хангалттай байхгүй байх:** Хэдийгээр өглөгийг дадуулах хүсэл хэчнээн байсан ч өгөх юм хомс байж болно. Эсвэл бид өөрсдийн эд зүйлсээс хэтэрхий хүчтэй дуршиж бусадтай хуваалцахыг хүсэхгүй байх боломжтой. Ойр зуурын хэрэгцээний зүйлс бидэнд хэрэгтэйн хажуугаар бид аль нэг зүйлээр дутагдаж гачигдаж яваа нь урьдын төрлүүддээ харамч хахирган явсны үр дүн гэдгийг тусгаж бодох ёстой. Ядуу байдалтай үргэлж явснаас өгөөмөр занг хөгжүүлсний ашиг

тусыг бясалган бага багаар ахисаар элбэг дэлбэг амьдралын шалтгааныг бид бүтээх болно. Тийм учраас хэдийгээр бага сага таагүй байдал амслаа ч чадахынхаа хэрээр өгөхийг хичээвэл зохино.

3. **Гоё сайхан юманд шунах:** Эд хөрөнгөтэй болох эх сурвалжтай учрах нь тэдгээрт татагдан шунах сэтгэлтэй болгодог аюултай билээ. Бид зарим хэрэглэдгүй эд юмсаа бусдад өгөхөөс харамлахгүй байж чадах хэрнээ өөрийн хайртай дуртай эд зүйлсээс салах сонирхолгүй байх нь бий. Энэхүү зууралтан дээрээ үндэслэн бид өөрийг энхрийлэн барих сэтгэлээ бататган өөшгүүлж өглөгийг дадуулахаа больдог. Эд баялаг болвоос мөнх бус чанартай гэдэг ойлголт болон шунал нь гагцхүү зовлонг бидэнд авчирна гэдэг ойлголтуудыг тунгаан бясалгаснаар энэ бэрхшээлийг даван гарч болно.

4. **Ирээдүйд баялаг олох гэж мөрөөдөх:** Бид хорвоогийн жаргалд хэтэрхий их ач холбогдол өгч, гол зорилгоо мартан түр зуурын таашаалд ташуурснаас энэ саад үүсдэг. Өглөгийн дадлага энэ үед гэгээрлийн зорилгод бус энэ насны баялаг ба таашаал төдийд зориулагдан орчлонд улам илүү хүлэх болно. Үүнийг даван гарахын тулд эд хөрөнгө жаргал цэнгэл мэт сайн үйлийн үрийн хоосон чанартай хэмээн тунгаан бясалгах хэрэгтэй. Тэдгээрийн түр зуурын хийгээд сул дорой мөн чанарыг ойлгосноор бид түүнийг үнэлэн үзэхээ больж Дээд Бодь сэтгэл рүүгээ анхаарлаа буцаах болно.

Өглөгийг Төгөлдөржүүлэхтэй Холбогдсон Салбар Сахилууд

Бодьсадвын Өчиг Андгайн нэг хэсэг болох дөчин зургаан салбар сахил байдаг нь дадлагын журамд нийцүүлэн биеэ авч явахад зориулсан зайлсхийвэл зохих зүйлүүдийг агуулдагийн долоо нь өглөгийн дадлагатай тусгайлан холбогддог. Тэдгээрийн шим нь шуналыг багасгаж бусдын хэрэгцээг илүү анхаарах зорилготой ажээ. Доорх үйлдлүүдийг хийхээс зайлсхийвэл зохино. Үүнд:

1. **Гурван Эрдэнэд гурван төрлийн сүсэг бишрэлийг үл үзүүлэх:** Бодьсадвын андгайг авсан хүмүүс буяны чуулганыг арвижуулах нэн чухал билээ. Тиймээс бид Гурван Эрдэнэ дор аврал одуулан, биеэр тахил өргөх, сунаж мөргөн ам хэлээр залбирал унших, бишрэн талархах сэтгэлийг бодох зэргээр өдөр тутам тахил өргөх ёстой.

2. **Хүсэл шуналыг хяналтгүй орхих:** Хэрвээ бид төөрөгдлийн байдлаар аашлан, хүсэл мөрөөдөлдөө умбасаар байх юм бол хэзээ ч сэтгэл үл ханан, эд материалын хангамж эдлэн орчлонгийн хүлээсэнд оршсоор байх болно.

3. **Ном сургаалыг дагагч ахмад хүмүүсээ хүндэтгэх явдлыг орхигдуулах:** Ахмад хөгшчүүл гэдэг маань бидний илүү туршлагатай Бодьсадва нар байж бидний өмнө Бодьсадвын сахил хүртсэн хүмүүс байдаг. Тэд хүндэлбэл зохих орон мөн болохоор тахил өргөвөл зохих орон бас мөн билээ. Тэдэнд хүндлэл бишрэлийг үзүүлэх явдлыг орхигдуулбал бид энэ салбар сахилыг алдах болно.

4. **Асуултанд хариулахаас татгалзах:** Хэн нэгэн хүн бидний чин сэтгэлээр асуулт асуухад залхуурлаасаа болоод юмуу сайхан сэтгэл дутагдсанаас зохих хариултыг өгөхгүй орхивол бид энэ салбар сахилаа алдах болно. Үүнд Номын асуултууд асуух болон бусад тохиолдлууд мөн багтана.

5. **Урилгыг хүлээж эс авах:** Хэрвээ бид хүчин төгөлдөр зөв шалтгаан байхгүйгээр урилгыг хүлээж авахаас татгалзвал энэ сахилаа зөрчих болно. Бардам дээрэнгүй зан юмуу иймэрхүү доод ангийн хүмүүстэй уулзахад өөрсдийгөө хэтэрхий өндөрт тавьж үзэх тохиолдлуудыг тусгайлан энд хамруулдаг. Энгийн амьдралд ч өндөр байр суурь эзэлдэг хүмүүс биднийг дорд үзэн хардагтай адилтгах болно. Хүчин төгөлдөр татгалзах шалтгаан байгаа тохиолдолд бол өөр хэрэг билээ.

6. **Алт ба өөр бусад хэлбэрийн баялгийг үл хүлээн авах:** Чин сүжигтэй нэгэн алт, мөнгө, төгрөг юмуу бусад үнэт зүйлс өргөл болгоход хорон муу санаагаар юмуу залхуурал, уур хилэн, "ариун ядуурал" гэсэн хуурамч бардамнал зэргээс болоод хүлээн авахаас татгалзвал энэ сахил зөрчигдөх болно.

7. **Ном заалгах гэсэн хүнд татгалзах:** Чин сэтгэлээр Номд суралцах ба дадуулах гэсэн хүмүүст тийм чадвар байсаар атлаа заах сонирхолгүй байхад бас сахил алдагдана. Хэтэрхий зав чөлөөгүй юмуу, тухайн сэдвээр сайн мэдлэггүй, эсвэл зохих цаг нь болоогүй, сүжиг бишрэл хангалттай биш гэж үзсэн тохиолдолд ном айлдахгүй байх хүчин төгөлдөр шалтгаантай гэж үзнэ. Эдгээр тохиолдолд л номын хүрдийг эргүүлэхгүй байхыг хүлээн зөвшөөрч болох бөгөөд бусад тохиолдолд сахилаа зөрчсөнд тооцогдох болно.

Зургаан Барамидыг Нэгтгэх нь

Өглөгийн Барамидыг чинадад хүргэхийн тулд Бодьсадвын Төгөлдөр Зургааг бүгдийг нь хамтруулах хэрэгтэй байдаг: 1.бид өглөг болгоноо амьтанд тустай байхаар болгож *өглөгийн өглөг*, 2.өглөгч сэтгэлтэй холбогдолтой сахилын зүйлүүдээ чанд сахих нь *ёс суртахууны өглөг*, 3.өглөг өгч байх зуурт учирч болох аливаа хүндрэлийг давж гарах *тэвчээрийн өглөг*, 4.бусдад тусалснаар баяр хөөрийг эдлэх *хичээнгүйн өглөг*, 5.төвлөрөл ба уян хатан сэтгэлийг хөгжүүлснээр амьтны тусыг бүтээхэд зорьсон *дияаны өглөг*, 6.өгч буй эд зүйлс, өглөгийг хүлээн авагч, өглөгийн үзэгдлийн хоосон мөн чанарыг таних *билиг оюуны өглөг* эдгээр билээ.

Энэ бүх талууд бүрэн нийлж үзэгдэх нь Бурханы хутагт хүрэх шалтгаан болдог саруул оюун, буяны чуулганыг арвижуулж гүйцээхэд нэн тустай байх болно.

ӨГЛӨГИЙГ ДАДУУЛСНЫ ҮР ДҮН

Өглөгийн дадлага үнэмлэхүй утгаараа төгс гэгээрэлд хүрэх гэсэн өөрийн хийгээд бусдын аль алины зорилгыг биелүүлэх үр дагаварт хүргэдэг билээ. Янагуух утгаараа, өглөгийн бүхий л төрлүүд сэтгэлийг ариусгахад чиглэн дараагийн Барамидыг хөгжүүлэхийн суурь болж өгдөг. *Эд зүйлсийн Өглөг өгснөөрөө хүний сэтгэл нь харамч зангаас салж эд юмсаасаа салахгүй зуурах сэтгэлээ сулруулдаг байна. Ингэснээр өөрийг энхрийлэн барих сэтгэлийг л өөгшүүлэхээс өөр нэмэргүй эд хөрөнгө цуглуулах явдлыг арилгадаг билээ. Үл Айхын Өглөгийг өгснөөр амьтны сэтгэл амгалантай болж урт наслах үүд нээгдэнэ. Номын Өглөг өгснөөр амьтны сэтгэл төөрөгдлийн мунхагаас салж зовлонгийн шалтгааныг арилгах болно.* Эхний хоёр нь амьтныг түр зуурын жаргалд хүргэдэг бол сүүлчийнх нь хойч алсын ирээдүйд жинхэнэ аз жаргалд хүргэдэг ажээ.

Аръяа Асанга дээдсийн сургаснаар төгс ариун өгөөмөр сэтгэлийг эзэмшсэнийг илэрхийлэх Бодьсадва хүний арван шинж байдаг нь:

1. **Хойш үл тавих:** Бололцоо гарах л юм бол Бодьсадва хүн өглөгийг тэр дариу өгөх хэрэгтэй. Амьтны хэрэгцээг хангах яаралтай шаардлага бий гэдгийг тэд таньсан байх учраас хойш үл тавина.

2. **Буруу үзлийн нөлөөнд автаагүй:** Бодьсадва хүн Номыг буруушаахын үр боловсрохгүй гэх юмуу ганц өглөгөөр гэгээрэлд хүрэх боломжтой гэх мэт буруу үзлээс төгс ангид байх хэрэгтэй.

3. **Хурааж цуглуулсан юмсаа өгөхгүй байх:** Бодьсадва хүн хурааж хуримтлуулсан их баялгаа сүүлд нэг том юманд хэрэглэнэ дээ хэмээн бодож хүлээх ёсгүй. Харин байгаа юмаа нэн дариу амьтны тусад зориулахад шамдах ёстой.

4. **Онгироо зангаас ангид:** Бодьсадва хүн бүхий л бэлэг сэлтийг дараа төлөв, аливаа дайсагнал өрсөлдөөний илрэл үгүйгээр өгөх хэрэгтэй. Бусдад өгч байгаа гэдгээр бардамнаж биеэ өргөмжлөх ёсгүй.

5. **Үл сонирхдог:** Өглөг өгснийхөө хариуд нэр төр, алдар хүнд нэмэгдэх аливаа нэгэн хүсэл сонирхолгүй байх хэрэгтэй. Тийм зүйлд ач холбогдол өгөхгүй байх нь чухал.

6. **Гомдолгүй байх:** Бодьсадва хүн өөрийн хийгээд бусдын хийсэн өглөгийн үйл хэрэгт даган баясдаг учиртай. Тэдний өглөг эхлэл, дунд ба төгсгөлдөө хүртэл түүнд баяр таашаалыг авчирч байх хэрэгтэй.

7. **Чамлахааргүй байх:** Өөрийн нөхцөл байдлыг бодож үзсэнийхээ дараагаар Бодьсадва хүн хамгийнхаа сайн бөгөөд сайхан гэснээ бусдад санал болгох,

хоёрын хооронд өгөх харамлахын завсарт гар татсан байдалтай бус хүнд тусалъя гэсэн чин сэтгэлтэй бөгөөд түүндээ аз жаргалтай байх ёстой.

8. **Хорсолгүй:** Бодьсадва хүн хүлээн авагч амьтдын хооронд алагчлах үзэлгүй тэгш сэтгэлийг баримтална. Хамаг амьтныг энэрэх сэтгэл нь тэдний хэн болох ямар холбоотой гэдгээс огтхон ч хамааралгүйгээр адилхан үзэх болно.

9. **Хариу үл горилох:** Бодьсадва хүний сэтгэл энэрэл нигүүслээр байнга дүүрэн байх тул өгсөн юмныхаа хариуд юу ч горилох учиргүй. Хүн болгон аз жаргал хүсэж байгаа болохыг таниссаны учир тэдний энэ хүслийг бага ч болсон биелүүлж байгаадаа л хамгаас баяртай байх хэрэгтэй.

10. **Үйлийн үрийн боловсрого үл ирэх:** Бодьсадва хүн буянтай, буянгүй бүхий л үйлийн үрийн үр дагаврыг огт хэрэгцээгүй хоосон эд гэж харах ёстой. Тиймээс тэд дээд төрөлд төрөх, элбэг хангалуун төрөх гэх мэтийн сайн үр дүнд шунан зуурах сэтгэлийг орхих хэрэгтэй. Тэдний гол анхаарах зүйл бол хамаг амьтны тусын тулд төгс гэгээрлийн хутагийг олох хувиргалтын үйл явц мөн.

ГОЛ ХЭСГҮҮДИЙГ ЭРГЭН СӨХВӨЛ

- Өглөг гэдэг бол өөрийн эд зүйлсийг өчүүхэн ч хармын сэтгэлгүйгээр бусдад шилжүүлэхийг хэлнэ. Хоёр хэсгээс бүрдэнэ: 1.өөрийн бие ба эд юмст татагдах атгагүй байх, 2.өөрийн юмыг бусдад өгөх гэсэн сайн дурын сэтгэлтэй байх.

- Өглөгийн дадлага бол харамч зан, шуналын эсрэг ерөндөг мөн. Энэ хоёр түйтгэрт сэтгэл бол өөрийг энхрийлэн барих сэтгэлийн үндэс учраас төгс гэгээрэлд хүрэх явдалд голлох садаа болдог.

- Гурван төрлийн өглөг байна: 1.Номын өглөг, 2. аюулгүй өглөг, 3.эд материалын өглөг. Эхнийх нь ирэх хойчийн жаргалыг сүүлчийн хоёр нь энэ насны жаргалыг авчрах боломжтой.

- Номыг бусадтай хуваалцахдаа анхаарах зүйлс бол: 1.хүлээн авагч хүн дадлага болгох чин хүсэлтэй байх, 2.таны сэдэл үнэн нигүүлсэх сэтгэлд тулгуурласан байх, 3.алдаа мадаггүй заах, 4.тохирсон сонсогч нарт заах, 5.сонсогч нарын бахдалыг төрүүлэхээр заах.

- Аюулгүй өглөг өгөх гэдэг хамаг амьтныг: 1.зэрлэг араатнаас, 2.хүн ба 3.амьгүй үзэгдлээс болж амь алдах болон хохирохоос аврахыг хэлнэ.

- Эд зүйлс өгөх нь амьтны зовлонг тэр дороо арилгах зорилготой: 1.өглөг өгч буй хүний бие махбодтой холбоотой дотоод өглөг, 2.эд хөрөнгөтэй холбоотой гадаад өглөг юм. Тэдгээрийг бүрмөсөн юмуу түр зуур өгөх боломцоотой.

- Өглөг өгөхийн өмнө ухаалаг хэрэг мөн үү, үгүй юу гэдгийг бодох хэрэгтэй. Өгөх үү, үгүй юу гэдгийг шийдэхдээ урт удаан хугацаагаар авчрах ашгийг харж тооцох хэрэгтэй.

- Өглөгийн зөв сэдэл гурван хэсгээс тогтдог: 1.хамаг амьтны төлөө гэгээрэлд хүрэх гэсэн зорилго, 2.эд зүйлст ямар нэгэн зууралтгүй байх, 3.өглөг өгч буй хүн авч байгаа хүнийг номын нөхрөө хэмээн үзэх.

- Дараахь араншинг орхивол зохино: 1.өглөгийн ашиг тусыг хязгаарлагч буруу үзэл, 2.өөрийг энхрийлэн барих сэтгэлийг дэмжигч бардам омог, 3.өглөг өгсөндөө харамсах сэтгэлийг төрүүлдэг зориг мохох зан, 4.амьтныг алагчлах, 5.хариу горьдох, 6.биднийг гэгээрэлд хүргэх чадваргүй хорвоогийн зүйлийг хүсэх.

- Эдийн өглөг өгөхдөө: 1.тааламжтай, 2.хүндэтгэлтэй, 3.өөрөө өгөх, 4.үл хохироох, 5.хатуужлыг тэвчих. Ингэснээр хүлээн авагч та хоёрын хоорондын үйлийн барилдлага батжиж ирээдүйд мөн түүнд туслах үндэс тавигдана.

- Эд материалын өглөг өгөх боломжгүй бол дүрсэллээр тахил өргөж болно. Өөрийн шуналын сэтгэлийг багасгахын тулд гэгээрсэн бодгалиудад, хармын сэтгэлээ багасгахаар хамаг амьтанд дүрслэлээр тахил өргөнө.

- Өглөгийг дадуулахад саадтай дөрвөн хүчин зүйл бий: 1.өгч сураагүй байх, 2.өгөхөд тохиромжтой зүйл хангалтгүй байх, 3.гоё сайхан юманд татагдах, 4.ирээдүйд баялаг олно гэж горьдох.

- Өглөгийг дадуулж байхдаа зайлсхийвэл зохих салбар долоон сахил бий: 1.Гурван Эрдэнэд гурван төрлийн бишрэлийг үзүүлэхээ орхигдуулах, 2.шуналыг хяналтгүй орхих, 3.ахмад хүмүүсээ үл хүндлэх, 4.асуултанд хариулахаас татгалзах, 5.урилга эс хүлээж авах, 6.алт, мөнгөн тахил үл хүлээж авах, 7.Ном сонсох хүсэлтэй хүнд үл номлох.

- Ариун өгөөмөр зант Бодьсадва хүний арван шинж бий: 1.хойш үл тавих, 2.буруу үзлийн нөлөөгүй, 3.хурааж хуримтлуулсан юмаа өглөгт өгөх, 4.бардамналгүй байх, 5.сонирхолгүй байх, 6.гомдолгүй байх, 7.чамлахааргүй байх, 8.хорсолгүй байх, 9.хариу үл хүсэх, 10.үйлийн үр дүн үл хүсэх.

Ёс Зүйн Сахилгаар Зан Байдлаа Хэлбэржүүлэх

Өглөгийг Төгөлдөржүүлснээр өөрийг энхрийлэн барих сэтгэл багасч амьтны тусыг шууд бүтээх илүү сайн арга зүйн хаалга нээгдэнэ. Ийм чухал алхамгүй бол бидний сэтгэл амьтны зовлонг өрөвдөх төдий байж өөрсдийн таашаал жаргалыг урд нь тавьсан хэвээр байх болно. Өгөөмөр сэтгэлийн ашиг тусыг таньснаар түүнийг амьдралдаа нэвтрүүлэх хүсэл төрөн зовлонг арилгах гадаад хийгээд дотоод эх сурвалжийг хэрхэн ашиглахыг бид сурдаг. Магадгүй бидний хайртай хүмүүс анхаарлын төвд оршиж байж мэдэх хэдий ч бид хүрээгээ тэлэн гэр бүл, найз нөхдийн хүрээнээс хальж бусад хүмүүсийг ч мөн хамруулан бодох хэрэгтэй. Бид өөрсдийгөө нэгэн том зүйлийн нэг хэсэг болгон харснаар бидний араншин замдаа учирсан бүхэнд нөлөөгөө үзүүлэх юм байна гэдэг үүднээс хандаж эхэлдэг байна.

Энэхүү сэтгэлээ дэлгэх үйл явц биднийг дараагийн дадлага болох *Ёс Суртахууны Барамид* руу шууд хөтлөх болно. Өглөгийн дадлага нь өгөхөд чиглэдэг бол ёс суртахууны дадлагаар бид хүрээгээ өргөжүүлэн эргэн тойрныхонтойгоо харьцах олон төрлийн үйлүүдийг хамруулах болдог байна. Бусад амьтантай ямар холбоо, барилдлагатайгаа тунгаан бодсоны дүнд тэдэнтэй зохицох зохицолын үндэс тавигдан бусад дадлагуудыг амьдралдаа хэрэгжүүлэх бололцоог бий болгодог билээ.

ЁС СУРТАХУУН ГЭЖ ЮУ ВЭ?

Ёс суртахуун гэдэг бол бусад амьтанд хор үл хүргэх явдал хийгээд тэдэнд хор хүргэж болох шалтгаануудыг орхих хүсэлтэй сэтгэлийг хэлнэ. Амьтны сайн сайхан байдалд анхаарал тавьж амгалан энхийг тогтоох гэсэн хандлага буюу зан төлөв юм. Асрал, энэрлийн сэтгэлд үндэслээд ёс суртахууныг дадлага болгосон хүн хамаг амьтны хоорондын шүтэн барилдлагыг ойлгосны үндсэн дээр тэдэнд нөлөө үзүүлэх ба бусад үйлдлүүддээ хариуцлага хүлээж байгаа явдал юм. Ийм сэтгэл хоёр гол талтай байдаг нь:

1. **Хүлээн зөвшөөрөх:** Бурхад, Бодьсадва нар амьтныг зөвхөн хохироохоос сэргийлээд зогсохгүй тэдэнд тустай жинхэнэ ашиг авчрах зүйлийг хийх

дадлагуудыг таньж сургасан байдаг. Тэдний сургаал номлолд заагдсан зан байдлыг өөрийн болгох ухааныг бид таних цагт "хүлээн зөвшөөрөгдсөн сахилга" гэдэг зүйлийг оллоо гэж хэлж болно. Энэхүү хүлээн зөвшөөрөх байдал цаашаа сурсан дадлагаа сахиж явах гэсэн ерөөл болон хувирдаг.

2. **Зорилго тэмүүлэл:** Хөгжүүлж чадсан цагт ёс суртахуун бидэнд сэтгэлийн түйтгэрүүдээс зайлсхийн буяныг дадуулах чадварыг олгодог. Аль нэг дадлагын үнэ цэнийг ойлгоно гэдэг түүний ашиг тустайг хүлээн зөвшөөрсөн гэсэн үг. Ёс суртахуун үүнд сахил сахихын хүчээр дадлагаа тууштай баримтлан үр дүнд хүргэх зорилгыг бататгаж өгдөг байна.

Хүлээн зөвшөөрөх ба зорин тэмүүлэх байдлын эдгээр чанаруд Ерөөхүйн болон Орохуйн Бодь сэтгэлийн ялгааг гаргаж ирдэг жишээ болдгийн хувьд танд танил дотно санагдаж ч байж мэдэх юм. Бид асрал, энэрлийн сэтгэлийг хөгжүүлэн гэгээрлийн төлөө амь үл хайрлах сэтгэлтэй байхын ач тусыг тусгах замаар Бодь сэтгэлийн дадлагыг хүлээн зөвшөөрөх явдлыг эхлээд бий болгоно. Дараа нь зорилгоо бататган хүслээ идэвхжүүлэн Бодьсадвын дадлагад орох сахилыг хүртэнэ. Хүлээн зөвшөөрөх ба зорьж тэмүүлэх сэтгэлээ алдаагүй байсан цагт Бодьсадвын дадлага бол бидний ёс суртахууны сахилгын нэг хэсэг гэж үзэж болно.

Цагийн хүрдний сургаалыг судлах явцдаа маш олон төрлийн дадлагатай танилцах болдог бөгөөд тэд цөм биднийг ёс суртахуунтай болоход туслах үүрэгтэй билээ. Тэдгээр дадлага бидний сахилгын нэг хэсэг болох уу, үгүй юу гэдэг нь тэднийг ашигтай хэмээн зөвшөөрөх болон тэдгээрийг дадлага болгох зорилго тэмүүлэл байгаа эсэхээс голлон шалтгаалдаг байна.

Ёс суртахууны хөгжлийн үйл явц худалдаачин хүний багажны хайрцагтай төстэй. Ямар багаж өөртөө хадгалж явах нь тэдний юунд хүрэх гэж тэмүүлж байгаагаас болно. Тэд байшин барих гэж байгаа бол хадаас, алх, хэмжүүр, хөрөө, харин цоорхой турьба засах гэж байгаа сантехникч хүнд бол эрэг, чангалуур, наалддаг тууз зэрэг зүйлс хэрэгтэй. Аль нэг багаж дутагдалтай байх нь хийх гэж байгаа үйлдэлд шууд нөлөөгөө үзүүлэх болно.

Үүнтэй адилаар, бидний амьдралдаа онцлохоор сонгож авсан дадлага маань бидний үйлийн чадавхд шууд нөлөөлөх болдог. Хэрвээ бид хамаг амьтанд туслах зорилго агуулсан бол тэр зорилгодоо хүрэхэд тустай дадлагуудыг өөрийн болгож авахыг хичээх хэрэгтэй. Ёс суртахуун тэгэхээр багажны хайрцаг адил бөгөөд харин дадлагууд бидний багаж мэт зүйлс мөн. Дадлагууд олон төрөл байх тусам сахилга батаа улам илүү сахин баримталж бусдад үр дүнтэйгээр туслах бололцоотой болно.

Ёс Суртахууны Барамидыг Дадлага Болгохын Учир

Ёс суртахуун бүхий л түйтгэрүүдийг орхин гэгээрсэн бүх чанаруудын үзэгдэх явдалд хөтөлдөг замыг бүхлээр нь өөртөө агуулсан байдаг. Бидний Бодь сэтгэл хамаг амьтныг гэгээрлийн хутагт хөтлөх явдал учраас амьтан болгонд ёс суртахуун хэрэгтэй гэсэн үг. Үүний тулд бид өөрсдөө эхлээд ёс суртахууныг гарын авлага болгон дадуулаад тэгснээрээ бусдыг зөв үлгэрлэх боломжтой болно.

Зорьсон замд маань суурь болохоос гадна ёс суртахуун бусад дадлагуудыг агуулах савны үүргийг мөн гүйцэтгэдэг. Түүнгүйгээр бидний үйл хөдлөл ямар ч тодорхой байгууламжгүй байж, дадлагын үргэлжлэлд хүрнэ гэхэд хэцүү болдог ажээ. Энэ нь бидний сэдлийг үйл хөдлөлтэй холбож, үйл хөдөлгөөн болгоныг зорилготой болгон, гүнзгий ухамсарлахуйд хүрэхэд тохиромжтой журам суртгаалыг байнга сахиж явахад тусалдаг.

Цаашилбал, ёс суртахууныг дадлага болгох нь бидэнд *айдсаа* амьдралаасаа зайлуулахад тусалдаг. Ийм төрлийн айдас голдуу өөрийгөө аюулд орсноор мэдэрч айх, сэтгэл тавгүйрхэх, тайван тэнүүн амьдрах боломцоогүй байх зэргээр илэрч байдаг. Зогсоо зайгүй харцаа тал тал тийшээ чулуудан махчин амьтдаас сэрэмжлэн харах шувуу адил бачимдал сэрдэлтэнд ямагт эзэмдүүлэн амьдрах байсан.

Ийм айдсыг даван гарахын тулд түүний шалтгааныг ойлгох хэрэгтэй байдаг. Төрөл тэргүүлшгүй цагаас авахуулаад өөрийг энхрийлэн барих сэтгэлийн харгайгаар хамаг амьтанд эцэс төгсгөлгүй хохирол учруулсаар ирсэн. Бид тэдэнд зовлонг шууд буюу шууд бус шалтгаан байдлаар дахин дахин эдлүүлсээр байгаа. Үүнээс болж бид хийгээд бидний хохироогч нарын хооронд зөрчил дарамт байнга үүсдэг. Зөн билгийн түвшинд аваад үзэхэд л бид бусдад хохирол амсуулсан, тэд ч мөн тоогүй олон удаа мөн адилхан үйлдсэн байдаг. Үр дагаварт нь ерөнхий тааламжгүй байдлаас авахуулаад үл итгэсэн мэдрэмж бид бүхний хийж хэлж байгаа болгонд дүүрэн агуулагддаг.

Айдас байсаар байсан цагт төгс төгөлдөр бясалган төвлөрөхүйн байдалд яагаад ч хүрэх аргагүй. Төгс тогтворжсон сэтгэл үгүйгээр туйлын үнэнийг шууд мэдэрч чадахгүй учраас гэгээрэл боломжгүй хэрэг болно. Тиймээс гэгээрлийн зам тэр чигээрээ хохирохоос айх айдсыг эмчлэх ерөндөг болсон ёс суртахуунд бүрэн түшиглэдэг ажээ.

Яаж үүнд хүрдэг гэвэл анхаарлыг өөрөөс холдуулан бусдын хүсэл зорилгод чиглүүлэх хэрэгтэй. Энгийнээр хэлэхэд, бусад амьтан хохирох хүсэлгүй байгаа болохоор бид тэднийг хохироосон үйлдэл хийж болохгүй. Өөрийг энхрийлэн барих сэтгэлийн хүчийг бууруулан бусадтай өөрийн барилдлагаа зөв замаар үүсгэнэ. Бид тэдэнд заналхийлсэн биш болохын хамтаар тэд ч мөн бидэнд халтай байхаа аяндаа болино. Бидний харилцааны суурь нь бие биеэ гэх сэтгэл болон хувирч, бачимдал арилан, аюул заналхийлэл үгүй зөвхөн асрал ба энэрлийн чанарууд л гарч ирж үзэгдэх боломцоотой болдог.

Ёс Суртахууныг дадлага болгосны гол ач тус нь сэтгэлийг амрааж буянтай чануудыг төвлөрүүлэх явдал билээ. Ингэснээр энэ насандаа гарцаагүй ашгийг амсахын хажуугаар нас нөгчих үед үнэхээр амин чухал хэрэгтэй зүйл болох нь гарцаагүй юм. Шилжилтын энэ үед бид сэтгэл тайван бөгөөд нэгэн үзүүрт төвлөрөлд орж чадах юм бол дараагийн төрөл зайлшгүй сайн төрөл байх болно. Айдаст автсан сэтгэлээр харин үхэлтэй золговол өөрийг энхрийлэн барих сэтгэлээ идэвхжүүлэн доод муу заяанд төрөх тавиланг эдлэх болмой.

ЁС СУРТАХУУНЫ АНГИЛАЛ

Ёс суртахуун гэдэг гурван өөр дадлагыг агуулдаг сав бөгөөд тэдгээр бол: 1.нүглээс хол байх дадлага, 2.буяныг хуримтлуулах дадлага, 3.бусдын тусыг бүтээх дадлага юм.

Энэ гурав дараалсан мөн чанартай бөгөөд эхнийх нь дараагийнхаа дадлагын суурь болж явдаг байна. Нүгэл хийж зуршсан байдлаасаа мултран гарахын тулд бие, хэл, сэтгэлийн гурван үүдээ сайтар сахиж буянд даллаж дуудсан сэтгэлийг үүсгэхийг зорих хэрэгтэй. Дараа нь буянтай чанарууд болох саруул оюун, асрал ба энэрэл зэргийг идэвхтэй хуримтлуулж олсноор амьтны тусыг бүтээх чадвараа нэмэгдүүлэх болно. Сүүлчийн дадлагыг дадуулахын тулд эхний дадлагуудыг заавал төгөлдөржүүлсэн байх шаардлагагүй. Зүгээр одоогийн байгаа түвшнээ мэдэж юун дээр голлож анхаарах ёстой гэдгээ ухамсарлаж байхад л болно.

Нүглээс Зайлсхийх

Эхний дадлага бол *Нүглээс Зайлсхийх* явдал юм. Энэ нь бусад бүх дадлагын суурь болдгоороо ёс суртахуун гэдэг ерөнхий ойлголтыг бүхлээр нь төлөөлж чаддаг байна. Энэ дадлагад хэрэглэдэг гол арга бол сахилаа баримтлах явдал мөн. Өргөнөөр авч үзвэл тодорхой хэдэн зүйлээс хол байх ам өчиг тавьсан байхыг хэлэх бөгөөд тэдгээр үйлдлийг бусдад хортой үйлдэл хэмээн таньсны үндсэн дээр ийм сахил авдаг байна. Уг үйлдэл яагаад хортой байгааг таниж мэдэх чадвар дутагдалтай байгаа бол Бурхан Багш зэрэг "бусдад хорлолтой зүйл бүү хий" хэмээн бидэнд сургадаг аврал одуулах хүчин төгөлдөр эх сурвалжид итгэх замаар таньж болдог.

Гүнзгий түвшиндээ андгай ам өчиг гэдэг сэтгэлд үзүүлэх маш нарийн нөлөөллийг төлөөлдөг бөгөөд сахилаа сахих гэсэн хүний сэдлээр бүтсэн бодит-бус хил хязгаарыг хэлбэржүүлж өгдөг байна. Нэг талаас бид ашигтай гэсэн үйлдлээ хүлээн авч нөгөө талаас ашиггүй гэж үзсэнээсээ татгалзах зөв буруугийн энэ энгийн мэдрэмж биднийг ухаалаг шийдвэр гаргахад хөтлөхийг ёс суртахууны нэг хэсэг болох "ёс зүйтэй" үйлдэл гэдэг билээ.

Буянг нүглээс илүүд авч үзэх явдал ялгаварт үзлийн хэлбэрийг харуулж байх ба ялгаварт үзэл өөрөө бидний хаявал зохих зүйлст багтаж байгаа учир зөрчил үүсгэж байгааг хэрхэн шийдвэл зохих вэ? Бид сэтгэлээ аливаа нэгэн төрлийн бүхий л ялгавраас ангид болгож хөгжүүлэх учиртай нь зөв хэрэг боловч андгай сахил бидний үйл хөдлөлийг харьцангуй түвшинд л хязгаарлаж байгаа юм.

Бидний сэтгэл буянг зуршил болгож бүрэн хэвших хүртэл тэр ялгавар бидэнд хэрэгтэй, яагаад гэвэл нүгэл биднийг бурханлаг-чанартаа хүрэхээс хязгаарлаад байгаа шүү дээ. Замдаа бид ахиц дэвшил гарган сахилын ам өчгийг амьдралдаа нэгтгэн чадсанаар буянт сэтгэл аяндаа төрөл бүрээр төрөх болж зан араншингаа хянах хэрэгцээ үгүй болж ирнэ. Бидний өргөсөн андгайн хэрэгцээ тэр үед маш нарийн хэлбэртэй болж эцэстээ зөнгөөрөө төрж гарах болдог байна.

Эдүгээ бидний судалж буй Цагийн хүрдний зам бол Төвдийн Буддын сургаалд байдаг Очирт Хөлгөнд хамаардаг. Энэ тогтолцоонд бид гурван өөр түвшний ам өчгөөр сахил аван ёс суртахууныг хөгжүүлдэг нь: 1. Ангид Гэтлэх ба Нэгэн Биеийн Чөлөөнд Хүрэгсдийн Санваар, 2. Бодьсадвын Андгай ба Санваар 3. Тарнийн Ёсны Тангараг ба Санваар билээ. Одоо бид эдгээр бүлэг сахил тангарагуудын үндсэн байгууламжийг судлан шинжилж Цагийн хүрдний дадлагад тэдгээрийг хэрхэн ашигладаг дотоод шинжлэлийг олж авах болно. Эхний хоёр бүлэг сахилын зүйлүүд энэ номын өөр өөр хэсгүүдэд нарийвчлан судлагдсан байгаа бөгөөд сүүлчийн бүлэг сахилыг энэ номын сүүлчийн Боть 3-т нарийн хэлэлцэх болно.

Ангид Гэтлэх ба Нэгэн Биеийн Чөлөөнд Хүрэгсдийн Сахил

Нэрнээс нь ойлгогдож байгаагаар Нэгэн Биеийн гэгээрэлд хүрэх гэдэг сансар орчлонгийн хүлээснээс ангижран амгалан нирваанд хүрэх нөхцөлүүдийг бүтээгч хувь хүнийг хэлнэ. Түүнд хүрэх гол арга нь *гадаад журам* буюу бие болон хэлээр үйлдэгдэх үйлдлүүдийг хязгаарлан хорих явдал юм. *Хүчирхийлэл үгүй* байх гэдэгт үндэслэсэн хатуу сахилга болон бясалгалын дадлагаар Нэгэн Биеийн Чөлөө буюу Ангид Тонилохын санваартнууд түүтгэрүүдээ түр зуур намжаах нөхцөлүүдийг бий болгон юмсын хоосон мөн чанартайг ухаарах замаар зовлонгоос үүрд чөлөөлөгддөг байна. Ийм төрлийн бясалгагч нарын тухай ярвал хоёр гол бүлэгт ангилж үзэж болно:

1. **Лам Хувраг хүмүүс:** Буддын *Лам Хуврагийн Ёс Зүй* хэмээх Виная ёсонд хамааран оршдог өрх гэр толгойлох хорвоогийн амьдралыг орхисон бясалгагч нарын бүлэг. Хорвоогийн үйл хэрэгт зорин амьдралаа

өнгөрөөхийн оронд сүсэг бишрэлийн дадлагадаа анхаарах болсон лам ба гэлэнмаа хүмүүс үндсэн хоёр түвшний санваар хүртдэг нь: 1.*шинэхэн санваар* хүртэгсдийн 36 сахил ба 2.*бүрэн санваарт* лам хуврагийн 253 зүйлт, гэлэнмээгийн 364 зүйлт сахил юм.

Хуврагийн Ёсыг нарийн төрөлжүүлсэн энэ томоохон бүлэг сахилуудыг нийтэд нь *тогтоосон дүрэм журам* гэж нэрлэдэг. Тэд Бурхан Багшийн сургасан лам хувраг хүмүүсийн баримталбал зохих зан байдлуудыг заасан олон өөр зааварчилгаануудаас төрөн гарсан байна. Ихэнх нь хуврагийн нийгэмлэг сүм хийд дотроо эвсэл зохицолтой биеэ авч явах болон Номыг дадуулан үйлдэхэд тохиромжтой орчин бүрдүүлэх тал дээр анхаарсан байдаг. Түүнд хэрхэн идэх ба хувцаслах болон өөр тохиолдлуудад биеэ хэрхэн авч явах талаар заажээ.

2. **Энгийн хүмүүс:** Өрх гэр бүлийн гишүүн гэж тооцогддог энгийн бясалгагч нарын бүлэг. Тэд лам хуврагуудын нийгэмлэгт харьяалагддаггүй, сүм хийдэд амьдардаггүй учраас Хуврагийн Ёс Зүйг дагах албагүй. Харин бие болон хэлээр үйлдэгддэг үйлийг хязгаарлах үндсэн таван сахил баримталж нүглийг цээрлэх ёстой байдаг. Үүнд амьтны амь хороох, хулгай хийх гэх мэт нүглүүд орно. Журам нь ерөнхийдөө Арван Хар Нүглийг Цээрлэх зарчимтай адилхан боловч юугаараа сахил болж байгаа гэвэл насан туршдаа сахиж явна гэж андгайлдагаас тэр ажээ.

Таван сахилыг ариун ба ариун бус хэлбэрээр хүртэж болно. Ариун журам гэдэг хэлбэр нь таван сахилыг хурьцал үл хийх андгайтай хамтруулан авч сахихыг хэлнэ. Ариун бус гэдэг нь таван сахилын нэг буюу түүнээс дээш зүйлийг хурьцлын андгайгүйгээр авахын хэлнэ. Ариун журам сахигч нэгэн гэр бүлийн гишүүн гэж тооцогдохоо больж цаашид гэр бүл тэжээх өсгөх хүслээ орхино. Хуврагийн нийгэмлэгт үл харьяалагдан, үл амьдрах учраас хувраг гэж ч тооцогдох нь үгүй тул лам, энгийн хүн хоёрын заагт байдаг гэж тооцогдоно.

Ангид Гэтлэхийн Санваарыг хагалж бутлах гэвэл ихэд хүч зарцуулах хэрэгтэй болдог чулуутай зүйрлэж болно. Тэднийг амархан сэвтүүлж болох боловч буталж нунтаглах үнэхээр хэцүү, харин энэ санваарыг нэгэнт алдвал энэ насандаа сэргээх бараг бүтэшгүй мэт хэцүү ажээ.

Бодьсадвын Санваар ба Суртгаал

Нэгэн Биеийн Чөлөөнд хүрэх сахил сахигсад ирээдүйн төрлүүддээ амжилт олох шалтгааныг бүтээх хамгийн доод шаардлагыг хангаж өгнө. Илүү олон сахигдахуун баримтлах тусмаа хүн илүү буяныг хураадаг байна. Гэвч бусдыг үл хохирооход голлон анхаарсан төдийгөөр Бурханы хутагт хүрнэ гэвэл учир дутагдалтай байх болно. Түүнд Бодь сэтгэлээ өргөжүүлэн илүү олон амьтныг хамруулах журамтай нэгтгэх хэрэгтэй. Өмнөх бүлгүүдэд судалсан ёсоор Бодьсадвын Андгайг хоёр бүлэг сахилуудад хуваана:

1. **Үндсэн сахилууд:** Энэ бол Бодь сэтгэл алдагдаагүй байгааг батлахад туслах зориулалттай үндсэн бүлэг сахилууд юм. Тэдгээрийн гол утга нь *хамаг амьтанг хэзээ ч үл орхих* явдал. Тэгэхээр амьтан болгонтой харьцаагаа хамгаалах замаар энэрэнгүй сэтгэлээ бататгах зорилготой гэсэн үг. Өөр өөрсдийн урсгалын замыг даган янз бүрийн багш буяны садангууд тусгай хэдэн зүйлүүдийг тайлбарлаж гаргасан байдаг. Ерөнхийд нь хэлэхэд Асангагийн дөрөв, Нагаржунайн арван-дөрөв, нийт *арван-найман үндсэн сахил* байдгийг энд дурдаж болно.

2. **Салбар сахилууд:** Эдгээр нь Бодьсадва хүнд бусад хоёр төрлийн ёс суртахууны дадлагадаа туслуулахаар дагадаг журмууд юм. Дөчин-зургаан салбар сахилын гучин-дөрөв нь буянтай чанаруудыг олохтой холбоотой, арван-хоёр нь бусдын тусыг бүтээхэд чиглэсэн байдаг. Эдгээр нь цөм *Зургаан Барамидыг Дадуулах* болон *Шавийг Эрхэнд Хураах Дөрвөн Арга* зэрэг дадлагуудтай таарч давхацдаг билээ.

Дадлагын хувьд аваад үзвэл Бодьсадвын Сахил *дотоод журам* гэж нэрлэгддэг зөв сэтгэлтэй байж буянтай үйлд оролцох тал дээр илүүтэй анхаардаг. Бодьсадвын сахил илүү сэтгэл санааны мөн чанартай тул Ангид Гэтлэхийн Санваартай харьцуулахад илүү нарийн төлөвтэй. Ийм төрлийн сахилыг гэмтэл сэв суучихвал зөв багажны тусламжтайгаар хялбархан засчихаж болдог мөнгөн эдлэлтэй зүйрлэж болно. Хэдийгээр нүгэлтэй бодол төрөх нь тун амархан боловч буянтай бодлыг бушуухан төрүүлснээр алдаагаа амархан засаж чадна.

Тарнийн Ёсны Тангараг ба Санваар

Бодьсадвын Санваар нь хамаг амьтантай харилцан холбогдох замаар буянтай сэтгэлийг байнга төрүүлж байх гэдэг бүдүүн түвшний ухамсарт явагддаг. Тиймээс харьцангуй үнэний хүрээнд маш их оюун ухаан хийгээд буян чуулганыг хурааж хуримтлуулах үр ашигтай байх боловч Буддын Дандарын Ёсонд хэрэглэдэг нарийн түвшний аргуудтай харьцуулахад маш удаан явцтай байдаг байна. Хэрвээ бид дан ганц Бодьсадвын санваарт найдаад явах юм бол ойролцоогоор тооллшгүй гурван галвын турш дадуулж байж эхний галавт хоосон чанарыг онож, хоёр дахь галавт нисваанисын түйтгэрүүдийг арилгаж чадаад, гурав дахь галавт мэдэгдэхүүний түйтгэрүүдийг арилгах боломжтой ажээ. Дандарын ёсны чадварлаг аргуудыг хэрэглэснээр яг тийм үр дүнд нэгэн хүний нэгэн биеэн дээр гэгээрэлд хүрч болдог билээ.

Тарнийн Ёсны Тангараг *бүхнийг ариунаар үзэх* үзлийг хөгжүүлэх аргаар энэ үйл явцыг хэрэгжүүлдэг. Энэ бол бясалгагч хүний мэдрэмжээ үндэс болгон ашиглаж өөрийн мөн чанарыг ухамсарлах чадвар юм. Эдгээр бүлэг сахилууд тангараг ба андгайг хоёуланг нь багтаах бөгөөд андгай гэдэг нь буруу үйлийг үйлдэхгүй хэмээн амлаж байгаа харин тангараг гэдгээр зөв зүйтэй үйлийг хийхээ баталж байгаа хэрэг юм. Тарнийн Ёсны дадлагад хэрэглэдэг гурван төрлийн сахилын хэлбэр байдаг:

1. **Тарнийн Ёсны Тангараг:** Тарний ёсны дадлагын үндэс бол Тарний Ёсны Тангараг буюу *"Самая"* гэж нэрлэгддэг Бурханлаг-чанарын өөр өөр талуудыг сануулсан сахилуудыг авах байдаг. Тэдгээрийг машид чандлан сахиснаар бид мунхгийг арилгаж, билиг билгүүн ургах туйлын үнэнтэйгээ ойрын барилдлагыг хурдтай хөгжүүлдэг. Энэ бол ариунаар үзэхүйн шим мөн. Цагийн хүрдний замаар замнахад гурван төрлийн тангараг өргөдөг нь: 1. *Таван Бурхадын Аймагт өргөх Энгийн Тангараг, 2. Зургаан Бурхадын Аймагт өргөх Өөрмөц Тангараг* ба 3. *Цагийн хүрдний Төгсгөлийн Зэргийн Очирт Андгай* эдгээр юм.

2. **Үндсэн Сахилууд:** Одоогоор бид орчлонг мунхгийн нүдээр харж нэн ихээр зуршсан байгаа билээ. Эгэлийн байдлаар харах явдал бидний хүлээн авахуйг хязгаарлан гэгээрсэн чанаруудаа олж харахад садаа болж байдаг. Тарнийн Ёсны Үндсэн Сахилыг дадуулснаар бид юмс үзэгдлийн талаар ухамсарлан улмаар ариун-бус үзэгдлүүдийг ургахаас амжилттайгаар сэргийлж чаддаг болно. Цагийн хүрдний тогтолцооны дагуу *Арван-дөрвөн Үндсэн Сахил* байдаг.

3. **Салбар Сахилууд:** Ямар тогтолцоогоор замнаж яваагаас шалтгаалаад юунаас зайлсхийвэл зохихыг болон зөв дадлага хийхэд ямар нөхцөлүүд бүрдсэн байх шаардлагатайг заасан өөр өөр салбар сахилууд байж болно. Цагийн хүрдний номын аймгийн хувьд *Хорин-таван Зан Байдал* ба *Найман Хүнд Зөрчил* гэсэн сахилууд багтдаг.

Энэ бүх сахил андгайнууд дотроос Тарнийн Ёсны Тангараг хамгийн нарийн хэлбэрийн *нууц журам* гэж тооцогддог. Нарийн учраас мөн уналд орохад хялбархан боловч аз болоход сэргээж авах мөн боломжтой байдаг байна. Ийм учраас түүнийг хэлбэр оруулахад амархан уян чанартай ба алттай зүйрлэж үздэг ажгуу.

Гурван Суртгаалыг Хамтад нь Дадуулах

Энэ гурван төрлийн андгай сахил тус тусдаа зүйл мэтээр ойлгогдох буруу үзэл гарч ирж болох юм. Үнэн хэрэгтээ бүлэг болгон урагшлах гишгүүрийг тавилцаж байгаа хэрэг билээ. Жишээ нь, Бодьсадвын Санваарыг зохих ёсоор сахихын тулд хүн бие ба хэлнийхээ нүгэлгүй үйл хөдлөлийг алдахгүй байх Нэгэн Биеийн Чөлөөнд хүрэгсдийн сахилыг сахих ёстой. Тэгэхгүй бол сэтгэлд үр дүнтэй нөлөөлж чадахгүй болно. Үүнтэй адилаар Тарний Ёсонд голчлон анхаардаг туйлын үнэнтэй тулж ажиллахын тулд өөрийг энхрийлэн барих үзэлдээ дарангуйлагдахгүй байх бусдын төлөө гэх сэтгэлтэй Бодьсадвын Сахилыг бид зайлшгүй дадлага болгох ёстой болно.

Сахил тангараа зөв бөгөөд хэрхэн харах вэ гэдгийг зүйрлэн үзүүлбэл нар, сар, оддоор төлөөлүүлж болно. Цэлмэг тэнгэртэй шөнө одод хурцаар гэрэлтэн тэнгэрээр нил бүрхэн үзэгдэх боловч бүтэн сар урган гарч ирэхэд тэд бүдгэрэн дарагддаг билээ. Тэгээд наран ургахтай зэрэг сар, одны аль алинаас илүүтэй гэрлээрээ бүхнийг гийгүүлж дулаацуулна. Нар хэчнээн хүчирхэг гэрэлтэй ч гэлээ түүнээс болоод одод хийгээд сарны туяа гэрэлтэхээ больж орхиж байгаа юм биш. Нэгэн Биеийн Чөлөөнд Хүрэгсдийн сахил бол одод, Бодьсадвын Сахил саран гэвэл Тарнийн Тангараг наран адил ажээ. Бясалгагч хүн хэрвээ чадварлаг бол нэг түвшний сахилыг нөгөөгөөс илүү онцлон гурван суртгаалаа цөмийг нь нэгэн зэрэг дадлага болгож чаддаг байна.

Зарим өөр урсгалынхан эдгээр сахилуудын ялгааг мөн хортой өвсөөр зүйрлэн үзүүлсэн байх нь бий. Нэг нь хорт ургамлыг хортой гэж таниад хярган зайлуулахыг оролдох бөгөөд энэ бол Нэгэн Биеийн Гэгээрэлд хүрэхийг зоригсод юм. Хоёр дахь замыг баримтлагчид ургамал хортой хэдий боловч зөв нөхцөл байдал бүрдвэл өөр бусад бодистой хольж хүчирхэг эмийг бүтээж болно гэж үздэг нь Бодьсадвын суртгаал ажээ. Эцсийн замыг баригчид зөв таньж чадварлагаар ашиглаж чадах юм бол, хортой ургамал идсэнээр тогос гоёмсог өдтэй байдгийн адил хорыг шууд урвуулан хэрэглэж амжилтанд хүрч болно гэж үздэг нь Нууц Тарнийн Ёсны Тангарагын арга юм. Замнаж буй замдаа урагшлах тусмаа бид хорт ургамалтай хамаагүй илүү ухаалаг харьцаж самбааг олж авах болно.

Буянтай Чанаруудыг Цуглуулах

Буянтай Чанаруудыг Цуглуулах Дадлага бол Бурханы сургаалын дагуу бидний гарын авлага болгон буй бүхий л буянтай дадлагуудын нэгдлээс бүтсэн байдаг. Гэгээрэлд хүрэх гэсэн өөрсдийн зорилгодоо нэмэр болох үйл хөдлөлийг хийхийн тулд бид тухайн үйлдийг эхэн, дунд, төгсгөл гуравтаа дан буянтай байхаар итгэлтэй хийх ёстой. Дадлага болгоны эхэнд бид буянт Бодь сэтгэлийн сэдлийг үүсгэнэ. Буянт үйлийг үйлдэж байхдаа ухамсар оюундаа юу хийж байгаагаа мэдэж байх, төгсгөлд нь өөрсдийн буяныг буянтай үйлд зориулах тэгснээрээ хамаг амьтныг зовлонгоос гэтэлгэх шалтгааныг бүтээхэд зорих ёстой.

Жонан-Шамбалын Урсгалын Цагийн хүрдний замд бидний зорих ёстой буянт арван тусгай үйл бий:

Цагийн хүрдний их мастер, ариун ёс суртахуунаараа алдаршсан Лама Лубсан Принлэй

1. Огоорлын Дөрвөн Сэтгэлийг Тунгаан Бясалгах

2. Гүрү багш хийгээд Дамжлага Урсгалын Лам нараа дээдлэх дадлага

3. Гурван Эрдэнэд аврал одуулах

4. Цаглашгүй Дөрвөн Сэтгэлийг Бясалгаж Бодь сэтгэл үүсгэх

5. Базарсадын Тарниар сэтгэлээ ариусгах

6. Хот Мандал Өргөж чуулганыг хураах

7. Язгуур, үндэсний багшаа урин залах

8. Дүйнхорын үүсгэл бясалгал ба тарни тоолох

9. Гурван Хумилтын Бясалгал

10. Очирт Зургаан Йогийн Дадлага.

Эдгээр арван зүйлийн үйлдэлд биднийг бүхий л түйтгэрүүдээс салган ариусгаж сэтгэлийн урсгалд буянтай чанаруудыг үзэгдэн, нэгэн насанд Бурханы хутагт хүргэхэд хэрэгтэй бүхэн агуулагдаж байгаа билээ. Тиймээс бид дээрх дадлагуудтай аль болох ихээр танил дотно болгон хэвшүүлснээр өөрсдийн мэдрэмжинд тэдгээрийг нэгтгэж чадах болно.

Амьтны Тусыг Бүтээх

Ёс суртахууны дадлагын сүүлчийн хэлбэр бол *Амьтны Тусыг Бүтээх дадлага* билээ. Үүнд өөрт байгаа хэдийнэ хөгжүүлсэн чанаруудаа ашиглан арван нэгэн төрлийн амьтанд тустай үйлийг гүйцэтгэж болох арван-нэгэн төрлийн замыг багтаасан байдаг. Үүнд:

1. Шууд яаралтай хэрэгтэй байгаа амьтанд туслах **утга төгөлдөр үйлд оролцох.**

2. Хүсэж байгаа зүйлдээ хэрхэн хүрэхээ мэдэхгүй байгаа амьтанд тустай **зохимжит заавар зөвлөгөөг өгөх.**

3. Эд зүйлсийн болон сүсэг бишрэлийн тусламж дэмжлэг хэрэгтэй байгаа нэгэнд туслан **ашиг тусыг хүртэж байсандаа талархан ачийг нь хариулах.**

4. Айдаст автан амьдардаг амьтныг **аюулаас хамгаалах.**

5. Зовлонтой амьдарч байгаа амьтны **шаналгааг арилгах.**

6. Ядуу амьдралтай амьтдад туслан **хэрэгтэй эд юмсыг илүүчлэх.**

7. Орох оронгүй байгаа амьтдад туслах **аюулгүй газар олж өгөх.**

8. Найз нөхөд санаа нийлсэн нэгнийг хүссэн амьтанд **нийцтэй байх.**

9. Нирваанд юмуу гэгээрэлд хүрэхээр зорин дадлага хийх хүсэлтэй нэгнийг **зоригжуулах.**

10. Одоогоор буруу замаар замнан яваа бөгөөд чиглэлээ өөрчлөх шаардлагатай нэгэнд туслахын тулд **буруу үзлийг дарах.**

11. Ер бусын болон увдис шидийн хүч хэрэгтэй болсон нэгэнд **увдис шидээ үзүүлэх**.

Дээр нь нэмж хэлэхэд, бусад хүмүүст Номыг гарын авлага болгон дадуулах сан гэсэн бишрэлийг төрүүлэхээр бид биеэ авч явах ёстой. Үүнд: 1.онцын хэрэгцээгүй үсэрч харайх юмуу хурдан хөдөлгөөн хийх зэрэг тавьтаргүй үйлдэл хийхээс зайлсхийх, 2.дэмий сул үг юмуу ширүүн үг хэлэх зэрэг бодлогогүй зүйл яриахаас зайлсхийх, 3.хорвоогийн найман явдалд шунах юмуу залхууралд автах зэргийн ухамсаргүй сэтгэлийн хөдөлгөөнд автахаас зайлсхийх журмууд багтана.

ЁС СУРТАХУУНЫГ ХЭРХЭН ДАДУУЛАХ ТУХАЙ

Ёс Суртахууны дадлага гэдэг гэгээрэлд хүрэхийн тулд хэрэглэдэг харьцангуй түвшний бүх аргуудыг багтаасан маш өргөн сэдэв билээ. Цаашлах юм бол бүх зам тэр чигээрээ нүглийг боомтолж, буяныг хурааж, бусдын тусыг бүтээх гэсэн Бодьсадвын гурван сахилгад багтдаг. Буяныг хураах болон бусдын тусыг бүтээх аргуудын тухай дараагийн бүлгүүдэд ярилцах тул одоогоор нүглийг боомтлох тухайд сахилаа хэрхэн баримтлах тал дээр анхаарлаа төвлөрүүлье.

Нүглээс зайлсхийх дадлага хоёр хэсгээс бүрдэнэ: 1.тодорхой нэг сахилга батыг дадуулахаар сахил авах ба дараа нь 2.тэрхүү сахилаа баримтлах. Ингэж сахил авах нь гэгээрлийн сэтгэлд өөрсдийгөө бэлтгэх бөгөөд түүнийхээ тусламжтайгаар үнэмлэхүй хийгээд чинагуух үр дүнгийн аль алинд хүрэх боломжтой болно.

Ёс Суртахууны Сахил Авах

Сахил андгай гэдэг бидэнд амьдралдаа тэрхүү сахилыг даган мөрдөж явах гэсэн чин хүсэл хөгжиж эхлэхэд сэтгэлд бий болдог эд. Энэ бол тодорхой нэгэн төрлийн сахилга баримталж явахын ашиг тус, эс баримтлахын хор уршиг хоёрыг тунгаасны дүнд сэтгэлд ургадаг ухамсрын шийдвэр мөн. Хамгийн хүчтэй андгай бол цаг гарган бодож тунгаасан бөгөөд ёс суртахуун бидний дадлага туршлагад яагаад ийм чухал үүрэг гүйцэтгэдгийг гүнзгий тусгасан сахил байдаг.

Бүлэг сахил болгон ийм сэтгэлийн чанаруудыг үүсгэх өөр өөр аргуудыг хэрэглэдэг. Бодьсадвын сахил дээр ярихад андгай өргөхөөсөө өмнө сурч мэдэхэд зоригжуулдаг бол Нэгэн Биеийн Чөлөөнд хүрэгсдийн болон Тарний Ёсны Тангаргын хувьд ямар сахигдахуун байдаг гэдэгт тодорхой мэдлэг өгөхгүйгээр тусгагдсан байдаг. Ийм арга дадлагын цаад утга санааг ойлгох хүртэл зөн билигт түшиглэсэн мэт санагдаж болно.

Бидний бий болгох эхний бүлэг сахил бол *Нэгэн Биеийн Чөлөөнд Зоригсдын Сахил* билээ. Тэднийг Гурван Эрдэнэд итгэх итгэл дээр түшиглэн сансрын хүлээсэнд байхын зовлон чөлөөлөгдөхийн жаргалыг тусгах замаар олж авдаг. Энэ шинжлэл нь тэднийг *Огоорол ба Магад гарах* сэтгэлд хүргэх бөгөөд орчлонгийн хүлээснээс ангижирахыг машид ихээр хүсэх болдог. Огоорсны улмаас өөрийг жолоодож чадах нэгэнд итгэл одуулах хэрэгтэй болдог. Өвчтэй хүн сайн эмч хайдгийн адил тэд ямар эм бичиж өгснийг учрыг олох гэж цаг алдалгүй бушуухан л уух хэрэгтэй байдаг ажээ.

Хоёр дахь бүлэг сахил *Бодьсадвын Андгай* Орохуйн Бодь сэтгэл дээр үндэслэгддэг. Хугацааны хувьд энэ сахилыг авсан тэр мөчөөсөө эхлээд түүний шим нь аяндаа төрдөг болж гэгээрэлд хүрэх хүртлээ баримтлан явах ам өчигтэй тул бид Бодь сэтгэлээ олон сая, тэрбум төрлүүддээ ч чанд сахин явах хэрэгтэй. Үүний учир бид энэхүү хязгааргүй үргэлжлэх андгайг сайтар ухаарч ойлгож авах гуйвшгүй итгэлтэй байх хэрэгтэй. Дараагийн зам тодорхой биш байх юм бол гэгээрэлд эргэлзэж эхэлнэ. Тиймээс тэдгээр сахилуудыг судалж суралцан нарийвчлан нэг бүрчлэн шинжлэх хэрэгтэй гэж зоригжуулдаг. Дадлагатай илүү танил болох тусмаа бидний итгэл илүү батжиж өөрт хэрэгтэй зорилгоо олж тогтоох болно.

Эцэст нь, *Нууц Тарнийн Ёсны Тангараг* асар хүчтэй бөгөөд Бодь сэтгэлд суурилан байж өргөдөг. Бодьсадва хүний асрал ба энэрэхүй маш их хүчирхэг болсон хойно амьтны зовлонг хараад нэг ч мөч тэсэх аргагүй болсны илрэлээр энэ сэдэл урган гарч ирдэг байна. Маш яаралтай хөдлөх хэрэгтэй гэдгийг гүнзгий мэдэрсний улмаас тэд Бурханы хутагт хүргэх хамгийн эрчимтэй чадварлаг аргуудыг эрж олдог ажээ. Очирт Хөлгөнд ороод ауга их итгэл бишрэлийн сэтгэл төрж нэгэн насандаа түүнд хүрэхээр тэмүүлэх нь гарцаагүй. Бид Нэгэн Биеийн Чөлөөнд хүрэгсдийн болон Бодьсадвын сахилыг хэдийнээс баримталж ирсэн байгаа нь энд ойлгомжтой учраас Тарнийн Тангараг тавих үедээ Бодь сэтгэл ба огоорлын сэтгэлийн хүчирхэг суурь хэдийнэ тавигдчихсан байх болно. Тэр хоёр талыг Дандарын сургаалд орохын тус эрдэмтэй нэгтгээд орхихоор түүнд тохирох Тангарыг сахих хүчтэй эрмэлзлэл хөгжиж ирнэ. Бидний зорилго маш тодорхой ба хүсэл хүчтэй байгаагийн улмаас бусдын сайн сайхны төлөө зорилгодоо хүрэхийн тулд хэрэгтэй болгоныг хийхэд бэлэн сэтгэлгээтэй болно.

Уг нь эхлээд бид цаг гарган хэрэгтэй эрмэлзлэлийг анхааралдаа аваад байгаа түвшиндээ тааруулан хөгжүүлбэл дээр байдаг. Дараа нь шаардлага хангасан багш эрж олоод зохих андгай сахилуудыг авч болдог. Доройтлын энэ цөвүүн цагт тэрхүү үйл явцыг биелүүлэхэд бэрхтэй байх бөгөөд сахил авах, тангараг өргөх зан үйл хааяахан тохиолддог, хоорондоо хол зайтай явагддаг нь харамсалтай юм. Тийм учраас бид хэрхэн сахил авах талаар чадварлаг байхыг хичээх ёстой.

Хэрвээ жинхэнэ дамжлага урсгалын багштай учирч тангараг тавих, сахил хүртэх бололцоо гарах юм бол тэр боломжийг хэзээ ч алдаж болохгүй. Заримдаа хүмүүс сахиж чадахгүй алдана гэж айдгаасаа болоод юмуу, учрыг нь сайн мэдэхгүйн улмаас сахил авах дургүй байдаг. Үүний оронд яг одоо цагтаа гол анхаарлаа тавьж хүслээ бататган, ирээдүйд яах бол гэдэгт санаагаа бүү зовоогтун. Зүгээр л ийм хувь тохиосонд заяа тавиландаа талархан байж сахил андгайг нуруундаа үүрсэн ачаа мэт санахгүйг хичээх хэрэгтэй. Адистидтай сайхан хэрэг боллоо гэж бодон хүсэл тэмүүллээ ариун байлган сүсэглэж чадах юм бол түүнээс хүртэх буяны шим хэмжээ хязгааргүй их билээ.

Цаашлах юм бол, сахилтай байна гэдгийг хар юмуу цагаан гэдэг шигээр ойлгож хэрэггүй. Цэвэр ёс суртахууны сахилга гэдэг төгс төгөлдөр болохын тулд цаг хугацаа ордог үйл явц бөгөөд ариун сахиж байх түлхүүр нь тангараг сахилаа хадгалж явах хүслээ орхихгүй байлгах явдал мөн. Бид төгс төгөлдөр биш байгаа учраас бүдэрнэ, алдаа ч гаргана, гэвч шантарч болохгүй, үргэлжлүүлэн дадуулсаар хэчнээн ч удсан хамаагүй зүтгэсээр байх зорилго тавьсан байх ёстой.

Бодьсадвын Андгай юмуу Тарнийн Ёсны Тангараг зэрэг дээд түвшний ёс суртахууны сахил авсныхаа дараагаар тэр талаар нийтэд зарлахгүй байх нь чухал, ялангуяа таны дагаж яваа замд итгэл бишрэлгүй нэгэнд хэлж болохгүй. Сүсэг бишрэлийн бардамнах сэтгэл төрж болзошгүйгээс гадна таны баримталдаг журмын цаад утгыг мэдэхгүй нэгний хувьд буруу ойлгох, муучлан бусдад ярих зэрэг явдал гарч болохоос сэргийлэх нь зүйтэй. Энэ нь тэдгээр хүмүүсийг дээдийн номыг буруушаан их нүгэлтэй үйлийн үр үүсгүүлэхгүй байхын төлөө учраас өөрийн сахил тангаргыг сүсэг бишрэлийн багштайгаа л хуваалцаж болох хувийн хэрэг мэтээр хадгалбал зохимжтой.

Сахилаа Бат Сахих

Шаардлага хангасан багшаас сахил хүртсэнийхээ дараагаас эхлээд таны ёс суртахууны дадлага тэдгээр сахилуудаа аль болох ариунаар баримтлах үйлсэд шилжих болно. Сахилын зүйлүүдийг нэг бүрчлэн судалж, орхивол зохих зан байдлуудаас сэрэмжилж авна. Тэгээд дараа нь *Таван Төрлийн Ухамсар* хөгжүүлэх мэдлэгийг олж авах ёстой:

1. **Өнгөрсний Ухамсарлах:** Энэ бол урьд өмнө болсон явдлаа эргэн тусгах дадлага юм. Энэ нь таны өдөр тутамд хэрхэн, ямар зан авир гаргаж буйгаа эргэн шалгах юмуу эсвэл зүгээр хувь тавиланг эргэцүүлэн бодоход ч үндэслэсэн байж болно. Аль нь ч байсан адилхан тангаргаа алдахын хор уршгийг санаж ариусгах үйлийг цаг алдалгүй хийж байх хэрэгтэй. Ингэснээр таны ямар төрлийн сахилтай байгаагаас шалтгаалан сахил тань дахин сэргэж ариусах үйл явц явагдана.

2. **Ирээдүйгээ Ухамсарлах:** Энэ бол өөрийн өдөр тутмын хэв маягаа таньж мэдэх, ямар тохиолдол таны сахилыг алдуулах гээд байгааг

ойлгох дадлага юм. Ийм маягаар бясалгаснаар та өөрийн одоо цагийн ухамсрыг нэмэгдүүлэн ирээдүйд зөрчил алдаагаа гаргахгүй байх тал дээр сэрэмжилж чадна.

3. **Одоо Цагаа Ухамсарлах:** Энэ бол ямар нэгэн зөрчил гарангуут тэр дор нь мэдэж сэрэмжлэх уян хатан мэдэмсэр бөгөөд сахил зөрчигдөж үү, үгүй юу гэдгийг даруй шалган ямар нэг талаар алдагдсан байвал ариусгалын арга хэмжээг дор нь авч сахилаа сэргээнэ.

4. **Угтаж Дадуулах Ухамсар:** Сахилаа элдэв зөрчил буруудлаас холхон байлгаж ариунаар сахихын чухлыг байнга бясалгахыг хичээснээр сахилаа арчлан тордож явах зорилго өндөрсөж сахилга бат сайжирна.

5. **Зэрэгцэн Оршиж Дадуулах Ухамсар:** Зорилго чангарах тусам сахилаа улам ухамсарладаг болно. Ингэснээр тодорхой нөхцөлд тэгэх зөв үү, буруу юу гэдгийг аяараа мэдэж шийдэх зөн билгийн ухамсар гарч ирснээр зуршил болсон нүгэлтэй хандлагууд сулрах болно.

Дээрх дадлагууд цаг мөч бүхэнд ухамсраа бүрэн хадгалж байхад таныг сургаж, тэгснээр та сахил тангаргаа байнга сахиж байж чадах болно. Андгай амлалтаа ингэж баримталснаар ер бусын их буян хурааж замнаж байгаа замдаа огцом урагшлах боломжтой болно.

Ёс Суртахууныг Төгөлдөржүүлэхтэй Холбоотой Салбар Сахилууд

Дөчин-зургаан салбар сахилаас ёс суртахууныг хөгжүүлэхтэй холбоотой есөн сахил байдаг. Тэдгээрийн гол шим нь *хамаг амьтны тусын тулд сүсэг бишрэлийн замд амьдралаа зориулах* явдал. Сахилаа өөрсдийн дадлагын голт зүрх болгон үзэж амьтанд туслан зовлонг нимгэлснээр өөрсдийн амьдралыг утга учиртай болгож бид чадах билээ. Доорх зүйлүүдийг бүрмөсөн орхино гэсэн сахилуудыг дурдвал:

1. **Хүнлэг биш нэгнийг орхих:** Сахилга журам муутай, өөрийгөө удирдах чадваргүй өрөвдөлтэй амьтдыг уучлахгүй орхивол бид энэ сахилаа зөрчинө. Тэдэнд заавар зөвлөгөө хэрэгтэй гэдгийг ухаарч буруугаа хүлээх боломж олгон, тайтгаруулж өөрсдөө хүсэх юм бол цагаатгаж өгөх хэрэгтэй. Бид тэднийг буруутан мэт үзэж түүний нь төлөө үл тоомсорлож болохгүй бөгөөд түйтгэр барцад бүхэндээ эзэмдүүлээд байгаа амьтдад хамгийн ихээр энэрлийг төрүүлэх хэрэгтэй.

2. **Өөрийгөө дадлагажуулахгүй байснаар бусдын итгэлийг алдах:** Бусдыг буян хийх үйлсэд байнга хошуучилж бишрэл сүжгийг төрүүлж байхын тулд өөрийгөө ямагт Нэгэн Биеийн Чөлөөнд хүрэгсдийн сахилын дагуу

хөгжүүлж байвал зохино. Энэ бол бүх дадлагын үндэс учраас та хэзээ ч орхигдуулж болохгүй.

3. **Хамаг амьтны тусын тулд үйл хэрэгт цөөн оролцох:** Хэдийгээр бид Нэгэн Биеийн Чөлөөнд хүрэгсдийн сахил барьж байгаа ч гэлээ Бодьсадвын сахилд тохируулан биеэ авч явах ёстой. Энэ нь Бодийн сэтгэл байнга хамгийн түрүүнд байх ёстой гэсэн үг. Бага Хөлгөнийхөнтэй адилгүй Бодьсадва хүн хамаг амьтны сайн сайхны төлөө байнга санаа тавин явах ёстой учраас хэрвээ хуврагийн санваар хүртсэн байгаа бол амьтны төлөө үйлчлэхийг хориглосон журмуудад баригдах учиргүй.

4. **Өрөвдөх сэтгэлээр үл хандах:** Бодьсадва хүний сахилга бат байнга нөхцөл байдалд тохирсон байх ёстой, байдал өөрчлөгдөхөд хувирч дасах хэрэгтэй гэсэн үг. Хэрвээ бид Нэгэн Биеийн Чөлөөнд хүрэгсдийн сахилаа алдан байж амьтанд туслахаар байвал тэгэж чадах ёстой. Жишээ нь, хэрвээ бид нийгмийн шударга бус байдлын гэрч болж нэг хүчтэй хүн хүчгүйгээ байнга дээрэлхэн хохироож байгааг хараад зүгээр сууж болохгүй билээ. Өөрөө сайн дураар өгсөн зүйлийг авч байгаа хэлбэр биш ч гэлээ бид амьтныг хохироох зүйл гаргуулахгүй байхыг хичээх ёстой. Үүнд нүгэл хилэнц үйлдэн өөрсдийн сэтгэлийн урсгалд муу үйлийн барилдлага үүсгэж байгаа буруутан хүн ч багтана. Бид бие ба хэлний үйлд л оролцох боломжтой ба үүнээс өөр арга байхгүй билээ. Өөр арга байлаа ч гэсэн бид энэрэхүй сэтгэлээр бусдад үргэлж хандахыг баримтална.

5. **Буруу амжиргаа хөөхөд зорих:** Бодь сэтгэлийг төрүүлснээс хойш бид буруу хандлагад үндэслэсэн амжиргаа хөөхөө зогсоох нь чухал: 1.өөрийгөө бусдад сайн хүн мэтээр ойлгуулах *хоёр нүүр гаргах*, 2.олз ашиг олох зорилготойгоор бусдыг *магтан сайшаах*, 3.бусдын эд зүйлийг авахын тулд *айлган сүрдүүлэх*, 4.бусдын эд зүйлсийг авахын тулд *дарлах*, 5.өгсөн жаахан тусынхаа оронд их зүйлийн хариу авах санаатайгаар *шагнал горьдох* зэргийг орхивол зохино. Байдлаас шалтгаалаад эдгээр буруу амжиргааг шууд орхих боломжгүй байж болно. Тийм тохиолдолд байдлаа өөрчлөгдөөсэй, тэгснээр ирээдүйд буруу амжиргааг орхиж болох сон хэмээн хүсэн залбирч дадал болгох хэрэгтэй.

6. **Оюуны хөөрөлд орж цэнгэлд ташуурах:** Ерөнхийд нь хэлэхэд, үзвэр үйлчилгээ, спортын тоглолт үзэх мэтийн цаг дэмий үрсэн, архи дарс ууж найрлан согтуурах үйл ажиллагаанд оролцож түр зуурын таашаал авах, хор шар хөдөлгөсөн атаархах ухамсаргүй, мунхаг занг өөгшүүлсэн явдлуудаас зайлсхийвэл зохино. Ингэж өөрийгөө зугаацуулах нь Номыг дадлага болгох замд саад учруулж, тогтвортой төвлөрөх явдлыг сатааруулан орхигдуулж шуналыг улам нэмэгдүүлнэ. Хэрвээ бид байнга

тоглоом шоглоом хийн, дуулж бүжиглэн, архидан цэнгээд байх юм бол бусдыг ч сатааруулан хүн шоолж даажигнадаг муу үйлд татагдан орох магадтай. Цаашлах юм бол, тэдгээрт зориулах цагаа Номын үйл хэрэгт үр ашигтайгаар өнгөрөөж болох байсныг дэмий үрж байгаа болох билээ. Бидэнд сайн шалтаг байгаа үед дуу дуулж, хөгжим сонсож, наргиантай үг хэлэлцэж болохгүй юмгүй. Хэрвээ асрал ба энэрлээр бусдыг тайтгаруулан жаргалтай болгох гэж байгаа бол дуулан наргих ашигтай байж болох талтай. Энэ сахил дээр дурдсан араншинг мунхаг сэтгэл, бухимдал ба дургүйцлийн дор хөтлөгдөн байж үйлдэхийг хориглосон байдаг.

7. **Сансар орчлонд сэтгэл ханамжтай байх:** Бодь сэтгэл бусад амьтны тусын тулд гэдгээс болж Бодьсадва хүн нирваанд зорих ёсгүй, түүний оронд сансарт үлдсэн нь дээр гэж үзэх буруу үзэл гарч болзошгүй. Энэ бол буруу бөгөөд сансарт үлдсэнээр түйтгэрт сэтгэлдээ дарангуйлагдан байсаар байна, харин нирваанд хүрвэл түүнээсээ бүрэн салах болно. Бодьсадва хүн сэтгэлийн түйтгэрүүдээ арилгалгүйгээр гэгээрэлд хүрнэ гэдэг байж болшгүй зүйл учраас чөлөөлөлт хэдийгээр Бодьсадва хүний зорилго биш ч гэлээ тэдгээр түйтгэрүүдийг арилгахад туслах сахилуудыг авч сахих хэрэгтэй.

8. **Нэрээ муутгахаас үл сэргийлэх:** Гадаад үйл хөдлөл амьтны сэтгэлд маш том ул мөрөө үлдээх тул бид дэмий шүүмжлэлд өртөн нэрээ муутгахаас болгоомжилбол зохино. Бясалгагч хүнд хүмүүс итгэл алдарвал бидний холбоо тасарч тэдэнд тус хүргэхэд маш хэцүү болно. Гэхдээ энэ нь биднийг төөрөгдсөн сэтгэлтэй хүмүүс таагүй гэж харснаас болоод буянтай үйлдлээ хийхээ зогсоох ёстой гэж байгаа үг биш. Жишээ нь, хэдийгээр зарим хүмүүс урт хугацааны бясалгалд суухын ашиг тусыг ойлгодоггүй боловч тэр нь биднийг болиулах шалтгаан болж чадахгүй. Харин ч түүний оронд бид улам илүү зориглон зүтгэж тэгснээрээ хүмүүсийн төөрөгдлийг арилгаж чадах ашигтай байдлыг бий болгож чадна.

9. **Зовлонг арилгах арга хэмжээ авахгүй байх:** Хүний бие ба хэлээр үйлдэгддэг сөрөг үйл хүчирхэг аргыг хэрэглэж байж арилдаг бол нэр нүүрээ хадгалж үлдэхийн үүднээс хуурамчаар тэднийг магтвал бид сахилаа алдана. Бид тохирох аргыг олохын төлөө эрдэм мэдлэг чадвар ухаанаа бүрэн дайчилж сахилаа зөрчих юмуу бусдыг хохироосон буруу муу үйлдэл хийхээс нь тэднийг урьдчиалн анхааруулан ухамсарлуулж зогсоох хэрэгтэй. Боломж байвал тэдэнд муу үйлийн үрээ наманчилан ариусгах аргыг зааж өгөх дөрвөн хүчийг үүсгэн нүглээ ариусгах аргыг зааж өгөх хэрэгтэй. Өөрсдөө ч мөн тэр аргыг хэрэглэн үлгэрлэж үзүүлэх ёстой.

Зургаан Барамидыг Нэгтгэх нь

Ёс Суртахууныг Төгөлдөржүүлэхийн тулд бид Зургаан Барамидыг хооронд нь нэгтгэх хэрэгтэй. Үүнд: 1.хамаг амьтанд туслах зорилготой ёс суртахууныг дадуулах *ёс суртахууны өглөг*, 2.байнга Цагийн хүрдний зам дахь сахил тангараа баримтлан, гурван суртгаалыг дадуулах *ёс суртахууны ёс суртахуун*, 3.дуртай юмнаасаа хагацах мэтийн замд тохиолдох саадуудад зориг үл мохох *ёс суртахууны тэвчээр*, 4.гурван суртгаалыг байнга нэгтгэн сахихыг хичээх *ёс суртахууны хичээнгүй*, 5.хийж буй үйлдэлдээ ухамсартай хандаж, сахил журмаа зөрчилгүй баримталж яваадаа итгэлтэй байх *ёс суртахууны дияан бясалгал*, 6.үйлийг үйлдэгчийн хоосон мөн чанарыг ухамсарлаж, үйлдэгдсэн үйл, үйлийн орон зэргийн аль нь ч өөрөөсөө үүсээгүй зэрэглээ мэт үзэгдэл юм гэдэг ухамсрыг ямагт баримтлах *ёс суртахууны билиг оюун* эдгээр билээ. Зургаан Барамидыг ийнхүү нэгтгэснээр ёс суртахууны энэ дадлага таныг төгс гэгээрсэн Бурханы хутагт үтэр түргэн хүргэх болно гэдэгт итгэлтэй байж болно.

ЁС СУРТАХУУНЫГ ДАДЛАГА БОЛГОСНЫ АЧ ТУС

Бодьсадва хүний ёс суртахууныг дадлага болгож буйн туйлын зорилго нь өөрийг оролцуулаад хамаг амьтныг төгс гэгээрсэн Бурханы хутагт хөтлөх явдал билээ. Харьцангуй түвшинд ерөнхий ба тусгай хоёр үр дүн бий. Ерөнхийдөө бид амьтныг үл хохироох үйлсэд амьдралаа зориулсан болохоор бид тэднийг айлгаж болохгүй ба тэгээд ч бидний сэтгэл бүрэн ханамжтай төлөвт оршдог. Энэхүү таашаал сэтгэлийн хөөр баяр маань үхлийн үед биднийг жолоодох учиртай. Бидний сэтгэл төөрөгдлийн мананд хучигдаагүй байгаа цагт бид үхэлтэй зоригтой нүүр тулан өөр бусад Бодьсадва нарын оршдог дээд сайн төрөлд аяндаа төрөл авах болно. Энэ бол биднийг дахиад Номтой учирч ёс суртахуунаа орхисон газраасаа үргэлжлүүлэн гэгээрэлд хүрэн хүртлээ дадлагаа таслахгүй дадуулсаар байхыг хэлж байгаа юм.

Ёс суртахууныг бие даасан хэлбэрээр авч үзвэл бид гурван төрлийн тусгай үр дүнгийн талаар ярьж болно. *Нүглээс зайлсхийх Сахилгыг* дадлага болгосноор сэтгэлийн онцгой тогтвортой байдлыг олно. Яагаад гэвэл ёс зүйгээр бид амьтны айдсыг үргээн зайлуулж илүү зохицолтой эвсэг байдлаар амьдрах болж эргэн тойрныхон маань сэтгэл амар бачимдал сандралгүй байцгаах болно. Энэ үр дүн сүүлдээ бясалган төвлөрөхүйд хүрэх үндэс суурь болж өгнө.

Буянтай Чанаруудыг Цуглуулах Сахилгыг дадуулснаар сэтгэлийн түйтгэрүүдээ идэвхтэйгээр арилган гэгээрсэн чанаруудыг гарч ирж үзэгдэх нөхцөлүүдийг бий болгоно. Илүү олон чанарууд үзэгдэх тусам бид амьтанд төдий ихээр тусалж чадах болдог. Ийм чанаруд бидэнд буян хишгээ ихээхэн хэмжээгээр арвижуулахад тусалснаар төгс гэгээрсэн Бурхан үзэгдэх нөхцөлүүдийг бүтээж чадах билээ.

Эцэст нь *Бусдын Тусыг Бүтээх Сахилгыг* дадуулснаар бид хамаг амьтантай үйлийн хүчтэй барилдлага бий болгож ирээдүйд ч тэдэнд тус хүргэх боломжтой болно. Эдгээр барилдлага бидний бусдын зан төлөвт нөлөөлж зөв замд тэднийг хөтлөх үндэс болдог билээ. Мөн энэ сахилга бидний чадавхийг хязгаарлагч өөрийг энхрийлэн барих сэтгэлийг арилгах болно.

Хутагт Асангагийн сургасны дагуу авч үзвэл ариун ёс суртахуунт Бодьсадва хүн доорх арван шинжийг үзүүлсэн байна. Үүнд:

1. **Сахилгыг зохих ёсоор үрчилж авсан байх:** Бодьсадва хүн ёс суртахууныг зөнгөөрөө эзэмшиж өөрийн болон хорвоогийн амьдралд сатаарахаа больж гэгээрлийн үйлсэд өөрсдийгөө бүрэн зориулсан байна.

2. **Харамсал үгүй байх:** Ёс суртахууныг дадуулан үйлдэхийг ач тусыг Бодьсадва хүн ил тод олж харан, нүгэл хийснээ үл анзаарах сулхан гэмшил болон буян хийсэндээ харамсах хэрэгцээгүй гэмших сэтгэлээс ангид чөлөөтэй байх ёстой.

3. **Залхуурлаас ангид чөлөөтэй байх:** Ёс суртахуунаа баримтлах зарчмын дагуу Бодьсадва хүн өөрийн хийж буй үйлдэлдээ ихээхэн тэвчээрийг хөгжүүлэн залхууралд унахаас зайлсхийдэг байх ёстой.

4. **Ухамсар дүүрэн байх:** Дээр дурдсан таван төрлийн ухамсрын хэлбэрийг төгс дадлага болгох замаар зан суртахуундаа байнгын анхаарал сэрэмжтэй байх чадварыг эзэмшсэн байх ёстой.

5. **Зөв зүйтэй юманд зориулах:** Бодьсадва хүн хорвоогийн олз ашиг хөөх нь хязгаарлагдмал гэдгийг ухаарсны үндсэн дээр амьд байгаа цагтаа ашигтай зүйл хийхэд бүхнээ зориулах хэрэгтэй юм. Сүсэг бишрэлийн ариун дадлагаар гэгээрэлд хүрэхийн төлөө бүхнээ зориулдаг байх ёстой.

6. **Гайхамшигт зан чанар эзэмшсэн байх:** Ёс суртахууны сахил андгайнхаа дагуу Бодьсадва хүний үйл ямагт дээд зэргийн байж бусдад даган дуурайх сайн үлгэр жишээ болж байх ёстой.

7. **Гайхам зөв амжиргаа эзээмшсэн байх:** Бодьсадва хүн бусдыг хохироох юмуу зовоох буруу амьжиргаа хэзээ ч хийх учиргүй. Түүний эсрэгээр бусдад жаргал авчрах тустай үйлийг л хийж амьдарна.

8. **Хоёр хязгараас ангид байх:** Бодьсадва хүн мэдрэхүйн таашаалд автсан, өөрийг хэт үнэлэх туйлширлаас болон хатуу журам сахил баримтлан бие ба сэтгэлийг тарчилган зовоогч тасархайд барих туйлширлаас ангид чөлөөтэй байх ёстой. Энэ хоёр туйлширлаас хол тэнцвэртэй байдлыг баримталж явдаг байх ёстой.

9. **Бүх төрлийн буруу үзлийг орхисон байх:** Ариун Ёс суртахуунд өөрийг бүрэн зориулсан Бодьсадва хүн үнэний туйлын мөн чанарыг ухаарах шууд үзэхүйг хөгжүүлж бүхий л бодлын төөрөгдлийг арилгаснаар дадлага бясалгалын чадварыг саатуулан будлиулахад хүргэдэг буруу үзлийг орхисон байх ёстой.

10. **Хүлээн зөвшөөрснөө алдахгүй байх:** Бодьсадва хүний дадлагын зорилго болсон гурван суртгаалыг баримтлах явдал гуйвшгүй байх ёстой. Тэд хэчнээн төрөл дамжсан ч энэ дадуулгаа алдагдуулахгүй явах хэрэгтэй, тэгэж байж эцсийн зорилгодоо хүрэх тул хэзээ ч тэднийг орхигдуулж болохгүй.

ГОЛ ХЭСГҮҮДИЙГ ЭРГЭН СӨХВӨЛ

- Ёс суртахуун гэдэг бол бусдыг үл хохироох буюу бусдыг хохироох шалтгаануудыг орхих хүсэлтэй сэтгэл юм. Хоёр талтай: 1.аль нэгэн дадлагыг тустай хэмээн хүлээн зөвшөөрөх, 2.тэр дадлагыг дадуулан үйлдэх зорилго тэмүүлэл.

- Ёс суртахуунаар дарах ёстой гол түйтгэр бол амьтныг хохироосон нүгэлтэй үйлээс гарах үр дүнгээс айх явдал. Бусадтай эвтэй найртай холбоо тогтоох явдлыг хөгжүүлснээр бид энэ айдсаа даран зохицож чадах болно.

- Бодьсадва хүний ёс суртахууныг гурван хэсэгт хуваана: 1.нүглээс зайлсхийх, 2.буянтай чанаруудыг цуглуулах, 3.амьтны тусыг бүтээх.

- Нүглээс зайлсхийх дадлага хүний бие, хэл ба сэтгэлийг зөв хэлбэрт оруулах сахилуудаас бүтдэг.Цагийн хүрдний замд гурван бүлэг сахил ашигладаг: 1.Нэгэн Биеийн Чөлөөнд Хүрэгсдийн Санваар, 2.Бодьсадвын Андгай, 3. Тарнийн Ёсны Тангараг. Дээд сахилууд доод сахилуудаа нэгтгэн уг гурван суртгаал нэг цогц болон үйлчлэх учиртай.

- Буянтай Чанаруудыг Цуглуулах дадлага бидний сэтгэлийг буян хийж зуршуулахад чиглэдэг. Цагийн хүрдний замыг дагахад арван дадлага бий: 1.Огоорлын дөрвөн Сэтгэл, 2.Дээдэс багш нар болон дамжлага урсгалын лам нараа дээдлэх, 3.Итгэл одуулах, 4.Бодь сэтгэл үүсгэх, 5.Базарсадын ариусгал, 6.Мандал өргөх, 7. Гүрү Йог буюу Багшийн егүзэр, 8. Ядмын Йог, 9. Гурван Хумилтын Бясалгал, 10. Очирт Зургаан Йог.

- Амьтны Тусыг Бүтээх дадлага 11 төрлийн амьтны тусыг бүтээхээс бүрдэнэ: 1.яаралтай тусламж хэрэгтэй байгаа амьтан, 2.хүссэндээ хэрхэн хүрэхээ мэдэхгүй байгаа амьтан, 3.эдийн болон сүсэг бишрэлийн тусламж хэрэгтэй байгаа амьтан, 4.айдастай байгаа амьтан, 5. Шаналан зовж байгаа амьтан, 6.ядууралд байгаа амьтан, 7.аялж яваад орогнох газаргүй амьтан, 8.найз нөхөд хэрэгтэй байгаа амьтан, 9.нирваан юмуу гэгээрэлд хүрэх дадлагыг хийх хүсэлтэй амьтан, 10.буруу замд ороод зөв чиг рүү эргүүлэх шаардлагатай байгаа амьтан, 11.ер бусын увдис шид хэрэгтэй амьтан.

- Санвааруудийг сахихад хоёр гол шатыг дамжина: 1.тодорхой нэг сахил дадуулахаар авах, 2.сахилаа баримтлах.

- Ёс суртахууны дадлагад зайлсхийвэл зохих есөн салбар сахил бий: 1.ёс зүйд нийцээгүй нэгнийг орхих, 2.өөрийг хөгжүүлэхээ орхисноос бусдын итгэлийг хөсөрдүүлэх, 3.амьтанд тустай үйлд цөөхөн оролцох, 4.өрөвдөх сэтгэлгүй байх, 5.буруу амжиргаа хөөх, 6.сэтгэл хөөрөлд орж цэнгэлд ташуурах, 7.сансарт сэтгэл ханамжтай байх, 8.нэрээ муутгахаас үл сэргийлэх, 9.зовлонг арилгах арга хэмжээ үл авах.

- Ариун ёс суртахуунтай Бодьсадва хүний арван шинж: 1.сахилаа зохих ёсоор өөрийн болгосон, 2.харамсах зүйлгүй, 3.залхуурлаас ангид, 4.ухамсар дүүрэн байх, 5.зөв зүйлд зориулах, 6.сайн зан чанарыг эзэмшсэн байх, 7.гайхам зөв амжиргаатай байх, 8.хоёр хязгаараас ангид байх, 9.бүх төрлийн буруу үзлийг орхисон байх, 10. Хүлээн зөвшөөрснөө алдахгүй явах.

Тэвчээрийн Тусламжтайгаар Бэрхшээлтэй тулах

Ёс Суртахууны Барамидын дадлага бие, хэл ба сэтгэлийн үйлдлийг зөв, ухаалаг байдалтай болгоход голчлон анхаардаг. Биеэ авч явах байдлаа зөв ба буянтай хэлбэрт оруулаад хэвшүүлчихээр бид ирээдүйд жаргалтай учрах шалтгааныг бүтээж байгаа хэрэг билээ. Энэ үйл явцыг хээр талд үр суулгаж байгаа тариаланч хүнтэй зүйрлэж болно. Бид одоо хамаг цаг зав хийгээд хүч чадлаа түүнд зориулснаар нэг л өдөр арвин ургац хураах болно.

Бидний дадлагад тулгарч болох хамгийн том бэрхшээл бол өөгүй тэгш сууринаас гараагаа эхэлдэггүйд байдаг. Бидний сэтгэл санаа хилэнцэт үйлийн үрээр дүүрэн байх бөгөөд төрөл бүрийн хүрээний зовлонг эдлүүлнэ. Тариа тарих гэсэн газар маань чулуу болон зэрлэгийн үндсээр дүүрэн байгаа болохоор зорьсон үр дүндээ хүрнэ гэвэл нэлээд ноцтой бэрхшээл хатуужлыг даван гарах хэрэгтэй болох ажээ.

Муу үйлийн үрүүдийг боловсруулахгүй байлгах талаар чадварлаг арга мэдэхгүй бол сахилаа сахиж явахад бидэнд хүндрэлтэй байх болж, буяны үрийг ургуулахаасаа өмнө нөгөө хуучин буруу зуршил руугаа гулсаад орчих магадлал ихтэй. Тийм учраас бидний дараагийн дадлага бол Тэвчээрийн Барамид бөгөөд тэр бидэнд зорьсон замдаа учирч болох олон сорилт даваануудтай нүүрэлдэн тулахад хэрэгтэй сэтгэлийн хүчийг өгөх болно. Тэвчээр байдаггүй сэн бол бид замаасаа амархан гарчихаж болох ба буяны үр боловсрох боломж нэн жаахан үлдэх аюултай билээ.

ТЭВЧЭЭР ГЭЖ ЮУ ВЭ?

Тэвчээр гэдэг бол *зовлон мэдрэгдэхийн хариуд үл хямран, тэгш агуулан оршиж чадах сэтгэлийг* хэлнэ. Энэ чанар зовлонгийн өөдөөс хариу нүглийг үл үйлдэх байдлаар бидний үйлийн үрийн үргэлжлэлийг шууд сөрөн зогсож байгаа хүч болон үйлчилдэг. Өөрөөр хэлбэл, зовлонгийн өөдөөс амгалан тайван энэрэнгүй сэтгэлээр хандсанаараа буян хураахын үндсийг тавьж өгдөг байна. Бид тэвчээрийг ширүүн урсгалтай голын дунд урсгал сөрөн зогсоо хүнтэй зүйрлэж болох ба хөл нь давалгаанд цохигдовч урсгалд автаад явж орхихгүй газарт баттай түшиглэн зогсохын адил ажээ.

Тэвчээрийн мөн чанарыг доорх гурван төрлийн үйлдлээс татгалзах байдлаар тодорхойлж болно. Үүнд:

1. **Уур хилэн:** Энэ бол тодорхой нэг мэдрэмжинд дургүйцэн, түүнийг зовлон гэж нэрлэхэд хүргэдэг хорсол хилэнтэй сэтгэлийн түйтгэр юм. Хүлээн авахуйд өртсөн объектын сул талыг уур хилэнтэйгээр хэтрүүлэн үзэж, түүнийг зовлонгийн гол шалтгаан хэмээн андууран буруутгадаг. Оюун санааны хариу урвалын хэлбэр ёсоор энэ нь ирээдүйд мөн иймэрхүү хандлага дахин гаргахад сэтгэлийг нөхцөлдүүлж өгдөг байна.

2. **Хариугаа авах:** Уур хилэн дээрээ үндэслээд бид өөрсөддөө тэр мэдрэмжийг амсуулсан нэгэнд өөрт нь мөн адил хариу барих хүслийг төрүүлдэг. Жишээ нь, хэн нэгэн хүн таныг цохиод авбал өөдөөс нь цохих, хорон үгэнд гүтгүүлсэн бол хариуд нь бүр илүү үгээр доромжлох гэх мэт. Шүдийг шүдээр гэдэг сэтгэлгээ сэтгэлд нүглийн үрийг үржүүлж мөн бусдад хохирол үзүүлснээр бид хөгжүүлэх гэж оролдож байгаа ёс суртахууныхаа яг эсрэг зүйлийг хийж эхэлдэг.

3. **Өш хонзон санах:** Уураа зогсоохыг хүсэхгүй байх сэтгэлийг хэлнэ. Энэ бол яг л гогцоо адил санаандаа дахин дахин эргэлдүүлэн зовоосоор байдаг бөгөөд эргэж ирэх болгондоо илүү хүч орон түүний сацуу бидний буруушаагаад байгаа тэр хүнтэй барилдлагыг маань улам бүр сулруулсаар байдаг.

Эдгээр үйлдлүүдээс идэвхтэйгээр зайлсхийснээр хөнөөлтэй үр дүнд хүрэхээс өөрсдийгөө авран, буяны үрийг тариалах боломжтой болно. Бидний зорилго гадаад ертөнцийг бидэнд муу зүйл хийхээс зогсоох явдал биш харин зовлон сэтгэлд үзэгдээд байгаагийн шалтгааныг ойлгох, тэгснээрээ хор учруулахыг нь болиулах явдал учраас жинхэнэ эзэнтэй нь буюу ууртайгаа тулж харьцах хэрэгтэй. Үндсийг нь тасдаж хаяхад ямар ч нөхцөл байдал ургалаа гэсэн зовлон дахиж мэдрэгдэхгүй болно.

Зорьсон замдаа ахихын хэрээр түүнийг үүсгэхэд бидний хэрэглэсэн аргуудад үндэслэн тэвчээрийн чанар улам бүр өсөн нэмэгдсээр байдаг. Эхэндээ бидний тэвчээр нь уурлах ашигтай юу, ашиггүй юу гэдгийг болгоомжтойгоор тунгаан бодох байдлаар урган гардаг. Ялгамжаатай оюун ухааныг хөгжүүлснээр бид уурыг эсэргүүцэх чадварыг барьж босгож эхэлдгээс тэвчээрийн чанар урган гарна. Шүтэн барилдлагатай юмс үзэгдлийн илбэ мэт мөн чанартайг ухаараад ирэхийн цагт уур бидэнд нөлөөлөх чадвараа алдана. Тэвчээр тэр цагт хорвоог харах үзлийн энгийн нэгэн үр дүн болон ургах болно. Энэ ухамсраа дадуулан зуршуулснаар жаргалыг хүсэх ба зовлонгоос айх гэсэн хоёрдмол үзлүүд сулран бүдгэрч ирнэ. Энд хүрээд бид бүхий л юмс үзэгдэлд тэгш хандах сэтгэлийн гүнзгий мэдрэмжинд хүрч очсоноор уурaнд дахин эзэмдүүлэхээ бүрэн больдог. Эцэст нь, туйлын үнэний дээдийн хоосныг ухамсарлахад бид хоёрдмол үзлийн хязгаараас бүрэн ангижраад айх зүйл үнэндээ үгүй болохыг ухаардаг ажгуу.

ТЭВЧЭЭРИЙГ ДАДЛАГА БОЛГОХЫН ШАЛТГААН

Гэгээрэлд хүрэхийн тулд буянтай сэтгэлийг бүрэн зуршил болгон дадлагажуулах хэрэгтэй. Энэхүү зуршилыг бид *буян хураах* гэж нэрлэдэг. *Саруул билгүүнийг хураахтай* хамтрахаар төгс гэгээрсэн Бурханы хутагт хүрэхийн шалтгаан бүрэлддэг билээ. Хоёр чуулган бидний зорилгод нэн чухал хэрэгтэй болохоор бид хураасанаа барчихгүйн төлөө чадах бүхнээ хийх хэрэгтэй юм.

Биднийг буянаа багасгаж барагдуулахад хүргэдэг: 1. буянаа эс зориулах болон 2.уурлах гэсэн хоёр шалтгаан бий. Энэ хоёроос буянаа зориулах нь маш амархан мөртлөө уураа барих нь маш хэцүүд тооцогддог. Гэвч түүний мөн чанарыг гүнзгий тусган хөнөөлтэй үр нөлөөг нь ойлгосны үндсэн дээр сэтгэлээ захирч бас болно. Уурын хор урших, тэвчээрийн ач тус хоёрыг жигнээд үздэг бол тэвчээрийг хөгжүүлэх зорилго бидэнд өглөг болоод ёс суртахууны дадлагаар хураасан чуулганаа доройтуулалгүй хамгаалах чадварыг өгч байгаагаар жинтэй гэдэг нь яриангүй үнэн болох билээ.

Уур хилэн яагаад тийм их хөнөөлтэй байдаг вэ? Ганцхан хормын төдийд уур нь уул овоо шиг их буяныг үгүйрүүлж чадна, тийм учраас уламжлалт ном сударт түүнийг замдаа дайралдсан болгоныг залгин шатаагч ойн түймэртэй зүйрлэсэн байдаг. Уур яагаад тийм аюултай байдаг вэ гэвэл уурын энергийн тэсрэлт нүгэлтэй үйлийн сэдлийг маш хурдан үүсгэхээс гадна мөн буяны үрийг боловсрох нөхцөлийг арилгаж сааруулдаг. Тиймээс бидний буян хишиг доройтоход хүрч үнэнийг түйтгэрт нүдээр харж зуршил болоход хүргэдэг байна.

Уур бидний сэтгэл хэр их ул мөр үлдээх вэ гэдэг нь түүний эрчим болон уурыг хүргэсэн орон хоёроос шалтгаалдаг. Түйтгэрт мөн чанараасаа болоод уур уг оронтой холбоогоо таслахад хүрэх бөгөөд уур илүү хүчтэй байх тусмаа илүү хүчтэй тасралтанд хүргэнэ. Хэрвээ та гэр бүлийнхээ гишүүн болон сайн найзтайгаа ширүүхэн хэрэлдэж үзсэн бол барилдлага тасрах гэж ямар хүчтэй эд байдгийг мэдэх байх.

Бид нэг хүнээс уурандаа өөрийгөө салгахад тэр хүнтэй холбоотой бусад бүлэг хүнтэй холбоогоо хамт тасладаг. Жишээ нь, хосууд хагацах ч юмуу, гэр бүл салахад хоёр гэрийнхэн болоод найзууд хамаатнууд цөм аль нэг талыг барихаас аргагүй болдог. Тэр сүлжээний бусад гишүүдэд өш хонзон санах юмгүй байлаа ч өөрөө ухамсарлаагүй байхад сэтгэлийн цаадах мухарт үзэн ядах ба тэр талтай холбоотой байдагт нь хорсоод эхлэчихсэн байдаг. Харилцан хамаарлын хууллаас зайлах аргагүй болохоор уур хилэн богинохон хугацааны дотор маш өргөн хүрээг хамарсан холбоонд нөлөөлж чадах чадвартай.

Бодьсадва хүн болон сүсэг бишрэлийн багш, очирт хөлгөний багш гэх мэтийн хүчирхэг оронд уур чиглэсэн байвал хөнөөлийн урш ер бусын хүчтэй бөгөөд аюултай байдаг. Тэд хамаг амьтны тусын тулд ганцхан зорилготой үйлчилж яваа атал уурынхаа уршгаар тэдэнд хохирол учруулж холбоогоо тасална гэдэг тэдний үйлчилдэг амьтан болгонд шууд бусаар хохирол учруулж байгаа хэрэг болно. Уурын орон нь том сүлжээнд холбогдсон байх тусмаа хөнөөл гамшиг тэр хэрээр их байх болно. Хэн нь жинхэнэ Бодьсадва гэдгийг бид хэлж мэдэхгүй учраас уурандаа ухаанаа алдахгүй байхад маш болгоомжтой хандах нь чухал.

Юунд уурласан байгаагаас үл шалтгаалан уур бидний сэтгэлд ёзоорлон байрлаж байгаа цагт жинхэнэ Бодь сэтгэл хөгжүүлэх боломжгүй хэрэг билээ. Уур гарч ирж үзэгдэхэд л асрал, энэрэл дарагдаж алга болж байдаг, түүний хамтаар Бодь сэтгэл гундан үхэж хорчийдог. Бодь сэтгэлгүйгээр гэгээрэл үгүй, харин оронд нь өөрийг энхрийлэн барих сэтгэл хийгээд хоёрдмол үзэл төрөн гарснаар биднийг сансрын хүрдэнд үүрд хүлэх далай их нүглийн үрийг суулгах болно.

Гэвч тэвчээрийг дадлага болгосноор зовлонгийн эсрэг зогсох тэсвэр нэмэгдэж, уурын хүч сулран, аливаад төрсөн хариу үйлчлэлийг өөрт хийгээд бусдад хөнөөл тарьж амжихаас нь өмнө урьтаж унтрааж чаддаг болно. Уурыг чөдөрлөн тушиж байж л асрал ба энэрэл гэсэн чанарууд үзэгдэж аяндаа биднийг буяны замаар хөтөлнө. Нөхөрсөг тусч холбоо харилцаа хүмүүсийн хооронд үүсэхдээ амархан болж амгалан тайвантай нэгдэхээрээ бид төдийгүй эргэн тойрныхон маань ч сэтгэл ханамжтай байцгаах болно. Ингэж амьдарч чадвал үхэхэд ч харамсах явдалгүй болж эвцэл зохицол хийгээд гоо үзэсгэлэн бүрдсэн дээд сайн төрөлд төрөх нь гарцаагүй билээ.

ТЭВЧЭЭРИЙН АНГИЛАЛ

Уурыг дэврэхээс сэргийлэх гол түлхүүр бол уур нь яагаад зохистой биш болохыг хатуу ухамсарлах явдал бөгөөд түүнийг таньсныхаа дараагаар чухам юу уурыг төрөн гаргах шалтаг болоод байна гэдгийг олж нүдэлж авах хэрэгтэй. Бидний зорилгодоо тэмүүлэх эрмэлзлэл маань зуршил болсон хариу үйлчлэлийг эсэргүүцэн зогсох хамгаалалт болох учиртай. Гэхдээ бид цаг нь болохоор ашигтай зуршлыг хэвшүүлж чадсан хойно уурыг өдөөгч тэр дадал хүчээ бүрэн алдах болно.

Тэвчээрийн дадлагын тухайд эргэж орвол уурыг өдөөгч ерөнхий гурван хүчин зүйл байдгийг дурдаж болно: 1.хэн нэгэн бидэнд хор хүргэх үед, 2.өөрсдийн үйлийн лайгаар зовлон эдлэхээрээ, 3.үнэний мөн чанарыг таньж чадах чадвартаа эргэлзэх үед уур өдөөгддөг байна. Эдгээр тохиолдол болгон дургүйцсэн зан төлөв илрэхэд өдөөгч болж бүр дэлбэ үсрэн үзэн ядахад хүртэл хүргэдэг байна. Эхний тохиолдолд бусдаас шалтгаалан уурлахад хүрдэг бол сүүлчийн хоёр тохиолдол Номыг дадлага болгож байх үедээ мэдэрдэг зовлонтой уялдаатай байдаг ажээ.

Бусдыг Хор Хүргэхэд Тэвчих

Бидний өөрийг энхрийлэн барих сэтгэл маань хэтэрхий зуурсан байдалтай байх учраас "би" "миний" гэсэн болгоныг ямар ч үнээр хамаагүй өмгөөлөн хамгаалахад чиглэдэг байна. Үүнд бидний бие махбод, эзэмшдэг эд хөрөнгөнөөс гадна бидний дуртай ба дургүй гэсэн шалгуурууд мөн хамрагддаг. Бүр цаашлах юм бол ойрын холбоотой байдаг найз нөхөд, гэр бүл, хань хамаатан ч орно. Тэр бүгд нийлээд хувь хүнийг тодорхойлж байдаг нэг ёсны *биеийн байцаалт* болдог билээ.

Өөр нэгэн амьтан таны энэ биеийн байцаалтын аль нэг талыг хөндөхөд өөрийг энхрийлэх сэтгэл тань тааламжгүй буюу айх сэтгэгдлийг төрүүлдэг. Тэгээд эсрэг этгээдийг нэн даруй дайснаа болгон таньж тэдний эсрэг ялгавартай үзлийг дараа дараагаар мэдэрч эхэлдэг. Энэхүү ялгавартай үзэл дээрээ үндэслээд нөгөө дайснаа зовоход баярлах, жаргахад нь дургүйцэх мэдрэмжүүдийг эдэлдэг байна. Үүнтэй тэмцэхийн тулд *Бусдыг Хор Хүргэхэд Тэвчих* сэтгэлийг хөгжүүлэх хэрэгтэй.

Тиймээс бид одоо Хутагт Асангагийн "*Бодьсадвийн Өгсөх Шатууд*" хэмээх шастирт үзүүлсэн "*Дөрвөн Цэг ба Таван Санаа*" гэсэн есөн сэдэв дээр тунгаан ярилцах болно. Эдгээр сэдэв болгон дээр тогтон бодож, өөрийн амьдралд тохиолдсон иймэрхүү жишээг ашиглан байж, хэн нэгнийг дайснаа гэж үзэн, тэдэнд хор учруулах гэсэн сэтгэлээ орхихыг хичээх нь нэн тустай билээ.

Дөрвөн Цэг

Эхний бүлэг сэдэв бол бидний эдэлдэг зовлонтой холбогдсон сэдвүүд бөгөөд тэдгээрийн мөн чанарыг ойлгосноор сэтгэлд зовлон төрүүлээд байгаа тэр мэдрэмжинд хандсан тэвчээргүй занг эвдэн уураа дарж чадаад улмаар тэгш сэтгэлийг олох боломжтой. Бид эрчимтэй, удаан үргэлжилсэн бусдаас шалтгаалсан зовлонг мэдрэх үедээ эдгээр цэгүүд дээр тогтон бясалгах нь зүйтэй.

1. **Өөрийн үйлийн үр буюу лайгаар зовох:** Нөхцөлдсөн бүхий л мэдрэмжүүд сэтгэлийн урсгалд хадгалагдсан үйлийн барилдлагуудын үр дүн байдаг. Бидний урьд хийсэн үйлдэлтэй тэд холбогдон хэлбэржиж байхад бусад амьтны үүсгэсэн нөхцөлүүд туслах нөхцөл болон үрийг боловсроход хүргэснээр аливаа мэдрэмж мэдрэгдэх гол шалтгаан болдог байна.

Бид өөрсдийн зовлонг хэн нэгнээс боллоо гэж гэж бодох эсэх нь цэвэр бидний сэтгэлээс шалтгаалах бөгөөд тэднийг зовлон авчрагч дайсан гэж бодох нь зохимжгүй явдал билээ. Жинхэнэ дайсан бол таныг анх нүгэлтэй үйл хийхэд хүргэсэн таны өөрийгөө гэх тэр л сэтгэл юм. Үүнийг л бид орхивол зохино.

2. **Тэвчээргүй зан юмуу уур хилэн зэрэг нь зовлонгийн шалтгаан мөн:** Зовлон учрахад тэвчээргүй байдал, уур хиланээр хариулах нь бидний сэтгэлд ирээдүйд муу заяа эдлэх буянтай-бус үйлийн барилдлагааг үүсгэдэг. Карма буюу үйлийн үр үрждэг болохоор иймэрхүү муу үйлийн үр дагавар одоо эдэлж байгаагаас тань хамаагүй илүү маш том зовлонг гарцаагүй авчрах болно. Бусдын талаар муу санаж хандсанаар өөртөө гамшиг авчрах юутай тэнэг хэрэг болох билээ. Үнэхээр жаргалыг хүсэж байгаа л бол тэвчээргүй зан, уур хилэн хоёрыг таягдан хаях хэрэгтэй.

3. **Хамаг амьтны үндсэн нөхцөл зовлонгийн шинжтэй:** Мөнх-бус бүхий л юмс үзэгдэл шалтгаан нөхцөлөөр ургаж байгаа учраас зовлонгийн шинж чанартай. Хамаг амьтан үүнийг анзаарахгүй болохоороо үзэгдлээс зууран бусдад хор хүргэдэг. Номтой учирснаар бид сансарт оршихын учрыг таньж чадах бөгөөд ухамсар дутсанаа шалтаг болгох боломж үгүй юм. Хэн нэгэн бидэнд мунхаг сэтгэлээр хор хүргэлээ гээд бид түүнд мөн тийм мунхаг сэтгэлээр хариу үйлдэл хийх ёсгүй. Бид саруул оюуныг эзэмшиж байгаа бол тэд түүнийг мэдэхгүй байгааг санах хэрэгтэй.

4. **Бодьсадва хүн бусдын сайн сайхны төлөө өөрийгөө зориулдаг:** Нэгэн биеийн чөлөөлөлтөнд зорьсон хүн бясалган уусахуйн төлөвт хүрэхдээ сэтгэлээ алив шунал хорслоос ангид тэгш, тэнцвэртэй болгосон байх амин чухал хэрэгтэй. Тийм хүмүүс ганц өөрийн төлөө хэдий боловч тэвчээрийг дадуулахын ашиг тусыг сайн ухаарсан байдаг. Тэгэхээр хамаг амьтны төлөө яваа хүний хувьд тэвчээр түүнээс ч илүү хэрэгтэй гэдгийг бодох хэрэгтэй. Хэрвээ бид тэднийг зовлонгоос чөлөөлөх гэж яваа юм бол яаж тэдэнд хор хүргэж болох билээ?

Таван Санаа

Хоёр дахь бүлэг сэдэв бол бидэнд хор хүргэж буй амьтантай холбогдох сэдвүүд юм. Тэдгээр амьтдын байгаа нөхцөлүүдийг задлан шинжилж өөрсдийн ямар холбоотойгоо бодоод үзэх юм бол бид дүрсхийж ирсэн ямар ч уур хилэнг даран унтрааж тэдэнтэй харьцаагаа зузаатгаж болдог. Доорх таван санааг эрчимтэйгээр бясалгаж, элгэндээ тэврэн хайрлаж чадсан хүн дайсан байна уу, үл таних нэгэн байна уу бидэнд хор учруулахад ч аз жаргалтайгаар тэвчин өнгөрөөж чадах тэвчээртэй болно.

1. **Тэд урьд таны ойр дотны нэгэн байсан гэж үзэх:** Танд хор учруулсан нэгэнтэй та одоо л анх дайралдаж байгаа юм бишээ. Урьд төрлүүддээ тэр таны хамгийн ойр дотны хамгийн хайртай хүн явсан бөгөөд та хоёр хязгааргүй олон мэдрэмжийг хамтдаа үзэж өнгөрүүлэн тэдний зүйрлэшгүй сайхан сэтгэлийн тусыг маш их хүртсэн байгаа. Ийм урт хугацаанд бие биеэ мэддэг гэж таньсныхаа дараа та түүнийг төөрөгдсөн сэтгэлийн улмаас танд хор хүргэж байгаа юм гэж ойлгох хэрэгтэй. Тэд хийсэн хэргийнхээ төлөө буруутай гээд тэднийг орхиж болохгүй ээ. Бид цөм алдаа хийдэг ёсоор тэдний зовлонг энэрэх сэтгэлээр өрөвдөж чадлынхаа хэрээр туслах ёстой.

2. **Тэднийг зүгээр бүрдэл цогцуудын цуглуулга гэж үзэх:** Танд хор хүргэсэн хүний мөн чанарыг нь бодоод үзвэл тэд зүгээр л шалтгаан ба нөхцөлийн дүнд нэгдээд байгаа цогц хэсгүүдийн нийлбэр гэдгийг ойлгох хэрэгтэй. Танд яг хор хүргээд байгаа өөрөөсөө үүссэн нэгэн гэж үгүй. Үлээж буй салхи, шарж буй наранд уурладаггүйн адил үйлийнхээ лайгаар үзэгдэж байгаа амьтанд уурлах нь үнэхээр зохисгүй асуудал мөн.

3. **Амьтны мөнх-бус гэдгийг олж харах:** Таны амьдралд урган гарсан үзэгдэл болгон мөнх-бус түр зуурын үхэж мөхөх чанартайг ухаарах. Тэр таны мэдрэмжинд дахиад үзэгдэхгүй алга болох цаг ирнэ. Үүнийг мэдээд тогтвортой бус түр зуурын юманд уурлах ба хор хүргэх ямар ашиг байна?

4. **Хамаг амьтан бүгд зовж байгааг харах:** Сансарт хүлээстэй оршин буй амьтан болгон гурван төрлийн зовлонг буюу зовлонгийн зовлон, урвахын зовлон, түгээмэл хуран үйлдэхийн зовлонг эдлэн оршдог гэдгийг сана. Тэд бидэнд хор хүргэхэд тэдний санаа сэтгэл гарцаагүй төөрөгдөлд автан, энэ үйлдэл нь тэдэнд жаргал авчрах мэтээр бодон зөвхөн зовлонгийн л үрийг тарьж байгаагаа үл мэдэх билээ. Их нигүүлсэхүй сэтгэлээр бид тэдэнд тус хүргэн, хор үл хүргэх сэтгэлээ тордон хөгжүүлэх хэрэгтэй.

5. **Амьтан болгонд хайр энэрлийн сэтгэлээр хандах:** Аугаа энэрэхүй хайрыг хөгжүүлснээр та эх болсон хамаг амьтны тусын тулд гэгээрлийн хутагт хүрэх ер бусын сайхан сэтгэлийг үүсгэх болно. Танд хор хүргээд байгаа хэн нэгэн таны туслахаар амласан тэдгээр амьтдын нэг учраас чадах ядахаараа туслах үүрэгтэй. Тэгэхээр яаж хор хүргэх билээ.

Эдгээр сэдвүүд дээр тус тусад нь юмуу дараа дараагаар нь тогтоон бясалгаснаар танд юу хамгаас хэрэгтэй байгааг ухаарах болно. Тунгаалт болгоныхоо цаана логик утга бий болгох нь зөв санаа бөгөөд дараа нь хоромхон зуур бясалгах замаар сэтгэлээ шинэ сорго хэвээр байлгах хэрэгтэй. Тэдгээртэй машид танил дотно болоод ирмэгц уурай бодол төрөх үед хамгийн сайн ерөндөг болж чадах тунгаалтыг сонгож авч чадна.

Зовлон Даах Тэвчээр

Бидний хөгжүүлэх хэрэгтэй хоёр дахь хэлбэр Зовлон Даах тэвчээр юм. Үүгээр бид голлон Номыг дадлага болгох замд урган гардаг зовлонгуудыг хэлж байгаа юм. Энэ нь бидний Номыг судлах дадлага амархан, байнга сайхан санагдуулдаг гэж буруу ойлгодгоос үүдэлтэй. Номыг дадлага болгосноор бүхий барцад түйтгэрүүдийг арилгах зорилготой болохоор энэ зам байнга тааламжтай гоё байдаггүй билээ.

Бид дадлагынхаа шууд үр дүн болсон янз бүрийн хатуужилтай тулгардаг бөгөөд яагаад гэвэл Ном бидний сэтгэлийг ариусгаж байгаа учраас тэр билээ. Бид бэрхшээлийг арилгах тусам бидний муу үйлийн үр хэдийгээр бидэнд тэсэж давшгүй хэцүү мэт санагдах боловч ирээдүйд бидний үзэх байсан зовлонтой харьцуулахад энэ насандаа эдлэх хамаагүй хөнгөн хэлбэрийн зовлон болон боловсорсоор байх болно.

Ном нь энэхүү зовлонтойгоо хэрхэн харьцах чадвар бидний сэтгэлд хир гүнзгий суурилсны илэрхийлэл болдог. Тийм учраас түүнийг хэцүү бэрх хэмээн зайлсхийхийн оронд чимэг зүүлт адил энхрийлэн үзэх юмуу, хэчнээн ихийг туулсныг маань эргэн сануулах дайны шарх мэт нандигнан санаж байх нь тустай. Эдгээр мэдрэмж бидний шийдвэр ноцтой эсэхийг байнга тагнан шалгаж зорилго тэмүүллийг бататгаж байдаг. Тэсвэр хатуужил нэмэгдэх тусмаа замдаа бүр илүү ахицтай урагшилж явна гэсэн үг.

Дараахь сэдвүүд дадлагын явцад хэчнээн төрлийн зовлон урган гарч болдог болон тэвчээрийг хөгжүүлэх ухамсрыг хэрхэн өөртөө тусгах аргыг бидэнд зааж үзүүлэх болно:

1. Тусламж хандивууд: Гэр орны амьдралаас огоорон хувpagийн амьжиргаанд бүхнээ зориулахаар шулуудсан нэгэнд дөрвөн төрлийн туслалцаа үзүүлж болдог: 1.ламын орхимж, 2.өглөгийн хүнс, 3.ор ба суудал, 4. эм тан зэрэг юм. Энэ зүйлд хөгжүүлэх ёстой тэвчээр бол эдгээр тусламжийн зүйлс хэт бага байснаас, чанар муу бөгөөд буруу эд байснаас, хүндэтгэлтэй бус замаар өгч байснаас гарах хүндрэлийг тэсэх чадвар юм.

2. Хорвоогийн нөхцөлүүд: Сансрын хүрднээс чөлөөлөгдөхөө хүртэл бид үйлийн үрийн нөлөөн дор байсаар байгаа учраас есөн төрлийн зовлонтой яалт ч байхгүй учирдаг: 1.эд материал хомсдох, 2.нэр төрөө гутаалгах, 3.хийгээгүй зүйлдээ гүтгэгдэх, 4.бие махбод өвдөх, 5.устдаг болгон устсанаас гарах зовлон, 6.үхэл хагацал, 7.зогсолтгүй хөгшрөн өтлөх, 8.өвчин хүртэх, 9.үхэх зэрэг багтдаг. Эдгээр зовлонгууд бол хорвоогийн нэгэн хэсэг учраас зайлах аргагүй юм гэдгийг таньснаар хүлээн зөвшөөрч тэсэн тэвчих хэрэгтэй болно.

3. **Бодит биеийн хөдөлгөөн:** Өдрийн турш дөрвөн үндсэн байрлалын хооронд өнгөрөөдөг нь: 1.явах, 2.зогсох, 3.суух, 4.хэвтэх бөгөөд тэдгээрийн аль нь ч удаан үргэлжлүүлэх ба буруу цаг үед хэрэглэх юм бол өвдөж чилэх мэтийн зовлонг эдлүүлнэ. Тэдгээр хөдөлгөөн болгоныг дадлагадаа зөв хэрэглэж чадвал ямар ч хатуужил тулгарсан тэвчих чадвар бидэнд бий.

4. **Номтой нөхөрлөх:** Ёс суртахууныг хүлээн зөвшөөрөхдөө нүглээс зайлсхийх, буяныг хөгжүүлэх, бусдын тусыг бүтээх зорилгоор сахил авч сахиснаар төрөл бүрийн хэмжээний хатуужилтай тулгарна. Гурван Эрдэнэд тахил өргөх, номд суралцах, тэдгээрийн утгыг тусган бясалгах зэрэг цөм биднээс хүчин зүтгэл ихийг шаардана. Тэдгээрийг хэрэгжүүлэхэд хэчнээн бэрх байсан ч шантарч зогсох учиргүй билээ.

5. **Бадар барих:** Өөрсдийгөө гэгээрлийн үйл хэрэгт бүрмөсөн зориулсан нэгэн орон гэргүй гэдгээс авахуулаад долоон төрлийн сорилттой тулгарна: 1.гадаад дүр төрх үзэмжгүй, 2.хувцаслалт муу, 3.хорвоогийн явдлаас огоорсон болохоор зөрчил үүсч гадны хүн мэт тооцогдох, 4.амь зуухын тулд хэн нэгэнд найдах, 5.хорвоогийн эд юмсыг нэгэнт орхисон болохоор дээл хэрэгсэл гэх мэт зүйлс хэрэгтэй болох, 6.хорвоогийн жаргалаас татгалзсан учраас мэдрэхүйн дур таашаал хүртэхгүй, 7.зугаа цэнгэлийн задгай хэлбэрүүдээс зайдуу байх, 8.инээд баяр оргилсон үйл явдалд оролцохоос хол байх зэрэг юм. Эдгээр зовлонг Номыг эрчимтэй дадуулан үйлдэх үйлсдээ зориулан гаргаж буй золиос хэмээн үзсэнээр түүнээс олон хэлбэрийн тэсвэр тэвчээрийг дуртай яа үзүүлэх болно.

6. **Зорилгоос ядаргаанд орох:** Буянтай үйл хэрэгт өөрийгөө зориулснаар маш их ачаалал, ядаргааг мэдэрч болдог. Оюун санааны ядаргаа, хатаж ширгэх мэт болсон ч сахилга журмаа бид орхиж болохгүй. Ядаргааны эсрэг тэвчээрийг хөгжүүлэхийн тулд эрдэнэт хүний биеийг олохын гайхамшиг, үхэл мөнх-бусыг бясалгах хэрэгтэй. Ирээдүйд бидэнд ийм боломж гарахгүй байж магадгүй гэдгийг мэдсэнээр амарч залхуурахыг умартах нь гарцаагүй.

7. **Бусдын төлөө үйлчлэх:** Арван-нэгэн төрлийн амьтны тусыг бүтээх замд олон бэрхшээл тулгарч болно. Зовлонгийн эсрэг тэвчээрийг хөгжүүлэхийн тулд өөрийг энхрийлэн барих сэтгэлдээ эзэмдүүлэхээс сэргийлэн хамаг амьтныг хайр энэрлийн сэтгэлээр үзэх хэрэгтэй.

8. **Энгийн үйл хэрэг:** Хорвоогийн явдалд хутгалдан амьдардаг нэгний хувьд гэр орны ажлаа зохицуулах гээд олон төрлийн зовлон ургана. Үүнд өдөр тутмын ажил мэргэжил болон гэр бүлийнхээ өмнө хүлээсэн үүрэг зэрэгтэй холбоотой асуудлууд гарах болно.

Ямар нөхцөл байдалд бидний байхаас үл хамаараад зориг шантран Номыг дадуулахаа зогсооохын оронд бид өөрсдийн үйл хэргийг гэгээрлийн зорилготой болгон хувиргаж болно. Тэгснээр бидний зовлонг тэвчиж байгаа маань илүү утга төгөлдөр болох юм. Хатуужилтай тулгарах болгондоо өөрсдийн хувийн байдлыг бодож шинжлэх нь ашигтай дасгал болох бөгөөд сүсэг бишрэлийн их аяндаа чухал хэрэгтэй замуудыг бодож олоход тустай билээ.

Үнэнийг Тусгасны Дүнд Олох Тэвчээр

Сүүлчийн нэг хэлбэр нь үнэний мөн чанарыг мэдэхгүй байгаа дээр үндэслэн гарч ирдэг нарийн хэлбэрийн зовлонтой уялдсан тэвчээр юм. Сүсэг бишрэлийн дадлагаа анх эхлэхдээ үл мэдэхийн зовлонтой яриангүй тулгарна. Ном үнэний тодорхой нэг тал руу бидний анхаарлыг татаж түүнтэй ойртон танилцах аргыг бидэнд санал болгодог. Ийм үнэнийг бид урьд хэзээ ч мэдэрч байгаагүй болохоор өөрсдийн үзэж байгаа сургаалдаа найдан түшиглэх ёстой. Юу хийж байгаа талаар тодорхой мэдлэггүй байх нь биднийг эргэлзээнд оруулж, шинэ үзэлтэй нүүр тулах сорилт тулгарах үед тааламжгүй хэлбэрээр үзэгдэн зүрх зориг шантарснаар дадлагаа орхигдуулахад хүргэж болзошгүй билээ.

Ийм төрлийн зовлонг тэсвэрлэх чадвар дутах нь бидний итгэл бишрэлийг ноцтойгоор сулрахад хүргэж зорилго тэмүүлэл маань хүчээ алдах болно. Дадлагадаа дургүй болох явдал цаашид өсөн нэмэгдсээр эцэстээ бид бүхнээ орхиход хүрэх болно. Дадлагагүйгээр буруу зуршилт мунхаг хандлагыг даван гарч чадахгүй юм. Тиймээс тодорхой бус байдлаа арилган юуны төлөө дадлага хийж байгаа талаар гуйвшгүй бат итгэлтэй болох хэрэгтэй.

Хутагт Асангагийн сургасны дагуу бидэнд маргаангүй хөгжүүлбэл зохих найман чанар байдаг. Сонсох, санах, бясалгах гуравт цаг заваа зориулснаар бидний дадлагын зорилго тов тодорхой болж итгэл тэмүүлэлээр дүүрэн болох болно.

1. **Гурван Эрдэнийн буянтай чанаруд:** Гурван Эрдэнийг аврал одуулах гол эх сурвалж болгон гүнзгий итгэх нь Буддын замд орохын суурь болдог. Гурван Эрдэнэ яагаад авралын эх сурвалж болж байгаа болон тэдний чанаруд бидний дадлагад яагаад ийм чухал байдаг нь тодорхой биш байх юм бол бидний дадлага сулхан чанаргүй болоод зогсохгүй биднийг хөтлөх жинхэнэ хүч түүнд үгүй байх болно. Тэгэхээр Гурван Эрдэнийн үүргийг тод ойлгох тусмаа л тэдний тусламж дэмжлэгийг илүүтэй хүртэх юм.

2. **Үнэний мөн чанар:** Энэ бол харьцангуй ба үнэмлэхүй Хоёр Үнэний шууд ухамсарлахуйг хөгжүүлнэ гэснийг тусгайлан хэлж байна. Ийм ухамсарлахуйд хүрэхийн тулд хүрэх сэн гэдэг маань юу болох хийгээд

яагаад түүнд хүрэх нь гэгээрэлд хүрэх түлхүүр болж байгаа гэдэг итгэх онцгой итгэл хэрэгтэй. Энэ ухамсарлахуй сансарт оршихын гол үндэс болсон би-д барих үзэлд шууд заналхийлсэн байдгаараа бэрхшээл болж байдаг. Өөрийг энхрийлэх зуршилт хандлага хийгээд түүнийг эвдэнэ гэхээс тааламжгүй бөгөөд айх сэтгэл эрхгүй төрдөг байна. Бид гүн ухааны үзлийнхээ өөр өөр талуудыг судалж, туйлын үнэний талаар бодлын нарийн загвар хөгжүүлснээр энэ төрлийн зовлонг даван гарч чадна. Энэхүү загвараа үндэс болгон эргэлзэх юмгүйгээр бясалгалдаа орон үнэнийг шууд мэдрэх хүртлээ ийнхүү дадуулах болно.

3. **Бурхад Бодьсадва нарын аугаа хүч:** Бид анх Бурхад, Бодьсадва нарын гайхам чануудын талаар сонсоод нэг өдөр тэдэн шиг болно гэж төсөөлөхөд хүнд байсан. Тэдгээр ер бусын бодгалиудад бишрэх сэтгэл ихэд төрөх боловч өөрсдийн бурханлаг-чанарт гүйцэд итгэж чаддаггүй. Бид өөрсдийн хамгийн гүнзгий чадварыг судалснаар энэ эргэлзээгээ үлдэн хөөж чадна. Энэ замаар замнах явцдаа суурийг үр дүн болгон хувиргах явдлыг хэрхэн гүйцэлдүүлдгийг ойлгох цагт өөрсдийн суурь чанартаа итгэлтэй болж ирнэ.

4. **Шалтгаан:** Бүх түйтгэрүүдээ арилгаж дуусаагүй цагтаа бид шалтгаан ба нөхцөлүүдийн захиргаанд байсаар байх болно. Бидний дагаж яваа сүсэг бишрэлийн зам тэдгээр шалтгаануудыг ойлгосон дээрээ дөрөөлөөд хүссэн зүйлдээ тэднийг хувирган үзүүлэх чадалтай. Тодорхой нэгэн үзэгдэл юмуу мэдрэмжийн шалтгаан нөхцөлийг мэдээгүй цагтаа бид тэдэнтэй тулж ажиллах боломжгүй байдаг. Тиймээс бидэнд нөлөөлж буй шалтгааны үзүүлэлтийг илүү ойлгох тусмаа өөрсдийн мэдрэмжийг хувиргах сонголтыг бид олох болно.

5. **Үр дагавар:** Үүнтэй адилаар үйлийн үр дагаварыг таних явдал өнөөдөр биднийг ааш араншингаа татаж байхад туслах хүчирхэг арга болдог. Бидний үйл хөдлөл ямар үр дүн авчрахыг мэдэхгүй бол юу хийж болох, юуг болохгүй талаар эргэлзээ үүсэх болно. Эргэлзээт байдал бидний дадлагын эрчмийг бууруулж тогтвортой бус байдалд оруулах уршигтай билээ.

6. **Өөрийн өмнө тавьсан зорилго:** Бодьсадва хүний хувьд төгс гэгээрэлд хүрэх нь хамаг амьтанд дээдийн тусыг хүргэж Бурханы хутагт дагуулан хүргэх зорилгыг биелүүлэх юм. Бидний сэтгэлд энэ зорилго хүчтэй байхын тулд нисваанисын хийгээд мэдэгдэхүүний түйтгэрүүдийг арилгах яагаад чухал байгаа шалтгаануудад итгэх итгэл хэрэгтэй. Тиймээс Гэгээрч байж л тэрхүү сэтгэлийн гүн дэх хүсэлдээ хүрэх юм байна гэдгийг таньж өөр юугаар ч сэтгэл үл ханах болно.

7. **Зорилгодоо хүрэхийн утга учир:** Тодорхой зорилготой байх чухал хэдий боловч бид одоо байгаа газраасаа хүрэх гэсэн газартаа яаж хүрэхийг мэдэхгүй бол хүрэх арга байхгүй билээ. Биднийг гэгээрэлд хөтөлсөн зам тод биш байвал үйлдэлдээ таамгаар хандаж дадлагадаа тууштай биш болох болно. Сүүлтэйгээ хөөцөлдөх нохой мэт тойрон гүйсээр хэзээ ч урагш ахихгүй. Тиймээс замнасан замынхаа үе шатуудыг судалж шат болгонд туслах завсрын ухамсарлахуйг ойлгох нь амжилтанд хүрэх гол түлхүүр билээ.

8. **Мэдвэл зохих талбар:** Будда гэгээрсэн цагаасаа хойш амьдралынхаа туршид маш олон сургаалыг бидэнд сургасан байдаг. Тэдгээрийг бүхлээр нь харахад хоорондоо хэрхэн зөв уялдаж байгааг мэдэх болно. Түүний сургаалыг бүрэн төгс ойлгохгүй бол бидний үзэл явцуурч, үнэний зөвхөн ганц талд л анхаарахаас хэтрэхгүй болно. Үүнээс болж Бурханы сургаалын үнэмлэхүй утгыг ойлгох бидний чадвар хязгаарлагдаж амьтанд хүргэх тус ч үүгээр багасгана. Хэдийгээр бид нэг нь нөгөөгөөсөө илүү ашигтай ба зарим нэг зааварчилгаа зэргийг хувиараа олж болох хэдий ч амьтны олон төрлийг бодоод үзэхээр өөр ч олон зам байж болохыг анхаарч явбал зохино.

Энэ найман зүйл маш том талбайг хамарч байгаа бөгөөд бид тэднийг цөмийг нэг мөсөн мэдэж авах бололцоогүй харин энэ жагсаалт бидэнд судалгаагаа хаанаас эхлэбэл зохихыг хэлээд өгч байгаа билээ. Эхлээд зан араншингийхаа үндсийг бүтээхэд зориулан тодорхой хэдэн санааг өөрсөддөө танилцуулах ерөнхий ойлголтыг хөгжүүлнэ. Хэсэг хугацааны дараа энэхүү ойлголтоо хэлбэр оруулан зорж хөглөөд өөрсдийн туршлагадаа хэрэглэж үзэх болно. Ийн үйлдэх завсраа эргэлзээгээ хөөн зайлуулж хэрэгтэй тодруулгыг хөгжүүлж авснаар бидний мэдлэг хийгээд чадвар илтэд өсөн тэлэх нь мадаггүй үнэн юм.

ТЭВЧЭЭРИЙГ ХЭРХЭН ДАДУУЛАХ НЬ

Тэвчээрийн дадлагад гурван төрлийн мэдэмсрийн хөгжил оролцдог: 1.уурын хөнөөлтэй чанарыг мэдэх, 2.зовлонгийн тустай чанарыг мэдэх ба 3.сургаалд үзүүлсэн билиг ухааныг мэдэх мэдэмсэр эдгээр юм. Тэд цөм нэг бүрчлэн өөрт тохирсон тэвчээрийн хэлбэрүүдийг хөгжүүлэх аргуудыг бидэнд олгодог билээ.

Уурын Эсрэг Сэрэмжтэй Байх

Уурын хөнөөлтэй чанарыг тунгаан бясалгаснаар бидний зорилгод хэрхэн эсрэг хүчин болон үйлчилдэг хийгээд яагаад хамаг хүчээ дайчлан түүнээс зайлсхийх хэрэгтэй вэ гэдгийг таних болно. Түүнээс ангижрах ухаалаг хүсэл тэмүүллийг хөгжүүлснээр энэ тэмүүлэл бидний уурыг багасган тэвчээрийг нэмэгдүүлэх болно.

Ууртай харьцаж сурахын тулд түүнийг төрөнгүүт таньж дор нь арилгах явдал чухал байдаг. Үүний тулд бид амьтан болгонтой харьцах бүрт үргэлж маш болгоомжтой хандаж ялангуяа өөрсдийн сайн мэдэх нэгэнтэйгээ илэн далангүй ойлголцож байхгүй бол тэд бусдаас хамаагүй илүү эмзэг байдаг талтай. Танил дотно болохоороо тэд бидний "аль товчийг дарах"-аа сайн мэддэг учраас уур хүргэх өдөөгч болохдоо амархан байдаг байна.

Ууртай тулахад хэчнээн их бэлтгэлээ ч гэсэн яг оволзоод ирэх үед нь өөрийн мэдэлгүй сүүлд харамсахаар үгийг хэлчихсэн байдаг. Гүнзгий зуршил болсон дадал учраас тэгэх нь аргагүй. Түүнээс болж өөрсдийгөө зовоохын оронд энэхүү хөнөөлтэй араншинг хянахын тулд сэрэмжээ чангатгах чухал хэрэгтэй. Тэвчээрийн ашиг тусын талаар бясалгаж ийм дадлагыг мэдэж авснаас үүдэлтэй тэвчээрийн хүчийг өөртөө олж аван гэгээрлийн үйлсдээ зориулах хэрэгтэй.

Эцэст нь, ямарваа нэгэн уурын энерги сэтгэлд ургахад түүний сөрөг үр дүн сэтгэлд тарахаас сэргийлэн хичээнгүйлэн ариутгах маш чухал. Хийсэн юмныхаа төлөө харамсах сэтгэлийг хүчтэй төрүүлэн буруу байсныг нь хүлээн зөвшөөрөх хэрэгтэй. Гурван Эрдэнэд итгэсэн итгэлээ санаж, зөвхөн буяныг үйлдэх тэмүүллээ шинээр сэлбэн, асрал ба энэрэлд суурилсан сэтгэлээр сүсэг бишрэлийн дадлагад орон хамаг амьтны тусыг бүтээхэд зорих ёстой. Ариусгалынхаа төгсгөлд ийм хөнөөлтэй үйлдэлд дахин оролцохгүй байх хатуу шийдлийг гаргасан байна.

Зовлонг Дэвшлийнхээ Суурь Болгон Ашиглах

Бидний энгийн хандлага нь зовлонг орхивол зохих зүйлсийн нэг гэж үзэх үзэл юм. Бид зовлонтой болохоос сэргийлэх олон арга хэмжээг авах хэдий ч хүссэн хүсээгүй учирдаг. Бурхан Багш зовлонг бидний орчлонг алдаатай нүдээр харж байгаагийн аргагүй үр дагавар гэж танин, бодлоо өөрчлөх хүртэл хүсээгүй мэдрэмжээ мэдэрсээр байх болно гэдгийг зааж сургасан байдаг. Тийм учраас зовлонг ямар ч үнээр хамаагүй зайлуулах гэхийн оронд түүнийг сүсэг бишрэлийнхээ замд тустай зүйлд хувирган ашиглахыг хичээх хэрэгтэй. Зовлонгийн ач тусыг доорх байдлаар тунгаан бодсоноор үүнд хүрч болно.

1. **Зовлон бидний чөлөөлөгдөх хүслийг өдөөнө:** Хөнөөлтэй зуршилд баригдсан байгаа цагт бид өөрсөндөө ямар хор хүргэж байгаагаа анзаардаггүй. Энэхүү анзааргүй байдлаасаа болоод ямар нэгэн өөрчлөлт хийе гэсэн бодлыг төрүүлэх шалтгаан гардаггүй байна. Заримдаа маш хүнд зовлон эдлэх үед асуудлаа гэнэт анзаарч хойрго байдлаа яаралтай орхих хэрэгтэйг ухаардаг. Тэгэхээр зовлон нь бидэнд зорилго олгож, бидний амьдралд үнэхээр чухал юм юу болохыг таниулж өгдөг байна. Тэр бидний хорвоогоос уйсах огоорлын сэтгэл төрүүлэх сэдэл болж хүч оруулснаар сүсэг бишрэлийн дадлагад орох суурь тавигддаг байна.

2. **Зовлон бардам занг дардаг:** Амьдралд байгаа асуудлуудаа олж хардаггүйн бас нэгэн шалтгаан бол бид туслалцаа эрж хайдаггүй явдал юм. Бид өөрсдийн би-д барих сэтгэлээ бардам дээрэнгүй зангаар өөгшүүлэн, хуурмаг хамгаалалт өөрсөндөө бий болгосноор бүгдийг мэддэг мэт аашилна. Тэгвэл зовлон энэ бардам занг нуга даран шалбийлгаж ямар эмзэг болохыг дарүүхнаар заан үзүүлснээр бид асуултандаа хариулт эрж хайхад хүрэн газарчилж чадах нэгэнд хандаж эхэлнэ.

3. **Зовлон ухамсарлахуйг нэмэгдүүлнэ:** Үйлийн үрийн шалтгаан ба үр дагаврын хуулийг ойлгосноор бидний одоогийн мэдрэмж өнгөрсөн үйлийн үр дагавар гэдгийг олж харах болно. Энэ зарчим нь зовлонг үүсгэгч эзэн нь бид өөрсдөө юм гэдэг баримтыг тодруулан харуулахаас гадна яагаад бид зовж байгааг бодоход хүргэнэ. Ингэснээр бид учир шалтгааныг нь эрэн сурвалжилж заавал зовох шаардлагагүй юм байна гэдгийг ухаарч тэдгээр зовлонгийн шалтгааныг орхих дадлагыг дадуулахад зориглон зүтгэх болно.

4. **Зовлон бидний жаргалыг хүсэх хүслийг бататгана:** Зовлонгоор дамжуулж л бид жаргалыг ойлгоно. Зовлон их байхын хэрээр жаргалыг улам гүнзгий мэдэрнэ. Тийм учраас тэнгэрийн орныхон Номыг дадлага болгоход яагаад амаргүй байдгийн учир энэ. Маш их аз жаргалтай амьдралд умбаж байсаар зовлонг ухаарах хамгийн наад захын хэрэгцээ тэдэнд байдаггүй байна. Тиймээс тэд илүү удаан үргэлжлэх гүнзгий түвшний жаргалыг эрж хайдаггүй юм.

5. **Зовлон бидэнд уярлын үндсийг тавьж өгнө:** Өөрсдөө мэдрээгүй юмаа бусадтай холбож бодоход амаргүй байх болно. Жишээ нь, төрөлхийн сохор хүний зовлонг тайлбарлах гээд үз л дээ. Түүнтэй адилаар бид өөрсдийн мэдэрсэн зовлонг бусад жишин олж харж уяран хайлснаар асрахуй ба энэрэхүй сэтгэл төрөх суурь тавигдана. Зовлон мэдэрч үзээгүй бол ийм холбоо төрөх боломжгүй билээ.

Энэ таван зүйл тус бүр бидний эдэлж байгаа зовлонг утга учиртай болгон хувиргах боломжийг олгож байна. Зовлон өөрөө сайн гэж байгаа хэрэг биш, тэр бидэнд сэтгэлдээ ер бусын ашигтай санааг төрүүлэх шалтгаан болж байгаа хэрэг билээ. Бид өөрсдийн зовлонгоо харж таньдаг болмогц ямарваа нэгэн бэрхшээлийг хэрэгтэй дэмжлэг болгон хувиргах дадлагыг хийсний дүнд үзэгддэг олон төрлийн хүндрэлтэй тулгарч эхлэх болно.

Сурч Мэдэх Замаар Эргэлзээг Арилгах

Бид хийж байгаа зүйлдээ итгэлтэй биш байгаагаас эргэлзээ үүсдэг. Түүнийг багасгах ганцхан зам бол судалж мэдэх явдал бөгөөд бүх зүйл хэрхэн уялдаж байгаатай танил дотно болох хэрэгтэй. Эхлээд гол загвараа гаргаад дараа нь түүнд бусад жижиг нэмэгдлүүдийг нэмж оруулна. Шавраар баримал хийж байгаа урлаач хүн шиг эхлээд ерөнхий хэлбэрийг гаргаад дараа нь аажуухнаар засаж өөлөх замаар хүссэн хэлбэртээ оруулна.

Хэнд хэчнээн их сургалт хэрэгтэй нь хувь хүний сүсэг бишрэлийн одоогийн байдлаас шууд хамаарах бөгөөд зарим хүнд тодорхой нэгэн номлол шууд бишрэл төрүүлэхэд хангалттай байх нь бий. Энэ бол урьд насандаа үйлийн маш хүчтэй барилдлага хэдийнэ үүсгэчихсэн байсны илэрхийлэл мөн. Тийм хүний хувьд зөвхөн сануулахын төдийд л эргээд ирэхээр байх тул сурсан сургаалаа бясалгал болгоход төвлөрснөөр далд ухамсарлахуйдаа хүрэх ёстой билээ.

Ийм түвшинд хүрээгүй нэгний хувьд эргэлзээг таслах сургалт зайлшгүй хэрэгтэй бөгөөд тэгсний дунд л итгэл төрж үр ашигтай дадлагад орох боломжтой. Эхэндээ гол зүйлдээ анхаарах замаар энгийн байдлаар эхэлж яваандаа хүнд дасгалууд руу аажуухнаар шилжинэ. Гол чигээ барин урагшлахдаа дадлагадаа амтших явдлыг нэмэгдүүлж эргэлзээ үлдсэн эсэхээ тодорхойлно. Хэрвээ үлдсэн байвал сурч мэдэх замаар эргэлзээд байгаа сэдэвтээ зориулсан шинэ зүйлсийг тусгаж авна. Эргэлзээгээ арилмагц дадлагаа цааш үргэлжлүүлэх ба аливаа нэгэн эргэлзээ төрвөл энэ мэтчилэн давтаж дахин төрөхгүй болтол нь бататгаж авна.

Хүмүүс ирээдүйд зохиомол цаг сонгоод бүх зүйл төгс болсон тэр үедээ дадлагаа эхлэнэ хэмээн хойшлуулдаг нь нийтлэг бус явдал биш юм. Гэхдээ ямар ч нөхцөл байдлыг дадлагадаа туслуулах хүчин зүйл болгон хувиргаж чадах чадварыг хөгжүүлэх учраас бид Дарма буюу Номыг нэн даруй амьдралдаа авчран анхааран авлага болгох хэрэгтэй байна. Энэ бол байнгын тохируулга засвар хийж болдог өвөрмөц хэлбэрийн үйл явц юм. Хэрвээ бид Номыг туршлага болгох бололцоог өөрсөддөө олгохгүй юм бол энэ нь зүгээр л сэтгэлд жаахан ашиг авчрах нэг оюуны боловсрол төдий байх болно.

Тэвчээрийг Төгөлдөржүүлэхтэй Холбогдсон Салбар Сахилууд

Тэвчээрийг дадуулахтай холбоотой салбар сахилууд бий. Тэдгээрийн гол шим нь *хамаг амьтантай уураас болж харьцаагаа үл гэмтээх* бөгөөд үүний тулд холбоо харилцаандаа эв найрамдал зохицолдолгоог хадгалахыг анхаарах нь чухал. Тэдгээрийг үзүүлбэл:

1. **Хохирлыг хохирлоор үл хариулах:** Өөрийг хянах ба тэвчихийг хөгжүүлэх дөрвөн сахилга байдаг. Үүнд: 1.ууры уураар үл хариулах, 2.бие махбодын хохирлыг бие махбодын хохирлоор үл хариулах, 3. Шүүмжлэлийг шүүмжлэлээр үл хариулах, 4.маргааныг маргаанаар бүү шийд. Энэ дөрвөн

уур төрөх нөхцөлийг ухамсарлаж хандвал өөрсдийгөө буруу үйл хийхээс зайлуулж чадах болно.

2. **Уурласан нэгнийг тооxгүй орхихгүй байх:** Бусдыг уурлаж байгаа дээр нь эсэргүүцэх юмуу үл тоомсорлон гал дээр тос нэмэх хэрэггүй. Тэднийг тэглээ гээд сэтгэл зүрхээ хаалттай байдалд оруулж дотроо зовсноос тэдэнтэй учир зүйгээ ололцож ярилцах замаар уурыг нь намсгах хэрэгтэй. Хэрвээ бид бусдад төвөг удах юмуу, тэд бидэнд хор хүргэх нь хэмээн сэжиглэж хандвал мөн бардам зан, залхуурал, хорон санаа хийгээд бусад түйтгэрүүдийн уршгаар өршөөл уучлалт гуйхаа орхигдуулбал тухайн сахилаа зөрчих болно.

3. **Өршөөл хүлээн авахаас татгалзах:** Хэрвээ бусад хүмүүс бидэнд хор хохирол учруулаад дараа нь түүнийгээ наманчилан цайруулахаар уучлалт гуйхад хүлээн авахаас татгалзан өширхсөөр үлдэх юм бол бид энэ сахилаа алдана. Энэ сахил бидний гурав дахь үндсэн сахилтай төстэй боловч урьд дурдсан дөрвөн нөхцөлийг алдах хэрэгцээ энд байхгүй.

4. **Уураа хяналтгүй орхих:** Бид хэн нэгэн хүнд уурлаад уураа хянахын төлөө зүтгэхгүй байх буюу уураа цаашид ч хяналтгүй орхивол бас сахилаа зөрчих болно.

Зургаан Барамидыг Нэгтгэх

Тэвчээрийг Төгөлдөржүүлэхийн тулд бүх Зургаан Барамидыг ухамсарлан байж дадуулах бөгөөд: 1.уураас болж үүсдэг зовлонгоос хамаг амьтныг чөлөөлөхийн тулд бид тэвчээрийг дадуулах *тэвчээрийн өглөг*, 2.тэвчээртэй холбогдсон салбар сахилууд болон бусад дадлагуудыг баримтлах *тэвчээрийн ёс суртахуун*, 3.хүндрэл тулгарахад үүнийг Тэвчээрийг Төгөлдөржүүлэх нь дадлагын үр дүн мөн хэмээн хүлээж авах *тэвчээрийн тэвчээр*, 4.хэчнээн ч бэрх байсан шантралгүй тэсвэр тэвчээрээ бататгахын төлөө зорих *тэвчээрийн хичээнгүй*, 5.уур ба зовлонг ухамсарлаж үйл хөдлөл болгондоо сэрэмжтэй байх *тэвчээрийн дияан бясалгал*, 6.эдэлж буй зовлон, түүнийг таригч болон эдлэгч нэгний хоосон мөн чанарыг ухаарах *тэвчээрийн билиг оюуныг* дадуулах хэрэгтэй. Ийм замаар замнавал бид Тэвчээрийг Төгөлдөржүүлэн бүхий л төрлийн зууралтаас ангид, тэгш сэтгэлд ямагт оршиж чадах болно.

ТЭВЧЭЭРИЙГ ДАДУУЛСНЫ АШИГ ТУС

Тэвчээрийн дадлагыг хийсний үр дүнд гэгээрэлд хүрэх шалтгаанаа бүтээх болно. Энэ хийгээд ирээдүйн төрлүүддээ бид хүмүүсийг хохирол учруулж байсан ч сэтгэл үл хямрах тайван амгаланд саатан орших болдог. Ийм уян хатан байдлаар ямар ч аюулыг айдас эргэлзээгүйгээр даван гарч чаддаг болох бөгөөд сэтгэл машид амгалан, цэгцтэй болсон байх тул өөрийн хийгээд амьтны зовлонгийн шалтгаан болсон нүгэлтэй үйлд хэзээ ч оролцохооргүй болдог билээ. Гагцхүү буяныг л хураахад бүх санаа сэтгэлээ чиглүүлэх тул дайралдсан болгондоо жаргал авчрах сан л гэж хүснэ. Бидэнд зовлон мэдрэгдэх болгонд түүнийг дадлагадаа туслуулах хэрэгсэл болгон харж бусад амьтанд хандсан өрөвдөж хайрлах сэтгэлийнхээ үндэс болгох хэрэгтэй.

Хутагт Асанга тэвчээрийг ариунаар сахигч Бодьсадва хүний есөн шинжийг үзүүлэхдээ:

1. **Адилхан хариу үл барих:** Ямар ч хохирол хүлээсэн байвч Бодьсадва хүн уурлах учиргүй. Харин ч амьтны тусын тулд хүнд хэцүүг баяртайгаар даван гарах ёстой.

2. **Уурын сэтгэлийг үл дэмжих:** Бодьсадва хүний сэтгэл шунал, хорсол, атаа зэргийн ялгаварт үзлээс ангид тэгш сэтгэлээр орших ёстой. Хор хүргэсэн нэгэнд хэзээ ч харгис хэрцгий зангаар хандах ёсгүй.

3. **Өш хонзон үл санах:** Бодьсадва хүн уур хилэнгээс зуурах ёсгүй болохоор сэтгэлдээ тэр явдлыг хадгалах учиргүй. Зарим нөхцөл шалтгааны улмаас хааяа санагдах хэдий ч яаралтай арилган ул мөргүй болгох хэрэгтэй.

4. **Хохирсон хэрнээ туслахад бэлэн сэтгэлтэй байх:** Бодьсадва хүн өөрт нь хэрхэн хандаж байлаа ч гэсэн амьтан болгонд сайхнаар хандах ёстой. Туслах боломж гарч ирвэл туслах хэрэгтэй.

5. **Хохирол учруулсан нэгэнтэй найрамдах хүсэлтэй байх:** Бодьсадва хүн хэн нэгэнтэй холбоо харилцаагаа гэмтээчлээ гэж бодох юм бол түүнийгээ яаралтай засах хэрэгтэй. Хохирлын хэмжээ ямар байхаас үл хамааран уучлахад байнга бэлэн байх ёстой.

6. **Бусдын зовлонд хэзээ ч бүү даган баяс:** Бодьсадва хүн өөрийн дайсныг зовоход баясах аливаа муу сэтгэлээс ямагт хол байх ёстой. Оронд нь бүх амьтанд ялгаагүй энэрэх сэтгэлээр хандан тэдгээрийг зовлон ба түүний шалтгаанаас ангижрах болтугай гэж хүсэн залбирч байх ёстой.

7. **Тэвчээргүй загнасандаа ичиж гомдох:** Бодьсадва хүн хэцүү зүйл тулгараад тэвчээргүй загнасан бол түүндээ машид ихээр ичиж гэмших учиртай. Ёс суртахууны ичгүүр мэдэрч тэвчээргүй зангаа ариусгах хүслийг төрүүлэх хэрэгтэй.

8. **Хүчтэй нигүүлсэх сэтгэлтэй:** Бодьсадва хүний энэрэнгүй сэтгэл хамаг амьтанд хүрэлцэхээр өргөн бөгөөд гүнзгий байх учиртай.

9. **Хүсэлт ертөнцөд татагдах шуналгүй байх:** Хүсэлт ертөнцийн амьтан болгон эцэс төгсгөлгүй зовлонтой тэмцэж амьдардгийг голдоо ортол

ухаарсны учир Бодьсадва хүн хорвоогийн жаргал таашаалд шунан зуурах сэтгэлгүй байх ёстой.

ГОЛ ХЭСГҮҮДИЙГ ЭРГЭН СӨХВӨЛ

- Тэвчээр гэдэг бол зовлон мэдрэгдэхэд тэгш сэтгэлээр оршиж чадах сэтгэлийг хэлнэ. Тэвчээрийн дадлага дараах хэсгээс бүрдэнэ: 1.уураас хол байх, 2. хариу хор үл хүргэх, 3.өш хонзон үл санах.

- Тэвчээрийг дадуулах гол шалтгаан бол биднийг нүгэл хийхэд хүргэдэг бөгөөд буяны үрийг боловсрохоос саатуулж байдаг бусдад хорсох хонзогнох зуршлаа арилгах явдал мөн.

- Тэвчээрийг гурван хэсэгт хуваาж болно: 1.бусдын зүгээс үзүүлсэн хохирлыг тэвчих тэвчээр, 2.зовлонг тэсэх тэвчээр, 3.үнэний мөн чанарыг тусгахаас үүдсэн тэвчээр. Эхний хэлбэр хамаг амьтнаас шалтгаалж, харин сүүлчийн хоёр нь Номыг дадлага болгосноос үүдэн гардаг.

- Бусдыг Хор Хүргэхэд Тэвчих Тэвчээрийн хөгжүүлэхийн тулд уурлахын хор уршигийг хоёр зүйлээр тунгаах хэрэгтэй: 1.уур бидний сэтгэлд хэрхэн нөлөөлдөг ба 2.уур бусад амьтантай бидний холбоог хэрхэн гэмтээдэг.

- Зовлонг Даах Тэвчээрийг хөгжүүлэхийн тулд дадлагын явцад учрах зовлон гэх мэт олон төрлийн зовлон байж болох тал дээр ухамсраа бататгах хэрэгтэй. Тэдгээрийг найман хэсэгт хуваaж үзнэ: 1.дадлагын туслах материал цуглуулахад гарах зовлон, 2.хорвоогийн нөхцөлөөс гарах зовлон, 3.бие махбодоос шалтгаалах зовлон, 4.Номтой нөхөрлөснөөс гарах зовлон, 5.тэнэмэл амьдрал хөөснөөс гарах зовлон, 6.ядаргаанаас гарах зовлон, 7.бусдын тусын тулд зүтгэснээс гарах зовлон, 8.өдөр тутмын үйлдлээс гарах зовлонг тэсвэрлэх тэвчээрийг дадуулах хэрэгтэй.

- Үнэнийг Тусгаснаар Олох Тэвчээрийг хөгжүүлэхийн тулд мэдлэгийн найман зүйлд эргэлзэх сэтгэлээ арилгах хэрэгтэй: 1.Гурван Эрдэнийн буянтай чанар, 2.үнэний мөн чанар, 3.Бурхад Бодьсадва нарын ауга хүч, 4.шалтгаан, 5.үр дүн, 6.хүрэх зорилго, 7.зорилгодоо хүрэх аргууд, 8.мэдвэл зохих талбар зэргийг тунгаах хэрэгтэй.

- Та 1.уурын хөнөөлтэй чанар, 2.зовлонгийн ашигтай талууд, 3.сургаалд тусгагдсан оюун ухаан зэргийг ухамсарлах замаар тэвчээрийг хөгжүүлж болно.

- Тэвчээртэй холбоотой салбар дөрвөн сахил бий: 1.хариу хор үл учруулах, 2.уурласан нэгнийг эс тоон үл орхих, 3.уучлахаас татгалзах, 4.уураа хяналтгүй орхих.

- Ариун тэвчээрт Бодьсадва хүний есөн шинж: 1.хариу хор үл хүргэх, 2.ууртай сэтгэл үл төрүүлэх, 3.өш хонзон үл санах, 4.хохироосон хүнд ч ялгаагүй туслах, 5.хохироосон хүнтэйгээ найрамдах хүсэлтэй, 6.бусдын зовлонд хэзээд үл баясах, 7.тэвчээр алдсандаа ичиж гомдох ёс суртахууны ичгүүр, 8.энэрлийн хүчтэй сэтгэл, 9.хүсэлт ертөнцөд татагдан зуурах сэтгэлгүй байх эдгээр болно.

Зорьсондоо Хүрэхийн тулд Баяр Баясгалант Шамдлыг Хөгжүүлэх

Ямар ч аялал очих газартаа хүрэхийн төлөө арагшаа биш урагшаа илүү алхмуудыг л хийх хэрэгтэй гэсэн сүсэг бишрэлийн үнэн дадлагад ч мөн хамааралтай энгийн нэгэн тэгшитгэл бий. Түйтгэрт сэтгэлийн хөдөлгөөн болох уур хилэн, үзэн ядалт зэрэг нь бидний чиглэлийг өөрчлөнө гэдгийг таньсны улмаас бид *Тэвчээрийн Барамидыг* хөгжүүлдэг. Үүгээр бид зуршил болсон сөрөг хандлагыг эвдэн арилгаж буяны барилдлагааг тордон өсгөх бололцоотой болно. Хэрвээ бид зөв дадуулж чадах юм бол буян өөрөө хүч орон тэлж дадлагын мөч бүхэн бидэнд таатайгаар эргэх боломжтой.

Энэхүү хувиргалтыг дадлагын явцад бий болгох тэр хүчийг бид *Хичээнгүйн Барамид* гэж нэрлэж байгаа бөгөөд өөрөөр хэлбэл завины түлхэх мотор нь билээ. Мотор хүчтэй болоход буянд зорьсон бидний зуршил түүнийг даган хүч орж буцаад хуучин зуршилдаа орно гэж айхааргүй болтлоо хөгжих ёстой. Сэтгэл дэх эсэргүүцэл бага байх тусмаа бидний гаргах зүтгэлийн хэмжээ бууран зорилгодоо хүрэхийн цагт буян хишиг өөрөө аяндаа хуран чуулах болдог.

БАЯР БАЯСГАЛАНТ ШАМДАЛ ГЭЖ ЮУГ ХЭЛЭХ ВЭ?

Аливаа нэгэн зүйлийг хийхээсээ өмнө бид түүнийг хийх сэдлийг бий болгодог. Тэгээд тэрхүү сэдлээ зууралтаар бататган үйл хөдөл болтол нь хөгжүүлнэ. Үйлдэлд зориулж буй энэ энергийг бид *хичээл зүтгэл* хэмээн нэрлэж буянтай байна уу, үгүй юу хамаагүй аль ч үйлд үүнийгээ ашиглаж болдог ажээ. *Баярт шамдал* гэхээр бид далд ухамсарлахуйг хурдасгадаг нэгэн машид тусгай зүтгэлийг хэлдэг байна. Үүнийг нарийвчилан тодруулж хэлбэл *буянг дадуулахад гаргасан хичээл шамдлаасаа баяр хөөрийг амсах сэтгэл* гэж болно.

Энэ өвөрмөц хэлбэрийн зүтгэл бол ёс суртахууныг сахих гол түлхүүр нөхцөл нь болдог. Түүнгүйгээр сүсэг бишрэлийн дадлага гүнзгий ухамсартаа хүрэхэд шаардлагатай итгэл үнэмшлийг олж авч чадахгүй бэрхшээлтэй байх болно. Баяр баясгалант шамдлын хоёр тал байдагтай бид танил дотно болох ёстой. Үүнд:

1. **Баяр хөөрийг мэдрэх:** Эхнийх нь дадлагадаа зүтгэл гаргасандаа баярлан сэтгэлийн цэнгэл эдлэх. Энэ баяр хөөр хийж буй дадлагаа ойлгож ухаарсан, түүнээс гарах ач тусыг сайн мэдэх явдлаас төрдөг байна. Бидний сэтгэл үнэхээр гайхамшигтай үр дүнд хүргэж болохыг харах үедээ бид сэтгэл ханаж хөөрөх мэдрэмжээр дүүрдэг. Энэ мэдрэмж ирээдүйд ч энэхүү үйлийг дахин үргэлжлүүлэх хүслийг бататгаж өгдгөөрөө чухал үүрэгтэй. Үүнгүйгээр бидний дадлага уйтгартай, нэгэн хэвийн болж хувирна.

2. **Буян хийхэд шамдах:** Хоёр дахь тал бол буян хийхийн төлөө зүтгэл гаргах явдал. Энэ өгүүлбэрт *буян* гэдгээр жинхэнэ саруул оюунд үндэслэсэн л бол аль ч үйлдлийг хэлж байгаа билээ. Буяныг хуримтлуулснаар мунхгийг арилган бид өөрсдийгөө үнэнд ойртуулж чадна. Буян хийхэд зорьснооороо бид жинхэнэ аз жаргалын төлөө бүх хүч эрчимээ төвлөрүүлэн баяр цэнгэл ургах нөхцөлүүдийг бүтээж чадах болно.

Энэ хоёр тал бидний дадлагад хоёулаа байхад бид сэтгэлээ наашттай хүчээр сэлбэх гогцоо бий болгох юм. Илүү зүтгэл гаргах тусмаа илүү их баярыг амсана. Зүтгэлээс гарч байгаа баяр баясгалан хуримтлагдсаар мунхаг сэтгэлийн зуршилт хандлагыг даван гарах мөчийг бидэнд авчрах өдөр ирнэ.

Харин энэ энергийг хэрхэн бий болгох вэ гэдэг маань бидний дадлагын нэг чухал хэсэг байгаа юм. Хийж буй өчүүхэн боловч үйлдэл бүхэн маань бидний бие, сэтгэлийг элээн барж байдаг гэдгийг таньж чадах юм бол цаг зав хичээл зүтгэлээ хэрэгтэй зүйлд зарах юмсан гэх хүсэл эрхгүй төрөх болно. Баяр шамдлын дадлага бидэнд цаашдаа ч улам их дадлага болгох сэдлийг төрүүлэх замаар хүч боломцоогоо буянтай үйлсэд хэрхэн чиглүүлэн энэхүү үйлийн оролцоо хийгээд сонирхлоо яаж шинэ соргогоор баримталж явах вэ гэдэгт туслахаар тусгайлан зориулагдсан дадлага билээ.

БАЯР БАЯСГАЛАНТ ШАМДЛЫН БАРАМИДЫГ ДАДЛАГА БОЛГОХЫН ШАЛТГААН

Баяр баясгалант шамдлыг хөгжүүлэн тордох замд тохиолддог хамгийн том саад бол *залхуурал*. Энэ бол буянтай-бус үйл хөдлөлд шунан дурласан сэтгэлийн чанар юм. Бид мунхаг сэтгэлээ олон олон галвын туршид дадуулчихсан байгаа учраас бидний сэтгэл буян үйлдэхээс сааруулан баригч түйтгэрт бодлуудад захирагдан явах явдлыг идэвхтэйгээр дэмжиж өгч байдаг байна. Сордог элсэнд шигдчихээд байгаатай үүнийг зүйрлэж болох бөгөөд биднийг аажуухнаар доош нь сорон зовлонг эдлэхэд хүргэж байгаа билээ.

Дадлага анх дадуулж эхлэх бүр эхэн үеэс залхуурал есөн шидийн шалтаг тооцих замаар гарч үзэгдэн бидэнд садаа болохыг оролдоно. Энэ бол дадлагыг ямар нэгэн байдлаар нөхцөл байдал дээрдэх хүртэл хойш тавин холдуулж байдаг сэтгэл мөн. Жишээ нь, гэр бүл үр хүүхэдтэй бол бид хүүхдүүдийнхээ төлөө бүхнийг хийхгүй бол болохгүй, тиймээс дадлага хийх цаг алга гэнэ. Эсвэл цаг завгүй ажилтай, сүүлд хангалттай мөнгө хуримтлуулсан хойноо дадлагаа эхэлнэ гэж бодно. Ямар ч шалтаг байсан хамаагүй дадлага хийх бололцоо мөч хором болгонд байгааг олж харалгүй алдаж байгаа хэрэг. Хамгийн халтиргаа багатай замыг сонгосоор байгаад бид хорвоог харж сурсан зангаараа л харж хувиргалт хийх чадвараа алдсаар байдаг билээ.

Баяр шамдлыг дадлага болгосноороо буян хийхийн тус эрдэм дээр төвлөрөн хязгааруудаа даван гарах хүчтэй тэмүүллийг хөгжүүлэх болно. Бодь сэтгэлийн хүчээр туслуулан чадах бүхнээ хийх зорилгыг тавина. Бидний нөхцөл бололцоо төгс биш байж мэдэх боловч дадлага бясалгал хийх тоогүй олон боломж байгааг таньж, юу ч хийхгүй байснаас гарах ашиг гэж үгүй юм байна гэдгийг ухаарна.

Нэгэнтээ бид хойш тавих гол дутагдлаа даван гарч чадсаны дараа *уйтгартай* гэдэг нэрийн дор залхуурал дахин гарч үзэгдэх болно. Энэ бол одоогийн байгаа байдалдаа хангалуун биш өөрчлөхийг мөрөөдөх сэтгэлийг хэлнэ. Энэ нь буянд зуршуулах зорилготой бидний дадлагын мөн чанараас голдуу урган гардаг бөгөөд түүнийг хоёр дахь шинжээ болон хувиртал давтан давтан дадуулах хэрэгтэй болдгоос тэр ажээ. Давтлага номхроогүй сэтгэлтэнд амралтгүй байдлыг үүсгэх учраас сэтгэл тогтворгүй болоод ирэхийн үед юу ч хамаагүй зүйл хийж сэтгэлээ сэргээмээр санагдах болдог байна. Олон хүмүүс зурагт үзэх, хөгжим сонсох юмуу нийгмийн сүлжээгээр найз нөхөдтэйгөө харилцах замаар уйтгараа сэргээдэг. Юугаар сатаарч байгаа нь хамаагүй залхуурал бидний дадлагыг үргэлжлүүлэх боломжийг тасдаж байгаа хэрэг. Өөрсдийн мэдрэмжийнхээ гүн рүү нэвтрэн орохын оронд гадаргуу дээр нь зүгээр суух юмуу эсвэл гүехэн алхам хийж дадлагаа сулхан тогтворгүй болгож байгаа нь жаахан хүндрээд ирэх юм бол орхин одоход ч бэлхэн болгож байгаа хэрэг юм.

Баяр баясгалант шамдлыг дадуулснаас хичээнгүйг хөгжүүлж буяны үйлстэй холбоогоо идэвхтэй зузаатган эерэг чанаруудаа нэмэгдүүлэх боломжтой. Бидний сэтгэлд баяр хөөр авчирдаг эдгээр чанарууд бол хувирал боломжтой гэдэг итгэлийг олоход бидэнд туслах харьцангуй түвшний зорилго маань билээ. Бид урьдынхаасаа арай илүү бусдыг асарч хайрладаг, энэрдэг юмуу сахилга баттай хүмүүжилтэй болжээ гэдгээ анзаараад ирэхээр тухайн дадлага бясалгалдаа урам зоригтой болж хувирдаг. Баяр хөөр төрөх үйл явц бидний анхаарлыг муу зуршил төрөх явдлаас холдуулан зорилго өөдөө хичээнгүйлэн зүтгэсээр байхад бидэнд туслан, буянтай зуршлуудыг замдаа олсоор ахих боломжийг өгдөг билээ.

Ирээдүйд үр дүнгий нь үзэх нөхцөлийг бүтээхэд чиглэсэн аль ч үйл төгс болохын тулд ихээхэн хичээл зүтгэл шаарддаг. Их том үйлсийг бүтээхэд олон жижиг "хөдөлгөөнтэй хэсгүүдийг"оролцуулан зөв газарт нь зөв байрлуулснаар хэрэгтэй үр дүнгээ гаргаж авахын тулд ихээхэн хэмжээний цаг хугацаа хийгээд чичээл зүтгэл хэрэгтэй болдог. Энэ үйлс зорилгодоо хүрэх тэмүүлэл эхнээс авахуулаад дуустал нь байх шаардлагатай. Үүнд тулгарах хамгийн аугаа саад бол *өөртөө үл итгэх* буюу *зориг хүрэхгүй байх* шинжээр илрэн гарч үзэгддэг мөнөөх залхуурал мөн билээ. Үйл явц удаан байх тусмаа сэтгэлд сэдлээ хүчтэйгээр хадгалан явахад бэрх, заримдаа зорилгоо олж харахаа болих болж бид зорьсон үйлсээ эхэлж амжихаасаа өмнө орхиж болно.

Баяр шамдал эдгээр төрлийн залхуурлаас биднийг зайлсхийхэд туслахад анхаардаг. Бүрэн бус ухамсарлахуйн хэлтэрхийнүүдийг алдаг оног цуглуулахын оронд сайн чанар болгоныг төгөлдөржүүлэхэд биднийг хүргэж чадах мөчийг хөгжүүлэх нь чухал. Богино хугацааны үйл хөдлөлтэй чадварлагаар ажиллаж урт хугацааны зорилгод хүрэх замаар үүнийг гүйцэлдүүлж болно. Хүүхдийн алхаагаар ч болсон урагшлан ирээдүйд болж мэдэх зүйлд зовнилгүй бид одоо цагтаа ухамсраа хадгалж үлдэх хэрэгтэй. Бидний зорилго бол эхэлснээ том, жижиг байхаас үл хамааран дуустал үргэлжлүүлэх явдал мөн. Ахиц гаргаад ирэхийн цагт нэг л өдөр гэгээрэлд хүрнэ дээ гэсэн итгэл тэгэхэд хөгжиж ирэх болно.

Ийм маягаар баяр баясгалант шамдал нь хичээнгүй дадлагын эхэн, дунд ба адагт ч хэрэгтэй чанар билээ. Энэ бол та бидний бүхий л үйл хөдлөлүүдийг хооронд нь холбож байгаа утас бөгөөд суурийг үр дүнтэй холбож өгч бидний аугаа чадавх илрэн үзэгдэх явдлыг үнэн болгож байгаа зүйл юм. Энэ нэгэн чанарыг төгөлдөржүүлэхийг бид үнэхээр зорих юм бол бусад бүх чанаруд дадлага бясалгал хийсний маань үр дүн болон аяндаа гарч ирж үзэгдэх болно.

БАЯР БАЯСГАЛАНТ ШАМДЛЫН АНГИЛАЛ

Залхууралтай тэмцэх цорын ганц арга бол залхуурлыг эсэргүүцэх тэсвэр ба буянд татагдах сэтгэл юм. Эхнийхээс хоёр дахь ургана гэдгийн жишээгээр бид залхуурлыг арилгах гурван төрлийн тэсвэрийн талаар ярилцана: 1.хуяг дуулга мэт хичээнгүй, 2.зөв явдал баримтлах хичээнгүй, 3.ямагт урам зоригтой байх шамдал юм. Эдгээр хэлбэрийн баяр шамдал зуршилт хандлагуудын урсгалыг эргүүлэх үндэс болж зорьсон замдаа хурдан ахихын шалтгаан болдог ажээ.

Хуяг Дуулга мэт Хичээнгүй

Аймшиггүй *энэрэлт баатар* гэж заримдаа нэрлэгддэг Бодьсадва нар өөрийг энхрийлэх сэтгэл дэх түйтгэрүүдийн армитай тулаанд ордгийг хэлсэн билээ. Тэд бол жинхэнэ дайсан ба сэтгэлд бий гэдгийг таньсан дотоод ертөнцийн дайчид учраас Номыг дадлага болгох их аян дайнд өөрсдийгөө бүрэн зориулсан байдаг. Тэд эх болсон хамаг амьтанд урт удаан үргэлжлэх аз жаргал авчрахын төлөө хэзээ ч үл гуйвах тэмүүлэлтэйгээр цуцахыг үл мэдэн зүтгэдэг билээ.

Цэрэг дайны хэллэг энд ихээр ашиглах нь Бодьсадва хүний баримталбал зохих энэрэнгүй сэтгэлийн ёс зүйтэй тийм чиг нийцтэй байхгүй нь мэдээж бөгөөд тэд амгалан энхийг сахиулахаар тэмцэгчид билээ. Хэдийгээр тэд хамаг амьтныг тэнцүү энэрсэн тэгш үзлийг агуулдаг нь үнэн ч гэлээ үзэн ядалт, шунал, мунхаг мэтийн түйтгэрт хүчнүүдийг бид хэзээ ч дутуу үнэлж болохгүй. Тэд хамаг амьтдын зовлонгийн шалтгаан бөгөөд шууд тулан тэмцэхгүй л юм бол биднийг сансрын хүрдэнд үүрд хүлээстэй байлгах болно. Түйтгэр барцдынхаа харгайгаар бидний тэсвэрлэхэд хүрч байгаа зовлонг олж харж чадах саруул оюуны үүднээс авч үзэх юм бол бид ялахын тулд өөрт байгаа бүх хүчээ бүрэн дайчлах ёстой.

Хамгийн эхний хичээнгүйн хэлбэр бол бусдыг гэсэн сэтгэлээ хэзээд үл орхих хуяг дуулга мэт зүтгэл мөн. Үүнийг хөгжүүлэхийн тулд сэтгэлдээ алгуурлах цаг байхгүй гэдгийг мэдрэн гэгээрлийн хутагт хүрэх хүслээ бататгах хэрэгтэй. Дайн байлдааны үед хүмүүс үхэл амьдралын заагт тулдаг учраас амь гарахын тулд санаандаа орсон болгоноо хийх болдог. Харамсалтай нь жинхэнэ дайсан хаана байгааг мэдэхгүйгээр тэд нэг нэгнээ хөнөөсөөр дуусах бөгөөд эцэст нь өөрсөддөө төсөөлөхийн аргагүй зовлон удаж байгаа хэрэг билээ. Бодьсадва хүн ч мөн тэдэн шиг дайтах хүсэл тэмүүлэл агуулах боловч бүхий л хүчээ хэргийн жинхэнэ эзэн рүү чиглүүлж чаддаг байна. Хэнд ч уурлах хэрэгцээ үгүй, хэнийг ч хохироох хэрэггүйгээр зөвхөн бууж өгөхгүй юм шүү гэсэн бат итгэлтэйгээр түйтгэрүүдтэй яаж ч эсэргүүцэж байсан хамаагүй тулахыг л зорьдог. Ийм хэлбэрийн хичээнгүйг дайсантай тулгарахад халхлах бамбай болж, зорьсон үйлсээ бүтээх чадварыг өгдөг учраас *хуяг дуулга мэт хичээнгүй* хэмээн нэрлэсэн ажээ.

Иймэрхүү хичээнгүй шамдлыг бид спортын тамирчид, шинжлэх ухааны эрдэмтэд болон бизнес эрхлэгч нараас харж болдог. Өмнөө тавьсан зорилгодоо хүрэхийн тулд маш чухал гэдэгт бүрэн итгэсний үндсэн дээр ихээхэн хүчин зүтгэл цаг заваа зарцуулан байж мөрөөдлөө үнэн болгож чадна. Ийм шалгууруудыг өөрсдийн зорилгын мөн чанар гэж хүлээн авсан хүмүүс голдуу зорьсондоо хүрч чаддаг ажээ. Тэд өөрсдийн хүссэн тэр зүйлдээ бүрэн цоожлогдон юунд ч үл сатаарах зарчмыг барьдаг. Ийм хүчирхэг хичээнгүйг хорвоогийн үйлсэд зориулж чадаж байхад түүнийг гэгээрлийн үйлсэд зориулбал ямар их ашиг олж болохыг төсөөлөөд үзэгтүн.

Тийм хичээнгүйг өөртөө хөгжүүлэхийн тулд гэгээрэл яагаад чухал байгаа тухай тод үзлийг бий болгон, Бодь сэтгэлийг гүнзгий тусган амьдралынхаа хөтлөх зарчим болгох хэрэгтэй. Ингэлээ гээд лам юмуу гэлэнмээ болоод буйд газарт амьдар гэж байгаа юм биш харин Бодь сэтгэлийг үйл хөдөлгөөн болгондоо агуулахыг зорих хэрэгтэй гэсэн үг. Сорилт болгоныг урагшлах замдаа хэрэгтэй гишгүүр хэмээн үзэж хэчнээн их хугацаа шаардагдсан, ямар ч тооцоолоогүй

Цагийн хүрдний сургаалыг Шамбалын орноос авчирч дэлгэрүүлсэн
Их Калачакравад - Манжуважра

хүчин зүйлс гарч ирж байсан бид шантарч хэзээ ч болохгүй. Эрх чөлөөнийхөө төлөө тэмцэхгүй гээд яах билээ, бидэнд өөр сонголт алга.

Ийм зоримог санааг өсгөхийн гол зорилго нь гэгээрлийн аугаа их гэдгийг бодоод зүрх алдархаас сэргийлж байгаа юм. Сударт өгүүлснээр саруул оюун буян хишгийг тоолшгүй гурван галвын турш хуримтлуулж байж Бурханы хутагт хүрнэ гэсэн байдаг. Мөн хязгааргүй олон амьтан эцэс төгсгөлгүй зовж байгааг өгүүлдэг, энэ хоёр дүгнэлт зүрх үнэхээр шантрам сүртэй сонсогдовч тэглээ гээд яах гэж? Хэрвээ бид юу ч хийхгүй юм бол амьтан болгон төрөл тэргүүлшүй цагаас авахуулаад зовж ирсэн шигээ зовсоор л байх болно шүү дээ. Харин гэгээрэл өөд бид тэмүүлэх юм бол багаар бодоход л ирээдүйн амгалан зохицолт байдлын төлөө бидний зүгээс хийж байгаа нэгэн алхам болох билээ. Энэ алхам хэчнээн жаахан байх нь хамаагүй яриангүй зөв зүгт чиглэсэн байхад л бид зорьсон газартаа нэг өдөр хүрэх болно.

Бидны зорьсон аялал бас л хийх юм их байна шүү хэмээн зовохын оронд өдөр тутмын амьдралдаа ялалт байгуулж байхад анхаарснаас хамаагүй илүү ашигтай гэдэгт бүү эргэлзэгтүн. Бидний тус хүргэсэн хүн нэг бүр, бидний бясалгасан буянтай бодол болгон, бидний дадлагын тал бүхэн баяр хөөр авчрах шалтгаан мөн. Ийм маягаар Бодьсадва хүн сэтгэл хангалуун аз жаргал дүүрэн амьдралаар замнах учиртай. Хэдийгээр замд бэрхшээл саад тохиолдох нь баараггүй боловч тэд ч мөн аяны чухал нэгэн хэсэг гэдэгт итгээрэй. Хэрвээ бид энэ үйл явцыг тэврэн хайрлаж чадах юм бол зорилгодоо хүрэхээс биднийг зогсоох хүчин гэж хаа ч үгүй.

Өөрийн өмнөө тавьсан зорилгын гүнзгий хийгээд аугаа хэмжээ түүнд зарцуулах цаг хугацаа зэрэгт хэзээ ч санаагаа бүү зовоон, биднийг хөтлөгч Бурхад, Бодьсадва нар хийгээд агуу мастеруудын амьдралын түүхийг харан зоригжиж, тэдний үзүүлсэн жишээг ёсчлон дагах өөрийн чадвартайд эргэлзсэний ч хэрэггүй. Маш их хичээл шамдлыг хэрэглэн байж тэд аугаа нэгэн болсон бөгөөд шавь нь болон төрсөн бид хэдийгээр тэдэн шиг хэмжээнд хүрч очоогүй байлаа ч тэдний замналыг дагахгүй гээд өөр ямар сонголт байгаа билээ? Тэдний туулсан бэрхшээлийг мөн адил туулан явсаар бид ч мөн тийм хэмжээнд хүрэх л болно.

Энэ мөчид бид эрдэнэ мэт хүний биеийг олон төрөөд жинхэнэ урсгалын уламжлал атгагч багш нартай учран оньс түлхүүрийг хүлээн авч байна. Номыг жинхэнэ ёсоор нь дадуулан үйлдэх бололцоо ингэж олдсон дээр нь өөрсдийн амьдралаар дэнчин тавиад ч болсон бүхий л саад бэрхшээлүүдийг ёстой мэт хүлээн авч, мах цусанд төрсөн биеэ үл хайрлан эцсээ үзтэл туладах нь итгэл алдран шантрах үйлийн үрийн занганд орсноос хавьгүй дээр тавилан билээ.

Зөв Явдлын Хичээнгүй

Хоёр дахь хэлбэр бол зөв ёс явдал хэрхэн баримтлан дадлагад орохтой холбогдсон хичээнгүйн хэлбэр юм. Өмнөх бүлэгт бидний ярилцсанаар бүхий л дадлагууд 1.нүглийг боомтлох, 2.буяныг үйлдэх, 3.бусдад туслах гэсэн гурван хэсгээс бүрддэг. Тиймээс үүнд хүрэхийн тулд *Зөв Явдлын Хичээнгүй* хэмээх дадлагыг хөгжүүлж буянтай үйлсэд дадал зуршилтай болох хэрэгтэй. Доорх зүйлд хичээх замаар ийм хичээнгүйг эзэмших болно. Үүнд:

1. **Түйтгэрт сэтгэлийн хөдөлгөөнүүдээс зайлсхийхэд шамдах:** Түйтгэр, барцад бол зовлонгийн ёзоор учраас бидний сэтгэлийг эзэгнэн дарамтлахаас хамаг хүчээрээ зайлсхийх хэрэгтэй. Сонор сэрэмж, мэдэмсрийнхээ тусламжтайгаар бид сэтгэлийн хөдөлгөөнөө хянаж чадах болно. Үнэт эрдэнэ харуулдан сахихтай адилхан хандаж байнга сэрэмжтэй байж, нэг ч мөч задгайрч болохгүй билээ.

2. **Буян хийхэд шамдах:** Буяныг хураахын тулд бид таван чанарыг дадуулах ёстой: 1.бие хэл ба сэтгэлээр буян үйлдэхийг *цаг үргэлж* хичээх ёстой, 2.өөрт одоо олдоод байгаа боломжийг бүрэн ашиглан баяр хөөртэй *бишрэнгүй* сэтгэлийг яаралтай дадлага болгох, 3.дадлагын явцад гарч болох ямар ч саадыг даван гарах *няцашгүй* тэмүүлэлтэй байх ёстой, 4.байдал хэчнээн амаргүй боллоо ч гэсэн *эргэн үл буцахыг* хичээх ёстой, 5.дадлага бясалгалаа хөөрхийлөлтэй байдалд оруулахгүйн тулд *бардам дээрэнгүй зангаас чөлөөтэй* байх хэрэгтэй.

3. **Бусдад туслахад шамдах:** Жаргалын эх үүсвэр бол бусдыг энхрийлэн асрах сэтгэл. Тэдэнд туслах хүслээ биелүүлэхийн тулд бусдад юу хэрэгтэй байгаа талаар байнга ухамсарлаж чадахын хэрээр туслах хичээл зүтгэлийг хөгжүүлэх чухал. Заримдаа энэ нь хандив өгөх замаар, заримдаа ирээдүйд тусыг авчрах хэрэгтэй чануудыг хөгжүүлэх шууд бус замаар явагдаж болдог.

Номыг анхааран авлага болгохын оронд хорвоогийн элдэв үйлсэд зорин явсаар хүн төрөлтөн нь амьдралаа барах маш амархан. Бид дадлага болгоно гэж байнга өөртөө төлөвлөдөг боловч "маргаашаас эхэлье" гэж хэлээд маргааш нь дахиад хойшлуулна. Тэгсээр нэг л өдөр юун Ном байтугай ямар ч цаггүй болсныг ойлгодог. Биднийг шоронд байгаа мэт хорвоогийн үйл хэргийг давтан давтан үйлдүүлсээр байдаг энэхүү байнгын "завгүй" байдал гэдэг нэгэн төрлийн залхуурлын хэлбэр бөгөөд биднийг төөрөгдсөн буруу үйлсэд насан туршид хөтөлдөг. Зөв явдал баримтлах хичээнгүй ийм залхуурлын эсрэг ерөндөг болно.

Тэгэхээр бид хорвоогийн тухай бодлыг аль болох орхихыг хичээн яаралтай хөдөлж эхлэх хэрэгтэй байна. Чадахын хэрээр өөрийг энхрийлэн барих сэтгэлийг багасган, эргэн тойрондоо байгаа хүмүүсийг жаахан ч гэсэн бодож эхлэх хэрэгтэй. Бусдад туслах явдлыг дадлага болгох хүсэл төрөөд ирмэгц залхууран хойш тавих зэрэгт толгойгоо мэдүүлэхгүй болж Номыг нэн даруй судалж суралцахад хичээн шамдах болно.

Урам Зоригтой Шамдал

Хичээнгүйн эцсийн нэг хэлбэр бол Номыг дадлага болгох үйлсэд ханаж цадахыг үл мэдэх байнгын өлсгөлөн гэвэл илүү амархан дүрслэл болно. Урам *Зоригтой Шамдал* гэдэг нэрнээс харахад л буян хишиг, саруул оюуныг хуримтлуулах бидний хүслийг тэтгэж байдаг нь илэрхий байна. Энэ бол илүү аугаа ухамсарлахуйд хүрэх гэсэндээ бүр илүү Номын мэдлэг олж авах гэж байнга тэмүүлж байдаг тэр сэтгэл юм.

Ийм хичээнгүй сэтгэлд соёолоод ирэхээрээ бага зэргийн сайн үйл, богино хугацааны бясалгал, нэлээд хэдэн залбирал мөргөл тэргүүтнээр сэтгэл ханахаа болиод хэзээ ч хангалттай мэт санагдахгүй болдог. Тийм хүний хувьд бүх нүгэл хилэнцээ бүрэн арилгаж дуусаад, хамаг сайн чанаруудаа төгс хөгжүүлж, гэгээрсэн Будда болоогүй байсан цагт дараа болъё хэмээх хойш тавьж дэмий гарздах цаг алга байх болно. Түүнийхээ оронд агуу далайн давалгаа завийг хөөж эрэгт гаргах мэт байнгын тогтвортой хичээл зүтгэлээр дадлага бясалгалаа хүчирхэг болгоход зорьдог.

Мэдлэг цор ганцаар бидний хүссэн зорилгод маань хүргэхэд хангалтгүй ба харин ч хичээл зүтгэлтэй нийлэхээрээ ер бусын чадварлаг бясалгагч хүнд боломж нөхцөлүүдийг бий болгож өгч байдаг. Номыг ухаарч ойлгохын төлөө хичээл зүтгэлээ дайчлан байж хатуужил бэрхшээлтэй тэсвэртэй нүүр тулан давахад баяр хөөр зөнгөөрөө төрөн гарч амаргүй бүхэн дарагдан арилах бий.

БАЯР БАЯСГАЛАНТ ШАМДЛЫГ ХЭРХЭН ДАДУУЛАХ НЬ

Баяр баясгалант шамдлын дадлага буян хийх гэсэн бидний мөрөөдөлд нөлөөлдөг тодорхой нөхцөлүүдтэй тулж ажиллах үндсэн дээр хийгддэг. Бид дадлагадаа тохиромжгүй байгаа нөхцөлүүдийг арилган, хэрэгтэй нөхцөлүүдийг бүрдүүлсэн цагт шаардлагатай хичээл зүтгэл аяндаа төрж ирэх болдог.

Хичээнгүй хийгээд шамдал цөм оюуны үзэгдэл учраас сэтгэлд тэднийг ургах үед анхаарлаа тэнд чиглүүлэн дадуулах ёстойг санаж байх хэрэгтэй. Гадаад нөхцөл байдал бидний дадлагын чадварыг нэмэгдүүлж өгдөг мөртлөө байнга хоёрдогч хүчин зүйл байх болно. Гол хүчин зүйл нь харин бясалгалын замаар харьцах ёстой бидний оюуны үзүүлэлтүүд билээ.

Тусгүй Нөхцөлүүдийг Зайлуулах

Түрүүн хэлэлцсэн ёсоор дадлагын гол саад бол залхуурал билээ. Залхуурал гурван хэлбэрээр үзэгдэнэ: 1.хойш тавих залхуурал, 2.саатарах залхуурал, 3.зориг мохох залхуурал. Тухайн хэлбэр болгонд тохирсон ерөндгийг хэрэглэх нь чухал.

Хойш Тавих Залхуурал

Номын хэчнээн ашиг тустайг мэдсээр байж энэ мөчид дадлага болгохыг хүсэхгүй байхыг хойш тавих залхуурал гэнэ. Бидэнд түүнээс илүү чухал гэсэн анхаарах зүйл байгаа учраас хойшлуулж байгаа юм. Үнэн хэрэгтээ дадлагаа гол зорилгоо болгож чадахгүй байх юмуу, бидэнд цаг зөндөө бий гэж андууран итгэх явдлаас шалтгаалж сүүлд хийхээр хойш нь тавьж байгаа хэрэг.

Ийм төрлийн залхууралд зориулсан ерөндөг бол үхэл мөнх бусыг бясалгах. Энэ сэдвийн талаар энэхүү цувралын Боть 1-ээс та маш тодорхой мэдэж авч болно. Харин одоо ерөнхийд нь дүгнэн гурван үндсэн тунгаалтыг дурдвал:

1. **Үхэл гарцаагүй гэдэг санааг хөгжүүлэх:** Яг одоо маш олон нөхцөл шалтгаанууд бүрэлдэн нийлсний хүчинд та эрдэнэт хүний биеийг олоод байгаа билээ. Эдгээр нөхцөлүүд салж одоход л таны амьдрал цаашид үргэлжлэхээ болин үхэх болно. Үхлээс аврагдсан амьтан нэгээхэн ч үгүй бөгөөд төрсөн цагаасаа авахуулаад бид үхэл рүүгээ улам бүр ойртсоор байгаа билээ. Тиймээс үхэлд өөрийгөө үзэгдэшгүй мэтээр боддогоо орхиод Номыг үзэхэд цагаа зориулах хэрэгтэй.

2. **Үхэл хэзээ ирэхийг мэдэх аргагүй:** Үхэл гарцаагүй гэдгийг бид мэдлээ ч гэсэн хэзээ гэдгийг яагаад ч мэдэх аргагүй. Үхэл хэзээ ч ирж болох бөгөөд өнөөдөр үхэхгүй гэсэн ямар баталгаа танд байна? Бидний бие махбод гэдэг маш хэврэг, юм бүхэн бидний үхлийн шалтгаан болох боломжтой. Хэрвээ үхэл ирэхэд бид бэлтгэлгүй байх юм бол дадлагынхаа үйл явцыг ашиглах ямар ч бололцоо гарахгүй, эцэс хязгааргүй зовлондоо дахиад л умбах болно. Тиймээс бид цаг алдалгүй Номыг дадлага болгож эхлэх хэрэгтэй юм.

3. **Нас нөгчих цагт ганцхан Ном л танд тусалж чадна:** Үхэл ирэхэд та энэ амьдралд байгаа бүхнээсээ хагацах болно. Таны бүх эд хөрөнгө, найз нөхөд, гэр бүл эрдэнэ мэт санадаг бие махбод тань хүртэл алга болно. Тэдгээрийн аль нь ч үхэхийн цагт танд хэрэг болж чадахгүй. Дараагийн төрөлдөө таны тээн очих ганцхан зүйл бол сэтгэлдээ үүсгэсэн үйлийн үр мөн. Хэрвээ та дадлагаа хойш тавин сэтгэлдээ нүглийн үрийг л тариалж байсан бол цаашид зовлон амсах нь гарцаагүй юм. Гэвч Номын үйлсэд өөрийгөө зориулан дадуулж чадсан бол ирэх хойчийн төрлүүддээ

жаргалыг олох нь мадаггүй үнэн билээ. Тийм учраас юу ч Номноос илүү чухал байж чадахгүй.

Эдгээр цэгүүд дээр тогтон тунгаах тусам бид хорвоогийн явдалд улам бүр бага сэтгэл татагдах болно. Амь насаа алдана гэхээс хүчтэй айх айдас тэр үед төрж залхуурлын эсрэг үйлчлэх хүч болсноор одоогийн байгаа нөхцөлөө бүрэн дүүрэн ашиглахыг зорих болно. Бид тэр цагт энэ амьдралаа төсөөлөхийн аргагүй эрхэм нандин, ер бусын боломж олгосон үнэхээр гайхамшигтай төрөл болохыг ойлгох болно. Үсэндээ гал авалцуулчихаад байгаа хүний нэгэн адил алгуурлах цаг байтугай юу ч бидэнд алгаа.

Сатаарах Залхуурал

Мэдрэхүйн эрхтний шуналд автсанаас сатаарлын залхуурал төрдөг. Бид жинхэнэ жаргалыг олж болох өөрсдийн чадвараа танихгүй байгаа учраас түр зуурын таашаал амсах явдлаар сэтгэлээ хангаж байдаг билээ. Ийм явцуу үзэл бидний илүү өндөр зорилгод чиглэхээс хязгаарлан, утгагүй зүйлд нэгэн насаа зориулахад хүргэдэг. Бид өөрсөндөө жаргалыг авчрахаар л зүтгэж явна гэж боддог боловч тэр нь үнэн хэрэгтээ зовлонгийн үрийг улам ихээр тарьж байдаг бөгөөд энэхүү үндсэн алдаа маань биднийг Ном үзэхээс сатааруулан сансрын хүрдэнд хүлсээр байдаг билээ.

Үүний эсрэг ерөндөг бол сансарт хүлэгдэхийн мөн чанар, сэтгэлийн хүчин чадавх зэргийг сайтар тунгаан бясалгах явдал мөн. Номыг дадлага болгосноос гарах үр дагавар дээр тунгаан бодсоноор бид түр зуурын таашаалд учиргүй татагдах шалтгаан үгүйг таних болно. Өргөнөөр харах юм бол жинхэнэ үнэн аз жаргалд зүтгэхийн ач тусыг олж үзнэ гэсэн үг.

Бие, хэл, сэтгэлээ бүхлээр нь Номын үйл хэрэгт зориулан суралцсанаар бид суурь, зам мөр хийгээд үр дүн гурав нийлэн гэгээрлийг бүтээдгийг таньж, өөрсдийн дадлага шийдвэр зэргээ бататган, өөртөө итгэх итгэлийг хөгжүүлж чадна. Ийм итгэл бидний анхаарлыг зорьсон зүйлээс маань үл салган хажуугийн элдэв сатааралд өртөхөөс сэргийлэн хамгаалж байх болно.

Зориг Мохох Залхуурал

Өөрийн хүчинд үл итгэх хэлбэрийн залхуурал бол дадлагаа эхэлж амжихаас өмнө хичээл зүтгэлийг маань болиулж байгаа хэлбэр юм. Энэ нь бидний өөрсдийн хүчин чадлыг ухамсарлахгүй байгаагаас шалтгаалж үүсдэг. Номыг дадлага болгон их амжилтанд хүрсэн хүмүүсийн намтар түүхийг унших зэргээр өөрсдийн байгаатай харьцуулаад харахаар Бурхан адил төгс төгөлдөр болно гэж санаанд багтамгүй мэт санагддаг. Тэр болтол мөн ч хол байна даа, тийш хүргэдэг зам бартаа саадаар дүүрэн гэдгийг санахаар зориг зүрх мохож шантрах нь амархан байлгүй яахав.

Ийм хэлбэрийн эргэлзээ сэтгэлд төрөөд эхлэхээр Бодь сэтгэлийг орхих шалтгаан хурдтай өсөж ирдэг байна. Үүнийг эдгээх ерөндөг бол доорх гурван зориг мохоодог хэлбэрүүдийн мөн чанар дээр тунгаан бясалгах явдал юм:

1. **Зорилгоо бодож шантрах:** Өөрийн гэгээрэх чадвартайд эргэлзэж байгаа бол Бурханлаг-чанар дээр тогтон бясалгах шаардлагатай. Бурхан Багш бидэнд энэ хорвоо дээрх амьтан болгон бурханлаг-чанарыг эзэмшсэн гэж сургасан учраас та ч мөн Бурханы гэр бүлийн нэгэн гишүүн мөн. Танд яг адилхан суурь байгаа учраас дадлага хийх замаар ариусан яг тийм үр дүнд хүрэх боломжтой. Буяныг дадуулах зүтгэл шамдлаа улам нэмээд өгөх юм бол төгс гэгээрлийн хутагт зайлшгүй хүрэх болно.

2. **Зорилгодоо хүрэх утгыг бодон шантрах:** Та өөрийн дотоод чадварт итгээд зогсохгүй мөн тэр замаар алхаж явах чадвартаа бас итгэх итгэлтэй байх ёстой. Хорвоогийн үйлсэд зүтгэхдээ эдэлсэн зовлонгуудаа санан бясалгах замаар үүнд хүрч болно. Энэ хийгээд үүнээс өмнөх тоолшгүй олон төрөлдөө юу эсийг хийсэн гэдгээ бүгдийг нь тунгаан бодоод үзэгтүн. Одоо үзүүлэх юм гэтэл юу байна? Гэтэл одоо танд Номыг дадлага болгох гайхалтай сайхан боломж гарч ирээд үнэн аз жаргалд зорих шалтгаан бүрдээд байхад ядаж оролдоод ч үзэхгүй юм гэжүү? Эхэндээ хэцүү байж мэдэх боловч цаг хугацаа өнгөрөх тусам амар болсоор гаргасан хүчин зүтгэлийнхээ хариуд та зайлшгүй замдаа ахиц гаргах болно.

3. **Тоолшгүй олон төрлийг бодохоор шантрах:** Бодьсадва хүн тоолшгүй олон галвыг дамжин явж байж сансрын зовлонгоос ангижирдаг гэсэн алдаатай итгэлээс болж шантрахад хүрдэг. Бодьсадва хүн хамаг амьтныг чөлөөлөхөөс наана дахин төрөл авсаар байдаг гэхээр зовсоор байдаг гэж ойлгож болохгүй. Бага Хөлгөний Аугаа Архадууд, Аръяа Бодьсадва нар нисванисын түйтгэрүүдээ төгс арилгаж чадсаны тул зовлонгоос хамааралгүйгээр сансарт оршиж болно. Үүнийг ойлгохын тулд тэдний сансарт хир удаан оршсих нь гол биш амьтны тусыг бүтээсээр байгааг нь л мэдэхэд хангалттай билээ.

Энэ тохиолдол болгоноос харахад бид өөрсдийн мэдрэмжийн зарим нэг талуудад мунхагаар хандаж байгаагаас үүдэлтэй болох нь илт харагдаж байна. Тийм учраас шантрахын залхуурлыг арилгах гол ерөндөг бол зорьж яваа замаа судалж суралцах болон бүх хэсгүүд хоорондоо хэрхэн зөв уялдаж байгаа талаар ухаарах болор мэт шижир тунгалаг ухамсарлахуйг хөгжүүлэхэд хичээнгүйлэн зүтгэх явдал билээ. Үүний тулд бид цаг үргэлж хором бүр юу хийж байгаагаа яг таг мэдэж байх юм бол шантрах явдалд зай завсар гарахгүй болох ажгуу.

Ашигтай Нөхцөлүүдийг Цуглуулах

Төрөл бүрийн залхуурлыг амжилттай үгүй хийсниийхээ дараагаар бид далай их буяныг хуримтлуулах боломжтой байр сууринд хүрэх болно. Дараахь дөрвөн чанар бидний хичээнгүйг хөгжүүлэхэд нэн тустай бөгөөд тэд бол: 1.ерөөл, 2.гуйвшгүй байх, 3.баясах. 4.гамнах зэрэг юм. Эдгээр чанаруд бидэнд хатуужил бэрхшээл учрахад хичээл зүтгэлээ алдахгүй байх хүчийг өгөөд зогсохгүй бидний цаашдын дадлагад зориулсан бат бэх суурийг байгуулж өгөх болно.

Сүсгийн Хүч

Бүхий л үйл хөдлөл хүсэл тэмүүллээс эхэлдэг. Хүсэл гэхээр голдуу угаас түйтгэрт шинжээс нь болоод зайлсхийвэл зохих чанарын талаар бид ярьдаг. Энэ удаад гэхдээ бид *ерөөл* хэмээн нэрлэгддэг буянг үйлдэхийн төлөө тэмүүлдэг хүслийн тухай ярилцах болно. Бид сүсэг бишрэлийн замд явж байгаа л бол биднийг зөв зүгт чиглүүлэн залж байх утгаараа ерөөл залбирал бидний дадлагад зайлшгүй шаардлагатай зүйл билээ.

Номыг дадлага болгох хүчтэй тэмүүлэлтэй байснаараа дадлага бясалгалд чин үнэнээсээ сонирхол төрөн сахил, тангараа сахин явахын үнэ цэнийг ойлгож авахад тусалдаг. Хэрвээ энэхүү хамгийн чухал үндсэн тэмүүлэл үгүй бол бидний дадлага нэгэн хэвийн уйтгартай болох юмуу эсвэл сэтгэлийн ерөнхий урам зоригоо алдахад хүргэж болзошгүй юм. Тийм учраас *Үйлийн үрийн Шалтгаан ба Үр Дагаврын Хуулийг* байнга тусган сүсэглэж байвал зохино. Үйлийн үр хэрхэн үйлчилдгийг ойлгосныхоо дараагаар ямар дадлага хийх нь гэгээрэлд хүргэхэд тусалдгийг ухаарч эхэлнэ. Үр дагаврынх нь ашиг тустайд анхаарлаа хандуулан хүсэл тэмүүллээ чангатгасаар сүүлдээ буянтай үйлийг хийхэд хүргэхүйц хүчтэй сүсэглэл болон хувирах болно.

Тууштай Байхын Хүч

Сүсэг бишрэлийн дадлага биднээс саад бэрхшээл тулгарсан үед гуйвшгүй бат зогсож, зорьсондоо чигч, шулуун байхыг шаарддаг. Хүчтэй ерөөлтэй болсны дараа ч гэсэн ямар нэг зүйлийг хийхэд эхнээсээ л янз бүрийн бэрхшээл дайралдаад, нөхцөл ч тийм таатай биш шиг санагдаж болзошгүй. Энэ сэтгэл хүсэл тэмүүллээ өөрчлөх юмуу бодлоосоо няцах гогцоог бидэнд байнга бий болгож өгч байдаг. Ийм араншин гаргах нь бидний зүг чигээ байнга өөрчилдөг тогтворгүй шинжийг л илэрхийлж байгаа бөгөөд үүнээс яагаад ч олигтой үр дагавар гардаггүй байна.

Тууштай байдлыг хөгжүүлэхийн тулд замаасаа гарчихалгүй тогтвортой байх хэрэгтэй бөгөөд түүнийг гүйцэтгэх чадвартай эсэхээ эхлэхээс өмнө нь шинжилж үзэх хэрэгтэй. Эхэлсэн үйлдлээ дуусгаж чадах эсэх нь эргэлзээтэй байгаа бол бараг эхлээгүй нь ч дээр бөгөөд түүний оронд зайлшгүй гүйцээж чадна гэсэн зүйлээ л барьж авах хэрэгтэй билээ. Авсан үүрэг болгондоо эцсийг нь нэвт харж чадаж байх нь бидний өөртөө итгэх итгэлд ихээхэн ахиц олуулж түүнээс том хэргийг зоригтойгоор оролдохоор барьж авахад хүргэнэ. Хамгийн шилдэг үйл бол бидний хүчийг сорьсон хэрнээ гүйцэтгэхэд боломжийн тийм үйлс байдаг. Бүтэшгүй зүйлийг оролдох нь эцэстээ хүчээ дэмий үрэхэд хүргэж, сэтгэл гонсойлгосон үр дүнд хүргэдэг. Хэрвээ бид юунд хүчээ зарцуулах тал дээр ухаалаг хандаж чадвал тууштай шийдэлд амархан хүрч түүнээсээ залгуулаад аугаа үйлсийг бүтээх болно.

Баяслын Хүч

Ерөөл хийгээд тууштай сэтгэлээр зэвсэглэсэн буянтай үйлсэд хүчээ чиглүүлэхэд харьцангуй амар болоод явчихна. Тиймээс дээрх чанаруудыг батжуулахын тулд буянтай үйлийг хийнэ гэж бодохын төдийд юмуу, хийснийхээ дараа машид их баяр цэнгэлийг сэтгэлд төрүүлдэг чанарыг бид ашиглах болно. Энэхүү буянт мэдрэмж бидэнд ханаж цадахаа мэдэхгүй сэтгэлийг төрүүлэн дадлагаа цаашид тасралтгүй үргэлжлүүлэх явдалд түлхэц өгнө. Энэхүү сэтгэл үл ханах мэдрэмж урам зориг оруулж, улам бүр илүү ихэд зорин эргэсээр байхад хүргэнэ.

Хорвоогийн жаргалд шунах нь сүсэг бишрэлийн дадлагад тээг садаа болдог ч гэсэн ийм их баяр цэнгэлийг амсах хүсэл буянтай сэтгэлээс гарч байгаа болохоор гэгээрлийн үйлсэд туслах хэрэгсэл болон үйлчилдэг. Яагаад гэвэл жинхэнэ аз жаргалын хэлбэрийг хадгалсан ийм баяр цэнгэл туйлын үнэний мөн чанарт тохируулан үйлдсэнээс урган гарч байгаа болохоор тэр. Мунхаг сэтгэлд үндэслээгүй учраас энэ бидний гүнзгий үнэний суурьтай маань холбож өгч байгаа билээ. Бид хийсэн алив буян бүгдээ даган баясах замаар сэтгэлийн цэнгэлээ нэмэгдүүлж болно. Ингэснээр бидний сэтгэл дэх буяны үр олшрод зогсохгүй тийм үйлийг ирээдүйд ч мөн дахин үйлдэж баяслыг амсах нөхцөл болж өгнө.

Гамнахын Хүч

Ерөнхийдөө баяр цэнгэлийн дадлага гэдэг тасралтгүй бөгөөд амьд эрч хүчтэй зүтгэлийг хэлдэг боловч бид тодорхой хэмжээгээр болгоомжтой байж тэнцвэртэй замаар дадуулбал зохино. Хэрвээ хичээнгүй байдлаа багадуулбал залхуурлаа даван гарч чадахгүй болж харин ихдүүлбэл өөрсөддөө хэт их ачааллыг өгч оюуны болон мэдрэлийн ядаргаанд орж болзошгүй. Тиймээс дадлага хийх ухаалаг арга бол өөрсдийн хүч энергийн хэмжээг анзаарч ядарсан цагтаа амарч байх хэрэгтэй.

Ихэнхдээ урт хугацааны турш тасралтгүй бөгөөд тогтмол байдлыг баримталж ажиллавал зохимжтой байдаг. Өдөр болгон тогтсон хэмжээг баримтлан өөрийн хийж буй төсөл дээрээ ажиллан ядрахаа хүртэл чадахын хэрээр зүтгэ. Унтах хэрэгтэй байвал унт, идэх хэрэгтэй байвал ид. Өөрийн хүч энергийг гамтай хэрэглэхэд юу хэрэгтэй байна түүнийгээ л хий, ингэснээр анхаарлаа илүү тод байлгаж ажлаа амжилттай гүйцэтгэж дуусгах боломжтой шүү дээ.

Цагаа маш ашигтайгаар ашиглахын тулд "баттерайгаа цэнэглэх" хоёрдогч өөр олон үйлдлийг таньж олж болно. Жишээ нь, гадаа агаарт алхах зэрэг дасгал хийж орчноо өөрчлөх сайхан арга олж болно. Ном унших, хичээл сонсох ч мөн маш ашигтай байж болох талтай. Чадвал үйл хөдлөл болгондоо буяныг агуулахыг хичээж байвал унтаж амрахдаа хүртэл гэгээрлийн шалтгааныг бүтээж байх болно. Бие сэтгэлээ амжилттай сэргээж авсныхаа дараагаар гол ажилдаа шуурхайлан орох хэрэгтэй. Залхууралд эзэмдүүлэхгүйг хичээх ба үргэлж дурдах сэрэмжтэй байхаа мартуузай.

Хичээнгүйд Зорилготой Хандах

Ашиггүй нөхцөлүүдийг арилган ашигтай нөхцөлүүдийг хөгжүүлэн тордсоны дараа ёс суртахууныг сахих замаар хичээнгүйн дадлагад орох болно. Энэ нь хоёр талыг хамардаг бөгөөд: 1.нисваанист сэтгэлээ эзэмдүүлэхээс сэргийлэх, 2.нисваанист тохирох ерөндгийг хэрэглэн байж арилгах явдал юм. Эхнийх нь сонсох ба санах замаар саруул оюунаа нэмэгдүүлэхийг онцгойлон үзэж байгаа бол хоёр дахь нь бидний баримталбал зохих зан байдалд голчлон анхаардаг. Энэ хоёргүйгээр үйл явц удаашрах аюултай.

Цаашилбал, сонсох ба бясалган дадуулах хоёрын зөв тэнцвэрийг барих сахилгыг хөгжүүлэх нь чухал бөгөөд нэгийг нөгөөгөөс нь илүү хөгжүүлэх туйлшрмал байдалд хүрэхгүйг хичээх хэрэгтэй. Хэрвээ бид хамаг цагаа сурч мэдэхэд зориулаад байх юм бол маш их мэдлэгтэй болж мэдэх боловч сэтгэлээ номхотгон захирах явдал алдагдана. Сэтгэлээ номхруулаагүйгээс болж нүгэл үйлдэхэд хүрч, сэтгэл зовлонгийн үндэс болсон түйтгэрүүдээр дүүрэх болно. Үүнтэй адилаар сурч мэдэх зорилгогүй байнга бясалгал хийгээд байх юм бол яагаад дадлага хийж байгаагаа сайн ойлгохгүй байдалд хүргэж төөрөгдөл үүсгэн, дадлагын маань үр ашиг багасахад хүрэх болно.

Баяр Баясгалант Шамдлаар Сэтгэлээ Захирах

Яг одоогоор бидний бие сэтгэл хоёр нэг нэгэндээ захирагдахгүй байдалтай байгаа. Хэдийгээр бид ямар нэгэн буянтай зүйлийг хиймээр бодогдовч бие махбодын хувьд боломжгүй байх юмуу эсвэл сэтгэлийн түйтгэрүүддээ захирагдаад чадахгүй байхад хүрдэг. Баяр баясгалант шамдлыг дадуулахын тулд ёс суртахууныг сахиж сэтгэлээ ариусгана. Ингэснээр бидний бие ба сэтгэл нэгэн шугаман дээр зүй ёсоор давхцан, хийж байгаа зүйлдээ илүү хяналттай хандах чадварыг олгон амьдралдаа ухаалаг сонголт хийх хүчийг бидэнд өгөх болно.

Эхэндээ одоо байгаа зуршлаасаа салах гэж ихээхэн хичээл зүтгэл гаргах хэрэгтэй болох нь мэдээж боловч яваандаа энэ нь багасч хяналт илүү сайжрах болно. Сургуультай амьтан шиг бие, сэтгэл хоёрыг адилхан зүйл рүү тэмүүлэхэд хүргэхийн тулд тийм чиг ихгүй зүтгэл шаардлагатай. Хэрвээ та хичээнгүй байж чадах юм бол бие ба сэтгэлээ ямар нэгэн зүтгэл гаргахгүйгээр төгс захирдаг болох ч боломжтой. Та ямар нэгэн хүсэл төрүүлэхэд л таны бие ч сэтгэл ч адилхан хариу үзүүлж байх болно. Үүнийг л баяр баясгалант шамдлыг төгөлдөржүүлэх гэж нэрлэж байгаа билээ.

Баяр Баясгалант Шамдалтай Холбоотой Салбар Сахилууд

Дөчин-зургаан салбар сахилын гурав нь баяр баясгалант шамдлын Барамидтай холбоотой бөгөөд тэдгээрийн гол шим нь *цаг заваа ямагт буяны үйлсэд зориулах* явдал мөн. Залхууралд тархиа мэдүүлэлгүй байж дадлагаа улам хөгжүүлсээр байхад анхаарах хэрэгтэй. Дараах зүйлсийг хийхээс зайлсхийх сахилууд бол:

1. **Нэр алдар, олз ашиг хүссэндээ шавийг дагуулах:** Хэрвээ бид олз ашиг, нэр алдар, магтаал хүндлэл хүсэх өөрийн хар амийг хичээсэн зорилготойгоор сүсэгтнүүдийг цуглуулан өөрийг хүрээлүүлэх юм бол энэ сахилаа зөрчих болно. Хорвоогийн үйлсэд зорихын оронд хичээл зүтгэлээ утга төгөлдөр буяны үйлсэд зориулбал зохино.

2. **Залхуурлыг арилгах явдлыг орхигдуулах:** Дэмий сэлгүүцэх, ашиггүй юмуу сөрөг үйлдэлд татагдах, өөртөө итгэх итгэл зориг дутагдалтай байх энэ гурван төрлийн залхуурал бидний чадвар чадавхийг хязгаарлан саатуулж байдаг. Залхуурлаасаа болоод өдрийн турш унтах юмуу, энэ дутагдлаа арилгахын төлөө юу ч хийхгүй байх үед бид энэ сахилаа зөрчих болно. Залхуурал бол зөвхөн юу ч хийхгүй байхаар зогсохгүй буруу муу зүйлд оролцоход таныг хүргэдэг учраас сүсэг бишрэлийн дадлагыг доройтуулах аюултай билээ.

3. **Шуналтай сэдлээр дэмий чалчаа үгийг ярих:** Хэрвээ бид алдартай хүмүүсийн тухай хов жив, улс төр, цэрэг дайн юмуу гэрлэлт салалт, гэмт хэрэг зэргийн талаар ярилцан цагаа дэмий үрэх юм бол энэ сахилаа зөрчих болно. Үг хэлээ бид бусдад ашигтай утга төгөлдөр үгсийг хэлэлцэхэд ашиглах ёстой.

Зургаан Барамидыг Нэгтгэх

Бүх зургаан Барамидыг зөнгөөрөө нэгтгэж сурахад *Баяр Баясгалант Шамдлын Барамид* Төгөлдөржинө. Үүнд: 1.бусдыг буян үйлдэхэд татан оруулах хүслээр хичээнгүйг дадуулах *баяр баясгалант шамдлын өглөг*, 2.залхуурлыг ялахын төлөө чадах болгоноо хийж салбар сахил журмаа баримтлах *баяр баясгалант шамдлын ёс суртахуун*, 3.хичээл зүтгэлтэй болохын төлөө замд тохиолдох саад бэрхшээлүүдэд үл шантрах *баяр баясгалант шамдлын тэвчээр*, 4.амьтны тусыг ямагт бүтээхэд шамдах *баяр баясгалант шамдлын баяр баясгалант шамдал*, 5.залхуурах сэтгэл төрөх эсэхэд байнга ухамсартай хандаж түүнд сэтгэлээ захируулахгүй байх сэрэмжийг төрүүлэх *баяр баясгалант шамдлын дияан бясалгал*, 6.хичээл зүтгэл гаргаж байгаа нэгэн хийгээд хичээл зүтгэлийн дүнд хийгдсэн үйл, үйлийн орон зэргийг өөрөөсөө хэзээ ч үүсээгүй хоосон мөн чанартайг байнга өөртөө сануулж байх *баяр баясгалант шамдлын билиг оюуныг* хөгжүүлэх хэрэгтэй. Ийм маягаар чадварлагаар дадуулан үйлдвээс таны хичээнгүй зүтгэл хурдан чанаржиж төгөлдөр болох болно.

БАЯР БАЯСГАЛАНТ ШАМДЛЫГ ДАДУУЛСНЫ ҮР ДҮН

Хичээнгүйн үгүйгээр сэтгэлийн түйтгэрүүдээсээ салан гэгээрсэн чануудыг хөгжүүлнэ гэж байхгүй, тийм учраас баяр *баясгалант* шамдлын дадлагын хүчээр бидний түр зуурын хийгээд туйлын зорилго ухамсарлагдах боломжтой. Бидний аялалын эцсийн барианд хүрэх мөчийг тээн явах зүйл бол баяр *баясгалант* шамдал мөн. *Хуяг мэт Хичээнгүйг* дадуулснаар зориг мохох явдлаас сэргийлж бэрхшээлтэй зоригтой тулах болно. *Зөв Явдлын Хичээнгүйг* дадуулснаар түйтгэрүүд дарагдан сэтгэл тогтвортой болоод буяны үйлсэд дахин хэзээ ч гуйвхаа болино. Эцэст нь *Урам Зоригтой Хичээнгүйг* хөгжүүлснээр буяны үйл бүхэн бидэнд баяр цэнгэлийг амсуулж дадлага бясалгалыг маань ямагт нэн амар жаргалтай болгох болно.

Хутагт Асангагийн сургаснаар баяр *баясгалант* шамдлыг төгөлдөржүүлсэн Бодьсадвын шинжүүд доорх байдлаар тодорхойлогдоно. Үүнд:

1. **Зохимжтой:** Бодьсадва хүн сэтгэлд түйтгэр ургах бүрийг ухамсарлахад хичээл зүтгэлээ гаргадаг байх ёстой. Тэдгээрийн мөн чанарыг яаралтай таньсны үндсэн дээр тухайн байдалд хамгийн зохимжтой ерөндгийг хэрэглэн түйтгэрийн хүчийг бууруулах чадвартай болно.

2. **Туршлагатай:** Бодьсадва хүн Номыг дадуулахад сэтгэлээ бүрэн зуршил болгосноо мэдрэх туршлагатай байх ёстой. Байнгын хичээл зүтгэлээр хэрхэн дадуулахаа яг таг мэддэг байж зорилго тэмүүлэл хийгээд өөрийн чадварт хэзээ ч эргэлзэх ёсгүй.

3. **Чамлалтай байх:** Бурханы хутагт хүрээгүй байхдаа Бодьсадва хүн байнга эхлэн сурагч аятай байж суралцах юм үргэлж их байгааг олж харж байх

ёстой. Өөрсдийн мэдэж авсан зүйл, сүсэг бишрэлийн чанарынхаа гүнд хэзээ ч сэтгэл ханаж болохгүй ойлголтоо улам бүр нэмэгдүүлж байхыг хичээдэг байх ёстой.

4. **Сайн мэдээлэлтэй байх:** Саруул оюун бол мунхгийг ялан гарах түлхүүр гэдгийг таньж Бодьсадва хүн бүхий л хэлбэрийн юмс үзэгдлийг оюун санаандаа тод томруунаар ухаарч авахыг хичээх ёстой. Мэдлэг оюуныхаа эх сурвалж багшийг нэр алдартай байна уу, үгүй юу хамаагүй эрж олоход зорих буюу өөрийн дотоод чадавхдаа хандах хэрэгтэй. Бодьсадва хүний сурахыг үл хүсэх сэдэв гэж байх ёсгүй.

5. **Номд заасан ёсоор дадуулдаг байх:** Өөрсдийн гүнзгий бөгөөд өргөн мэдлэгтээ дулдуйдан Бодьсадва хүн ямар үед ямар дадлага хийхээ гарцаагүй мэддэг байх ёстой. Сэтгэлийн төлөв ямар чухал болохыг ухаарсны тул тухайн нөхцөл байдлыг ургахад юу хамгаас аугаа тустайг мэдэж байх ёстой. Ялангуяа сүсэг бишрэлийн хөгжлөөр өөрсдийн хаана яваag хийгээд сургаалын дагуу явахад ямар дадлага хийх боломжтой зэргийг сайтар ухаарсан байна.

6. **Шинж тэмдэг хүлээн авах чадвартай:** Бодьсадва хүн үнэний мөн чанар дээр төвлөрч тэгш сэтгэлээр бясалгах дадлагад ихээхэн хичээл зүтгэлээ зориулан, үнэний мөн чанарыг шинжлэх явдалд анхаарлаа чиглүүлснээр амирлан оршихуй ба үлэмж үзэхүйн аливаа нэгэн тусгай шинж тэмдэг илрэхэд ухамсарладаг байх ёстой. Энэ хичээнгүйн дунд Бодьсадва хүн үнэнийг яг байгаагаар нь таньж сурах болно.

7. **Гомдолгүй байх:** Сургаал номлолыг дэлгэрүүлэн судалж, утгыг тусгах замаар бишрэлээ нэмэгдүүлсэн Бодьсадва хүн Номыг дадлага болгох замдаа учирсан саад бэрхшээлүүдэд хэзээ ч зориг үл мохно. Өөрсдийн эзэмшсэн аугаа чадавхйг таньсны үндсэн дээр байнга дээшээ гарах гэж тэмүүлэн хагас хугас ухамсарлахуй төрснөөр хэзээ ч сэтгэл үл ханана.

8. **Дутагдалгүй байх:** Бодьсадва хүн жинхэнэ бясалгалын дадлагад туслах нөхцөлүүдийг бүтээхэд зүтгэх ёстой. Үүнд бие, хэл, сэтгэлийн гурван үүдээ сахих, идэх уухаа хянах, унтах хэвшил зэрэгтээ ухамсартай хандах зэрэг багтана. Гүнзгий ухамсарлахуйдаа хүрэхийн төлөө тэд чадах бүхнээ хийдэг байх ёстой.

9. **Тэнцвэртэй:** Хэтэрхий чанга буюу хэтэрхий сулхан дадлага хийх бололцоогүй гэдгийг ойлгон тэгш тэнцвэрийг баримтлахад зүтгэх хэрэгтэй. Идэвхгүй нойрмог байдалд орохоос зайлсхийхийн сацуу хэтэрхий хатуу дэглэм баримтлахаас бас хол байх хэрэгтэй. Тайван чөлөөтэй мөртлөө шаргуу, тууштай бат, үргэлжилсэн байдлыг сахих ёстой.

10. **Аугаа Гэгээрэлд бүхнээ зориулдаг байх:** Ямар ч үйлд оролцсон байсан Бодьсадва хүн хийсэн буянаа зориулах ерөөлөө хэзээ ч мартаж болохгүй. Ингэснээр хийсэн бүхэн саруул оюун буян хишгийг арвижуулан Бурханы хутагт хүрэх шалтгааныг бүтээхэд зориулагдах ёстой.

ГОЛ ХЭСГҮҮДИЙГ ЭРГЭН СӨХВӨЛ

- Хичээнгүй гэдэг бол буяны үйлийг хийхэд зүтгэснээс мэдрэх сэтгэлийн цэнгэл билээ. Хоёр хэсгээс бүрддэг: 1.сүсэг бишрэлийн дадлагаас авах баяр хөөр, 2.буяныг үнэлэх үзэл ба аль болох их дадлага хийхэд тэмүүлэл.

- Хичээнгүйн гол саад бол буянгүй үйлд шунасан залхуурал. Эхэндээ энэ нь дадлага эхлэхээс холдуулан сатааруулна. Дунд үедээ дадлагын үйл явцыг тасалдуулах ба сулруулна. Төгсгөлдөө эхэлсэн үйлээ дуусгах зоригийг мохооно.

- Хичээнгүй бол залхуурлын эсрэг ерөндөг мөн. Эхэндээ энэ нь дадлагын ашиг тусад анхаарлыг тань хандуулж хөгжүүлэх хүслийг өдөөнө. Дунд хэсэгтээ тасалдалгүй үргэжлэх байдлыг сахиулан учирсан саадтай тулах хүчийг олоход тусална. Төгсгөлд аливаа эргэлзээг таслан эхэлснээ дуусгах итгэлийг олгоно.

- Баяр *баясгалант* шамдлыг дадуулахад гурван төрлийн хичээнгүй хэрэгтэй: 1.хуяг адил хичээнгүй, 2.зөв явдлын хичээнгүй, 3.урам зоригтой хичээнгүй юм.

- Хуяг адил хичээнгүй бол аймшиггүй чин зоригт баатар энэрэнгүй дайчин бодсадва хүний өөрийг энхрийлэх сэтгэл, түйтгэрт сэтгэлийн төлвүүдтэй дайтах зүтгэл юм. Энэ бол мятрашгүй тогтвортой шийдмэг байдал билээ.

- Зөв Явдлын Хичээнгүй бол ёс суртахууны гурван дадлагыг дадуулахад хичээх зүтгэл юм. Үүнд гурван төрлийн хичээнгүй орно: 1.түйтгэрт сэтгэлээс зайлсхийх, 2.буяныг үйлдэх, 3.амьтанд туслах шамдал юм.

- Урам Зоригт Хичээнгүй бол Номыг дадлага болгох ханашгүй хүсэлтэй хандлага бөгөөд хүрсэн амжилтандаа хэзээ ч үл ханах явдал билээ.

- Баяр шамдлыг дадлага болгох дөрвөн тал бий: 1.таагүй нөхцөлүүдийг арилгах, 2.таатай нөхцөлүүдийг бүрдүүлэх, 3.сэдлээ зорилготой байлгах, 4.бие сэтгэл хоёроо захирах юм.

- Таагүй нөхцөлүүдийг арилгахын тулд залхуурлын төрөл болгонтой тулж ажиллах хэрэгтэй: 1.үхэл мөнх бусыг бясалгах замаар хойш тавих залхуурлыг арилгана, 2.зовлонг бясалгах замаар сатаарлыг арилгана, 3.зорилгынхоо мөн чанар, түүнд хүрэх аргууд болон шаардагдах цаг зэргийг бясалгах замаар зориг шантрах залхуурлыг арилгана.

- Таатай нөхцөлүүдийг цуглуулахдаа буянтай дөрвөн чанарыг хөгжүүлнэ: 1.дадлага хийх хүчтэй ерөөл, 2.бэрхшээлүүдэд тууштай хандах, 3.буяныг үйлдээд баяр цэнгэлийг мэдрэх, 4.ядарсан үедээ амрахаа мэддэг гамнах сэтгэлтэй байх явдал юм.

- Дадлагаа зорилготой болгох сэтгэлийг бий болгоход: 1.түйтгэрүүдэд сэтгэлээ эзэмдүүлэхгүй байх ухааныг хөгжүүлэх, 2.ерөндөг хэрэглэн байж түйтгэрүүдийг арилгах зарчмыг баримтлах явдал юм.

- Хичээнгүйг урт хугацаагаар тасралтгүй үргэлжлүүлэн дадуулсны дүнд бие сэтгэл хоёр аяндаа нэг захиргаанд орох болно.

- Баяр *баясгалант* шамдалтай холбоотой салбар гурван сахил бий: 1.олз ашиг нэр төрийн төлөө шавийг үл дагуулах, 2.залхуурлыг арилгахаа орхигдуулах, 3.шуналаас үүдэлтэй чалчаа үгэнд оролцох.

- Баяр *баясгалант* шамдлыг ариунаар баримталдаг Бодьсадва хүний арван шинж бий: 1.зохимжтой, 2.туршлагатай, 3.чамлалтай, 4.сайн мэдээлэлтэй, 5.номын дагуу дадуулдаг, 6.шинж тэмдэг хүлээн авах чадвартай, 7.гомдолгүй байх, 8.дутагдалгүй байх, 9.тэнцвэртэй ба 10.гэгээрэлд буянаа зориулдаг байх ёстой.

Дияан Бясалгалаар Үнэнийг Ажиглах

Зургаан Барамидыг анх дадуулж эхлэхэд сэтгэлээ тайвшруулан тогтоох нөхцөлүүдийг бий болгох явдал хамгийн чухал сорилт байдаг. Шунал хорсол мэтийн түйтгэрүүдээс болж бидний сэтгэл амар амгалангүй, сатаарсан байдалтай, нэг зүйлийн орноос нөгөө рүү үсчсэн маягтай байх нь модноос мод дамжин гүйх сармагчингаас өөрцгүй. Энэхүү байнгын донсолгоотой төөрөгдөлт төлөв дунд жинхэнэ мөн чанар биднээс нуугдмал байдалд орж далдлагдах тул зөвхөн туйлын үнэнийг ухаарах саруул билгүүний тусламжтайгаар л мунхагаар бүтээгдсэн эдгээр түйтгэрүүдийг арилгах боломжтой ажээ. Тиймээс тэр оюун ухааныг амжилттай үүсгэхийн тулд сэтгэлээ дадлагжуулах ёстой.

Зовлонгийн үндэс бол үнэнийг төөрөгдөл байдлаар харж зуурах мунхаг сэтгэл билээ. Энэ үндэснээс соёолон юмс үзэгдлийн чанарыг үнэний нэг хэсэг хэмээн үзэх шунал, тэр шуналаас хорсол хилэн үүдэн гарах нөхцөл бүрэлдэнэ. Эдгээр салбар түйтгэрүүдийг дарангуйлагдсан байдалд орох хүртэл бид уг үндэстэй нь хэзээ ч шууд тулан ажиллаж чадахгүй. Хорсол хилэн шуналаас хамааралтай, тиймээс шуналыг анхааралдаа авснаар хорсол хилэнг аяндаа бууруулах учраас *өглөгийг* дадуулж эхлэдгийн учир энэ ажгуу.

Шdescriptionалаа сулруулсны дараагаар тал тал тийшээ тарж сарниад байсан сэтгэл илүү хүлээн авагч тал руугаа шилжин буяны үйл дээр саатан төвлөрч ирнэ. Тэр үед *ёс суртахууны* дадлагаар цаашид түйтгэрүүдийн хүчийг сулруулан сэтгэл дэх сайн чанаруудыг хөгжүүлэхэд даган баримтлах журам сахилгыг олж авна. Буяны үрийг тариалсан маань биднийг эргэн тойрныхоо хүмүүстэй зохицон эвцэлдэх байдалтай болгож санаа зовох заналхийлэх зүйл үгүй болсноор машид амгалантай сатааралгүй тайван болж ирнэ.

Муу үйлийн үр сэтгэлд ихээр хураагдсаны уршигаар энэхүү амгалан энхийн байдлаа сахин тогтворжуулах амаргүй байх болно. Эрт орой хэзээ нэгэн цагт нөхцөл байдлууд бүрэлдээд ирэхэд зовлонгийн үр боловсорч л таарна. Тиймээс сэтгэлдээ *тэвчээрийг* дадлагажуулснаар тэнцвэрээ хадгалан үлдэж учирсан саад, өрсөлдөгч дайсантай тулах хатуужлыг олж авна.

Энэ гурван дадлагын дүнд үүсэх сэтгэлийн төлөв бол тэгш сэтгэлийн нэгэн хэлбэр болох буянт сэтгэлийн амгалан төлөв билээ. Ийм сэтгэлтний хувьд бүдүүн хэлбэрийн түйтгэрүүд машид дарагдсан байх тул *Бясалгал Дияаны Барамидыг* дадуулж эхлэх суурьтай боллоо гэсэн үг. Бясалгалын Барамидын дадлагын гол анхаарал бол бясалгалын тусламжтайгаар сэтгэл дэх чанарыг сайжруулан дадуулж үнэний нэлээд нарийн түвшнийг мэдрэх боломцоотой болох явдал билээ.

ДИЯАН БЯСАЛГАЛ ГЭЖ ЮУ ВЭ?

Бясалган төвлөрөл ба "Самади" гэдэг санскрит үг нь нэгэн үзүүрт буянтай сэтгэлээр үнэнийг ажиглах суурь хийдэг хамгийн оновчтой сэтгэлийн төлвийг хэлдэг ажгуу. Ямар төрлийн "Самади" байх нь сэтгэлийн хаашаа чиглэсэн байхаас болон уг сэтгэлийн хир нарийн сэтгэл болохоос шууд хамаарна. Хэлбэр болгон өөр өөр харааны шил л гэсэн үг. Зарим нь ойрыг харахад нэмэртэй байхад зарим нь холын тусгалд сайн байх жишээтэй. Шилний чанарыг өөрчлөхөд бидний ажиглаж болох үзэгдлийн хэлбэр өөрчлөгдөнө. Бодьсадва хүний хөгжүүлбэл зохих самадигийн төрлүүд олон боловч хоёр гол ангилалд хуваан үзэж болно. Үүнд:

1. **Шамата:** *Тогтоох бясалгалын* гол шим нь тодорхой нэгэн зүйл дээр аливаа нэгэнд сатаарал үгүй нэгэн үзүүрт сэтгэлээр орших явдал. Сэтгэл ийм төрлийн самадид саатан байх үед шунал, уур хилэн зэрэг түйтгэрүүд төгс дарангуйлагдсан байдалд ордог. Энэ шинжээр авч үзвэл самадигийн түвшингүүдийн хоорондын ялгаа нь маш нарийн хэлбэрийн мунхаг сэтгэл бөгөөд хэдий хир идэвхтэй үлдсэн байгаагаар ялгагдана.

2. **Випашяана:** *Шинжлэх бясалгал ба Үлэмж үзэхүйн* гол шим нь үнэний өөр өөр талуудыг бодлын оролцоогүйгээр тод ялгаж таних явдал. Сэтгэл ийм төрлийн самадид саатан орших үед үнэнийг байгаа чигээр нь мэдэх боломжтой. Тиймээс өөрийн дотоод зөн билгийг хөгжүүлэх чадвартай болдог байна. Ийм төрлийн самади ямар үзэгдэл дээр анхаарч байгаагаас хамаарч ялгагдана, жишээ нь, шүтэн барилдлагын хоосон чанарын тод ялгааны Самадиг хөгжүүлэх буюу эсвэл тэр хоосон чанарынхаа үндсийг, туйлын үнэний үнэмлэхүй утгыг ялгах Самади гэж байдаг.

Шинжлэх-Самадиг мэдрэхийн тулд эхлээд Тогтоох-Самадигийн урьдчилсан суурийг тавьсан байвал зохино. Түйтгэрүүд сэтгэлд үзэгдээд байгаа цагт бодол үнэнийг харуулахгүй таглаж халхлаад туйлын мөн чанарыг хязгаарлан байх болно. Бодлын урсгалыг зогсооож байж л үнэнийг байгаа чигээр нь ажиглах боломжтой.

Тогтоох-самадид хүрсний дараа шинжлэх бясалгалыг илүү нарийн давхаргын үлдэгдэл мунхгийг арилгахад хэрэглэж болно. Үүгээр бид өөрсдийн олсон самадиг илүү сайжруулан нарийсгаснаар бүр илүү нарийн түвшний мөн чанарыг мэдрэх боломжтой болно. Энэхүү өндөр төвлөрөлт сэтгэлийн төлөвтөө саатан удаж сурвал бидний үнэнийг хүлээн авах чадвар, үзэгдлүүдтэй харилцах харьцаа зэрэгт үндсэн өөрчлөлт орох болно. Хорвоог мунхгийн шилээр харахын оронд саруул билгүүний тунгалаг шилээр харж эхлэх болно.

ДИЯАН БЯСАЛГАЛЫГ ДАДЛАГА БОЛГОХЫН ШАЛТГААН

Төвлөрөл үгүй сэтгэл тархай бутархай мөн чанартай. Бодол яг л буцалж байгаа усны хөөс мэт бургилан бужигнан гарч байдаг. Бид энэхүү бодлуудаас зуурангуут түүнээс салбарласан төрөл бүрийн хариу бодлууд гинжин хэлхээгээр цувралдан ургаж цаашаа өргөжин дэлгэрсээр сэтгэлийг далай тэнгис шиг эцэс төгсгөлгүй бодлоор дүүргэх хүртэл дуусахгүй. Энэхүү зогсолтгүй хөдөлгөөнөөс болоод сэтгэл нэг газартаа тогтох мөч олдохоо байдаг ажээ.

Дадуулаагүй сэтгэлийн нэг сайхан жишээ бол салхи сийгсэн өрөөнд өргөсөн тосон зул билээ. Салхи гарах бүрд дөл хүчээ алдах ба анивчин сүүдэрлэж юу ч олигтой харах боломж өгөхгүй. Салхигүй болмогц харин зул анивчихаа байж өрөөг тодхон гэрэлтүүлэх нь бүхий л түйтгэр бэрхшээлүүдийг сайтар олж харах бололцоог олгох мэт.

Сэтгэл бодолд дарагдаад ирэхээр маш олон тооны сүүдрийг үүсгэж үнэнийг бүтнээр нь олж харуулахгүй болгодог бөгөөд гүйцэд мэдлэг олоогүйн улмаас буруу төсөөлөл, урьдынхаасаа ч илүү төөрөгдсөн ойлголтонд хүрч болзошгүй билээ. Тэгээд бидний мунхаг өсөн нэмэгдэх тусам өөрсдийн мөн чанараас улам илүү холдон салгагдах болж бидний чадавх туйлын хязгаарлагдмал болох болно. Энэхүү арга барил, билиг оюун хоёрын дутагдал та биднийг бусдад туслахад хэцүү байдалд оруулах болно.

Бясалган төвлөрхүйг дадлага болгосноор түйтгэрүүдийг тэжээж байдаг зууралтыг тавиулах бөгөөд түйтгэрүүд зогсмогц бодол үүсэх явдал аяндаа алга болно. Энэ үйл явц бидэнд язгуур ухамсраа илүү нарийн бөгөөд шууд мэдрэх бололцоог олгодог. Бүдүүн ухамсрыг бодвол сэтгэл хязгаарлагдмал байх нь багасч улмаар үнэний өөр олон талуудыг шинжлэн судлах сайхан тайз засаж өгч байгаа мэт хувиргалд хүргэх билиг оюуныг хөгжүүлж эхлнэ.

Гүнзгий төвлөрлийн төлөвт тогтвортой байдлыг хөгжүүлснээр ер бусын увдис, мэдрэхүйн эрхтний хэт мэдрэг чадвар зэргийг олох болно. Эдгээрийг олж авах нь бидний дадлагын гол зорилго биш боловч бусдын тусыг бүтээхэд маш их хэрэг болно. Аугаа Их Багш Атиша гэгээний "Бодь мөрийн зэргийн зул" хэмээх шастирт өгүүлснээр:

"Жигүүр нь ургаж гүйцээгүй шувуухай
Агаарт хөөрөх чадалгүй лугаа адил
Өндөр увдис хүчийг эзэмшээгүй нэгэн
Амьтны тусад сайныг бүтээж үл чадмуй.

Дээдийн увдис эзэмшисэн нэгний
Нэгэн өдөрт хураах буяныг
Тийм чадварыг эзэмшээгүй нэгэн
Зуун төрөлдөө ч хурааж эс амжина.

Төгс гэгээрэлд хурдтай хүргэх
Чуулганыг хураахыг хүссэн нэгэн
Залхуурал бус хичээл шамдлаар
Дээд хүртэхүйг төгсгөж чадмуй"

Бясалгал дияан нь гэгээрэлд зорьж явах замд гайхамшигтай өөрчлөлтийг хийх боломжтойг ухамсарласан бидний сэтгэлийг тэлээд зогсохгүй төөрөгдлийнхөө үндэс ёзоорыг арилган үүрдийн хувиргалд хүрэх боломжийг өгдгөөрөө амин чухал хэрэгцээтэй билээ. Тиймээс сүсэг бишрэлийн аяныхаа үндсэн суурийг ухаарч, сэтгэлийн тэрхүү ер бусын төлөвтэй танилцан дотносох үйлсэд өөрсдийгөө бүрэн зориулбал зохино.

БЯСАЛГАЛ ДИЯАНЫ АНГИЛАЛ

Түрүүн хэлснээр нэгэн үзүүрт төвлөрлөөр анхаарлаа чиглүүлэх боломжтой тэр бүх орон ба зоригдолын тоогоор хязгааргүй олон төрлийн бясалгал дияан байх боломжтой билээ. Өөрсдийн зорилгодоо тааруулан цаашдын замдаа туслуулах гурван төрлийн төвлөрлийг бид одоо судлах болно. Төгс гэгээрэлд хүрэхийн тулд та бидний төгөлдөржүүлэх шаардлагатай сэтгэлийн төлвүүд бол эдгээр билээ.

Амгалан Төлөвт Саатах Төвлөрөл

Хэрвээ бид хамаг амьтныг тэдний үзэгдэж чадах төвлөрлийнх нь түвшинд үндэслэн хууваах юм бол: 1.хүсэлт орон, 2.дүрст орон, 3.дүрсгүй орон гэсэн гурван оронд хуваж болно. Тэдгээр орнуудад хамааралтай төвлөрлийн төрлүүдийг ухамсарласнаар бид зорилгодоо хүрэх нэн тустай сэтгэлийн төлвийг олж чадах болно.

Хүсэлт Орны Төвлөрлүүд

Хүсэлт орны төвлөрлүүд бол хэсэг бусаг, тогтворгүй бөгөөд Амирлан Оршихуйн ухамсарлахуйн нэг хэсэг мөн. Бясалгалаар дадуулж буй хүмүүсийн төвлөрлийн хир хэмжээнээс шалтгаалсан *Анхаарлын Есөн Төлөв* бий:

1. **Сэтгэлээ Талбих:** Энэ төлөв анхаарлаа нэгэн орон ба зоригдол дээр байрлуулах гэж зүтгэх төвлөрлийг хэлнэ. Сэтгэл хэтэрхий тогтворгүйн улмаас дахин дахин холбоо бий болгох хэрэгтэй болдог бөгөөд энэ үед сэтгэл төвлөрхөөс сатаарах нь илүү байх болно.

2. **Үргэлжлүүлэн Талбих:** Сэтгэл илүү тогтвортой болохын хэрээр орон ба зоригдол дээр төвлөрөх хугацаа уртсана. Энэ үед бид анхаарлаа тухайн оронд хэдэн секундээс хэдэн минут хүртэл барьж чадах болно. Хүүрнэх бодол арилж эхлэх хэдий ч анхаарал сарнисан үед буцааж авчрах гэж нэлээд зүтгэл шаардах болно.

3. **Нөхөн Талбих:** Сүүлдээ анхаарал сатаарал хоёр тэнцэж ирнэ. Одоо бид анхаарлаа илүү урт хугацаагаар хадгалж чадах болсон байх ба сарних үед нь анзаарах дурдал сайжирна. Зарим үед бясалгаж буй орноо бүрэн алдах тохиолдол гарах боловч буцааж авчрахад нэлээд амархан болох болно.

4. **Ойрхон Талбих:** Энэ төвлөрлийн үед анхаарал маш хүчтэй болох бөгөөд зоригдолоо огт алдахаа болино, түр алдагдсан ч гол зоригдол дээрх анхаарал мөн л хагас боловч байсаар байх болно. Энэ үед бүдүүн хэлбэрийн хүүрнэх бодол бүрэн уусаж, бид оюуны нарийн мэдрэмжтэй ажиллах боломжтой болно.

5. **Номхруулах:** Сэтгэл энэ үед гадаад мэдрэхүйн өдөөлтнөөс ангижраад дотогш чиглэлтэй болсон байна. Унтах үед болдогтой төстэй уусалтын үйл явцад бид орж илүү гүнзгийрэх тусмаа ухамсраа алдаж живэх аюул тулгарах болдог. Энэ төвлөрөлд нарийн хэлбэрийн живэлтийг арилгах сэрэмжээ хүчтэй болгон сэтгэлийг маш тод үзэх байдалд оруулна.

6. **Амирлуулах:** Дүүжингийн савлуур адил анхаарлаа хэтэрхий хүчтэй болговол нарийн хэлбэрийн догшрол ургах нөхцөлийг үүсгэх магадтай. Энэ төвлөрөлд нарийн түвшний догшрол ба живэлт хоёрын хооронд маш нарийн хэлбэрийн тэнцвэр байх бөгөөд дор хаяж нэг цаг үргэлжлүүлж чадах болдог. Энэ шатанд хүрээд сэтгэл ер бусын тогтвортой бөгөөд тод тунгалаг болно.

7. **Бүрэн Амирлуулах:** Өмнөх төвлөрлийн ёсоор сэтгэл чөлөөтэй төлөвт тайван оршино. Нарийн түвшний бэрхшээлүүд хааяа хааяа ургавч ерөндгөөр амархан дарагдаж сэтгэл тайван байдалдаа хурдан буцаж орно. Сатаарлын хэмжээ ба эрчим нь хамгийн доод түвшиндээ хүртэл буурна.

8. **Нэгэн-үзүүрт Төвлөрөл:** Өөрсдийгөө бясалгалын дадлагатай бүрэн танил болгосныхоо дараагаар орон ба зоригдол дээрээ нэгэн үзүүрт сэтгэлээр төвлөрөх төлөвт хүрнэ. Бясалгалдаа эхэлж орох үед л бага зэргийн зүтгэл хэрэгтэй. Орон ба зоригдолтойгоо харьцаад авсны дараагаар огт салалгүй гурван цаг хүртэл саатан төвлөрч чадах болно.

9. **Тэгш Агуулахуй:** Сэтгэлийн төлөв хүсэлт орны төвлөрлийн оргилд хүрч очно. Бясалгалынхаа оронтой машид танил болсон болохоор нэгэн үзүүрт төвлөрөлд зүтгэл гаргалгүйгээр шууд орж чадах ба бүдүүн хийгээд нарийн түвшний аливаа нэгэн бэрхшээл үгүйгээр дөрвөн цаг болж чадна. Энэ төвлөрлийг "Шаматад хүрэх" гэж нэрлэдэг бөгөөд энэ нь таныг дүрст орны босгон дээр аваачих болно.

Эдгээр төлвүүдийн аль нь ч "Амирлан Оршихуйн" бүрэн төгс хэлбэр гэж тооцогддоггүй боловч тэд цөм бидний сэтгэлийг хүчирхэгжүүлж бусад дадлагыг маань хөнгөвчилж өгөх нь гарцаагүй. Энэ есөн шатыг дамжих тусам сэтгэл ер бусын тогтвортой тод болж ямар ч зүйлийг хийсэн маш бүтээлтэй байх болно.

Дүрст Орны Төвлөрөл

Анхаарлын есөн төлөвт хүрснийхээ дараагаар энэ түвшний төвлөрөлтэй бүр илүү дадал болж улмаар нарийн сэтгэлийн энергийн системдээ томоохон өөрчлөлт орохыг мэдрэх болно. Үүгээр хүсэлт орноос дүрст орон руу шилжих шилжилтийг тэмдэглэдэг бөгөөд таван шалгуураар үзүүлнэ:

1. **Нэгэн-үзүүрт төвлөрөл:** Сэтгэл бүрэн төгс анхааралтай байж аливаа хөдөлгөөн хийгээд сатаарал огт үгүй байна.

2. **Уян хатан:** Бодит физик бие маш хөнгөрөн хэчнээн ч удаан суусан тааламжгүй байдал мэдрэхгүй болдог. Бие махбод тайван байхад сэтгэл амгалангаар дүүрнэ.

3. **Зүтгэл гаргахгүй:** Бие махбодын уян хатан байдал мөн оюун санааны уян хатан байдал болж хувирна. Сэтгэл ямар нэгэн хичээл зүтгэл гаргах шаардлагагүйгээр анхаарлаа хүссэн зүйлдээ ашиглах болно.

4. **Түйтгэрээс ангид:** Язгуурын түйтгэрүүд арилаагүй байгаа хэдий ч биднийг бясалгалдаа уусан байх цагт тэд түр зуурстаа идэвхгүй хэлбэрт орж дарангуйлагдсан байна. Энэ нь бидэнд элдэв сатаарал түйтгэргүйгээр Номыг дадуулах гайхалтай боломжийг олгох болно.

5. **Мэдрэхүйн хүлээн авахуйгаас ангид:** Дүрст юмуу дүрсгүй орны төвлөрөлд орох үед бүдүүн мэдэрхүйн ухамсар үгүй болно. Харах, сонсох гэх мэтийн бодит мэдрэх эрхтний мэдрэмж бүрэн дарангуйлагдаж, оюуны мэдрэмжийн орон зайд төвлөрөх болно.

Төвлөрлийн анхны дүрст оронд ороход "Амирлан Оршихуйд хүрлээ" гэж нэрлэдэг. Бидний сэтгэл одоо төгс бүтээлч болсон байх тул туйлын үнэний гүнзгий дотоод шинжлэлийг хөгжүүлэхэд ашиглаж чадахаар болно. Энэ ухамсарлахуй маш их хүчирхэг байх хэдий боловч илүү цаашаа нарийн түвшин рүү сайжруулж болох боломжтой. Сайжруулах энэ үйл явц дөрвөн төрлийн төвлөрөлд хүргэнэ:

1. **Шалгах ба Шинжлэх:** Энэ шатанд бодлын бүх түйтгэрт төлөв дарангуйлагдсан байх ба зөвхөн буянтай төвийг сахисан сэтгэлийн төлөв л үлдэж үнэний өөр өөр талуудыг шинжлэн шалгахад ашиглагдана.

2. **Амгалан хийгээд Таашаал:** Энэ төлөвт сэдэл хэлбэржүүлэх чадвар зогсож, сэтгэл шинжлэлийн объектын хамтаар үүрдийн амгалан таашаалд шингэж ороод тэндээ саатан байж чадна.

3. **Амьсгал авах ба Амьсгал гаргах:** Бодлын урсгал хөдөлгөөнгүй болсноор хийн гүйдэл ер бусын нарийн хэлбэрт шилжин, амгаланг мэдрэх хийсвэр мэдрэмжээс зуурах явдлыг уусган, анхаарлын орон илүү шууд үзэгдэх болно.

4. **Найман Гэмээс Ангид:** Эцэст нь, сэтгэл найман гэмээс ангид төвлөрлийн төлөвт орно: 1.бие махбодын зовлон, 2.сэтгэлийн зовлон, 3.шинжлэх, 4.шалгах, 5.цэнгэл, 6.амгалан, 7.амьсгал авах, 8.амьсгал гаргах. Энд хүрээд амьсгал бүрэн зогсож, сэтгэл объект дээр гуйвшгүй тэгш төлөвтэйгөөр саатан оршино.

Эдгээр дөрвөн төвлөрлөөс эхнийх нь бидэнд маш ашигтай шинжлэх бясалгалын бүдүүн хэлбэр бөгөөд өөр өөр үзэгдлийг идэвхтэйгээр судалж шинжлэх боломжтой. Үнэний аль нэг талыг илэрхий шинжилж дуусмагц дараагийн гурван төвлөрлийг сэтгэл мэдрэмждээ дасгахад ашиглах боломжтой. Сүүлчийнх нь хамгийн нарийн түвшний зууралтаас бусад бүх зууралтаас ангид чөлөөтэй учраас бидний ухамсарлахуйгаа нарийсгах хамгийн сайн суурь гэж тооцогддог.

Дүрсгүй Орны Төвлөрөл

Дүрст орны төвлөрөл бодит хийсвэр хоёрын хооронд маш нарийн сэтгэлийн холбоог мэдрүүлэх тул шинжлэх бясалгалыг хөгжүүлэх сайхан суурь болдог. Энэ нь биднийг үнэний өөр өөр талууд руу сэтгэлээ чиглүүлэн бодлын маш бага оролцоотойгоор үнэнийг яг байгаагаар нь харах бололцоог олгодог. Гэвч бид цаашаа илүү нарийн түвшний төвлөрөл руу орох тусам бодит үзэгдлүүд бүрэн уусаж хоосны цэвэр хийсвэр мэдрэмжтэй л үлдэх бөгөөд түүнийг "дүрсгүй орон" гэнэ. Энд анхаарал төвлөрөх гэдэг зүйл үгүй болохоор үнэний мөн чанарын шинжлэлийг хөгжүүлнэ гэхэд хэтэрхий нарийн төлөв байх болно. Энэ оронтой холбоотой дөрвөн төрлийн уусалт байдаг: 1.хязгааргүй орон зай, 2.хязгааргүй ухамсар, 3.орших эс орших алин ч үгүй, 4. Оргил ба юу ч үгүй. Ийм төрлийн төвлөрөлд маш их буянаа зарах хэрэгтэй болдог тул амьтны тусыг бүтээх гэж буй Бодьсадва хүн сүсэг бишрэлийн дадлагаа удаашруулахгүйн тулд ийм төвлөрөлд орохоос зайлсхийж байх нь зүйтэй.

Сайн Чануудыг Хуримтлуулах Төвлөрөл

Бясалгал дияаныг сайтар хичээн дадуулснаар сэтгэлийн мөн чанар машид нарийсч амьтны тусыг бүтээхэд ашиглаж болох нэлээд хэдэн амжилтанд хүрэх болно. Ийм сэтгэлийн төлвүүд Бага болон Их Хөлгөний дадлагатай хосолсноор хоёр гол амжилтанд хүрдэг нь: 1.энгийн ба 2.өвөрмөц увдис олох явдал билээ.

Энгийн Увдисууд

Амжилтын эхний бүлэг бол Бага Хөлгөнийхөн болох Шарвага, Брадигабуд хийгээд буддын бус олон урсгалын бясалгагч нарын хүрдэг бясалган төвлөрөхүй юм. Тэд дүрст орны төлөвт саатсанаар үүнд хүрдэг. Ерөнхийд нь хэлэхэд *Өндөр Хүлээн Авахуйн Энгийн Таван Хэлбэр* бий:

1. **Шид Бүтээх Увдис:** Энэ увдис Бодьсадва хүнд мэдрэмжийн өөр өөр орнуудын хооронд шилжин явж тэнд оршдог амьтдад туслах боломжийг олгоно.

2. **Бусдын Сэтгэлийг Унших:** Энэ увдис Бодьсадва хүнд амьтны сэтгэлийн төлвийг мэдэж хүлээн авах боломжийг олгодог бөгөөд сонсогч хүнийхээ оюуны хэрэгцээнд нийцүүлэн номлолоо тааруулахад тусална.

3. **Чихний Увдис:** Ийм хэлбэрийн сонсгол Бодьсадва хүнд өөр мэдрэмжийн орныхонд юу болж байгааг оюунаар дуулж мэдэх чадварыг олгох бөгөөд тэд ариун орнуудад зочлон Бурхад Бодьсадва нараас ном айлдвар хүлээж авах боломжтой болдог байна.

4. **Урьд Төрлүүдээ Мэдэх:** Энэ бол Бодьсадва хүний урьд насандаа хүчтэй үйлийн барилдлагаа тогтоож байсан газар нутаг, үйл явдал хийгээд хүмүүсийг санах увдис бөгөөд тэдгээрийг одоо цагтаа ашиглаж болох боломжтой болно.

5. **Нүдний Увдис:** Ийм хэлбэрийн холч хараа Бодьсадва хүнд амьтны үйлийн үр хэрхэн боловсрохыг мэдэж хүлээн авах чадавхийг өгдөг ба сүүлд болох явдлыг урьдчилан хэлэх боломжийг олгоно.

Эдгээр өндөр хүлээн авахуйн чадавх дээрээ үндэслээд Бодьсадва хүн *Найман Нийтлэг Шидийг* үзүүлж чадна. Үүнд:

1. **Тэнгэрийн Орнуудаар Аялах Шид:** Бодьсадва хүн сэтгэлээ биэс салган өөр өөр мэдрэмжийн орнууд руу аялах чадавхтай болдог. Үүнийг голдуу "*астрал шинж*" гэж нэрлэх нь олонтаа.

2. **Илдний Шид:** Энэ чадавх Бодьсадва хүнийг дайсанд хорлогдохоос сэргийлнэ. Энэ бол *ялагдашгүйн* нэг хэлбэр мөн.

3. **Ерөндгийн Шид:** Тодорхой нэгэн эмийн адистидаар Бодьсадва хүнийг

бусад амьтан хүлээн авах боломжгүй болгох чадвар юм. Энэ бол үндсэндээ *үл үзэгдэхүйн* нэг хэлбэр мөн.

4. **Хөнгөний Тамир:** Гутлынхаа адистидаар Бодьсадва хүн хол газрыг хурдан туулах шидийг үзүүлж чадна. Энэ чадавха ашиглан мөн агаарт хөөрөн жингүйдэж чадна.

5. **Бумбын Шид:** Бумба юмуу авдарны шидээр Бодьсадва хүн дотор нь хийсэн юуг ч олшруулж чадна. Жишээ нь, бумбан дотор ус хийлээ гэхэд барагдашгүй усыг гаргах болно.

6. **Ягчисын Шид:** Чөтгөр, сүнс буюу тийн мэдэл тэргүүтнийг захирах чадвар юм. Тэдгээр амьтад их хугацаа ордог үйлийг гүйцэтгэхэд хэрэгтэй байдаг ажээ.

7. **Рашааны Шид:** Энэ чадавх Бодьсадва хүнд маш их урт насыг насалж залуу сайхан төрх гоо үзэсгэлэн зэргээ хадгалж үлдэхэд тусалдаг байна.

8. **Харааны Увдист Тосны Шид:** Энэхүү тосны адистидаар нүдэндээ түрхмэгц хатуу материйг нэвт харах чадавхыг олдог. Газрын гүнд булаастай эд юмуу хадны завсарт байгаа юмсыг үзэх боломжийг олгодог байна.

Нийтлэг увдис шидүүд бясалгагч хүнийг маш хүчирхэг болгодог хэдий ч Бодьсадвын замаар замнаж ахуйд зөвхөн амьтанд туслах, тэдний бишрэл сүжгийг төрүүлэхийн төлөө л ашиглах ёстой байдаг. Тэдгээрийг үзүүлэхийн ач тус нь өөрсдийн чадвар чадавхийг хязгааргүй тэлэн өсгөж болох юм гэдгийг батлан харуулах хэрэгсэл болгох явдал ажээ.

Ер Бусын Увъдис

Дараагийн бүлэг Увъдис бол Бодьсадвын Зургаан Барамидыг дадлагжуулсантай тусгайлан холбогдоно. Эдгээр бясалгагч нар Бодьсадвын замаар ахин явж Бясалгахуйн Мөрд хүрэх үедээ төгс чанаржсан Бодийг бий болгоно. Наймдугаар Газарт хүрснээс эхлээд *Гэгээрсэн Арван Шид Хүчийг* үзүүлж эхлэх болно. Үүнд:

1. **Насны Хүч:** Бодьсадва хүн өглөгийн төгөлдөржүүлснээр цаг бусын үхлийг зайлуулан өөрийн амь насыг бүрэн удирдах хүчийг олно. Энэ хүч тэдэнд амьтанд л хэрэгтэй бол хэчнээн ч урт насыг наслах боломжийг олгоно.

2. **Эд Юмсын Хүч:** Өглөгийг төгөлдөржүүлснээр бүх биет зүйлийг эзэмдэх хүчийг олох бөгөөд юу хүснэ түүнийгээ санахын төдийд л бодит болгох чадавхтай болно.

3. **Үйл Хөдлөлийн Хүч:** Ёс суртахууныг төгөлдөржүүлснээр тэд өөрсдийн бие сэтгэлийг бүрэн захирах хүчийг олж хэрэгтэй бүх үйлийг гүйцэтгэж чадах болно.

4. **Төрөхийн Хүч:** Төгс Ёс суртахуунаар Бодьсадва хүн зорилгодоо хүрэхийн

тулд хэд л бол хэдэн төрлийг авч чадна. Тэд өөрсдийн төрөх цаг ба газар орныг яг таг сонгож чадна.

5. **Ерөөлийн Хүч:** Тэвчээрийг төгөлдөржүүлснээр Бодьсадва хүн хамаг амьтны ерөөл залбирлыг ёсоор болгох хүчийг олж, тоолшгүй олон ертөнцөд тоолшгүй хувилан үзэгдэж чадна.

6. **Мөргөлийн Хүч:** Хичээнгүйг төгөлдөржүүлснээр Бодьсадва хүний мөргөсөн болгон биеллээ олох болно. Тэд өөрсдийн мөргөл залбирлаа амьтны хэрэгцээнд тохируулан хэлбэржүүлж ер бусын их тусыг хүргэж чадна.

7. **Сэтгэлийн Хүч:** Бясалгал дияаныг төгөлдөржүүлснийхээ хүчээр тэд бүхий л уусалтын төлвүүдийг төгс эзэмших болно. Үүний дунд аль ч төлөвт хүссэний хэрээр удаан саатан байж чадна.

8. **Гайхамшгийн Хүч:** Бясалгал дияаныг төгөлдөржүүлсний учир тэд бүхий л төрлийн гайхамшгийг хэмжээ хязгааргүй үзүүлж чадах шидтэн болно.

9. **Билгүүний Хүч:** Билиг оюуныг төгөлдөржүүлсний учир өнгөрсөн эдүгээ ирээдүйн бүхий л юмс үзэгдлийг шунал зуурaлтгүй, хэмжээ хязгааргүйгээр мэдэж чадна.

10. **Номын Хүч:** Билиг оюуныг төгөлдөржүүлснээр Бодьсадва хүн хэнд ямар сургаал хэрэгтэйг яг таг мэдэх тул Номын дамжлагыг хэрэгтэй цагт нь зохимжтой аргаар аливаа нэгэн төөрөгдлөөс ангид төгс төгөлдөр номлож чадна.

Аравдугаар Газрын Бодьсадва хүн эдгээр ер бусын чадавха ашиглан амьтанд хязгааргүй тусыг хийж, буяны чуулганаа далай ихээр арвижуулснаар маш нарийн сэтгэлийн мэдэгдэхүүний түйтгэрүүдээ хүртэл арилгаж чадна. Энэхүү ер бусын сайжруулсан үйл явцын дунд төгс гэгээрсэн Бурханы хутагт хүрэх дээдийн шидийг олох болно.

Амьтанд Туслах Үйлсэд Төвлөрөх

Бодьсадва хүн Амирлан оршихуй ба Үлэмж үзэхүй хоёрын нэгдэлд хүрэх үед хоосон чанарыг илтэд онох болно. Үзэхүйн Мөрд орсон цагаас Үл Суралцахуйн Мөрд хүртэл амьтны тусын тулд тоогүй хувилан үзэгдэх дадлагыг хийнэ.

Хувилгаан гэдэг бол хамаг амьтны сэтгэлд өөр нэгэн амьтны сэтгэлийн нөлөөллөөр ургах нэгэн үзэгдлийг хэлнэ. Бид энэ чадварыг эзэмшсэн авьяас чадвартай төрдөг. Гагцхүү бидний энэ чадвар машид хязгаарлагдмал хэлбэртэй байдаг. Бид өөр амьтадтай өдөр болгон учирдаг, бидний сэтгэл эргэн тойронд маань байгаа амьтны хүлээн авах чадвараас шалтаалан тодорхой нэгэн өөрийн-дүр зургийг тусгаж харуулдаг байна. Энэ бол бид ухамсартайгаар хийж байгаа зүйл бус бөгөөд түүнээс илүүтэй би хэмээх зууралтынхаа эрчмээс голдуу хамаардаг зөн билгийн зуршил маягийн зүйл гэж ойлгож болно. Хоосон чанарыг онох үед энэ зууралт уусан одсоноор маш олон дүрээр үзэгдэх чадвар маань нээгддэг байна. Дараа нь бид энэ ухамсарлахуйгаа илүү сайжруулан Бурхан болоход дөхөж очих үед хязгааргүй оронд хувилан үзэгдэх чадавхтай болдог байна.

Эдгээр хувилсан дүр болгон хамаг амьтны хэрэгцээг гүйцэлдүүлэхийн тулд л үзэгддэг ба хүн хийгээд амьтан шиг тийм хязгаарлагдмал ойлгомжгүй будилаантай организм биш билээ. Жишээ нь, халуунд халууцан зовогсод зориулан Бодьсадва хүн өтгөн саглагар мод болон үзэгдэж чадна. Цангасан нэгнийг ундаалах ус болоод амарч нойрсох ор тань ч болох боломжтой. Бололцоо гэдэг тэдний хувьд хязгааргүй юм.

Хувилгаан дүрүүдээ чадварлагаар ашигладаг Хутагт Бодьсадва нар ёс суртахууны Барамидын бүлэгт бидний судалсан арван-нэгэн төрлийн амьтны цөмөөрөнгийнх нь хэрэгцээг хангаж байдаг. Олон хувилах тусмаа тэд олон амьтныг амрааж тэр хэмжээгээр буяны чуулганыг бүтээн аривжуулж байдаг ажгуу.

БЯСАЛГАЛЫГ ХЭРХЭН ДАДУУЛАХ НЬ

Бясалгал дияан бол бясалгалын арга зүйг ашиглах замаар сэтгэлийнхээ илүү нарийн төлөвтэй танил дотно болох үйл явц билээ. Эдгээр төлвүүдэд бид тэнцвэртэй оршиж чадах болмогц дээр дурдсан гайхам чанаруд хийгээд увдис шидийн хүчийг эзэмшдэг байна.

Энэ үйл явц дөрвөн үе шаттай явагдана: 1.сатаарлаас ангижирч бясалгалд орох нөхцөлүүдийг цуглуулах, 2.тогтоох бясалгалаар нэгэн үзүүрт төвлөрлийг олох, 3.шинжлэх бясалгалаар мөн чанарыг шинжлэх ба 4.тогтоох ба шинжлэх хоёр бясалгалын нэгдэлд хүрэхийг эрмэлзэнэ.

Сатаарлаас Ангижрах

Энэ мөчийг хүртэл Зургаан Барамидын дадлагууд хамаг амьтантай бодитоор харьцах явдалд үндэслэж байсан. Эргэн тойрондоо байгаа хүмүүстэй харилцах явцдаа бид шунал хилэн зэргээ багасган сэтгэлээ номхруулж ирсэн. Одоо дадлагын дараагийн шатанд ороход түр зууртаа өөрсдийгөө хамаг амьтнаас тусгаарлан гүнзгий бясалган уусахуйн төлөвт орох хэрэгтэй болно.

Бясалгал дияанд ангижрахуйн үйл явцаар дамжиж хүрдэг учраас энэ нь бидний дадлагад зайлшгүй хэрэгтэй юм. Одоогийн байдлаар хүсэлт орны амьтны зүгээс хорвоог хүлээн авдаг маш бүдүүн хэлбэрийн түвшинд амьдарч байдаг. Амирлан Оршихуйд хүрэхийн тулд хүсэлт орноос бүрэн ангижирч дүрст орны нарийн сэтгэлийн оршихуйд саатан байж чадах хэрэгтэй.

Бусадтай хутгалдсан хэлбэрийн амьдралын хэв маяг хамаг амьтантай байнгын харилцаанд байхаас аргагүйд хүргэдэг бөгөөд тэд биднийг хорвоогийн явдлаар сатааруулсаар байх болно. Үүнийг даван гарч бясалган төвлөрөхүйд хүрье гэвэл сурсан дассан амьдралаа түр хугацаагаар орхин гав ганцаараа хорвоогийн элдэв асуудлаас хол байдалд орох ёстой. Ингэснээр гурван төрлийн ашгийг бид хүртэнэ:

1. **Бурханд өргөж буй ер бусын сайхан тахил болно:** Бодь сэтгэлээр сэдлээ хийгээд ганцаарчилсан бясалгалд орж байгаа бол гэгээрэлд хүрэх зорилготой шалтгааныг идэвхтэйгээр бүтээж байгаа хэрэг билээ. Энэ бол Бурхадад өргөхөд тохирох гайхамшигтай сайхан тахил болох бөгөөд янз бүрийн эд зүйлс юмуу, хоол ундны өглөгөөс хамаагүй илүүтэй тэднийг баярлуулах болно.

2. **Сансрыг огоорно:** Хорвоогийн Найман Явдлаас сонирхлоо холдуулан ангижирч ганцаарчилсан бясалгал хийх сонголт хийж байгаа явдал орчлонг огоорох сэтгэлийг чангаруулж шунал зэргийн түйтгэрүүдийг зогсоох болно.

3. **Төвлөрөлд хурдан хүрнэ:** Гаднаас сатаарал үгүй газар, зэлүүд ой, хотын зах зэрэгт амьдрахад хүний анхаарал дотогшоо эргэхдээ маш хялбар дөхөм байдаг. Тиймээс дадлага үл тасалдах явдалд маш их тустай байж харьцангүй богинохон хугацаанд зохих төвлөрөлд хүрэх болно.

Ганцаараа тусдаа амьдрах хүсэл бий болмогц их хөлийн газраас нэлээд зайтай байрладаг газар олох хэрэгтэй. Садаа болох юмнаас хангалттай хол хэрнээ хэрэгцээтэй эд зүйлс олдохуйд хялбар бөгөөд мөн түүнчлэн араатан амьтан гэх мэт аюулаас зайдуу сэтгэл зохилдсон газар байх нь зүйтэй. Эрүүл мэндэд хортой газар байж болохгүй бөгөөд өвчин хүртэхгүй байх нь чухал. Хэрвээ адилхан санаа сэдэлтэй цөөхөн тооны хүмүүсээр хүрээлэгдсэн байвал бас ашигтай байдаг. Тийм газар олж авмагцаа зөв хандлагаа тордох үүднээс тусгай хичээл зүтгэлийг гаргах хэрэгтэй болно. Санавал зохих таван зүйл бий:

1. **Юу ч бүү горьд:** Бясалгалын явцад тийм ийм юманд хүрнэ гэсэн горьдон хүлээхээс зайлсхийх хэрэгтэй. Таны сэтгэл мөн хувцас хоол, хүнс гэх мэт элдэв хүсэлгүй байвал зохино.

2. **Ханан мэдэлтэй бай:** Ямар ч нөхцөл байдалтай учирсан байсан байгаадаа сэтгэл үргэлж ханаж бай. Ингэснээр сэтгэл сатааруулахаас өөр ашиггүй ямарваа нэгэн юм хүсэх сэтгэлийг бууруулна.

3. **Үйл хөдлөлөө зогсоо:** Ганцаарчилсан бясалгалд орохдоо ажил төрөл гэх мэтийн бүх зүйлээ орхиж ертөнцийн явдлыг тэвчсэн, гагцхүү сүсэг

бишрэлийн дадлагадаа л хамаг анхааллаа зориулсан байх хэрэгтэй. Нэгэн үзүүрт төвлөрлийг хөгжүүлж байхдаа хүүрнэл бодлыг төрүүлж магадгүй бүхнээс чадах хэрээр зайлсхийх хэрэгтэй.

4. **Сахилаа баримтал:** Сахил тангаргаа аль болох ариунаар сахих нь сэтгэлийг машид чөлөөтэй амгалантай болгодог. Амжилтанд хүрэхдээ илүү амархан байх болно.

5. **Шуналын тухай бодлоо таслан зогсоо:** Ямар нэгэн юмыг хүсэх, шунах, дурлах, зуурах, цангах зэрэг мэдрэмж бодлын тасралтгүй урсгалыг төрүүлэх уршигтайг таньж түүнийхээ оронд үхэл ба мөнх-бус, зовлонгийн мөн чанарыг тунгаавал сэтгэл дэх хүслийг зогсооход тусалдаг. Ийм хэлбэрийн огоорол дүрст орны төвлөрөлд хүрэхэд амин чухал хэрэгтэй байдаг.

Эдгээр нөхцөлүүдийг цуглуулах нь бясалган төвлөрөхүйд хүрэх үндсийг бий болгоно. Нэгэн үзүүрт төвлөрөл "Амирлан Оршихуй"-д хүрэн хүртлээ тусдаа байж өдөр шөнө ялгалгүй бясалгагтун.

Нэгэн-Үзүүрт Төвлөрлийг Бий Болгох

Бясалган төвлөрөхүйг төгөлдөржүүлэх дадлагын маань дараагийн алхам бол *Амирлан Оршихуйн* үндсийг бий болгох явдал юм. Багшийн зааварчилгааны дагуу төвлөрөх зоригдолоо сонгож авна. Нэгэн үзүүрт төвлөрөлд хүрч болох төвлөрлийн орон тоогүй олон байх боловч Будда ерөнхий дөрвөн зүйлийг сургасан байдагт: 1.бүхнийг хамарсан орон ба зоригдол, 2.араншинг амирлуулагч, 3.сурч мэдсэн зүйл ба 4.түйтгэрийг ариусгагч орон ба зоригдол байвал ашигтай ажээ.

Бүхнийг Хамарсан Орон ба Зоригдол

Хамгийн эхний ангилалд сэтгэлийн мөн чанарыг бясалгалын орон болгон төвлөрснөөр Амирлан Оршихуйд хүрч болдог байна. Бүх юмс үзэгдэлийг сэтгэлдээ ургуулж сэтгэлийн мөн чанарыг таниснаар бид бүх юмс үзэгдлийн мөн чанарыг таних болно. Энэ орон ба зоригдолтой ажиллахдаа шинжлэлийн тусламжтайгаар сэтгэлийн мөн чанарыг таних буюу байнга оршиж байдаг тэр л мөн чанарт зүгээр саатан амрах байдлаар хүрч болно.

Бас нэгэн маш нийтлэг зам бол Бурханы дүр, бясалгалын ядам зэрэг буянтай орныг ашиглан сэтгэлээ төвлөрүүлэх явдал байдаг. Эдгээр дээдийн бэлэг тэмдгийг агуулсан ариун зүйлс маш гүнзгий утга санааг агуулсан байх тул сэтгэлдээ тэдгээрийг төвлөрөн барих тусам тэдгээрийн гайхам гүнзгий чануаруудыг бидэнд сануулсаар байдаг байна. Эхэндээ тэдний дүрийг сэтгэлдээ нэгд нэгэнгүй ургуулахад амаргүй төвөг ихтэй чимхэлүүр зүйлс ихтэй байж мэдэх боловч нэгэнт тогтвортой дүрслээд авсан хойно "Амирлан Оршихуй"-д хүргэх ашигтай суурь болдог ажээ.

Араншинг Амирлуулагч Орон ба Зоригдол

Хоёр дахь ангилалд ёзоорын түйтгэрүүдэд ерөндөг болдог зургаан орон багтдаг ба тэдгээрт төвлөрөн бясалгах нь ёзоорын зургаан түйтгэрийг гүнзгий зуршуулсан хандлагатай хүмүүст тусгайлан зориулагддаг байна. Ёзоорын түйтгэрүүд Амирлан Оршихуйд биднийг хүрэх замд хөндөлдсөн гол саадууд билээ. Сүүлчийнхээс бусад бүх оронуудад тухайн түйтгэрт таарсан ерөндгийг хэрэглэх шинжлэх бясалгалыг эхэлж хийх заавар байдаг. Ингэснээр тэр түйтгэрээс чөлөөтэй төлөв байдал сэтгэлд бий болох ба энэ төлөв бол бясалгалын тань жинхэнэ орон ба зоригдол болох ёстой. Ёзоорын зургаан түйтгэрүүд болон тэдгээрийн ерөндгүүдийг жагсаавал:

1. **Шунал:** Шуналын эсрэг өөрийн бие махбодыг дур гутам бохир заваан эд гэж бясалгах хэрэгтэй. Түүнийг цааш дэлгэрүүлэн үхэж өмхрөх мөнх бус чанартайг мөн бясалгаснаар шунал багасч сэтгэл тэгширнэ. Энэ мэдрэмждээ ухамсраа сатуулан амрах хэрэгтэй.

2. **Үзэн Ядалт:** Уур хорсол үзэн ядалтын эсрэг хамаг амьтныг гэсэн энэрэн хайрлах сэтгэлийг бясалгах хэрэгтэй. Тэднээс урьд хүртсэн хэмжээлшгүй их сайхан сэтгэлийг бодоод үзэхээр тэдний одоо хэн байх нь хамаагүй ямар харьцаатай байх нь хамаагүй бөгөөд хэмжээлшгүй ихээр хайрлах сэтгэл төрөх хүртэл ийнхүү бясалгана. Тэдэнтэй сэтгэлээрээ холбогдох энэ мэдрэмжинд ухамсраа сатуулан амрах хэрэгтэй.

3. **Мунхаг:** Мунхгийн тэнэг сэтгэлийн эсрэг шүтэн барилдлагын ёсыг бясалгах хэрэгтэй. Сансарт хүлэгдэн оршихыг олон өөр өнцгөөс шинжлэн харж үнэний жинхэнэ мөн чанарыг ухаарах итгэл ургах хүртэл шинжил, дараа нь тэрхүү мэдрэмжинд ухамсраа амраах хэрэгтэй.

4. **Атаа жөтөө:** Бусдын сайн сайхан яваад хорсох сэтгэлээс төрдөг атаархлын эсрэг бид өөрийгөө бусадтай тэнцүү үзэх үзлийг бясалгах чухал юм. Хамаг амьтан бүгд жаргалыг хүсдэг зовлонг хүсдэггүй гэдгийг тунгаан бодож өөрийг энхрийлэн барих сэтгэлийнхээ эсрэг хамаг амьтан жаргалын шалтгааныг олоосой гэсэн хүслээ чангатах хэрэгтэй. Тэрхүү мэдрэмжиндээ ухамсраа амраан сатуулна.

5. **Бардам зан:** Өөрийн биеийг бусдаас өндөрт тавих бардам зангийн эсрэг өөрийг бусдаар тэнцүүлэн солих явдал дээр төвлөрөн бясалгана. Өөрийг энхрийлэхийн хор урших, бусдыг асрахын сайн ач холбогдлыг тунгаан бодож тэдний зовлонг өөртөө аван өөрийн жаргалыг тэдэнд өгөх дадлагыг хийнэ. Тэгш сэтгэл төрмөгц түүндээ ухамсраа сатуулан амрах

хэрэгтэй.

6. **Тэнцүү Түйтгэрүүд буюу Хүүрнэх Бодлууд:** Хэрвээ танд энэ бүх түйтгэрүүд тэнцүү хэмжээтэй байх юм бол амьсгалаар үүсгэгддэг сэрэл мэдрэмж дээр төвлөрөн бясалгана.

Сурсан Мэдсэн Зүйлийн Орон ба Зоригдол

Гурав дахь ангилалд өөрсдийн сурч мэдсэн зүйлээ тусган бясалгалын орон болгон ашиглаж болдгийг заажээ. Судалгааны сэдэв болох таван бүрдэл цогц, арван-найман элемент, мэдрэхүйн арван-хоёр суурь, арван-хоёр шүтэн барилдлага хийгээд авал, орхилын ухааныг ч мөн анхаарлын орон болгон бясалгаж болно. Энэ бол Амирлан Оршихуйд хүрэх шинжлэлийн зам бөгөөд тухайн сэдвээр дүгнэлт шийдэлд хүрэх хүртлээ өөр өөр өнцгөөс болгоомжтой тусган шинжилнэ. Тэгээд эцсийн дүгнэлтэнд хүрмэгц ухамсраа тэр төлөвтөө саатуулан байж Номын ухаарлыг зуршил болгон дадуулж байгаадаа төвлөрөн амрах хэрэгтэй.

Түйтгэр Ариусгалын Орон ба Зоригдол

Сүүлчийн ангилал бол бясалгалын төвлөрлөө өөрийг нь бясалгалын ороноо болгон авч байгаа явдал юм. Энэ нь тодорхой нэг төлөрөлд ямар чанар дутагдаад байгааг сэтгэлээсээ олж таних ба түүнийгээ тэр чанарыг хадгалсан сэтгэлтэй харьцуулан бясалгахад голчлон анхаардаг. Ийнхүү тунгаах явдал төвлөрөлд хүрэх хүслийг үүсгэж байгаагаар бясалгалын зоригдол болон ашиглагдаж байгаа юм. Энэ бол дараагийн хэсэгт бидний дүрслэх ертөнцийн шинжлэх бясалгалтай ихэд төстэй бөгөөд төвлөрлийн өндөр түвшинд хүрэхийн тулд төвлөрлийн доогуур зэрэглэлийг орхих аргыг тэнд баримталдаг байна.

Эдгээр орон ба объектуудын алийг ч хичээнгүйлэн хэрэглэж бясалгахад анхаарлын есөн түвшинг гүйцээж дүрст орны босгон дээр хүрч чадна. Тэр үед та бие ба сэтгэлийн уян хатан байдалд хүрч нэгэн үзүүрт төвлөрлийг сайтар дадуулан зуршуулах болно. Амирлан Оршихуйг жинхэнэ ухамсарласан хойноо та Үлэмж Үзэхүйн шинжлэх бясалгалд орход бэлэн болно.

Үнэний Мөн Чанарыг Шинжлэхүй

Нэгэн үзүүрт төвлөрлийг үнэний мөн чанарыг таних дотоодын шинжлэлийг хөгжүүлэхийн тулд ашиглан зориудаар ажиглалт хийж болно. Үүнийг шинжлэх бясалгал буюу Випашяана гэж нэрлэдэг. Буддын сургаал ба тогтолцоонд бид үнэний өөр өөр талуудыг илрүүлэх зорилготой бясалгагч нарын ашигладаг хэлбэрүүдээс шалтгаалсан дөрвөн төрлийн шинжлэх бясалгал байдгийг таньж болдог.

Буддын-бус Шинжлэх Бясалгал

Ийм төрлийн Випашяанаг Шаматагаар олж авсан ухамсарлахуйгаа илүү сайжруулан, илүү нарийн түвшний уусалтанд орохын тулд зориулан хэрэглэдэг байна. Ингэснээр сансраас чөлөөлөгдөхгүй болохоор үүнийг ертөнцийн зам гэж тооцдог байна. Буддын сургаалд энэ хэлбэрийн шинжлэх бясалгалыг дүрст орны дөрөвдүгээр шатанд хүрэх зам болгон хэрэглэж болно гэж заасан байх ба энэ нь үнэнийг шинжлэх боломжтой хамгийн нарийн түвшин ажээ.

Ертөнцийн шинжлэх бясалгал сэтгэлийн долоон үйл явцыг ашиглахад тулгуурладаг нь: 1.мэдрэмжийн шат болгон дахь сайн ба муу чанаруудыг тодорхойлохын тулд *шинжүүдийг нарийн задлан шинжлэх*, 2.сэтгэлийг мэдрэмжийн өндөр шат руу чиглүүлэх *итгэлийг хөгжүүлэх*, 3.өөрийгөө мэдрэмжийн бүдүүн шатнаас *сайтар салган* өндөр төвлөрлийн төлөвт саатах, 4.бие сэтгэлийн уян хатан байдлыг өсгөснөөр өндөр төвлөрлийн төлөвөөс *баяр цэнгэлийг амсах*, 5.доогуур түвшний төвлөрлийн түйтгэрүүдээс сэтгэл ангижирсан эсэхийг тодорхойлохын тулд *оронг ойрхноос шинжлэх*, 6.доогуур төвлөрлийн түйтгэрүүдийг арилгахын тулд тохирсон ерөндгүүдийг *ашиглах*, 7. ерөндөг *ашигласны үр дүнд* доод төвлөрлийн түйтгэрүүдээс ангижирсан сэтгэлийн төлөвтөө саатан амрах эдгээр билээ. Эдгээр үйл явцыг мэдрэмждээ оруулсны дүнд сэтгэл бүдүүн хэлбэрийн юмс үзэгдлээс нүүр буруулан холдож илүү нарийн бөгөөд амгалантай төлөвт шилждэг байна.

Бага Хөлгөний Шинжлэх Бясалгал

Дараагийн нэг Випашяанагийн хэлбэр бол *Бага Хөлгөний* сургаалыг дагагсдын дадлага болгодог хэлбэр юм. Энэ нь нэгэн биений гэгээрэлд хүрэхийг хүссэн хүмүүст тусгайлан зориулагдсан буюу тэдэнд онцгойлон тохирдог арга ажээ. Тэд зовлонгийн үндэс болсон би-д барих сэтгэлийг орхиход анхааран *Хутагтын Дөрвөн Үнэний сургаал* буюу: 1.зовлонгийн үнэн, 2. Зовлон бүхэн гарахын шалтгаан үнэн, 3.хорихын үнэн, 4. мөрийн үнэн гэсэн номлолд голлон төвлөрч бясалгах аргыг хэрэглэдэг.

Эдгээр дөрвөн үнэний сургаал тус бүр дор дороо дөрвөн хэсгүүдэд мөн хуваагдан нийт арван-зургаан ялгамжаа буюу зовлон үнэний: 1.мөнх бус байдал, 2.зовлон, 3.хоосон чанар, 4.би үгүй гэсэн ялгамжаанууд. Зовлонгийн шалтгаан үнэний: 5.гарал, 6.шалтгаан, 7.нөхцөл, 8.бүтэх эдгээр ялгамжаа. Хорихын үнэний: 9.таслах, 10.энх амгалан, 11.дээдэд оршихуй, 12.гарах гэсэн ялгамжаа. Мөрийн үнэний: 13.зам, 14.утга учир, 15.амжилт, 16.бүрэн эрх чөлөө гэсэн ялгамжаанууд билээ.

Өөрсдийн мэдрэмжийг болгоомжтойгоор ажиглах завсраа энэ түвшний бясалгагч нар ухамсарлахуй болгоныг сэтгэлдээ бий болгон нэгэн үзүүрт төвлөрлөөр тэдгээр ухамсарласнаа дадал зуршил болгож авдаг. Буддын-бус шинжлэх бясалгал дадуулагч нарын адил түйтгэрүүдээ түрхэн зуур дарж номхруулах биш бага хөлгөний шинжлэх бясалгал дадуулагчид тэдгээрийг үндсээр нь тасдан дахин гарч ирэхээс сэргийлдэг байна.

Их Хөлгөний Шинжлэх Бясалгал

Их хөлгөний Бодьсадва нарын хувьд өөрийн "Би-үгүйг" ухамсарлах явдал нь өөрөөсөө үүссэн "би" байна гэж хүлээн аваад байгаагийн шалтгаан болсон нарийн сэтгэлийн мэдэгдэхүүний түйтгэрүүдийг арилгахад хангалтгүй гэж үздэг. Их энэрэхүй сэтгэлдээ суурилан Бодьсадва нар "юмсын би үгүй" дээр төвлөрөн бясалгаж байж харилцан хамаарал ургахын мөн чанарыг ухамсарласнаар төгс гэгээрэлд хүрдэг байна.

Үүнд хүрэх гол арга бол хоосон чанар дээр төвлөрөн бясалгах явдал бөгөөд урсгал болгонд өөр арга хэрэглэдэг ч ерөнхийдөө учир шалтгааны маргаан дээр үндэслэн үзэгдлийг сайтар шинжлэх явдал голлодог. Жишээ нь, ганц ба олон юмны учир шалтгааныг авч үзэхэд хэрвээ ганц зүйл өөрөөсөө үүдэлтэй нь олдохгүй байгаа бол олон юмс өөрөөсөө үүсэлтэй олдоно гэж байхгүй билээ. Гар дээр жишээ авах юм бол алга, хуруу, мах, арьс, яс гээд олон хэсгээс бүтсэн байгааг бид харж байна. Энэ хэсгүүдээс өөрөөр гар гэж юм олдохгүй юм. Тэгэхээр гар гэдэг ойлголт ердөө түүний хэсгүүдийг нэгтгэн тусгаж буй оюуны бүтээж гаргасан дүрслэл төдий болох билээ. Энэ ойлголт хоёрдмол үзлээр хүлээн авч байгаа бүх үзэгдлийн хувьд үнэн болох ажээ.

Бас нэгэн хүчирхэг логик бол шүтэн барилдлагын төлвүүдээс аль ч төлөв нь шалтгаан ба нөхцөлөөс хамааралтай ургаж байгаа л бол бүх юмс өөрөөсөө үүсээгүй байж таарна гэдгийг ялгаруулан харуулж байна. Толинд туссан тусгалын жишээг бодоод үз л дээ. Тэр үзэгдэл толины чанар болон түүний өмнө зогсож буй хүний нөхцөлөөс хамааралтайгаар ургаж байна. Нөхцөлийг нь аваад хаячихвал толинд үзэгдэл ургаж чадахгүй болно. Толины чанарыг өөрчилчихвөл тусгалын үзүүлэлтүүд мөн адил өөрчлөгдөх болно. Үүнтэй адилаар бидний үзэж байгаа үзэгдэл болгон тодорхой нөхцөл ба шалтгаанаар үзэгдэж байгаа бөгөөд тэд толин тусгал мэт өөрөөсөө хэзээ ч үүсээгүй билээ.

Энэ хэлбэрийн шинжлэх бясалгалын үндсэн байгууламж нь үгүйсгэлийн орон ба объектыг таних ба түүнийгээ өөр логикоор шинжлэхэд ашиглах. Түүний хоосон мөн чанар дээр тунгаан бодох зуур орон ба объектын үзэгдэл сэтгэлд буцаж уусан арилж тэр юмсын үгүй байдалд таныг үлдээж одно. Сэтгэлээ огторгуй адил ухамсартаа амрааж таны зуршилт хандлагын үрээр үзэгдэл дахин ургах үеийг хүртэл хүлээнэ. Энэ үйл явцтай илүү дадал болох тусмаа таны зуурах сэтгэл улам багасна. Зууралтгүйгээр түйтгэрүүд ургахаа болин үйлийн үрийн нөхцөлдөлт үндсэндээ ариусах болно.

Очирт Хөлгөний Шинжлэх Бясалгал

Логик ашиглан хоосон чанарыг гаргаж үзүүлэх нь маш хүчирхэг хэрэгсэл мөн боловч Очирт Хөлгөнд хоосон чанарыг илтэд онох явдлыг хөгжүүлэхэд энэ нь маш удаан арга гэж тооцогддог байна. Энэ арга бүдүүн бодлын сэтгэлд түшиглэж байгаа л бол хоосон чанарын нэг тал нь бодол болж байна гэсэн үг бөгөөд энэ нь маш нарийн сэтгэлд хамаарч байгаа хэрнээ мөн л бодол билээ. Хоосныг жинхэнээр мэдрэх гэвэл бодлын оролцоог бүрэн орхих хэрэгтэй.

Тийм учраас Очирт Хөлгөнд хэрэглэдэг аргууд бодолгүй байхад чиглэсэн аргууд байдаг. Анхаарал нь бүхий л мэдрэмжийн эх үүсвэр болсон сэтгэл рүү чиглэж дан ганц цул өөрөөсөө үүссэн сэтгэлийг хайх боловч тийм зүйл олдохгүй. Харин оронд нь нэг тусгай ч бус, юу ч үгүй хоосон ч бас биш бүхий л боломжоор дүүрэн хоосныг олох болно. Энэ чанар машид гүнзгий амгалан ба жаргалантай байдлаар мэдрэгдэх болно.

Энэ аргыг бусдаас өвөрмөц болгож байгаа гол шинж нь тодорхой нэгэн төлвийг зориудаар үүсгэх буюу бий болгох гэсэн оролдлого үгүй байдаг явдал юм. Юуг хүлээж авах, юуг хаях хэрэгтэй гэх мэт шүүн хэлэлцэх бодол огт байдаггүй. Бүх зүйл мэдрэмжийн тэр л орондоо нэгдэлтэйгээр орших ба тийм учраас бүх юм сэтгэлд тэрхэн зуурт шууд ойлгогдож цаад мөн чанарыг ухамсарлахад хүргэдэг байна. Бид өөрсдийн мэдрэмжийн хязгаарыг шалгаад үзэхээр түйтгэрт сэтгэлийн төлөв хүртэл өөрөө ариун чанартай болохыг олж мэдэх болно. Тэр нь сэтгэлээс салангид нэгэн зүйл биш бөгөөд түүний хэрхэн ургаж, сааtaж, уусаж байгааг сайтар судлаад үзэхээр ариун чанартайг нь бид шууд ухамсарлахуйгаар харж чаддаг байна.

Бодит мэдрэмжийн мөн чанарыг ажигласны дараагаар анхаарал өөрөө хийсвэр тал руугаа шилждэг. Мэдэгчийн мөн чанарыг судалснаар өөрөөс зуурах буруу бодол таслагдан мунхгийн үндсийг тасладаг байна. Мэдэх үйл явц хоосон гэдэг нь мэдрэгдэхэд бид анхаарал ба хоосон чанар хоёрын салшгүй нэгдлийг танина. Ийм замаар Очирт Хөлгөнд юмс үзэгдлийн хоосон чанар ба өөрөө үгүйн хоосон чанарыг бодол ашигласан задлан шинжлэл хийхгүйгээр бий болгодог ажгуу.

Амирлан Оршихуй ба Үлэмж Үзэхүй Хоёрын Нэгдэл

Амирлан Оршихуй ч Үлэмж Үзэхүй ч аль аль нь гэгээрэлд хүргэхэд хангалттай биш билээ. Тогтоох бясалгалын мөн чанар бол юуг ч өөрчлөхгүйгээр нэгэн үзүүрт төвлөрөлд тайвнаар саатан орших. Энэ нь юу гэсэн үг гэвэл түйтгэрүүд түр зуурт дарагдсан л болохоос бүрэн арилаагүй гэсэн үг. Иймээс дан ганц тогтоох бясалгал чөлөөлөлтөнд хүргэж чадахгүй ээ.

Шинжлэх бясалгалд үнэнийг тодхон ухаарах чанар бий. Үнэний мөн чанарыг мэдэж байгаа саруул билгүүн мунхаг сэтгэлд урган гарах бололцоог олгохгүй, тэгснээрээ сансарт хүлж буй гинжийг тасдах чадвартай. Мунхгийн ёзоор үгүй бол шинээр карма буюу үйлийн үр үүсгэхээ зогсож сэтгэл бүхий л түйтгэрүүдээр ариусах болно. Хэдийгээр энэ нь биднийг зовлонгоос ангижруулж чадах боловч төгс гэгээрсэн Бурхан болоход хэрэгтэй бүх нөхцөлүүдийг бүрдүүлж бас чадахгүй.

Бурхан хийгээд Архадуудын аль аль нь төгс амгаланд үүрд саатах хэдий боловч ялгаа нь гэвэл Бурхад тоолшгүй дүрст лагшингаар үзэгдэн амьтны тусыг бүтээж байхад Архадуудад тэгэх чадвар байдаггүй. Энэ ялгаа саруул оюун ба буяны чуулганыг хуримтлуулж төгсгөсөн эсэхээс шалтгаалж байгаа билээ. Энэ үйл явцын үндэс нь сэтгэлээ үнэн самади төлөвт амраахтай нэгэн зэрэг буяныг бүтээх үйлд оролцож чадаж байх чадвар бөгөөд үүнийг *Тогтоох ба Шинжлэх Бясалгалын Нэгдэл* гэж нэрлэдэг ажээ.

Амирлан Оршихуйд эхлээд хүрэхэд сэтгэл бүдүүн ухамсраас ангижран язгуур ухамсрын нэг тодорхойгүй хэсэгт саатдаг. Сэтгэл маш нариссан байх тул энэхүү нэгэн үзүүрт чанараа хадгалан байж чаддаг байна. Гэсэн хэдий ч бясалгалаасаа гарах л юм бол мэдрэхүйн мэдээллийг дахиад авч эхлэн төвлөрлийнхөө чанарыг алдах болдог. Үүнтэй адилаар бид хоосон чанарыг анх мэдрэхэд сэтгэл тэрхүү үнэний төлөвт бүрэн уусаж амардаг. Бясалгалаасаа гарахад бидэнд түүнийг шууд мэдрэх мэдрэмж үгүй болж харин түүний талаар дурсамжтай үлдэж хоцордог байна.

Тогтоох ба шинжлэх бясалгалуудыг нэгтгэх дадлага нь бясалгалын үеийн мэдрэмжийг бясалгалын дараах мэдрэмжтэй холих аргад чиглэдэг бөгөөд түүнийг төгөлдөр дадуулж сурсны дараа ямар ч юм хийж байлаа гэсэн тэр хэмжээний уусалтандаа хүссэн үедээ орж чаддаг болно. Үүний түлхүүр бол Шамата ургах тоолонд Випашяана мөн адил ургаж байх тэр хоёрыг хамтруулах замаар сэтгэлийг нөхцөлдүүлэх хэрэгтэй юм.

Судрын ёсны дагуу авч үзэхэд тогтоох ба шинжлэх бясалгалыг хооронд нь ээлжилснээр энд хүрч болдог ажээ. Эхлээд та ялгамжаат оюунаар орон ба объектыг шинжлэн судална, дараа нь гарсан дүгнэлт дээрээ сэтгэлээ саатуулан амарна. Дотоод шинжлэл бүдгэрээд ирэхийн үед бодлоор задлан шинжилж эхэлдэг. Энэ явцад сэтгэл байнга Шинжлэх бясалгалын хөдөлгөөнтэй ба Тогтоох бясалгалын хөдөлгөөнгүй байдал хоёрын хооронд шилжиж байдаг байна. Ингэснээр нэг нь нөгөөгөө дэмжиж өгч чадах чадвартай хоёр бясалгалыг амжилттай хольж чадах болдог байна. Хичээл зүтгэл гарган дадуулбал задлан шинжлэлийн үйл явц өөрөө Тогтоох бясалгалын уян хатан байдалд орж үзэгдэхүйц хангалттай түвшинд хүрч очдог ажээ. Энэ үед бодол байна уу, үгүй юү гэдгээс үл шалтгаалан төвлөрлийн тасралтгүй урсгалыг хадгалан байж чадах болдог.

Тарнийн ёсны дагуу авч үзвэл сэтгэл дэх хоёр өөр тал болох анхаарал ба үзэгдэл хоёрын хоорондын харилцааг ойлгосноор энэ нэгдэлд хүрч болдог байна. Далайн давалгаа адил сэтгэлд ямагт үзэгдэл үүсгэн, тэр нь анхааралд өртөж хамтдаа хөдөлгөөнд орших болдог. Бидний дадлага дахь Шаматагийн тал нь анхаарал хөдөлгөөнгүй болох үед юу ч үзэгдсэн үл зуурах байдалд орох байдаг бол Випашьянагийн тал нь тэр үзэгдлийг өөрөөсөө огт үүсээгүй болохыг мэдэх тэр ухамсар билээ. Ийм байдлаар сэтгэлийн мөн чанарыг бясалгах дадлага автоматаар нэгдэн Тогтоох, Шинжлэх бясалгалуудын талууд нийлэн үзэгдсэнээр тэдний нэгдлийг ухаарах ухамсарлахуйд эцэстээ хүргэнэ. Энэ талаас авч үзвэл та албан ёсоор бясалгалд ороод байна уу, үгүй юу гэдэг огт хамааралгүй болж туршлага болгон сэтгэлийн мөн чанарыг ухаарах боломжийг нэгэн адил олгодог ажгуу.

Дияан Бясалгалтай Холбогдсон Салбар Сахилууд

Дияан Бясалгалын Барамидтай холбоотой салбар сахил гурван зүйл бий. Тэдний шим нь *хамаг амьтны тусын тулд бясалган төвлөрөхүйд хүрэх* явдал мөн. Амирлан Оршихуй, Үлэмж Үзэхүй хоёрын нэгдэлд хүрснээр бид мунхгийн ёзоорыг тасдан төгс гэгээрсэн Бурханыг бүтээх болно. Тийм учраас доорх зан байдлыг орхивол зохино. Үүнд:

1. **Нэгэн-үзүүрт төвлөрөлд зорихоо орхигдуулах:** Төвлөрлийг хөгжүүлэх гэж байгаа болохоор хэрвээ бид буруу хорон сэтгэлээр юмуу эсвэл залхуурал, бардам зан зэргээсээ болоод заавар зөвлөгөө эрж олох явдлаас татгалзах, дадлагаа хэрхэн цааш хөгжүүлэх талаар мэдэх гэж үл зорих, зохих зааварчилгаа зэргийг авсан боловч дагахаас татгалзвал бид энэ салбар сахилаа зөрчих болно. Тиймээс нэгэн үзүүрт төвлөрөлд хүрэхийн тулд бусдын заавар зөвлөгөөг эрж хайх, судлах суралцах хийгээд тэдгээрийг даган хичээл зүтгэлтэйгээр бясалгах хэрэгтэй.

2. **Бясалгал дияаны саад тотгоруудыг арилгах явдлыг орхигдуулах:** Нэгэн үзүүрт төвлөрөлд хүрэхэд даван хэрэгтэй таван бэрхшээл бий: 1.залхуурал, 2.бясалгалын зааврыг мартах, 3.догшрол ба живэлт, 4.ерөндөг багадуулах, 5.ерөндөг ихдүүлэх. Эдгээр төвөг саадыг даван гэж хичээл зүтгэл гаргахгүй юм бол бид энэ салбар сахилаа алдах болно.

3. **Бясалган уусахуйн төлөвт таашаал эдлэхийг сайн чанарт барих:** Өндөр түвшний уусахуйд нэвтрэхэд бид сэтгэлийн ер бусын их таашаал эдэлдэг. Энэ таашаалаа шуналт зууралтын бай болгох юм бол энэ нь гэгээрэлд хүрэх замд тань томоохон бэрхшээл болон хувирах ба мунхгийн ёзоорыг

таслахын тулд бясалгахын оронд цэнгэл эдлэхэд хамаг бясалгалаа бид үрээд дуусах болно. Энэ цэнгэл бидний бясалгал хийж байгаа зорилго маань болчихвол бид энэ салбар сахилаа зөрчих болно. Тиймээс өөрсдийн төвлөрлийг ашиглан хамаг амьтанд тусыг авчрах саруул оюуныг хуримтлуулах үйлсдээ бясалгалаа зориулах ёстой.

Зургаан Барамидыг Нэгтгэх

Бясалгалын Барамидад хүрэхийн тулд Төгөлдөр зургааг бид нэгтгэх хэрэгтэй билээ. Үүнд: 1.бусдад хэрхэн бясалгахыг зааж өгөх болон төвлөрөлд хүрэхэд нь тусалж хөтлөх *бясалгалын өглөг*, 2. ганцаарчилсан бясалгалд ороход салбар сахилуудад заасан дүрмийг баримтлах *бясалгалын ёс суртахуун*, 3.Тогтоох ба Шинжлэх бясалгал хоёрын нэгдэлд хүртэл бясалгалаа орхихгүй байх *бясалгалын тэвчээр*, 4.бясалгалын төлвийг танил дотно болгохын тулд өдөр шөнө ялгалгүй махран зүтгэх *бясалгалын хичээнгүй*, 5. уян хатан бөгөөд анхааралтай байж аливаа сатаарлд сэтгэлээ эзэмдүүлэхгүй дадуулах *бясалгалын бясалган төлөрөхүй*, 6.бясалгагч, бясалгалын орон ба объект, бясалгагдахуун гурав цөм өөрөөсөө хэзээ ч үүсээгүй хоосон чанартайг ухаарах *бясалгалын билиг оюуныг* хөгжүүлэх ёстой. Ингэж чадвал бясалгал дияаны сэтгэл төгс ургах болно.

ДИЯАН БЯСАЛГАЛЫГ ДАДЛАГА БОЛГОСНЫ ҮР ДҮН

Тогтоох бясалгал байна уу, шинжлэх бясалгал байна уу эсвэл тэр хоёрын нэгдэл байна уу ялгаагүй аливаа нэгэн бясалгал дияанд орох үед тусгай нэгэн чанар үзэгдэх сэтгэлийн төлөвт ордог. Бясалгал дияаны туйлын хэлбэр бол уг замаар дадуулсны үр дүнд бий болдог төгс гэгээрсэн Бурханы очир-мэт Самади ба Үл-Саатахуйн Нирвааны Нирваан төлөв билээ.

Харьцангуй түвшинд бүрэн төгс гэгээрэлд хүргэх замд гишгүүр болдог олон өөр төлвүүд бий. Тэдгээр бол бидний дадлага бясалгалдаа өөрийгөө бүрэн зориулснаар хүрдэг төлвүүд юм. *Амгалан Төлөвт Саатах Төвлөрөлд* хүрснээр бие сэтгэлээ бүрэн эзэмдэх болж нарийн түвшний төлвүүдийн хооронд чөлөөтэй хөдөлж чадах болно. *Сайн Чанаруудыг Хуримтлуулах Төвлөрлөөр* бид хэт мэдрэхүйн чадварууд, увьдис, шид зэргийг олж аван амьтны тусыг нэн чадварлагаар бүтээх боломжтой болно. Түүнээс цаашаа *Амьтанд Туслан Үйлчлэх Төвлөрөл* зөнгөөрөө урган гарах бөгөөд тэр үед бид тоогүй олон дүрээр хувилан хэмжээлшгүй олон амьтанд тусалж чадах болдог байна.

Бодьсадва Хүний Хүрэх Шатууд хэмээх сударт дүрсэлснээр бясалгал дияаныг ариунаар хөгжүүлсэн Бодьсадва хүний шинжүүдийг доор үзүүлбэл:

1. **Уусалтын үеийн цэнгэлээс үл зуурах:** Бодьсадва хүн гурван орны бясалган төвлөрхүйг хязгаарлагдмал гэдгийг таньж мэдсэнээр тэдгээр төлвүүдэд саатах үед л мэдрэгддэг цэнгэлийн мэдрэмжээс үл зуурах чадвартай байна.

2. **Түйтгэр үгүй:** Бодьсадва хүн уусалтын үргэлжилсэн төлөвт саатан орших учир түйтгэрүүд дарангуйлагдсан хэлбэрт байж түүнд үл нөлөөлнө.

3. **Бэлтгэлийн ариун хэлбэртэй:** Шамата, Випашяана хоёрыг дадуулж нэгдмэл хэлбэрт хүрснээр Бодьсадва хүн үнэний хоосон мөн чанартайг мэдрэхэд бэлтгэл болдог жинхэнэ суурьтай болсон байна.

4. **Ариун Газарт хүрнэ:** Хоосон чанарыг илтэд оносны тул Бодьсадва хүн одоо Хутагтын мөр буюу Үзэхүйн мөрд орлоо хэмээн тооцогдоно. Энэ мөчөөс эхлээд түүний хийж буй бүхий л үйл хөдлөл гэгээрлийн хутагт зорьсон ариун үйлс байх болно.

5. **Өндөр бөгөөд дээд ариун газарт хүрнэ:** Зургаан Барамидыг төгс дадлага болгосноор Бодьсадва нь хүн бүхнийг болгоогчийн далайд орон, чандмань мэт хязгааргүй амьтан бүгдийн тусыг үйлдэх эрдмийн цогц болох болно.

6. **Нэгэн үзүүрт төвлөрөлд орох, саатах, гарах хэлбэрүүдийн егүзэр ба мастер болно:** Бодьсадва хүн сэтгэлийн аль ч төлөвт хэрэгтэй үед өчүүхэн ч хичээл зүтгэл гаргахгүйгээр орж чадна.

7. **Шуналгүйгээр төвлөрлийн төлвийг ашиглах чадвартай:** Бодьсадва хүн уусалтын байдалд саатан орших байдлаасаа гарч чаддаг байх хэдий ч түүнийг дадлагынхаа нэгээхэн хэсэг болгон ашиглаж мөн чаддаг байна.

8. **Хэт мэдрэхүйн хүлээн авагчийн егүзэр ба мастер болно:** Сэтгэлээ бүрэн захирсан Бодьсадва хүн мэдрэхүйн эрхтнээр хязгаарлагдахаа болино. Тэд егүзэрийн бүрэн боловсорсон хүлээн авахуйг төгс хөгжүүлсний үндсэн дээр элдэв арга лугаа төгөлдөр болно.

9. **Буруу үзлийн бүх хэлбэрийг арилгана:** Тэдгээр тусгай чадварууд дээрээ түшиглэн Бодьсадва хүн үнэнийг байгаа чигээр нь хүлээн авах бөгөөд би-д барихуй болон бүрдэл цогцоос зуурах мэтийн аливаа төөрөгдөлд захирагдахаа болино.

10. **Хоёр түйтгэрийг арилгана:** Юмс үзэгдлийн хоосон мөн чанартайг ухаарсны тул Бодьсадва хүн оюуны болон мэдэгдэхүүний түйтгэрүүдийг бүрэн арилгана. Ингэснээр гайхамшигтай хотол чуулсан хязгааргүй эрдмийн эцэст хүрнэ.

ГОЛ ХЭСГҮҮДИЙГ ЭРГЭН СӨХВӨЛ

• Дияан Бясалгал гэдэг бол нэгэн үзүүрт төвлөрөлд саатан оршиx сэтгэлийг хэлнэ. Бясалгалын хоёр хэлбэр бий: 1.буянтай орон ба объект дээр төвлөрөн бясалгаж нэгэн үзүүрт төвлөрөлд хүрдэг Тогтоох ба 2.бодлын оролцоогүйгээр үнэний мөн чанарыг мэдэх Шинжлэх бясалгал юм. Эхлээд Тогтоох бясалгалыг хөгжүүлбэл зохино.

• Бясалгал дияаныг хөгжүүлэхэд тохиолддог гол саад бол тарж бутарсан, сацарсан сэтгэл бөгөөд бодлын далайд ямагт төөрөн байдаг. Эдгээр бодлууд зуурах сэтгэлээр хүч орохоороо түйтгэр хөгжих үндэс болдог байна.

• Бясалгалын тусламжтайгаар сэтгэл зууралтаасаа салж бодол ундрахыг таслан зогсоосноор үнэнийг таних сэтгэшгүй ахуйн ухамсар ургах болно.

• Амгалан төлөвт Оршиx Төвлөрөл гэдэг бол нэгэн үзүүрт төвлөрлийн хамаагүй илүү нарийн түвшнийг хэлэх ба тогтоох бясалгалаар түүнд хүрдэг байна. Хамаардаг орныхоо мэдрэмжид үндэслэгдэн хуваагдах бөгөөд төвлөрлийн гурван оронг таньж болоx нь: 1.хүсэлт орны төвлөрөл, 2.дүрст орны төвлөрөл, 3.дүрсгүй орны төвлөрөл юм. Хүсэлт орны төвлөрөл хэтэрхий сацарсан байдаг бол дүрсгүй орных хэтэрхий нарийн төлөвт оршдог байна. Тиймээс дүрст орны төвлөрөлд хүрэхийг зорих ёстой.

• Сайн Чануудыг Хуримтлуулах Төвлөрөл гүнзгий төвлөрөлд саатан оршсоноор бий болдог төрөл бүрийн чадваруудыг хэлнэ. Энгийн чадваруудад Өндөр Хүлээн Авахуйн Энгийн Таван Увдис ба Нийтлэг Найман Шид багтдаг. Амирлан Оршихуйд хүрсэн хүмүүс тэдгээрийг эзэмшинэ. Ер бусын увдис болоx Гэгээрсэн Арван Хүчийг Амирлан Оршихуй ба Үлэмж Үзэхүйг нэгтгэсний дүнд олдог байна. Тэд бол Бодьсадвын замаар замнан яваа бясалгагч нарын олоx гайхам боломж мөн.

• Амьтанд Туслан Үйлчлэх Төвлөрөл бол хамаг амьтны тусын тулд хэмжээлшгүй дүрээр хувилан үзэгдэх чадварыг хэлнэ. Хоосон чанарыг илтэд оносон Хутагт нарын хөгжүүлдэг чадвар юм.

• Бясалгал дияаны дадлагыг дөрвөн шатанд хувааж болно: 1.сатааралгүй бясалгалд орох нөхцөлүүдийг бүрдүүлэх, 2.тогтоох бясалгалаар нэгэн үзүүрт төвлөрөлд хүрэх, 3.шинжлэх бясалгалаар үнэний мөн чанарыг шинжлэх, 4.Тогтоох Шинжлэх хоёрыг нэгтгэх.

- Бясалгалын Барамидтай холбоотой салбар сахил гурав бий: 1.нэгэн үзүүрт төвлөрөлд хүрэх явдлыг орхигдуулах, 2.бясалгал дияаны замд тохиолдох бэрхшээл саадыг үл зайлуулах, 3.бясалган уусахуйд таашаал эдлэхийг сайн хэрэг хэмээн үзэх.

- Бясалгалыг ариунаар хөгжүүлсэн Бодьсадва хүний арван шинж: 1.уусахуйн таашаалаас үл зуурах, 2.түйтгэр үгүй, 3.бэлтгэлийн ариун хэлбэртэй, 4.ариун газарт хүрнэ, 5.өндөр дээд ариун газарт хүрнэ, 6.нэгэн үзүүрт төвлөрөлд орох, орших, гарах гурвыг мастерлана, 7.төвлөрлийн төлвийг шуналгүйгээр ашиглаж чадна, 8.хэт мэдрэхүйн хүлээн авагч болно, 9.буруу үзлүүдийг арилгана, 10.хоёр түйтгэрээс ангижирна.

Шандон Үзлийг Баримтлан Билиг Оюуныг Хөгжүүлэх

Бурхан Багшийг анх Энэтхэгт сургаалаа айлдаж эхлэх үед Самади бясалгалаар олон үеийн турш дадуулж ирсэн эрэгтэй, эмэгтэй егүзэрүүд олон байсан гэдэг. Тэгэхээр Тогтоох бясалгал Буддын бүтээл биш болж таарна. Бурхан Багшийн сургаалаас түүнд оруулсан гайхамшигтай хувь нэмэр гэвэл Амирлан Оршихуйг сууриа болгон ашиглаж үнэний мөн чанарыг таних явдал байсан юм. Сэтгэлийн нарийн төлвүүдэд оршсоноор сансрын хүлээснээс чөлөөлөгдөхгүй, мунхгийн үндсийг ёзоороор нь таслаагүй цагт нисваанисууд бясалгагчийг бясалгаагүй байх үед эргээд ирж болно гэдгийг тэр таньсан явдал билээ. Гэвч эдгээр дэвшилтэт түвшний уусалтуудыг Шинжлэх бясалгалын гүнзгий хурц ухаантай хослуулбал туйлын үнэнд хүрэн чөлөөлөгдөж болох ажээ. Бидний судалсан *Бясалгалын Барамидын* дадлага нь сэтгэл дэх сайн чанаруудыг боловсруулан сайжруулах тал дээр анхаардаг. Сэтгэл үнэнийг *хэрхэн* мэдрэх гэдэг маш чухал зүйл билээ.

Сэтгэл *юуг* чухам хүлээж авах нь бидний мэдрэмждээ агуулж буй билиг оюуны хэмжээнээс ихээхэн шалтгаалдаг. Багахан ухаанаар хандвал бидний үзэл явцуу хязгаарлагдмал болж үнэний зөвхөн нэг талыг л харах болно. Хэрвээ бид цаг гарган мэдлэг оюунаа тэлэн томруулж туршлагадаа хэрэгжүүлж чадвал бидний үзэл томорч үнэнийг үзэх дотоод зөн билгийг хөгжүүлж хамаагүй илүү өргөн хийгээд гүнзгийгээр харах боломжтой болно.

Тэгэхээр энэ хэсэгт гүн ухааны үзлийг бий болгоод түүнийгээ төгс гэгээрэлд хүрэх үйлсдээ ашиглах *Билиг Оюуны Барамидын* дадлагатай бид танилцах болно. Билиг оюун Зургаан Барамидын хамгийн сүүлчийнх гээд замынхаа төгсгөлд хүртэл бид дадуулахгүй үлдээж болохгүй. Бидны аяны алхам бүхэнд саруул оюун хэрэгтэй болох учир аль болох эртхэн хөгжүүлж эхэлбэл үзсэн сэдвүүдээ ухамсарлахад нэн илүү ашгийг олж болох сон билээ.

БИЛИГ ОЮУН ГЭЖ ВУ ВЭ?

Билиг оюун гэдэг хэллэгийг бид *үнэний шинж чанаруудыг алдаагүй тодхон ялгаж чадах сэтгэлийг* нэрлэхэд хэрэглэдэг. Энэ бол бидний мэдэрч байгаа болгоноо тайлбарлах, хорвоо ертөнцийг утга учиртай болгож буй бидний чадварыг хэлнэ.

Ийм билгүүн дээр үндэслээд аливаа үзэгдлийг таних боломжтой. Мэдлэг бидний үйлдэлд нөлөөлж, эдүгээ цагийн болоод ирээдүйн байдлаа хэлбэржүүлэх утга учиртай сэдлийг хөгжүүлэхэд бидэнд тусалдаг билээ. Билиг оюунт сэтгэл хоёр шинжийг агуулсан байдаг гэж ойлгож болно. Үүнд:

1. **Ухамсар**: Юмс үзэгдлийг мэдэх сэтгэлийн үндсэн чанар. Үзэгдлийн ямар хэлбэрийг таних нь бидний ухамсрын нарийсалтаас шалтгаална. Ухамсар сатаарал ихтэй бүүдгэр байх юм бол түүний мэдэх хэмжээ хязгаарлагдмал байх болно. Бясалгалын тусламжтайгаар бидний ухамсар хүчтэй болох тусам илүү хурц тод, бинээс нуугдсан үзэгдлийг ч таних бололцоог олно. Ухамсрыг бид бамбарын галтай зүйрлэж болох бөгөөд гал хурц байх тусмаа илүү ихийг бидэнд харуулах болно.

2. **Ялгамжаа**: Сэтгэлд үзэгдэх өөр өөр үзэгдлүүдийг хооронд нь ялгах ухамсрыг хэлнэ. Дүрсийг өөр өөр үзэгдэл болгон салгах шаардлагатай ба энэ нь зуурах сэтгэлд үндэслэх тул харьцангуй мөн чанартай. Ялгамжаат оюуныг бид үзэгдэл хэрхэн оршдогийг тайлбарлах сэтгэхүйн загваруудыг хөгжүүлэхэд хэрэглэдэг.

Энэ хоёр чанартайгаар үнэнийг хэрхэн мэдрэгдэж байгааг төлөөлсөн *үзлийг* хөгжүүлдэг байна. Үзэл өөрийн бий болсон тэр ухамсрын түвшиндээ ямагт харьцангуй байдаг. Жишээ нь, бидний ухамсар бүдүүн түвшинд ажиллаж байх үед гадаад үзэгдлийг мэдрэхүйн эрхтнүүдээр дамжуулан хүлээж авч тэр түвшний мэдрэмждээ тохирох үзлийг төрүүлдэг. Бясалгалаар бид сэтгэлээ номхотгосноор илүү нарийн түвшний мэдрэмжүүдтэй танил дотно болж, үзэл бодол тэр дагуу өөрчлөгдөнө. Ийм маягаар үзэл гэдэг тогтсон эд биш тухайн байдалдаа үндэслэн байнга өөрчлөгдөж байдаг маш өвөрмөц нэгэн зүйл билээ.

БИЛИГ ОЮУНЫГ ТӨГӨЛДӨРЖҮҮЛЭХ ШАЛТГААН

Оюун ухаан гэдэг мунхгийг арилгах гэсэн ганцхан зорилготой. Билиг оюуныг хөгжүүлэх хэрэгтэйг ойлгохын тулд мунхаг сэтгэл яагаад тийм хортойг мэдэх шаардлагатай. Үүний тулд мунхаг хэрхэн хөгждөг болон билиг ухаанаар түүнтэй хэрхэн тэмцэж болохыг одоо судлах болно.

Маш олон төрлийн мунхаг сэтгэл байх боловч биднийг зовлон эдлүүлэхэд шууд үүрэгтэй хоёр гол хэлбэр байдагт: 1.төрөлхийн мунхаглал, 2.алагчлах мунхаглал багтдаг. Эхнийх нь зүгээр ухамсаргүй байснаас үүсдэг энгийн үл мэдэгч мунхаг сэтгэл юм. Үүнийг *төрөлхийн мунхаг* гэсний учир бол харьцангуй үнэний туйлын чанартай уялдаж гардаг учраас тэр ажээ. Бид үүнийг анзааргагүй байх чадвар гэж ойлгож болно. Тийм байх боломжтой яагаад гэвэл мунхгийн мөн чанар хоосон учраас уг гарлаараа юунд ч холбогдох аргагүй, бидэнд өөрсдийнхөө сэтгэлийн үзэгдэлд сатаарах чадавх ямагт байдаг билээ.

Төрөлхийн мунхаг дээр суурилан бид *алагчлах мунхаглалыг* хөгжүүлдэг. Энэ бол бидний юмс үзэгдэл цөм адилхан мөн чанартай гэдгийг ухамсарлаагүйгээс урган гарч буй алдаатай хүлээн авахуйг хэлнэ. Хамгийн нарийн сэтгэл дэх ялгаварлах мунхаглал бол "би"-д барих үзэл юм. Ийм хэлбэрийн зууралт ургахад түүнтэй холбогдуулан хүлээн авч байгаа бүхий л юмс энэ өөрийг гэх үзэлтэй уялдснаар хоёрдмол үзэл ийнхүү үүсдэг байна.

Сэтгэл энэхүү би-д барих үзэлдээ тааруулан хорвоог харж, барцад түйтгэрүүд хураагдаж эхэлнэ. Юу болоод байгааг үл анзаарах сэтгэлээр энэхүү зууралт ямар үр дүнд хүргэж болохыг олж хардаггүй байна. Ийм хэлбэрийн мунхаглалдаа удаан байх тусам түүнд улам бүр эзэмдүүлэн, бидний жинхэнэ мөн чанар анх ийм байгаагүй тэр үеэ эгнэгт мартахад хүргэдэг. Энэ бол мунхгийн тарьдаг хамгийн том гай мөн. Яагаад гэвэл энэ нь зөв ухамсаргүй гарч ирж байгаа болохоор хожимдох хүртлээ бид анзаардаггүй байна. Зөвхөн хэрэгцээгүй зовлон нүүрлээд ирэхийн цагт л бид мунхгийг арилгах хэрэгтэй юм байна гэдгийг эцэст нь ойлгодог. Хорвоо ертөнцийг хоёрдмол үзлийн үүднээс хардаг энэхүү гүн гүнзгий зуршил болсон хандлагыг *мэдэгдэхүүний түйтгэр* гэж нэрлэдэг билээ.

Барцад түйтгэрүүдийн хүчин чадлаас шалтгаалан бидний сэтгэл гадаад, дотоод олон үзэгдлүүдээс зуурч байдаг. Өөрсдийн эргэн тойронд бид таних мэдрэмж бий болгон юуг бусад гэж үзэх үү, тэдэнтэй хэрхэн харьцах вэ гэдгийг нөхцөлдүүлж эхэлдэг байна. Ийм хэлбэрийн ялгавартай үзлээр өөрийгөө бусдаас дээр тавих сэтгэлийг хөгжүүлж, түйтгэрт санаан дээр үндэслэн гарсан үзлийг *нисваанисын түйтгэр* гэж нэрлэдэг байна. Энэ бүх түйтгэрүүдийн үндэс бол тэгш бусаар ялгаварлах үзэл, хүсэл шуналаар дүүрэн сэтгэл билээ.

Мэдэгдэхүүний түйтгэр үйлийн үр хуримтлагдахын суурь болж байдаг бол нисванисын түйтгэрүүд зовлон хэлбэрээр бидний зууралтыг хэлбэржүүлж өгч байдаг ажээ. Билиг оюуны тусламжтайгаар эдгээр түйтгэрүүдийг дэмждэг сэтгэл төрөн гарахыг нь хэрхэн зогсоох талаар танин мэдэхүйн арга зүйг үндсэн суурь бологон суралцдаг. Хоёр зүйлийг гүйцэлдүүлснээр бид үүнд хүрч болох нь: 1.үнэний мөн чанарыг таних ба 2.таньсан ухамсраа хэвшүүлэх явдал юм.

Үнэний мөн чанарыг ухаарах ухамсрыг бий болгохын тулд үзэгдлүүдийг хооронд нь ялгаж салгадаг ялгамжаат оюуныхаа чадварыг ашиглана. Тийм ялгамжаат ухамсар сэтгэлд бий болмогц бидэнд буруу ойлголт төрөхөө больдог. Бид энэ ухамсраа дадуулан хэвшүүлж, агшин хором бүхэндээ мэдрэх ёстой. Сэтгэл гуйвшгүй болж тогтоод ирэхээр үнэний жинхэнэ мөн чанараас хэзээд үл сатаарах болоод мунхаг сэтгэл урган гарах чадвар бүрэн арилдаг байна.

БИЛИГ ОЮУНЫ АНГИЛАЛ

Бодь сэтгэлийн сэдлээр Зургаан Барамидыг дадуулахдаа хоёр тусыг бүтээхэд хүрхээр тэмүүлдэг. Юу гэвэл, төгс гэгээрэлд хүрч зовлонгоос амьтныг чөлөөлөн бусдын тусыг бүтээх, тэгснээр мөн өөрийн тусыг бүтээх явдал юм. Буян хишиг, саруул оюун гэсэн хоёр чуулганыг арвижуулан хуримтлуулснаар энэ зорилгодоо хүрэх болно.

Зорилгодоо хүрэхэд гурван төрлийн билгүүн бидэнд хэрэгтэй: 1.туйлын үнэний мөн чанарыг ухамсарлах билиг билгүүн, 2.таван ухаанд суралцах билгүүн, 3.хамаг амьтны зорилгыг гүйцээх билгүүн эдгээр билээ. Энэ гурван билгүүн бидэнд барцад түйтгэрүүдээ арилган ариусгаж, Бурханы хоёр гэгээрсэн лагшинг олоход тусална. Эдгээр билгүүний эхний хэлбэр Бурханы Номын лагшинг, сүүлчийн хоёр нь Бурханы хэмжээлшгүй дүрст лагшинг бүтэхэд хүргэдэг ажгуу.

Туйлын Үнэний Мөн Чанарыг Ухамсарлах Билиг Билгүүн

Бидний энэ зам тэр чигээрээ мунхгийг арилгаснаар сэтгэлийн дотоод мөн чанараа бүрэн илрүүлэх гэсэн нэг л зүйлд тулах учиртай билээ. Үүнд хүрэх арга бол үнэнийг яг *байгаагаар* нь мэдэх билиг билгүүнийг хөгжүүлэх явдал юм. Тэгээд түүндээ саатан оршиж чадсанаар мунхаг сэтгэлийн үндсийг бүрэн тасдаж, үйлийн үрийн нөхцөлдөлтийг зогсоосны эцэст сансрын хүлээснээс эгнэгт чөлөөлөгдөх учиртай юм.

Энэ билиг билгүүн бол итгэхийн аргагүй гүнзгий бөгөөд түүнийг ухамсарлах нэн амаргүй. Амьтан болгон сүсэг бишрэлийн өөр өөр давхаргад оршдог болохыг таньсан Бурхан тэднийг үнэнд амжилттай хөтлөн хүргэх маш чадварлаг арга хэрэгтэйг ойлгосон байна. Тийм учраас амьтан болгоны хэрэгцээнд тааруулан өгсөх замаар шавь нараа сургасан билээ. Бурханы энэ арга *Бурханлаг-чанарын Их Энэрэхүйн Номлол* хэмээх судart илхэн харагддаг:

> *"Өө язгуурын хөвгүүн ээ, жишээ нь, уурхайчид эрдэнэсийн уурхайгаас засагдаагүй эрдэнэ олж гэж бодъё. Тэд түүнийг эхлээд давстай усаар угааж үслэг эдлэлээр арчиж зүлгэв. Гэвч энэ төдийхнөөр тэд зүтгэлээ зогсоосонгүй түүнийхээ дараа мөнгөн усны хүчирхэг шингэнээр угааж ноосон эдлэлээр үрж зүлгэв гэнэ. Гэвч тэдний зүтгэл үүгээр бас зогссонгүй, түүнийгээ эмийн ургамлын хандмалд дэвтээж байгаад дараа нь сайн даавуугаар өнгөлөв гэнэ. Зүлгэж цэвэрлэгдсэн эрдэнэс хамаг бохир өнгөрнөөсөө салж гялалзсанаас -муурын нүд эрдэнэ" хэмээн нэрлэгдэх болжээ.*

> *"Тийм учраас язгуурын хөвгүүн ээ, үүний нэгэн адил Бурханлаг-чанар хамаг амьтны язгуурын мөн чанар мөн бөгөөд ариун бус зүйлсээр*

буртаглагдсан болохыг таньж, сансрын хүрдэндээ ихэд тааламжтай мэт санах тэдгээр амьтдыг мөнх-бус байдал, би-үгүй үзэл, бузар буртаг ба гаслан шаналалын тухай сургаалаар зориг мохоход хүргэж дээдийн сахилга дадлагыг тэдэнд танилцуулсан болой"

"Бурханлаг-чанар зүтгэлээ түүгээр бас зогсооxгүй, түүний дараагаар тэр хоосон чанар, тэмдэг-үгүй байдал, зоригдол-үгүй байдлын тухай сургаалаар тэдэнд Бурханлаг-чанарын өөрийнх нь горимыг ойлгоход хүргүүлжээ. Гэвч, Бурханлаг-чанар үүгээр зүтгэлээ бас зогсооcонгүй, үүний дараа төрөл бүрийн чанартай төрөлхийтөнд номын хүрдний буцаах аргагүй сургаал, гурван оршихуйн төгс ариуслын сургаал зэргийг айлдан, Бурханлаг-чанартаа нэвтрэхийг сургасан болой. Нэвтэрч ороод Бурханлаг-чанарын үнэн мөнийг ухамсарласнаар тэд "барагдашгүй адистад" хэмээн өргөмжлөгдөх болой"

Энэ ишлэлээс бид гурван аргыг олж харж болно. Эхлээд Будда шавь нартаа сансарт оршин байх шуналаа хэрхэн тасдахыг дараа нь тэднийг хүлээcэнд барьж буй зуypaлтыг хэрхэн арилгахыг заажээ. Эцэст нь тэдэнд өөрсдийн мэдрэмжийг ариусгаснаар бурханлаг-чанарын гэгээрсэн төлөвтөө хэрхэн саатан оршихыг сургасан байна. Энэ шат болгондоо Бурхан шавь нарынхаа онцлогт тохирсон бөгөөд замд урагшлахад хэрэгтэй тодорхой сургаал номлолуудаар дамжуулан сургаж байжээ.

Тэдгээр сургаал номлолуудыг гурван бүлэг болгон хураавал *Гурван Номын Хүрд* бий болно. Номын хүрдийг эргүүлэх тоолондоо тодорхой шатны бясалгагч нарт тохирсон тодорхой нэгэн сэдэв дээр онцлон номлож байжээ. Тэдгээрийн ерөнхий хэв загвар *Бодлын Зангилааг Тайлах Судар*-т тодорхой харагддаг.

"Варанаси орчмын "Сэцэн мэргэдийн үзэл" гэдэг нэрт Бугын Цэцэрлэгт ялж төгс нөгцсөн бээр номын хүрдийг сонсогч нарын хөлгөнийхөн болох гайхамшигт хийгээд ер бусын хүн ба тэнгэр алин боловч амьтдад зориулан эргүүлж, урьд ертөнцөд үүнтэй адилхан загвараар номын хүрдийг эргүүлж айлдсаны адилаар хутагтын дөрвөн үнэнээ номлосон болой. Цаашилбал, ялж төгс нөгцсөний сайтар эргүүлсэн тэр номын хүрдэн ухаарч гүйцэгдэх, няцаагдах боломжтой, тайлбар шаардлагатай хийгээд зөрчилдөөний суурь болох ажгуу.

Юмс үзэгдлийн шим-үгүй чанарт үндэслэх ба, таслахын үгүй, бүтээлийн үгүй төдийд үндэслэн түүнчлэн ирсэн, үнэхээр гэтэлгэсэн, ялж төгс нөгцсөн бээр хоёрдугаар номын хүрдийг их хөлгөнийхөн болох нэн гайхамшигтай хийгээд машид ер бусын төрөлхийтөн бүгдэд зориулан эргүүлж хоосон чанарын талаар номлосон болой. Цаашилбал, ялж төгс нөгцсөний эргүүлсэн тэр номын хүрдэн ухаарч гүйцэгдэх, няцаагдах боломжтой, тайлбар *шаардлагатай хийгээд зөрчилдөөний суурь болох ажгуу.*

Гэвч, юмс үзэгдлийн шим-үгүйд үндэслэх ба, таслахын үгүй, бүтээлийн үгүй төдийд үндэслэн түүнчлэн ирсэн, үнэхээр гэтэлгэсэн, ялж төгс нөгцсөн бээр гуравдугаар номын хүрдийг бүх хөлгөнийхөн болох дээдийн нэн гайхамшигтай хийгээд машид ер бусын болоод сайн ялгамжааг эзэмшсэн бүгдэд зориулан эргүүлсэн болой. Цаашилбал, ялж төгс нөгцсөний эргүүлсэн энэ номын хүрдэн ухаарч гүйцэгдэшгүй, няцаагдах боломжгүй, туйлын үнэний чинагуух утгыг номлосон бөгөөд алив зөрчилдөөний суурь үл болмуй"

Гурван Номын хүрдэнд түшиглэн Будда биднийг төгс гэгээрсэн Бурхан болохоос хязгаарлан буй бүдүүн, нарийн ба маш нарийн түвшний бэрхшээл түйтгэрүүдээ ариусгах замыг номлосон болой. Энэ замд эхний хоёр номын хүрд харьцангуй мөн чанарыг номлосон атал сүүлчийн номын хүрд үнэмлэхүй мөн чанарыг номлосон хэмээн танигдаж байгаа билээ. Энэ нь Бурхан Багшийн өөрийнх нь үгнээс илэрхий байгаа юм.

Харамсалтай нь үзэл бодолдоо хэт баригдсан зарим нэгний хувьд хоёрдугаар хүрдэн чинагуух ба гуравдугаар хүрдэн харин янагуух утгыг илэрхийлсэн гэж үзэх явдал байдаг байна. Гуравдугаар Номын хүрдэнд "сэтгэл-төдийтний" мэдрэмжийг сургасан тул энэ шалтгаанаар түүнийг Мадяамака гүн ухааны төв үзлийн сургаалыг бодвол хамаагүй явцуу гэж нийтээрээ зөвшөөрдөг Читаматра сургуулын гүн ухааны үзэлтэй автоматаар нийцэж байгаа гэж үздэг ажээ.

Энэ дүгнэлт Гуравдугаар Номын хүрдний номлолыг ойлгох явдал үнэхээр дутагдсаныг харуулж байгаа билээ. Будда хүрд болгоноо эргүүлэхдээ мунхагаас саруул билгүүнд хүртэл дэвших чиглэлтэйгээр номлосон бөгөөд шат болгондоо өмнөх шатныхаа номлолтой холбогдуулах аргыг хэрэглэсэн байдаг. Сударт өгүүлсэн ёсоор бол Эхний хүрд "сонсогч нарын хөлгөн", хоёрдугаар хүрд "их хөлгөн" ба гуравдугаар хүрд "бүх хөлгөн"-д гэж тодорхой хэлсэн байгаа. Гуравдугаар хүрдэн тэгэхээр өмнөх хоёр хөлгөний дадлагыг сэтгэлийн урсгалдаа хэдийнэ шингээн боловсруулсан амьтан болгонд тохирох учиртай болох нь эндээс харагдаж байна.

Гуравдугаар Номын Хүрд Читаматра сургуулын гол үзлийг үзүүлсэн ч гэлээ энэ нь тэднийг Читаматрануудад зориулсан сургаал гэж үзэхэд хүргэхгүй билээ. Гуравдугаар Номын хүрдний чинагуух утгыг жинхнээр нь ойлгоно гэвэл бид Төв Үзлийн сургаал дээр суурилах ёстой. Сургаалыг буруу тайлбарлаж байгаа тэдгээр хүмүүст түүнийг харьцангуй үнэн гэж нэрлэх эрх байхгүй юм. Тэгэж болох байсан бол зарим хүмүүс Төв Үзлийг хүртэл үгүйсгэлийн үзэл гэж үздэг нь харьцангуй үнэнийг хэлж байгаагийн баримт билээ. Энэ бол Бурханы бүхий л сургаалыг алийг нь ч туйлын үнэнийг сургаагүй гэж хэлсэнтэй адил худлаа хэлж байгаа явдал болох юм.

Бодьсадва Майдарын дээдийн ном сургаалыг дэлгэрүүлэгч,
Йогачара Мадъяамака үзлийн Аугаа Зүтгэлтэн Хутагт Асанга

Нэг ба хоёрдугаар номын хүрд хоёулаа үнэнийг бүрэн төгс үзүүлээгүй учраас харьцангуй үнэнийг илэрхийлсэн юм. Эхний номын хүрдэнд өөрийн би-үгүйн үзлийг танилцуулахдаа өөрөө үгүй хоосон биш харин бүх зүйл шалтгаан ба нөхцөлөөс хамааран харьцангуй үнэний үүднээс үзэгдэж байгаа юм гэдгийг сургасан. Хоёрдугаар хүрдэнд, өөрөө-үгүй хоосон бишийг өөрөө-үгүй хоосон гэж үзүүлсэн бөгөөд туйлын үнэнийг оролцуулаад бүх зүйлс өөрөө-үгүй хоосон гэж үзүүлсэн. Зөвхөн Гуравдугаар Номын хүрдэнд л өөрөө-үгүй хоосныг өөрөө үгүйн хоосон гэж танилцуулан, өөрөө үгүй хоосон биш нь өөрөө үгүйн хоосон биш гэж үзүүлээд, хоёр үнэний хооронд нь хольж хутгах биш харин тодорхой заагийг гаргаж ялгаж харуулсан байдаг. Энэ л уг сургаалыг туйлын үнэний сургаал мөн үү биш үү гэдэг асуудлыг гаргаж ирээд байгаа юм. Үүнийг ойлгосноор бид үнэний туйлын мөн чанарыг үзэх үзлийг хөгжүүлэх гарын авлага болгон Гуравдугаар Номын Хүрдэнд тод дүрслэгдсэн үзэлд түшиглэх ёстой билээ.

Бидний дадлагын системд хэрэг болох утга санааг олж авахын тулд үндсэн эх бичигтэй ойртон танилцаж байж үнэний туйлын мөн чанарын талаар ярилцах боломжтой болно. Бидний мэдрэмжийн өөр өөр талуудыг ойлгох төрөл бүрийн өөр замууд байгаа хэдий ч Жавзан Даранатагийн зөвлөснийг дагавал эхлээд *Таван Дарма буюу Ном*, *Гурван Мөн Чанар* ба *Долоон Төрлийн Хоосон* гэж юу болохыг бид судалбал зохилтой юм. Эдгээр сургаалууд бүгд Гуравдугаар Номын Хүрдийг эргүүлэх үед номлосон *"Сэдэлд тулгуурласан Чинагуух Тайлбарт Судар"* болон *"Ланкад Нэвтрэх Судар"* хэмээх *"Туйлын Үнэний Шимийн Арван Судар"*-ын дотор багтдаг судруудаас голчлон иш татаж авсан болно.

Таван Дарма Буюу Ном

Бидний зорилго үнэний туйлын мөн чанарыг ойлгох явдал юм бол "үнэн" гэж юуг хэлж байгааг эхлээд тодруулах хэрэгтэй юм. Энэ үгэнд мэдрэмжийн хоёр талыг хамруулан хэлж байгаа нь: 1.бидний *үнэхээр* ухаарч байгаа болгон ба 2.бидний ухаарч *чадах* болгоныг хэлж байгаа билээ. Үзэгдэл үнэхээр байх бололцоотой гэж мэдэгдэхээр "үнэн" гэж тооцогддог. Энэ тогтолцоонд мэдэгдэх боломжгүй үзэгдлийг үнэн гэж үзэх шалтгаан байдаггүй байна.

Бурхан юуг мэдэж болох ба юуг мэдэж болохгүйн хязгаарыг судалж үзээд сэтгэлд үзэгдэх чадвартай тавхан төрлийн л үзэгдэл байгааг олсон байдаг. Тэрбээр энэхүү Дарма буюу Номыг *"Ланкад Нэвтрэх Судар"* хэмээх сургаалдаа сургасан байна.

"Бурхан Багш Махаматид хэлэв: "Таван Дарма буюу Номын ялгамжаатай шинжүүд, оршихуйн зарчим, ухамсрын хэлбэрүүд болон нэр ба дүрсний хоёр төрлийн өөрөө-үгүй, тусгал, билиг билгүүн хийгээд цаглашгүй ахуй. Эдгээрийг хөгжүүлсэн бясалгагч хүн Бурханы мэдлэгийн нэгэн биеийн

чөлөөний оронд хүрэн, "мөнхөд барих" болон "тасархайд барих" үзэл, орших хийгээд эс оршихуйн үзлүүдийн аль алийг хувиргаж чадан, өмнө юу үзэгдэнэ түүнд болон одоо цаг дээр төвлөрөн бясалгахуйн амгаланд саатан амрах бөлгөө. Махамати, тэд таван Дарма буюу Номыг ухаарахгүй ба оршихуйн зарчим, ухамсрын хэлбэрүүд хийгээд өөрөө-үгүйн хоёр төрөл бол тэдний өөрсдийн сэтгэлийн хүлээн авч буй байдал гэдгийг ухаарахгүй байдаг ажгуу. Тэнэг хүн л гадаад оршихуйгаа төсөөлнө, ухаантнууд бол үгүй билээ."

Бурхан Багшийн энэ санаа үнэнийг ойлгуулах маш амьдралтай арга юм. Хэзээ ч үнэнхүү мэдэрч үзээгүй гадаад ертөнц руу хандахын оронд дотоод сэтгэлдээ юу ургаж байгаа руу харах хэрэгтэй. Энэ бол таны үнэн байдал бөгөөд түүнийг сайтар ойлгосноор үүрдийн амгалан зохицлыг олох болно. Энд бидний ойлговол зохих таван Дарма буюу Номыг танилцуулсан байгаа нь: 1.дүрс, 2.нэр, 3.тусгал, 4.цаглашгүй ахуй, 5.билиг билгүүн билээ.

Дүрс

Тэд бол хэлбэр зураглалыг хүлээж аваад сэтгэлд ургах бодит дүрснүүд юм. Таван мэдрэхүйн үзэгдлүүдэд хариу үзүүлэх таван төрлийн ухамсар бий: 1.дүрс хэлбэр хүлээн авах нүдний ухамсар, 2.дуу чимээ хүлээн авах чихний ухамсар, 3.үнэр хүлээн авах хамрын ухамсар, 4.амт хүлээн авах хэлний ухамсар, 5.сэрэл мэдрэмж хүлээн авах хүрэлцэхүйн ухамсар билээ.

Нэр

Дүрснүүд дээр үндэслээд хамаг амьтны орших орчин болсон гадаад ертөнцөд хандлага бий болгоно. Дүрс ургахад сэтгэл ялгах чадварынхаа тусламжтайгаар тэр хэв маягийг өөр бусад хэв маягаас ялгаж танина. Жишээ нь, цэцэг, ус хоёрыг агуулсан бөөрөнхий савыг харахаараа "ваар" гэж таньдаг. Ингэж юмсыг нэрлэж томъёолсноор бид өөр өөр дүрснүүдийн хооронд шугам татаж зааглан, үнэнээс салангид ялгаатай хэсэг мэт хүлээн авч эхэлдэг. Эдгээр нэрс өөрөө *будүүн оюуны ухамсар* хэмээх бодол сэтгэхүй, ухамсрын нэгээхэн хэсэг бөгөөд цаг хугацаа өнгөрөх тусам эдгээр бодлууд бидний мэдрэмжинд тодорхой нарийвчилсан деталиудтайгаар хуримтлагдан, бодит мэдрэмжийн гадаад ертөнц ба хийсвэр мэдрэхүйн дотоод ертөнц аль алиныг нь дүрслэн хэлбэрждэг. Бидний хэн болох тухай ойлголт бүхлээрээ бодол сэтгэхүйн энэхүү аварга сүлжээнд суурилсан байдаг ажээ.

Тусгал

Дүрс нэртэй болмогц сэтгэл эдгээр дүрснүүдтэй холбогдон тэдний хооронд бодлын харилцаа үүснэ. Дүрс ургамагц сэтгэл түүнийг бодлын цуглуулганд тусгаж тэр хоёрын хооронд гүйдэл үүсгэнэ. Үүний хамтаар сэтгэл тэр дүрсийг тусган буй шинжүүдээ агуулсан бодит орон ба объект оршиж байгаагаар хүлээж авна. Ийнхүү *төөрөгдөлт ухамсар* үүсдэг байна. Сэтгэл шинжүүдийг дүрснүүдэд үнэн хэрэгтээ ямар байдлаар оршиж байгаагийнх нь дагуу бус байдлаар тусгаж авч байгаа бол үнэн байдал төөрөгдөлд орж зовлон эдлэхэд цаашид хөтөлдөг байна.

Цаглашгүй Ахуй

Нэр ба дүрс мэдрэгдэх боловч аль аль нь өөрийн талаас гадуур бие даан оршиж байгаагаар олдохгүй. Тэдгээр үзэгдлийн мөн чанарыг илүү судлаад байх тусам тэд цөм зүгээр л түрхэн зуурын шалтгаан ба нөхцөлөөс хамааралтайгаар бүтэж байгаа гэдгийг мэдэж эхэлнэ. Болгоомжтой сайтар задлан шинжилж үзэх юм бол тэд цөм эцэстээ сэтгэлд буцаад уусаж алга болох чанартай бөгөөд алдаатай тусгалыг хувиргагч дотоод мэдрэмжтэйгээ л үлдэж болох ба үүнийг *цаглашгүй ахуй* гэж нэрлэдэг. Бүх бодлууд сэтгэлээс арилж алга болоход үлддэг зүйлийг хэлж байгаа ажгуу.

Цаглашгүй ахуйг таван чанараар дүрслэн үзүүлж болно: 1.энэ бол ямар ч түр зуурын үзэгдэл ургана хамаагүй мөн чанар нь хэзээ ч үл толботох, үл өөрчлөгдөх *ариун* чанартай, 2.энэ бол харьцангүй бүх мэдрэмжүүд энд л суурилан ургадагаас *бүхнийг хамарсан* шинж чанартай, 3.энэ бол цаглашгүй ахуйн бүхий л чанарууд дотооддоо үзэгдэх *бие даан оршсон* чанартай бөгөөд шалтгаан ба нөхцөлөөс хамаарч ургадаггүй, 4.энэ бол цаглашгүй ахуйн чанарууд ургахгүй байх тийм хором гэж байдаггүй *мөнхийн* чанартай, 5.энэ бол төөрөгдөл үгүй тунгалаг ухамсрын мэдрэмжийн орон ба объектдоо *үнэхээр бүтсэн* чанартай байдаг ажгуу.

Билиг Билгүүн

Цаглашгүй ахуй бол бүхий л мэдрэмж ургадаг хамгийн доод суурь мөн. Цаглашгүй ахуй аливаа нэгэн хязгаараас төгс чөлөөтэй орших учраас мунхаг сэтгэл ч, саруул оюун ч адилхан ургах суурь болох чадвартай ажээ. Сэтгэл цаглашгүй ахуйтай бодлын төөрөгдсөн алдаатай сүлжээгээр холбогдох үед цаглашгүй ахуй *язгуурын ухамсарлахуй* болон ургадаг байна. Ийм сэтгэл үйлийн үрүүдийг үржүүлж, мэдрэмжийн мөн чанарыг нөхцөлдүүлж эхэлдэг.

Бурхадын эгнэшгүй их энэрхүй сэтгэлийн үрээр бид суралцаж бясалгах замаар хэрхэн төөрөгдөлгүй зөв ойлголт олж болох сургаалуудтай учраад байгаа билээ. Энэ мэдлэгийг эзэмшсэнээр үйлийн холбоонуудыг уусган, төөрөгдөл ухамсрыг арилгаснаар язгуур ухамсрын үнэн мөн чанар илрэн гарч цаглашгүй төлвийн жинхэнэ үнэнийг мэдрэх болно. Зөв мэдлэг хийгээд цаглашгүй ахуйн хоёргүйн нэгдэлд саатан орших нь Бурханы Номын лагшинг олохын жинхэнэ утга мөн билээ. Энэ бол мунхгийн хир толбо хэзээ ч бохирдуулж үл чадах бүхий л барцад түйтгэрээс чөлөөтэй төлөв ажгуу.

Гурван Мөн Чанар

Таван Дарма буюу Номыг судалснаар мунхаг хэрхэн бий болдог болон түүнийг арилгах хэрэгтэй гэдэг энгийн загварыг таньж авдаг. Үзэгдлийн таван төрлийг цааш нь задлаад үзэх юм бол оршихуйн загвар *Гурван Мөн Чанар* гэдэг зүйлийн талаар ярих хэрэгтэй болно. Эдгээр мөн чанаруудыг ариусгах *суурь*, суурийг ариусгах *зам*, ариусгалын *үр дүн* гурвыг төлөөлдөг. Цагийн хүрдний сургаалаар авч үзвэл эдгээр мөн чанарууд гадаад, дотоод ба гэгээрсэн буюу бусад үнэнээр төлөөлүүлдэг байна. *Сэдлийн тухай "Чинагуух Тайлбарын Сударт"* зааснаар:

> *"Гунакара, үзэгдлийн гурван мөн чанар бий бөлгөө. Тэд юу вэ гэвээс тэд бол зохиомол мөн чанар, бусдаас хамаарагч мөн чанар, төгс бүтсэн мөн чанар болой.*

> *Гунакара, үзэгдлийн зохиомол мөн чанар гэж юу вэ? гэвэл энэ бол өөрөө буйд үндэслэн нэр ба тэмдэг маягаар зохиосон буюу зөвшилцсөн аль нэг байдлыг оноохын тулд үзэгдлийн шинжүүдийг томъёолсон мөн чанарыг хэлмой.*

> *Гунакара, бусдаас хамаарагч мөн чанар гэж юу вэ? гэвээс энэ бол зүгээр юмс үзэгдлийн шүтэн барилдлага билээ. Энэ ямар гэвэл: Тэр буй тул энэ гарсан болой, энэ бүтсэн учраас тэр бүтмүй. Энэ нь: "мунхаг нөхцөл байдлаас зохиомол үзүүлэлтүүд ургамуй" гэдгээс эхлээд: "Ийм замаар бүх аугаа гаслангууд төрөх болой" гэх хүртэл үргэлжлэх бөлгөө.*

> *Гунакара, төгс бүтсэн мөн чанар гэж юу вэ? гэвээс энэ бол үзэгдлийн цаглашгүй ахуй болой. Хичээл зүтгэл хийгээд оюуны зөв мэдлэгээр Бодьсадва хүн ухамсрыг бий болгох буюу \төгс байгуулсан мөн чанарыг\ ухаарах ухамсрыг хөгжүүлэх бөлгөө. Тэгснээр энэ нь гүйцэгдэшгүй, төгс, төгөлдөр гэгээрлийг \бүх шатуудыг\ бий болгодог бөлгөө"* хэмээжээ.

Одоо бид эдгээр мөн чанаруудыг тус бүрд нь нарийн тодорхой судлан Таван Дарма буюу Номтой эргээд хэрхэн холбогдож байгаа мэдэх болно.

Зохиомол Мөн Чанар

Үнэнийг үзэх эхний давхаргад бид өөрсдийгөө *зохиомол мөн чанартай* танилцуулах болно. Энэ бол нэр ба дүрсний хоорондын харилцаанаас үүсдэг үнэнийг үзэх байдал юм. Энэ бол үзэгдэх дүрсийг сэтгэлд ургаж байгаа шигээ оршин байна хэмээн зуурах бодлын үр дүнд хуримтлагддаг бодлуудын давхраанууд билээ. Бурхан Багш энэ мөн чанарыг хараа муудах үед гардаг алдаатай зүйрлэж үзсэн байх бөгөөд хүний нүдний болор зузаараад ирхээрээ байхгүй юмыг байгаа болгож хардаг байна. Нүдний линз зүсэх хагалгаагаар хараа сайжирдаг шиг алдаатай хүлээн авахуй хэзээ ч өөрөөсөө бие даан оршдоггүй билээ. Зохиомол мөн чанар хоёр төрөл байдаг. Үүнд:

1. **Ойлгогдох:** Ийм мөн чанарууд бол бүх бодит дүрснүүдийг төлөөлдөг. Тэд бол орон ба объект анхааралд өртөхөд сэтгэлийг оролцуулаад өөр төрөл бүрийн мэдрэх эрхтнүүдийн хүлээн авах дүрснүүдийг хамарч оршдог. Тэд цөм тус тусдаа, өөр өөр зүйлс шиг үзэгдэвч янз бүрийн нөхцөл байдал цуг нийлсний үр дүнд л сэтгэлд төрж буй үзэгдлүүд билээ. Үнэн хэрэгтээ тэд нөлөөтэй шилээр хорвоог харах мэт сэтгэлийн зохиомол олдворууд юм.

2. **Ойлгогч эзэн:** Энэ хоёр дахь хэлбэр бол бидний "би" гэж таньдаг хийсвэр үзэгдлийг төлөөлдөг. Энэ нь төрөл бүрийн шинж чанаруудыг агуулсан бие даасан нэгэн зүйл оршин байна гэсэн мэдрэмж билээ. Энэ зохиомол чанар бол ойлгогдохуйц дүрс хийгээд түүнийг хүлээн авч буй сэтгэл хоёрын хооронд холбоо үүсгэж байгаа бодлууд л юм.

Эдгээр зохиомол чанарууд байгаа болохоор юмс үзэгдлийг бодит хийсвэр болгон хардаг хоёрдмол сэтгэл төрдөг байна. Хэрвээ энэ холбоог шинжлээд үзэх юм бол бид өөрсөндөө холбоотой л бол бүх юмыг өөрийн нэгэн хэсэг гэж үзэх нь үнэндээ бодит үзэгдлээс зохиомлоор бий болгож байгаа хэрэг юм. Тэдгээрийг хийсвэр болгож байгаа зүйл нь "би" "минийх" хэмээх зуурах үзэл билээ. Энэ ялгаа өөрөө зохиомол учраас ганцаараа ямар нэгэн шимтэй байх аргагүй юм.

Зохиомол төөрөгдөл хэрхэн төрдгийн нэг жишээ болгон гар хэрхэн үзэгддэг билээ гэж бодож болно. Гараа харах юм бол хэлбэр дүрс өнгө зэргийг харна. Энэхүү танд танил дотно өвөрмөц хэлбэр өнгөний хэв маягийг "гар" гэж ойлгоно. Гэхдээ яг аль байна гэхээр олдохоо больчихдог. Үенүүд нь гар юмуу? Хуруунуудын аль нэг нь байна уу? Алга юмуу, ар тал нь юмуу? Эдгээрийн аль нь гар билээ? Аль ч гар биш юм бол гар гэж ер бий юу?

Шинжлэлийн маань зорилго бол "нэр" ба "дүрс" гэж юу болохын ялгааг сайтар тодруулах явдал юм. Бидний зохиомол мөн чанарыг сайтар судлаад байх тусам энэ үйл явц бүр л илүү олдмол болж хувирах болно. Энэ олдмол байдал бидний тэдэнд нэр болгон өгч байгаа үгнээс гадна тэдгээр үгнүүдтэй холбоотой утгын давхраануудад мөн хамааралтай. Элсээр барьсан байшингийн адил тэд найдвартай биш бөгөөд өөрчлөгдөж хувирах магадлалтай. Бид хорвоо ертөнцийг нэг тодорхой замаар тайлбарлаж болно бөгөөд бас дахин маргааш нь өөр замаар ч тайлбарлаж болох билээ.

Хамааралт Мөн Чанар

Бид өөрсдийн зориудын томъёолсон мөн чанараа шинжлээд үзэхэд энэ орчлон хорвоог утга учиртай болгож байгаа бүхэн цаанаа барьцгүй, бидний нөгөө "гар" гэж хайсантай адил олдохгүй зүйлс байдаг. Гэвч хэрвээ "гар" гэдэг зохиомол нэрийг арилгачихвал "гар" гэдэг үгийг зохиох үндэс болсон нөгөө дүрс маань хэвээр байж л байна. Үүнийг бид *хамааралт мөн чанар* гэж нэрлэж байгаа билээ.

Энэ бол шалтгаан нөхцөлүүд нийлснээр ургаж байгаа бөгөөд зохиомол байдал ургах үндэс болдог. Хоёр төрлийн хамааралт мөн чанарын тухай бид ярилцах боломжтой. Үүнд:

1. **Ариун бус:** Сэтгэл "би"-г зохиох үед "бусад" гэгчийг мөн зохиомлоор гаргаж ирнэ. Энэ нь сэтгэл, ойлгогч эзний зохиомол мөн чанарын нөлөөн дор ажиллаж байгаа гэсэн үг бөгөөд ертөнцийг автоматаар хоёрдмол үзлийн үүднээс авч үзнэ. Энэ үзэл алдаатай тусгал хэлбэрээ олохын суурь болон үйлчилдэг учраас *ариун бус* гэж үздэг байна.

2. **Ариун:** Гурван мөн чанарыг сайтар судлаад үзэхэд өөрөөсөө үүссэн "би" байдаг гэсэн худлаа үзлийг арилгах боломж байдаг. Үүний тулд бид хамааралт мөн чанарыг бодлын төөрөгдөл давхраагүйгээр мэдрэх хэрэгтэй юм. Үзэгдэл ургасан хэвээр байх боловч тэд "би" гэдэг үзэлтэй холбоотой нөхцөлдөөгүй байх тул аяараа ургаад хэсэг зуур байж саатаж байснаа сэтгэлд уусаж арилдаг. Төөрөгдлөөс ангид байгаа учраас үүнийг *ариун* гэж үздэг байна.

Ариун ба ариун бус алин ч бай хоёулаа бидний ухамсар үзэгдэл хоёрын хоорондын өвөрмөц харьцааг хэрхэн ойлгохтой холбоотой байдаг байна. Эхнийх нь мунхагт, хоёр дахь нь билиг оюунд тулгуурласан тайлбар юм. Ухамсар үзэгдлээс зуурах үед ариун бус үзэл эхлээд ургана. Гэвч түүнээс зууралт байхгүй бол ариун үзэл ургаж ирнэ.

Мэдрэмжийн хамааралт мөн чанар нэгэн хэвийн өөрчлөгдөшгүй хадагдсан зүйл биш. Түүний хэрхэн үзэгдэх нь тухайн хоромд ямар үзэл төрөхөөс шалтгаалж үзэл өөрчлөгдөхөд хүлээн авахуй мөн өөрчлөгдөнө. Бурхан үүнийг улаан гэрэлд барьсан тунгалаг болортой зүйрлэсэн байдаг бөгөөд тэр тохиолдолд бадмаараг мэт харагддаг ажээ. Ногоон гэрэл дор баривал оюу, шар гэрэл дор алт шиг харагдах билээ. Гэрлийн өнгө солигдоход болор өөр өнгөтэй үзэгдэнэ. Энэ бол язгуур ухамсрын төвийг сахисан чанар бөгөөд түүнийг хязгааргүй олон янзаар тайлбарлаж болох ажээ.

Хамааралт мөн чанар дээр тунгаан шинжилснээр хоёрдмол үзлийн үүднээс хүлээн авагдаж буй үзэгдэл болгон өөрөөсөө үүсээгүй хоосон чанартай ухаарах болно. Тэд харин бидний мэдрэмжийн чанарыг хэлбэр оруулж байдаг байнгын өвөрмөц өөрчлөлт хувиралтанд оршдог байна. Бид энэ мөн чанарын талаар илүү ухаарах тусам мэдрэмж төрөх байдалдаа нөлөө үзүүлж чадахаар болж амьдралдаа жинхэнэ энх амгалан эвсэл зохицолт байдлыг авчрах боломж нээгдэх юм.

Төгс Бүтсэн Мөн Чанар

Зохиомол мөн чанар болон хамааралт мөн чанар дотор агуулагддаггүй юм байна гэдгийг сэтгэл таньж ариуссан даруй цаглашгүй ахуйн төлөв гарч ирж үзэгдэх болно. Энэ бол хамааралт хийгээд зохиомол мөн чанар ургадаг туйлын суурь давхарга билээ. Цаглашгүй ахуйн төгс бүтсэн мөн чанарыг үзэх хоёр зам бий:

1. **Хувиршгүй:**Энэ бол бүхий л төрлийн төөрөгдлөөс ангид чөлөөтэй хоёргүй сэтгэлээр мэдрэгдэж буй цаглашгүй ахуйн жинхэнэ мөн чанар билээ. Бодлын хуурмаг төөрөгдлөөр нөхцөлдөөгүй сэтгэл хязгааргүй чануудаар дүүрэн дээдийн амгаланд сатан оршино. Үүнийг *хувиршгүй* мөн чанар гэж нэрлэх бөгөөд яагаад гэвэл алвиаа зуралтаас ангид учраас одоо цагийн амгалан оршихуйгаас хэзээд үл хагацах ажгуу.

2. **Төөрөгдөлгүй:** Цаглашгүй ахуй ариун үзлийн үүднээс мэдрэгдэхээрээ *тунгалаг билгүүн* бий болно. Сэтгэл гэдэг өөрөө маш нарийн түвшинд хүртэл үзэгдлийг ялгаж салгах хоёрдмол салаа үзлийг агуулж байдгаараа хамааралт мөн чанар юм. Энэ мөн чанарыг эгэлийн зохиомол мөн чанараас ялгаатай болгож буй зүйл нь би-д барих үзэлд итгэх бодол байдаггүй учраас мунхаг байдаггүй байна. Бүх юмс үзэгдэл цаглашгүй ахуйн ариун үзэгдэл болон мэдрэгдэнэ.

Хоёрдмол үзэл бүрэн уусаж арилахад, ухамсар үзэгдэл хоёр ус, устай нэгдэх мэт хоорондоо бүрэн холилдож салшгүй нэгэн болсноор *хоёргүй* үзэл төрдөг. Ухамсар хөдөлгөөнгүй байдалд сатан байх зуурт түүнээс ая зөнгөөрөө туяа цацарч тоолшгүй олон үзэгдлийг ургуулах болно. Тэдгээр үзэгдлүүд ямар хэлбэр дүрстэй байх нь огт хамаагүйгээр цаглашгүй ахуйгаас хэзээ ч салангид хэмээн мэдрэгдэхгүй. Тэд цөм харин туйлын шижир тунгалаг билгүүний ядмууд болон үзэгдэнэ.

Шинжилгээ судалгааны эцэст гурван мөн чанар хоёр болон шахагдаж болох нь илэрхий болж хамааралт мөн чанар ямар үзэл үзэгдэхээс шалтгаалан эсвэл зохиомол мөн чанар мэт эсвэл төгс бүтсэн мөн чанар мэтээр мэдрэгдэж болох нь. Зохиомол мөн чанар зөвшилцсөн оршихуйн харьцангуй үнэнтэй таарч байхад харин төгс бүтсэн мөн чанар туйлын оршихуйн үнэмлэхүй үнэнтэй таарч байдаг ажгуу.

Хоосон Чанарын Долоон Хэлбэр

Ариунаар үзэхүй хөгжөөгүй байгаагаас бид одоогоор хамааралт мөн чанарыг л ухамсарлаж чадаж байгаа бөгөөд эндээс, одоо яах ёстой вэ? гэдэг асуулт зүй ёсоор гарч ирнэ. Бид Цаглашгүй ахуйг төөрөгдөлгүй байдлаар мэдэрье гэвэл үзлээ хэрхэн ариусгах вэ? Үүний хариулт нь "*хоосон чанар*" билээ.

Бидний төөрөгдөж будилсан сэтгэл бол алдаатай тусгалуудыг ихээр хуримтлуулан, тэд зохиомлоор оршиж байгаагаас өөр юу ч биш, тэдэнд алив нэгэн шим шүүс огт байхгүй гэдгийг ойлгоогүйн үр дагавар мөн. Харамсалтай нь, энэ бодлуудыг даанч удаан зуршуулсан болохоор тэднээс урган гарах давхар,

давхар бэрхшээлүүдийг үндсээр нь тасдах тийм ч амар зүйл биш. Өөр өөр үзэгдлүүдийн хоосон чанарыг таньснаар тэдгээр давхраануудыг нэг нэгээр нь хуулан байж үнэнийг хүлээн авах ариунаар үзэхүйг бий болгоно.

Үнэний аль давхрагатай харьцаж байгаагаас шалтгаалан өөр өөр төрлийн хоосон чанар байдгийг мэдэж байвал зохино. Бурхан багш: *"Ланкад Нэвтрэх Судар"-таа*

> *"Махамати, товчоор хэлэхэд долоон зүйлийн хоосон бий: 1.шинж чанарын хоосон, 2.өөрөө-оршихуйн хоосон, 3.үзэгдлийн хоосон, 4.бус-үзэгдлийн хоосон, 5.хүчингүйн хоосон, 6. Бурханы мэдлэгийн үнэмлэхүй үнэний аугаа хоосон, 7.харилцан үл агуулахуйн хоосон эдгээр болой"*

Энэхүү долоогоос нэг нь зохиомол мөн чанарт, гурав нь хамааралт мөн чанарт, гурав нь төгс бүтсэн мөн чанарт холбогдоно. Эдгээр холбоог тодорхой ойлгох нь дадлагын замналдаа хэрэглэж болох арга зүйн ухаантай биднийг холбож өгч байдаг билээ.

Зохиомол Мөн Чанарын Хоосон

Хэдийгээр бидний анхаарал үнэний туйлын мөн чанарыг ухамсарлах билиг оюуныг хөгжүүлэхэд чиглэж байгаа ч гэсэн зохиомол төөрөгдөл голлох байрыг эзэлсэн ертөнцөд амьдарч байгаагаа хэрэгсэхгүй орхиж болохгүй юм. Туйлын чанартаа зохиомол байдал харагдаж байгаа шигээ оршдоггүй боловч харьцангуй түвшиндээ бидний сүсэг бишрэлийн дадлагад маш ашигтай байх боломжтой.

Бидний хүлээн авч байгаа орон ба объектын зохиомол чанар шинжлэгдээгүй байлаа ч тэднийг үйл ажиллагаа явуулахад хэрэглэх боломжтой. Жишээ нь, сандал шиг харагдах дүрс ургалаа гэж бодоход бид түүнийг дээр нь суух байдлаар ашиглаж болно, ингэснээр тэр сандлын үүргийг гүйцэтгэж чадаж байна. Хэрвээ бид түүнийг дээр нь суухад тохиромжтой зүйл гэж таниагүй бол "сандал" гэж нэрлэхгүй байх сан. Хүссэнээ бүтээхийн тулд өөр өөр дүрснүүдийн үйл ажиллагааг хооронд нь хэрхэн ялгахаа мэдэж байхыг *зөвшилцөлт оюун ухаан* гэж нэрлэдэг.

Ийм оюун ухаанд тусалдаг тусгай нэгэн хоосон чанарыг *харилцан үл агуулахуйн хоосон чанар* гэнэ. Тодорхой нэгэн үзэгдэл нөгөөтэй холбогдоогүй болохыг ухамсарласан явдал энэ бөгөөд танхим дүүрэн лам нар байна, харин заан алга гэж танихтай адил ажээ. Бид мөн хаана гэрэлтэй байна тэнд харанхуй алга байгааг таньж, хаана богинохон байна тэнд урт алга байгааг таньдаг. Ийм төрлийн хоосон чанар тодорхой нэгэн үзэгдлийн шинж чанаруудын ялгааг гаргах үндэс болдогоороо ашигтай бөгөөд үнэнийг олон чадварлаг аргаар ашиглах боломжийг бидэнд өгч байдаг билээ.

Хүнд туслалцаа хэрэг болсон мэт танд санагдсан тохиолдлыг жишээ болгон авъя. Тэр хүн болон тухайн байдлын шинж чанаруудыг хооронд нь ялгаж таних чадваргүйгээр та түүнд тустай үйлийг хийх чадваргүй байх байсан. Бидний замнаж буй замдаа хийдэг бүхий л буяны үйлдлүүд цөм ийм төрлийн хоосон чанар дээр үндэслэгдэн хийгддэг. Түүнгүйгээр бүх юм холилдон учир замбараа нь олдохоо байж цаашдаа бүр их төөрөгдөхөд хүргэнэ.

Гэхдээ бид зөвшилцөлт ухааныг хөгжүүлэх нь харьцангуй мөн чанартай гэдгийг мартаж болохгүй. Энэ бол биднийг зохиомлын зууралтандаа дарангуйлагдаж байх үед л ашигтай. Бид эдгээр зохиомол мөн чанаруудыг цөмийг нь эцэстээ хувиргах шаардлагатай ба Бурхан Багш ийм хоосон чанараас зайлсхийх хэрэгтэй гэж анхааруулсан байдаг. Бид өөрснийгөө сансрын хүлээснээс шууд чөлөөлөх чадваргүй мэдлэгээр тархи толгойгоо дүүргэхээр тийм бардам загнахыг өөрсөндөө зөвшөөрч болохгүй. Бидний гол анхаарал тиймээс үлдсэн зургаан төрлийн хоосон дээр тунгаан бясалгаж илүү гүнзгий оюун ухааныг хөгжүүлэхэд чиглэх ёстой.

Хамаарал Мөн Чанарын Хоосон

Зохиомол үзэгдлийн мөн чанарын туйлын чанарыг шинжилж судалснаар зөвшилцөлт үнэн хэрхэн оршдогийг мэдэж чадах тийм оюуныг бид хөгжүүлж чадах болно. Үзлээ ариусгахын тулд эхлээд биднийг байнгын төөрөгдөлд оруулж байдаг тусгайлсан буруу ойлголтуудыг цэвэрлэх үндсийг тавьж өгдөг гурван төрлийн хоосныг ухамсарлах ёстой.

Эхнийх нь *шинж чанарын хоосон* билээ. Энэ бол зохиомлын суурь нь бидний тусгаж буй зохиомлоор хоосон гэдгийг таних явдал мөн. Жишээ нь, бусдаас хамааралтайгаар нүдний ухамсарт өртөж байгаа дүрст үзэгдлүүд "алим", "улаан өнгө", "хоол" гэх мэт зохиомол нэрнүүдийг бидэнд гаргаж ирэх үндсийг тавьж өгч байдаг. Гэвч эдгээр нэрсийг бид жинхэнээр нь тэр дүрснээс хайвал олохгүй билээ. Ийм төрлийн хоосон чанартай танил дотно болсноор дүрс ба тэдгээрийн нэрс нэгдмэл нэг зүйл гэж алдаатай бодох явдлыг арилгахад тусална.

Хэдийгээр нэрс зохиомол болохыг таних хэчнээн амархан ч гэлээ дүрс өөрөө бас зохиомол бөгөөд хоосон мөн чанартай юм шүү гэдгийг таних нь түүнээс хамаагүй илүү хэцүү байдаг. Дүрс ургахад л бид тэр дороо түүнийг өөрийнхөө талаас бүтсэн, тийм ч болохоор өөрийн шинж чанаруудыг харуулан оршдог гэж шууд боддог. Дүрст үзэгдлийн үнэхээр оршин байна гэдгээс зуурах сэтгэл бол энэ юм. Хэдийгээр "алим" гэдэг нэр тэр дүрсэнд байхгүй боловч дүрс мөн л "алим" гэж нэрлэгдэх тэдгээр шинж чанаруудыг хадгалан "алим болон" үзэгдэж байна. Энэ буруу ойлголтыг арилгахын тулд бид *өөрөө-оршихуйн хоосонтой* танилцаж дүрсний харилцан хамаарлын мөн чанарыг судлах хэрэгтэй болно.

Ширээгээр жишээ авъя. Тодорхой нэг дүрсийг хараад "ширээ" гэж нэр зохиох ямар үндэс байна? Ширээ гээд бодохоор бид тавцан ба дөрвөн хөл гэж бодвол одоо нэг хөлийг нь авчихъя. Ширээ хэвээрээ л байна уу? Тиймээ, ширээнийхээ үүргийг гүйцэтгэж чадаж байгаа болохоор зүгээр эвдэрхий ширээ гээд нэрлэж болох байх. Дахиад нэг хөлийг салгачихвал ширээ хэвээр байх уу? Ширээ гэж нэрлэхээ болихын тулд хэдэн хөлийг салгах хэрэгтэй бол?

Үүнээс харахад дүрс зохиомол зүйл гарч ирэх үндэс болж байгаагаараа тодорхой нөхцөл шалтгаанууд хамтран нийлэх явдлаас хамаарч оршиж байна. Нөхцөл бүрэлдэхэд тэр зохиомол нэрнийхээ үүргийг гүйцэтгэн, харин нөхцөл алга болоход тэр зохиомол нэр цаашид хүчингүй болон хувирч байна. Тэгэхээр үндсэндээ тэр өөрийн зүгээс бүтээгүй, хэрвээ бүтсэн байсан бол хэзээд л өөрийн үүргийг гүйцэтгэж чадаж байх байсан билээ.

Энэ эхний хоёр төрлийн хоосон чанар бодит *үзэгдлийн хоосон* чанартайг ухаарах суурь болж өгч байна. Тэдэнтэй тулж ажилласнаар бид гадаад үнэнээс зуурах явдлыг таслан зогсоож хийсвэр мэдрэмжийн илүү нарийн мөн чанарыг олж илрүүлэх боломжийг бүтээх юм. Энэхүү нарийн дотоод үнэнээс зуурах явдал бол биднийг сансарт хүлж байгаа тэр мунхаг сэтгэлийн жинхэнэ ёзоор нь болдог билээ.

Өөрөөс зуурах сэтгэлийг арилгахын тулд бид юмс үзэгдлийн хоосон чанарыг бодох ёстой. Энэ төрлийн хоосон бол бие-сэтгэлийн бүрдэл цогцод өөрөөсөө үүссэн бодит "би" хэмээх нь үгүй болохыг таних явдал мөн. Өөрөөс зуурах сэтгэлийг таньсны дараагаар тэр өөрөө гэгчээ бусад бүрдэл цогцтой ижил байна уу, өөр байна уу гэдгийг судлах хэрэгтэй. Бүрдэл цогцуудыг сайтар шинжлэн судалсны дараа "би өөрөө" гэж үндсэндээ хэзээ ч байдаггүй юм гэсэн дүгнэлтэнд хүрэх болно.

Зуршилт хандлагуудыг тасдах хүчтэй байхын тулд эдгээр бүх бясалгалууд Шаматагийн нэгэн үзүүрт төвлөрөл болон Випашьянагийн үзэгдлийн хоосон чанарын туршлага хоёрыг хамтруулах чадвартай байх ёстой. Хэрвээ бид өөрсдийгөө энэ үнэнтэй танил дотно болгож чадвал өөрөө хэмээх бүрдэл цогцуудаас зуурах явдал арилж хамааралт мөн чанар зохиомол-мөн чанарын төгс хоосноор гарч ирж үзэгдэх болно.

Төгс Бүтсэн Мөн Чанарын Хоосон

Харилцан хамаарлын хоосон чанарыг ухамсарласан билиг оюун хөгжихтэй зэрэгцэн зуурах сэтгэл арилж юмс үзэгдэл өөрөөсөө бүтсэн мэтээр харагдахаа цаашид больж сэтгэлд ургасан илбэ мэтээр үзэгдэх болно. Энэ ухамсар сансрын хүлээснээс ангижирахад хангалттай, гэхдээ төгс гэгээрэлд хүрнэ гэвэл дахиад хийх зүйл бидэнд бий.

Аяны маань дараагийн алхам бол цаглашгүй ахуйн төгс бүтсэн мөн чанарт өөрсдийгөө сайтар дасгах явдал мөн. Цаглашгүй ахуйн зүгээс үнэний мөн чанарыг хэрхэн мэдрэгдэх вэ гэдэгт суралцсанаар үйлийн үрийн хамгийн нарийн зуршилтат ул мөрүүд ч арилж бүхий л хязгаараас чөлөөтэй гэгээрсэн төлөвт орж Бурхан болох болно. Үүний тулд бид хоёрдмол ухамсраар үнэнийг хардаг сэтгэлээ хувиргах хэрэгтэй билээ.

Бидэнд учрах эхний саад бол язгуур ухасмрыг туйлын үнэн хэмээн эндүүрэх явдал юм. Үүнийг даван гарахын тулд *үзэгдлийн бус хоосныг* ухаарах ёстой бөгөөд энэ нь хамааралт мөн чанарын хоёрдмол үзэгдэл цаглашгүй ахуйн зүгээс авч үзэхэд огт оршдоггүй болохыг таних хоосон чанар юм. Цаглашгүй ахуй бол уг мөн чанараасаа хоёрдмол-бус бөгөөд бодит зүйлийг мэдэрч буй хүний хийсвэр мэдрэмжээс ангид чөлөөтэй оршдог.

Бид үүнийг зүүдэлж буй хүнтэй зүйрлэж болно. Тэд зүүдэндээ үнэхээр янз бүрийн үйл явдалд оролцон түүнээсээ баяр жаргал юмуу зовлон гунигийг амсаж байдаг. Нэг өдөр тэдний зүүд маш тод үзэгдэж эхлэн мэдэрч байгаа бүхэн илбэ мэт чанартай болон хувирна. Тэд зүүдэлж байгаагаа ухаарангуут зүүднээс үнэн мэт зуурах хэрэг алга, зөвхөн л зүүд шүү дээ гэж зуурахаа больсноор зовох шаналахаа ч мөн адилхан болино. Сэрсэн хойноо зүүд байсныг нь мэдэж саяын мэдэрсэн ертөнц тэдний өөрсдийн сэтгэлээс өөр хаа ч жинхнээрээ оршдоггүй юм байна гэж танина.

Үүнтэй адилхан, хоёрдмол сэтгэл зүүд адил хуурамч мөн чанартай билээ. Тэднийг үнэн гэж зуурвал бид зовлон амсана, зууралтаа зогсоогоод орхивол түүнийг мэдрэх нөхцөлүүд арилж одно. Гэхдээ дүрснээс зуурах уу, үгүй юу гэдэг бидний зүүдэлж байгаа баримтыг өөрчлөхгүй билээ. Цаглашгүй ахуйг ухаарснаар төгс бүтсэн мөн чанарын үүднээс эдгээр ялгаанууд хэзээ ч оршиж байгаагүй гэдэг үнэнийг сэрж мэдрэх юм.

Энэ төрлийн хоосныг ухаарах үедээ сэтгэл дэх бодлыг хооронд нь уяж байдаг маш нарийн түвшний зууралтуудыг уусгах хоёрдмол үзлээ арилгах хүслийг төрүүлэх болно. Яаж түүнд хүрэх вэ гэвэл зохиомол мөн чанарыг задлан шинжилсний дүнд гарч ирдэг огторгуй-адил ухамсрыг мэдэх хэрэгтэй.

Аль нэг өгөгдсөн үзэгдлийн мөн чанарыг судлаад үзэхээр бид тэр үзэгдлийн зүгээр байхгүй буюу хоосон байгааг ухаарах болно. Тэрхүү хоосон байгаа байдал дээр нь сэтгэлээ амраах үед шинжилсэн тухайн үзэгдлээс зуурах зууралт арилж одно. Энэ бол үл-батлагдахын үгүйсгэл бөгөөд шинжлэлийн объектын үгүйсгэлийн үр дүнд юу ч илэрхий батлагдаагүй болохыг хэлж байгаа билээ.

Зүгээр алга байгаа байдлыг өөрөөсөө бүтсэн үнэн гэж зуурах явдал зууралтын энэ шатанд гарч болох аюул мөн. Үлдэж хоцорсон зүйл нь л хоосон болохоор бид байгаа юм нь л энэ хоосон юм байна гэж бодно. Ингэж бодох нь цаглашгүй ахуйг мэдрэхээс сэтгэлийг сааруулан барьж байдаг ба түүнийг язгуур ухамсрын тодорхойгүй шинжинд цоожилж орхиод сэтгэлд идэвхтэйгээр хана босгож эхэлдэг байна. Аз болоход байхгүй буюу хоосон байгаагийн үзэгдэл бол бас л нэгэн өөр хоёрдмол үзэгдэл бөгөөд тийм учраас түүнийг ч мөн задлан шинжилж хоосон чанарын хоосныг ухаарахад хүрч болно.

Зүгээр алга байгаагийн хоосныг ухаарснаар үзэгдлээс илэрхий буй бүх зууралтыг арилгаж чадна. Энэ сүүлчийн алхам бидний далд зууралтыг мөн арилгаж дөнгөнө. Аливаа юм хоосон байхын тулд түүнийг хоосон байна гэсэн далд бодол байх шаардлагатай. Жишээ нь, хэрвээ миний өрөөнд заан байхгүй байгааг ажиглах юм бол би заан гэж юу болохыг мэддэг байх учиртай. Түүнтэй адилхан бид өөрөөсөө бий болсон мөн чанарын хоосон байгааг ухаарахаар өөрөөсөө бий болсон гэдэг талаар далд ухамсар байж л таарна. Бидний анхаарал илэрхий нэгэн үзэгдэл дээр төвлөрсөн байхад ч гэсэн түүнд маш олон далд холбоос байх боломжтой. Энэ бол зөвхөн бидний сэтгэл дэх бодлын мөн чанар бөгөөд бодол сэтгэхүй өөрөө цаашаа бүр олон бодлуудад холбогдсон байдаг.

Тиймээс үнэний төгс бүтсэн мөн чанарыг ухаарахын тулд *хүчингүйн хоосон чанарыг* ухаарах ёстой болно. Энэ бол цаглашгүй ахуйг ил ба далд бүхий л бодлоос бүрэн төгс чөлөөтэй гэдгийн баримт юм. Яагаад гэвэл энэ төрлийн хоосон сэтгэл дэх бодлуудыг хувиргах чанартайгаараа ялгардаг учраас бид түүнийг бий болгохын тулд бодол сэтгэхүйн аргуудыг ашиглах аргагүй билээ. Тэгэхээр *Йогачара Мадяамака* урсгалын юмуу *Очирт Зургаан Йогийн* төгсгөлийн зэрэг гэх мэтийн сэтгэшгүй ахуйн бясалгалын техник, арга зүйд түшиглэх ёстой.

Хоёрдмол бодлын бүхий л урсгалуудыг таслан зогсоох нь цаглашгүй ахуйн гялалзах туяаг халхлан байсан сүүлчийн хаалтыг сэт цохих болно. Гэхдээ төгс бүтсэн мөн чанарын гэрэл гэгээ шууд бүрэн гарч үзэгдэхгүй, төрөл тэргүүлшгүй цагаас эхлэн зуршуулсан үйлийн барилдлагануд уусаж арилахад мөн хугацаа орно.

Аварга том байшинг нураан тарамдахтай адил тэслэх бодис түүнийг балгас болтол нь нураалаа ч нуранги хана хэлтэрхийнүүд арилж дустал бас л болоогүй байдагтай ижил юм. Бүх нурангийг цэвэрлэж дууссаны дараа л шинэ барилга босгох цэвэрхэн талбар гарч ирдэг шүү дээ. Түүнтэй адил хамааралт мөн чанарын хоосныг ухаарах нь хоёрдмол үзлийн суурийг тэслэх бодис юм. Цаглашгүй ахуйд саатан орших нь сэтгэл дэх бодлуудыг хооронд нь уяж байдаг маш нарийн зууралтуудыг арилгана. Эдгээр холбооснууд үгүйгээр үйлийн барилдлагууд бүрэн тасрах болно.

Бодлын бүх төрлийн төөрөгдлөөс бүрэн ангижирсан энэ сэтгэлдээ амран саатвал *Бурханы билгүүний үнэмлэхүй үнэний аугаа хоосон чанарыг* ухамсарлах болно. Энэ бол цаглашгүй ахуйг яг байгаагаар нь мэдэж байдаг язгуурын билиг билгүүн ажгуу. Ийм төрлийн хоосон чанар бол сэтгэлээ тэгш сэтгэлээр бясалгасны дүнд мэдрэгддэг шиг зүгээр хоосон байх байдал биш билээ. Энэ бол гэгээрсэн чануудын эцэс төгсгөлгүй талбар – боломжийн хязгааргүй оршихуй мөн билээ. Энэ төлөв бол Бурханлаг-чанараас өөр юу ч биш бөгөөд үнэний туйлын мөн чанарыг ухаарсан саруул оюун буюу билиг оюуны жинхэнэ төгөлдөржүүлэлт чухам энэ ажгуу.

Таван Ухаанд Суралцах Билиг Оюун

Бодьсадва хүн туйлын үнэний мөн чанарыг ухаарах саруул оюуныг хөгжүүлснээр хоёрдмол үзлийг хувиргаж чадмагцаа атгаг ба бодол сэтгэхүйн түвшинд үйл хөдлөл явуулахаа болино. Энэ нь цаашид "энэ" ба "тэр" гэсэн сонголтуудыг хийх шаардлаггүй, тэдний бүхий л үйл хөдлөл бүхнийг ивээж байдаг наран адил аяараа хийгдэж байх болно.

Хамаг амьтан нарны илчийг мэдрэх үгүй нь тэдний хаа байгаагаас шалтгаалж байдаг. Нар үргэлж гийгүүлж байх боловч тэнгэрт үүлтэй байвал бас дулаан илчийг бага мэдэрнэ. Тийм учраас Бодьсадва хүн хамаг амьтантай холбоо тогтоохын төлөө ер бусын шаргуу хичээн зүтгэх хэрэгтэй бөгөөд тэгсэн цагт гэгээрэлд хүрснийхээ дараагаар амьтан болгонд жинхэнэ тусыг үзүүлж байх боломжтой.

Ийм холбоог тогтоох арга нь Номыг зааж номлох явдал мөн. Гэвч сайн багш болохын тулд мэдлэг ба чадвар хоёулаа хэрэгтэй. Тийм учраас Бодьсадва хүн Бурханы хутагт хүрэн хүртлээ *Таван Ухаанд* суралцахад өөрийн амьдралыг зориулбал зохино. Үүнд:

1. **Дотоод Шинжлэлийн Ухаан:** Энэ талбар дахь мэдлэг бол Бурханы Ном сургаалууд бөгөөд түүнд суралцах явцдаа туйлын үнэний мөн чанарыг таних ба амгалан зохицол ургахын жинхэнэ шалтгааныг үүсгэх боломжтой. Бодьсадва нарын нэгэн адил бид ч мөн дотоод шинжлэлийг судлан барцад түйтгэрүүдээ арилгаад зогсохгүй бусдыг мөн тийм замд хөтөлж газарчлах ёстой. Хамаг амьтны үйлийн үрийн хэмжээлшгүй олон хэлбэрээс шалтгаалан бусдад хийгээд өөрт мөн туслах аргуудад суралцах хэрэгтэй. Тийм учраас амьтан болгоны хэрэгцээнд тааруулах урсгалын бус өргөн үзлийг баримтлан хандвал зохино. Хэрвээ уг санаа аль нэг амьтанд үнэхээр тустай гэж санагдвал түүнд ялгаагүй суралцах нь цаг дэмий үрсэн хэрэг болохгүй билээ.

2. **Нотлохуйн Ухаан:** Биднийг урагшлах замд ухааралд хүрэхэд саад болдог нэгэн гол зүйл бол эргэлзээ юм. Учрыг сайтар ойлгоогүйгээс үнэнийг харах бидний нүдийг халхлах буруу үзэл гарч ирэхдээ амархан байдаг. Учир шалтгааны ухааныг судалснаар эргэлзээний эсрэг ерөндөг болсон логик тайлбаруудыг ашиглаж сурна. Бидний ойлголт учир шалтгаанд үндэслэсэн байх юм бол гаргасан санаа маань тод томруун хэлбэртэй

байж шавь нараа эргэлзээнээсээ салах аргад сурган дагуулах сайн багш нар болж чадна.

3. **Хэл Зүйн Ухаан:** Юу хэлэхээ мэдэж байх нэг хэрэг боловч яаж хэлэхээ мэдэх нь өөр хэрэг билээ. Бусдыг залах гол түлхүүр бол харилцаа байдаг. Сонсогч нартайгаа холбогдох аргыг олох чадваргүй байвал бидний хэлсэн үгс алдагдаж гээгдэх болно. Хэл зүй судалснаар үгсийн дуудлага, санааг тодруулах үгсийг хэрхэн хэрэглэхэд суралцах болно. Дараа нь яруу найраг үзэж бусдыг үгээр бишрүүлэх ухаанд суралцсанаар жирийн мэдээлэл дамжуулах явдлыг хувирган мэдрэмжийн гүнзгий түвшинд хүрэхэд тэдэнд туслах бололцоотой болно. Төрөл бүрийн орны хүмүүстэй харьцах гадаад хэл суралцах явдал мөн үүнд багтана.

4. **Тэжээхүй Ухаан:** Бидний бие, сэтгэл хоёрын тэнцвэр алдагдаж өвчин эмгэг хүртэх нь зорилгодоо хүрэх явдал хийгээд бясалгал төвлөрөлд ч маш муугаар нөлөөлөх ба түүнд суралцахад хялбар биш билээ. Анагаах эрдэмд суралцсанаар тийм зовлонг амирлуулж чадах болдог. Бодит бүдүүн бие махбод болон нарийн биеийн хий аль алиных нь талаар мэдлэгтэй байх нь тэдгээр тогтолцоонд өөрчлөлт гарахад оношилж эмчлэх чадварыг олгоно. Үүгээр богино хугацааны тавгүйтлийг арилгаж байгаа боловч дадлага Номоо цааш үргэлжлүүлэх урт хугацааны шийдэл мөн бий болгож өгч байдаг билээ.

5. **Урлахуйн Ухаан ба Мэргэжил:** Номыг анхааран авлага болгоно гэдэг тусгай нөхцөл байдлыг шаарддаг, дор хаяж хангалттай цаг зав гаргаж байх хэрэгтэй байдаг. Энэ чөлөө зав маань бидний хоол хийх, хоргодох орон зэрэг үндсэн хэрэгцээг хангахын тулд зориулагддаг. Үндсэн хэрэгцээ бүрдмэгц бидний сэтгэл гол чухал гэсэн юмандаа чиглэх ёстой. Тийм учраас нийгмийн шаардлагад тохирох тодорхой мэргэжил эзэмших шаардлага гардаг. Ингэснээр нийгэм маань эргээд бидэнд тус нэмэр болж амь зуухад хэрэгтэй зүйлсээр биднийг хангахад тусалдаг. Бодьсадва хүний ёсоор хүмүүст хэрэгтэй мэргэжил эзэмшээд зогсохгүй сүсэг бишрэлийнх нь хэрэгцээг бас хангахуйц болох ёстой. Жишээ нь, Бурханы баримал бүтээхэд суралцлаа гэхэд бүх шинж тэмдгүүдтэй нь хүмүүс танил болох нөхцөлийг бүтээн, тэдний сэтгэлд Номыг дадуулан үйлдэх хүчтэй үйлийн барилдлага тогтоож өгөхөд зорьж болно. Ямар ч тохиолдолд амьтанд хортой мэргэжил эзэмшихээс зайлсхийх нь зүйтэй.

Эдгээр таваас эхний нь өөрийн болоод бусдын тусыг бүтээхэд, сүүлчийн дөрөв нь бусдад туслахад чиглэсэн байдаг. Энэ таван ухаанд дэлхийд мэдэгддэг бүхий л мэдлэг ухаанууд цөм багтдаг байна. Бид өөрсдийгөө түйтгэрүүдээс ангижруулах бүх аргыг мэддэгүй юмаа гэхэд бусдад илүүтэй туслах талаар илүүг мэдэж авах хэрэгтэй. Тэднийг дадлага бясалгалдаа анхаарч эхэлсний дараагаар цаашдын замд нь амжилттай дагуулан явах үйлсэд хичээнгүйлэн суралцвал зохино.

Бусдын Хэргийг Бүтээх Ухаан

Таван ухаанд суралцсанаар хамаг амьтанд туслах чадвартай баялаг мэдлэгийг хуримтлуулна. Гэхдээ аливаа нэг юмыг зүгээр мэдэх бас хангалттай биш юм. Хэзээ түүнийгээ хэрэглэхээ мэддэг байх ёстой. Тухайн нөхцөл байдалд ямар хариу үзүүлэх вэ гэдгийг үнэндээ туршлагаар л мэдэж болдог.

Дөнгөж их сургууль дүүргэж ирээд байгаа нэгнийг олон жилийн туршлагатай нэгэнтэй харьцуулагтун. Тэдний гаргах шийдвэрт туршлага хэрхэн нөлөөлөх вэ? Илүү туршлагатай хүн нь өөрчлөлтөнд илүү нуруутай байж чадвараа сайн эзэмшсэнийх ямар ч нөхцөл байдалд тохирохдоо амархан байхад шинэхэн мэргэжилтэн амар дасаж чадахгүй байх нь бий.

Энэ бол Бурханы гэгээрсэн үйл хэргийн ард байх үндсэн зарчим билээ. Будда яг хэрэгтэй дүрээрээ үзэгдэж чаддаг нь бүхий л төрлийн үйлсэд төгс хүрсний шинж юм. Аугаа энэрэхүйгээр зэвсэглэсэн Бодьсадва хүн маш урт хугацааны туршид асар их зүтгэл гаргаж байж хэрэгцээтэй туршлагыг олж авдаг. Арван нэгэн төрлийн амьтанд туслах явдлыг сайтар зуршуулан үйлдсэнээр тэд бүхий л зан байдлаа тэр талаар бодох ч шаардлагагүй болох цэгт хүртэл нь үйл хөдлөлдөө нэгтгэж чадсан байдаг. Хэрэгцээ гарахад тэд аяараа хөдөлнө.

Энэ ухаан бол биднийг төгс гэгээрсэн *Бурханы Ул-Саатахуйн Нирваан* төлөвт хүрэхэд хэрэгтэй билиг оюун мөн. Түүнгүйгээр сэтгэл тийн үнэний нэгэн үзүүрт төвлөрөлд саатан оршиж дүрст лагшин үзүүлж чадахгүй болох билээ. Энэ бол Архадууд болон Бага Хөлгөнийхний хүрдэг үр дүн бөгөөд долоодугаар газарт хүрсэн Аръяа Бодьсадва хүнтэй тэнцэх ажээ. Нирваанд саатан үлдэхийн оронд Бодьсадва хүн сүүлчийн гурван газрыг гүйцээн хязгааргүй дүрээр хувилан үзэгдэж амьтны тусыг бүтээхэд зорьдог ажгуу.

БИЛИГ ОЮУНЫГ ХЭРХЭН ДАДЛАГА БОЛГОХ ВЭ?

Анх энэ замаа эхлэхэд бидний үзэл машид хязгаарлагдмал байсан. Гэвч урагшлах тусам тэлсээр өргөн хийгээд гүнзгий болон хувирч байна. Цар хүрээгээ ийнхүү өргөжүүлэн тэлэхийн тулд дадлагаа үндсэн гурван үйл хөдлөлд төвлөрүүлэх хэрэгтэй. Үүнд:

1. **Сонсох:** Хамгийн наад захын мунхгийг ч даван гарахад эхлээд муу буруу үзлийг сөргүүлэх шинэ мэдээлэл хэрэгтэй болдог. Үүний тулд Номыг

анхааран авлага болгож, номын айлдварт суух буюу ном унших, хичээл сонсох зэргээр судалдаг. Гол нь сургаалыг төөрөгдөлгүй зөв замаар хүлээн авахыг зорилго болгох бөгөөд заалгасан хичээлээ зөв таньж авах, үндсэн чигийг нь ойлгох чадвартай байх хэрэгтэй.

2. **Санах:** Шинэ зүйлд суралцаад түүнийхээ утга учрыг тусган санах хэрэгтэй. Тэр сэдвийг боломжтой бүх өнцгөөс харж тунгаан хүчирхэг ойлголт болгож авах ёстой. Аль нэг газарт эргэлзээ гарвал түүн дээр онцгойлон анхаарч судлан арилгахад анхаарахгүй бол эргэлзээ гэдэг дадлагадаа сүжиг буурахад хүргэж болох томоохон бэрхшээл байдаг билээ.

3. **Бясалгах:** Эргэлзээгээ арилгаж дуусаад сургаалыг ухаарахын тулд сэтгэлээ түүнд төвлөрүүлэн амраана. Ингэснээр энгийн санаануудын цуглуулга байсан хичээлийг шууд амьдруулан туршлага болгон хувиргах боломжтой. Энэхүү сэтгэлийн шинэ төлөвтэйгөө танил дотно болсноор саруул оюун бидний сэтгэлийн урсгалд нэгдэн түүнд хамааралтай мунхаг сэтгэлүүдийг ургахаас амжилттайгаар хамгаалах болно.

Энэ үйл явц бидний зам дахь үе шат болгонд давтагдвал зохино. Ямар дадлага байх нь хамаагүй бид тэдгээрт суралцаж, гарч ирсэн эргэлзээг таслан, дадлага туршлагадаа оруулж амьдруулна. Тэгээд суурилах тодорхой ухамсарлахуйд хүрмэгцээ цаашид улам үргэлжлүүлэн сонсох, санах, бясалгах замаар нарийсган сайжруулна. Ийм маягаар чадварлаг ажилласнаар бэрхшээл барцдаасаа ангижран сайн чануруудаа төгөлдөржүүлж чадах болно.

Гуравдугаар Номын хүрдэнд танилцуулсан сургаалуудад үзүүлсэн үзэл дээр түшиглэн бид өөрсдийн хамгийн нандин мөн чанар болох цаглашгүй ахуйн дээдийн хоосон чанарыг ухамсарлахын тулд сэтгэл дэх бодлынхоо алдаатай тусгалуудыг арилгах хэрэгтэй юм.

Үүнд хүрэхийн тулд дөрвөн үе шаттай үйл явцыг давах ёстой нь: 1.зохиомол үзэгдлийн зууралтыг буцааж эргүүлэх, 2.харьцангуй үзэгдлийн бүдүүн зууралтыг тавиулах, 3.сэтгэл дэх бодлын нарийн зууралтыг тавиулах, 4.цаглашгүй ахуйд сэтгэлээ оршоох эдгээр билээ.

Дараагийн бүлэгтээ бид эдгээр үе шатуудыг гүйцээхэд хэрэглэдэг Цагийн хүрдний замын хэдэн тусгай дадлагуудтай танилцах болно. Одоогоор энэ үйл явц Их хөлгөний замд хэрхэн гүйцэтгэгддэг талаар ерөнхий ойлголтыг өгөхөд анхаарах юм. Урсгал болгон өөр өөр талууд дээр илүү онцолж үздэг боловч тэд эдгээрийг гүйцэтгэх аргуудыг мөн адил санал болгодог учраас цөм эцэстээ гэгээрэлд хүргэх боломжоор тэнцүүхэн байдаг гэдгийг санах хэрэгтэй.

Зохиомол Үзэгдлийн Зууралтыг Буцаах

Эхний шат бол зовлонгийн шалтгаан болоод байгааг юмуу, жаргалын шалтгаан болоод байгаагийн алийг үл мэдэх тэр мунхаг сэтгэлийг эсэргүүцэх дадлага юм. Яагаад гэвэл бидэнд буян, нүглээ ялгаж харах ухаан дутагдалтай байгаагаас жаргалд хүргэнэ гэж андуурган зовлонг эдлүүлэх шалтгаануудаас зууран авсад байгаа билээ. Цаашдын замдаа урагшилна гэвэл энэ мунхгийг эргүүлэн буяны зүг чиглүүлэх хэрэгтэй. Гурван төрлийн зууралттай холбоотой ухааныг хөгжүүлснээр энэ эргүүлгийг гүйцэтгэж болно. Үүнд:

1. **Мөнхөд барих:** Үхэшгүй мөнх юм шиг санан үзэгдлээс зуурах үзэл бидний нөхцөл байдалдаа дурлах шуналыг тэжээж байдаг учраас тэрхүү нөхцөл өөрчлөгдөхөд зовлонтой гарцаагүй учирдаг. *Хорвоогийн Найман Явдалд* шунан зуурсаар байсан цагт ариун Номыг анхааран авлага болгон дадуулж ашиг тусыг нь хүртэх цаг хэзээ ч өөрсөндөө гаргаж чадахгүй. Ийм төрлийн зууралтын эсрэг ерөндөг бол *юмс үзэгдлийн мөнх-бус чанарыг ухаарах билиг оюуныг хөгжүүлэх явдал* билээ. Мөнх-бусыг ухаарах тусам шунал багасч арилна.

2. **Зовлон:** Зовлонгийн шалтгааныг жаргалын шалтгаан гэж бодох мунхгаасаа болоод зовлонгоосоо бид зуурдаг. Энэ мунхаг сэтгэлийг даван гарах ерөндөг бол *үйлийн үрийн шалтгаан ба үр дагаврын хууль* болон *сансарт эргэлдэн оршихын зовлонг ойлгох билиг оюуныг хөгжүүлэх* хэрэгтэй. Эдгээр сэдвүүдтэй танил дотно болох нь жинхэнэ жаргалыг бүтээх шалтгаан ба зовлон эдлүүлэхэд хүргэх шалтгаан хоёрыг тод ялгаж харах чадварыг хөгжүүлэх болно.

3. **Өөрийг энхрийлэн барих үзэл:** Энэ бол өөрийг бусдаас илүү чухалд үзэн зуурах сэтгэл юм. Бүхий л ялгаварлах үзлийн үндэс болсон энэ зууралт бидний анхаарлыг зөвхөн өөр дээрээ төвлөрүүлж байдгаар бидний чадавхийг хязгаарлаж байдаг байна. Хязгаарлагдмал үзэхүй өөрийн би-үгүйг ухамсарлаж чадлаа ч үзэгдлийн би-үгүйг ухамсарлаж чадахгүй тул мэдэгдэхүүний түйтгэрүүдийг арилгаж чадахгүйд хүрнэ. Өөрийг энхрийлэн барих сэтгэлийн эсрэг ерөндөг бол *бусдыг энхрийлэх билиг оюун* билээ. *Асрал ба энэрэлийн сэтгэлийг* бясалган амь үл хайрлах Орохуйн Бодь сэтгэлийг үүсгэснээр үүнд хүрч болно.

Харьцангуй Үзэгдлийн Бүдүүн Зууралтыг Тавиулах

Өмнөх шатанд үүсгэсэн билиг оюундаа суурилан шунал багатай, амьтанд туслах буянт сэтгэлийг дадлага болгоход бид анхаарах болно. Ийм сэтгэл боловсорч ирэхдээ хамааралт үзэгдлийн хоосон чанартайг ухаарах дотоод зөн билгийг хөгжүүлэх болно. Энэ ухамсарлахуй бол биднийг сансарт хүлж, зовлон эдлэхэд байнга хүргэж байгаа өөрийг энхрийлэх сэтгэлийн эсрэг шууд үйлчлэх ерөндөг болох учиртай.

Хоосон чанарыг ухамсарлах хоёр гол зам байдаг нь: 1.бодож шинжлэх эрдэмтний зам ба 2.сэтгэлийн мөн чанарыг ажиглах бясалгагчийн зам юм. Жонангийн урсгалд сүүлчийнх нь замыг онцлон үздэг бөгөөд бид номын үлдсэн хэсэгтээ тэр талаар машид дэлгэрэнгүй судлах учраас одоо эрдэмтний замын учир шалтгааны тайлбарыг шинжилж үзэцгээе.

Өөрийн би-үгүйг ухамсарлах билиг оюуныг хөгжүүлэхэд хэрэглэдэг олон төрлийн учир шалтгааны тайлбар байдаг ба тэдгээрийг таван гол тайлбарт нэгтгэн дүгнэж болно: 1.мөн чанар дээр суурилсан тайлбар, 2.шалтгаан дээр суурилсан тайлбар, 3.оршихуй дээр суурилсан тайлбар, 4.бүгдэд суурилсан тайлбар, 5.шүтэн барилдлага дээр суурилсан тайлбар.

Ийм замаар хоосон чанарыг бясалгахад эхлээд үгүйсгэлийн объектыг таних хэрэгтэй. Бид үзэгдлүүдийг үгүйсгэх гээгүй зөвхөн тэдгээрийг үнэхээр өөрөөсөө бүтсэн гэж үзэж байгаа өөрсдийн алдаатай тусгалаа л үгүйсгэх гэж оролдож байгаа, тиймээс үгүйсгэлийн орон ба объект ямагт зууралтын нэг хэлбэр байх ёстой байдаг. Юмс үзэгдлийг өөрөөсөө үнэхээр бүтсэн, өөрөөсөө бодитойгоор оршдог гэж зуурч байгаа тэр сэтгэлээ эхлээд судалбал дээр гэж зөвлөмөөр байгаа бөгөөд бидний бүхий л зовлонгийн ёзоор бол энэ билээ.

Сэтгэлийг танихын тулд танд тэр хэрхэн үзэгдэж байгааг тусгах хэрэгтэй. Гүтгүүлэх ч юмуу заналхийлэлд өртөх, эсвэл бахдах сэтгэлээр дүүрэн байх тийм үеэ санавал тустай байх боломжтой бөгөөд өөрийг энхрийлэн барих сэтгэл тэр үед маш их хүчтэй байх тул та анхаарлын бай аль гэдгийг тодоос тод харж чадах болно.

Үгүйсгэлийн орон буюу зоригдолоо таньсныхаа дараагаар түүнтэй тулж ажиллах учир шалтгааны тайлбарыг сонгох хэрэгтэй. Таны шинжлэлд л эмх цэгцтэй байж чадаж байвал аль нэг тайлбарыг тусгайлан сонгоно уу, тавуулангий нь сонгоно уу гэдэг таны хэрэг юм. Хэрвээ таны дүгнэлт таны сэтгэлд гүнзгий мөрөө үлдээх ёстой гэвэл та үгүйсгэлийн орон ба объект оршин байх боломжгүй гэдэгт хүчтэй итгэлтэй болох ёстой. Тиймээс цаг гарган байж боломжтой бүх аргуудаар нягтлан судлах хэрэгтэй билээ.

Мөн Чанарт Суурилсан Тайлбар

Эхний тайлбар бол *Нэг үгүй бол Олон үгүй* гэдэг тайлбар юм. Энэ нь ганц орон ба объектын өөрөөсөө бүтсэн эсэхийг шинжилдэг бөгөөд хэрвээ өөрөөсөө бүтсэн нэг орон олдохгүй байгаа бол олон орон ч мөн олдохгүй, яагаад гэвэл олон орон ба объект олон хэсэг ганц орон ба объектоос тогтдог болохоор тэр ажээ. Та эхлээд нэг алим олохгүй байгаа бол арван алим олж чадахгүй билээ. Өөрөөсөө бүтсэн мөн чанарын хийсвэр тал дээр Хутагт Нагаржуна дүгнэн бичихдээ:

"Хэрвээ тэд мөн чанаргүй юм бол,

Хувирах юм юу билээ?

Хэрвээ тэд мөн чанартай бол,

Хувирал яаж байх билээ"

Эхний мөрөнд Нагаржуна гэгээн олон хүмүүсийн баримталдаг буруу үзлийг харуулсан байна. Яагаад гэвэл бүх юмс үзэгдлийг өөрөөсөө бүтсэн мэт зууран, тэд нэг хормоос нөгөө хоромд шинж чанараа хадгалсан гэж итгэдэг. Өөр дээрээ аваад үзвэл бид өнөөдөр олон жилийн өмнө байсантайгаа адилхан, хэдийгээр маш олон зүйл өөрчлөгдсөн ч гэлээ нөгөө л бодож дассан хүн хэвээрээ байгаа гэж боддог.

Нагаржуна үүнийг, "хэрэв өөрөөсөө бүтсэн мөн чанартай юм бол хэрхэн өөр зүйлд хувирах билээ?" гэсэн асуултаар санаагаа илэрхийлсэн байна. Аль нэг зүйлийн мөн чанар тухайн үзэгдлээсээ салшгүй шинж чанаруудаар ялгардаг ба тийм чанарууд үгүй бол үзэгдэл орших боломжгүй. Жишээ нь, халууны мөн чанар гэхэд халуун байхгүй бол гал байх ёсгүй. Мөн чанар өөрөөсөө бүтсэн юм бол тэр шинж чанарууд байнга үзэгдсээр байх ёстой, гэвч тэд байнга үзэгдэж байх юм бол хувирал хэрхэн явагдах билээ? Бид үзэгдлийг ойроос шинжлээд үзвэл тэдний байнга хувирч өөрчлөгдөж байгааг ажиж болно, тиймээс өөрөөсөө хэзээ ч бүтээгүй юм байна гэсэн дүгнэлт гаргаж болох билээ.

Шинжлэх өөр нэг арга бол ганц зүйл өөрөөсөө бүтсэн байвал түүний үзэгдэх байдлаас мөн чанарыг нь олж болно. Хэрвээ "би" хэмээх үзлээ шинжлэлийн орон ба объект болгох юм бол "би" гэдэг бие ба сэтгэлийн таван цогц бүрдэлд оршиж байна. Бүрдэл цогцуудаас өөр ба тэдэнтэй адилхан өөрөө гэж юм байна уу гэвэл юу ч үгүй хоосон байгааг харж болно. Нагаржуна үүнийг хэлэхдээ:

"Бүрдэл цогц хэрвээ би юм бол

Тэр төрөөд тогтчих байсан,

Бүрдэл цогцоос гадна зүйл юм бол

Түүнд бүрдэл цогцын шинжүүд үгүй байх сан"

Эхний мөрөнд анхнаасаа бүрдэл цогцууд бид хоёр адилхан байх юм бол тэд яг л адилхан байх ёстой болно. Гэтэл бүрдэл цогц байнга өөрчлөгдөж хувирч байхаар "би" ч мөн адилхан тасралтгүй өөрчлөгдөх нь өөрөөсөө бүтсэн гэдэгтэй зөрчилдөж байгаа ажээ.

Нөгөө талаас "би" өөрөө бүрдэл цогцуудаас өөр юм бол "би" бүрдэл цогцоос бүх талаар огт өөр байх ёстой болно. Энэ бол "би" гэдэг бүрдэл хэсгүүдийн бүхий л шинжүүдээс бүрэн өөр байна гэсэн үг бөгөөд үүнд түүний шүтэн барилдлага ч мөн адил хамаарна. Ийм би гэдэг хэзээ ч юугаар ч үүсгэгдэх аргагүй, тийм учраас энэ нь тэнгэрийн цэцэг олох ба үргүй эхээс хүү төрөхийн адил байж боломгүй зүйл билээ.

Шалтгаанд Суурилсан Тайлбар

Хоёр дахь тайлбар бол *Очир Алмаазны Хэлтэрхий* хэмээх орон ба объектын өөрөөсөө бүтсэн байх шалтгаануудыг шинжилсэн тайлбар юм. Объект өөрөөсөө бүтсэн гэж бид үнэхээр итгэх юм бол түүний шалтгаан мөн л өөрөөсөө бүтсэн мөн чанартай байх хэрэгтэй болно. Ийм тохиолдолд дөрвөн боломж гарч ирж байна: 1.объект өөрөөсөө төрсөн, 2.объект бусдаас төрсөн, 3.объект өөрөөсөө ч бусдаас ч аль алинаас төрсөн, 4.шалтгаан үгүй байх юм. Эхний боломжинд хамааруулан Хутагт Нагаржуна *"Төв Үзлийн Үндэс"* шастирт бичихдээ:

"Шалтгаан хэрвээ байхаа боливол
Шууд үр дагаварт огоот дамжмуй,
Дараа нь урьд төрсөн шалтгаан
Дахин ургана гэх утгагүй хэрэг"

Энэ мөрөнд Нагаржуна гэгээн бээр хэрвээ өөрөөсөө бүтсэн үр дүн өөрөөсөө бүтсэн шалтгаантай адилхан байх юм бол утгагүй болж хувирна гэдгийг зааж харуулсан байна. Шалтгаан бий болж байж үр дүн гарч ирдэг учраас үр дагавар шалтгаантай ижил юм. Тийм болохоор үр дагавар өөрөө шалтгаан нь болж таарах билээ. Тэгвэл шалтгаан мөнхийн хувиршгүй болох бөгөөд мөнхөд ургасаар байх учиртай болдог нь хэдийнэ ургасан байгаа учраас худлаа болж таарах ажээ.

Аягаар жишээ авъя. Аяга хэзээ ч юм анх үүсэхдээ ямагт мөнх бус үзэгдэл болон оршиж байгаагүй гэдгийг бид мэднэ. Өөрөөсөө үүссэн аяга байхын тулд түүнийг үүсэхэд хүргэсэн, мөн өөрөөсөө үүссэн шалтгаантай байх ёстой. Хэрвээ шалтгаан нь аяга шигээ буюу үр дүн шигээ байх юм бол зүгээр нэг аяга байснаар өөр нэг аяга төрөх болох нь. Аяганы өнгөрүүлсэн хором бүхэн өөр нэг аяга төрүүлнэ гэвэл юу болох вэ? Аяга ийнхүү оршдог билүү?

Хоёр дахь боломжтой холбогдуулан Нагаржуна бичихдээ:

"Цаашилбал, үр дүн нь шалтгаантайгаа холбоогүй юм бол,
Яаж тэр төрсөн байх вэ?
Шалтгаан үр дүнг төрүүлэхдээ
Үзэгдсэн, үзэгдээгүй ялгаагүй болох бишүү"

Хэрвээ уг шалтгаан уг үр дүнгээс угаасаа өөр юм бол тэр хоёр огтоос холбоогүй байж таарна. Тийм шалтгаанд шалтгааны үүргээ гүйцэтгэх чадвар үгүй болно. Яагаад гэвэл үр дагавар төрүүлэх чадалгүй байгаагаас тэр. Хэрвээ шалтгаан "үзэгдэх замаар" үр дагаварт хүргэж байх юм бол шалтгаан ба үр дагавар хоёр нэгэн хоромд зэрэг оршин байж болох билээ. Тэгсэн тохиолдолд шалтгаанд үр дагавар төрүүлэх хэрэгцээ үгүй, тэр хэдийнэ төрсөн байгаа болохоор тэр. Жишээ нь, үр нь соёолсонтойгоо нэгэн зэрэг оршвол гээд төсөөл дөө. Соёолоод эхлэчихсэн байхад үр хэрхэн үр гэж тооцогдох билээ? Мөн түүнчлэн шалтгаан "үзэгдээгүй байж" үр дагавар үүсгэнэ гэдэг мөн утгагүй адилхан хэрэг болно. Энэ нь огт холбоогүй шалтгаан ба огт холбоогүй үр дагавар төрүүлнэ гэсэн үг болно. Үүний дүнд юу ч байсан өөр юунаас ч төрөх чадвартай болох буюу харанхуйгаас гэрэл гарч болно гэсэнтэй ижил болох ажээ.

Шалтгаан өөрөөсөө биеэ даан орших боломжгүй ба бусдаас төрөх боломжгүй гэдэг нь аль хэдийнэ батлагдсан болохоор өөрөө болоод бусад байх боломж мөн боломжгүй хэрэг болно. Тиймээс одоо бидэнд дөрөв дэх боломж үлдээд байгаа ба үүнийг логикоор бодоод үзэхэд тэр мөн л боломжгүй хэрэг болох билээ. Үр дүн шалтгаангүйгээр гарч болдог бол хором бүхэнд түүнийг төрөхөөс зогсоох зүйл үгүйтэйн адил анхнаасаа тэр зүйл төрөх ямар ч шалтгаан байгаагүй болж хувирах юм. Энэ нь үнэний үзэгдэх байдалтай илтэд зөрчилдөж байгаа учраас хүлээн зөвшөөрөх аргагүй ажээ.

Оршихуйд Суурилсан Тайлбар

Гурав дахь тайлбар бол *Бүтээгдэхүүний Орших ба Эс Оршихын Зөрчил* хэмээгдэх бөгөөд үр дүнгийн мөн чанарт хамааралтай ажээ. Бид үр дүнг өөрөөсөө бүтэн оршдог ба оршдоггүй гэж бодох үед хоёр худлаа зүйл гарч ирж байна. Хутагт Нагаржуна гэгээн үүнийг айлдахдаа:

> "Хэрвээ үр дүн өөрөөсөө бүтэн оршдог бол
> Ямар шалтгаанаар төрсөн байх вэ?
> Хэрвээ үр дүн өөрөөсөө бүтэн оршдоггүй юм бол,
> Мөн ямар шалтгаанаар төрсөн байх вэ?"

Хэрвээ үр дүн өөрөөсөө бүтсэн гэвэл тэр шалтгааныхаа хамтаар нэгэн үед оршдог байх ёстойг эхлээд бодож үзэх хэрэгтэй юм. Тийм байсан бол үр дүн хэдийн оршиж байгаа учраас шалтгаан байх шаардлагагүй болох байсан. Хоёрт, үр дүн өөрөөсөө бүтээгүй гэвэл шалтгаан ямар ч байлаа гэсэн үр дагавар төрөхгүй байх байсан. Энэ хоёр маргаан хоёулаа үр дүн бол шүтэн барилдаж оршдог бөгөөд шалтгаан ба нөхцөлөөс хамаарч оршдог гэдгийг баталж байгаа билээ.

Бүгдэд Суурилсан Тайлбар

Дөрөв дэх тайлбар бол *Бүтээгдэхүүний Дөрвөн Хувилбарын Няцаалт* гэж нэрлэгддэг шалтгаан ба үр дагаврын харилцаанд холбогдсон тайлбар юм. Тэр дөрөв бол: 1.нэг шалтгаан олон үр дүн төрүүлнэ, 2.нэг шалтгаан нэг л үр дүн төрүүлнэ, 3.олон шалтгаан олон үр дүнг төрүүлнэ, 4.олон шалтгаан нэг л үр дүн төрүүлнэ гэсэн хувилбаруудыг юм.

Шалтгаан ба үр дүнгийн холбоо өөрөөсөө бүтсэн гэвэл хоёр тал хоёулаа нэгэн мөн чанартай болно. Угаасаа бүтсэн ганц цул зүйл нь угаас бүтсэн олон зүйл болон хувирна гэдэг боломжгүй юм. Тиймээс нэг шалтгаан нэг үр дүн гаргана, олон шалтгаан олон үр дүн гаргах болох нь. Энэ нь биднийг хоёрхон хувилбартай үлдээж байгаа бөгөөд аль аль нь найдвартай биш билээ.

Ганц шалтгаан угаас бүтсэн нэг л үр дүн төрүүлнэ гэвэл тэр шалтгаан ба үр дагавар аль аль нь угаасаа бүтэн оршдог байх ёстой. Энэ бол боломжгүй хэрэг гэдэг нь аль хэдийнэ нотлогдсон болохоор бид нэг зүйлээс нэг үр дүн гарч байгаа тохиолдол олох аргагүй юм. Нэг тохиолдол олж чадахгүй байгаа бол олон тохиолдол олох бүр л боломжгүй. Тийм учраас гуравдугаар хувилбар болох олон шалтгаан олон үр дагаварт хүргэнэ гэдэг мөн л боломжгүй болох билээ.

Шүтэн Барилдлагад Суурилсан Тайлбар

Тав дахь тайлбар бол *Учир Шалтгааны Тайлбарын Хаан* гэж нэрлэгддэг, харилцан хамааралт үзэгдлүүд бүгд өөрөөсөө бүтээгүй харин нэг нэгнээсээ хамаарч төрдөг болохыг нотолсон тайлбар билээ. Хутагт Нагаржуна гэгээний "*Төв Үзлийн Үндэс*" шастираас:

> "*Шүтэн барилдаж буй тэр нь*
> *Хоосон чанарын тайлбар буюу,*
> *Хамаарч оршихын нэр томъёо нь*
> *Төв Үзэл гэх буюу*"

Эхний хоёр мөрөнд Нагаржуна гэгээн шүтэн барилдсанаас ургасан бүхэн өөрөө-үгүй хоосон мөн чанарыг эзэмшсэн болохыг тэгшитгэн харуулжээ. Юу гэсэн үг юм бэ гэвэл бусдаас хамаарч гарсан юуг ч олсон гэсэн хэзээ ч өөрөөсөө бүтээгүй хоосон чанартайг мөн олох ажээ. Гурван Мөн Чанарын үүднээс авч үзвэл харилцан хамааралт мөн чанаруд цөм тэдний зохиомол мөн чанараар хоосон байдаг гэж хэлж болно.

Нагаржуна цааш нь "шүтэн барилдлага" ба "өөрөө үгүй хоосон" гэдэг зохиомол нэрс бүгд хамаарч оршихын нэр томъёо гэж мэдэгдсэн байна. Аль нэг юм хамааралтай гэж тооцогдохын тулд өөрөө-үгүй хоосон чанартай байх шаардлагатай. Өөрөө-үгүй гэж тооцогдохын тулд хамаарч орших ёстой. Энэ бол төв үзлийн жинхэнэ мөн чанар бөгөөд мөнхөд барих, тасархайд барих үзлүүдийн хоёр туйлын дунд тэнцвэртэй орших өөрөө-үгүйг ойлгох үзэл болохыг илтгэж байгаа ажгуу.

> *Тэр мөн цааш нь өгүүлэхдээ:*
> "*Бусдаас хамааралтай төрөөгүй*
> *Юу ч байдаггүй болохоор,*
> *Хоосон бус чанартай зүйл мөн*
> *Нэгээхэн ч үгүй буюу*" хэмээжээ.

Энэ бадгийг ойлгохын тулд ямар үзлийн үүднээс ярьж байгаагаа санах хэрэгтэй юм. Шүтэн барилдлагатай үзэгдэл хоёрдмол ухамсартай сэтгэлд үзэгдэж байгаа бөгөөд, тэд цаглашгүй ахуйн хоёргүй ухамсарт саатан буй бясалгалын үеийн сэтгэлд үзэгдэж байгаа юм биш. Тийм учраас энэ бадаг хоёрдмол сэтгэлээр үнэнийг үзэх үзэлд зориулагдсан байна. Тийм сэтгэлд хамааралгүй ургасан зүйл нэгээхэн ч үгүй гэж үзэгддэг учраас өөрөөсөө бүтсэн хоосон биш зүйл юу ч байдаггүй ажээ.

Сэтгэл дэх Бодлын Нарийн Зууралтыг Тавиулах

Харьцангуй түвшний үзэгдлийн мөн чанар дээр бидний хийсэн нарийн шинжлэлийн үр дүнд зохиомол үзэгдлүүд бүгд өөрөөсөө бүтээгүй хоосон чанартай гэсэн үзэлд зүй ёсоор тулж ирлээ. Гэвч энэ үзэл маань бидний өөрөөс зуурах зууралтыг тавиулах ерөндөг болон үйлчлэхийн тулд Шаматагийн нэгэн үзүүрт төвлөрөлтэй түүнийг нэгтгэх шаардлагатай билээ.

Шамата бясалгалыг хийхэд үндэслэсэн хоёр төрлийн дадлага байдаг нь: тэмдэгтэй ба тэмдэггүй бясалгах гэж бий. Тэмдэгтэй бясалгах гэдэг нь бясалгалын тодорхой орон ба объект дээр анхааралаа төвлөрүүлэхийг хэлнэ. Тэр нь амьсгал юмуу, дүрслэлийн орон эсвэл бүр юу ч байхгүй байх боломжтой. Ийм бясалгалд бодит орон ба хийсвэр ажиглагч хоёрын хоорондын харилцаа оролцож байгаа учраас бодлын мөн чанартай гэж тооцогддог.

Хоёрдмол тусгалаас ангид цаглашгүй ахуйг мэдэрнэ гэвэл сэтгэл дэх бодлын аливаа хөдөлгөөнийг бүгдийг бүрэн зогсоох шаардлагатай. Шаматаг тэмдэггүйгээр дадуулснаар үүнд хүрч болох бөгөөд сэтгэл өөрийн унаган мөн чанартаа саатан, аливаа зууралт ба сатаарал үгүйгээр оршино. Бид ийм төрлийн бясалгалыг зуршил болтол нь дадуулсны эцэст сэтгэл цаглашгүй ахуйн хоёргүй мэдрэмжинд нэвтрэн орно.

Энэ шатанд маш чухал ялгааг гаргаж ирэх ёстой. Өөрийн би-үгүйг ухаарах болон цаглашгүй ахуйг мэдрэх хоёр бол хоёр өөр зүйл юм. Өөрийн би-үгүйг ухамсарлахад цаглашгүй ахуйг ухамсарлах явдал автоматаар явагдахгүй. Харин цаглашгүй ахуйд орсноор та өөрийн би-үгүйг ухамсарлах болно. Үүнийг хэрхэн ойлгох вэ гэвэл цаглашгүй ахуйг бид үнэтэй цаасанд боолттой эрдэнэ гэж бодъё. Хамааралт мөн чанарын хоосныг бясалгахад цаасны шинжийг шинжилж үзэж байгаатай адилхан юм. Бид цаасыг хэрхэн бий болсныг ойлгох гэж ихээхэн цагаа гарздаж болох боловч гол зүйлээ мартсан болно. Түүнийг зүгээр задлаад авчихад л эрдэнэ гараад ирнэ шүү дээ. Тэр үед эрдэнэ бол цаас биш гэдэг нь машид илэрхий болохоос гадна цаас байхгүй байсан ч эрдэнэ нь эрдэнэ хэвээрээ л үлдэнэ гэдэг нь тодорхой болох юм.

Үүнийг ойлгосон егүзэрийн бясалгагч хүн эхлээд дүрслэлийн орон болон амьсгал зэрэг бодлын тэмдэг хэрэглэн сэтгэлээ тогтвортой болгоод дараа нь энэ тогтвортой сэтгэл дээрээ суурилан шүтэн барилдлагын хоосон чанар дээр төвлөрөн бясалгаж зууралтаа сулруулан байж цаглашгүй ахуйг ухамсарлахад таарсан үзлийг өөртөө бий болгодог байна. Тэгээд тэрхүү үзэлдээ үндэслэн сэтгэшгүй ахуйн энэ аргаар цаглашгүй ахуйд ороход анхаарлаа чиглүүлдэг ажээ.

Цаглашгүй Ахуйд Саатахуй

Цаглашгүй ахуйд хүрэх үйл явц нь бүх дүрс аажим аажмаар арилах байдлаар явагддаг байна. Эхлээд мэдрэх эрхтний дүрснүүд арилж хүн бүдүүн бодлын сэтгэлдээ саатан оршино. Сэтгэл илүү нарийсах тусам бодит дүрснүүд цөм арилж зөвхөн хийсвэр мэдрэмжүүд л үлдэнэ. Хоёрдмол үзэгдлийн хоосон чанарыг ухаарах үзлийг хөгжүүлснээр хамгийн нарийн давхаргын зууралтыг тасдаж цаглашгүй ахуйн хоёргүй сэтгэлдээ саатаж чадах болно.

Ийм маягаар хоёрдмол үзэл дарангуйлагдахад цаглашгүй ахуйн мөн чанар ариун дүрсний тал болгонд үзэгдэх хоосон-дүрс болон аяараа урган гарах болно. Харамсалтай нь үйлийн үрийн нөхцөлдөх байдлын хүчинд энэхүү уусалтын төлвөө сахин үлдэх амаргүй бөгөөд орон ба оронтын хоёрдмол сэтгэлдээ буцаад орчих нь амархан байх болно. Сунадаг резинд уятай бөмбөг адил буцаад хурдан татагдаж ирдэг байна.

Мунхгийн зуршлыг арилгахын тулд цаглашгүй ахуйн хоосон мөн чанарыг ухамсарлах билиг оюуныг зуршуулах хэрэгтэй. Энэ бол хамааралт мөн чанарын би-үгүйн хоосон биш харин гэгээрсэн чануруудаар дүүрэн дээдийн хоосон чанар билээ. Үүнд хүрэхийн тулд цаглашгүй ахуйн ариун дүрсийг өөрсдийн мэдрэмжийн тал бүхэнтэй аажмаар хольж нэгтгэх хэрэгтэй. Хэрвээ бид хоосон-дүрс үзэх байдлаа тогтворжуулж авч чадвал тэд хоёрдмол үзлийн суурь болон үйлчлэхээ зогсоно. Бүдүүн хийгээд нарийн мэдрэмжүүдээ цөмийг нь бүрэн нэгтгэснээр цаглашгүй ахуйн туйлын мөн чанар болох хувиршгүй төгс бүтсэн амгаланд саатан орших боломжтой.

Билиг Оюуны Барамидтай Холбоотой Салбар Сахилууд

Билиг оюуныг төгөлдөржүүлэхтэй холбоотой найман салбар сахил бий. Тэдгээрийн шим нь *үнэний өөр өөр талуудыг ухамсарлах ухамсраа тэлэхийг ямагт хичээх* явдал ажээ. Тиймээс бид өөрсдийгөө Бурханы Номыг сонсох, санах, бясалгах гуравт аль болохоор дадуулахыг хичээх ёстой. Доорх тусгай сахилуудад дурдагдсан араншингуудыг орхивол зохино. Үүнд:

1. **Бага Хөлгөний сургаалыг хүлээн авахаас татгалзах**: Бодьсадва хүн Их Хөлгөний сургаалыг Бага Хөлгөн дээр суурилсан болохыг байнга санаж

явах ёстой. Тэдгээрийн бясалгал дадлагуудыг үйлдэх албагүй ч гэлээ тохирсон хүмүүст зааж дагуулах үүднээс тэдгээрт суралцах хэрэгтэй. Тиймээс Бодьсадва хүн Бага Хөлгөний сургаал дадлагыг суралцаж дадуулах хэрэгцээгүй гэж ярих юм бол энэ салбар сахилын уналд орно.

2. **Их Хөлгөний сургаалыг дагахаа орхигдуулах:** Бодьсадвын Замд алхан орчихоод Бага Хөлгөний дадлагад цаг заваа зарцуулан Бодьсадвын дадлагад зориулсан зардлыг хэрэглэх юм бол тэрхүү салбар сахилаа алдана. Бидний дадлагын хамгийн гол үндэс суурь бол Их Хөлгөн байх ёстой. Мөн түүнчлэн жинхэнэ дамжлага урсгалын багш хийгээд сургаалтай холбоо тогтоон, гэгээрлийн баттай замыг бий болгосныхоо дараагаар холбоогоо таслах гэвэл энэхүү салбар сахилын уналд орох болно.

3. **Бурханы сургаал судлахаас илүү цагийг Буддын бус сургаал судлахад зориулах:** Бид нэгэнтээ хамаг амьтны тусын тулд гэгээрлийн хутагт хүрэхээр андгай тавиад зорьж яваа учраас хүч чадал, хичээл зүтгэлийнхээ ихээхэн хэсгийг Бурханы сургаалыг дадлага болгоход зориулбал зохино. Хэрвээ бид хорвоогийн мэдлэг болон Буддын бус сургаалыг гол зорилгоо болговол энэ сахилаа зөрчих болно. Гэвч өөрийн Буддист дадлага бясалгалдаа туслуулах зорилгоор юм сурахад буруу биш байх боломжтой.

4. **Буддын бус сургаалыг судлан тааршаах:** Зарим үед сэтгэлдээ тусгай зорилготойгоор Буддын бус номлол судлах нь ашигтай байж болдог. Гэвч бид өөрсдийгөө тийм номлол сургаалд шунан татагдахад хүргэж, түүнийг судалснаасаа ихээхэн тааршаал хүртэх юм бол энэ салбар сахилаа зөрчих болно. Хэрвээ ийм байдал үүсвэл хорвоогийн мэдлэгт татагдах явдлаа хүчтэй болгож харьцангуй үнэнийг хувиргах шалтгааныг бүтээх үйлсдээ бүдрэх болно.

5. **Их Хөлгөний сургаалыг доогуур үнэлэх:** Хэрвээ бид Их Хөлгөний сургаалыг доогуур үнэлж амьтны тусыг бүтээх чадалгүй гэсэн санааг үзүүлбэл энэ сахилаа доройтуулах болно. Үндсэн сахилын хоёрдугаар зүйлд дурдагдсантай адилаар энэ сахил билиг оюун, хоосон чанарын дадлагад тусгайлан хамааруулж байгаа билээ. Тиймээс бид өргөн хийгээд гүнзгий Махаяана сургаалд байнга бишрэл хүндлэлээр хандаж судлах ёстой.

6. **Өөрийг дөвийлгөж бусдыг доромжлох:** Бардам зан, уур хилэнт сэдэлдээ автан өөрийн биеийг магтаж бусдыг доромжилон муушаавал мөн салбар сахилын уналд орох болно. Энэ бол үндсэн сахилтай ижил боловч түүний уналд орохын тулд дөрвөн нөхцөл цөм бүрэлдэх албагүйгээрээ ялгаатай. Бодьсадва хүн буруу үзэлдээ автсан нэгэнд туслах зорилгоор тэгэж ярьж болох боловч тийм тохиолдолд хайр энэрлийн ариун сэдлээр

жолоодуулсан байх хэрэгтэй.

7. **Сурах явдлаа орхигдуулах:** Бардам зан эсвэл залхуурлаасаа болоод Ном сургаал хэлэлцүүлэг зэргийг сонсох ба оролцохоос хойш суун орхигдуулбал бас салбар сахилаа алдана. Ялангуяа билиг оюуны ухамсарлахуйд голчлон хамаарах бөгөөд үүнд хичээнгүйлэн зүтгэвээс зохилтой. Бид ойлголт ухамсраа гүнзгийрүүлэх боломжоо болгоныг ашиглахын төлөө хичээн зүтгэх ёстой.

8. **Номын Багш болон Номд хүндэтгэлгүй хандах:** Хэрвээ бид мэдсээр байж тоглох, тэнэглэх юмуу өөр аль нэгэн байдлаар номын багшаа үл хүндэлсэн зан авир гаргахад энэ сахилаа алдах болно. Хүн үгийг шууд утгаар нь голдуу хүлээж авдаг ч гэлээ үгийн утганд хүндэтгэлгүй хандсан ч бай юутай ч Номыг бидэнтэй хуваалцсан багшаа үргэлж хүндэтгэж хандвал зохино.

Зургаан Барамидыг Нэгтгэх

Билиг оюуныг төгөлдөржүүлэхийн тулд Зургаан Барамидыг нэгтгэх хэрэгтэй: 1.хамаг амьтанд билиг оюунаа хөгжүүлэхэд газарчлах *билиг оюуны өглөг*, 2.билиг оюунтай холбоотой салбар сахилуудыг баримтлах болон сургаалыг сонсох, санах, бясалгах гуравт зүтгэх *билиг оюуны ёс суртахуун*, 3.билиг оюуныг хөгжүүлэх үйлсэд тохиолдох аливаа хатуужил бэрхшээлийг баяртайгаар давах *билиг оюуны тэвчээр*, 4.өөрсдийгөө дадлага бясалгалдаа бүрэн зориулж хором болгондоо билиг оюуныг авчрах *билиг оюуны хичээнгүй*, 5.туйлын үнэний мөн чанарыг ухамсарлах үүднээс төвлөрөл хийгээд машид судлахуйг хөгжүүлэх *билиг оюуны дияан бясалгал*, 6.сурагч, сурах явдал,сургаал гурвын өөрөөсөө хэзээ ч үүсээгүй хоосон чанартайг ухамсарлах *билиг оюуны билиг оюун* эдгээр билээ. Ялангуяа өөрсдийн мэдрэмжийн өөр өөр мөн чануудыг ялгаж сурах, түүнтэй тохирох хоосон чанарыг зөв ухамсарлахад суралцах ёстой. Хэрвээ ийм маягаар дадуулан үйлдэж чадах юм бол цаглашгүй ахуйгаас салшгүй саатан орших билиг оюуныг төгөлдөржүүлж чадах нь гарцаагүй юм.

БИЛИГ ОЮУНЫГ ДАДУУЛСНЫ ҮР ДҮН

Туйлын Үнэний Мөн Чанарыг Ухамсарлах Билиг Оюуныг хөгжүүлсний үр дүнд хоёр түйтгэрийг төгс арилгаж цаглашгүй ахуйн шижир тунгалаг мөн чанарыг илрүүлэн гаргах боломжтой билээ. Үнийг *салгагч үр дүн* гэх бөгөөд барцад түйтгэр үнэний мэдрэмжээс тань салгагдаж орхигдолгоос тэр ажээ. Ийм үр дүн гарах үед таны Бурханлаг-чанар бүрэн үзэгдэх болж тэгснээр та бүхий л хязгаараас ангид болж, бүхий л нөхцөлдөлтөөс тийнхүү ангижрах болно.

Тэгэхээр бидний Бурханлаг-чанар төгс гэгээрсэн Будда болон үзэгдэхийн тулд буян хишиг, саруул оюуны чинадад хүрсэн байх учиртай. *Таван Ухаанд Суралцах Билиг Оюун* ба *Амьтны Зорилгыг Гүйцэлдүүлэх Билиг Оюун* хоёроор далай их буяныг хуримтлуулж чадах болно. Мөн сургаалыг бусдад амжилттай дамжуулах, тэднийг буянт үйлийн замд оруулах, Номыг дадлагуудаар бишрүүлэн үнэн сүжгийг төрүүлэх болон мунхаг сэтгэлийн дайснаа дарахад тэдэнд туслах зэргээр үй олон буянт үйлийг хийж буянаа арвижуулах боломжтой.

Ийм үйлсэд өөрсдийгөө зориулснаар хязгааргүй амьтны тусыг бүтээх цорын ганц зорилготой, бүхий л шинж тэмдгүүдийг бүрэн агуулсан гэгээрсэн бодьгал болон хувирах *чөлөөлөгч үр дүнд* хүрэх болно. Энэ нь хамаг амьтны чөлөөлөгдөхийн суурь болж байгаа учраас чөлөөлөгч хэмээн нэрлэгдсэн байна. Салгагч үр дүн зуурах сэтгэлээс ангижруулдаг бол чөлөөлөгч үр дүн сэтгэлийг чөлөөлөлтийн замд бэлтгэдэг байна. Бурхан болоход энэ хоёр хоёулаа хэрэгтэй.

Хутагт Асангагийн сургаснаар Билиг оюуныг Төгөлдөржүүлсэн Бодьсадва хүний арван шинжийг доор үзүүлбэл:

1. **Үнэний төгс цар хүрээнээс зөв барих:** Бодьсадва хүнд мэдэхгүй үнэний тал гэж үгүй. Сансар хийгээд нирваныг бүрэн цар хүрээгээр нь мэдэх тул тэд харьцангуй түвшний мэдлэг төдийхнөөр сэтгэл ханадаггүй байх болно.

2. **Үнэний туйлын мөн чанараас зөв барих:** Цаглашгүй ахуйн дээдийн оршихуйг сайтар дадуулан зуршил болгосныхоо дараагаар Бодьсадва хүн бүх үзэгдлийг цаглашгүй үнэний ариун үзэгдлүүд хэмээн хүлээн авах болно.

3. **Шалтгаанаас зөв барих:** Бодьсадва хүн зовлонгийн хийгээд жаргалын жинхэнэ шалтгааныг сайтар ялгаж харах бөгөөд энэ нь хэдийгээр цаглашгүй ахуйгаас өөрөөр хэзээ ч оршдоггүйг таньсан ч гэлээ тэд хамаг амьтны сэтгэлд үзэгдсээр байх болно гэдгийг таних болно.

4. **Үр дагавраас зөв барих:** Харьцангуй түвшний жаргал хийгээд туйлын үнэний амгалан зохицол хоёрын ялгааг сайтар ялгаж харах тул өөрийн хийгээд бусдын жаргалын төлөө бүх амьдралаа зориулдаг байх болно.

5. **Зуурлтын алдааг ойлгодог:** Бодьсадва хүн хоёрдмол үзэгдлийг угийн үнэн мэт санаж зуурах сэтгэлээ орхисон бөгөөд тэдгээрийн илбэ мэт мөн чанарыг таньж тэрхүү ухамсарлахуйгаасаа хэзээд үл хагацах болно.

6. **Алдаа үгүй байгааг ойлгодог:** Тэдний ухамсар бүдүүн хэлбэрийн түйтгэрээс ангид учраас тэд үнэнийг алдаагүй нүдээр хардаг байх болно.

7. **Ямар үйл хийхээ мэддэг:** Номыг тодорхой ойлгосны тул тэд буян яаж хураах, гэгээрсэн чанаруудаа хэрхэн амьдруулах, амьтанд хэрхэн туслахаа

яг таг мэддэг байх болно.

8. **Ямар үйлийг хийх зохисгүйг мэддэг:** Бодьсадва хүн ямар үйлдэл Номын ёсонд үл зохихыг мэдэх тул түүний зовлонгоос өөр юу ч авчрахгүйг таньж бүрмөсөн орхидог байх болно.

9. **Түйтгэрт зүйлс зовлонгийн шалтгаан болдог үйл явцыг төгс ойлгодог:** Чадварлаг эмч адил Бодьсадва хүн сансрын хүрдэнд хэрхэн эргэлддэг, зовлон яаж гардаг тухай яг таг мэддэг учраас юуг орхивол зохихоо маш сайн мэддэг байх болно.

10. **Ямар нэг ариусгалын зүйлс ариусгадаг үйл явцыг төгс ойлгодог:** Зорьсон замаа бүрэн ухаарсны үндсэн дээр Бодьсадва хүн сэтгэлийн түйтгэрүүдээ арилгахын тулд юуг хэрхэн дадлага болгохоо мэддэг байх. Арга барил болгон хэрхэн явагддагийг мэддэг учраас тэдгээрийг хамгийн чадварлагаар яаж ашиглахаа мэддэг байх болно.

ГОЛ ХЭСГҮҮДИЙГ ЭРГЭН СӨХВӨЛ

• Билиг оюун гэдэг бол үнэний мөн чанарыг тодорхой ялгаж чадах сэтгэлийг хэлнэ. Хоёр талтай байдаг нь: 1.үзэгдлийг таних ухамсар ба 2.шинж чанаруудыг таних ялгамжаат оюун юм.

• Хоёр төрлийн мунхаг бий: 1.зүгээр мэдэхгүй байх дотоод мунхаглал ба 2.буруу үзлийн идэвхтэй ялгаварлах мунхаглал юм. Ялгаварлах мунхаглал хоёр саад учруулдаг нь: 1.мэдэгдэхүүний түйтгэр ба 2.нисваанисын түйтгэр юм.

• Билиг оюуныг гурван төрөлд ангилж болно: 1.туйлын үнэний мөн чанарыг ухаарах билиг оюун, 2.таван ухааныг мэдэх билиг оюун ба 3.хамаг амьтны зорилгыг гүйцээх билиг оюун юм. Эхнийх нь зовлонгоос чөлөөлөгдөх өөрийн зорилгод чиглэсэн бол сүүлчийн хоёр нь гэгээрэлд хүргэх бусдын зорилгыг гүйцээхэд чиглэнэ.

• Туйлын Үнэн мөн Чанарыг Ухаарсан билиг оюун бол Бурханы айлдсан Гурван Номын Хүрдний сургаалууд билээ. Эхний хоёр нь харьцангуй утга, сүүлчийнх нь үнэмлэхүй утгыг илэрхийлсэн байдаг.

• Гуравдугаар Номын Хүрдний дагуу авч үзвэл бүх үзэгдэл Таван Дарма буюу Ном хэмээх таван шалгуурт хамрагддаг: 1.дүрс, 2.нэр, 3.тусгал, 4.цаглашгүй ахуй ба 5.билиг билгүүн юм. Энэ тавыг мэдсэнээр үнэнийг хүлээн авахтай холбоотой гаргадаг алдаануудаа таньж авна.

- Таван Дарма буюу Номын хоорондын холбоог Гурван Мөн Чанараар ойлгож болно: 1.зохиомол мөн чанар, 2.хамааралт мөн чанар ба 3.төгс бүтсэн мөн чанар юм.

- Зохиомол мөн чанар хоёр хэсэгт хуваагдана: 1.ойлгогдох мөн чанар ба 2.ойлгогч мөн чанар юм. Тэд мэдрэмжийн бодит хийгээд хийсвэр талуудыг төлөөлдөг.

- Шүтэн барилдлагын мөн чанар хоёр талтай: 1.ариун бус ба 2.ариун юм. Тэд үнэнийг саруул оюунд тулгуурласан байна уу эсвэл мунхаг сэтгэлд үү гэдгийг үзүүлдэг.

- Төгс бүтсэн мөн чанар хоёр хэсэгт хуваагдана: 1.үнэний үнэн мөн чанар болох хувиршгүй билгүүн ба 2.үнэнийг байгаа чигээр нь мэдэх төөрөгдлийн бус билгүүн юм.

- Үнэний туйлын мөн чанарыг ухамсарлахад үнэнийг олж үзэхээс хязгаарлан барьж байдаг буруу үзлүүдийг арилгахад тустай долоон төрлийн хоосонд түшиглэдэг: 1.шинж чанарын хоосон, 2.өөрөө-үгүйн хоосон, 3.үзэгдлийн хоосон, 4.бус-үзэгдлийн хоосон, 5.хүчингүйн хоосон, 6.Бурханы мэдлэгийн туйлын үнэний аугаа хоосон ба 7.харилцан үл оршихуйн хоосон юм.

- Таван Ухааныг мэдэх Билиг оюун мэдлэгийн таван талбарыг хамардаг нь: 1.дотоод шинжлэлийн ухаан, 2.нотлохуйн ухаан, 3.дуун ухаан ба хэл шинжлэл, 4.тэжээхүй ухаан ба 5.урлахуй ухаан юм.

- Бусдын Хэргийг Гүйцээгч Билиг оюун бол хамаг амьтны тусыг гардан бүтээх ухааныг хөгжүүлэхэд анхаардаг. Гол шалтгаан нь буяныг ая зөнгөөрөө үйлддэг чадварыг олох явдал мөн.

- Билиг оюун гурван үйлийн дүнд хөгжиж болно: 1.мэдээлэл цуглуулах буюу сонсох, 2.эргэлзээг арилгахын тулд санах ба 3.буянт сэтгэлийг зуршуулахын тулд бясалгах явдал юм.

- Билиг оюуныг хөгжүүлэх дөрвөн шат бий: 1.зохиомол үзэгдлийн зууралтыг буцаах, 2.харьцангүй дүрсний бүдүүн зууралтыг тавиулах, 3.бодлын нарийн зууралтыг тавиулах ба 4.цаглашгүй ахуйд саатах юм.

- Билиг оюуныг төгөлдөржүүлэхтэй холбогдсон салбар найман сахил бий: 1.Бага Хөлгөний сургаалаас үл татгалзах, 2.Их Хөлгөний сургаалыг дагах явдлыг үл орхигдуулах, 3.Буддын бус сургаалыг судлахад Буддын сургаалаас илүү цаг үл зарах, 4.Буддын бус сургаалаас таашаал үл авах, 5.Их хөлгөний сургаалыг дорд эс үзэх, 6.өөрийг дөвийлгөн бусдыг үл доромжлох, 7.сурахаа эс орхигдуулах, 8.Номын багшаа хүндэтгэн дээдлэх.

- Ариун билиг оюунт Бодьсадва хүний арван шинж бол: 1.үнэний хир хэмжээнээс зөв зуурах, 2.үнэний мөн чанараас зөв зуурах, 3.шалтгаанаас зөв зуурах, 4.үр дүнгээс зөв зуурах, 5.зууралтын алдааг ойлгох, 6.алдаа алга байхыг ойлгох, 7.ямар үйл зохистойг мэдэх, 8.ямар үйл зохисгүйг мэдэх, 9.түүтгэрт зүйлс түүтгэр авчирдаг үйл явцыг төгс мэддэг байх ба 10.ариусгалын зүйл ариусгах үйл явцыг төгс мэддэг байх.

Орчин Тойрондоо Тусыг Бүтээх

Хүсэл тэмүүллээр дүүрэн эмч хүн өвчин, гэмтлээр энэлсэн хүмүүсийн зовлон шаналалыг зүрхээ шимшрүүлэн харж зовлонгоос гаргах арга хайдаг. Энэрэхүй сэтгэлийн мэдрэмжээр тэд ийм их зовлонг арилгахын тулд ямар нэгэн зүйл хийх сэн хэмээх аугаа их хүслийг төрүүлж хөгжүүлэх болно. Эхэндээ мэдлэг чадвар дутагдсанаас нэг л их сайхан сэтгэлээс өөрцгүй, хийж чадах юм дааич бага тул эмчлэх биш улам дордоход хүргэх нь ч бий. Үнэхээр өөрчлөлт гаргая гэвэл тэд эмнэх эмчилгээний аргуудыг дадуулан үйлдэхэд хамаг зүтгэлээ зориулах шаардлагатай.

Дадлагын оюутнууд эмчийн боловсрол эзэмшиж ахуй цагтаа өвчин ба халдвар зэргийн талаар мэдлэг эзэмшин суралцаж гадаад шинж тэмдгүүд ямар байхыг харж оношлон тохирох эмийг хэрэглүүлэх аргад суралцдаг билээ. Шинж тэмдгийг ийнхүү эмчлэх нь өвчтөн хүнд түр зуурын намдаах тусыг өглөө ч өвчний шалтгааныг олж илрүүлээгүй цагт шинж тэмдгүүд эргээд гарч ирэх магадлалтай тул эмч өвчнийг анагаах үйлсдээ амжилт үл олно.

Өнгөн хэсэг дээр нь өчүүхэн төдий л нэмэр болсноо ухаарсан эмч хүн өөрийн чадварыг бүрэн ашиглахын тулд дадлага туршлагаа цаашид гүнзгийрүүлэн судалж юунаас гаралтай болохыг илүү сайн ухаарах болдог. Тэд энэ явцдаа гадна илэрхий үзэгдэх шинжүүдийг судлахаас гадна бүр гүндээ ямар нөлөө үзүүлж байгааг шинжилж эхлэн мэдлэгээ зузаатгах тусам эмчилгээний үр дүн улам бүр сайжирч ирнэ. Тэрбээр дадлагын хугацаа дуусч хүн ба амьтны өвчнийг бүрэн анагаах чадвартай хүчирхэг эмч болон төгсөнө.

Бодьсадва нар цөмөөрөө бүдүүн, нарийн ба маш нарийн ямар хэлбэрийн байх нь хамаагүй бүхий л зовлонг анагаагч дадлагын эмч нар гэж тооцогдох ёстой. Анагаахын эмч нараас ялгаатай нь гэвэл Бодьсадва нар бие махбодын өвчнийг оюун санааны зовлонгийн шинж тэмдэг хэмээн үзнэ. Сэтгэл бол гол шалтгаан учраас үнэхээр тэр хүнийг эмчинэ гэвэл сэтгэлтэй тулж ажиллаж байж зохих эмчилгээний аргыг олох болно.

Зургаан Барамидыг дадлага болгоноор чадварлаг эмч болох аргуудыг эзэмшинэ. Тэд бидэнд сэтгэлийн хязгааргүй хүч чадалтайгаа хэрхэн холбогдож зовлонгоос ангижран чөлөөлөгдөх вэ гэдгийг зааж өгөх болно. Дадлагынхаа явцад хамаг амьтны тусыг бүтээхэд шаардлагатай билиг оюуныг хуримтлуулан авах боловч үүнд цаг хугацаа орох тул тийм амар зүйл биш билээ. Энэрэл хайрын сэтгэлдээ хөтлөгдөөд дадлагаа дуусгахаас ч өмнө бусдад туслахад анхаараад эхэлж мэднэ. Хүнд үнэхээр их тус болъё гэвэл маш болгоомжтой хандаж түрхэн зуурын амжилт авчрах аргаас аль болох зайлсхийх нь чухал. Асуудлын ёзоорыг олохгүй бол шархны тууз төдийхнийг хэрэглэх мэт өнгөн хэсгийн шинж тэмдгүүдийг л эмчлэхээс цааш гарч ахиж чадахгүй билээ. Тийм учраас бид чадварлаг байхгүй бол горьгүй.

ШАВИЙГ ЭРХЭНД ХУРААХ ДӨРВӨН АРГЫН ЕРӨНХИЙ ДҮР ЗУРАГ

Бурхан Багш хамаг амьтныг зовлонгоос бүрэн ангижруулах чадвартай цорын ганц зүйл бол Ном гэдгийг ойлгосон байна. Тийм учраас түүний өгч чадах хамгийн том бэлэг бол Ном заах явдал байсан юм. Ерөөхүйн Бодь сэтгэлтний хувьд түүний алхааг даган Номыг хичээнгүйлэн судалж бүрэн эзэмшихэд зүтгэн бусдад туслах чадвараа бий болгох хэрэгтэй. Үүнийг амжилттай хэрэгжүүлэхийн тулд Бурхан Багш *Шавийг Эрхэнд Хураах Дөрвөн Зам* гэдэг дөрвөн аргыг бидэнд сургасан байдаг. Үүнд:

1. **Өглөг:** Хэрвээ хэн нэгэн хүн биднийг анхаарах буюу итгэх юм бол тэр хүн илүү нээлттэй хүлээн авагч байж чаддаг. Тийм учраас учирсан хүмүүстэйгээ нааштай харилцаа тогтооход зорих хэрэгтэй. Үүнийг өгөөмөр зангийн дунд бүтээж болно. Өглөг өгөхийн ерөнхий зорилго бол амьтны шууд хэрэгцээг хангах явдал байдаг бол түүний дараа тогтох харилцаа нь гол сонирхол татах зүйл байх ёстой билээ.

   Бидний зорилго хамаг амьтантай утга учиртай барилдлага тогтоож тэд биднийг ивээн тэтгэгч буюу дэмжигч мэт хардаг болох явдал юм. Тийм холбоо хуурамч биш байхын тулд үнэнхүү энэрэл ба туслах гэсэн чин хүсэл дээр суурилсан байх ёстой. Хэрвээ бидний сэдэл амиа хичээсэн, бусдыг ашиглах гэсэн шинжтэй байх юм бол холбоо маань найдваргүй зорилгоо биелүүлэх учир дутагдалтай болох билээ. Өгөөмөр зан сэтгэлийн угаас гарах ёстой. Тэгсэн цагт л хүмүүс аяндаа ойртон дотносох болж хэлсэн сургасанд маань сэтгэл зүрхээ нээсэн хүлээн авагч болох боломжтой.

2. **Нийцтэй Яриа:** Харилцаа холбоо бидний дунд тогтсоны дараагаар одоо ярилцах боломжтой болно. Нийцтэй яриа ямар ч хэлбэрийн харилцаанд чихэнд нааладцатай, үнэн, номд нийцсэн, утга төгөлдөр байдаг. Тэдэнд ингэж зөвлөгөө санал болгосноор өөрт байгаа ашигтай мэдээллээ бусдад

дамжуулан өгч байгаа хэрэг юм. Үүнийг заримдаа "үр суулгах" гэж хэлдэг бөгөөд ухамсарлахуй ургах чадварыг бий болгоход тусалж байгаа явдал билээ.

Нийцтэй ярианы гол зорилго бол Бурханы Номыг сонсож байгаа хүний сэтгэлд үнэн сүжгийг төрүүлэх явдал юм. Шавь нар сургаалтай илүү танил дотно болох тусам тэдгээрийг амьдралд туршлага болгосноос гарч болох ашгийг улам бүр илүү харж эхэлдэг. Тэднийг бүрэн ойлгоод ирэхийн цагт өөрчлөлт хийх хүсэл нь эрхгүй оргилж ирдэг. Үүний хамтаар өгөх зөвлөгөөндөө чин ариун сэдлийг баримталсан байвал зохино. Хэрвээ бидний сэтгэл энэ үед өөрийг энхрийлэх сэтгэл болон хорвоогийн явдалд чиглэсэн байх юм бол тус зөвлөгөө урт хугацааны ашиг авчрахад хүргэхгүй л болов уу. Нийцтэй яриа мэт харагдах боловч үнэн хэрэгтээ илүү хор учруулж болзошгүй байж мэдэх билээ.

3. **Ашигтай Үйлдэл:** Номыг бусад дамжуулсан төдийгөөр зогсвол мөн учир дутагдалтай болно. Суулгасан үрээ соёолуулахын тулд дадлага бясалгалаар тордож тэжээх хэрэгтэй болно. Тиймээс дараагийн арга бол хүлээн авсан ном сургаалаа анхааран авлага болгоход тэдэнд туслах явдал билээ. Энэ нь ёс суртахууны дадлага болон сахил хүртээх, тодорхой нэгэн дадлагад орох оньс зааврыг өгөх зэргийн хэлбэртэй байдаг.

Ямар хэлбэрийн ашигтай үйл хөдлөл хийнэ хамаагүй үр дүн нь шавь нарын сургаалыг хэрхэн туршлагадаа хэрэглэж байгаагаас харагдах болно. Тэд заалгасан сургаалаа дадлагын зааварчилгаа болгон харах үедээ Номыг амьдралдаа толь болгон ашиглаж эхлэх болно. Өөрсдийн зуршилт хэв маягийг ойрхноос харж эхэлснээр тэд дотоодын зөн билгийг хөгжүүлж улмаар мунхаг сэтгэлээ давж гаран, зовлонгоос эцэстээ ангижирч чадах болно.

4. **Ижил Зорилго Өвөртлөх:** Шавийн сэтгэлд бидний өгсөн зөвлөгөө жинтэй тусахын тулд өөрсдөө амьдрал дээр үлгэрлэн үзүүлэх хэрэгтэй. Энгийнээр хэлбэл зааж буй Номоо өөрсдөө мөн дадуулан үйлдэх нь чухал. Ижилхэн зорилготой байсны хүчээр өгсөн зөвлөгөө маань бидний амьдралын туршлагад үндэслэсэн гэж танигдах болж бусдыг автоматаар тэр замд хөтлөн дагуулахад хүргэдэг билээ.

Энэ аргын зорилго нь бусдыг бишрэн сүжиглэх явдалд байнга урин дуудаж байдаг үлгэр жишээ бологч байх явдал юм. Сургаал хэчнээн гүнзгий байлаа гээд хүчин чадлыг нь харуулах нэгэн үгүй бол түүнд амьдралаа зориулна гэдэг зарим хүмүүст хэцүү байх боломжтой. Хэрвээ бидний шавь нар бидний үйл хэрэгт үзэгдэх жинхэнэ чанаруудыг олж харвал тэд ямар чадавхтайг нүдээр үзэж түүгээр сэдлээ хийн хичээл дадлагадаа зүтгэлийг зориулах болно.

Дүгнэн хэлэхэд, энэ дөрвөн аргаар Бурхад Бодьсадва нар амьтны тусыг бүтээж явдаг билээ. Ерөөхүйн Бодь сэтгэл хамаг амьтныг зовлонгоос чөлөөлөх явдал учраас түүнийг гүйцэтгэх цорын ганц зам бол тэдний мунхгийн үндсийг тасдах явдал юм. Энэ нь Номыг дадуулан үйлдэх, сургаал номлолыг дагах, үр ашигтай гэдэгт нь итгэх, өөрсдийн амьдралд гарсан үр дүнг харж таних явдлыг бид бүхнээс шаарддаг. Тиймээс Бурхад Бодьсадва нар өөрсдийн давуу чанараа үзүүлэн амьтны сэтгэлийг татаж, ном сургаалын дамжлага хүртээх боломж олгох замаар шавь нараа зовлонгоос чөлөөлөх зүгт залдаг билээ.

НАРИЙВЧИЛСАН ТАЙЛБАР

Одоо бид эдгээр аргуудыг Хутагт Асангагийн *"Бодьсадва Хүний Дамжин Явах Үе Шатууд"*-д үзүүлсний дагуу машид томруунаар нарийвчлан судлах болно. Өглөгийн талаар өмнө хэдийнэ судалсан болохоор одоо шавийн сэтгэлийг эрхэнд хураах дөрвөн замын сүүлчийн гурвыг тодруулах болно.

Нийцтэй Яриа

Бидний яриа амьтанд ашиг тустай байхын тулд хоёр давхаргад авч үзэх шаардлагатай. Эхлээд, хорвоогийн амьдралд хүлээн зөвшөөрөгдсөн *загвараар* ярихгүй бол сонсогч нарт хүлээн авахад хэцүү байх болно. Хоёрт, бидний ярианы *агуулга* хүнд хэрэгтэй Номд зохистой байвал зохино. Энэ хоёр давхаргаас гурван төрлийн яриа байж болохыг таньж болно:

Нөхөрсөг Яриа

Бидний ярих хэв загвар сонсогч хүний сэтгэлд гүнзгий ул мөрөө үлдээдэг. Ууртай догшин загвараар ярихад тэнд байгсдад айдас төрүүлж хэлж байгаа зүйлээ ойлгуулахад бэрхтэй болдог. Догшин сүрлэг үйлдэл зарим дадлагын үеэр байж болдог хэдий ч ерөнхийдөө нөхөрсөг, зочломтгой байдлыг сахиж байх нь ямарт дээр байдаг ба хүмүүсийг холхон шиг бай хэмээн анхааруулах мэт ярвагар дүр гаргахаас зайлсхийх шаардлагатай.

Бас нэгэн чухал зүйл бол сонсогч хүмүүсийн соёлын уламжлал, нийгмээс юу хүлээж байгаа зэргийг бодох хэрэгтэй. Эдгээр үзүүлэлтүүдийг тооцоолохоо мартсанаас үл хүлээж авах, үл ойлгох явдлууд гарах нь цөөнгүй байдаг. Жишээ нь, хүнтэй мэндлэхдээ соёл иргэншлийн хувьд хүлээн авахуйц байдлаар хандаж хүндэтгэл халамж аль алиныг үзүүлбэл зохино. Иймэрхүү аар саархан юмыг ашиглаж бид эерэг холбоо харилцаа нээгдэхийн үүд хаалгыг нээж өгч чадах юм.

Тааламжтай Яриа

Хүн гэдэг амьтан өөрөө нийгмийн бүтээл юм. Бид эргэн тойрны хүмүүсээс хэлсэн, хандсан үгийг байнга анхааралтайгаар тусган авч хариу урвал үзүүлэн тэрхүү сэтгэлийн хөдөлгөөн дээрээ үндэслээд сайн муу ямар арга хэмжээ авахаа ялгаж байдаг. Ийм занг маш эртнээс дадуулаад зуршчихсан байх тул зарим үйлдэл магтаал авчирдаг бол зарим нь шүүмжлэл авчирдаг гэдгийг мэддэг болчихсон байдаг. Магтаал хүртэх мэдрэмждээ таатай хандаж дахиад түүнийгээ давтах аргыг эрэлхийлэн харин шүүмжлэл үүсгэж байгаа тэдгээр үйлдлүүдээс холхон шиг зайгаа авахыг хичээхэд хүрдэг билээ.

Бодьсадва хүн энэ зуршлыг ухаарсан байх тул түүнийгээ ашиглан сайн чанаруудыг өөгшүүлэн хүч оруулж байх ёстой. Хүнийг буянтай үйлд оролцох үед баяр хүргэж бусдад хэрэгтэй зүйл хийсэн хүн шүү гэдгийг нь өөрсдөд нь ухааруулж байх хэрэгтэй. Магтаалд шунах сэтгэлийг нь ингэж өдөөх чадварлаг арга бол харьцангүй түвшинд тохирдог. Түр зуурьтаа тэдний шуналыг тэжээж өгснөөр тэд өөрийн эрхгүй буянтай үйлд гаршаад ирэх бөгөөд тэр цагт шуналаа багасгаж аяндаа ухамсарлах учраас тэднийг магтан дөвийлгөх хэрэгцээ цаашид үгүй болно.

Номын Утгыг Агуулсан Яриа

Нийцтэй яриаг хөгжүүлэх гол зорилго маань Ном сургаалыг дамжуулах, тэгснээр амьтанд түр зуурын хийгээд туйлын ашгийг авчрах явдал билээ. Үүний тулд хэнд, юу заах вэ гэдэгтээ маш чадварлаг хандах хэрэгтэй болно. Амьтан болгон сүсэг бишрэлийн өөр өөр хөгжилтэй яваа бөгөөд үйлийн үрийн ойлгохын аргагүй ээдрээнээс шалтгаалан тэд хэзээ ч адилхан байдаггүй. Тийм учраас Номыг бусадтай хуваалцахдаа тухайн сонсогч нарт хамгийн зохимжтой байх сэдвийг сонгож авах чадварыг хөгжүүлэх нь чухал. Ийм чадварыг хөгжүүлэхэд цаг ордог бөгөөд туршлагажиж байж голдуу бүтдэг байна. Энэ үйл явцад туслуулахын тулд дагавал зохих нэлээд хэдэн ерөнхий гарын авлага байдагт: 1.шавийн чанар, 2.сургаалын чанар, 3.багшийн чанар, 4.ном айлдах арга барил эдгээр юм.

Шавийн Зан Байдлыг Засах

Эхлээд сургаалын ач тусыг хүртэх хүсэл сонирхолд саадтай тодорхой хандлагууд шавьд байгаа эсэхийг таних хэрэгтэй. Тэдэнд энэ хандлагаа давж гарахад нь туслахын тулд "*Дөрвөн Итгэмж*" сургаалыг дурдах хэрэгтэй: 1.хэн хэлж байгаад нь биш юу хэлж байгаад нь шүт, 2.үгэнд нь биш утганд шүт, 3.янагуух бус чинагуух утганд нь шүт, 4.мэдрэхүйдээ биш язгуурын ухамсарлахуйдаа шүт эдгээр юм. Үүнд мөн шавь нарын анхаарлыг чиглүүлэх дөрвөн зан байдлыг хэвшүүлэх явдал багтах бөгөөд энэ нь тэдэнд үнэний гүнзгий түвшинд нэвтэрч ороход нь туслалдаг байна. Үүнд:

1. **Номыг Зөв Сонсоход Анхаарах:** Доройтлын энэ цөвүүн цагт Номын хуудуугүй эх сурвалж олоход амаргүй байх болно. Ихэнх багш нар хагас хугас шаардлага хангасан, шавьд тустай байх чанар хязгаарлагдмал байдаг бөгөөд энэ нь тэднийг мэддэг зүйлээ бусдад зааж дамжуулж болохгүй гэсэн хэрэг биш юм. Заавал урт гуншинтай "өндөр лам" багштай байхыг онцлон үзэх юм бол тийм чиг баттай бус эх сурвалжаас номлол хүртэхэд ч хүргэж магадгүй юм. Багшийн аугааг сэтгэлээр таних болохоос нийгэмд ээзэлдэг байр суурь өндөр цол хэргэмээр дүгнэх ёсгүй. Багшийн зааж байгааг анхааралтай чагнаж сурсан шавь нар энэ сургаал жинхэнэ уламжлалыг хадгалсан байна уу, үгүй юу гэдгийг өөрсдөө ялгаж мэдэх чадвартай болдог. Эх сурвалж дээр нь төвлөрснөөс юу сургасан дээр нь төвлөрөх хэрэгтэй.

2. **Утганд Анхаарах:** Шавь нарт тохиолдох бас нэгэн бэрхшээл бол сургаалын хэлбэрээс хүчтэй зуурах явдал мөн. Тэд "сайн номлол" гэж үзэх нэгэн амтыг хөгжүүлээд тэр шалгуурт багтаагүй сургаалыг хүлээн авахгүй болоход хүрдэг. Ашигтай хандлага бол ямар хэлбэртэй сургаал байхаас үл хамааран түүний утга учир дээр анхаарлаа тусгах ёстой. Хэрвээ утга учир нь л жинхэнэ байвал бусад зүйл ямар байх нь хамаагүй болно.

3. **Сургаалын Туйлын Утганд Анхаарах:** Бурхан Багш манай гараг дээр байх богинохон хугацаандаа ер бусын их хэмжээний сургаалуудыг номлосон байдаг. Тэрбээр шавь нарынхаа хэрэгцээнд байнга тааруулан сургадаг байсан бөгөөд зарим сургаалууд илүү гүнзгий утганд хүрэх гишгүүрийн үүрэг гүйцэтгэхээр байдаг. Тиймээс харьцангуй утгыг илэрхийлсэн сургаалууд дээр дэндүү ихээр түшиглэх нь эргэлзээтэй, төөрөгдөлт байдалд хүргэж болзошгүй билээ. Тийм болохоор шавь нар үнэмлэхүй утга, чинагуух утга хоёрыг ялгаж салгах чадвартай байх хэрэгтэй. Энэ хоёроос бид чинагуух үнэмлэхүй утганд байнга илүү анхаардаг байх шаардлагатай. Яагаад гэвэл тэр л биднийг чөлөөлөх чадвартай юм.

4. **Сургаалыг Дадлага Болгоход Анхаарах:** Ямар ч Ном хүртсэн оюуны мэдлэгээр сэтгэл ханаж огт болохгүй. Номд суралцаж амьдралаа өөрчилье гэвэл сэтгэлээ бясалгалд дадуулах хэрэгтэй. Нэг өгүүлбэрт багтах сургаалыг ч болсон дадлага туршлагадаа багтааж оруулваас зохимжтой.

Сургаалын Чанар

Бидний анхааралдаа авбал зохих дараах хэдэн зүйлс бол сонсогчиддоо зохимжтой сургаал хэрхэн сонгоход зориулагдсан байдаг. Ийм таван чанар байдагт:

1. **Зөв зүйтэй:** Сургаалын сэдэв нь сонсох, санах, бясалгах гурваар таны зөв

ойлголтыг өөртөө бий болгосон тийм зүйл байх хэрэгтэй. Хэдийгээр түүнийг төгс ухамсарласан байх шаардлагатай бус ч гэлээ сургаалын гол санааг ойлгосон байж хүмүүст тодорхой танилцуулах нь чухал байдаг.

2. **Зохимж:** Мэддэг гэхээр л заавал зааж болно гэсэн үг биш юм. Энэ сэдэв таны сонсогч нарын хэрэгцээнд нийцсэн байх ёстой. Уг сургаалыг айлдана уу гэсэн хүсэлт ирэх ба таны багшаас үүнийг айлд гэсэн тушаал ирсэн үед түүнийг номлоход нэн зохимжтой байдаг байна.

3. **Замбараагүй биш:** Сэдвийг амжилттай номлохын тулд түүний бусад сургаалтай холбогдох талуудыг тодорхой болгосон байвал зохино. Тэгэхгүй утга санаа замбараагүй байвал хүмүүсийг төөрөгдөлд хүргэж сургалт ашиггүй болж хувирна.

4. **Номын дагуу:** Тухайн сэдвээр хэрхэн тайлбарлахаасаа шалтгаалаад багш болгон өөр арга барилтай байдаг. Энэ нь бидэнд сургаалыг ямар үед хаана номлож байгаадаа зориулан өөрчлөх, сонсогч нарт тохируулан хэлэлцүүлгийн материалуудтай хослуулах бололцоог олгодог. Хэрхэн танилцуулж буй хэлбэрээс үл шалтгаалан ямартай ч Номын дагуу эх судартай дурдагдсантай яв цав нийцэж байх нь чухал. Хэлбэр өөрчлөгдлөө ч утгаа алдаагүй байхад анхаарна.

5. **Тохиромж:** Сонсогч нарын ойлголтын түвшний дагуу сургаал номлолоо сонгосон байх хэрэгтэй. Жишээ нь, итгэл бишрэлгүй сонсогч нарт бага хөлгөний сургаал сүжиг бишрэл төрүүлэх талаасаа тохиромжтой байх болно. Хэнтэй ярилцаж байгаагаа мэдэх нь тэдний хэрэгцээнд тааруулан сургаалаа нэмж хасахад тань тустай байх болно.

Багшийн Чанар

Сэдвээ сонгосны дараа сургаал номлол айлдахад зориулан чин үнэн сэдлийг төрүүлэх хэрэгтэй болно. Үйлийн үрийн боловсролтонд таны сэдэл маш чухал байдаг. Хэрвээ бидний айлдсан сургаал бусдад гэгээрэлд хүрэх замд нь дэмжлэг болно гэж үзвэл бидний сэдэл доорх талуудыг агуулсан байх хэрэгтэй:

1. **Сайхан Сэтгэлтэй:** Номлол айлдаж эхлэхээс өмнө бидний сэтгэл түйтгэрээс чөлөөлөгдсөн байх ёстой. Ууртай эсвэл будилсан байдал нь мэдээллийг самууруулж түүний ач тусыг бууруулах болно. Харин номлол хүлээн авч буй хүмүүсийн зүг нэн сайхан сэтгэлээр хандсан байвал зохино.

2. **Тус Хүргэхийг Горилсон:** Бидний номлолын гол зорилго бол бусдад туслах явдал. Хэдийгээр бидний мэдлэг хязгаартай ч мэддэг ойлгодог юмаа бусадтай хуваалцан энэ явдлын шимээр ирээдүйн сайн сайхны шалтгаан бүтэх болтугай хэмээн хүсэх сэтгэлтэй байх ёстой.

3. **Энэрэнгүй Сэтгэл:** Бидний зорилго бусдад туслах учраас бусдыг энэрэх сэтгэлээр хандан тэдний аливаа нэг эргэлзээт асуултанд хэзээд хариулт өгөхдөө дуртай, түрүүн хэлснээ давтахаас цааргалдаггүй байх ёстой.

4. **Олз Олох Санаагүй:** Бид олз ашгийн төлөө ном номлодоггүй. Бидний анхаарах зүйл бол сонсогч хүний сэтгэлд нөлөөлөх явдал байх ёстой. Үйл явцаас гарах бусад бүх үр дагавар хоёрдогч шинжийг агуулах тул бидний үйлдэлд нөлөөгөө үзүүлэх учиргүй.

5. **Өөрийн Чанаруудыг үл Магтаж Бусдыг үл Доромжлох:** Ном заана гэдэг өрсөлдөөнд орж байгаа хэрэг биш юм. Бид сурагч шавь нараа бусдыг ялан дийлэх замаар олох эсвэл өөр багш нараа орхи гэж зоригжуулж хэзээ ч болохгүй. Юу мэддэг түүндээ төвлөрөн заахад шавь нар өөрсдөө аль номлол илүү ашигтай гэж шийдсэн түүнийгээ сонгох болно. Даруу байдлаа хадгалж сурах нь чухал бөгөөд ном айлдах явдал тань өөрийг энхрийлэх сэтгэлээр толботоогүй байвал зохино.

Сургаалыг Танилцуулах Арга Барил

Шавь нараа эрхэндээ хураарж, сэдвээ зөв сэдлээр сонгочихсон болохоор одоо бидний судлах сүүлчийн нэг тал бол Номыг танилцуулах арга барил буюу сонсогч нарын ерөнхий мэдрэмжийг тодорхойлох явдал юм. Тийм учраас дараахь зүйлсийг санаандаа хадгалж явбал зохино: 1.номлол зохимжтой цагт аль болох төвлөрөлтэй, сатаарал багатай газарт явагдах, 2.зааж номлож байгаа Номын сургаалдаа ауга их бишрэл хүндэтгэлийг үзүүлэх, 3.бидний танилцуулга утга учиртай, дэс дараалалтай, сэдэв бүрийг дагахад амархан байх ёстой, 4.сургаалын утгыг шууд тод илэрхийлж чадах үгнүүдийг хэрэглэх, 5.тэдгээр үгс баяр хөөр, сэтгэлийн цэнгэлийг авчирдаг байж, зааварчилгааг дадлага болгох үнэн сүжгийг төрүүлдэг байлгахын төлөө чадах бүхнээ хийх, 6.номлол нь шавийн хэрэгцээг хангах тул шавь сэтгэл хангалуун үлдэх боловч шинэ сэдвээр түүнийг сориход мөн хүргэдэг байх, 7.шавь нараа цааш үргэлжлүүлэн сурахад байнга зоригжуулж байх хэрэгтэй.

Ашигтай Үйлдэл

Нийцтэй ярианы чадварыг эзэмшсэний дараагаар шавь нартаа хорвоог үзэх үзэлдээ ашиглаж болох онолын ойлголтыг дамжуулж өгөх болно. Тэрхүү мэдлэгийг туршлага болгохын тулд өдөр тутмын амьдралдаа хэрэглэх хэрэгтэй. Үүнд тэднийг зоригжуулж, Номыг дадуулах үйлсэд нь нөлөөлсөн болгон *ашигтай үйлдэл* гэж тооцогдох болно. Бидний зорилго одоо шинэ мэдээлэл дамжуулах биш хүлээн авсан мэдээллээ амьдралд хэрхэн хэрэгжүүлэх вэ гэдгийг нь тодотгож өгөх явдал мөн.

Ашигтай үйл ажиллагаа гэдэг бол хамаг амьтныг сүсэг бишрэлийн дадлагад орооход хүргэхийг хэлнэ. Үүний тулд тэдэнд амьдралаа жинхэнэ жаргалын төлөө чиглүүлэх утга учиртай зорилгыг хэлбэржүүлэхэд нь туслах улмаар тэдгээр зорилгодоо хүрэх зааварчилгаануудыг өгөх явдал билээ.

Бусдыг Утга Учиртай Зүйлд Зориход Хүргэх

Бид өөрсөндөө байхгүй зүйлээ олж авахын тулд бие, хэл, сэтгэл гурваар аль нэгэн үйлдэл хийхэд хүрдэг. Сүсэг бишрэлийн дадлага ч мөн үүнээс ялгаагүй. Тэгэхээр өөрсдийн амьдралд байгаа зарим талуудаа таньж өөрчлөх хэрэгтэй бөгөөд зөвхөн тэгсэн цагт л зүтгэл шамдлаа гаргах хэрэгтэй болох билээ. Ийм учраас дадлагын маань суурь бол эхлээд бидний ирээдүйд хүрнэ гэсэн зорилгыг төлөөлүүлсэн утга учиртай сэдэл бий болгох явдал юм.

Бид харьцангуй зорилго тавьж болно бас туйлын зорилго ч тавьж болно. Харьцангуй утгатай зорилго түр зуурын сайн сайханд хүргэх бидний анхаарлыг нэн даруй татаж мэдрэмждээ хэт автахаас сэргийлж чадах сэдэл байдаг бол туйлын зорилго гэдэг төгс гэгээрэлд хүрэх явдлыг хэлдэг.

Бидний ашигтай үйлдлийн нэг хэсэг нь шавь нарынхаа хүчин чадавхийн хэмжээг үнэлэн дүгнэж тэдний хэрэгцээнд тохирсон дадлагыг бий болгох явдал байдаг. Гурван төрлийн хүчин чадавхд тохирсон гурван төрлийн дадлага байдгийг үзүүлбэл: 1.буяны дадлага, 2.ёс суртахууны дадлага, 3.чөлөөлөгдөх замын дадлага эдгээр юм.

Буяны Сэдлийг Бий Болгох

Эхний давхарга бол шунал, хилэн ба мунхаг гурван хороор дарангуйлагдсан хүмүүст тохиромжтой дадлага юм. Нүгэл хийж амьдарсны үр дүнд бусдад дайрагдах, эд юмаа алдах, албадан саатуулагдах гэх мэтийн байнгын шаналгаа зовлонг эдлэхэд хүргэнэ. Тэд байнга өөрсдийн амь гарахын төлөө тэмцсэн "ал, тэгэхгүй бол алагдана" гэсэн байдалтай амьдрахад хүрдгийгээ мэддэггүй явдаг. Ийм хүмүүс нийгэмд *гэмт хэрэгтнүүд* гэж нэрлэгдэх нь олонтаа.

Ашигтай Үйлдлээр тэдэнд буянтай амжиргаа хүсэх сэдлийг бий болгож өгөх ба тэд Номын дагуу үйл хөдлөлд оролцох болсноороо эд хөрөнгө цуглуулж хуримтлуулах боломжтой болно. Бидний зорилго бол амьтан алах юмуу өгөөгүйг авахгүйгээр сайхан амьдралд хүрч болдог гэдгийг л үзүүлэх явдал байгаа билээ.

Буянтай амжиргаа хөөсний үр дүнд бид бүгд хамаг амьтанд туслах чадалтай болж илүү амгалан зохицолтой байдлыг амьдралдаа бий болгох юм. Энгийн хэрэгцээ хангагдсаны дараа тэдний санаа амарч сүсэг бишрэлийн хөгжилдөө зарцуулах чөлөөт цагтай болсноо ухаарах болно.

Ёс Суртахууныг Бий Болгох

Дараагийн давхаргын дадлага бол үхсэний дараа яах вэ гэдэгтээ зовдог хүмүүст зориулагдсан байдаг. Буянтай амжиргаа хөөх замаар тийм хүмүүс сэтгэл санаандаа тусгах цагийг өөртөө гаргасан, өөрсдөөсөө юу үнэхээр хамгаас чухал юм бэ гэсэн асуултыг тавьж чадсанаар сүсэг бишрэлийн замд илүү сонирхол төрүүлэх болдог ажээ.

Хүн болгоны гол зорилго нь ирэх төрөлдөө аятайхан газарт болж өгвөл тэнгэрийн орон шиг газарт төрөх явдал байдаг. Тийм төрөл авахын тулд ёс суртахууныг сахин дадуулах ёстойг таньснаар бидний ашигтай үйлдэл хорвоогийн таашаалыг огоорон лам хувраг эсвэл гэлэнмаа болоход нь тэдэнд туслах явдалд онцгой чиглэх ёстой. Энэ үйл явц сахил санваар хүртээн, сахих ёстой журам андгайг өргүүлэх замаар хийгдэнэ.

Хамаг амьтныг ёс суртахууны дадлагаар буянтай чануудаа хөгжүүлэхэд нь тэдэнд туслахад анхаарлаа тавих ёстой. Энэ нь тэднийг дээд төрөлд төрөхөд хүргээд зогсохгүй сүсэг бишрэлийн дадлагаа үргэлжлүүлэх үндсийг бий болгож өгснөөр цаашдаа төгс гэгээрэлд зорьж болох ажээ.

Чөлөөлөгч Замыг Тавьж Өгөх

Эцсийн давхаргын дадлага бол сүсэг бишрэлийн зам дахь хувиргалын талыг нээх гэсэн хүмүүст тохирсон арга байдаг. Өмнөх давхаргынхан тааламжтай нөхцөл бий болгох гэж тогтолцоонд суурилсан онолд тулж ажилладаг бол энэ давхаргад тогтолцоо нь өөрөө эвдэрхий болохыг хэдийнэ таньж хаа ч төрсөн байсан ялгаагүй зовлонгоос төгс ангижраагүй л бол зовлон үргэлжилсээр л байх болно гэж үздэг хүмүүс байдаг. Энэхүү зовлонгийн шинж чанарыг тунгаан бясалгаснаар тогтолцоог бүрэн хувиргалд оруулан төгс чөлөөнд хүрэх хүслийг тэд хүчтэй төрүүлдэг байна.

Ийм төрөлхийтөнд туслах ашигтай үйлдэл бол чөлөөлөлтөнд тэднийг хүргэж чадах тэр замд нь оруулж өгөх хэрэгтэй юм. Үүнд Буддын дараахь гурван хөлгөний аль нь ч байж болно: 1. Бага Хөлгөн, 2. Их Хөлгөн, 3. Очирт Хөлгөн. Эхнийх нь зовлонгоос ангижруулна харин сүүлчийн хоёр нь тэдний зохих чануудыг хөгжүүлж сайжруулан төгс гэгээрэлд хүргэдэг билээ. Аль хөлгөнг сонгох нь тэдгээр хүмүүсийн сүсэг бишрэлийн хөгжлөөс шалтгаалах болно.

Тэднийг Эдгээр Зорилгод нь Хүргэх Арга Барил

Шавийн ямар зорилгод чиглэснийг таньж мэдсэнийхээ дараагаар тэдэнд зорилгодоо хүрэх зааварчилгааг өгөх хэрэгтэй. *Зааварчилгаа* гэдэг нь ганц буюу хэсэг бүлэг хүмүүст үйл ажиллагаагаа хэрхэн явуулах талаар өгөх зөвлөгөө гэж ойлгогдож болно. Жишээ нь, яаж сунаж мөргөдөг вэ гэх юмуу, мөнх-бусыг хэрхэн бясалгах вэ зэргээр зааварчилгаа авч болно. Энэ бол тодорхой нэгэн дадлагын цаад утга, онолыг тайлбарлаж өгч байгаагаас ялгаатай юм. Бид Номыг хэрхэн номлодогтой ойролцоо байж болох зааварчилгаа өгөх хоёр гол гарын авлага бий: 1.зааварчилгаа өгч байгаа сэтгэл ба 2.зааварчилгааг хэрхэн өгч буй байдал юм.

Зааварчилгаа Өгч Буй Сэтгэл

Шавь зөвлөгөө авахыг хүсэх болгонд бид түүнд туслахад зорьсон буянтай хандлагыг хөгжүүлэх ёстой. Зааварчилгаа өгөхөөсөө өмнө та доорх чанаруудыг өөрт бий эсэхийг шалгах хэрэгтэй:

1. **Энэрэнгүй:** Зааварчилгаа өгөхдөө хамаг амьтныг зовлонгоос чөлөөлөх юмсан гэсэн чин хүсэлтэй байх хэрэгтэй. Хэрвээ та үнэхээр тэдний сайн сайхны төлөө зовж байгаа бол таны зааварчилгаа илүү ашигтай байх болно.

2. **Зүтгэлтэй:** Шавь танд ойртон ирэхэд тус хүргэх бололцоо гарлаа хэмээн баярлах ёстой. Залхсан юмуу хорссон байдал хэзээ ч үзүүлж болохгүй.

3. **Даруу:** Ихэмсэг, бардам, дээрэнгүй байдлаас ангид сэтгэлээр зөвлөгөө өгнө. Таны мэдлэг багшийн тань сайхан сэтгэлийн үрээр танд олдсон гэдгийг санаж байх хэрэгтэй. Та хүний өгсөн юмыг л дамжуулж байгаа болохоор үүнийхээ төлөө ихэрхээд байх шаардлагагүй билээ.

4. **Өөрийг үл хайрлах:** Зааварчилгаа өгөхдөө хувийн ашиг хонжоо зэргээс сэтгэл ангид байж түүний оронд сурагчийн хэрэгцээг урдаа тавин, үнэхээр туслах юмсан гэсэн сэтгэлийг төрүүлэх хэрэгтэй.

5. **Асрал, энэрэл:** Таны зөвлөгөөг эрсэн хүнтэй халуун дулаан хайрын харилцааг хөгжүүлэх ёстой. Үр хүүхдээ асарч байгаа эцэг эх л гэж өөрийгөө бод.

Зааварчилгааг Хэрхэн Өгөх Байдал

Зохимжтой чанаруудыг бий болгосныхоо дараагаар таны зөвлөгөө шавийн хэрэгцээнд таарсан байхад анхаарах хэрэгтэй. Үүний тулд дараах зүйлүүдийг санавал зохино:

1. **Өө сэвгүй:** Ямар түвшний дадлага байх нь хамаагүй шавьд өгөх зааварчилгаа өө сэвгүй, буянтай зөв мөн чанартай байвал зохино. Бид тэдэнд түйтгэрт сэтгэлтэйгээр аливаа үйлдэл хийхийг хэзээ ч зөвлөж болохгүй.

2. **Алдаагүй:** Бидний зааварчилгаа харьцангуй буюу туйлын утгатай алин болох нь тодорхой танигдсан байх ёстой ба энэ нь шавийг аль нэгэн дадлагад хэт дурлахаас сэргийлүүлэх юм. Харьцангуй түвшний аргуудыг

туйлын түвшнийх гэж үзүүлэхээс зайлсхийх хэрэгтэй бөгөөд үүнээс болж сурагчид уйдсан залхуутай байдлыг үүсгэн цаашдын замдаа ахихад нь тээр болж болно. Жишээ нь, Шаматад хүрээд л гүйцээ гэж сургах нь буруу сургаал болох билээ.

3. **Системтэй буюу Цэгцтэй:** Заавapчилгааг өгөхдөө сурагчид хэрэгтэй чадваруудыг гүйцээх боломж олгосон дороос дээш өгссөн системтэй байдлаар сургана. Шат алгасах эсвэл тухайн дадлагад зохих ёсоор бэлтгээгүй байвал тэдний ухамсарлахуйд хүрэх явцыг удаашруулан цагийг нь үрэх болно.

4. **Олдоцтой:** Бидний заавapчилгаа хүссэн болгон олж авч чадахуйц байх хэрэгтэй. Бид бусдыг хөтлөн дагуулах замдаа ялгаваргүй үзлээр хандаж өөрийн дургүй хүмүүст заавapчилгаа өгөхгүй байх, дуртай шавь нартаа илүү өгөх зэргээр хандаж хэзээ ч болохгүй.

5. **Байдалд Тохирсон:** Сурагч шавь болгон өвөрмөц өөр шинжтэй учраас тэр болгоны хэрэгцээнд нийцүүлэн заана. Сургаал айлдвар хүн болгонд адилхан номлогдсон ч заавapчилгаа уг хүний өвөрмөц сэтгэлд тохирсон өөр өөр байх боломжтой. Өвчтөний биеийн байдалд тааруулан эмч хүн эмийн тунг хасаж нэмдэгтэй үүнийг адилтгаж болно.

Ижил Зорилго

Дээдийн Ном бол ухамсарлахуйн илэрхийлэл билээ. Энэ бол үнэнийг яг байгаагаар нь мэдэх тэрхүү сэтгэлийн төлвөөс ургадаг учраас бусадтай үнэнийг ярилцан мэдрэмжээ хуулбарлах аргыг санал болгодог байна. Тийм ухааныг жинхэнээр нь дамжуулахад үнэний мөн чанарын хийсвэр талыг тодорхой хэмжээгээр ухамсарласан байх шаардлагатай. Бусдад туслах нь бидний зорилго юм бол өгч байгаа зөвлөгөөгөө тусгаж чадах хувийн туршлагыг хөгжүүлсэн байх чухал ач холбогдолтой.

Өөрийн зорилгыг сурагч шавь нарынхаа зорилготой давхцуулснаар өөрсдийн хүлээн авсан сургаалдаа итгэх итгэл үнэмшлээ амжилттай харуулж чадах юм. Тэгэхээр шавь нартаа бид ч мөн яг тэдэн шиг зовлонгоос ангид жаргаланг эрж хайж байгаа бөгөөд Номд аврал одуулан байж тэдний адилаар сургаалаа туршлага болгож яваа нэгэн гэдгээ харуулж байна.

Ийм замаар шавь нар маань хөөрүү хуурамч загнаж байгаа бус болохыг ойлгон номд сүжгийг төрүүлснээр биднийг даган явж ашгийг хүртэх ёстой юм.

Зорилго ба Дадлагын Дөрвөн Хувилбар

Зорилгоо ижилсүүлэх явдал бидний шавь нартаа харагдах гадаад байдал зан араншинд ихээхэн хамааралтай. Тэдэнд сүжиг бишрэл төрүүлэх үүднээс юу дадлага болгож байгааг тусган харах бололцоог олгох хэрэгтэй. Гэхдээ энэ нь дотоод сэтгэлийн дадлага ижил байна гэсэн үг биш. Бусдад туслах өөр өөр арга замуудыг дүрслэн үзүүлэхийн тулд дөрвөн хувилбарыг бодож олж болно: 1.зорилго ижил боловч өөр дадлага, 2.зорилго өөр мөртлөө ижил дадлага, 3.зорилго дадлага хоёул ижилхэн байх, 4.зорилго дадлага хоёр ижилгүй байх.

Ижил Зорилготой Өөр Дадлага

Энэ тохиодолд бид олон жил дадлага хийж нэлээд хэмжээний ухамсарлахуйд хүрсэн ч гэлээ багшлах үйлсэд хэзээ ч оролцож байгаагүй байж болно. Дадлага хэдийгээр дэвшилтэт түвшинд хүрсэн байлаа ч өөрсдийн энэ чанарыг ил гаргаж харуулахын оронд өөрөөс доош хөгжилтэй байгаа бясалгагч нартай тэнцүү байр суурь баримтлахыг хичээдэг.

Ингэсний ашиг нь юу гэвэл Номыг идэвхтэй дадлага болгож байгаа Бодьсадва нараас бусдын анхаарлыг холдуулах явдал юм. Хөгжүүлсэн чанаруудаа ил гаргаж харуулах нь бусад шавь нарыг өөрсдийн багш нартаа итгэл алдрах байдалд хүргэж болзошгүй тул багшлах үүрэгт анхаарахын оронд бусдын зааж сургасан номыг дэмжиж туслах тал дээр голчлон анхаарвал дээр байдаг.

Зорилго Өөр боловч Ижилхэн Дадлага

Зарим бясалгагч нарт заах хамгийн сайн арга бол жишээ үзүүлэх явдал байдаг. Хэдийгээр бид гэгээрэлд хүрэх гэсэн өндөр зорилго өвөртөлсөн ч гэлээ сүсэг бишрэлийн хөгжил дээгүүр биш явж байгаа бясалгагч нарт зориулсан аргаар дадуулж болно. Жишээ нь, бидний туйлын сэдэл Бодь сэтгэл боловч зориуд энгийн буянтай амьдрал хөөж нийгэмд хэрхэн зохицолтой амьдарч болохыг үзүүлж болно.

Энэ тусгай дадлага Бясалгалын Мөрд хүрч, хувилгаан дүр үзүүлж чадах болсон Бодьсадва нарт илүү тохиромжтой. Энэ шатанд хүрээгүй хүмүүс ийнхүү дадуулах нь харин тэдний ухамсарлахуйг удаашруулж болох учраас тэг гэж зөвлөхгүй. Бид хувилгаан дүрүүд илгээх хийгээд буцаан хураах чадвартай болмогцоо хүмүүсийн бясалгал дадлагад үлгэрлэн үзүүлэхийн хувьд ямар ч байдлаар үзэгдсэн болох болно.

Ижил Зорилго Ижил Дадлага

Энэ тохиолдолд өөрсдийн хий гэж зөвлөсөн дадлагуудаа идэвхтэйгээр хийж үзүүлэх явдал бөгөөд үүнийг л голдуу зорилгоо ижилсүүлэх гэж нэрлээд байгаа билээ. Гол санаа нь өөрсдийн сонсож, санаж, бясалгаж үзсэн дадлагуудаа л бусдад санал болгоно гэсэн утгатай юм. Жишээ нь, хэрвээ та зөвхөн ганц дадлага судалсан байвал та түүнийг бусдад судлахыг л зөвлөж чадах ба хэрхэн бясалгахыг харин зааварчилж чадахгүй гэсэн үг.

Ийм хувилбарын ашигтай тал нь таны бусдад үлгэр дуурайл болж байгаад оршино. Таны хийж байгаа болгон энэ замаар хэрхэн замнахыг үзүүлж, бусдын бишрэлийг төрүүлж, цаашдын дадлагад нь урам зориг өгч байгаа билээ. Таны үйл хөдлөл зорилготой тань нийлж байхад та номлож буй зүйлдээ итгэлтэй, бусад хүмүүс эндээс бага ч болов ашиг олох нь гарцаагүй гэсэн бодолтой байж болох ажээ.

Өөр Зорилготой Өөр Дадлага

Сүүлчийн хувилбар бол өөрийн үйл хөдлөл шавь нарт хэрхэн нөлөөлж, өгсөн заавартай нь зөрчилдөхийг үл ухаарах ухамсар муутай Бодьсадва нарт хамааралтай. Үүний дунд шавь нар будилж төөрөгдөн өгсөн заавар зөвлөгөөнд итгэхээ болино. Зааварчилгаа зөв байлаа ч гэсэн тэд түүнийг дадлага болгохоо орхигдуулах бөгөөд ингэснээр хэнд ч ямар ч ашиг авчрахгүй билээ. Тийм учраас, ийм аргаар заах сургах аргыг зөвлөхгүй.

Нэг шашныг дагагч хүн өөр шашныг дагах зөвлөгөө өгөх мэт буюу Буддист хүн Христын шашинтай хүнд Христын дадлага хийхийг зөвлөх явдлыг үүний жишээ болгон авч болно. Буддист өөрийн туршлагаас зөвлөж байгаа биш болохоор түүний зөвлөгөө хуурамч, ноцтой гэж тооцогдоно. Гэхдээ өөр өөр шашинтай хүмүүс харилцан ярилцах нь нэг нэгэндээ ашигтай байж болохыг үгүйсгэхгүй. Энгийнээр хэлэхэд та өөрийн шүтдэггүй шашны талаар бусдад зөвлөгөө өгөх ёсгүй юм. Харин юу мэддэг түүндээ итгэлтэй үлдэж хүсэлт тавьсан нэгэнд санал болгож байх нь зүйтэй билээ.

БУСДАД ТУСЛАХ ДАДЛАГЫГ ХЭРХЭН ДАДУУЛАХ ВЭ

Бусдын тусыг бүтээх дадлагыг сүсэг бишрэлийнхээ хөгжилд тохируулан янз бүрээр хийж болдог. Дадлага үнэндээ маш хязгаарлагдмал байх боловч биднийг замдаа ахиц гарган урагшлах тусам чадвар маань нэмэгдэж хүрээ нь өргөссөөр эцэстээ хязгааргүй болж хувирах болно. Бид одоо гурван төрлийн Бодьсадва нарын талаар тэдний хэрхэн бусдад үйлчилж байдгийг тус тусад нь авч үзэх болно. Үүнд: 1.Ариун бус Бодьсадва, 2. Ариун Бодьсадва, 3. Төгс Боловсорсон Бодьсадва юм.

Ариун-бус Бодьсадва нарын Дадлага

Ариун-бус Бодьсадва гэдэг нь түйтгэрт бэрхшээлүүдийн нөлөөн дор байж үйл ажиллагаагаа явуулдаг Бодьсадва нарыг хэлнэ. Үүнд Их Хөлгөний замд дөнгөж алхан ороод байгаа *энгийн Бодьсадва* нар болон хоосон чанарыг илтэд оносон *Хутагт Бодьсадва* нар багтдаг. Энэ хоёр хоёулаа гурван үүдээр дамжуулан амьтанд тусыг үзүүлдэг байна:

1. **Бие:** Ёс суртахууны дадлагаар биейийн үйл хөдлөлөө боомтлон аливаа нэгэн аргаар амьтанд хор хүргэхээс зайлсхийдэг. Ийм маягаар буян хураахаас гадна Номын дадлагыг үлгэрлэн үзүүлэх боломжтой.

2. **Хэл:** Эхэндээ бусдад хортой үгс хэлэхээс зайлсхийхэд анхаардаг. Тодорхой хэмжээний билиг оюун хуримтлуулсныхаа дараагаар мэдлэгээ Номын нөхрийн журмаар бусадтай хуваалцдаг.

3. **Сэтгэл:** Номыг дадлага болгсоноор өөрсдийн буянтай чануудыг тордон өсгөдөг. Энэ нь бидний түйтгэртр бэрхшээлүүдийг арилгаж бие ба хэлээр бусдын тусыг бүтээх чадварыг маань тэлж өгдөг билээ.

Эгэл Бодьсадва нарын хувьд гол зорилго нь Зургаан Барамидын дадлага байдаг. Энэ шатанд ёс суртахуунаа сайтар сахих нь чухал боловч бусдад туслах гэж хэтэртлээ санаа зовоод байх хэрэггүй юм. Гол зорилго нь аль болох хурдан хоосон чанарыг оножь үйлийн үрийн нөхцөлдөлтийг зогсоох явдал байх ёстой. Хутагт Бодьсадвын хэмжээнд хүрч очих үед анхаарал түйтгэрүүдээ ариусгахад шилжих болно. Энэ үед *Шавийг Эрхэнд Хураах Дөрвөн Аргыг* дадуулах явдал бидний дадлагын цөм болох учиртай. Хоосон чанарыг ухаарсан учраас муу үйлийн үр цаашид хураана гэж айлгүйгээр илүү өргөн дадлагуудыг авлага болгох боломжтой болно. Тэгсний дүнд бусдыг мөнхүү энэ замд хөтлөх хамаагүй илүү чадалтай газарчин болон хувирах нь гарцаагүй юм.

Ариун Газрын Бодьсадва Нарын Дадлага

Ариун газрын Бодьсадва гэдэг нь Зургаан Барамидыг төгөлдөржүүлж бүхий л нисваанисын түйтгэрээ арилгасан Бодьсадва нарыг хэлнэ. Долоодугаар Газарт хүрснээс цааш Найм дахь газрын Бодьсадва хүн үйлийн үрийн нөхцөлдлөөс ангижран, сансарт дахин хэзээ ч өөрийн эрхгүй төрөл авахаа болино. Зөвхөн мэдэгдэхүүний түйтгэрүүд л ариусгах шаардлагатай болон үлдэж Бодьсадва хүнийг хоёрдмол үзлээр харахад хүргэсээр байх болно.

Энэ цэгт хүрээд Бодьсадва хүн *Шавийг Эрхэнд Хураах Дөрвөн Арга* дээр бүрэн төвлөрөх ёстой. Сэтгэл дэх хязгааргүй чадавха ашиглан зургаан зүйл оршихуй даяар хувилан үзэгдэж тусыг хүргэх үйлсэд хамаг цагаа зарцуулах болно. Ариун газрын Бодьсадваг Ариун бус газрын Бодьсадвагаас ялгаруулдаг зүйл нь тэдэнд асар богино хугацаанд далай их буяныг хуримтлуулахад нь тусалдаг долоон чанарыг эзэмшдэг явдал билээ. Тэдгээр чануудыг хоёр бүлэг болгон үзэж болдог. Үүнд: 1.сэтгэлийн аугаа чанар ба 2.түйтгэрээс ангид чанар юм.

Амьтны тусад хязгааргүй хувилан үзэгдэгч Бодьсадва Жанрайсэг

Сэтгэлийн Аугаа Чанар

Ариун Газрын Бодьсадва хүний сэтгэл дэх аугаа чанар тэдний үйл хөдлөлийг хязгааргүй болгож байдаг гурван чанарт үндэслэдэг:

1. **Алагчлах Үзлээс Ангид:** Өөрийг энхрийлэн барих үзлийг арилгасан ариун газрын Бодьсадва хүн өөрийн ашгийг өчүүхэн ч үл тоон бүхнээ бусдад төгс зориулдаг. Энэ нигүүлсэхүй сэтгэл бүх амьтанд алагчлалгүй үйлчилнэ.

2. **Юмсыг Шууд Ухамсарлана:** Ухамсар төөрөгдүүлэх түйтгэрт бэрхшээлүүд үгүй Бодьсадва хүмүүс юмс үзэгдлийг шууд ухамсарлаж чадах тул өөрсдийн үйл хөдлөлдөө ер бусын чадварлагаар ашиглах болно.

3. **Үргэлжлүүлсэн Дадуулга:** Залхуурлын аливаа шинж бүрэн арилсан Бодьсадва хүн дадлагаа байнга тасралтгүй үргэлжлүүлнэ. Энэ нь түүний сэтгэлд хувилгаан дүрүүд тогтмол үзэгдэх хийгээд огторгуйд уусах явдлыг ихээр ашиглах байдлаар илэрдэг.

Түйтгэрээс Ангид Чанар

Дараагийн бүлэг чанаруд бол ариун газрын Бодьсадва хүний үүднээс мэдрэмжийн чанар хэрхэн илэрдгийг харуулна:

1. **Амар сайхан:** Бие ба сэтгэлийн төгс уян хатан байдалд хүрсэн ариун газрын Бодьсадва дадлага бясалгалдаа хэзээ ч түүртэх нь үгүй. Тэд байнга сэтгэл амар жаргалантай байдлаа хадгалан харамсах зүйлгүй бүхэнд хандана.

2. **Бэрхшээлгүй:** Ариун Газрын Бодьсадва нарын дадлага аливаа бүх түйтгэрээс ангид сэтгэлээр хийгдэх тул аль ч амьтныг ямар нэгэн байдлаар үл хохироно. Тэд алдаатай сургаал дагахаас зайлсхийх тул түйтгэрт элдэв зан байдлаас ангид байх болно.

3. **Бишрэл дүүрэн:** Ариун Газрын Бодьсадва хүний сэтгэл Бурханлаг-чанар хийгээд сургаал номлолд нэвчсэн байх тул ямарваа нэгэн эргэлзээ үгүйгээр гадаад хүчин зүйлсийн авралд цаашид түшиглэх шаардлагагүй болно.

4. **Шуналгүй:** Ариун Газрын Бодьсадва хүний сэтгэлд аливаа бүх хэлбэрийн шунал уусан арилсан байх тул бүхий л юмс үзэгдэлд тэгш сэтгэлээр хандах болно.

Төгс Боловсорсон Бодьсадва нарын Дадлага

Төгс Боловсорсон Бодьсадва гэж *Зургаан Барамидын Дадлага* болон *Шавийг Эрхэнд Хураах Дадлагыг* төгс эзэмшиж чадсан Бодьсадва нарыг хэлнэ. Машид сайтар дадуулсны хүчээр тэд одоо ямар нэг зүтгэл гаргах шаардлагагүйгээр

Бурханы хутагт хүрэн хүртлээ эдгээр дадлагуудыг аяараа үйлдэж чадах болно. Тэдний дадлага доорх чануудаар ялгагдана. Үүнд:

1. **Эрчимтэй:** Төгс боловсорсон Бодьсадва хүний сэтгэл буянтай үйлд аяндаа оролцон зүтгэл шаардлагагүйгээр тэндээ саатах болно.

2. **Тасралтгүй:** Өдөр бүр хором бүхэнд төгс боловсорсон Бодьсадва хүн буян хишиг саруул оюун хоёрыг хуримтлуулж байдаг.

3. **Төгс Ариун чанар:** Төгс боловсорсон Бодьсадва хүн бүхий л чануудаа төгөлдөржүүлэн төгс ариун чанартай болно. Энэ бол бурхан болохын өмнөх хамгийн сүүлчийн шат билээ.

Бусдын Тусыг Бүтээхтэй Холбоотой Салбар Сахилууд

Бусдын тусыг бүтээхтэй холбогдсон арван-хоёр салбар сахил бий. Тэдгээрийг гурван бүлэгт хуваах болно. Эхний дөрөв нь амьтны тусыг бүтээнэ хэмээн андгай өргөж сахил авсныг тань сануулж байгаа билээ.

1. **Бусдад туслахаа орхигдуулах:** Бусдад зөвлөгөө өгөх, ном айлдах, хамгаалах, орон гэртээ орогнуулах, газарчилж дагуулах гэх мэтийн тус хүргэх бололцоо байсаар атал уур хилэн, залхуурал болон бусад түйтгэрүүдээсээ болоод түүнийг орхигдуулах юм бол энэ салбар сахил зөрчигддөг. Ялангуяа туслана гэж амлачихаад энэ амлалтаа биелүүлэхгүй байхад ихээхэн хамаатай.

2. **Өвчтэй амьтныг асрахаа орхигдуулах:** Өвдсөн зовсон хүн ба амьтанд туслах боломж гарсаар байтал уур хилэн, залхуурал болон бусад түйтгэрүүдээсээ болоод тусалж чадахгүй бол бид энэ сахилаа алдана.

3. **Зовж байгаа амьтанд туслахаа орхигдуулах:** Янз бүрийн шалтгаанаар зовж байгаа амьтдад туслахаас татгалзвал бид энэ сахилаа алдана. Үүнд сохор, дүлий ба хэлгүй, тахир дутуу юмуу ядарсан, бэрхшээлд түйтгэрлэгдсэн, мухар сүсэг ба муу хорон бодолдоо автаад байгаа нэгэн эсвэл бусдад ад үзэгдсэн хүмүүс багтана.

4. **Бусдад яах нь зохистойг үл ойлгуулах:** Уур хилэн ба залхуурлаасаа болоод хар амиа хичээх үзэлд төвлөрчихсөн, ганцхан өөрийн эрх ашгийг бодсон, бусдыг үл бодох сэтгэлтэй Ном сургаал мэддэггүй нэгэнд чадварлагаар хэлж ойлгуулан дагуулж чадахгүй бол бид энэ сахилаа зөрчинө.

Дараагийн зургаан зүйл бусдад хэрхэн зааж сургах талд хамаарна:

5. **Бусдаас авсан тусын хариуг үзүүлэхээ орхигдуулах:** Муу санаа, залхуурал зэргээсээ болоод бусдын өгөөмөр сайхан сэтгэлийн хариуг үзүүлж чадаагүй бол бид энэ салбар сахилаа алдах болно.

6. **Бусдын эмгэнэлийг намжаах байдлыг орхигдуулах:** Хорон санаа юмуу

залхуурлаасаа болоод найз нөхөд, хамаатан садан болон бусад азгүй явдал тохиолдсон, ядуурал зовлонд нэрвэгдсэн, сэтгэл гутралд орсон зэрэг хүмүүсийн уй гашууг нимгэлэх явдлаа орхигдуулбал бид энэ сахилаа алдана.

7. **Хоол зэргийг эрсэн хүнд олж өгөхөө орхигдуулах:** Хандив буян гуйсан нэгэнд муу сэтгэл, залхуурлаасаа болоод өглөг өгөхөөс татгалзвал бид энэ сахилаа зөрчих болно. Гэвч хэрвээ, түүнд тусалсан байдал нь хор хүргэхээр эсвэл өгөхгүй байх онцлох шалтгаан байвал хүсэлтийг тоохгүй орхиж болно.

8. **Өөрийг дагалдагч нарт туслахаа орхигдуулах:** Өөрт итгэсэн хүмүүст ном үл айлдах буюу сайн сайханд нь санаа тавихгүй байвал бид энэ сахилаа зөрчинө.

9. **Бусдын хүслийг дагахаа орхигдуулах:** Хэрвээ бид муу сэтгэл юмуу залхуурлаасаа болоод бусадтай зөвшилцөж чадахгүй байвал бид энэ сахилаа зөрчинө. Тиймээс маргаанаас байнга зайлсхийж найз нөхөд, хамаатан садан хамтран ажилладаг хүн бүхэндээ хор хүргэхгүйг хичээх хэрэгтэй. Харин тэдэнд юу хэрэгтэй байгаа, хүсэх юм юу байгаа зэрэгт анхаарал халамжтай хандан тэд өөрсдөдөө болон бусдад хохирол хүргэчихгүй л бол чадах хэрээр туслах хэрэгтэй.

10. **Магтвал зохих нэгнийг магтахаа орхигдуулах:** Залхуурлаасаа болоод эсвэл муу сэтгэлийн улмаас буянтай чанар үзүүлсэн нэгнийг магтан сайшаахаа орхигдуулбал бид энэ сахилаа зөрчинө. Тиймээс бусдын сайн талуудыг тордох ба зоригжуулан тэдэнд сонирхол төрснөө үзүүлэхийн төлөө чадах бүхнээ хийх хэрэгтэй.

Сүүлчийн хоёр сахил бол сөрөг бүхнийг төгсгөл болгох үүрэг хариуцлагад онцгойлон анхаарсан байдаг:

11. **Буруу үйлдэл хийхээс бусдыг үл зогсоох:** Хэрвээ залхуу болон муу сэтгэлээсээ болоод ийм арга хэмжээ авснаар ашгийг хүртэж болох байсан хүмүүсийн бардам омогтой занг нуга дарж, шийтгэж, зэмлэхээ орхигдуулбал бид энэ сахилаа зөрчих болно. Муу үйлийг зогсоохын тулд хүч хэрэглэх шаардлага гарсан бол яах аргагүй шаардлагаар хүч хэрэглэх болно.

12. **Увдис шидээ хэрэглэхээ орхигдуулах:** Догшин ба энгийн аливаа увдис шидээ хэрэг болсон үед амьтны тусад зориулан хэрэглэхээ орхигдуулбал бид энэ сахилаа зөрчих болно. Гэвч бид маш болгоомжтой хандаж, ийм их аугаа тусыг хүртэх эрхгүй нэгэнд үзүүлж болохгүй бөгөөд Бодьсадва хүн олигтой шалтгаангүйгээр шид увдисаа ашиглах ёсгүй.

ДАДЛАГА БОЛГОСНЫ ҮР ДҮН

Зургаан Барамидын дадлага үнэний туйлын мөн чанарыг ухамсарлах саруул оюуныг зуршуулахад зориулагдсан байдаг бол Шавийг Дагуулах Дөрвөн Арга бусдын тусыг үзүүлэх явдлыг хэвшүүлэхэд зориулагдсан байдаг. Тэр хоёр нийлээд хамтдаа Бурханы гэгээрсэн хоёр лагшин болох өөрийн тусад бүтдэг Номын Үнэн лагшин ба бусдын тусад бүтдэг Дүрст лагшинг бүтээдэг билээ. Бурханы шинж чанар хязгааргүй бөгөөд түүнийг дүгнэн үзүүлбэл:

1. **Гүйцэгдэшгүй Үнэн хийгээд Төгс Гэгээрэл:** Бүхий л дадлагуудыг хичээнгүйлэн үйлдсэнээр Бурхад нисваанисын хийгээд мэдэгдэхүүний бүхий л түйтгэрүүдийг төгс арилгасан байдаг ажгуу.

2. **Эгнэшгүй Чанарууд:** Бүхий л боломжоор дүүрэн хэрнээ бүхий л хязгаараас гэтэлсэн дээдийн амгаланд саатан оршдог тул Бурхадын хэмжээлшгүй чанарууд аяараа үзэгдэн, хязгааргүй амьтны тусыг бүтээж байдаг ажгуу.

3. **Эрхэмлэвээс Зохистой:** Хязгааргүй амьтны хэргийг саадгүй гүйцэтгэснээр Бурхад сансар нирваанд саатан оршсон бүхий л төрөлхийтний эрхэмлэн үзвэл зохих нэгэн мөн.

4. **Хамгаас Чухаг Нэгэн:** Үнэн сүсэгт амьтны ёсоор дадуулахыг ямагт хичээснээр тэд төгс гэгээрсэн Будда болон үзэгдэж байгаа билээ. Тэд бол арга ухаан билиг оюуны төгс нэгдэл ажгуу.

5. **Бие Махбод Тэмдгүүдээр Чимэглэгдсэн:** Байж болох бүхий л буяныг төгс гүйцээснээр Бурхад *Аугаа Бодгалийн Гучин-Хоёр Гол Тэмдэг* ба *Наян-Найраг ба Бага Тэмдгийг* эзэмшсэн дээдийн Хувилгаан лагшингаар үзэгдмүй. Эдгээр шинж нэг бүр тэдний сэтгэлийн ариун чануудыг төлөөлдөг ажгуу.

6. **Гэгээрлийн Суудалдаа Оршсон:** Бурхадын сэтгэл цаг ямагт гэгээрлийн суудал болох хувиршгүй, төгс бүтсэн, ханьсашгүй дээдийн хоосон чанартаа саатан оршдог ажгуу. Хэдийгээр тэд дүрст лагшингаар амьтны тусад байнга үзэгдлээ ч тэдний сэтгэл энэхүү очирт төлвөө хэзээд үл орхих болой.

7. **Дээд Бясалган Төвлөрөхүйд Хүрсэн:** Дээдэд үл хувирахын амгалангаас Бурхад бясалган төвлөрөхүйн бүхий л шатуудыг гүйцээгээд сэтгэлийн аль ч төлөвт амархан орж үзэгдэж чадах ажгуу.

8. **Дөрвөн Ариуныг Эзэмшсэн:** Дадлагыг ариунаар дадуулахыг байнга хичээснээр Бурхад ариуны дөрвөн хэлбэрийг үзүүлэх болой – бие махбодын тусламжийн *Хувилгаан лагшиний* ариун, оюун санааны орон ба объектуудын *Төгс жаргалант лагшиний* ариун, оюуны орон ба

объектуудын *Язгуурын лагшиний* ариун ба язгуурын билиг билгүүний *Үнэн Номын лагшиний* ариун эдгээр болой.

ГОЛ ХЭСГҮҮДИЙГ ЭРГЭН СӨХВӨЛ

- Шавийг Эрхэнд Хураах Дөрвөн Арга бол: 1.өглөг, 2.нийцтэй яриа, 3.ашигтай үйлдэл, 4.ижил зорилго юм.

- Гурван төрлийн Нийцтэй Яриа бий: 1.нөхөрсөн яриа, 2.тааламжтай яриа, 3.Номыг агуулсан яриа.

- Ном номлохдоо: 1.шавийн буруу явдлыг засаж Номыг судлахад бэлтгэх, 2.сонсогч нартаа зохимжтой сургаал айлдах, 3.ном айлдахаасаа өмнө сэдлээ засах, 4.зөв барилаар номлох ёстой.

- Ашигтай Үйлдэл: 1.амьтанд утга учиртай зорилгод чиглэх шалтгаан болох, 2.тэрхүү зорилгодоо хүрэх аргыг үзүүлэхэд чиглэх ёстой.

- Шавь нарын зорих гурван төрлийн дадлага бий: 1.буяны дадлага, 2.ёс суртахууны дадлага, 3.чөлөөлөлтөнд хүрэх дадлага.

- Өөрийн зорилго дадлага хоёрыг холбох дөрвөн хувилбар бий: 1.ижил зорилго, өөр дадлага, 2.өөр зорилго ижил дадлага, 3.ижил зорилго ижил дадлага, 4.өөр зорилго өөр дадлага. Эхний гурав нь Ижил Зорилгын дадлагын нэг хэсэг гэж тооцогддог. Сүүлчийнхээс нь зайлсхийвэл зохино.

- Шавийг Эрхэнд Хураах Дөрвөн Аргыг сүсэг бишрэлийн хөгжлөөс шалтгаалан өөр өөрөөр дадуулдаг: 1.ариун бус Бодьсадвын дадлага, 2.ариун Бодьсадвын дадлага, 3.төгс боловсорсон Бодьсадвын дадлага.

- Бусдын тусыг бүтээх үүргийг тань сануулан орхивол зохих дөрвөн салбар сахил бий: 1.бусдад үл туслах, 2.өвчтөнг үл асрах, 3.зовсныг үл энэрэх, 4.юу зохисгүйг бусдад үл ойлгуулах.

- Бусдын тусыг бүтээх үйлсээ орхивол зохих зургаан салбар сахил бий: 1.бусдын ачийг үл хариулах, 2.бусдын гашуудлыг үл хуваалцах, 3.хоол мэтийг эрсэн хүнд өглөг үл өгөх, 4.шавь нартаа туслахаас татгалзах, 5.бусдын хүслийг үл дагах, 6.буянтныг үл магтах.

- Сөрөг болгоныг арилгахтай холбоотой орхивол зохих хоёр салбар сахил бий: 1.буруу загнасан нэгнийг үл даран номхруулах, 2.увдис шидээ хэрэгтэй цагт үл хэрэглэх.

- Зургаа Барамид ба Шавийг Эрхэнд Хураах Дөрвөн Аргын дадлагыг төгөлдөржүүлснээр: 1.гүйцэгдэшгүй үнэн төгс гэгээрэл, 2.эгнэшгүй чанар, 3.эрхэм дээд, 4.хамгаас чухаг, 5.бие махбодын шинж тэмдгүүд бүрэн бүрдсэн,6.гэгээрлийн суудалдаа оршсон, 7.дээд бясалган төвлөрөхүйд хүрсэн, 8.дөрвөн ариуныг эзэмшсэн Будда болно.

ГУРАВДУГААР БҮЛЭГ

Тарнийн Ёсонд Ороход Сэтгэлээ Бэлтгэхүй

Цогт Цагийн Хүрдний Замыг Хэрхэн Дадлага Болгох Тухай

Жонан- Шамбалын Урсгал бол *Шандон Мадяамака* судрын урсгал ба *Цагийн хүрдний Дандар* буюу тарнийн урсгал гэсэн хоёр том дамжлага урсгалын нэгдлийг төлөөлдөг билээ. Аль аль нь гүнзгий ухамсарлахуйд хүргэх ер бусын ашигтай аргуудыг агуулсан байдгаараа Жонангийн бясалгагч нарт голлох суурь болон хэрэглэгдэж иржээ. Уг тогтолцоо ба системыг даган явж гэгээрэлд хэрхэн хүрэхийг ойлгохын тулд энэ бүлэгтээ ямар төрлийн аргууд хэрэглэдэг, тэдгээрийг хэрхэн туршлага болгодог талаар нарийвчлан судлах болно.

Жонан өөрөө гүн ухааны хүчирхэг урсгал хэдий боловч тэдний гол анхаарал энэ биш юм. Гүмбэн Түгжэ Зундуйгийн үеэс эхлээд Жонан ямагт туйлын үнэний мөн чанар язгуурын билиг билгүүнийг ухамсарлахыг дадлага бясалгалдаа онцгойлон анхаарч ирсэн билээ. Бурханлаг-чанарыг тодхон бодитоор ухамсарлах явдлыг гол чигээ болгон бусад бүх зүйлийг түүнд туслуулах хоёрдогч хэрэгсэл болгон үзэж ирсэн байна.

Өнгөрсөн зуунуудад энэхүү замналаасаа болоод арай гэж бичиг гаргахтайгаа болсон залуу лам нарыг гурван жилийн бясалгалд хамруулан Очирт Зургаан Йогийн төгсгөлийн зэргийн дадлагуудыг зааж байсан нь тийм ч нийтлэг бус үзэгдэл биш байлаа. Тийм бага залуу цагтаа тэд бодол санааны байгууламж нь насанд хүрсэн хүмүүсийн дайтай болж тогтворжоогүй байдаг учраас чадварлаг багш егүзэр мастеруд тэднийг бурханлаг унаган чанартай нь ихэд амжилттайгаар танилцуулж чаддаг байсан байна. Юу болж байгаа талаар олигтой мэдлэггүй байсан ч шавь нар өөрсдийн Бурханлаг-чанартай зохих холбоог тогтоож чаддаг бөгөөд цаашид амьдралынхаа туршид түүнийгээ хөгжүүлэн тордож явдаг байна.

Доройтлын энэ цөвүүн цагт багшаа дагах шавь нарын чадавх муудаж анхны гол зорилго нь онцлог байхаа больж эхэлжээ. Урсгал өнөөдрийг хүртэл оршсоор байгаа бөгөөд *Цагийн хүрдний дадлага* хийгээд *Шамбалын Дээд Оронтой* хүчтэй холбоо бий болгохын тулд хүмүүсийн сэтгэлд адистидыг хүртээх нэг зам болоод байгаа ажээ. Хэдэн төрлийн дадлагатай эхлээд танил дотно болмогцоо суралцагчид, хатуу нөхцөлт бясалгалд орон суух эсвэл цааш нь гүнзгийрүүлэн Судрын хийгээд Тарнийн Ёсыг дэлгэрүүлэн судалж өргөжүүлэх боломжой. Аль ч замаар явсан үндсэн суурь туршлагатай болохоос гараагаа эхэлдэг ажээ.

Ийм амьдралтай арга барилаар сургах нь хүний амьдрал гэдэг зөвхөн оюун бодолдоо мэдлэг хуримтлуулж өнгөрөөнө гэхэд даач нандин болохыг таньсныг илтгэж байна. Бүхий л бодол санаанууд харьцангуй чанартай учраас хэзээд орхигдох ёстой. Хором болгонд Номыг амьдралдаа авчрах л үнийн туйлын мөн чанарыг ухамсарлах чадварлаг арга болдог билээ.

Төвөдөд лам хуврагийн замнал бага залуугаас эхэлдэг болохоор Жонангийн ухамсарлахуйн энэ тогтолцоо ба систем нэлээд сайн хөгжиж байдаг бол эрийн цээнд хүрэн хүртлээ Номтой учирч яваагүй барууныхны хувьд нөхцөл байдал өөр байгаа юм. Дэлхий хэрхэн үүссэн гэдгээс эхлээд төрөл бүрийн санаа шийдлүүд гаргаад хуримтлуулчихсан тэдэн шиг сэтгэл нь хорвоогийн үйлсэд бүрэн чиглэсэн хүмүүсийн хувьд дадлага, бясалгалд эхлэн ороход амаргүй. Тийм учраас Цагийн хүрдний замд алхан орох огт өөр арга тэдэнд хэрэгтэй. Гол дадлагуудаа онцолсон хэвээр байх боловч хэд хэдэн өөр алхмыг хийх хэрэгтэй байгаа юм.

Эхний үед Барууны бясалгагч нарт учирдаг хамгийн том бэрхшээл бол бага залуугаасаа Буддын сургаалаар хүмүүжсэн хүмүүс болон Буддын бус сургаалаар хүмүүжсэн хүмүүсийн хоорондын *соёлын ялгаа* билээ. Жишээ нь, Барууны хамгийн томоохон үйлдвэрлэл хөгжсөн дүүрэгт сэтгэл хэрхэн үйл ажиллагаа явуулдгийг мэддэг хүн маш цөөхөн, яагаад гэвэл нийгэм бодит үзэгдэлд анхаарч явдаг учраас тэр юм. Энэ бол сэтгэлийг хамгийн гол чухал зүйл гэж үздэг Буддын сургаалын яг эсрэг үзэл билээ. Бидний бүтээсэн нэлээд хэдэн төрлийн ялгаварлах үзэл болон буруу үзэл зэргийг арилгахын тулд үнэнийг үзэх одоогийн энэ үзлээ задлан шинжилж, сүсэг бишрэлийн замд зохимжтой байх гүн ухааны онолыг дэвшүүлбэл зохилтой.

Дараагийн нэг бэрхшээл бол *итгэл үнэмшилгүй* байх. Гол төлөв Буддын бус орчинд төрж өссөн Барууны сурагчид соёлын хувьд өөр шашны үзлийг үл итгэн сэжиглэх, олдсон урсгалын ухаанд бишрэл сүжиг төрүүлж чадахгүй байх нь олонтаа. Тэд магадгүй ямар замыг үл дагахаа сайн мэддэг байж болох ч яг аль замыг дагаж ямар дадлага, бясалгалд шийдвэртэй орох вэ гэдэг дээрээ бас л тийм чиг итгэлтэй биш байдаг билээ. Үүнийхээ үр дагаварт өөр өөр тогтолцоог судлахад багагүй цаг заваа зориулахад хүрч тэр нь цаашаа нэг урсгалаас нөгөө рүү хөлбөрсөн тогтворгүй нэгэн болоход хүргэдэг ажээ. Энийг эмчлэх ганц ерөндөг бол цаг хугацаа ба туршлага юм. Аль нэг тогтолцоо ба системд илүү суралцах тусам илүү утга төгөлдөр болон хувирч эцэстээ итгэл үнэмшил төрснөөр "эрлээ" зогсоож дадлагаа "эхлэх" хэрэгтэй болдог билээ.

Энэ үедээ л *Цагийн хүрдний Замыг* сонговол машид тохиромжтой байх болно. Сургаалын агуулгыг хэсэг зуур судалж зам мөр хэрхэн хэлбэрээ олдог тухай ерөнхий ойлголттой болсны дараагаар бидний түйтгэрт эргэлзээнүүдийн ихэнх нь хүчээ алдан сарнидаг. Сургаалд дүрслэгдсэн үр дүнд хүрье гэвэл хамаагүй ноцтойд авч үзэн сахил тангараг тавин байж анхааран авлага болгох хэрэгтэй болох нь ойлгогдоод ирнэ. Өмнө нь сурч мэдсэн зүйлүүдээ тасдаж хаях хэрэгтэй гэсэн үг биш харин зүгээр л дадлага, бясалгалынхаа гольт зүрх нь болсон замыг сонгоод авчихлаа гэсэн үг юм. Бид нэг замыг гол замаа болгон авч түүнийгээ өөрсдийн үйл хөдлөлийг тогтвортой хийгээд гүнзгий байлгах сууриа болгон, бусад бүх зүйлийг хоёрдогч туслах хэрэгсэл болгож үзэх ёстой. Ийм хандлагатайгаар Цагийн хүрдний Замыг хорвоод ховорхон өвөрмөц болгож байгаа тэдгээр тусгай боломжуудыг олж илрүүлэхэд бэлэн болох юм.

ОЧИРТ ХӨЛГӨНИЙ ДАДЛАГЫН ЗАМ

Энэ үеийг хүртэл бидний судалгаа *Гуравдугаар Номын хүрдний* сургаалууд болон *Бодьсадва Майдар, Аръяа Асанга* нарын толь бичиг судар, шастируудад голдуу түшиглэсэн Их Хөлгөний Буддын ерөнхий сургаалын үүднээс явагдаж байлаа. Энэ материал бидэнд *Цагийн хүрдний Дандарын* сургаал дотроос олдох онолын бат суурийг олгох юм. Одоо бид жинхэнэ дадлагын тогтолцоо ба системдээ орох бөгөөд Их хөлгөнөөс Очирт хөлгөнд шилжих гэж байгаа болохоор мөн өөрсдийн замналын мөн чанарыг ч бас өөрчлөх хэрэгтэй болно. Энэхүү шилжилтыг гурван цэгээр дүгнэж болох нь: 1.өөрсдийн дотоод ариун чанарт итгэх, 2.үнений мөн чанарыг ариунаар үзэх үзэл, 3.нарийн биетэйгээ тулж ажиллах эдгээр юм. Одоо бид нэг бүрчлэн тодорхой тайлбарлах болно.

Өөрсдийн Дотоод Ариун Чанартаа Итгэх

Очирт Хөлгөний дадлагын суурь нь дотоодын ариун газар Бурханлаг-чанар билээ. Тэр бол ямар ч барцад түйтгэргүй төгс ариун зүйл учраас дадлага бясалгалаар түүнийг илрүүлэн гаргаж ирэх юм. Хэрвээ бидний түйтгэрүүд уг гарлаараа дотоодын мөн чанарын маань нэгээхэн хэсэг байсан бол бидэнд тэднийг үнэндээ яах ч арга байхгүй болохоор дадлага бясалгал хийх нь утгагүй хэрэг болох байсан. Үүнийг таних явдал бол Очирт хөлгөний дадлагад орж гэгээрэлд хүрэх үндсэн нөхцөл бидэнд хэдийнэ бүрэлдээд байгаа гэсэн үг юм. Бидний унаган мөн чанар угаасаа ариун учраас ариусгалын дадлагаар түүнийг задлан илрүүлж болно. Энэ бол хасалтын үйл явц бөгөөд гаднах давхраануудыг хуулж арилгасаар дотоод шим нь дангаар үлдэх ёстой.

Цагийн хүрдний үүднээс харвал энэ ариун чанар маань зүгээр нэг юу ч үгүй хоосон байдал бус хувиршгүй амгалан хийгээд хоосон дүрсний нэгдэл, бүхий л гэгээрсэн чанаруд аяараа гарч үзэгддэг хязгааргүй боломжийн талбар ажгуу. Энэ үнэн бол бидний хүрэх гэж хичээгээд байгаа тэрхүү үнэмлэхүй үнэн билээ. Түүнээс бусад бүх юм үнэнийг байгаа чигээр нь бидэнд мэдрүүлэх замд хөтөлдөг харьцангуй үнэн ажгуу.

Үнэний мөн Чанарыг Ариунаар Үзэхүй

Очирт Хөлгөний зам, хүрэх үр дүн суурьтайгаа ижил мөн чанартай гэдгийг таньсан дээр үндэслэн ургадаг. Тэрхүү суурийг бид сансар гэнэ үү, нирваан гэнэ үү бидний юу гэж үзэхээс шалтгаалах хэрэг. Цаглашгүй ахуй хэзээ ч өөрчлөгдөшгүй бол бидний хоёрдмол үзэл өөрчлөгдөнө. Тарнийн ёсны дадлага туйлын үнэний хэтийн төлвөөс харах замыг эрэлхийлдэг ба тэр нь туйлын үнэнийг олж харахаас биднийг халхлаад байгаа бодлуудын төөрөгдлөөс бүрэн ангид үзэл билээ.

Тийм учраас энэ арга зүй бол ариунаар үзэхүйг хөгжүүлэх замаар бидний эгэлийн мэдрэмжийн ариун чанартайг таних явдал юм. Үзэгдлээс мунхаг сэтгэлээр зуурахын оронд тэдгээрт саруул оюунаар хандаж, Бурханлаг-чанарын маань ариун үзэгдэл болохыг илчлэх хэрэгтэй. Бүхий л үзэгдлийг саруул билгүүнд нэгтгэсэн цагт бидний сэтгэл бүрэн ариусч цаглашгүй ахуйд саатан орших болно.

Нарийн Биетэйгээ Тулж Ажиллах

Гүн ухааны үүднээс авч үзэхэд Очирт Хөлгөний Үзэл Гуравдугаар Номын хүрдний Шандон Үзэлтэй яв цав тохирдог. Энэ хөлгөнг юу үнэхээр ялгаатай болгож байгаа гэхээр бие ба сэтгэлийн хоорондын харилцааг ойлгох гүнзгий ойлголт билээ. Зөвхөн "Цагийн хүрдэн" мэт Дээд Дандарын Ёсонд л бодит ба бодит бус биеийн хооронд гүүр болсон нарийн биеийн хийн тогтолцоо ба системын тухай нарийвчилсан дүрслэлийг олж үзэж болно.

Энэ тогртолцоог ашиглан Очирт Хөлгөний бясалгагч нар бодлын урсгалыг бүрэн таслан зогсоож цаглашгүй ахуйн бодлын-бус мэдрэмжинд хүрч чаддаг. Энэ мэдрэмжийг дараа нь сайжруулан олон тусгай аргуудын тусламжтайгаар томруулан зуршилт хоёрдмол сэтгэлийн зуурлыг уусгаж болдог байна. Тийм замаар Бодьсадва нарын олон тэрбуман төрөлдөө хийж гүйцэтгэх зүйлийг нэгэн насанд гүйцээдэг чадалтай тогтолцоо ажгуу.

Энэ ойлголтонд үндэслэн, Очирт хөлгөний ихэнх дадлагууд зориудаар үүсгэсэн дүрсэллүүдийг хэрэглэдэг. Ийм бясалгалын бэлэгдэлт утга өөрсдийнхөө мэдрэмжинд нөлөөлөх аугаа оюуныг хөгжүүлэхэд чухал хэрэгтэй бөгөөд мөн түүнчлэн нарийн биеийн судал, хий зэргийг ч ариусгах зорилгоо гүйцэтгэдэг байна. Хэрвээ бид эдгээр дадлагад өөрсдийн бүх хүчийг дайчлан зүтгэвэл нарийн биеийн үйл ажиллагаагаа зохицуулдаг болж, гэгээрэлд хүрэхийн үндсийг тавьж чадна.

ЦОГТ ЦАГИЙН ХҮРДНИЙ ЗАМЫН БАЙГУУЛАМЖ

"Цагийн хүрд"- ний замд алхан орохын өмнө хэд хэдэн өөр төрлийн дадлагуудыг хоорондоо ямар уялдаатай болохыг судалсан байвал ашигтай. Доорх дүр зураг бидний зам дахь гол гол цэгүүдийг тодруулан харуулах бөгөөд таны дадлагадаа дагаж явах газрын зураг болох юм. Хэрхэн дадлага болгох тусгай нарийвчлалууд энэ номд болон Боть 3-т бүрэн дурдагдсан байгаа болно.

Олон зууны өмнө Жонангийн бясалгагч нар эдгээр дадлагыг туршилтын журмаар хүлээн авч байсан гэдэг. Багш үүнийг ганц л удаагийн номлолоор зааваад өнгөрдөг бөгөөд харин тэд түүнийг насан туршдаа амжилтанд хүрэн хүртлээ тасралтгүй дадлага болгодог байсан байна. Сурагч бэлэн болжээ гэдгийг таньсан даруй багш дараагийн дадлагыг зааж энэ үйл явц дахин дахин давтагдана. Ийм замаар бүхий л дадлага бүрэн хяналтын дор үргэлжилж илэрхий төгс ухамсарлахуйд тэднийг хөтлөн хүргэдэг байжээ.

Цаг хугацааны туршид ганц удаагийн гурван жилийн бясалгалаар бүх сургаалыг цөмийг нь нэг зэрэг заадаг уламжлалтай болж хувирсан байна. Эхний удаад сурагч ийм бясалгалд орохдоо хэрэгтэй дамжлага авшгийг хүртэж дадлагынхаа үе шат болгоныг тодорхой мэдэж авахад онцлон анхаардаг байна. Тэгээд бүлгээрээ хийсэн бясалгалын дараагаар ганцаарчилсан бясалгалд орж суугаад өөр өөрсдийн хэмнэлээр урагшилж төгсгөдөг байна.

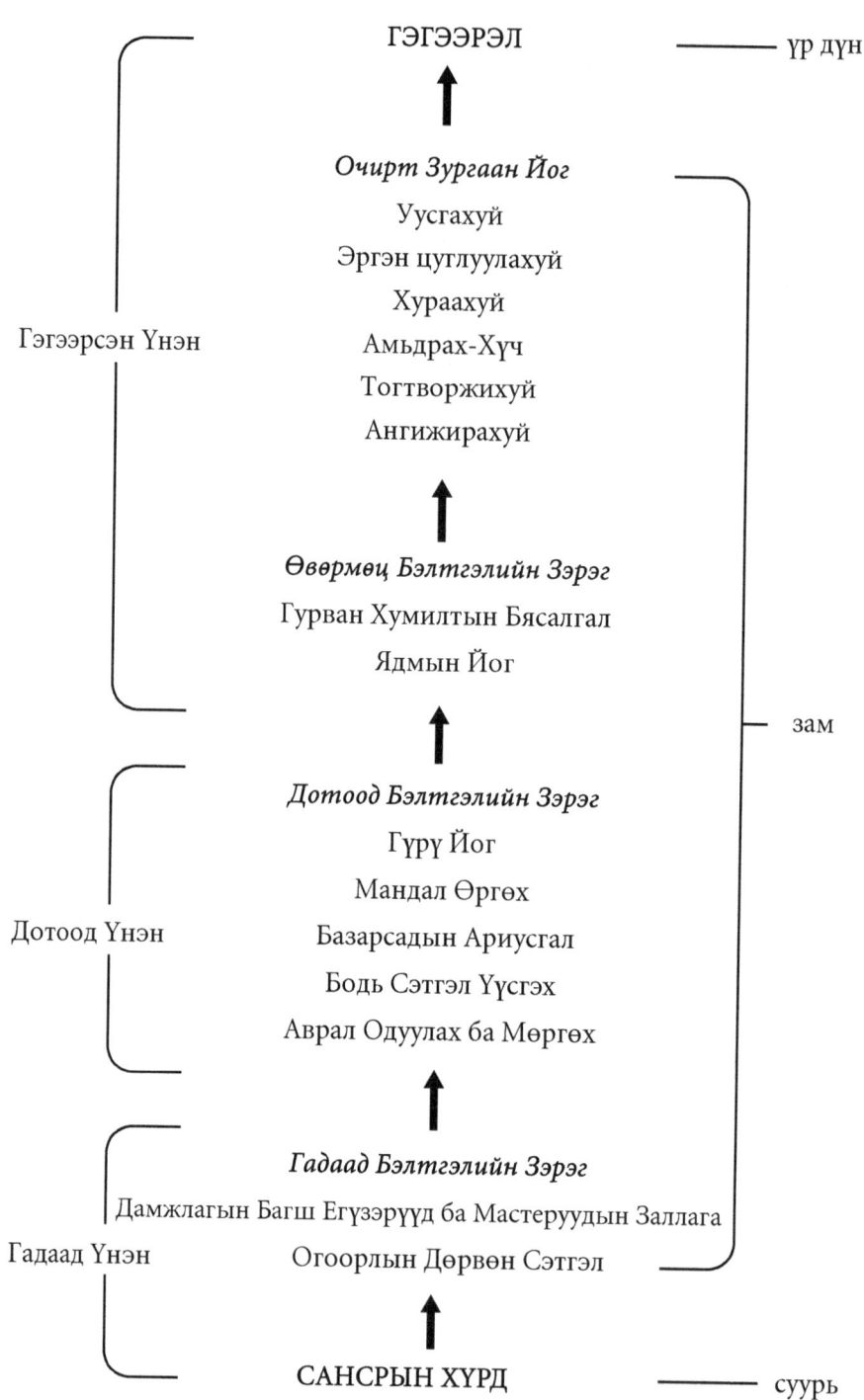

Зураг 14-1: Гэгээрэлд хүргэх Цагийн хүрдний Зам

Бясалгал амжилтанд үндэслэсэн эсвэл цаг хугацаанд үндэслэсэн байна уу ялгаагүй бүх дадлагуудыг хоёр бүлэг болгодог: 1.урьдчилсан бэлтгэлийн зэрэг ба 2.гол дадлага. Уламжлал болсон гурван жилийн бясалгалд эхний жилийг урьдчилсан бэлтгэлийн зэрэгт, сүүлчийн хоёр жилийг гол дадлагад зориулдаг. Энэ бол зөвхөн ерөнхий гарын авлага бөгөөд аль дадлагад ямар хугацаа орох нь бясалгагч хүний сүсэг бишрэлийн боловсролтоос шууд хамаарна.

Урьдчилсан Бэлтгэлийн Дадлагууд

Урьдчилсан дадлагуудын үйл явц хоёрдмол ухамсарт тусалдаг бүдүүн нарийн хэлбэрийн зууралтуудыг ариусгахад чиглэдэг. Гол нь сэтгэлээ сэтгэшгүй ахуйд оруулан байж цаглашгүй ахуйг мэдрэх зорилготой билээ. Үүнийг газрын гүнд булаастай нандин эрдэнэ олохтой зүйрлэн үзэж болно. Эрдэнэ яг хаана булаастай байгааг мэдсэний дараагаар түүнийг ухаж гаргах төлөвлөгөө зохионо. Тэр газрын гүний олон давхарга хийгээд эрдэс шороон доор орших тул нэлээд хичээл зүтгэл гаргах шаардлагатай болно. Тэвчээртэй байж чадвал эцэстээ тэнд бид хүрнэ. Сүүлчийн нимгэн давхаргыг хуулан авахад эрдэнэ алмаазны туягаар нүд гялбуулан гарч ирэх бий.

Үүнтэй адилаар Цагийн хүрдний урьдчилсан бэлтгэлийн гурван дадлага тус бүр нэг нэгнээсээ илүү нарийн хэлбэрийн бэрхшээлүүдийг арилган Бурханлаг-чанарыг ухамсарлах нөхцөлийг бүрдүүлж өгнө. Тэд бол: 1. Гадаад Бэлтгэлийн Зэрэг, 2. Дотоод Бэлтгэлийн Зэрэг ба 3. Өвөрмөц Бэлтгэлийн Зэрэг билээ.

Гадаад Бэлтгэлийн Зэрэг

Гадаад Бэлтгэлийн Зэргийн дадлагууд бол хорвоогийн амьдралд татагдан шунах сэтгэлийг уусгахад чиглэнэ. Хэрвээ бид орчлон хорвоог зовлонгийн мөн чанартай гэж таньж чадахгүй юм бол сүсэг бишрэлийн дадлагад орох хэрэг ер үгүй байх байсан. Энэ бэлтгэлийн зэрэг хоёр дадлагаас бүтдэг. Үүнд:

1. **Огоорлын Дөрвөн Сэтгэл:** Энэ дадлага бол дөрвөн сэдэв дээр тунгаан бясалгах явдал бөгөөд: 1.үйлийн үрийн шалтгаан ба үр дагаврын хууль, 2.сансар орчлонгийн зовлонгийн мөн чанартай болох, 3.хүний төрлийг олохын эрхэм нандин, 4.амьдрал мөнх-бус чанартай эдгээр билээ. Тэдгээрийг бодож тунгаахын зорилго нь Хорвоогийн Найман Явдлаас бидний сэтгэлийг холдуулан Дээдийн Номд чиглүүлэх явдал юм.

2. **Урсгалын Багш Егүзэрүүд ба Мастеруудын Заллага:** Энэ дадлага Бурхан Багшийн үеэс Цагийн хүрдний дадлагуудыг дамжуулан өвлүүлж ирсэн тэдгээр егүзэр мастеруудыг сэтгэлдээ ухамсарлах явдлыг хөгжүүлэх зорилготой. Гол нь тэдгээр багш нарыг бишрэн шүтэх сүжгээр сэтгэлээ дүүргэн тэдний явсан замналаар замнах ерөөлийг тавих нь чухал.

Гадаад Бэлтгэлийн дадлагуудын дүнд хорвоогийн амьдрал цаашид сонирхолгүй болж үнэн амгалан, жаргалд хүргэх *Цагийн хүрдний замд* ороход анхаарлаа шилжүүлэх болно. Үүнийг газрын гүнд булаастай эрдэнийн тухай мэдэж түүнийг хэрхэн ухаж гаргах аргаа олсонтой адилтгаж болно.

Дотоод Бэлтгэлийн Зэрэг

Дотоод Бэлтгэлийн дадлагууд бол бүдүүн бодлын сэтгэлийг уусгах, цаашдын дадлагаар амьдралыг үзэх үзлээ улам нарийсгахад чиглэнэ. Үүнд хоёрдмол үзэлд биднийг хүлж буй зохиомол мөн чанарын хоосныг ухаарах үйлсэд голлон анхаардаг. Энэ бүлэгт хамаарах таван дадлагыг үзүүлбэл:

1. **Аврал Одуулах ба Мөргөх:** Замдаа ороход тохиолдох эхний бэрхшээл бол бид үүнийг хэний ч тусламжгүй өөрсдөө хийж чадна гэсэн сохор итгэл юм. Энэхүү *бардам* зангаа даван гарах үүднээс Гурван Эрдэнэд сунаж мөргөн байж авралыг одуулах дадлагыг гүйцэтгэнэ. Сунаж мөргөлтөөр биеийн дотоод хийн судлууд ариусан хий чөлөөтэй гүйх болж, Гурван Эрдэний ивээлд багтсанаар хэрэгцээтэй тусламжаа олж авлаа гэдэгт итгүүлнэ. Хийн судлууд бэрхшээл саадаас ангид болоход бясалган төвлөрөхүйд хамаагүй илүү амархан хүрч болдог байна.

2. **Бодь Үүсгэх:** Дараагийн тохиолдох бэрхшээлийн давхарга бол *өөрийг энхрийлэн барих сэтгэлд* үндэслэсэн сэтгэлийн түйтгэрүүд мөн. Сэтгэл үүгээр бүрхэгдэн байсан цагт хоёрдмол үзэл дэмжигдэж, шунал хорсол хийгээд бусад түйтгэрт сэтгэлүүд урган гарах нөхцөл бүрэлдэнэ. Алдаатай тусгалын хоосон мөн чанартайг ухаарснаар өөрийг биш бусдыг энхрийлэх сэтгэлээр солино. Ингэснээр бидний буянтай чанаруудыг хязгааргүй нэмэгдэж Цагийн хүрдний дадлагаар гэгээрэлд хүрэх шалтгааныг бүтээнэ гэдэгтээ бид итгэлтэй болох болно.

3. **Базарсадын Ариусгал:** Энэ дадлагад саруул оюуны ядам Базарсадыг ашиглаж бүдүүн түвшний *өөрийг энхрийлэх сэтгэлээ* арилгах юм. Төрөл бүрийн дүрслэл үүсгэх болон тарни унших дасгалаар сэтгэлийн дотоод ариуныг өөрсөндөө сануулан, бидний мэдэрч байгаа болгон зохиомол бөгөөд өөрөөсөө бүтээгүй хоосон мөн чанартай гэдгийг таниулах юм. Хоосон чанар дээр төвлөрөх дадлага өөрийн би-үгүйг ухамсарлахад эцэстээ хүргэх болно.

4. **Мандал Өргөх:** Хамаарч ургасан болгон хоосон учраас гадаад ертөнцийн бүхий л үзэгдлүүд ч мөн хоосон мөн чанартай. *Үзэгдлээс зуурах сэтгэлийг* даван гарахын тулд орчлон ертөнцийг дүрслэн үзүүлсэн мандлыг гэгээрсэн бодгалиудад тахил болгон өргөх дадлагыг хийдэг. Ийм маягаар юмсын илбэ мэт мөн чанартайг өөрсөндөө сануулах бөгөөд мөн бидний

өөрсдийн сэтгэлээс салангид биш нэгэн мөн чанартайг ухаарна. Тахил өргөснөөрөө бид далай их буяныг хуримтлуулан өөрсдийн дадлагад хүч оруулан, мэдрэмжийнхээ хамгийн нарийн давхаргад орооход тусалдаг.

5. **Багшийн Егүзээр:** Эцсийн нэг бэрхшээл бол *нарийн сэтгэлийн хоёрдмол ухамсраас зуурах* явдал юм. Ийм зууралтыг уусгахын тулд өөрсдийн Бурханлаг-чанарын хоёргүй ухамсарт анхаарлаа шилжүүлдэг. Бид юмсыг орон ба оронт хэмээн хүлээж авахаа зогсмогц эдгээр үйлийн холбооснууд хүч нь алдран ариусдаг байна. Энэ дадлагад бид эгэлийн хоёрдмол үзлээ сулруулан сүсэг бишрэлийн багшаа болгон харах өөрсдийн унаган чанартаа бууж өгч байгаа хэрэг юм. Багшийн Егүзээрийг ийнхүү бясалгаснаар бурханлаг-чанараа мэдрэх ерөөлөө батжуулан, Багшаас салшгүй нэгэн болгон харснаар өөрсдийн сэтгэлийн мөн чанар ба үнэнээ өөртөө сануулж байгаа хэрэг билээ.

Эдгээр дадлагуудтай танилцсанаар хоёрдмол үзлийн бүдүүн үзэгдлээс зуурах зууралт харьцангуй багасч сэтгэлийн мөн чанар ба нандин эрдэнэд хүрэх чулуу шороон олон давхаргыг өрөмдөх мэт ухаж арилгах болно. Одоо бидэнд өөрсдийн бүх нарийн зууралтуудыг арилгах л үлдэнэ.

Өвөрмөц Бэлтгэлийн Зэрэг

Дээрх бэлтгэлийн зэргүүд бол Очирт хөлгөний бүх замуудад нийтлэг байж хэрэглэгддэг бөгөөд урсгал болгонд үл ялиг өөр маягаар дадуулах боловч бүдүүн үзэгдлээс зуурах зууралтыг тавиулах зорилготойгоороо бүгд адилхан юм. Дараагийн бүлэг дадлагууд бол зөвхөн Цагийн хүрдний тогтолцоо ба системд л агуулагддаг *Өвөрмөц дадлагууд* юм. Гол онцлог нь Очир Зургаан Йогийн дасгалуудыг машид хөнгөвчилж өгдөг Шаматагийн нэгэн үзүүрт төвлөрлийг олох явдал билээ.

Өвөрмөц бэлтгэлийн зэрэг эхлээд зохих ван авшгийг хүртсэн байх шаардлагатай хоёр дадлагаас тогтоно. Эдгээр дадлагыг жинхэнэ ёсоор нь авлага болгохын тулд тарнийн ёсны тангараг өргөх хийгээд ариун сахил зэргийг хүртсэн суурьтай байвал зохилтой.

1. **Ядмын Егүзээр:** Цагийн хүрдний "Үүсгэлийн Зэрэг"-т орох зөвшөөрлийг олгосон "*Нялхсыг Боловсруулах Долоон Авшиг*"-ийг хүртсэний дараагаар энэ дадлагыг гарын авлага болгох эрхтэй болно. Үүнд өөрийгөө гэгээрсэн ядам болгон үүсгэх болон Цагийн хүрдний зүрхэн тарнийг уншлага болгох дадлагууд багтдаг. Дадлагаар Дүйнхорын гэгээрсэн мөн чанарыг өөрөөс салшгүй нэгэн болохыг таньсан "*бурханлаг омог*" гэдэг чанар бий болгодог. Тарнийн хүчээр нарийн биеийн хий судлуудыг ариусган, хийн тогтолцоо ба системын хэлбэрийг олуулж "Төгсгөлийн Зэрэг"-ийн

дадлагуудад амжилттай ашиглах боломжтой болгодог билээ.

2. **Гурван Хумилтын Бясалгал:** Ядмын Егүзэрийн дадлага нарийн хий судлуудыг ариусган нарийн биений ухамсрын төлвийг бий болгоход анхаардаг бол жинхэнэ нэгэн үзүүрт төвлөрөлд Гурван Хумилтын Бясалгалаар хүрдэг байна. Цагийн хүрдний "Төгсгөлийн Зэрэг"-т орох эрхийг олгодог *"Дээд Дөрвөн Авшиг"-ийг* хүртсэний дараагаар л сэтгэшгүй ахуйн дадлагын заав_рчилгааг өгөх болно. Гол зорилго нь бясалгагчийг бүдүүн хоёрдмол үзлийг уусгасан байдалд зуршуулах, язгуур ухамсарлахуйн хоосон огторгуйд саатан амрах байдалд дадуулах явдал ажээ.

Өвөрмөц бэлтгэлийн дадлагуудыг хийсний үр дүнд сэтгэлээ цаглашгүй ахуйд маш ойрхон уусалтын төлөвт оруулж чаддаг болно. Энэ бол өрөөнд орохын өмнө үүдийнх нь гадаа зогсож байгаатай адил хэрэг юм. Хөлөө өргөөд босго давах л одоо үлдлээ.

Гол Дадлага

Сэтгэлээ урьдчилсан дадлагуудаар машид боловсорч ирсэн үед Цагийн хүрдний Замын гол дадлага болох *"Очирт Зургаан Йог"-т* ор_ход бэлэн болно. Энэхүү гүнзгий аргын зорилго нь цаглашгүй ахуйн хувиршгүй төлвийг бий болгох, ингэснээрээ сэтгэлийн болон мэдэгдэхүүний түйтгэрүүдийг аль алиныг арилгаж чадах юм. Аугаа уусалтын хүчээр ганцхан өдрийн дотор төгс боловсорсон Бодьсадва болох ч боломжтой бөгөөд бүдүүн сэтгэлтний хувьд олон тэрбумаар тоологдох төрөлдөө л түүнд хүрч болдог ажгуу.

Цаглашгүй ахуйг ухамсарлахын тулд сэтгэл дэх бодлыг хувирган хоёргүйн ухамсарт саатуулан оршоох ёстой учраас нарийн хэлбэрийн зууралтуудыг агуулдаг бодолд тулгуурласан бясалгалд түшиглэх аргагүй юм. Сэтгэлийн амгалан төлөвт орсноор энэхүү зууралтыг тавиулж болох хэдий боловч хоёрдмол бус ухамсрыг зуршуулах ба сайжруулах үйл явцад маш их цаг зарцуулж болдог. Энэ бол хүн болгоны сүсэг бишрэлийн боловсролтоос шалтгаална. Олон аргууд "зүтгэл шаардагдахгүй" хэмээн гарчиглагдсан байх хэрнээ хоёрдмол хүлээн авахуйн нүүрэн дээр сатааралгүй ухамсарлахуйг хадгалан байхын тулд үнэндээ маш их зүтгэл гаргах шаардлагатай болно. Энэ үйл явцыг хөнгөвчлөхийн тулд Цагийн хүрдний тогтолцоо ба систем нарийн бие ба сэтгэлийн хоорондын харилцан холбоонд түшиглэх аргыг хэрэглэдэг.

Очирт Зургаан Йогийн замаар бодлын урсгалыг таслан зогсоож хийнүүдээ гол судландаа хураахад цаглашгүй ахуйн шинжүүд аяндаа бүрнээр гарч үзэгдэхэд хүрдэг байна. Энэхүү ухамсарлахуйн үндсэн дээр цаглашгүй ахуйн ухамсар өөр төрлийн үзэгдлүүдтэй холилдон тухайн үзэгдэлд хамааралтай нарийн зууралтуудыг уусгахад чиглэдэг. Ариусах үзэгдлүүдийн дөрвөн түвшин бий. Үүнд:

1. **Сэрүүн Төлөв:** Энэ бол мэдрэхүйн таван эрхтэнд түшиглэсэн үзэгдлүүд буюу дуу, үнэр, амт, дүрс ба хүрэлцэх мэдрэмж юм. Хийнүүдээ гол судландаа нэгтгэснээр тэд ариусдаг.

2. **Зүүдний Төлөв:** Бүдүүн оюуны ухамсарт түшиглэсэн үзэгдлүүд буюу бодол, дурсамж, төсөөлөл дүрслэл гэх мэт бодит үзэгдлүүд бөгөөд хийнүүд гол судланд хөдөлгөөнгүй тогтсон цагт ариусна.

3. **Гүн-Нойрсолтын Төлөв:** Тэд бол язгуур нарийн ухамсарт түшиглэсэн хийсвэр үзэгдлүүд бөгөөд гол судланд хийнүүд уусах үед ариусна.

4. **Амгаланд Уусах Төлөв:** Амгаланг мэдрүүлдэг үзэгдлүүд бол зөвхөн хоёргүй ухамсарт л түшиглэдэг бөгөөд бясалган уусахуйгаар нарийн биеийн дуслуудыг хураан хайлуулах үед ариусдаг байна.

Эдгээр дадлагуудыг амжилттай дадуулсны үр дүнд хамаагүй илүү нарийн түвшний зууралт ариусан ариуссаар эцэстээ цаглашгүй ахуйг мэдрэх хүртэл үргэлжилнэ. Энэ цагт бидний үйлийн үрийг нөхцөлдүүлэгч хоёрдмол үзэл дахин гарч ирэхээ болино. Ширэнгэн ойн түймэр адил бие хийгээд сэтгэл дэх бүхий л үйлийн үрүүд төгс шатан арилж бидний сэтгэл сансрын хүрднээс нэгмөсөн чөлөөлөгдөх болно.

Цаглашгүй ахуйн ухамсарлахуйгаа төгөлдөржүүлж авсныхаа дараагаар *Бодьсадвын Арван хоёрдугаар Газарт* хүрэн Шамбалын Дээд Орны Номын Хааны төлөвт хүрч очих болно. Калапа дахь очирт ширээндээ залрахын цагт хоосон дүрснүүд хязгааргүй үзэгдэн *Шавийг Эрхэнд Хураах Дөрвөн Аргын* дагуу амьтанд хэмжээлшгүй тусыг хүргэнэ. Ийм замаар арга билгийн хуримтлалыг чинадад нь хүргэснээр төгс гэгээрсэн Бурханы хутагт хурдтайгаар хүрч очих нь гарцаагүй билээ.

АЛБАН ЁСНЫ ДАДЛАГА БИЙ БОЛГОХ

Цагийн хүрдний Замын ерөнхий дүр зургийг нэгэнт дэлгэсэн болохоор одоо дадлагаа эхлэх хэрэгтэй болно. Бидний хэрэглэх аргууд бол Гүнчэн Долбува, Жавзан Дараната нарын үеэс эхлэн Жонангийн урсгалд хэрэглэж ирсэн аргууд билээ. Тийм учраас тэдний гүнзгий адистидыг дамжуулан далд ухамсарлахуйд хүрэх нөхцөлүүдийг бий болгож өгөх чадалтайд нь итгэлтэй байж болно.

"*Өдөр Тутмын Уншлага*" хэмээх дадлагад бүх бэлтгэлийн зэргүүдийн дадлагуудыг агуулсан бөгөөд бидний өдөр тутмын уншлагыг машид хөнгөвчилж өгч чадахуйц ганцхан судрын уншлага багтдаг. Энэ судрыг Жонангийн урсгалд гурван жилийн бясалгалын үед хэрэглэдэг уламжлалтай *Жавзан Даранатагийн Бурханлагт Хүрэх Шат: "Цагийн хүрдний Гүнзгий Замын Очирт Йогийн Бэлтгэл ба Гол Дадлагууд"* хэмээх шастир билээ. Эхнээс нь дуустал уншихад гучин минутаас илүү хугацаа орохгүй энэ дадлага Очирт Зургаан Йогийн "Төгсгөлийн зэрэг"-ийн дадлагуудад орохын өмнө давтвал зохих өдөр тутмын уншлагын сайн бэлтгэл болно.

Судрын уншлагыг ойлгохын тулд ганцхан буянтай сэтгэлийн төлөвт орж зуршсан байвал зохимжтой гэдгээ л санаж байхад хангалттай. Зуршил гэдэг байнгын давтлагаас ургадаг зүйл болохоор өдөр бүр давтан дадуулахдаа түүний утгыг бодон тунгааж, дүрслэлийг үүсгэж, тарнийг тоолж тодорхой нэг сэтгэлийн төлөв гарч ирж үзэгдэх хүртэл зуршил болгоно гэсэн үг.

Тэрхүү сэтгэлийн төлөвтөө ороод уншихад уншлага маш олон давхаргад үйлчилдэг. Дадлагын хамгийн энгийн хэлбэр бол судрыг чангаар дуудах явдал байдаг. Утгыг нь заавал ойлгох гэлтгүй уншиж эхлэх ба сүүлд түүнийг ойлгодог болно. Яваандаа үгсийг цээжилж бодит номны хэрэгцээ үгүй болно. Энэ бол гэрэлгүй газарт дадлага хийхэд маш тохиромжтойгоос гадна энэ нь таны дадлагыг урагшлахад нөлөөгөө үзүүлэх ач холбогдолтой. Ном харж хуудас эргүүлэх зэргийн оронд дүрслэл дээрээ анхаарал төвлөрч байвал илүү дээр байдаг.

Үг хэллэгийг дотроо дүрслэж байх нь үгийн утгыг тусгах орон зайг бий болгох тул бид багшаас болон ном судраас олж авсан мэдлэгтэйгээ энд холбон дадуулж чадах болно. Жишээ нь, *"Бурханлагт Хүрэх Шат"* номыг ойлгох ойлголтоо өргөжүүлэхийн тулд миний бичсэн *Нуугдмал Эрдэнэ: Гүнзгий Замд Нэвтрэх Гарын Авлага* хэмээх эх бичгийн алхам бүрийг нэгд нэгэнгүй тайлбарласан номыг олж уншвал машид чухал хэрэгтэй байх болно. Энэ шатанд зүгээр үгсийн утгыг ойлгоод зогсохгүй дадлага нэг бүрийн талаар тодорхой ойлголттой болж зорьсон замд маань хэрхэн холбогдож байгааг мэдэх зорилготой юм.

Дадлагын дараагийн шатанд тус судрын утга нь ухамсарт хүрэх үндэс маань болох юм. Дадлагуудыг бид найрал хөгжмийн зэмсгүүд гэж үзэж болно. Тэд ганц ганцаараа өөрийн нэг л өвөрмөц аяыг гаргана. Харин хоорондоо нийлэхээрээ хүчирхэг хийгээд онцгой хоршсон аялгууг гаргаж чадна. Үүнтэй адилаар дадлага тус бүр дараагийнхаа дадлагын суурь болж ашиглагддаг. Судрыг амжилттай дадуулан ахиснаар өөрийн унаган чанартайгаа танилцахад зориулсан олон давхар туршлагуудыг бий болгох болно.

Бидний зорилго бол дадлага болгонтой танил дотно болох явдал билээ. Ийм төрлийн зуршил цаг хугацаа шаардах бөгөөд тэвчээр зүтгэлтэй байж түүнийг давдаг учраас *өдөр тутмын* хэмээн нэрлэж байгаа юм. Харамсалтай нь үүнийг өнөөдөр давтаад дараа нь давтмаар л санагдсан үедээ дахин хийдэг байх нь хангалттай биш юм. Бид өөрсдийн залхуурлыг даван гарч дадлага туршлагыг амьдралдаа өргөнөөр хэрэгжүүлэх тун чухал.

ДАДЛАГАДАА ЦАГ ГАРГАХ

Зуун зууны турш Төвөдийн Буддын шашин гэгээрэлд хүргэх чадварлаг аргуудыг эзэмшсэн олон өөр урсгалуудаар дамжин хөгжиж иржээ. Нэг тийм урсгалд урьдчилсан бэлтгэлийн зэргийн дадлага болгоныг 100,000 удаа ба нийт 500,000 удаа давтдаг заншил бий. Энэ нь бясалгагч нарт илүү дэвшилтэт эрчимтэй дадлагад орох өмнөх гарын авлага маягтайгаар анх хэрэглэгддэг байсан ажээ. Гурван жилийн дадлагад энэ тоог гүйцээж буянаа хуримтлуулах нь дадлагыг ойлгосны илэрхийлэл болон үзэгддэг байжээ. Мөн дараагийн сургаалыг хүлээн авах бэлтгэл хангагдсаныг илтгэдэг байсан байна. Гүнзгий ухамсарлахуй гэвч автоматаар яваад хүрчихдэг зүйл бас биш билээ.

Одоо цагт хүмүүс энэ дадлагад хоёр туйлширлыг ихэд барих болсон байна. Зарим нь тоонд хүргэхийг улайран хичээх бөгөөд богинохон хугацаанд аль болох их буян хураахыг оролдоно. Тэдний хувьд бэлтгэлийн зэрэг бараг л гүйлтийн уралдаанд орж байгаатай ижил байдаг тул жинхэнэ дадлагатайгаа сэтгэлээр холбогдож бараг л чаддаггүй байна. Нөгөө талаас буян хуримтлуулахаас эрс татгалздаг хэсэг хүмүүс байдаг. Тэдний хийж буй дадлага богино хугацааны амжилтанд зориогүй бөгөөд дадлагадаа гүнзгийрэн орж чадах боловч эрч хүч, яаран тэмүүлсэн байдал дутагдалтай байдаг байна.

Тиймээс бид үүнд нэлээд тэнцвэртэй байдлаар ойртох шаардлагатай бөгөөд замдаа тогтвортой урагшлах зууртаа ухамсарлахуй тань гүнзгийрсээр байх хэрэгтэй билээ. Тиймээс дадлага нэг бүрд тодорхой хэмжээний цагийг зарцуулан явах хэрэгтэй гэж миний зүгээс зөвлөмөөр байна. Жишээ нь, аврал одуулах, сунаж мөргөх дадлагад тоог ихээр өсгөхөөс илүүтэй хэчнээн хугацааг зарцуулж чадах вэ, тэр сахилгаа хир удаан баримтлан үйлдэж чадах вэ гэдэг дээр илүүтэй анхаарвал зохилтой. Тэгэж байж өдрийхөө нормыг гүйцээсэнгүй гэсэн сэтгэл хямрал ба стресст өөрийгөө оруулахгүйгээр өмнөө тавьсан тодорхой зорилгодоо аажмаар хүрч болох билээ.

Энэ зам таны амьдралын хэв маяг өөрчлөгдөхөд ч бас ашигтай байж болох талтай. Ерөнхийдөө мөргөх ба аврал одуулах дадлагад 480 цагийг зориулах шаардлагатай гэж үздэг. Хэрвээ та одоогоор идэвхтэй амьдрал дунд яваа хүн бол өдөрт хоёр цагийг дадлагадаа зарцуулахад болохгүй газаргүй ба ингэсний дүнд яг найман сарын дараа зорилгодоо хүрэх юм. Гэвч бүх нөхцөл байдал бүрдээд бүрэн хэмжээний бясалгалд орж суувал өдөрт наймаас арван хоёр цаг дадуулснаар хэрэгцээтэй хэмжээний буяныг хамаагүй бага хугацаанд хуримтлуулж чадах билээ.

Дараахь хүснэгтэнд аль дадлагад хэдий хирийн цаг зарцуулснаар дараагийн дадлагад сайн суурь тавьж өгч болохыг санаачлан үзүүлсэн байгаа. Хувь хүн болгон үйлийн үрийн өвөрмөц нөхцөлөөр зохиолдсон байгаа учраас та сүсэг бишрэлийнхээ багштай ойртон ажиллаж, цагаа нэмж хасах маягаар зохицуулах хэрэгтэй юм.

Дадлагууд	Цаг	өд\1 цаг	өд\2 цаг	өд\8 цаг
Гадаад Бэлтгэлийн Зэрэг	960	32 сар	16 сар	4 сар
Огоорлын Дөрвөн Сэтгэл	840	28 сар	14 сар	3.5 сар
Урсгалын Багш нарын Заллага	120	4 сар	2 сар	14 хоног
Дотоод Бэлтгэлийн Зэрэг	1920	64 сар	32 сар	8 сар
Аврал Одуулж Сунаж Мөргөх	480	16 сар	8 сар	2 сар
Бодь Сэтгэл Үүсгэх	480	16 сар	8 сар	2 сар
Базарсадын Ариусгал	480	16 сар	8 сар	2 сар
Мандал Өргөх	240	8 сар	4 сар	1 сар
Багшийн Егүзэр	240	8 сар	4 сар	1 сар
Өвөрмөц Бэлтгэлийн Зэрэг	1200	40 сар	20 сар	5 сар
Ядмын Егүзэр	480	16 сар	8 сар	2 сар
Гурван Хумилтын Бясалгал	720	24 сар	12 сар	3 сар
Очирт Зургаан Йог	5760	192 сар	96 сар	24 сар
Ангижирахуй	960	32 сар	16 сар	4 сар
Тогтворжихуй	960	32 сар	16 сар	4 сар
Амьдрах-Хүч	960	32 сар	16 сар	4 сар
Хураахуй	960	32 сар	16 сар	4 сар
Эргэн Цуглуулахуй	960	32 сар	16 сар	4 сар
Уусгахуй	960	32 сар	16 сар	4 сар
НИЙТ	9840	27.5 жил	13.5 жил	3.5 жил

Хүснэгт 14-1: Дадлагад зориулах цаг

Ямар нэгэн зүйлийг сурч, тусгаж бясалгахад арван-гурван жил зориулна гэхэд танд их хугацаа мэт санагдаж болно. Гэвч дундажаар нэгэн хүний амьдралдаа зарцуулах нийт цагийг бодоод үзэгтүн. Наян насыг хүн наслахдаа 691.200 цагийг өнгөрөөдөг байна. Тэгэхээр бидний сэтгэлдээ бий болгох зам хүний амьдралын ердөө 2%-ийг л эзэлж байгаа ажээ. Хэрвээ та эдгээр дадлагыг өдөр шөнө ялгаагүй дадуулбал 9840 цагийг жил гаруйхан хугацаанд гүйцэтгэх болно. Хэрвээ өдөрт хоёрхон цаг зарцууллаа гэхэд   өдрийнхөө 8%-ийг л хэрэглэж байна шүү дээ. Эдгээрээс гарч болох хязгааргүй ашгийг бодоод үзвэл дэндүү жаахан хөрөнгө оруулалт шаардаж байгаа тул үүнд ямар ч шалтаг гаргаад нэмэргүй билээ.

АМЖИЛТТАЙ ДАДУУЛАХАД ЗОРИУЛСАНЕРӨНХИЙ ЗӨВЛӨГӨӨ

Өдөр тутмын уншлагаа чадах хэрээр ашигтай болгохын тулд доорх зөвлөгөөг өгч байна. Энэхүү зөвлөгөөг хүнд шаргуу дүрмүүд биш харин нийтлэг тохиолддог даваа нугачааг давах замд тань замчлах нөхөрсөг санаачлага л гэж бодоорой.

Дадлагаа Аажуухнаар Нэм

Бүхлээр нь харах юм бол Цагийн хурдний Зам ба түүний бүх дадлага, бясалгал эхлэн сурагцагчдийн хувьд дийлж давшгүй хирээс хэтэрсэн мэт санагдаж болох юм. Тийм боловч итгэлтэй бус мэдрэмж төрөх нь хамгийн энгийн асуудал тул сандарч тэвдэх хэрэггүй билээ. Дадлагатайгаа сайн танилцаж амжаагүй, юу хүлээхээ мэдэхгүй байгаа учраас тэр юм.

Аз болоход үүнийг эмчлэхэд амархан бөгөөд уншлагаа хялбарчилж үе шатуудад хуваагаад цаг хугацааны явцад бүрэн цогц болгох хэрэгтэй. Жишээ нь, хамгийн анх эхлэхдээ *Огоорлын Дөрвөн Сэтгэлээс* эхэл. Түүнийг чангаар уншаад утгыг нь бодон сууж дадлагынхаа үлдсэн цагийг тогтоох бясалгал болгон хувиргаж болно. Амьсгал дээрээ эсвэл өөр юун дээр ч хамаагүй анхаарлаа төвлөрүүлэн суувал хамгаас тохиромжтой байх болно.

Дадлагатайгаа танил дотно болоод ирмэгц дараагийн хэсэгт шилжин *Урсгалын* Багш, Хувраг Лам *нарын Заллага* мөргөлийг чангаар дуудна. Цаг гарган тэдний нэрсийг тогтоож амьдралын түүхийг нь судалж үз. *Нуугдмал Эрдэнэ* номноос та бүхэн тэдний амьдралын товч түүхийг харин *Шамбалын Орон* номноос дэлгэрэнгүй түүхийг олох болно.

Ийнхүү уншлагаа Огоорлын сэтгэлээр эхэлж сэтгэлээ амьсгал дээр төвлөрөх байдлаар тогтоож аваад урсгалын Багш, хувраг лам нарын мөргөлийг уншиж эхэлнэ. Сайн мэдэх хэрэгтэй гэсэн ламынхаа нэрэн дээр түр азнасхийнэ. Ингэснээр мөргөл ба намтар хоёрын хооронд холбоо үүсгэнэ, тэгвэл дадлагаасаа ихээхэн сүсэг бишрэл төрүүлэхэд тань тустай байх болно. Судалж дуусгаад дараа нь мөргөлөө үргэлжлүүлнэ.

Уншлага дадлагадаа аажмаар урагшлах боломжийг олгон ээдрээтэй замаар өгсөх чиглэлтэй ахиулж явна. Шинэ дадлагад анхаарах болоход өмнөх хэсгийг урьдатгал болгон ашиглаж явбал удахгүй та уншлагаа эхнээс нь дуустал тун амархан уншдаг болж ирэх болно.

Юу Байгаа Түүгээрээ Болго

Заримдаа урьд өмнө Цагийн хүрдний замаар замнасан тэдгээр аугаа егүзэр хүмүүсийн намтар түүхийг уншихаар бидэнд эзгүй газар өндөр уулын оройд байх агуйд л суудаггүй юм бол түүнээс өөр аргаар дадуулна гэдэг боломжгүй асуудал мэт санагдаж болно. Энэ санаан дээрээ үндэслэн хамгийн "төгс" гэж үзсэн тэр нөхцөлөө сэтгэлдээ үүсгэчихээд нэг л өдөр тийм газарт очиж байгаад дадлагаа эхэлнэ дээ гэж бодох нь бий.

Ийм төрлийн бодол санаа хэзээ учрах нь үл мэдэгдэх, амьдралд ирээдүйд үзэгдэхгүй ч байх магадтай нөхцөлүүд рүү бидний сэтгэлийг шилжүүлж орхидог билээ. Бид мэдрэмжиндээ яг юу ургаж байгаатайгаа тулж ажиллахын оронд байхгүй байгаа зүйлийн тухай гомдоллон хэтэрхий завгүй болчихдог гэмтэй. Ийм төрлийн юмыг хойшлуулдаг зан дадлагад шулуудан орох явдал бидний хөлийг байнга тушиж байдаг.

Тэгвэл үүнээс хамаагүй илүү ашигтай хандлага бол одоогийн байгаа нөхцөлдөө илүүтэй анхаарч дадлага хийх ямар бололцоо гараад байгааг таньж мэдрэх байдаг. Өдөр бүр л сорилт мэт санагдсан ч тэдгээрийг байгаад нь сэтгэл ханаж болно. Энэ нь юу ч тулгарсан тэр бүхэнд уян хатан хандаж чадах чадварыг бий болгосноор одоогийн энэ байдлаа яавал дээд зэргээр ашиглаж болох вэ гэдэг дээр бид маш чадварлаг болж хувирна.

Аятай тохиромжтой нөхцөл байдал эрж хайх хэрэггүй гэж байгаа юм биш. Утга төгөлдөр хүсэл мөрөөдөлтэй байна гэдэг бидний дадлагын нэг чухал хэсэг мөн хэдий ч өөрсдийн одоогийн хувь заяандаа хорсол хилэн бүү төрүүлж, хүссэнтэй нийцсэнгүй хэмээн бүү гомдоллогтун. Юу байгаагаа тэр чигээр нь хүлээн авах болон ерөөл залбирал бүхэн биелж үзэгдэх шалтгааныг бүтээж суух хоёр хоорондоо хэзээ ч зөрчилдөхгүй билээ.

Хольж Хутгахаас Битгий Ай

Юу ч байлаа гэсэн өдөр болгон давтаад байхаар уйтгартай нэгэн хэвийн болох аюул бас бий. Энэ аюулаас сэргийлэхийн тулд бие даасан дадлагын хэсгүүдээс өөрт таарах хувилбарыг гаргаж болох юм. Бурханлагт Хүрэх Шат номын уншлагад гурван төрлийн Багшийн Егүзэрийн дадлага байдаг нь: 1. *Долбува Шарав Жанцангийн "Адислалын Хур"*, 2. *Даранатагийн "Увьдис Хураахуйн Учиг"*, 3. *"Үндсэн Гүрү Йог"* юм. Та эдгээрээс тухайн нөхцөлд өөрт аль тохиромжтой байгааг сонгон авч уншлагадаа ашиглаж болно.

Эсвэл бүр огт өөр бичвэр болох *Зүрхийг Гэгээрүүлэгч: Цагийн хүрдний Дандарын нууц хийгээд гүнзгий зам* гэдэг хэсгийг ашиглаж болно. Би энэ уншлагын зарим нэг бясалгалыг хөнгөвчлөх үүднээс бичсэн бөгөөд түүнд орсон дэлгэрэнгүй дүрслэлүүд "Бурханлагт Хүрэх Шат"-ыг ойлгох ойлголтоо өргөжүүлэхэд тань мөн ашигтай байх болов уу гэж бодно. Ерөнхийдөө түүнээс хүртэх далай их адислалыг бодохоор "Бурханлагт Хүрэх Шат"-ыг уншвал дээр хэмээн зөвлөх боловч "Зүрхийг Гэгээрүүлэгч"-ийг унших заяа тавилан тохиосон хүмүүс бас байхыг үгүйсгэх аргагүй юм.

Бидний дадлага сэтгэлийг бишрүүлэх зорилготой болохоор өөр өөр хэсгүүдийг ээлжилж солбиж унших нь зориг тэмүүллээ хадгалж үлдэхэд илүү түлхэц болох ёстой. Дадлага заавал алба гүйцэтгэж байгаа мэт байж л болохгүй. Энэ бол таныг баярлуулдаг, ихийг түүнээс хүсэн найдсан дадлага байх хэрэгтэй. Эцсийн эцэст та бол өөрийн дотоод сэтгэлийн мөн чанарын нууцаа илрүүлэх, жинхэнэ аз жаргалтай холбогдох үнэхээр зүйрлэшгүй эрдэнэ болсон Цагийн хүрдний Замтай учраад байгаа хувьтай нэгэн хүн юм шүү.

Хар юмуу Цагаанаар Харахаас Зайлсхий

Барууны сурагчдад миний ажигласан нэг хандлага бол юмыг "зөв зам" "буруу зам" гэсэн маш огцом дүгнэлтээр үнэлж үзэх явдал юм. Тэд бүх зүйлийг яв цав байх ёстой гэсэн сэтгэлтэйгээр дадлагаа эхлж ямар нэгэн алдаа гаргавал маш их сандарч бачимдахад хүрдэг байна. Зуурах сэтгэл тэдний дадлагад баттай хэлбэрээ олсноос болж олон хэрэгцээгүй бэрхшээлүүдийг өөрсөндөө тарьж байдаг билээ.

Сэтгэл өөрөө хар эсвэл цагаанаар үзэгддэг үзэгдэл биш бөгөөд амьдрал энэ хайрцганд үргэлж яв цав багтаж байдаггүй юм. Хэрвээ бид дадлагадаа уян хатан байж чадахгүй юм бол сэтгэлийн мөн чанартайгаа байлдах хэрэгтэй болж түүнийг байх ёстойгоос нь өөр байлгах гэж оролдохтой ижил болно. Ингэж хандах нь бидний илүү гүн рүү нэвтэрч орох үүдийг хааж үнэний туйлын мөн чанарын охийг хэзээ ч амсахааргүй газарт хадаж орхих болно.

Энэ саадыг давж гарахын тулд дадлага нэг бүрийн чанарыг ойлгоход хүчээ төвлөрүүлэх хэрэгтэй. Бид зохих зааврыг авч түүнийхээ дагуу анхааран авлага болгох нь мэдээж. Гэхдээ түүнээсээ хөдлөшгүйгээр зуурчих хэрэг байхгүй. Дадлага яагаад ийм байдлаар хийгдсэн юм болоо гэдгийг ухаарахыг хичээн зорилго нь юу юм, тэр зорилгод хэрхэн хүрэх вэ гэж бодох ёстой. Номд тэр дадлагын талаар юу гэж бичсэнийг тусган харж дадлагатай хэрхэн холбогдож байгааг тогтоох замаар улам хөгжүүлэх тусам өөр тохиолдолд хэрхэн хийж дасах вэ гэдэг боломжуудыг илүү сайн мэдэх болдог. Амьдралаа дадлагад багтаах гэж хүчлэхийнхээ оронд дадлагаа амьдралд тааруулахыг бодогтун. Энэ үед л Номын хувиргагч хүч илрэн гарах ба бидний сэтгэл шинэ чадварт хаалгаа нээж өгөх болдог. Сайн уян хатан байж чадсанаар бидний хандлага илүү тайван, тэгш сэтгэлд умбасан болж дадлага маань ч илүү тааламжтай төвөггүй сайхан санагдаж эхлэх болно.

Цаашилбал, утган дээр нь анхаарлаа тавьсан үед бидний дадлагын тусгай хэлбэр тийм чиг их хамаатай биш болон хувирч хамгийн чухал нь аль вэ гэдэг дээр илүү ойр холбоо тогтооход тусална. Үүнийг үзүүлсэн нэгэн жишээ бол нэгэн эмэгтэй чулууг хоол хүнс болгох тарнийг уншлага болгосон түүх бий. Дадлагаа амжилттай болгож чадсанаар ган гачигт нэрвэгдээд байсан бүхэл тосгоныхныг аварсан гэдэг. Түүний лам хүү тарнийн нэг үсгийг буруу дуудаж байхыг нь сонсоод "зөв" дуудлагаар дуудахыг түүнд зөвлөсөнд ээж нь хүүгийнхээ үгийг даган зөв дуудлагаар дуудахад тарнийн хүч үйлчлэхгүй байсан гэнэ. Тэгэхэд нь зөв дуудлагыг үл хэрэгсэх болж хийж сурснаараа дуудаж тарнидахад дахиад үйлчилж эхэлсэн байна.

Хэрвээ та жижиг хэсэгт анхаараад тарнийн хэллэг Самгарьдаар нэг өөр, Төвөдөөр нэг өөр дуудлагаар дууддагт анхааран санаа зовж эхэлбэл саяын үлгэрт гарсан эмэгтэйг санаж үзээрэй. Ямар хэлбэрээр дадлагаа явуулбал та илүү холбогдож чадаж байна, хэрхэн харьцвал ойлгож чадаж байна гэдгээ дагаж уншихдаа жишээ нь Төвөдөөр дуудсанаар ихээхэн адистидыг хүртэх боловч утгыг нь ойлгохгүй бол зүгээр авиа гаргаж байгаа хэрэг болно. Тийм тохиолдолд өөрийн ойлгох хэлээр уншиж танил дотно болгон барилдлага тогтоож авсныхаа дараагаар Төвөд бичвэрийг уншиж сүжиглэн бишрэх сэтгэлээр дадуулах хэрэгтэй.

Бэлтгэл Дадлага бол Гол Дадлага Мөн

Зорилго чиглэлд тэмүүлж амьдардаг орчин цагийн нийгэмд урьдчилсан бэлтгэл дадлагуудыг гол дадлагын хойно хоёрдугаар зэрэглэлд авч үзэх хандлага элбэг байдаг. Яагаад гэвэл дээд түвшний дадлагууд л хамгаас чухал ач холбогдолтой болохоор бэлтгэл жижиг дадлагуудыг хийсэн болж явж байгаад шууд гүнзгий ухамсарлахуйд харайгаад хүрчиж болно гэж боддогоос тэр ажээ. Ийм бодол дээр үндэслэж сурснаар бэлтгэл дадлагууд зүгээр нэг алба гүйцэтгэж тоо гүйцээх гэсэн мэт аль болох хурдан уншаад дуусгачих сан гэсэн санаатай хийгддэг. Бид бараг л тэднийг хиймээргүй байгаа мөртлөө хийхгүй бол дээд дадлагыг бидэнд өгөхгүй болохоор яах ч аргагүй дадуулахаас даа гэсэн байртай хандаж болохгүй. Яг л ногоо идчих юм бол мөхөөлдөс авч өгнө шүү гэж амладаг ээж, хүү хоёр шиг байж болохгүй.

Энэ ойлголтын асуудалтай тал бол урьдчилсан дасгалууд л гүнзгий ухамсарлахуйд хүрэхэд шаардлагатай нөхцөлүүдийг бүрдүүлж өгөх болно гэсэн хамгийн гол учгийг олж таниагүй явдал билээ. Энэ холбоог ойлгоё гэвэл эвлүүлдэг тоглоомыг аваад үзэх хэрэгтэй. Эцсийн дүнд эвлэж гарах зургийг үзэхийн тулд бүх хэсгүүдийг бүрэн эвлүүлэх л хэрэгтэй. Нэг л хэсэг дутуу байхад зураг бүтэн болохгүй шүү дээ. Түүнтэй адилхан Цагийн хүрдний зам мөрд нэгэн үзүүрт төвлөрсөн сэтгэлд хүрэхээр зорьдог бөгөөд тэр сэтгэл бол олон хоёрдогч сэтгэлүүдийн нийлбэр дүн байж аль нэг нь дутуу байх юм бол үр дүн гарах аргагүй болдог тийм зүйл ажгуу.

"Бэлтгэл" ба "гол" гэсэн нэрүүдийн хувьд зүгээр дадлагуудыг өөр хооронд нь ялгах л гэсэн аргааас өөр юу ч биш билээ. Тиймээс бид дадлага нэг бүрийг гэгээрэлд хүрэхийн яг өмнөх эцсийн шат мэт үзэн нямбайлан гүйцэтгэвэл зохино. Таны одоогийн хийж буй дадлага юун дээр ч голлон анхаарсан байсан ялгаагүй таны бүх дадлагын ирээдүй түүнээс шалтгаалах болоод байна. Зарим хүмүүсийн хувьд гол дадлага нь огоорлын сэтгэл байдаг бол заримынх нь барцад түйтгэрийн ариусгал байдаг. Ямар ч дадлага байлаа гэсэн амжилтанд хүрэх үндсэн нөхцөл болох нь гарцаагүй юм.

Дадлагын Явцыг Эрхэмлэн Нандигна

Хагас бүтэн сайнаар дадлагын хэлэлцүүлэг буюу семинарт сууж, гурваас дөрвөн цагийн хичээлд уригдан, өөрөө өөртөө үйлчилдэг хэрэглээний программ буюу апп хэрэглэх болсон өнөөгийн амьдралд шууд үр дүн нь гарч үзэгддэг дадлагууд байдаг гэж бодох амархан байх л даа. Бид амьдралдаа шагнал болгон хүртээх билиг оюун хэмээх сувдыг хоромхон зуурт олоод авах сан гэж эрэлхийлж байх мэт заримдаа санагддаг. Хэрвээ дадлага үр ашигтай хийгдвэл өөрсдийн мэдрэмжинд илүү зохицсон аргуудыг эрж хайх хандлагатай болно. Ном биднийг өөрчилнө гэж хүлээхийн оронд бид Номыг өөрчлөх гэж оролдвол түүний сургаалыг уусган шингээлж хэрэгтэй үр дагаварыг бүтээх чадлыг нь хязгаарлах болно.

Дадлага, амьдрал хоёр хоорондоо холбоогүй салангид зүйл гэж итгэх итгэл л асуудлын ёзоор бөгөөд хэргийн эзэн мөн юм. Амьдрал сайн сайхан байхад бид дадлага бясалгал хийх шаардлагагүй гэж үзнэ, харин амьдрал бүрзийгээд тарж, бутрах шинжтэй болоод ирэхээр түүнийгээ засах юмыг хайж эхэлдэг явдал бидний зуршил билээ. Энэ зан төлөв бол саруул оюун дутмаг буюу өөрийн түр зуурын мэдрэмжнээс шалтгаалан явцуу бодож байгаагийн илэрхийлэл юм.

Энэхүү хандлагыг даван гарахын тулд сүсэг бишрэлийн дадлагыг *насан туршийн үйл хэрэг* болгон үзэх хэрэгтэй бөгөөд энэ замд хөл тавьж эхэлсэн цагаас авахуулаад үхэх хүртлээ, түүнээс ч цаашаа үргэлжлүүлэн ахисаар явахыг зорих ёстой. Ингэж бодож сурвал амьдралын даваа нугачааг судар номдоо нэгтгэж өдөр бүрийг ахиц дэвшил гаргах боломж мэтээр харж сурна. Зарим өдөр илүү сорилттой байж болдгийг харах болно. Танд дадлага, бясалгалаа хийх сэдэл бүрэн дүүрэн байлаа ч сатааруулах юм гарч ирээд болохгүй байж болно. Зүрх шантарч бууж өгөхийн оронд тэр бүхнийг зүгээр болох ёстой явдал мэтээр хүлээн авч дараа өдөр нь сэдлээ биелэл болгоход болохгүй юмгүй.

Дадлагынхаа үйл явц бүрийг эрхэмлэн нандигнаж үзэх гэдэг нь сул талууддаа хэзээ ч эс бууж өгөхийн нэр. Урт хугацааны сайн сайханд зорьсон бидэнд өнөө маргаашдаа бүдрэхэд санаа зовохын хэрэг юун билээ. Хөл дээрээ эргэн босож байхын гол түлхүүр бол тоосоо гүвээд замаа үргэлжлүүлэхэд л оршино. Ийм тэмүүлэлтэй байж л бид зорилгодоо хүрнэ. Ганц удаа алдаа гаргачихаад түүндээ нэгмөсөн гацаж дадлага, бясалгалаа зогсоож хэзээ ч болохгүй. Хором бүхэн шинэ эхлэл тавих боломж мөн.

ГОЛ ХЭСГҮҮДИЙГ ЭРГЭН СӨХВӨЛ

- Барууны сурагчдад зориулж зөвлөхөд эхлээд Буддын үзэлд итгэл үнэмшилтэй болж дараа нь Цагийн хүрдний Замд алхан орох хэрэгтэй.

- Очирт хөлгөний зам бусад хөлгөнийхнөөс өөр дадлагаар ойртох арга хэрэглэдэг. Үүнийг гурван зүйлээр авч үзнэ: 1.дотоод ариунаа мэдрэх, 2.үнэний мөн чанарын ариуныг мэдрэх, 3.нарийн биетэй тулж ажиллах.

- Цагийн хүрдний Зам есөн урьдчилсан ба бэлтгэл, зургаан гол дадлагуудаас бүрддэг. Нийт арван-таван дадлага бий.

- Урьдчилсан Бэлтгэлийн зэргийг гурван бүлэг болгоно: 1.Гадаад бэлтгэл, 2. Дотоод бэлтгэл, 3. Өвөрмөц бэлтгэл. Гадаад дотоод хоёр нь Төвдийн Буддын өөр өөр системд нийтлэг байдаг бол өвөрмөц дадлагууд Цагийн хүрдний системд л агуулагддаг.

- Гадаад бэлтгэлийн хоёр дадлага бий: 1.Огоорлын Дөрвөн сэтгэл ба 2.Урсгалын Багш, лам хувраг нарын заллага юм.

- Дотоод бэлтгэлийн дадлагууд ухамсрын бүдүүн зууралтыг тасдахад чиглэнэ. Таван дадлага бол: 1.аврал одуулах, 2.Бодь сэтгэл үүсгэх, 3.Базарсадын ариусгал, 4.мандал өргөх, 5.Багшийн Егүзэр юм.

- Өвөрмөц бэлтгэл дотоод хий судлуудыг ариусган нэгэн үзүүрт төвлөрөлд хүргэхэд чиглэнэ. Хоёр дадлага байх нь: 1.Ядмын Егүзэр ба 2.Гурван хумилтын бясалгал билээ.

- Гол дадлага бол Очирт Зургаан Йог хэмээх цаглашгүй ахуйн хувиршгүй амgalанд саатан орших ба тэгснээр нисванисын болон мэдэгдэхүүний түйтгэрүүдийн аль алийг арилгах төгсгөлийн зэрэг мөн.

- Цагийн хүрдний замд танил дотно болох гол арга бол өдөр тутмын уншлага хийх. Үүнд Жавзан Даранатагийн "Бурханлагт Хүрэх Шат" шастирын уншлага орно.

- Дадлагад чухал ач холбогдолтой зүйл бол амьдралынхаа нөхцөлд зохицуулах. Дадлага болгонд зорилго бий болгон насан туршдаа дадуулж явах дадлага болгох ёстой.

- Ээдрээтэй замд хөл алдаж орхилгүй аажуухнаар дадлагаа эхлэбэл зохино.

- Амьдралдаа төгс нөхцөл бүрэлдэнэ гэж хүлээхийн оронд одоо олдоод байгаа боломжоо ашиглахад шамд.

- Дадлага уйтгартай болоод ирвэл өөр өөр бичвэр ба текстүүдийг хольж солбин уншлагадаа оруулах хувилбар гаргаж болно.

- Дадлагын хэлбэрт хэтэрхий автахаас болгоомжил. Утган дээр нь илүү анхаарвал зохино. Ингэснээр илүү тодорхой ойлгож амьдралын нөхцөл байдал өөрчлөгдөхөд тохиргоо хийхэд тань тусална.

- Урьдчилсан дадлагууд замын маань бас нэгэн гол хэсэг мөн. Тэдэнгүйгээр гэгээрлийн шалтгааныг бүтээнэ гэж үгүй билээ. Тиймээс, Очирт Зургаан Йогийн дараа орох хоёрдогч зүйл гэж бүү үзэгтүн.

- Алдаа дутагдал, бэрхшээл саадыг даван гарахын тулд урт хугацааны зорилгод чиглэсэн учраас өнөө маргаашийн бүдрэлтэнд санаа зоволгүй насан туршийнхаа үйл хэрэг болгон дадуулах хэрэгтэй.

Аврал Одуулах ба Бодь Сэтгэл Үүсгэх Урьдчилсан Бэлтгэлийн Дадлага

Сүсэг бишрэлийн дадлагыг утга төгөлдөр байлгахын тулд Бурхан багш гурван замыг бидэнд сургасан байдаг. Эхнийх нь дадлагаа үр ашигтай болгохын тулд утга төгөлдөр сэдэл үүсгэх явдал юм. Сэдэл бидний үйлийн буянтай үгүйг тодорхойлох тул энэ алхам бидний хийж байгаа бүхний хүрээг илэрхийлнэ. Хүчтэй сэдэл үгүйгээр дадлагын үр дүн найдвартай биш байх болно.

Хоёрдугаарт, сэтгэлдээ саруул оюун, буяны чуулганыг хуримтлуулах утга учиртай үйлд оролцох хэрэгтэй. Бидний хийхээр сонгосон үйл, хөгжүүлэх гээд байгаа чанаруудтай нягт холбоотой байдаг. Цагийн хүрдний замд үүнийг төрөл бүрийн дадлагуудаар ашиглах замаар гүйцэтгэх бөгөөд тэр нь Бурханлаг-чанараа эцэст нь илрүүлэхэд гарцаагүй хүргэдэг байна.

Гуравдугаарт, сүсэг бишрэлийн дадлагыг утга учиртай болгох арга бол гол дадлагаар хураасан чуулганаа учиртай зүйлд зориулан даатгах явдал мөн. Энэ нь үйл хөдлөлийг буянтай үр дүнтэй холбох, тэгснээрээ эгэл хорвоогийн амьдралаас салгах давуу талтай ажээ. Ийнхүү салгах нь хорвоогийн үйл хэрэг бидний буяныг тарамдаж орхихоос сэргийлэн ирээдүйд үнэн жаргалан ургахын шалтгааныг бүтээх зорилготой байна.

Эдгээр гурван зүйлээс Цагийн хүрдний Замын эхний үе бол утга учиртай сэдэл бий болгоход зориулсан Аврал одуулах ба Бодь Сэтгэл Үүсгэх дадлагууд юм. Энэ бүлэгтээ тэдгээрийн талаар нарийвчлан судалж ашигтай дадлага болгохын тулд ямар алхмуудыг хийвэл зохистойг онцгойлон үзэх болно.

ДҮРСЛЭЛИЙГ ҮР ДҮНТЭЙ АШИГЛАХ

Дадлагууддаа орохын өмнө би бээр дүрслэлийг бясалгалд хэрхэн ашигладаг тухай болон Очирт хөлгөнд түүнийг сэтгэлээ номхотгохын хажуугаар нарийн биеийг ариусгах арга болгон ашигладаг талаар хэдэн үг хэлэх хэрэгтэй болов уу. "Дүрслэл" гэдэг үг санаандаа харах гэсэн утгатай, жинхэнэ утга нь *сэтгэл үүсгэх* гэдэг санаатай илүү дөхөж очино.

Бид Дүрслэлийн дадлагад тодорхой нэгэн мэдрэмжийг сэтгэлдээ идэвхтэйгээр үүсгэдэг. Энэ мэдрэмж харааны оролцоотой явагдаж болох боловч мөн чанараараа цэвэр харааны үзэгдэл биш билээ. Дүрслэлийн хамгийн гол тал бол утгыг ухамсарлах явдал ба түүнийгээ дүрслэх хэлбэрээр үүсгэж байгаа юм. Утга санааг мэдрэх үедээ санаандаа ургуулдаг. Утга санаа үгүй бол бидний дадлага сэдвээ алдан зүгээр сэрүүн зүүдэлж байгаатай адилхан болно.

Дадлагад өгдсөн тусгай өгөгдлүүд бол зөвхөн л анхаарал татах гэсэн гарын авлага бөгөөд гол зүйл юу болохыг л танд сануулж байгаа арга юм. Тэдгээр дүрслэл болгоныг амьдралдаа авчирна уу, үгүй юу гэдэг таны өөрийн хэрэг бөгөөд жинхэнэ утга агуулгыг нь ойлгоход танд тустай байвал болох нь тэр ажээ. Тиймээс ганцхан ийм л байвал зөв гэсэн юм байдаггүй гагцхүү бясалгалыг хийж байгаа тэр сэтгэлд хэрхэн тохирч байгаа нь чухал ажээ.

Дараагийн нэг чухал зүйл бол жинхэнэ дүрслэл хэзээ ч төсөөлөл биш гэдгийг санах явдал мөн. Энэ бол огт байдаггүй зүйлийг хооснооз гаргаад ирж байгаа хэрэг биш юм. Бүхий л дүрснүүд бодит үзэгдлүүд эсвэл хийсвэр оюуны ухамсар байна уу ялгаагүй хоосон мөн чанартай билээ. Тийм учраас тэд цөм үнэний ухамсарлахуйд адилхан туслах чадвартай байдаг. Мэдрэх ухамсар, оюуны ухамсар хоёрын ганц ялгаа нь мэдрэхүйн ухамсартаа нөлөөлөх маш бага чадвартай байдаг бөгөөд харин оюуны ухамсар хамаагүй илүү уян хатан учраас үзэгдэл үүсгэхэд саадгүй байдаг байна. Тусгай сэтгэлийн төлөв үүсгэхэд бид цорын ганц "үнэн" болсон мэдрэхүйн үзэгдлээс анхаарлаа салган, дотогш шилжүүлж мэдрэмжийнхээ илүү гүнзгий давхаргыг таньж эхэлдэг байна.

Цагийн хүрдний Замын дадлагад ороод мөн тиймэрхүү хэв маягтай учрах болно. Эхлээд бид дүрслэл үүсгэн дараа нь түүнтэй холбоотой үйл хөдлөл явуулж эцэст нь дүрсээ уусгана. Энэ үйл явц яг л далайгаас давалгаа урган босож тодорхой хэлбэр дүрс үүсгэн томорсноо буцаад тайван байдалдаа эргэж ордогтой ижил юм. Давалгаа үнэндээ яагаад ч уснаас өөр юм биш билээ. Үүнтэй адилхан дүрслэл бүхэн сэтгэлийн мөн чанараас л ургана. Тэд хэсэг зуур саатаад буцан уусах болно. Энэ хэв шинжийг дахин дахин давтаад байхаар цаглашгүй ахуйн урган үзэгдэхтэй л өөрсдийгөө зуршуулаад байгаа гэсэн үг. Энэ нь биднийг дүрслэлээсээ "үнэн" хэмээн зуурахаас сэрэмжлүүлэн харьцангуй утгатайг нь таниулна.

Дүрслэлийн заав*чилгаатай анх учирахад өчнөөн янзын өгөгдлүүд тогтооход хэцүү төвөгтэй санагдаж болзошгүй боловч түүнээс бүү сүрдэгтүн. Эхэндээ тэнд байна гэсэн мэдрэмжийг бий болгоход анхаарч нүдээ анихад таны сэтгэл хоосон огторгуйд байгаа мэт болон хувирна. Өгөгдөл болгоныг сайн санахгүй байлаа ч тэд цөм бүрэн байгаа гэдэгт итгэх хэрэгтэй. Ийм итгэлтэй болоод ирсэн хойно та үүнийгээ одоо дэлгэрүүлэн жижиг сажиг хэсгүүдийг нэмж өсгөн, яваандаа дүрслэлтэй танил дотно болох болно. Ийм маягаар унтлагынхаа өрөөнд эсвэл ажлын газар дээрээ ч ялгаагүй байнга гэртээ байгаа мэтээр мэдэрч байж чадах болно.

ГАДААД БЭЛТГЭЛЭЭР БИЕЭ ХАЛААХ НЬ

Цагийн хүрдний уламжлалт дадлага өөрсдийн унаган мөн чанарыг ухамсарлахад анхаарах дээр голдуу зорьдог. Энэ бол биднийг эгэлийн амьдралаас маань түр зуур ч болсон салгахад шаардлагатай дотоод үйл явц билээ. Тийм учраас аврал одуулж Бодь сэтгэл үүсгэх дадлагад орохоосоо өмнө гадаад анхаарлаа дотогш нь чиглүүлэх хэрэгтэй. Үүний тулд гадаад бэлтгэлийн зэргийн дадлагууд болох *Огоорлын дөрвөн сэтгэл* ба *Урсгалын багш, лам хуврага нарын Заллага* тэргүүтэн дээр тусган бодож хэсэг зуур сэтгэлээ бэлтгэнэ.

Бие, Хэл ба Сэтгэлээ Бэлтгэх

Ямар ч бясалгалд орохход бэлтгэдэгтэй адил бие, хэл ба сэтгэл гурвыг зэхэж бэлтгэх нь дадлагын явцад үр нөлөөтэй үйлчилдэг. Хэрвээ бидний сэтгэл сатааралтай байх юм бол бясалгал ашиггүй болон өнгөрч хүссэн үр дүндээ хүрч чадахгүй. Тийм учраас хэсэг зуур азнаад доорх аргуудаар тайван төвлөрсөн байдлыг бий болгоно.

Муу Агаарыг Биеэс Зайлуулах

Өдрийн турш бидний дотоод хий олон түйтгэрт үйлдлүүдэд нөхцөлдөгдсөн байх тул бясалгахаар суухад тань шунал, уур, мунхаг гэсэн гурван хортой холбоотой эрчис ба энерги биед хураагдсан байдаг. Эдгээрийг *Муу Агаарыг Зайлуулах* гэдэг дадлагаар арилгана. Үндсэн заавар нь:

> "Амирлуулагч Мутраар хамрын зүүн самсааг дарж, баруун самсаагаар гурвантаа амьсгал гаргана, дараа нь баруун самсааг дарж, зүүн самсаагаар давтан үйлдэнэ. Эцэст нь хоёр хамраар хоёулангаар нь гурвантаа нийж гаргана. Бүхий л түйтгэр барцад хар утаа болон биеэс зайлуулагдлаа хэмээн дүрсэлнэ"

Гурван удаагийн амьсгал авч гаргалтаар нийтдээ есөн удаа үүнийг үйлдэнэ. Эхлээд баруун самсаагаар гурван удаа амьсгал гаргахдаа шуналтай холбоотой бүх муу агаарыг зайлууллаа гэж бодно. Гурван удаа амьсгалдаг нь бүдүүн, нарийн ба маш нарийн түйтгэрүүдийг хөөж байгаа утгатай юм.

Амирлуулагч Мутар гэдэг ядам ба дунд хуруугаа нугалан эрхий хуруутай нийлүүлэн барихад долоовор ба чигчий хуруунууд чигээрээ хоцорно. Ийм хөдөлгөөн хийх бололцоогүй байвал зүгээр хамраа долоовор хуруугаар таглахад болно.

Энэ үйл явцыг нөгөө тал руу давтан зүүн хамраар гурвантаа амьсгал гаргахдаа уур хилэнтэй холбоотой муу агаарыг гаргалаа гэж бодно. Мөн л бүдүүн, нарийн ба маш нарийн давхаргын үйлийн холбооснуудыг хамруулж байгаа юм. Ингэснээр хоёр том судлыг цэвэрлэн баруун, зүүн талын эрчис ба энергийг тэнцвэржүүллээ гэсэн үг. Эцсийн үе шатанд хоёр самсаагаар агаарыг зайлуулахдаа мунхаг сэтгэлтэй холбогдсон сөрөг агаарыг арилгаж байна. Есөн удаагийн амьсгалаар гүйцэтгэж дууссаныхаа дараагаар анхаарлаа энэ мэдрэмжиндээ саатуулан хэсэг зуур азнах хэрэгтэй.

Хэл Яриаг Адислах

Муу агаарыг биеэс гадагшлуулах нь сэтгэлийг тайван байдалд оруулах явдлыг ихэд хөнгөвчилж өгнө. Бид аль болохоор их буян хураахыг эрмэлзэж байгаа болохоор түүнийг гүйцэлдүүлэхэд ашигтай байдаг олон зүйл хийж болдгийн нэг нь үг, хэлээ ариусгах дасгал юм. Уншлагынхаа үеэр маш олон төрлийн үг үсэг, тарни зэргийг хэлэх болдог. Ам, хэлээ ариусгаснаар хэлсэн үг болгоноо Ном болохыг таних ба уншсан үсэг болгон биднийг гэгээрэл рүү дөхүүлж байна гэж ойлгож болно. Дасгалыг тодотговол:

> Улаан өнгийн РАМ үсэг хэлэн дээрээ байгаагаар төсөөлөн тарни уншихад РАМ үсэг улайссан төмөр мэт гэрэлтэн эгэл хэл, ярианы тань сөрөг бүхэн шатаж ариллаа хэмээн төсөөлнө.

ОМ А АА И ИИ У УУ РИ РИИ ЛИ ЛИИ Э ЭЭ О ОО АМ АА СУ ХА

КА КХА ГА ГХА НГА I ЦА ЧА ЗА ЖА НЯА I ТА ТХА ДА ДХА НА I

ТА ТХА ДА ДХА НА I ПА ПХА БА БХА МА I ЯА РА ЛА ВА ША I

ША СА ХА КША I СУ ХА

Эдгээр үсгүүдийг хүссэний хэрээр олонтаа давтана.

Эхний бүлэг үсгүүд Самгарьд хэлний эгшиг үсгүүд, дараагийн бүлэг гийгүүлэгч үсгүүдийг төлөөлж байна. Энэ хэлээр Бурхан багш ном сургаалаа айлдсан учраас ариун хэлэнд тооцогддог. Тэд мөн үгсийг зүгээр өрөх маягаар тухайн утгатай харилцааны хэрэгсэл болдгоороо машид гайхамшигтай хэл юм.

Уламжлал ёсоор бол энэ арга зүй, дараалал нь өдөр болгоны эхэнд уншигддаг боловч өдрийн аль ч үед уншиж болно. Мөн хорвоогийн ярианд их хэмжээгээр оролцсоны дараа болон бясалгал хийхээр суухаасаа өмнө энэ дасгалыг хийх онцгой зохимжтой.

Сэтгэлээ Ариусгах

Эцсийн нэгэн ашигтай арга ба техник бол Базарсадын богино тарниар сэтгэлийнхээ ариуныг өөрсөддөө сануулах явдал юм. Энэ нь биднийг бясалгалаа туйлын үнэнийг ухаарах цэвэр ариун сэтгэлтэйгээр эхэлж байгааг батлан харуулна. Дадлага маш энгийн:

> *"Хэсэг зуур азнан байж бүхий л юмс үзэгдэл хоосон мөн чанартайг өөртөө сануулна. Тэд таны зохиосон шигээр өөрөөсөө бүтэн хэзээ ч оршидоггүй билээ. Энэхүү ухамсартайгаар бүхий л үзэгдлийг хоосонд нь буцааж уусгаад Базарсадын богино тарнийг олон удаа давтана"*

ОМ БАЗАРСАДУ ХУМ

> *Тарнийг уншиж дуусгаад өөрийн сэтгэлийн ариун мөн чанарт саатан бодолгүйн төлөвтэйгөөр хэсэг зуур сууна.*

Эдгээр гурван дадлага бидэнд зураг зурах гэж байгаа хүнд сайхан цэвэрхэн тавцан бэлтгэж өгөхтэй адил бясалгалын цэвэрхэн суурийг тавьж өгнө. Түйтгэрт сэтгэлээ түр зуур уусгачихаад Цагийн хүрдний Зам дахь тусгай чануудыг үүсгэхэд ийнхүү бэлэн боллоо.

Дамжлагатай Барилдлага Холбоо Тогтоох

Дадлагын хэллэгүүд заримдаа бясалгалын ялгаанаас болоод өөр өөр байх нь бий. Гадаад бэлтгэл дээр бид голдуу Огоорлын дөрвөн сэтгэлийг эхлээд бясалгадаг ба дараа нь урсгалын багш, лам нарыг залдаг. Гэхдээ зарим үед байрыг нь сольж арай өөр амт үүсгэхэд болохгүй юмгүй билээ. Сэтгэлийн уян хатан байдлын үүднээс бид энэ удаад эхлээд урсгалын лам нартайгаа холбоо бий болгоод *"Зүрхийг Гэгээрүүлэгч"* сударт гардгийн адилаар Огоорлын сэтгэлийг дараа нь үүсгэх болно. Уламжлалт аргыг дагана гэвэл миний бичсэн *"Нуугдмал Эрдэнэ"* номыг баримтлах хэрэгтэй. Урсгалыг эхлээд бясалгадгийн учир бол *Туйлын Багш буюу Гүрү* болох өөрсдийн дотоод Бурханлаг-чанарыг ухамсарлах зорилготойгоо өөрсөддөө сануулж байгаа хэрэг юм. Очирдарийн дүрт Гүрү багшаа юмуу эсвэл дамжлага урсгалын лам нарыг урин залснаар өөрсдийн төөрөгдсөн байдал гэгээрсэн мөн чанар хоёрынхоо хооронд холбоо тогтоож байгаа билээ. Дараахь мөрүүд тэрхүү холбоо хэрхэн бий болж байгаагийн жишээ болно.

> *"Багш та намайг сонсож ажаамуу, би бээр танд өөрийг өргөмүү*
> *Өөрийн энэ гуйвшигүй итгэл бишрэлээ хамт өргөмүү*
> *Багшаа, миний гэх болгон энэ биеэ хүртэл цөм таных"*

Бид бишрэлийн сэтгэлтэй хандлагаар багшийгаа залж байна. Энэ сэтгэл бол үнэний мөн чанарыг таних замаар л гэгээрэлд хүрч болно гэдгийг үнэнхүү ухаарсан сэтгэл юм.

> *"Бишрэлт сэтгэлийн минь голт зүрхнээ орших лянхуа цэцгэн сэнтийд машид заларсан сүр жавхлант, хязгааргүй энэрэлт лам багш та хамаг чөлөөлөгч нарын биелэл буюу., Цэвэр тунгалаг гол судлаар минь өгсөж зулай дээр минь солонгын гэрэлд дунгуйлагдан залрах ажаамуу. Бурханлагийн*

тэмдгүүдээр огоот бүрдсэн таны лагшин машид баясгалант болоод гэрэл цацарсан бөгөөд таны зарлиг эрэлзээний хар үүлсийг хөөн зайлуулах хийгээд таны мэргэн таалал саруул билгүүн, нигүүсэл хайраар ямагт дүүрэн буюу, Таныгаа би бээр залж мөргөмүү. Итгэл бишрэлийг нэн агуулсан шавь намайгаа адислан соёрх"

Та багшийгаа өөрийн зүрхнээс гол судлаар өгсөн зулай дээр заларлаа хэмээн дүрслэх үедээ түүний байгааг мэдрэх мэдрэмжийг өөртөө бий болгоно. Бид адислал хүртээхийг гуйхдаа эртний уламжлалт урсгалын сургаалын дагуу дадлага хийх урам зоригийг хүлээн авах хүслээ илэрхийлдэг.

"Үйл нисвааанисын эрхээр сансарт хүлэгдсэн намайг зуршилт хэвшлүүд ээмдэж азгүй хувь тавиланг эдлүүлж байнам. Би бээр таван хорыг залгин төржээ. Энэхүү төгсгөлгүй хуурмаг төөрөгдлийг урвуулан, язгуурын мөн чанараа энэхэн хоромд илрүүлэх болоосой"

Төрөл тэргүүлшгүй цагаас авахуулаад зовлон эдлэсээр байгаагаа таньсан бид лам багшаа аврал одуулах туйлын эх сурвалж хэмээн хандана.

"Үндсэн хийгээд урсгалын лам нар дор мөргөмүү
Хүслийг гүйцээгч дамжлага урсгал дор мөргөмүү
Ариун урсгалын дамжлагыг адислаж хайрла
Адислал бүхэн зүрхэнд минь шингэх болтугай
Зүрх сэтгэлд минь хурсан харанхуйг арилган соёрх"

Зуун зууны туршид лам багшийн саруул билгүүн дамжлага урсгалын лам нарын сэтгэлд тэдний хичээнгүйлэн замнасан зам болон үзэгдэж одоо тэдний нандин сургаал бидэнд олдох бололцоотой болоод байна. Эдгээр мөрүүдийг уншлага болгохдоо Очирт хөлгөний урсгалын өвөрмөц ховор сургаалыг дадлага болгох хүсэл мөрөөдлөө бататган, урт удаан үргэлжлэх аз жаргалд хүргэх арга мөн болохыг таньсан болохоо илтгэж байна.

"Мэдлэг, ухамсар минь ариун Ном лугаа орших болтугай
Бясалгал, дадлага минь зорьсон үйлсдээ батжих болтугай
Замд тохиолдох бэрхшээл бүхэн амирлах болтугай
Төөрөгдөл бүхэн язгуурын билиг билгүүнээр солигдох болтугай"

Хамгийн сүүлчийн энэ хүсэлтээр амжилтанд хүрэх замдаа дадлага, бясалгалаа хичээнгүйлэн гүйцэтгэх сэдлээ бататгаж байгаа хэрэг юм. Тасалдаа нь үгүй дамжлага урсгалын багш егүзэр нар хийгээд тэдний замнасан замд итгэх итгэлийг хөгжүүлснээр бэрхшээл түйтгэрүүдтэйгээ нүүр тулах, мэдрэмжийн хувиргал хийх чадвартай болох юм. Итгэл үнэмшил төрөөд ирмэгц тэрхүү төлөвтөө ухамсраа саатуулан аль болох удаан байхыг хичээх хэрэгтэй.

Огоорлын Дөрвөн Сэтгэлийг Тунгаах

Бид дамжлага урсгалын лам нарын замналыг дагах гэж хэчнээн хүчтэй хүслээ ч хорвоогийн үйл хэрэгт татагдсаар байгаа цагт амжилт гаргах хэцүү болох билээ. Тийм учраас дараагийн алхам бол сансарт оршихуйгаас сэтгэлээ буруулан огоорч ариун Номыг авлага болгох зам руу эргэх сэтгэлийг хөгжүүлэх хэрэгтэй.

Үүнийг бид *Огоорлын Дөрвөн Сэтгэл* хэмээх 1.үйлийн үрийн шалтгаан ба үр дагаварын хууль, 2.сансар орчлонгийн зовлонгийн мөн чанартай болох, 3.эрдэнэт хүний биеийг олсон явдал ба 4.үхэл мөнх-бусыг тунгаан бясалгаж хөгжүүлснээр гүйцэтгэж болох юм. Энэ дөрвөн сэдвийг Боть 1-д машид дэлгэрэнгүй үзүүлсэн бий. Итгэл одуулах дадлагадаа орохын өмнө эдгээр бясалгалтай танил дотно болоход хэсэг хугацааг зарцуулах хэрэгтэй юм.

Яваандаа энэ талаар сайн тодруулах болохоор одоохондоо урьд ухамсарласан зүйлийг тань сануулах маягтай түргэхэн гүйлгээд нэг харцгаая. Дадлага доорх маягаар явагдана.

Уг, Үрийн Шүтэн Барилдлагын Хууль

"Байгал ертөнц дөрвөн махбодоос ургах хийгээд сарних лугаа үйлийн үрийн шалтгаан ба нөхцөлүүд бүхнийг зохилдуулдаг болой. Би өөрийн жаргал хийгээд зовлонгийн шалтгааныг бүтээмүй. Зөв зүйтэй алхмыг би сонгодог ч болоосой"

Энэ бясалгалд өөрийн тавиланг нөхцөлдүүлэхэд тө өөрөө ямар үүрэгтэйгээ сануулж байгаа нь гол юм. Бүх юм урьдчилан зохицуулагдчихсэн юм чинь гэхийн оронд та өөрийнхөө жаргах уу, зовох уу гэдгийг сонгох боломжтой гэдгийг энд хэлсэн байна. Ийм замаар таны ирээдүй ямар байх нь таны хяналтанд байдаг ба тиймээс одоо ухаалаг шийдвэр гаргах л хэрэгтэй.

Сансарт Эргэлдэн Оршихын Уршиг

"Ядрахаа мэдэхгүй бал цуглуулах зөгий, зулын галд татагдах эрвээхэй, өөшийг яаран залгих загас адил хор нь эм мэт үзэгдэх хорвоогийн жаргал гэдэг зовлонгийн далайд биднийг живүүлдэг бөлгөө. Хорвоог би хурдхан шиг огоордог болоосой"

Одоогийн байгаа байдлаа шинжлээд үзэхээр сэтгэлийн үнэн ханамжгүй байдлыг таньж болно. Сансарт ямар байдалтай амьдрах нь хамаагүй бүдүүн, нарийн хэлбэрийн зовлонг ямагт эдэлж орших бөгөөд үүнийг таньж чадаагүйгээс жаргал авчирна хэмээн эндүүрч зовлон авчрах үрийг суулгаж байдаг билээ. Хорвоогоос бидэнд хэрэгтэй юм юу ч байхгүй гэдгийг таньснаар сэтгэлээ чөлөөлөлтөнд хүргэх зам руу хандуулах хэрэгтэй.

Эрдэнэт Хүний Төрлийг Олохын Эрхэм

"Эрдэнэт хүний заяаг олох дааич амаргүй бөгөөд зүрх сэтгэлдээ үүнийг ухаарваас үүрдийн жаргалыг олох болой. Харин дэмий үрж дуусгаваас ховор боломж устаж үгүй болох. Энэхүү эрдэнийн шимийг амсах үйлсэд би бээр зүтгэдэг болоосой"

Өөрсдийгөө орчлонгоос чөлөөлнө гэвэл хэрэгтэй нөхцөл бүрэлдсэн байх ёстой. Тэдэнгүйгээр Номыг анхааран авлага болгон дадуулах ямар ч боломж байхгүй. Тэдгээр чөлөө, учралыг олж авна гэдэг ховорхон тохиолдох аз учраас түүнийг олсноо таних цагт бүрэн ашиглахын төлөө юугаа ч үл хайрлан зүтгэх хэрэгтэй.

Үхэл Хэзээ Ирэх Тодорхойгүй

"Салхинд ганхсан лааны дөл мэт хүний амьдрал дааич хэврэг. Үхэл хэзээ ирэх нь огтоос тодорхойгүй агаад үхэлд хүргэх шалтгаан дэндүү олон билээ. Аврагдана гэх баталгаа хаа ч үгүй. Тийм учраас би ариун Номыг авлага болгон дадуулах үйлсээ хэзээ ч хойш нь тавьж болохгүй, яг одоо эхлэх хэрэгтэй"

Угийн мөнх-бус чанартай юмыг мөнхөд барин эндүүрэх нь өөрөө мунхаг хэрэг юм. Хүний эрхэм нандин биеийг олоход тусгай олон олон нөхцөл шалтгаануудхамтран бүрэлдэж байж бүтдэг хэрнээ нэг л өдөр үгүй болох нь гарцаагүй юм. Эрт, орой хэзээ нэгэн цагт үхнэ. Хэрвээ бид жаргалын шалтгааныг үүсгэх энэ боломжийг алдаж амьдралаа дэмий юманд үрвэл ирээдүйд зовлон л амсах нь гарцаагүй. Тийм учраас залхуурлаа умартан орхиж дадлага бясалгалдаа бүрэн зүрхээ зориулах хэрэгтэй байна.

СУНАЖ МӨРГӨН БАЙЖ АВРАЛ ОДУУЛАХ

Гадаад бэлтгэлийн зэрэг нь Номыг дадлага болгох зорилго сэдлийг бий болгож өгнө. Дотоод бэлтгэлийн зэрэгт тулаад ирэхээр өөрсдийн сэтгэлийн мөн чанараа ухамсарлах мэдрэхүйн үндсийг тавьж өгдөг байна. Эхний дадлага бол *Сунан Мөргөж Итгэл Одуулалтыг* хөгжүүлэх явдал байдаг.

Итгэл одуулах шалтгаан олон байдаг ба түүний нэг нь зовлон үзэхгүй юмсан гэсэн дотоод хүсэл юм. Бид цөмөөрөө жаргал л эдлэхийг хүсэж зовлон хүсдэг амьтан нэг ч үгүй. Огоорлын дөрвөн сэтгэл дээр бясалган тунгаасныхаа дараагаар сансрын хүлээснээс алдууран чөлөөлөгдөхийн тулд зуршлаа өөрчлөх хэрэгтэй болно. Гэвч хаанаас эхлэл зохих ба хэрхэн үүнийг хийдэг билээ? Живж байгаа хүн уснаас яаж аврагдах билээ? Ингээд бодоод үзэхээр ганцаараа зүтгээд нэмэргүй нь ойлгогдоно. Тэгэхээр чиглэлээ өөрчлөн бидэнд туслах чадвартай авралын эх сурвалжийг эрж олох хэрэгтэй болдог байна.

Мөн Бурханы сургаалд итгэн биширснээс аврал одуулах сэтгэл төрөн гарах нь бий. Энэ номын эхний хоёр бүлэгт гарсан сэдвээс харахад Ном биднийг амжилттай хөтлөн газарчилж чөлөөлөлтөнд хүргэж чаднаа. Түүний зарчмуудыг амьдралдаа илүү баримтлах тусам илүү саруул оюун сэтгэлд хуримтлагдана. Эцэстээ энэ үйл явц өсөн нэмэгдсээр биднийг Гурван Эрдэнэд түшиглэхэд хүргэх болно.

Их Хөлгөний Замд орох үндэс нь итгэл одуулалт байх маш тусгай нэгэн шалтгаан бий. Бидэнтэй ижил хамаг амьтан сэтгэл дэх нөхцөлдөлтийн эрхэнд ороод шаналж яваа. Тэдэнд сансраас ангижрах хамгийн дээд тус нь болсон бид өөрсдөө эхлээд төгс гэгээрэлд хүрэхгүй бол нэгэн биеийн чөлөөнд хүрээд нэмэргүй ээ. Тиймээс бид бусдыг төгс гэгээрэлд хөтлөх хамгийн их боломжийг олгож чадах гэгээрлийн хутагт хүрсэн нэгний авралд орох шаардлагатай байна. Бидний хүссэн болгоныг төлөөлдөгийн хувьд Гурван Эрдэнэд итгэлийг одуулдаг.

Итгэл одуулах дадлагын явцад туйлын үнэнийг олж харахаас биднийг хязгаарлан байдаг хоёр том бэрхшээл тохиолдоно. Үүнд:

1. **Түйтгэрт Эргэлзээ:** Мэдэхгүй аянд гарах үед бидний сэтгэл эргэлзээгээр ямагт дүүрэн байдаг. Бид хийж байгаа болгоноо асууж шалгаан, чиглэлээ байнга өөрчилнө. Эргэлзээний эсрэг ерөндөг бол итгэл одуулах эх сурвалжийн талаар тодорхой ойлголттой байх явдал юм. Буяны хотол чуулган болгох нь бидний зорьсон замд ямар их тустайг ойлгоод ирхээр эргэлзээ аяндаа багасч ирнэ. Эцэстээ бид бүрэн дүүрэн итгэлтэйгээр дадлага бясалгалдаа орж чадах хэмжээнд хүрч очих болно.

2. **Бардам зан:** Бас нэгэн том бэрхшээл бол бардам зантай биеэ тоосон байх явдал билээ. Иймэрхүү түйтгэрт сэтгэлийн төлөв бусдаас тусламж гуйхгүй гэсэн хаалтыг босго ба тэдний туслалцаагүйгээр яагаад ч амжилт олохгүй байдалд хүргэдэг. Бардам сэхүүн зан бас бидний өөрийг энхрийлэх сэтгэлийг өөгшүүлэн дэвэргэж жинхэнэ Бодь сэтгэл төрж хөгжихөд саад болдог. Энэ бэрхшээлийг давах арга бол бусдыг гуйн дулдуйдсан сэтгэлээр сэхүүн омгоо дарагдтал сунаж мөргөн залбирах хэрэгтэй билээ.

Итгэл одуулан сунаж мөргөх дадлагаар утга төгөлдөр сэдэл зорилго бий болгох бат суурийг тавьж чадна.

Жинхэнэ Дадлага

Итгэл одуулах дадлага Буддын аль ч дадлагын нэгэн салшгүй хэсэг билээ. Хамгийн энгийн нэг хэлбэр бол Гурван Эрдэнийн чануудыг сэтгэлдээ ургуулан итгэл одуулах мөргөлийг унших байдаг. Мөргөлийн үгс Бодь сэтгэл үүсгэх ухамсартай голдуу хамт явах бөгөөд сийрүүлбэл:

"Бурхан Ном хийгээд Хуврагийн Чуулган дор
Би бээр гэгээрэлд хүртэл итгэмой,
Өнөө миний бясалгал тэргүүтэй үйлдсэн буян эдгээрээр
Амьтны тусын тулд Бурхан бүтэх болтугай"

Эдгээр үгс аль хэдийнэ сэтгэл шулуудсан хүмүүсийн хувьд сайн хөшүүрэг болох чадалтай ч сэтгэлээ хөгжүүлэх шаардлагатай байгаа нэгний хувьд нэгээхэн хэсэг тул учир дутагдалтай сонсогдож байгаа. Тийм учраас итгэл одуулахыг гол дадлагаа болгож байгаа үед дүрслэл зориуд үүсгэх үйл явцтай хамтруулдаг уламжлалтай билээ. Энэ нь буяны хотол чуулган дахь өөр өөр орон ба объектуудад таны анхаарлыг бататган авралд багтах гэсэн чин үнэн сүжгийг төрүүлэхэд тусалдаг. Тэрхүү сүжгийг л сэтгэлдээ зуршил болгох хэрэгтэй байгаа юм.

Итгэл одуулах үндсэн байгууламж нь таван алхамаас бүрддэг: 1.буяны хотол чуулганы талбар үүсгэх, 2.мөргөл үйлдэх, 3.итгэл одуулах мөргөлийг унших, 4.хотол чуулганаа уусгаж, 5.буянаа зориулах эдгээр юм.

Жонан ёсны Авралын орон

Буяны Хотол Чуулганы Дүрслэл

Үржил шимтэй газарт ургац сайхан ургадгийн адилаар дээдийн шимт талбарыг бид сэтгэлдээ үүсгэнэ. Авралын талбар гэдэг нь бидний сүсэг бишрэлийн дадлагад туслах гэгээрсэн бодгалиудын чуулганыг хэлдэг. Энэхүү буяны хотол чуулганыг дүрслэх таны дадлага доорх байдлаар явагдана:

"Эгэлийн үзэгдлийг хоосонд уусгасны дараагаар өргөн уужим толь мэт зөөлхөн, гүн цэнхэр биндэръян өнгөөр туярсан газарт өөрийгөө сууж байна гэж дүрсэлнэ. Газар дэлхий алтан очироор дүүрээд таны сууж байгаа газраас чимэгт үсэгнүүд гэрэлтэх үзэгдэнэ. Өмнийн огторгуйд гялалзаж гялтганасан үнэт эрдэнийн чулуугаар барьсан тансаг ордон сүндэрлэнэ. Ордны голд байх талбай дээр аварга том хүслийг гүйцээгч мод дүнхийн үзэгдэхэд өтгөн саглагар мөчир бүрээс гэрэл цацран ордныг нилд нь гэрлэн бүрхүүлд оруулах ажээ. Модны мөчрүүд олон төрлийн навчис, цэцэгс, жимсээр баялаг агаад тэд цөм гэрэл цацруулах нь огторгуйг шидийн өнгөөр туяаруулна. Мөчир ба түүнээс салаалсан үзүүрүүд цөм од шиг гэрэлтэх нь эрдэнэ шигтгэсэн мэт ажээ. Энд тэнд өлгөсөн хонхнууд уянгалаг чимээгээр агаарыг дүүргэнэ.

Модны дээд хэсэгт сүрлэг арслан сэнтий үзэгдэх нь лянхуа хийгээд цагаан сар, улаан нар, хар раху ба шар калагнийн дэвсгэрүүдтэй ажээ. Сэнтий дээр таны үндсэн лам багш 1\ Очирдарийн дүрээр үзэгдэх нь: тарнийн ёсон дахь гэгээрлийн бэлэг тэмдэг билээ. Түүний лагшин хар хөх өнгөтэй бөгөөд хонх, очир хоёрыг зүрхэн тус газартаа зөрүүлэн барьжээ. Тэр төрөл бүрийн очирт чимэглэлээр гоёсон байна.

Гүрү Очирдарийг тойроод Жонан-Шамбалын урсгалын лам нар заларна. Багшийн чанх орой дээр Бурханы дөрвөн лагшингийн бэлэгдэл суух нь: 2\ Язгуурын Бурхан, 3\ Очирдарь, 4\ Цагийн хүрдэн, 5.Шагжаамүни Бурхан Багш билээ. Тэдгээрийг тойроод Шамбалын Гучин-таван Номын Хаад түүний дотор 6\ Долоон Их Номын Хаад, 7\ Хорин-таван Ригдэн Хаад болон 8\ Алтан Эриний гурван Хаад ч мөн байцгаана.

Багшийн дээр баруун зүүн талуудад Энэтхэг ба Төвөдийн дамжлага урсгалын егүзэрүүд байхын дотор: 9\Цогт Наландагийн их шидтэнгүүд, 10\ До урсгалын очирт егүзэрийн их багш нар, 11\ Жомонан хөндийн мэргэн лам нар болон 12\ зүүн нутгийн жавхаат Замтангийн их багш нар байцгаана.

Очирдарийн эгц доохно: 13\ Ядам бурхан Цагийн хүрдэн илбийн хос Вишваматаг тэвэрсэн зогсох ба түүнийг тойроод бусад дөрвөн дандарсын буюу: 14\ Хээважра, Чакрасамбара, Гухяасамажа ба Важрабайрава ёсны ядмууд, 15\ Бяруузана болон бусад таван бурхадын аймгийн Егүзэрийн *дандарын ядмууд, 16\ Үйлийн дандар ба 17\ Явдлын Дандарын ядмууд ч залрах ажээ. Тэд цөм Төгс жаргалантай лагшиний аугаа чуулганыг бүрдүүлэх ажгуу.*

Ядам бурхадын доохно дөрвөн зүгтээ тэлсэн дөрвөн том мөчир байх ба урагш чиглэсэн мөчир дээр дэлгэрсэн лянхуа цэцгийн голд 18\ Шагжаамүни Бурхан Багш залрах ажээ. Түүнийг тойроод бусад Дээдийн Хувилгаан лагшинтнууд 19\ Сайн цагийн Мянган Бурхан хийгээд Азтай Эриний Хоёр Бурхадын биелэл болон заларцгаана.

Таны Очирт Багшийн ард байх мөчир дээр аугаа алтан номын үсгүүд зурайх нь: 20\ Хуврагийн Ёс Зүй, 21\ Гурван Номын Хүрдний Сургаалууд болон 22\ Дээд Мэдлэгийн Сургаалууд байх ажгуу. Мөн түүнчлэн Тарнийн Ёсны сургаалууд бүрэн байхын дотор: 23\ Цагийн хүрдний Ханьсашгүй Дандар, 24\ Шамбалын Их Хаадын бичсэн Бодьсадвын Гурван Эрдэм ч мөн адил байх болой. Эдгээр гайхамшигт сургаалын үгс их хэнгэргийн дуу мэт нүргэлэн арван зүгтээ нүргэлэх ажгуу.

Очирт Багшийн баруун талын мөчрүүд дээр Их Хөлгөний Хуврагуудын чуулган лянхуа цэцгэн дээр заларцгаана. Тэдний дотор: 25\ Найман Гэгээн болох Жанрайсэг, Манзушири ба Очирваань мөн цаашилбал 26\ Хоёр Их Гэгээнтэн болон 27\ Номын Зургаан Чимэг болсон хутагтууд мөн байцгаана. Очирт Багшийн зүүн талын мөчрүүд дээр Бага Хөлгөний Хуврагууд болох 28\ Арван-зургаан Шарвага Архад ба 29\ Арван Гол Шавь нар болох Шарипутра, Субхути, Маудгаляана нар залрах ажээ.

Модны дээд агаарт тоолшгүй олон 30\ эр ба охин тэнгэрүүд амьтны хэрэгцээг гүйцээн байцгаахад модны ёроолоор 31\ Важравэга, Махагал нарын гэгээрсэн Номын Сахиуснууд болон 32\ дөрвөн зүгийн сахиул Дөрвөн Их Махаранз гэх зэрэг хорвоогийн сахиусан нугууд дүүрэн байцгаах ажээ"

Энэ дүрслэлд багтсан бүхэн Гурван Эрдэнэд бүрэн багтсан байгаа билээ. Дүрслэл үүсгэхийн тулд зургаан гол бүлгийг ерөнхийд нь санаандаа хадаж авах нь чухал: 1. Очирдарь ба Дамжлага Урсгалын лам нар, 2. Калачакра буюу Цагийн хүрдэн ба ядам Бурхад, 3. Шагжаамүни Бурхан Багш ба Азтай Эриний Бурхад, 4. Судрын болон Тарнийн ёсны Ном судруудын цуглуулга, 5. Их ба Бага хөлгөний Аръяа Хуврагууд, 6. Дагинас хийгээд Номын Сахиуснууд юм. Эдгээр бүлгүүдийг санаандаа төсөөлмөгцөө тэдэнд хамаарах бусад жижиг хэсэг ба деталиудыг дээр нь нэмэн оруулж болно.

1. Язгуурын Бурхан \Свавикакая\	А. Шамбалын Гучин-таван Хаад
2. Очирдарь \Жана-Дармакая\	Б. Очирт Йогийн Дамжлагын Мастеруд
3. Дотоод Цагийн хүрдэн \Самбогакая\	В. Дөрвөн Дандарсын Ёсны Ядам Бурхад
4. Шагжаамүни Будда \Нирманакая\	Г. Азтай Эриний Бурхад
5. Гүнчэн Долбуба	Д. Судрын ба Тарнийн Ёсны сургаалууд
6. Жэвзүн Дарнат	Е. Аръяа Хувраг Бодьсадва нар
7. Цагийн хүрдэн Яв-Юм	Ё. Шарвага, Брадигабуд, Аръяа Хуврагууд
8. Шагжаамүни Бурхан Багш	Ж. Дагинас ба Номын Сахиуснууд
9. Важравэга	

Зураг 15-2: Домогт Жонангийн Авралын Хотол Чуулган

Дүрслэлээ төгс болгохын тулд өөрийгөө хамаг амьтнаар тойруулан хүрээлүүлсэн байна гэж дүрслэх хэрэгтэй. Ээжийгээ зүүн гар талдаа, аавыгаа баруун гар талдаа суулгасан байна. Өмнөө өөрт муу зүйлийг хийсэн буюу ямар нэгэн байдлаар хор хүргэсэн нэгнийгээ нэн их хүндэтгэлтэйгээр залж бусад бүх амьтдыг ардаа, хараа хүрэх хол хүртэл үргэлжилсэн байна гэж дүрслээрэй.

Мөргөл Үйлдэх

Энэ дүрслэл дээрээ анхааралаа тогтоосны дараа та хийгээд хамаг амьтан төрөл тэргүүшгүй цагаас авахуулан сансарт эргэлдсээр байгааг таньсан аугаа их бишрэлийн сэтгэлийг төрүүлнэ. Тэдний тусламжгүйгээр энэ зовлон шаналгаанаас чөлөөлөгдөж гарах арга алга. Өөрсдийгөө аль хэдийнээ чөлөөлсөн тийм нэгэн л энэ тохиолдолд газарчилж чадах болно. Тийм учраас аврал одуулах цорын ганц эх сурвалж болсон Гурван Эрдэнэ дор итгэлийг одуулж байгаа билээ.

Гурван Эрдэнэ бидэнд тусалж түүний ашгийг хүртэнэ гэвэл бид хэний ч туслалцаагүйгээр болно гэсэн бардам сэхүүн зангаа орхих хэрэгтэй. Үүний тулд биеэр мөргөл үйлдэх дадлагыг хийдэг. Хамгийн энгийн мөргөх арга бол хоёр алгаа хооронд нь хавсраад хүндэтгэлтэйгээр толгой гудайлгах юм. Буддын уламжлалд хоёр эрхий хуруугаа нугалан алган завсраа хавчуулдаг нь хоёр алганы хооронд өөрийн мөн чанарыг төлөөлүүлсэн зай гаргаж байгаа хэрэг. Тэгээд авралын хотол чуулганы өмнө толгойгоо хүндэтгэлтэйгээр бөхийлгөнө.

Энэ үндсэн хөдөлгөөнөө өргөжүүлэн газарт духаа хүргэж болно. Энэ бол Гурван Эрдэнэд хүлцэнгүйгээр захирагдаж байгаагийн бэлэг тэмдэг болгон бидний хүрч болох хамгийн доод цэг мөн. Хэрвээ биеэ урагш сунган уртаараа сунавал бүр илүү хүндэтгэлтэй бөгөөд үүнийг *бүтэн биеэр сунаж мөргөх* гэнэ. Энэ хөдөлгөөн өөрийг энхрийлэх сэтгэлийг бүрэн хөсөр хаяж Гурван Эрдэнийн адистидыг хүртэх явдалд сэтгэлээ бүрэн нээлттэй болголоо гэсний илэрхийлэл юм. Бүтэн сунаж мөргөх жинхэнэ арга техникыг дүрсэлж үзүүлбэл:

1. Босож зогсоод хоёр алгаа нийлүүлэн дунд нь зай гарган залбирах маягтай хавсарна.

2. Хавсарсан гараа толгойн дээр өргөн зулай дээр аваачина.

3. Дараа нь эгц доошилж дух, хоолой ба зүрхэн тус газартаа үе шаттай хөдөлгөөнөөр шилжүүлнэ.

4. Дараа нь гараа газарт алгаар нь хүргээд биеэ доошлуулан өвдөглөнө.

5. Өвдөг газарт хүрсний дараагаар нүүрээ газар руу чиглүүлсэн чигээр биеэ урагш нь сунгана.

6. Хоёр гараа урагш хамтад нь сунган Бурханы хөлд хүрэх гэсэн мэт тэнийлгэнэ. Тэгээд алгаа хавсран толгойгоо давуулан залбирна.

7. Буцах хөдөлгөөнөөр өвдөглөсөн байдалдаа ороод дээш босоо байдалдаа эргэж орно.

Энэ дадлагынхаа буяны үрийг олшруулахын тулд биеэр үйлдэхдээ түрүүчийн төсөөлсөн хамаг амьтад таны хамтаар мөргөл үйлдэж байна гэж дүрслэх ёстой. Хамаг амьтныг удирдан мөргөл үйлдэж буян хурааж байгаагаар өөрийгөө төсөөлөх нь гэгээрэлд зорьсон сэтгэлд хэмжээлшгүй ашигтай байх болно.

Авралын Орнуудад Мөргөх

Мөргөл үйлдэх тоолондоо авралын өөр өөр эх сурвалж дээр анхааллаа хандуулсан залбирлын үгийг уншина. Зулай дээр гараа аваачихдаа аврал одуулж буй нэгний мөн чанарыг бодно. Дух, хоолой ба зүрхэндээ хүргэхдээ бие, хэл ба сэтгэлээ өргөл болгож байна гэж бод. Биеэ газарт сунан мөргөхдөө өөрийн амьдралын бүрэн эрхээ өгч байна гэж бодно. Дээш босож зогсохдоо орон ба объект дээр бүхий л сэтгэлээрээ түшиглэх зорилготой боллоо гэж бодно.

Биеэр мөргөл үйлдэхдээ урт ба богино хэмжээний залбирлыг унших бөгөөд түүнд авралын бүхий л объект ба орнуудыг бүрэн хамруулсан байдаг. Жишээлэхэд "Бурханлагт Хүрэх Шат" шастирт доорх залбирлыг ашигладаг:

"Сүр жавхлант Лам багш хийгээд Номын Эзэд дор мөргөмү
Гэгээрсэн хот мандал дахь Ядмууд дор мөргөмү

Төгс гэгээрсэн Бурхад, Бодьсадва нугууд дор мөргөмү

Алтан үсэгт Ном дор мөргөмүү

Хутагт ариун Хувраг дор мөргөмү

Дагинас хийгээд бүхнийг харагч билгийн мэлмийтэн Номын Сахиус нугууд дор мөргөмү"

Энэ залбиралд зургаан бүлэг орон ба объект дээр анхаарсан байна. Бид нэг мөр уншаад нэг удаа мөргөх ба эсвэл уншлагаа унших завсартаа тасралтгүй мөргөсөөр байж болно. Бүтэн нэг удаа уншаад дуусахад зургаан удаа мөргөл үйлдсэн байх болно.

Илүү ашигтай нэгэн хэлбэр бол Гурван Эрдэнийн давхарга болгонд мөргөх уншлага бий: 1. Гадаад, 2. Дотоод ба 3. Нууц. Энэ дадлага есөн оронд төвлөрч мөргөсний дараа гүйцсэнд тооцогдоно.

Гадаад Гурван Эрдэнэ

Гадаад Гурван Эрдэнэд мөргөхөд бид авралын хотол чуулганыхаа хамгийн доод гурван мөчир дээр төвлөрөх ёстой. Энэ нь дадлагын Хувилгаан лагшний давхарга буюу Бурхадыг багшаа, Номыг сургаалаа харин Хуврагуудыг нийгэмлэгээ болгон төлөөлүүлнэ. Энэ бол голдуу Бага хөлгөн болон Их хөлгөний бясалгагч нарын итгэл одуулах хэлбэр болдог. Эхлээд бид доорх мөрүүдийг уншин Бурханы чануудыг сэтгэлдээ санана.

"Замыг заагч, төөрөгдлийг арилгагч, дайснаа дарагч, сэрсэн нэгэн дор итгэлийг одуулмуй. Үйлийн эрхээр төрөл аван үхэх, өвдөх, өтлөх хийгээд үхэхийн зовлонг эцэс төгсгөлгүй эдлэх энэхүү сансрын хүрднээс намайг авран соёрх"

Одоо Номын чанарт анхаарлаа хандуулах зууртаа:

"Хоёр үнэний мөн чанараар хорвоогийн гаслангаас гэтэлгэгч ариун Ном дор итгэл одуулмуй. Номын их далайгаас амсан сэрүүцэж сэтгэлээ номхотгон амирлуулахад туслан соёрх"

Хутагт Хуврагуудын чанарыг дүрслэж гүйцмэгцээ:

"Үнэнийг ухамсарлан амьтныг чөлөөлөгч, ариун Номын бишрэлт нөхөд Аръяа Хувраг нугуд дор итгэлийг одуулмуй. Итгэл, бишрэл, зүтгэл, анхаарал,асрал, энэрэл, төвлөрөл хийгээд билиг оюуныг хөгжүүлэхэд минь туслаж хайрла"

Дотоод Гурван Эрдэнэ

Дотоод Гурван Эрдэнэд бид Тарнийн Ёсны дагуу авралын орон ба объектуудад анхаарлаа хандуулна. Модны төвийн гурван мөчир хийгээд түүний эргэн тойронд байгаа орон ба объектууд үүнд багтана. Тэдгээрийг ерөнхийдөө: 1. Гүрү, 2. Ядам, 3. Дагинас гэж үздэг боловч дадлагадаа бид дөрвөн объект болгон үзнэ. Эхлээд бидний болор тунгалаг мөн чанарын маань илэрхийлэл болсон Лам

Багшаа бодон:

"Сүр жавхлантай агаад бүхнийг болгоогч Лам багш дор итгэлийг одуулмуй. Нууц Тарнийн гүнзгий сургаалыг ухамсарлахад минь тусалж хайрла"

Дараа нь бидний Ядмыг төлөөлж буй Дүйнхорт мөргөж:

"Хамаг Ядам Бурхадын биелэл Цагийн хүрдэн дор итгэлийг одуулмуй. Очирт хөлгөний гүнзгий замын хоёр шимийг над дор хүртээн соёрх"

Дараа нь биднийг дадлага бясалгалд урамшуулагч амирлангүй хүчний төлөөллийг дотроо санан байж:

"Кэчари орны охин тэнгэрүүд, огторгуйгаар аялагч тарнийн аймгийхан, ханд дагинас нугууд дор итгэлийг одуулмуй. Хэмжээлшгүй нууцын ухамсарлахуйд нэвтрэхэд хань нөхөр болон тусалж соёрх"

Одоо биднийг төөрөгдлөөс маань хамгаалах догшин хүчийг төлөөлүүлж:

"Эгэлгүй үнэн Номын Сахиус нугууд дор итгэлийг одуулмуй. Гадаад хийгээд дотоод бүхий л барцад түйтгэрийг арилган соёрх"

Энэхүү орон ба объект бүр бидний өөрсдийн Бурханлаг-чанарын маань нэг тал болохыг санах хэрэгтэй. Тэд бол бидний сэтгэлээс гадна салангид зүйлс огт биш билээ.

Нууц Гурван Эрдэнэ

Эцэст нь Дээд Егүзэрийн Дандарын Ёсны "Төгсгөлийн зэрэг"-ийн дагуу төлөөлүүлсэн Гурван Эрдэнэ бас бий. Эдгээр объектууд авралын талбарт илтэд үзэгдэхээр дүрслэгддэггүй боловч таны биеийн дотор бий билээ. Энэ бол нарийн биеийн хийн систем дэх: 1.судал, 2.хий, 3.дусал бөгөөд тэдгээрийн тусламжтайгаар бид нэгэн насандаа гэгээрлийн хутгийг олох юм.

Судланд мөргөл үйлдэхдээ бүх судалнуудаа гол судланд хураасныг бүхий л бодлуудыг давж гарна гэсэн үг болохыг санан байж:

"Нарийн биеийн 72,000 судал нугууд дор итгэлийг одуулмуй би. Тэдгээрийг би бээр Бурханы хувилгаан лагшинд урвуулан ухамсарлах болтугай"

Дараа нь хийнүүддээ мөргөл үйлдэхдээ тэдгээрийн гүйдлийг зогсоон үзэгдлээс зуурах зуршилт үйлийн барилдлагуудыг тасдана гэдгээ санан байж:

"Нарийн биеийн 72,000 хий нугууд дор итгэлийг одуулмуй би. Тэдгээрийг би бээр Бурханы төгс жаргалантай лагшинд урвуулан ухамсарлах болтугай"

Эцэст нь, дусалнууддаа мөргөхдөө бүх дусалнуудаа нэгэн цэгт хурааж хоёрдмол үзлийг тасдан цаглашгүй ахуйн хоёргүйн төлөвтөө саатна гэдгийг санан:

"Нарийн биеийн улаан болоод цагаан 72,000 дусал нугууд дор итгэлийг одуулмуй би. Тэдгээрийг би бээр Бурханы үнэн Номын лагшинд урвуулан ухамсарлах болтугай"

Энэ итгэл одуулалт үнэхээр онцгой дадлага болохоос гадна эрдэнэт хүний төрлийг авахын ашгийг бүрэн гаргахад бидэнд туслах учиртай.

Дүрслэлийг Уусгах

Буяны хотол чуулганы дээр үзүүлсэн дүрслэл бүх нарийвчлал деталиудынхаа хамтаар *шалтгааны итгэл одуулалт* хэмээн нэрлэгдэнэ. Энэ бол бидний зорьсон замдаа ашиглах замаар далд ухамсарлахуйдаа хүрэх гэсэн харьцангуй түвшний итгэл одуулалт билээ. Гэвч түүнээс хамаагүй илүү чухал нь *үр дагаврын итгэл одуулалтын* туйлын утга юм. Энэ нь бидний эрж байгаа сэтгэлийн мөн чанар ба үнэн маань бүхий л Багш Лам, Ядам, Бурхад, Бодьсадва нар, Архадууд, Дагинас хийгээд Номын Сахиуснууд дор итгэлийг одуулснаар илрэн гарч ирж болох юм гэдгийг төгс ухаарах явдал юм. Авралын орон болгонд уг объектын туйлын үнэнийг төлөөлүүлсэн туйлын хувилбар байдаг, жишээ нь туйлын Багш, туйлын Бурхан гэх мэт. Ямар хэлбэрээр үзэгдэх нь хамаагүй тэд цөм цаглашгүй ахуй дахь нэг оршихуйд хураагдах буюу нэгтгэж хэлбэл Бурханлаг-чанар ажгуу.

Энэ ойлголтонд үндэслээд дадлагын маань эцсийн шат бол бүх объектууд гэрэлд уусан миний болоод намайг хүрээлсэн тоолшгүй олон амьтны сэтгэлийн урсгалд шингэн орлоо гэсэн уусгалтын үйл явц юм. Уусгалтын үйл явц хоёр хэсэгтэй бөгөөд эхлээд буяны хотол чуулганаас шар өнгийн гэрэл цацарч та хийгээд хамаг амьтны сэтгэлийг адислалаар мялааж, дараа нь хотол чуулган тэр чигээрээ гэрэлд уусаад нэг нэгэндээ шингэн орж Очирдарь Багшид хамгийн сүүлд нийлэхэд тэр таны зулайн дээр ирээд, зулайн хүрдэнгээр тань уусан орох ажээ. Долоон алхамаар үзүүлж болно:

1. Мөргөлийн дадлага дуусахад үндсэн лам багшаас гэрэл цацарч та бүхний дээрээс тусна. Өмнө хийсэн бүх буруу муу үйлс, багшаа үл хүндлэх хийгээд үл биширсэн сэтгэл, Номыг үл хүндэтгэсэн сэтгэл болон үйлийн үрийн өр шир тань гэрэлд өртөхийн сацуу хоромхон зуурт ариусан арилж байна. Үүгээр багш болон дамжлага урсгалын лам нарын адислалыг хүртлээ.

2. Ядам Бурхадаас гэрэл цацарч өмнөх бүх буруу үзэл, бодол , ариун бус мэдрэмж, туйлширмал үзэл, Номыг орхигдуулсан зэрэг явдлуудыг ариусгалаа. Үүгээр та Ядам бурхадын адислалыг хүртлээ.

3. Бурхадаас гэрэл цацарч өмнө хийсэн Бурхан хийгээд түүний дүрийг үл хүндэтгэсэн, сургаалыг үл хэрэгссэн зэргийн бүх муу үйлүүд ариусан арилж үүгээр та Бурхадын адислалыг хүртлээ.

4. Номын үсэгнүүдээс гэрэл цацарч өмнө үйлдсэн буруу үйлдэл, ёс

суртахууны алдаа, суртгаалыг үл хүндэтгэсэн зэрэг нүглүүд ариусан Номын адислалыг хүртлээ.

5. Бүх Хуврагуудаас гэрэл цацарч өмнөх бүх муу үйлдэл, Хувраг болон Номыг шүүмжилсэн, Номын ах дүү нараа муулсан, Хуврагийн орхимж зэрэгт хүндэтгэлгүй хандсан бүхэн ариусан Хуврагийн адислалыг хүртлээ.

6. Ханд дагинас хийгээд Номын Сахиуснуудаас гэрэл цацарч Номын үйлсэд тохиолдсон элдэв саад, сэтгэлийн түйтгэрүүд, өвчин эмгэг, би-д барих үзэл, тэдгээр амьтанд хангалтгүй тахилын өглөг өргөсөн зэрэг хилэнцүүд ариусан сүүдэр адил дэргэд тань ямагт байх Дагинас хийгээд Номын Сахиуснуудын адислалыг хүртлээ.

7. Эцэст нь, буяны хотол чуулганы талбараас тэр чигээрээ гэрэл цацран гэгээрлийн замд тааралдсан саад бүхнийг арилгалаа. Очирдарь багшаас гэрэл цацарч Дагинас ба Номын Сахиуснууд дээр тусахад тэд Хуврагуудад уусан шингэлээ. Хуврагууд Номын үсэгнүүдэд уусахад Ном Бурхадад уусан шингэлээ. Бурхад Ядмуудад, Ядмууд урсгалын лам нарт, урсгалын лам нар Очирдарийн дүрт үндсэн Гүрү Лам багшид уусан шингэнэ. Аварга ордон хийгээд хүслийн мод цөм хайлж Гүрү Очирдарьд шингэхэд, Гүрү Очирдарь хэмжээ нь багасан хуруун чинээхэн болоод таны орой дээр хүрч ирэн, зулайн хүрдэнгээр нэвтэрч зүрхэнд тань оршлоо.

Хэрвээ та итгэл одуулалтыг Бодь сэтгэл үүсгэхийн өмнөх бэлтгэл болгон дадуулж байгаа бол сүүлчийн алхмыг хийлгүй үлдээн адислалыг хүртсэнээр тайван төлөвтөө хэсэг амран саатаарай. Харин аврал одуулалт таны гол дадлага болж байх тохиолдолд эцсийн алхмыг хүртэл дүрслэн өөртөө уусан шингээгээд дараа нь ухамсраа тэдгээр амьтдын мэдрэмж үнэмлэхүй итгэл одуулалтын мөн чанартай бүрэн нэгдлээ хэмээн түүндээ саатан амарна.

Буянаа Зориулах

Уусгалтын дараагаар бясалгалын байдлаа аль болохоор удаанаар хадгалаад дараа нь энэ дадлагаар хураасан буянаа хамаг амьтны гэгээрлийн төлөө зориулах учиртай.

"Энэ буяны шимээр би нэн даруй
Билиг оюун буян хишгийн чинадад хүрч
Хамаг амьтны тусын тулд бурханы хоёр лагшинг олох болтугай"

гэж ерөөх учиртай.

Мөргөлийн Тоог Арвижуулахад Өгөх Зөвлөгөө

Бүхий л урьдчилсан бэлтгэлийн дадлагууд дотроос сунаж мөргөн аврал одуулах л бие махбодын хувьд хамгийн их зүйл шаардсан дадлага байдаг. Тиймээс зарим нэгэн бэрхшээлүүдийг хэрхэн давж гарах талаар хэдэн зөвлөгөө өгье гэж бодном.

Өвдөлттэй Харьцах нь

Бие махбодоор урт хугацааны турш хөдөлгөөнд оролцоход аль нэг газарт өвдөлт үүсэх нь зайлсхийх аргагүй юм. Сунаж мөргөх явдал ч үүнээс ялгаагүй бөгөөд ядарч байна гэдэг дасгал үр дүнтэй байгаагийн шинж гэдгийг мэдэхэд илүүдэхгүй билээ. Төөрөгдөл бодлын эрхэнд амьдардгаас амьдралын туршид бидний нарийн бие хэрэгцээгүй баахан нугарч орооцолдсон хийн судлуудаар ээрэгдсэн байдаг тул хийн гүйдэл чөлөөтэй байхаас энэ нь хязгаарлаж байдаг байна. Тэднийг чулуу шороогоор дүүрсэн горхитой зүйрлэж болно. Дээрээс урсаж ирсэн ус гол гармаар чөлөөтэй урсахын оронд тэдгээр бул чулуунуудыг тойрон сүлжиж урсах хэрэгтэй болдог бөгөөд боргио давалгаа үүсгэхэд хүрдэг байна. Түүнтэй адилаар дотоод хий бидний орооцолдон тогтсонд урсах гэж оролдон сэтгэлд үүссэн хөдөлгөөнүүд түйтгэр болон үзэгддэг байна.

Сунаж мөргөлтөөр нарийн биеийн байгууламж дахь олон судлуудыг тэгшлэн эдгэрүүлж бясалгалд илүү сайн нөлөөтэй болгох боломжтой. Үүний тулд бид судлуудын орооцолдоог тайлах хэрэгтэй. Ариусгалын энэ үйл явц үе мөч өвдөх, хөших, түр зуурын өвчин хүрэх, тааламжгүй мэдрэмж төрөх зэргээр илэрч болно. Хэрвээ үүнийг анзааралгүй өнгөрөх юм бол энэ үйл явцыг зөвхөн оюун санааны зүйл мэт үзэж дадуулсан ба бие махбодын ашигтай талуудыг үзэлгүй өнгөрлөө гэж бодож болно.

Өвдөлт мөнх бус гэдгийг байнга санаж удахгүй арилж одно гэдэгт итгэх хэрэгтэй. Бие ариуссаны дараа хий судлуудаар чөлөөтэй гүйх болж та илүү уян хатан болсноо мэдэрч эхэлнэ. Тийм учраас үүнд урамшин бүү шантрагтун.

Мөн түүнчлэн хэн түрүүлэхээ үзэх уралдаанд орж байгаа биш гэдгийг бүү март. Хэчнээн хурдан эсвэл удаан байх ямар ч ач холбогдолгүй, чанартай бөгөөд бат сэдэлтэй байхад л голлон анхаарах нь дадлагын үлдсэн хугацааг тустай өнгөрүүлэхэд нөлөөлөх болно.

Цаашилбал, өөрийгөө хөшүүрэгдэхээс бүү айгтун. Таны бие одоо болиоч гэж хэлэх үед за дахиад хэдхэн гэж арай хэд илүү хийхийг бодох хэрэгтэй. Тааламжгүй зүйлд дургүйцэх бидний хорсол энд саад болж байгаа хэрэг бөгөөд буянтай дадлагыг хийхээс саатуулж байгаа нь энэ учир хорсолд бүү бууж өгөгтүн. Өвдөлтөө дадлагын нэгээхэн хэсэг болгон авч үзвэл тэвчээрийн мөн чанарыг давхар хөгжүүлж байгаа хэрэг болно.

Дадлагын Үеийг Хуваах

Эхний саад тулгарахад шантрах учиргүй ч гэлээ өөрийгөө бас хэтэрхий алхаж гишгэж чадахгүй болтлоо шахаад байж болохгүй билээ. Бие махбод хүчээ нөхөн сэлбэх цаг хэрэгтэй учираас мөргөлүүдийнхээ дунд завсарлага авч байвал зохино.

Үүнийг гүйцэлдүүлэх сайн арга бол нэгэн дадлагын хугацааг хэсэг бүлэг болгон хуваах явдал мөн. Суугаа бясалгалаар эхэлж, аврал одуулах орон ба объектуудын чанаруудыг тунгаан бодож бясалгасныхаа дараагаар сунаж мөргөх мөргөлтөө гүйцэтгэж эхэлнэ. Дадлагын төгсгөлд авралын эх сурвалжуудаас гэрэл цацрахад адислал хүртэж байгаагаа төсөөлөн хэсэг зуур сууна. Тэгээд дараагийн объектыг мөн адилхан тунгаан бодоод дахин түрүүчийн адил давтана. Суугаа бясалгал, сунаж мөргөлт хоёрыг солбих нь бие махбод амраахаас гадна шөрмөс хэтэрхий сунахаас сэргийлнэ. Мөн тэдгээр итгэлийн оронтой нэг бүрчлэн холбогдож итгэл одуулах сэтгэлээ шинээр сэлбэж авах давхар ашигтай билээ.

Хийсэн Мөргөлдөө Даган Баяс

Сунаж мөргөх тоондоо хэтэрхий их анхаарал тавих нь дадлагад хүндрэлтэй болж болно. Сэтгэлдээ тооноос чанарыг илүүд авч үзэн авралын оронд итгэл одуулах сүсэг бишрэлийн сэтгэлээ бататгах зорилготой гэдгийг өөрсөддөө сануулж байх хэрэгтэй.

Мөн мөргөлөө тоолоход ашигтай байдгийг үгүйсгэх гээгүй билээ. Тооллого зорилго биш харин зүтгэлийг илэрхийлэх ёстой. Цаг хугацаа ордог үйлдлийг гүйцэтгэхэд урам зоригоо нэмэх, сүжиг бишрэлээ бататгах зарим нэг утга төгөлдөр үйл явдлыг хийх ашигтай байдаг.

Тийм болохоор мөргөл болгондоо даган баясах замаар нэмэгдүүлж болно. Жишээ нь 10,000 мөргөчихлөө гэхэд тэр үедээ нэгэн сайхан зүйлийг бүтээлээ шүү хэмээн баясаж амьдралаа маш их утга учиртай болгож байгаадаа даган баясвал зохино. Замд тохиолдох саад бэрхшээлийг үл хайхран энэ бол даган баясвал зохих зүйл мөн гэдгийг таних хэрэгтэй юм.

БОДЬ СЭТГЭЛ ҮҮСГЭХ

Сунаж мөргөлтөөр омгоо багасгасны дараагаар өөрсдийгөө орчлонгийн гол цөм биш юм байна, надтай адилхан зовохыг үл хүсэн чөлөөлөгдөх гэсэн үй түмэн амьтан байдаг юм байна гэдгийг ухаарч эхэлнэ. *Бодь Сэтгэл Үүсгэх* бэлтгэлийн зэргийн дадлага биднийг тээн явж гэгээрэлд хүргэх чадвартай хүчирхэг сэдэл зорилго бий болгох хамгийн наад захын ухамсрыг үүсгэхэд зориулагджээ. Бодь сэтгэлийг хөгжүүлэхэд тохиолддог хоёр гол саад бий:

1. **Өөрийг Энхрийлэн Барих Сэтгэл:** Энэ бол бүхий л ялгаварлах үзлийн үндэс ёзоор хорсол, шуналын эх үүсвэр билээ. Энэ сэтгэл байсаар байсан цагт бидний үзэл маш явцуу хэвээр байх болно. Цаглашгүй дөрвөн сэтгэлийг хөгжүүлэх замаар хамаг амьтантай холбоогоо бататгаж авах

нь өөрийг энхрийлэх сэтгэлийг эмчлэх ерөндөг мөн. Бидний зүрх сэтгэл бусдын сайн сайхны төлөө цохилдог болсон цагт л тэдний тусын тулд гэгээрэлд хүрч чадна.

2. **Билиг Оюун Хангалтгүй:** Бодь сэтгэлийн дараагийн саад бол замнаж буй замаа сайн мэдэхгүй байх. Гэгээрэлд хэрхэн хүрэхээ мэдэхгүй бол түүнд хүрэх алхмыг хийж чадахгүй билээ. Тиймээс бид замаа сайтар дэлгэрүүлэн судалж хийх гэж байгаа зүйлээ тодорхой болговол зохилтой.

Бодь сэтгэлийн дадлагаа амжилттай өргөн дэлгэр хийгээд бүхнийг хамарсан уужуу үнэнхүү цаглашгүй сэтгэлтэй болж, хийж байгаа бүхнээ хамаг амьтны хэрэгцээнд нийцсэн байлгах явдалд бид бүгдийг хөтөлдөг. Энэхүү хандлага биднийг мэдрэмжийнхээ илүү гүнзгий давхарга руу нэвтэрч орон улмаар сэтгэлийн мөн чанараа нээн илчлэх чадвартай болгоно.

Жинхэнэ Дадлага

Дээд Бодь гайхамшигт сэтгэлийг бий болгох маш олон арга байдаг. Бид өөрсдийн боломжинд тааруулан товчхон болон дэлгэрэнгүй хоёр аргаар дадуулж болно. Алийг ч сонгосон байлаа гэсэн асрахуй ба энэрэхүй сэтгэлд үндэслэж байж л амь үл хайрлах сэтгэлийн үндсийг тавьж болох ажээ.

Хэрвээ та хэдийнэ Бодьсадвын замд орохоор суралцан бясалгаж ихээхэн цагийн зарцуулж байгаа нэгэн бол Ерөөхүйн Бодь сэтгэлийг үүсгэхэд л хангалттай бөгөөд асрахуй, энэрэхүйг бясалган тунгаах дадлагын явцад тэрхүү хүслээ тэлэн томруулахад зорих хэрэгтэй. Тэгснээр таны Бодь сэтгэл илүү хүчирхэг хийгээд том хүрээг хамарч чадах болно. Энэ бол магадгүй хамгийн энгийн зам байж мэднэ.

Үүнээс илүү зориудын алхам хийнэ гэвэл жинхэнэ Бодь сэтгэлтэн болоход тусгайлан зориулагдсан гол оньс болдог дараахь бясалгалуудыг ашиглаж болно. Түүнд хүрэх зургаан алхам бий бөгөөд: 1.хамаг амьтантай холбоо тогтоох, 2.цаглашгүй дөрвөн сэтгэлийг хөгжүүлэх, 3.амь бие үл хайрлах сэтгэлийг хөгжүүлэх, 4. Чинагуух Бодь сэтгэлийг үүсгэх, 5. Үнэмлэхүй Бодь сэтгэлийг бясалгах, 6.буянаа зориулан ерөөл өргөх эдгээр юм.

Хамаг Амьтантай Холбоо Үүсгэх

Итгэл одуулах дадлагын үеэр буяны хотол чуулган гол анхаарагдахуун байсан. Харин энэ дадлагад анхаарал шилжиж тоо томшгүй хамаг амьтан бидний анхаарлыг татах болно. Тэдгээр амьтан болгонтой хүчтэй барилдлага холбоо байгуулахын тулд тоолшгүй олон төрөлдөө тэдэнтэй холбоотой байсан хайрын харьцаагаа тусгахад цаг зарцуулан хэсэг зуур ухамсарлаж байгаад дараа нь хүлээн зөвшөөрсөн сэтгэлтэйгээр доорх залбирлыг уншина:

"Хамаг амьтад он, цаг, орон зайн туршид миний хайрт эцэг эх, үр хүүхэд, хань нөхөр болон найз нөхөд явлаа. Тэд намайг эрхлүүлэн асарч халамжлан энэрч ирсэн, би тэдэнд өртэй хүн билээ. Тэд жаргалыг ээнэгшин хүсэвч жаргалын шалтгааныг хэрхэн бүтээхээ мэдэхгүй, зовлон болоод тааламжгүй үр дүн авчрах шалтгааныг л бүтээх юм даа. Тэд маань зовлонгоос зайлсхийвч зовлонгийн шалтгааныг хэрхэн орхихоо мэдэхгүй, тэдний зүтгэл зүрхний угийн мөрөөдөлтэй нь даач зөрчилдөх юм даа. Хамаг амьтныг гэх хязгааргүй өрөвч сэтгэлийг надад төрүүлж хайрла"

Бусадтай бид ямар холбоотойгоо бодох зууртаа урьд тоолохын аргагүй олон төрөл авч байснаа эргэн санаж тэр болгонд аав, ээж, ах дүүстэй байнга хайрлуулж халамжлуулж явснаа санах хэрэгтэй. Тэд биднийг хооллож өсгөх гэж, орогнох орон олгох гэж ямар их зүйлээ золиослсон билээ. Бидний эдэлж байгаа жаргал бүхэн тэдний сайхан сэтгэлийн ач. Тэдэнгүйгээр бид юу ч биш байх байсан.

Хайрт эх болсон хамаг амьтны сайхан сэтгэлийг тунгаан бодоод ирэхээр тэдэнд ойр дотно санагдан хайрлах сэтгэл өөрийн эрхгүй төрнө. Энэ ухамсартаа сааатаад хэсэг зуур амрах хэрэгтэй. Дараа нь хайрт эх болсон хамаг амьтны одоогоор ямар байдалтай байгааг бодож үз. Мунхгийн хоронд хордсон тэд маань зовлон жаргалын жинхэнэ шалтгааныг ойлгохгүй будилсаар яваг бод. Жаргалыг хүсээд байх хэрнээ өөрт хийгээд ойр орчмыхондоо ямагт зовлон тарих л зүйл хийгээд байдгийг бод. Зовлонг сайтар тунгаан бодоод тэдний зовлонг мэдрэн өрөвдөх сэтгэл төрж эхлэхийг мэдэн, тэдний зовлонг зүрхэндээ чадахын хэрээр онцлохыг бод, эх хүн үрээ орилохыг сонссон мэт зүрхээ шимшрүүлэн байж бодогтун.

Цаглашгүй Дөрвөн Сэтгэлийг Хөгжүүлэх

Бидний хайрт эх болсон хамаг амьтан зовж байгааг мэдсэн болохоор одоо туслах гэсэн сэтгэл төрөх нь зүй. Хэрвээ бид юу ч хийхгүй юм бол саяхан мэдэрсэн зовлон маань биднийг бүрэн эзэмдэж сэтгэл гутралын төлөвт оруулах нь магадтай. Тиймээс бид дөнгөж сая төрсөн энэ энергийн урсгалаа зөв судлаар гүйлгэн тэдэнд ашигтай зүйлд зарцуулах хэрэгтэй. Зовлонг үзээд түүнд барих хамгийн чадварлаг хариу бол асрал, хайр энэрэл, баяр хөөр, тэгш сэтгэл гэсэн дөрвөн цаглашгүй сэтгэлийг хөгжүүлэх явдал билээ.

Энэ бясалгалд анхааралаа төвлөрүүлэхийн тулд өөрийн таних, танихгүй нэг болон нэг бүлэг амьтныг санаандаа оруулаад өмнийн огторгуйд бодитой байгаагаар дүрслэн байж тэдний эдэлж буй зовлонг тусган бодох зуур доорх хоёр шадыг уншина:

"Эх болсон хамаг амьтан жаргалан хийгээд түүний шалтгаан лугаа төгөлдөр болтугай"

"Эх болсон хамаг амьтан зовлон хийгээд түүний шалтгаан лугаа эгнэгт хагацах болтугай"

Амьсгал гаргах тоолондоо өөрийн бүхий л буян хишиг баяр цэнгэлийг тэдэнд түгээх гэрлийг зүрхнээсээ цацруулж байна гэж төсөөлөн тэдэнд туслах чадалтайдаа баярлах мэдрэмжийг дэмжих хэрэгтэй. Өөрт байгаа болгоноо чөлөөтэй тэдэнд өгөхөд тэд жаргалыг амслаа мөн түүний сацуу ирээдүйн жаргалынхаа шалтгааныг бүтээлээ гэж бодох хэрэгтэй.

Амьсгал авах тоолондоо тэдний өвчин зовлон сөрөг муу бүхнийг хар утаа хэлбэрээр сорон авч байна. Тэднийг зовлонгоос ангижруулсандаа сэтгэл баясан бахдах сэтгэлийг төрүүлнэ. Утаа зүрхэнд тань орж дүүргэснээ хайрын гэрэлд уусан шатан ариллаа.

Гэрэл илгээн утаа сорох үйлийн бас нэг хувилбар бол ямар ч үнээр хамаагүй амьтанд туслах юмсан гэсэн хүслээ дэмжин анхаарлаа хамаг амьтан дээр төвлөрүүлэх явдал билээ. Таны хайр энэрэлд хязгаар гэж үгүй хэмээн төсөөл, таны бусдын зовлонг өөртөө авах чадварт ч мөн хязгаар алгаа гэж бодон доорх шадыг уншина:

"Эх болсон хамаг амьтан зовлонгүй амгалан лугаа хэзээд бүү хагацах болтугай"

Дараа нь одоо хамаг амьтан үзэгдэх зовлон хийгээд түүний шалтгаанаас төгс ангижирлаа гэж төсөөлнө. Тэдний зүрх баяраар дүүрч сэтгэл нь мунхагаас чөлөөлөгджээ. Тэд сэтгэл нь ханан өөрсдийг болон бүх дэлхийг энх тайванд умбууллаа. Тэд жинхэнэ аз жаргалтай учирч зүрхний угийн мөрөөдлөө мэдрэх боломжтой болсных нь гэрч болохын сацуу тэдэнд тусалж чадсандаа та ч мөн баяртай байна.

Дүрсэлсэн амьтдыг буцааж сэтгэлдээ уусгаснаар бясалгалаа төгсгөн мөн энэ шадыг уншина:

"Эх болсон хамаг амьтан шунал хорсол хийгээд ялгавар үгүй тэгш сэтгэлээр орших болтугай"

Үнэний туйлын мөн чанараас үл орших байдлаар зуурах зууралтаас болж зовлон эдлээд байгааг тусган харж хэдийгээр тэд зовлон шаналал эдэлж байгаа ч энэ бол тэдний үнэн мөн чанар биш юм гэдгийг таних хэрэгтэй. Зовлон хийгээд жаргал цөм хооснос өөр юу ч биш билээ. Энэхүү тэгш сэтгэлдээ ухамсраа хадгалан язгуураас ариун болохыг мэдрэн аль болох удаан саатаарай.

Хүсвэл энэ үйл явцыг өөр хүмүүс дээр дахин давтан өгөх, авахын дадлагыг бясалгаж болно. Ийм маягаар олон амьтан дээр бясалгаж тэр болгондоо Цаглашгүй дөрвөн сэтгэлээ хөгжүүлсээр байх болно. Эхлээд өөрийн ойр амьдралд байгаа хүмүүсээс эхэлж найз нөхөд, сүүлдээ танихгүй хүмүүс болон дайснуудаа оруулан дүрсэлнэ. Асрал, энэрлийн сэтгэл тань хангалттай хүчтэй болоод ирмэгц анхааралаа зовлонт зургаан зүйл амьтан руу тэлэн сунгаж сансрын хүрдийг тэр чигээр нь ч багтаах боломжтой.

Амь Бие Үл Хайрлах Сэдлийг Хөгжүүлэх

Дүрслэл сэтгэлд хүчирхэг ул мөрөө үлдээх боловч тэр нь дүрслэл төдий л юм. Харамсалтай нь, амьтныг чөлөөлөх юмсан гэж хүссэн зоргоор чөлөөлөгдчих биш билээ. Тэгсэн ч гэсэн бидний дүрслэл дэмий хоосон зүйл биш ээ. Тэд бол өөрийг энхрийлэх сэтгэлээ тасдан буянтай чанаруудыг хөгжүүлэх чадварлаг аргууд юм. Бид үнэхээр амьтны тусыг бүтээх хүсэлтэй байгаа эсэхээ таних хэрэгтэй бөгөөд туйлын үнэний гарч үзэгдэх төгс төгөлдөр ертөнц тогтооно гэвэл төсөөлөхөөс арай илүү зүйлийг хийж ба их хичээл зүтгэл гаргах шаардлагатай болох ажээ. Тийм учраас амь бие үл хайрлах сэдлийг хөгжүүлэн хамаг амьтны сайн сайхан байхын хариуцлагыг өөр дээрээ авах болно. Энэ зорилгоор доорх мөрүүдийг уншина:

> "Би хийгээд хамаг амьтан, миний хайртай хүмүүс, найз нөхөд, надад хор хүргэсэн болон миний танихгүй бүх хүмүүс цөмөөрөө Бурханы хутагийг олох болтугай. Би бээр тэднийг чөлөөлөх үүргийг өөртөө аван, үүнд хүрэх цорын ганц зам бол би өөрөө эхлээд сэрж, хэмжээ хязгааргүй, юутай ч эгнэшгүй, ариун, амь бие үл хайрлах сэтгэлийг төрүүлэх хэрэгтэйг ухаарч зургаан Барамид хийгээд дөрвөн төрлийн өглөгийг төгөлдөржүүлсүгэй. Үүний төлөөнөө би бээр хамгаас чухаг дээдийн Очирт Хөлгөний замын чадварлаг болоод гүнзгий оньс түлхүүр болсон зааварчилгаанууд дээр төгс төвлөрөн бясалгасугай"

Энэ мөчид өөрсдийн чадамж хязгаарлагдмал, арай гэж өөрсдийгөө авч явахтай байгаа зэргээ санан гурван цаг, арван зүгийн тоолшгүй амьтанд туслах хүчин мөхөс байгаагаа мэдэх болно. Тэдэнд үнэхээр тусалъя гэж байгаа бол үхэх, төрөх үргэлжилсэн энэ эргэлтнээс өөрөө эхлээд чөлөөлөгдөх хэрэгтэй, гарах ганцхан арга бол чөлөөлөлтөнд хүргэх чадвартай сүсэг бишрэлийн замд орох явдал мөн. Тэр замаар замнан байж л бусдад тэр замыг үзүүлж чадна. Энэ бүхнийг сэтгэлдээ санан тунгаснаар Цагийн хүрдний Очирт хөлгөний замаар орох ба бясалгах хүчтэй хүсэл тэмүүллийг төрүүлж чадна.

Чинагуух Бодь Үүсгэх

Гэгээрэлд хүрэх хүсэл биднийг замд маань оруулах бөгөөд түүнийг эцэст нь хүртэл дагахын тулд бидэнд аймшиггүй чин зоригт тэмүүллэл шаардлагатай. Тиймээс доорх шадыг уншина:

"Хамаг амьтны тусын тулд төгс гэгээрсэн Бурханы хутагт хүрэх хүртлээ
Очирт хөлгөний гүнзгий замыг судлан бясалгасугай"

Эхний хэсэг амьтны төлөө гэгээрэлд хүрэх гэж тэмүүлж байгааг хүслийг
шинээр сэлбэж өгч байна. Энэ бол зорилго маань билээ. Тэгэхээр энэ зорилгодоо
хүрэх зам бол Очирт хөлгөнийг бясалгах явдал. Энэ шүлэгт ерөнхийдөө *Ерөөхүйн*
хийгээд Орохуйн Бодь сэтгэл хоёулаа багтаж байгаа юм. Бид энэ мөрүүдийг
давтах тусам *Зургаан Барамид* болон *Шавийг Эрхэнд Хураах Дөрвөн Аргыг* дадлага
болгоход хүргэсэн сахил тангараа сэтгэлдээ авчран бататгаж байгаа хэрэг.
Ингэснээр энэ боломжийг ашиглан *Чинагуух Бодь* сэтгэл төрүүлэх андгайгаа
сэргээгээд авч байгаа ажгуу.

Үнэмлэхүй Бодь сэтгэлийг Бясалгах

Бясалгалын сүүлчийн шат болгон ийнхүү уншина:

"Авралын орны хотол чуулганыхан бүгд сайн байна хэмээн таашаалтай
харцгаан гэрэлд хайлан надад шингэлээ"

Авралын талбар хийгээд хамаг амьтан зохиомол мөн чанартайг сэтгэлдээ
тусгана. Зохиомол төлөөллийн гурван оршихуй, үйл хөдлөл хийгээд орон ба
объектуудын өөрөөсөө хэзээ ч үүсээгүй хоосон мөн чанартайг тусган бодож
дүрслэлийг анх урган гарсан сэтгэлд нь буцаагаад уусгаж байна. Та Итгэл одуулах
дадлагын төгсгөлд үзүүлсэн ёсоор дүрслэлийг уусгаж болно. Эсвэл зүгээр шууд
хоромхон зуур үгүй болгож болно. Аль нь ч байсан уусгасаныхаа дараагаар сэтгэлээ
хоосонд амраан бодолгүй төлөвтөө хүсэхийн хэрээр удаан саатаарай.

Буянаа Зориулах Ерөөл

Ямар ч дадлагыг төгсгөдөг ёсоор буянаа зориулга ерөөлөөр төгсгөнө:

"Энэ буяны шимээр би нэн даруй
Саруул билгүүн буян хишгийн чинадад хүрч
Энэ орчлонгийн нэг ч амьтныг хоцроолгүй
Бурханы орноо байгуулах болтугай"
"Бодийн дээд эрдэнийн сэтгэл төрөөгүй нэгэнд нь төрөх болтугай
Төрсөн нэгэнд нь эс доройтож улам бүр өөдөө арвидах болтугай"

Үүгээр бид өмнөх дадлагаар үйлдсэн буянаа гэгээрлийн үйлсэд зориулан
устаж үрэгдэхээс аварлаа гэдэгтээ баттайгаар итгэж болно.

Бодь Сэтгэлтэй Харьцахад Өгөх Зөвлөгөө

Бодь сэтгэл үүсгэх дадлага Цагийн хүрдний замын хамгийн үндэс ёзоор мөн.
Түүнгүйгээр яагаад ч гэгээрэлд хүрэхгүй. Тиймээс эдгээр бясалгалтай зөв

холбогдоход ихээхэн цаг зав зарцуулах амин чухал шаардлагатай. Тэднийг маш сайн таньж мэдсэн байх хэрэгтэй тул таны үйл хөдлөлийн тал болгонд нэвт шингэн үзэгддэг байх ёстой. Энэ түвшинд хүрэхэд туслах хэдэн зөвлөгөөг доор толилууллаа.

Бодичитта гэдэг Барилдлага Үүсгэхийн Нэр

Сунаж мөргөх, мандал өргөхтэй адилгүй нь Бодь сэтгэлийн дадлага нь таны залбирал уншлагаа хэчнээн удаа давтан уншсан бэ гэдгээс үр дүн нь хамаардаггүй. Эдгээр бясалгалын хүч чадал таны хамаг амьтантай барилдлага холбоо хэр үүсгэж чадаж байгаагаас урган гарна. Холбоо чанга байх тусам тэдний утга бясалгалд жинтэй тусна.

Холбоогоо нэмэгдүүлэхийн тулд амьдрал дээр тохиолдох мэдрэмжийг бясалгалдаа ашиглах жишээ олох хэрэгтэй. Амьдралынхаа өөр өөр үеийг эргэн дурсаж хамаг амьтнаас одоо өөрт нягт холбоотой байгаа ямар хүмүүс байна, зүгээр зөрөөд өнгөрсөн ямар хүмүүс байна бодож үз. Хүн ба хүн бус хэн байх нь хамаагүй дүрслэлдээ оруулан тэдний зүг цаглашгүй сэтгэлийг төрүүлэх хэрэгтэй. Тантай учирсан хүмүүсийн тооны их дээр анхаарлаа хандуулахыг хичээгээрэй.

Эхлээд үнэхээр учирсан хүмүүсээ бодохдоо дүрслэлээ хэтэрхий бүдэг ерөнхий болгочихоос зайлсхийх нь зүйтэй. Түүнд таны бясалгалыг хүч оруулах ямар нэгэн зажлуургтай юм байх хэрэгтэй. Хайр энэрлийн мэдрэмж бий болсны дараагаар өөрийн шууд бусаар таних хүмүүс дэлхий дахины мэдлэгээс олж мэдсэн хүмүүс эсвэл сургаал хичээлээс олж мэдсэн хүмүүсийг оролцуулан бясалгана. Түүхийн өөр эрин үед амьдарч байсан хүмүүс ч юмуу, дэлхийн нөгөө өнцөгт байдаг хүнийг ч оруулж болно. Мөн түүнчлэн хязгааргүй зургаан зүйл амьтны аль нэгийг татаж оруулж болох бөгөөд нэгд нэгэнгүй чамбай бөгөөд хэнийг ч орхигдуулаагүй гэсэн мэдрэмжтэй байвал зүгээр билээ.

Гадагш Анхаарахаас Өмнө Дотогш Анхаар

Бусдын тусыг амжилттай бүтээхийн хажуугаар тэдгээрт мөн хор хүргэхгүй байх нь чухал ба буянтай чанаруудаа хөгжүүлж тэднийг амьдралынхаа зорилго болгох хэрэгтэй. Энэ бол бидний бусдад туслан амьдарч явж болохгүй гэсэн үг биш харин үүнийг ухаалгаар гүйцэтгэх хэрэгтэй юм.

Гол түлхүүр бол сатаарал ба үл тоомсорлох гэсэн хоёр туйлширлаас зайлсхийж байх явдал мөн. Түрхэн зуурын зовлонг намсгах хэрэгт хэтэрхий их цагийг зарцуулаад байвал сатаарал болж хувиран урт удаан үргэлжлэх жаргалд хүргэх саруул оюуныг хөгжүүлэхэд саадтай бөгөөд хэцүү болно. Үүнтэй адилхан бусдын зовлонг тоохгүй орхиод байвал тэдэнд ирээдүйд туслах холбоо баттай тогтоож чадахгүй гэсэн үг.

Төв үзлийг баримтлан тухайн хоромд явал ашигтай байна гэдэгт анхаарах хэрэгтэй. Туслах боломж гарч ирлээ гэхэд өөрийн тусламжаас гарах үр дүнг бодож үзэн тийм амжилтанд хүрэхэд хир хэмжээний хүч орохыг тооцоолох хэрэгтэй. Хэрвээ нэг их хүч гаргахгүйгээр дор нь бүтээчиж болохоор хэрэг байвал хийсэн нь хамаагүй дээр. Шууд одоо тусламж үзүүлээд зогсохгүй ирээдүйд тэдэнд мөн туслах хүчирхэг холбоог бий болгож байгаа хэрэг билээ.

Гэвч туслахын тулд ихээхэн хүч зүтгэл зориулах шаардлагатай байвал үр ашиг нь түрхэн зуурынх байна уу, урт удаан хугацааных байна уу гэдгийг бодно. Түрхэн зуурын ашигтай байх юм бол таны зүтгэл дэмий үрэгдэх бөгөөд асуудлын эх үүсвэрийг арилгаж чадахгүй болно. Цаг ба хүч чадлаа ийм зүйлд зориулахаас сэргийлж өөр хүмүүст туслахыг эрмэлзэх хэрэгтэй. Тиймээс ухаалаг сонголт бол удаан үргэлжлэх жаргалыг амьтанд авчирч чадах өөрийн чадварыг хөгжүүлэхэд анхаарах явдал мөн.

Бодь Сэтгэлийг Өдөр Тутмын Амьдралдаа Хэрэглэх

Бодьсадвын замд орох гэдэг Бодь сэтгэл таны амьдралын хором мөч бүхэнд аяндаа үзэгдэн, машид ихээр зуршуулсны тул амьдрах гол арга тань болон хувирсан байхыг хэлнэ. Бид өдөр тутмын амьдралд үйл хөдлөл болгондоо Бодь сэтгэлийг ухамсарлан байж чадвал үүнд хүрч болдог.

Үүнд туслах нэг сайн төлөвлөлт ба стратеги бол өөрийн байнгын үйлдлийг таньж түүнийгээ Бодь сэтгэлээ санах хэрэгсэл болгон ашиглах явдал байдаг. Үйл хөдөлөлийнхөө мөн чанарыг бодож тунгаан түүнийг гэгээрлийн юмуу бусдын тусыг бүтээх үйлстэй холбох аргыг олох хэрэгтэй. Жишээ нь, шүршүүрт орох болгондоо хамаг амьтанд Ном номлох замаар барцад түйтгэрүүдээ угаан ариусгахад тусалж болно гэж бодох хэрэгтэй. Шатаар өгсөхдөө сэтгэлээ ариусган Бодьсадвын газраар шат ахиж явна гэж бодно, уруудахдаа харин доод заяанд төрөгсдөд туслахаар бууж явна гэж бодох ёстой. Таны сэтгэлийг хөшүүргэдэх тоогүй олон ийм хувилбаруудыг байж болох бөгөөд үүнд санаачлагатай хандах л хэрэгтэй.

Энэ үйл явц танд Бодь сэтгэлээ одоо цагтаа байнга хадгалан явахад тусална. Илүү дадлага болгож зуршуулах тусам таны сэтгэл хорвоог ийм байдлаар харж илүү дасна. Ингэснээр ухамсрын үргэлжлэл байнгын бясалгалд уусан орох болно. Бодь сэтгэлийг өөртөө түргэхэн сануулаад өнгөрлөө гэхэд л гэгээрэлд хүрэх таны чадварыг нэмсээр байх болно.

ГОЛ ХЭСГҮҮДИЙГ ЭРГЭН СӨХВӨЛ

- Сүсэг бишрэлийн дадлагыг утга учиртай болгодог хэдэн арга бий: 1.утга төгөлдөр сэдэл, 2.утга төгөлдөр үйлдэл, 3.утга төгөлдөр зориулга.

- Дүрслэл гэдэг бол оюун төсөөллийг ашиглан сэтгэлдээ нэгэн төлөв үүсгэхийг хэлнэ. Очирт хөлгөнд дүрслэл үүсгэхийг сэтгэлээ тодорхой мэдрэмжтэй танил дотно болгохын хажуугаар нарийн биеийн энергийг ариусгах чадварлаг арга болгон хэрэглэдэг.

- Гадаад ертөнцөөс сэтгэлээ дотоод ертөнц рүү шилжүүлэхийн тулд Гадаад Бэлтгэлийн дадлагуудад түшиглэдэг. Гурван үе шаттай үүнийг гүйцэтгэх нь: 1.бие, хэл ба сэтгэлийг бясалгалд бэлтгэх, 2.урсгалын багш, хуврагуудын заллагаар холбоо тогтоох, 3.огоорлын дөрвөн сэтгэлийг тунгаан хорвоогоос сэтгэлээ буруулах дадлага эдгээр юм.

- Итгэл одуулах гурван шалтгаан бий: 1.зовлонгоос айх айдас, 2.сургаалд итгэх итгэл, 3.хамаг амьтныг энэрэх сэтгэл.

- Итгэл одуулан сунаж мөргөх дадлагад тохиолдох хоёр саад бий: 1.түйтгэрт эргэлзээ ба 2.бардам зан. Буяны хотол чуулгыг сайтар судалснаар эргэлзээг, сунаж мөргөснөөр бардам омгийг дарж болно.

- Итгэл одуулах дадлагын үндсэн байгууламж таван үе шаттай: 1.буяны хотол чуулганы талбарыг дүрслэх буюу үүсгэх, 2.мөргөж байхдаа 3.залбирал уншина, дараа нь 4.дүрслэлээ уусгах ба 5.буянаа зориулна.

- Сунаж мөргөх дадлагын үеэр янз бүрийн өвдөлт зэргийг мэдрэх боломжтой. Тааламжгүй мэдрэмж бол дадлага үйлчилж байгаагийн илрэл гэдгийг танъж өөрийн чадалд тохируулан гүйцэтгэх хэрэгтэй. Хорслоо дарагдтал өөрийгөө хүчлэх ёстой.

- Биеийн ядаргаанаас гарахын тулд сууж бясалгах мөргөх хоёрыг солбих хэрэгтэй. Ингэснээр бие амрах бололцоо олгож мөн авралын итгэлийн оронтой ухамсраа бататгаж авна.

- Мөргөлийн тоог гүйцээх сайн хэрэг бөгөөд нэлээд амжилт гаргасныхаа дараа түүндээ даган баясах замаар олшруулж болно. Энэ нь мөн бэрхшээлтэй тулгарахад зоригжуулж өгнө.

- Бодь сэтгэл үүсгэх дадлага хамаг амьтантай бидний барилдлагыг өргөжүүлж өгөхөд зориулагдсан бөгөөд гэгээрэлд хүрэхийг тэмүүлсэн утга төгөлдөр сэдэлтэй болоход тусалдаг.

- Бодь сэтгэлээ хөгжүүлэхэд тохиолддог хоёр гол бэрхшээл бий: 1.өөрийг энхрийлэн барих сэтгэл ба 2.билиг оюун дутмаг. Цаглашгүй дөрвөн сэтгэл болох асрал, энэрэл, баяр, тэгш сэтгэлийг бясалгаснаар өөрийг энхрийлэх сэтгэлийг, гэгээрэлд хүрэх замын мэдлэгийг сайтар эзэмшсэнээр билиг оюуны дутагдлыг арилгаж болно.

- Бодь сэтгэл хөгжүүлэх дадлага зургаан алхмаас бүтнэ: 1.хамаг амьтантай холбоо тогтооно, 2.цаглашгүй дөрвөн сэтгэл үүсгэнэ, 3.амь бие үл хайрлах сэдэл үүсгэнэ, 4. Чинагуух Бодь сэтгэлийн хэлбэрийг үүсгэнэ, 5. Үнэмлэхүй Бодь сэтгэл бясалгах ба 6.буянаа зориулна.

- Бодь сэтгэлийн хүч хязгааргүй өргөн хамаг амьтантай тогтоосон барилдлага хэр их хүчтэйгээс шалтгаална. Эхлээд өөрийн амьдралд тохиолдсон хүмүүсийг таньж олоод бясалгалын үндэс болгон ашиглана. Дараа нь гадагш тэлэн хэзээ ч уулзаж байгаагүй хүмүүс юмуу сургаал номноос олж дуулсан хүмүүсээ ашиглана. Ингэж явсаар нэг ч амьтныг хоцроолгүй бясалгалдаа оролцуулна.

- Оюуны чадавха нэмэгдүүлэх хүртэл амьтанд хэрхэн туслах вэ гэдэг дээр ухаалаг хандах хэрэгтэй. Сатаарал ба үл тоомсорлохын туйлширлуудаас ангид байхыг хичээ. Үйлийг үйлдэхээсээ өмнө ашиг тус хийгээд хүч орох талыг урьдчилан бодож үзвэл зохино.

- Бодь сэтгэл зоргоороо үүсгэдэг хэмжээнд хүрэхийн тулд өөрийн амьдралын тал бүхэнд түүнийг нэгтгэх хэрэгтэй. Байнга ухамсартай хандаж Бодь сэтгэлээ өөртөө сануулан хөшүүрэгдэх ёстой.

Базарсадын Дадлагаар Барцад Түйтгэрийг Ариусгах

Бид *Итгэл Одуулах* болон *Бодь Сэтгэл Үүсгэх* дадлагуудаар утга төгөлдөр сэдэлтэй болж авсан билээ. Дараагийн хийх алхам бол байж болох хамгийн их утга учиртай үйл хэрэг мөн бөгөөд үнэний туйлын мөн чанарын туршлагаар харагдах байдлыг бий болгох буюу Бурханлаг-чанараа шууд ухамсарлахад тэр бидэнд тусалдаг. Урьдчилсан бэлтгэлийн бусад дадлагууд бол тэрхүү ухамсарлахуйд хүргэх завсрын шатнууд болон үйлчилнэ. *Очирт Зургаан Йогийн* дадлагуудаар бид цаглашгүй ахуйн амтыг мэдэрч эхлэх бөгөөд тэрхүү ухамсраа цааш гүнзгийрүүлэн өөрийн бүхий л мэдрэмждээ ухамсарладаг болтол тэлж эцэст нь хоёрдмол үзлийг бүрэн хувиргах болно.

Энэ хувиргал хэрхэн явагдахыг ойлгохын тулд цаглашгүй ахуйгаас биднийг юу халхлаад байгаа мэдэх хэрэгтэй. Ерөнхийд нь авч үзэхэд энэ бүхэн *зуурах* зуршилд тулж очдог билээ. Бид үнэнийг байгаагаас нь өөрөөр харж түүнээсээ зуурдаг явдлаас болж сэтгэл өөрийнхөө унаган мөн чанарыг ухамсарлаж чаддаггүй байна. Ялангуяа, гурван төрлийн зуурах сэтгэл байдгийг бид давж гарах ёстой. Үүнд:

1. **Би хэмээн Зуурах:** Таван бүрдэл цогцыг хамтад нь би гэж үзэн зуурдаг явдал. Энэ сэтгэл үйлийн үрийг үржүүлэх үндэс болж сансрын хүрдний тавиланг бидэнд эдлүүлдэг байна.

2. **Юмсаас Зуурах:** Энэ бол өөр өөр үзэгдлүүдийг тусдаа бие даасан зүйл байна хэмээн зуурдаг явдал. Үүнээс болж үзэгдлийг энэ тэр гэж цулжуулан биежүүлж үздэг.

3. **Хоёрдмол Үзэгдлээс Зуурах:** Энэ бол томъёололт мөн чанарыг туйлын үнэн мөн чанар гэж андууран зуурдаг явдал юм. Үүнээс болж сэтгэл ухамсраа хоёрдмол болгон тэнд нь цоожилж орхисон байдаг.

Цагийн хүрдний замд мунхгийн үндэс бол гурав дахь хэлбэрийн зууралт гэж үздэг. Хоёрдмол үзэгдлийн зууралтыг тасалснаар цаглашгүй ахуйн хоёргүй ухамсартаа саатан оршиж чадах болно. Харамсалтай нь, эхний нөгөө хоёр хэлбэрийн зууралт идэвхтэй ажиллаж байдаг бол энэ төлөвт хүрэхэд маш хэцүү байдаг. Тийм учраас тэдгээрийн хүчийг эхлээд сааруулж багасгаснаар ёзоортой нь нүүр тулах боломжтой болдог ажээ. Үүнийг бид *Базарсадын Ариусгал* хэмээн дадлага болон *Орчлонг Мандал болгон Өргөх* гэсэн энэ хоёр урьдчилсан бэлтгэлийн дадлагын тусламжтайгаар гүйцэтгэж болно. Харин ёзоорын хоёрдмол ухамсрын зууралтыг хэрхэн арилгах дадлагуудыг бид энэ номынхоо Боть 3-т нарийвчлан үзүүлэх болно.

Өөрөөс зуурах сэтгэлийн хувьд асуудал бол өмчлөх замаар танигдах явдалд байдаг. Юмс үзэгдэл ургахад бид тэднээс "би" "минийх" хэмээн зуурч ингэснээр тэдгээр зүйлсийг өөрийнх гэж таних нэг ёсны биеийн байцаалт олгодог. Энэ нь бодол сэтгэхүйн хөрвүүлгүүдийг хооронд нь цавуу адил наалдуулан холбож, сэтгэл нөхцөлдөхийн үндэс болж байдаг байна. Үүнийг бид карма буюу үйлийн үр гэж нэрлэдэг билээ. Түйтгэрт сэтгэлийн төлөв дээр үндэслэн үйлийн үрийн барилдлага үүсэхэд үнэнийг төөрөгдүүлэн харж эхэлдэг байна. Төөрөгдөл их байх тусам бид үнэнийг байгаагаас нь бүр илүү холдуулж харна. Өөрсдөөс зуурах энэ зууралтын хүчийг бууруулснаар мунхагт үндэслэсэн үйлийн үрийн барилдлагыг сэтгэлээсээ арилгаж чадна болно.

АРИУСГАЛЫН ХОЁР ЗАМ

Барцад түйтгэрүүдийг ариусгаж байгаа арга болгон нэг төрлийн ариусгал хэмээн тооцогддог нь үнэн боловч яг муу үйлийн үрийг ариусгана гэж тусгайлан заасан дээр тулах юм бол хэд хэдэн маш үр дүнтэй арга техникүүд бий. Цагийн хүрдний арга хоёр замд түшиглэн ойртдог болохыг бид одоо тодруулан судлах болно. Тэд бол: 1. Их Хөлгөний ерөнхий зам ба 2. Очирт Хөлгөний өвөрмөц зам эдгээр юм.

Их Хөлгөний Замаар Ойртох

Шалтгаан хийгээд үр дагавар хэрхэн үзэгдэх хэлбэр дээр онцлох талаас авч үзэхэд Их Хөлгөнг *шалтгааны хөлгөн* гэж нэрлэдэг. Ариусгалын дадлагын хувьд Их Хөлгөний замаар ойртохын тулд үйлийн үр боловсроход хэрэгтэй нөхцөлүүдийг таньж, тэднийг урган гарахаас сэргийлэн буй түйтгэрүүдэд тохирох ерөндгийг хэрэглэдэг.

Ариусгалд хэрэглэдэг гол арга нь *Дөрвөн Хүчний Арга* байдаг. Үүнд: 1.гэмшлийн хүч, 2.шүтээний хүч, 3.ерөндөгийн хүч ба 4.боомтлохын хүч юм. Эдгээр нөхцөл болгон муу үйлийн үрийг үгүйрүүлэн, боловсрон гарахаас сэргийлүүлдэг байна.

Бидний ариусгал үр дүнтэй болох гэвэл дөрвөн хүч цөм бүрдсэн байх хэрэгтэй бөгөөд аль нэг нь дутуу байхад төгс болж чадаагүйд тооцогдоно. Бохир буртаглагдсан зүйлийг савантай усгүйгээр угаах гэж оролдохтой адил зөв болохгүй билээ. Тиймээс эдгээр хүчнүүд бүгд нийлэн муу үйлийн үрийг угааж зайлуулдаг.

Дөрвөн хүчийг үзүүлэх дараалал яг таг тогтсон зүйл биш гэдгийг санах хэрэгтэй. Хоёрдогч хүчин зүйл мэт тэдний дараалал дадлагын мөн чанар юмуу номыг зохиогчийн сэдэл зоригдлоор голдуу зохицуулагдсан байдаг болохоор дадлагыг үр дүнтэй болгохын тулд зүгээр дөрвүүлээ бүрэн байхад л анхаарвал зохино.

Гэмшлийн Хүч

Эхний хүчийг *Гэмшлийн Хүч* буюу Наманчиллын Хүч, \Нэн Сөгөөхийн Хүч\ ч гэж нэрлэдэг. Энэ үйлдлийн зорилго нь өөрсдийн үйлдсэн бүх сөрөг муу үйлийг хүлээн зөвшөөрч, нуулгүй илчлэн гэмших явдал байдаг. Өнгөрсөн үйлдлээ ухаалаг биш аашилсан байж гэдгээ танин, бардам зангаа хөсөр хаян, Бурхад хийгээд Бодьсадва нарын өмнө бүхнээ илчлэн наманчилж байгаа нь энэ билээ.

Хэт буруутгах үзэл, өөрт шүүмжлэлтэй хандах явдал нийтлэг байдаг тийм нийгэмд амьдардаг хүмүүсийн хувьд гэмшлийнхээ мөн чанарыг тодорхой таних хэрэгтэй юм. Сөрөг муу үйл хийчихлээ гэдгээ мэдэнгүүт түүнээс болж хүсээгүй үр дагавар гарна даа гэдгийг ухаарсан сэтгэлийг гэмшил гэдэг. Буруутгах зүйл энд хамааралгүй, шийтгэвэл зохих "муу хүн" гэж үзэх явдалгүй. Жинхэнэ гэмшил бол асуудлаа шийдэх арга олоход биднийг хөшүүрэгдэх болохоос буруутган гэмших сэтгэлийн занганд оруулаад орхих явдал биш билээ. Өнгөрсөн борооны хойноос цув нөмрөхийн оронд норсон биеэ яаж хурдхан шиг хатаах вэ гэдэг дээр анхаарахыг хэлж байгаа аж.

Жинхэнэ гэмшил өөрсдийгөө болзолгүйгээр хайрлах бидний язгуур үндэс болсон энэрэн хайрлах сэтгэл дээр үндэслэсэн байвал зохино. Өөрсдөдөө энэ бүхэн бол би шүү гэж бүх сөрөг муу хандлагуудаа шударгаар хүлээн зөвшөөрөх нь чухал. Алдаа гаргах болон нүгэл үйлддэг нь хүний зан авир юм даа гэдгийг ойлгох нь тустай байдаг. Сансар орчлонд бид төрөл авсан л бол яах аргагүй муу үйлийн түйтгэрүүдэд эзэмдүүлсэн байж таарна, үүнээс зайлах аргагүй юм. Буддын замаар замнаж явах цагтаа ч гэсэн бид үргэлжлүүлэн алдаа хийсээр байх нь зайлшгүй тул сахилаа алдсан бол түүнийгээ ариусган наманчилж буцааж сэргээх явдал л урагш ахих хөшүүрэг болох юм гэдгийг санаж байх хэрэгтэй.

Харуусал гэдэг өөрийн хийсэн хэргийг нягтлан харж мөн чанарыг нь ойлгосны үр дүнд үүсдэг билээ. Бидний сэтгэл сөрөг үйлийн барилдлагаар хэчнээн их дарангуйлагдсан байгааг ухаарах нь хор идчихсэн мэт тэсвэрлэшгүй бэрх санагдах учиртай. Маш яаралтайгаар ерөндөг олохгүй бол болохгүй хэмээн шамдах ёстой.

Шүтээний Хүч

Дараагийн нэг хүч бол Шүтээний Хүч юм. Үүнийг мөн Дэмжлэгийн Хүч ч гэж нэрлэх нь бий. Энэ хүчний шим нь алдаагаа засахын тулд бидэнд хэн нэгний дэмжлэг туслалцаа хэрэгтэй гэдгийг таних явдал мөн. Явж байгаад бүдрээд уначихсан хүн нэг юмнаас түшээд босохыг оролдож байгаатай үүнийг адилтгаж болно. Хүчтэй түйтгэрүүдийн эрхээр ихээхэн нүгэл үйлдсэн бол бид Бурхад Бодьсадва нарт хандан авралын эх сурвалж болгон тусламж гуйдаг. Тэдний туслалцаатайгаар энэхүү зуршил хандлагуудыг даван гарах саруул оюуныг олох хаалга нээгдэх юм. Итгэл одуулах ба Бодь сэтгэл үүсгэх дадлагаар энэ хүчийг үүсгэж болно.

Авралын хүчин төгөлдөр эх сурвалжид шүтсэнээр үхлийн хор залгичихаад байхад тань эм авчирсан эмч өмнөө ирэхийг харах мэт санаа амран тайвширлыг амсан баярлах болно. Эмч таныг эмчилж чадна гэж мэдэж байгаа учраас илүү сайн болох гэдэгтээ итгэлтэй болно. Энэ бол шүтээний хүч мөн.

Ерөндөгийн Хүч

Ерөндөгийн Хүч буюу Үйлдэл бол буянтай үйлийг арвижуулан бидний дөнгөж сая наманчилсан нүгэлтэй үйлэндээ ерөндөг болох үйлийг хийхийг хэлнэ. Маш их зорилго тэмүүлэлтэйгээр бид төрөл тэргүүлшгүй цагаас эхлэн хураасан бүхий л буянтай үйлсээ муу үйлийн үрийг арилгах ерөндөг болгон хэрэглэх юм. Буянаа ийнхүү арвижуулахад их хэмжээний тахил өргөх, тарни тоолох, Бурханы ном судар унших, уншуулах, нигүүсэл энэрлийн үйлсэд нэмэр хандив болох зэрэг үйлүүд багтдаг. Ерөндөг байна уу ариусгалын өөр арга байна уу ямар хэлбэр сонгосон байх нь хамаагүй үүнийгээ маш хүчтэй сэдэлтэйгээр их яаравчилсан байдлаар хийхгүй бол болохгүй шүү. Их Хөлгөний замд муу үйлийн үрийг ариусгах уламжлалт олон арга бий:

1. **Хоосон Чанарыг Бясалгах:** Бүх үйлийн үрүүд үнэний мөн чанараас хоёрдмол байдлаар зуурснаас үүсдэг. Хоосон чанар дээр бясалгаснаар түйтгэрт сэтгэлийн төлвийг дэмждэг мунхаг сэтгэлийг тасдвал муу үйлийн үрийг үүсгэхээс сэргийлэх болно.

2. **Ариун Орны Өмнө Мөргөл Үйлдэх:** Жинхэнэ бодит буюу дүрслэлийн объектууд, ариун шүтээний өмнө мөргөл үйлдэх нь далай их чуулганыг хуримтлуулахад маш их үр дүнтэй арга юм. Мөн хажуугаар нь түйтгэрт сэтгэлийн төлвүүд үүсэх шалтгаан болдог ба өөрийг энхрийлэх сэтгэл зэргийг нэгэн зэрэг багасгах ашигтай билээ.

3. **Бурхан Бүтээх:** Бие махбодын барцад хилэнцийг арилгахад Бурханы дүрс баримал юмуу зураг бүтээх нь маш ашигтай ерөндөг болдог. Энэ нь таны тийм дүрээр үзэгдэх шалтгааныг бүтээгээд зогсохгүй уг бүтээлийг харсан нэгний сэтгэлд сайн үйлийн барилдлага үүсгэх хэмжээлшгүй тустай байдаг байна. Хэрвээ та өөрөө бүтээж чадахгүй бол чадах нэгнийг ивээн

тэтгэж бүтээлгэвэл сайхан санаачилга болох нь зайлшгүй юм.

4. **Ном Судар Бүтээх:** Ам хэлний бузрыг арилгахад өөрөө буюу бусдаар Ном шастир, номлол судрыг бүтээлгэх ашигтай байдаг. Судар ном бүтээхээс гадна орчуулга хийх зэргээр бусад хүмүүст түүнийг олох ба унших боломжийг олгох мөн адилхан ном судар бүтээсний тусыг олох болно.

5. **Суварга Бүтээх:** Сэтгэл дэх нүгэл хилэнцийг ариусгахын тулд өөрөө юмуу бусдаар гэгээрсэн сэтгэлийн бодит үзүүлбэр болсон суварга бүтээх ажлыг гүйцэтгэх сайн байдаг. Суварга учирсан бүхэнд хэмжээлшгүй тусыг авчраад зогсохгүй Бурханлаг-чанараа амьдруулах үрийг тэдний сэтгэлд суулгаж өгдөг байна.

6. **Бурханы Магтаал:** Сэтгэлдээ гэгээрсэн бодгалиудын чанаруудыг бодох, тэдний зүг бишрэл сүжгийг төрүүлэх зэргээр та өөрийн гэгээрлийн барилдлагыг үүсгэх болно. Энэ үйлдэл орчлон хорвоод татагдах шуналтай шууд тэмцэхэд зориулагдан сэтгэлийг чөлөөлөгдөх зам руу чиглүүлж өгдөг. Төвөдийн уламжлалд *Гучин-Таван Бурхадын Магтаал* болон *Хорин-Нэгэн Дарь Эхийн Магтаал* зэргийг уншлага болгох нь нийтлэг байдаг.

7. **Бие, Хэл ба Сэтгэлээ Тахил Болгох:** Шуналаа арилгахын тулд өөрийн бие, хэл ба сэтгэлийг оролцуулан өргөн дэлгэр тахилыг өргөл болгон өргөнө. Үүнд бодит тахил болон сэтгэлдээ дүрсэлсэн тахил мөн адилхан багтдаг. Дараагийн бүлэгтээ судлах *Орчлон Мандал Өргөх* дадлага бол шуналын эсрэг маш хүчирхэг арга болоод зогсохгүй буяныг далай ихээр арважуулдаг ажээ.

8. **Буянаа Зориулах:** Буяны ямар үйл хийсэн байна ялгаагүй хэрвээ уг үйлдэл барцад хилэнцийг л арилгах зүгт л чиглэсэн байх юм бол ариусгалын идэвхтэй арга хэмээн мөн адилхан тооцогдоно.

Шийдвэрийн Хүч

Дөрөв дэх буюу Шийдвэрийн Хүчийг Боомтлохын хүч, *Нүглээс Эргэн Буцахын Хүч* гэж нэрлэх нь нийтлэг билээ. Хилэнц барцдаа наманчилан, ариусгахын тулд буянтай зүйл хийсэн бол одоо хойшид дахиад хэзээ ч түүнийг давтан үйлдэхгүй гэсэн андгайг тавих хэрэгтэй. Бидний ариусгалын дадлага амжилттай болсон эсэхийг тодорхойлох хоёр чухал элемент байдаг. Үүнд:

1. **Бат Шийдэл:** Буруу хэлбэрээр аашилснаа таньсан бол түүнийгээ амин дээр тулсан байлаа ч дахин үйлдэхгүй гэсэн баттай шийдлийг гаргах хэрэгтэй юм. Хэдийгээр магадгүй дахиад үйлдэж мэдэхээр байлаа ч тэгэхгүй гэж амлах нь ашигтай. Хүчтэй чин үнэн сэтгэл олон олон төрлүүдийн хилэнцийг арилгах чадалтай гэдэг. Тийм шийдвэр гаргах гэж

хэчнээн хугацаа зарцуулсан тань хамаагүй андгайны хир үнэмшилтэй болоод хүчтэй байгаагаас шалтгаалдаг. Бид шийдвэртээ нарийвчилсан байдлаар хандаж тодорхой хугацаагаар үйлдэхгүй гэж ядаж амлаж бас болно. Хэрвээ үнэхээр зайлах аргагүй байх юм бол түр ч болтугай амлах нь ашигтай.

2. **Ариусна гэдэг Итгэл:** Ерөндөг хэрэглэж бат шийдэл гаргаснаыхаа дараагаар бүхий л муу үйлийн үр устаж ариллаа гэдэг итгэлийг төрүүлэх хэрэгтэй. Энэ нь дахиад хэзээ ч ариусгах хэрэггүй боллоо гэсэн үг биш юм. Харин уг язгуураасаа таны сэтгэл ямагт ариун чанартайг таньж байгаа хэрэг юм. Нүгэл үйлдсэн нэгэн, нүгэл өөрөө болон зохилдсон үйлийн барилдлага цөм өөрөөсөө хэзээ ч үүсээгүй хоосон чанартайг тусгах явдлаар үүнд хүрч болно.

Эдгээр талуудыг дадлагатайгаа нэгтгэснээр таны ариусгал машид хүчирхэг хийгээд үр дүнтэй болох болно.

Очирт Хөлгөний Замаар Ойртох

Дөрвөн хүчний тусламжтайгаар ямар ч сүсэг бишрэлийн дадлагыг түүний дотор Бурхан багшийн Дандарын сургаал дах дадлагуудыг хүртэл маш хүчирхэг ариусгал болгон чадварлагаар хувиргах боломжтой юм. Их хөлгөний ерөнхий зам хийгээд Очирт хөлгөний өвөрмөц замаар ойртохын гол ялгаа нь ямар үзэл бодлын үүднээс авч үзэж байгаадаа оршиж байгаа юм. Их Хөлгөнд муу үйлийн үр байгааг таньж ариусган арилгахаас ариусгал гардаг бол Очирт хөлгөнд бидний түйтгэрт мэдрэмжийн үндэс нь аль хэдийнэ цаглашгүй ахуй юм. Үйлийн үрд бидний мэдрэмжийг нөхцөлдүүлэх хүч цаашид үгүй юм гэдгийг ухамсарлахаас уламжлан гарч ирдэг байна. Суурь хийгээд үр дүн хоёрыг нэгэн салшгүй зүйл гэдгийг ойлгодгоороо Очирт хөлгөнийг *үр дүнгийн хөлгөн* гэж нэрлэдэг ажгуу.

Очирт хөлгөний ёсонд ариусгалын гол арга бол Базарсадын зуун үсэгт тарнийг олонтаа унших байдаг. Энэ нь голдуу Базарсад Бурханыг гол анхаарлын төвөө болгон дүрслэл үүсгэх үйл явцтай хослон хэрэглэгдддэг. Харьцангуй түвшиндээ Базарсад бол нэгэн цагт амьтны нүгэл хилэнцийг ариусгахад гэгээрлийн төлөөх бүхий л буянаа зориулсан Бодьсадва байжээ. Тэрбээр өөрийг нь санан дурсаж, бүхий л нүгэл хилэнцээ наманчлан гэмшсэн бүх амьтны хилэнцийг ариусгахаар тангаргалсан нэгэн. Түүний энэхүү тангаргын хүч хийгээд энэ ертөнцийн хамаг амьтантай холбоотой барилдлагын хүчээр мөргөл айлтгал одуулж, ерөөл өргөн бясалгаваас үнэн адистидыг хүртэх нь гарцаагүй юм.

Туйлын түвшиндээ Базарсад бол Бурханлаг-чанарын өөр нэг нэр билээ. Тэр бол ариусгалын аргаар бидний түйтгэр бэрхшээлүүдийг арилгаж туслахаар билиг оюуны Ядмын дүрээр аяндаа гарч ирж үзэгдэх бидний туйлын Их Гүрү багш билээ. Түүний мөн чанар дээр бясалгаснаар өөрсдийгөө түүнээс салшгүй нэгэн болохыг ухаарна. Ийм маягаар Базарсад суурь, зам ба үр дүн аль аль нь нэгэн зэрэг болдог ажгуу.

ЖИНХЭНЭ ДАДЛАГЫН АРГА

Базарсадын Ариусгалын дадлагыг дөрвөн хүчийг нэгтгэхээс гадна маш чадварлагаар дүрслэл үүсгэхийн зэрэгцээ тарнийг тоолдог ариусгалын бүхэл бүтэн төгс тогтолцоо ба систем гэж ойлгож болно. Энэ дадлагыг таван шатанд хувааж болох бөгөөд: 1.ариусгалын гол туслагч болгон Базарсадын дүрслэл үүсгэх, 2.урьд үйлдсэн буруу муу үйлдлүүдээ эргэн санаж хүлээн зөвшөөрч наманчилах, 3.хойшид тэдгээрийг дахин үйлдэхгүй гэсэн бат шийдвэрийг гаргах, 4.өөрийн дотоод ариун чанарыг сүүн цагаан охь болгон хувиргаж ариусгалын ерөндөг маягаар хэрэглэхийн зэрэгцээ тарни унших ба 5.дүрслэлээ уусган тайван төлөвт орж амрах эдгээр юм.

Анх сонсоход ээдрээтэй дадлага шиг санагдавч сайн танил дотно болох л гол нь гэдгийг ойлгох хэрэгтэй бөгөөд ерөнхий байгууламжийг эхлээд ойлгож аван бусад нарийвчлал ба деталиудыг дараа нь дэлгэрүүлэн нэмж дүрсэлж болно. Дадлагын гол шимийг байнга ухамсарлаж байхыг хичээвэл чөлөөтэй юмуу товчхон байхаас үл хамааран хүссэн үр дүндээ хүрч болдог ажээ. Хэрвээ шийдмэг ариун сэдлээр хандвал ариусгалын үр дагавар гарцаагүй ахиц олох нь магадтай.

Базарсадыг Дүрслэх

Энэ дадлагад бид өөрсдийгөө нисванисын түйтгэр хийгээд мэдэгдэхүүний түйтгэр барцдаар дүүрэн эгэл нэгэн байгаагаар дүрсэлнэ. Энэ бол бидний хорвоог мэдэрдэг ариун бус энгийн төлөв маань билээ. Төрөл тэргүүлшгүй цагаас авахуулан хураасан барагдашгүй их муу үйлийн үрийг санах нь маш чухал бөгөөд Базарсадын хэлбэрээр дүрслэгдэх өөрсдийн ариун чанартайгаа харьцуулах сайхан үндэс энд тавигдана.

Энэхүү дадлагад орохынхоо өмнө цаг гарган байж Итгэл одуулах ба Бодь сэтгэл үүсгэх дадлагаар маш утга учиртай сэдлийг төрүүлэх ёстой. Ариусгал таны гол дадлага болж байх үед тэдгээр дүрслэлтэй холбоотой сунаж мөргөх зэрэг үйлдлүүд орхигдож болно. Та зүгээр тэдгээрийн талаар өөрсөндөө сануулахад л хангалттай. Дадлагаа доорх тарниар эхлүүлнэ:

ОМ СВАБАВА ШУДДА САРВА ДАРМА СВАБАВА ШУДДО ХУМ

"Намайг оролцуулаад бүх оршихуй хоосон чанарын үнэн төлөвт хувирлаа"

Энэ тарнийн зорилго нь бүхий л үзэгдлийг унаган ариун, хоосон төлөвт нь урвуулах буюу төөрөгдөл үзэгдлээс ангид туйлын үнэний хоосонд хувирган ариусгах явдал юм. Өөрийн бие хийгээд бүх юмс үзэгдлийг нууранд тусах сарны дүрс мэт хоосон тусгал болгон дүрсэлнэ. Тарнийг уншсаныхаа дараагаар хэсэг зуур бодолгүй төлөвт саатан сууж байгаад дараа нь:

"Нөхцөлт оршихуйн үнэн мөн чанар бол би-үгүй бөгөөд бодол-үгүй ажгуу. Энэхүү хоосон чанартаа би саатан үлдэмүй. Би бээр энэхүү хоосон төлөвөөсөө ариусгалыг бясалган Дүрст лагшин олох буяныг хураах болой.

Өөрийгөө эгэл нэгнээр харах зуурт миний зулай дээр ПАМ (རྤཾ) үсэг гарч үзэгдэн найман дэлбээт цагаан лянхуа болон хувирна. Түүний дээр А(ཨཿ) үсэг тодорсноо тэргэл саран дэвсгэр болон хувирлаа.

Саран дэвсгэрийн голд ХУМ (ཧཱུྃ) үсэг гарч ирснээ таван талт цагаан очир болон хувирахад түүний голд мөн ХУМ (ཧཱུྃ) үсэг тодорч үзэгдэнэ"

Хоосон огторгуйн тайван төлөв гэнэт толинд тусах үзэгдэл мэт амилан үзэгдлээ. Таны зулайнаас нэг нум сумны хиртэй өндөрт ПАМ (རྤཾ) үсэг гарч ирэн таны төрөлхийн ариун чанарыг бэлэгдсэн цагаан лянхуа цэцэг болон хувирна. Бүх Бурхадын зарлигийг төлөөлсөн А (ཨཿ) үсэг энэрэнгүй сэтгэлийн бэлэгдэл болсон тэргэл саран дэвсгэр болон хувирч байна. Тэгснээ бүх Бурхадын тааллын төлөөлөл болсон ХУМ (ཧཱུྃ) үсэг саран дэвсгэр дээр тодорсноо бутрашгүй, сарнишгүй сүсэг бишрэлийн хүч ба ухааныг төлөөлсөн очир болон хувирна. Очир гэрэлтсэн цагаан туяанаас бүтсэн байх бөгөөд хоёр туйл руугаа тус бүр таван тал бүрдэл болсон байх нь таван Бурхадын аймаг хийгээд Бурхадын таван ухааныг бэлэгдсэн ажээ.

Номын лагшин буюу унаган бурханлагаа илрүүлэхийн тулд харьцангуй түвшний бүхий л хилэнцээ арилгах ба буян хураах хэрэгтэй байдаг. Лянхуа цэцэг, сар, очир болон тарнийн үсэгнүүд тэгвэл буян хураах үйл явц ба төрөх, амьдрах, үхэх ба дахин төрөл авах оршихуйн дөрвөн үе шатын ариуслын үйл явцыг илэрхийлж байдаг байна.

"ХУМ (ཧཱུྃ) үсэгнээс гэрэл цацарч гараг эрхэсийг тэр чигээр нь гийгүүлээд Аръяа бодгалиудад хэмжээлшгүй тахилыг өргөлөө.

Гэрэл тийн явсаар сансар орчлонг гийгүүлэн хамаг амьтны хилэнц нүглийг ариусгаад эргэн ХУМ (ཧཱུྃ) үсгэнд уусан шингэлээ"

ХУМ (ཧཱུྃ) үсэг хамаг Бурхадын сэтгэлийн шим билээ. ХУМ үсэгнээс гэрэл цацарч бүх Аръяа бодгалиудад тахил өргөхөд та Бурхадын адислалыг урьж тэдгээр адислалын гэрэл туяа эргээд өөрт тань шингэж байна. Энэ бол дадлагыг хүчирхэг болгон буй дандарын ёсны арга бөгөөд хамаг амьтны барцдыг тэр л туяагаараа ариусгана гэдэг буян хуримтлуулж байгаа өвөрмөц арга билээ. Гэгээрсэн бодгалиудад хязгааргүй тахилыг өргөх ба хамаг амьтны хилэнцийг арилгаж буй шалтгаан нь Дүрст лагшинг олох явдал бөгөөд маш их буян хурааж байж түүнд хүрдэг ажгуу.

Базарсад Яб-Юм

"Энэхүү дээдийн тахил хийгээд ариусгалаар ХУМ (ᢀ) үсэг хослон орохуйн байдалт Базарсадын дүрд хувирлаа.

Базарсадын лагшин цагаан, нэгэн нигур хоёр мутартай, баруун мутартаа очир, зүүн мутартаа хонх барьжээ. Тэрбээр илбийн хос Важратопаг энгэртээ тэврэн арга билиг нийлсэн Яв-Юмын байдалтай сууна"

Базарсадын Яв-Юм бол гэгээрлийн дүрст лагшний шинжийг илтгэх бөгөөд амьтны тусыг аяараа бүтээхийн тулд хуримтлуулах шаардлагатай тэр далай их буяныг төлөөлдөг билээ. Базарсадыг ганцаарангий нь дүрсэлсэн ч бас болох боловч түүнийг хослон гэгээрсэн байдалтай байгаагаар дүрслэх илүү үр ашигтай байдаг. Энэ бол арга билгийн үнэмлэхүй төлвийн нэгдлийг илэрхийлдэг Базарсадын Яв-Юм билээ.

Базарсад нь гэрэлтсэн цагаан лагшинтай, залуухан тунгалаг, зөв галбиртай, сэтгэл татам дүртэй байх ба энэ бүх шинжүүд бүхий л хилэнцийг ариусгах чадалтай бэлэгдсэн байна. Очирт хөлгөнд хонх, очир мэтийн зүйлс нь гэгээрлийн чанаруудтай таныг холбох тусгай холбоо болж өгдөг ба шүтэн барилдлагын зарчмаар ажилладаг байна. Очироор алмааз адил бат бөх Бурханы тааллыг төлөөлүүлдэг байна. Мөн түүний зэрэгцээ дээдийн амгалан ба энэрэнгүй сэтгэл гэх аргын талын чанаруудыг давхар бэлэгдсэн байдаг. Хонхоор Бурханы дүрийг болон тарнийн үсэг сийлсэн байдгаараа гэгээрсэн лагшин ба зарлигийг илэрхийлэхийн хажуугаар хоосон дүрс болон билиг оюун гэх мэт билгийн талын чанаруудыг хамтад нь бэлэгдсэн байдаг байна.

"Важратопа лагшин цагаан бөгөөд баруун мутартаа махир хутга, зүүн мутартаа гавал аяга барьжээ. Тэд хоёулаа ясан болон эрдэнийн гоёл чимэгтэй бөгөөд өлмийгөө зөрүүлэн очир-лянхуа завилгаагаар суусан үзэгдэнэ. Дээдийн амгалан тэдний гэгээрлийн хослон барилдахуйд нэвт шингэсэн үзэгдэнэ"

Махир хутга хоёрдмол сэтгэлийг тасдах арга самбааг, гавлын ясан аягаар ариун бус хоёрдмол бодлыг "зайлуулах" буюу билиг оюуныг бэлэгдсэн байна. Базарсадын Яв-Юм найман гоёл чимэг зүүсэн нь ухамсарлахуйн найман хэлбэрийг төлөөлүүлсэн байна. Үүнд: 1.титэм, 2.ээмэг, 3.хүзүүний богино зүүлт, 4.дундаж урттай зүүлт, 5.урт зүүлт, 6.мөрний чимэглэл, 7.бугуйвч ба 8.шагайвч ажээ. Важратопагийн чимэглэл ясаар урласан байх ба Базарсадын чимэглэл цөм очирт эрдэнэсээр урласан байх ажээ.

Хөлөө зөрүүлэн очир-лянхуа завилаар суусан нь сансар нирваан хоёрын салшгүй нэгдлийг илэрхийлсэн бөгөөд тэдний лагшин гэрэлтсэн тунгалаг, сарны гэрэл мэт цацарсан цагаан өнгөтэй, цаст оргилд ойсон нарны зуун мянган цацраг мэт гялтганасан үзэгдэнэ. Энэ дүрслэл шүтээний хүчийг бидэнд олгож байгаа билээ.

Бидний дүрслэл энгийн зураг, амьгүй баримал, алтан хөшөө адил цулгуй хавтгай болж болохгүй юм. Хэсэг болгон маш тодорхой бөгөөд хурц тод, цэврхэн, ялгамжаатай, нүдний цагаан хүртэл маш тод тэгсэн мөртлөө хоосон чанартай байвал зохино. Барьцтай бодит бие, мах цус, дотор эрхтэн гэж байхгүй яг л огторгуйд солонго үзэгдсэн мэт байх ба усанд туссан сарны тусгал, болор шил мэт тунарсан гэж төсөөлөх ёстой. Энэ нь мөн Базарсад Бурхан таны өөрийн энэрэнгүй сэтгэл үндсэн багштай ижил мөн чанартай юм, түүний таалал таныг болоод хамаг амьтныг хязгааргүй хайраар ивээж байна гэдэг ухааныг өөртөө шингээсэн байх ажээ.

"Тэдний духанд ОМ (🔣)

Тэдний хоолойд А (🔣)

Тэдний зүрхэнд ХУМ (🔣)

Тэдний хүйсэнд ХО (🔣) үсэг тус тус тодорлоо.

Зүрхэн дэх ХУМ (🔣) үсэгнээс арван зүгтээ гэрэл цацрахад Бурхад Бодьсадва нарын ариусгалын хүчийг шингээсэн сүүн цагаан охь болон буцаж цацарлаа. Охь Базарсадын Яв-Юмтай салигүй нэгэн болов"

"ЗА (🔣) ХУМ (🔣) ВАМ (🔣) ХО (🔣)"

ОМ, А, ХУМ үсэгнүүд түүнийг дух, хоолой ба зүрхэнд тодорсон нь Базарсадын лагшин, зарлиг, таалал гурвыг илтгэх ажээ. Хүйсэнд тодорсон ХО үсэг сарнишгүй язгуурын билиг билгүүнийг илэрхийлж байна. Гэрэл гадагш цацарч Бурхад Бодьсадва нарын адислалыг цуглуулан буцаж хураагдан Базарсадын ариусгалын хүчийг шинээр сэлбэж өгнө. Энэ нь мянга мянган гялалзаж гялтганасан тунгалаг, сүүн цагаан дуслын охь болох нь заримдаа Бодь сэтгэлийг төлөөлөх нь бий.

ЗА гэхэд охь Базарсад Яв-Юмын зулай дээр нэгэн цэгт цугларч, ХУМ гэж дуудахад түүнд шингэн орж, ВАМ гэхэд Яв-Юмын биеийг бүрэн дүүргэлээ. Эцэст нь ХО гэж дуудахад охь Базарсадын Яв-Юмын биеэс салшгүй нэгэн болон хувирч тэднийг цэвэр цагаан гэрлээр дүүргэлээ. Охь дараа нь тэдний лагшиний нүх сүв болгоноос цацарч ялангуяа арга билиг нийлсэн хэсгээс хүрхрээ адил юмуу бороо орох мэт асгарлаа.

Урьдын Бүх Хилэнцээ Наманчилах

Дүрслэл бий болмогц Базарсад Яв-Юмын дүрээр үзэгдэх Гүрү багшийн өмнө урьдын бүх нүгэл хилэнцээ эргэн санаж нуулгүй наманчилна. Тэдгээр буруу үйлүүдээ ухамсарлах явдлыг хөгжүүлэхийн тулд доорх шадыг уншина:

"Төөрөгдлийг арилгагч, Базарсад Бурхан минь ээ, төрөл тэргүүлшгүй цагаас авахуулаад хураасан барцад хилэнц бүхнийг минь ариусган арилгаж хайрла.

Тэргүүлшгүй цагаас авахуулаад одоог хүртэл гурван үүдээр үйлдсэн шунал, хилэнц, мунхаг гурван хорын түйтгэрт сэтгэлээр арван хар нүгэл, таван завсаргүй, таван ойрын нүгэл, дөрвөн хүнд хилэнц, найман буруу араншинг тасралтгүй үйлдсээр иржээ.

Ангид гэтлэхийн санваар, Бодьсадын суртгаал, тарнийн ёсны тангараг лугаа харшилсан, эцэг эх, багш хийгээд андгай өргүүлэгч нэгэн лугаа үл зохих байдлаар хандсан аливаа хилэнц болгоноо илчлэн наманчилмуу.

Ялангуяа Лам багш Номын нөхөддөө ариун бус, шүүмжлэлтэй хандсан, үл хүндлэхүй, үл хайрлах буюу үнэнч бусаар хандсан., Гурван Эрдэнэ дор зохимжгүйг үйлдэн, Номыг орхигдуулсан, Хуврагийг зүй бусаар өөлөн шүүмжилж, хамаг амьтны хохироосон бүхнээ илчлэн наманчилмуу"

Энэ үедээ та буруу алдаа хийсэндээ машид гэмшин харамсах сэтгэлийг төрүүлэх хэрэгтэй. Тодорхой нэгэн буруу үйлдлийнхээ тухай бодох нь буруугаа мэдрэх хүчийг нэмэгдүүлэх тул дараах үйлдлүүдийг үйлдсэн эсэхээ байнга шалгаж байх хэрэгтэй:

1. **Бие, хэл ба сэтгэлээр үйлдэх Арван Хар Нүгэл:** 1.алах, 2.хулгай, 3.буруу хурьцал, 4.худал үг, 5.ширүүн үг, 6.хов үг, 7.чалчаа үг, 8.хорлохуй сэтгэл, 9.хомхой сэтгэл, 10. Буруу үзэл.

2. **Завсаргүй Таван нүгэл:** 1.аавыгаа алах, 2.ээжийгээ алах, 3.Архад хүнийг алах, 4.Бурханаас цус гаргах ба 5.Хуврагуудын хооронд яс хаях.

3. **Ойрын Таван Нүгэл:** 1. буруу хурьцалд орох замаар хүний эхийг дорд үзэх нь мөн Архад байх, 2."баттай оршсон" Бодьсадва хүнийг амийг хөнөөх, 3.суралцахуйн замд яваа Хутагтын амийг хөнөөх, 4.Хуврагийн эд хөрөнгийг зохисгүй зүйлд хэрэглэх ба 5.суварга устгах.

4. **Дөрвөн Хүнд Нүгэл:** 1.илүү ахицтай яваа бясалгагч хүнээс хүндэтгэл хүлээж авах, 2.чин сүжигт бясалгагч хүний эд хөрөнгийг завших, 3.шүтэн бишрэгч хүмүүсийн буян үйлдэхэд садаа болох ба 4.сүсэг бишрэлийн багшаа хуурах.

5. **Найман буруу Араншин:** 1.сайныг шүүмжлэх, 2.мууг магтах, 3.буянтай хүний буян хишгээ нэмэгдүүлэхэд садаа болох, 4.сүжиг бишрэлтэй хүний санааг үймүүлэх, 5.сүсэг бишрэлийн багшаа орхих, 6.өөрийн ядамтайгаа тавьсан тангараа үл хэрэгсэн орхих, 7.Номын ахан дүүсээ орхих, 8.хот мандал нураай бясалгалын үеийн журмыг зөрчих.

Эцэст нь, өргөсөн андгай авсан сахилтайгаа зөрчилдсөн болгоноо наманчлан ариусгах хэрэгтэй. Үүнд: 1. Нэгэн Биеийн Чөлөөнд хүрэгсдийн гадаад сахил, 2. Бодьсадва нарын сахидаг дотоод сахил болон 3. Тарнийн ёсны нууц тангараг зэрэг багтана. Цаг зав байвал сахил тангаргын зүйл нэг бүрийг эргэн шалгаж зөрчигдсөн зүйл байгаа эсэхийг шалгаж байх нь сайн болно. Хамгийн багаар бодоход бүлэг сахил тус бүрийн гол шим нь юу болохыг сэтгэлдээ таньж тэдэнд тохируулан биеэ авч явсан эсэхээ хянаж байх ёстой.

Ерөнхийд нь хэлэхэд, үнэхээр чандлан сахисан юу байна, юу гэж худлаа хэлсэн байна, ичмээр ямар зүйл хийсэн байна, нэр төрөө гутаахаар юу хийж вэ гэдгээ тооциж үзэх хэрэгтэй. Базарсад Бурханы өмнө тэр бүхнээ нуулгүй илчлэн хүлээж, ичих айх харамсах сэтгэлийг хамаг биеэ чичирч, шар үсээ бостол мэдрэх сэтгэлийг хөгжүүлэх хэрэгтэй. Ингэж мэдрэх нь гэмшилийн хүчийг үзүүлэх бөгөөд сэтгэлийг сөрөг зуршлуудаас салгахад бас тусалдаг байна.

Ирээдүйд Нүгэл Үйлдэхээс Зайлсхийхээ Амлах

Өөрсдийн хийсэн хилэнц нүглээ тодхон ухамсарласныхаа дараагаар тэдгээрийг ирээдүйд ч дахин үйлдэхгүй гэсэн чин зорилгыг өөртөө дэвшүүлнэ. Бидний хөгжүүлэх гээд байгаа араншин юу гэвэл эдгээр бүх хилэнц нүглүүдийг цөмийг нь төрөл тэргүүлшгүй цагаас эхлүүлээд давтан давтан үйлдсээр ирснийгээ ойлгох явдал мөн. Хэрхэн орхих тал дээр зүтгэл гаргахгүй юм бол цаашид ч үргэлжлүүлэн илүү их зовлонгийн үрийг тариалаад байх болно. Үүнийг ойлгосон сэтгэлээр доорх үгсийг уншина:

> "Миний үйлдсэн бүхий л нүгэл хилэнцүүд түүний дотор мөн адилхан нүгэл үйлдэхэд бусдыг урамшуулсан хийгээд бусад харшлах гэмүүд, Нирваан болон мэргэн Бурхан болохоос хязгаарлан буй бүх түйтгэрүүд, сансар орчлон хийгээд гурван муу заяанд төрөхөд хүргэх хилэнц барцад энэ бүхнээ бардам омгоо даран байж зүрхний угаас нуулгүй үнэнчээр наманчлан, дахин хэзээ ч эдгээр хилэнцийг үйлдэхгүй гэдгээ амлаж байна"

Амлалтаа хүч оруулах үүднээс яагаад эдгээр үйлдлүүд зовлон авчирдаг болохыг танивал зохино. Өөрсдийн хийгээд бусдын зовлонг бид хэрхэн үргэлжлүүлсээр байдгийгаа олж харах ялгамжаат оюун ухааныг хөгжүүлснээр тэдгээр буянгүй үйлүүдээс залхан төвөгшөөх араншинг хүчтэй төрүүлэх хэрэгтэй. Тэгсэн цагт л зовлонгийн шалтгааныг чин үнэнчээр орхиж чадах болно.

Тарнийг Давтан байж Асгарах Охийг Дүрслэх

Ариусгалын зөв зоригдол төрүүлж авсны тул одоо бид бүтээсэн үйлийн сөрөг барилдлагуудыг ариусгах зүгт анхаарлаа чиглүүлэх болно. Үүнийг гүйцэтгэх арга бол ариутгалын охь бидний бие хийгээд сэтгэлийг угаах зуурт Базарсадын зуун үсэгт тарнийг давтах явдал юм.

> "Чин сэтгэлийн гэмшлээ энэхүү ариун тарнийн үгстэй хамтруулан байх зуур цагаан охь хослон барилдсан Базарсад Яв-Юмын гэгээн нэгдлээс хүчтэй асгаран бууж бие махбодыг дотор гадаргүй угаан доош урсахдаа

415

хилэнц барцад, өвчин эмгэг, муу үйлийн үр, бузар буртаг бүхнийг арилган цэвэрлэлээ. Эдгээр бэрхшээлүүд хорхой аалз, өт батгана болон хувирч яндангийн хөө арилах мэт угаагдан гараад газрын хөрсөнд шингэнэ. Тэгээд хамаг төрөлхийтний хүсдэг тааламжтай эд зүйлс болон хувирсанд миний өртэй бүхний хэрэгцээг хангахад зарцуулагдлаа. Миний бие одоо болор мэт тунгалаг болоод шидэт охиор огоот дүүрлээ"

Базарсадын зүрхэн тус газарт саран дэвсгэр үзэгдлээ гэж дүрслэлээ эхэлнэ. Энэ дэвсгэр дээр ХУМ үсэг байрлах бөгөөд түүнийг тойроод зуун үсэгт тарни хүрээлээд цагийн зүүний эсрэг чигтэй эргэж байна. Урт тарнийг унших үеэр ХУМ үсгнээс гэрэлтсэн цагаан дусал үүсч тарнийн үсэгнүүдэд галд хайлах мөс мэт дуслан урсч хослон барилдсан Базарсадын нийлмэл хэсгээс тасралтгүй урсгалын охь болон асгарлаа.

Энэхүү анагаах адистид бүхий охь таны зулайн хүрдэнгээр нэвтэрч бүх биеийг тань оройноос өсгий хүртэл дэвтээн тоолшгүй эрин галавт хураасан нүгэл хилэнцийг угааж цэвэрлэнэ. Барцад, хилэнц таны биеийн доод сүв болон арьсны нүх сүв болгоноос хар хөө, утаа, өт хорхой, цус нөж гэх тааламжгүй юмс болон ялгарч байна. Тэр бүхэн дараа нь таны доор байх газрын хөрсөнд шингэж орлоо. Ийм маягаар хэсэг зуур үргэлжилсний дараагаар таны бие махбод гэрэлтсэн охиор дүүрсэн болор тунгалаг өнгөтэй ариун боллоо хэмээн төсөөлнө.

Энэ дадлагад цагаан охиор бүхий л юмс үзэгдлийн ариун мөн чанарыг ухамсарлаж буй сэтгэлийг төлөөлүүлэн үзүүлж байна. Энэ бол Базарсад Яв-Юмын хамгийн зүрхэн ухамсар бөгөөд сэтгэлийг ариусгах жинхэнэ ерөндөг болдог байна. Хэрвээ бид хоёрдмол үзлээ цааш дэмжин хүч оруулаад л байх юм бол үйлийн үрийн эрхэнд байсаар байх болно. Харин өөрсдийн үнэн мөн чанарын ухамсрыг сахиж явах юм бол хоёрдмол сэтгэлийг даван гарч чадах болно. Базарсад бол цаглашгүй ахуйн ариун чанар ба бидний өөрийн унаган чанараас ялгаагүй нэгэн билээ.

Энэ дүрслэлээр бид өөрсдийн муу талуудыг арьс махыг бүрхсэн бузар бохир хир гэж үзэн хэдийгээр буруу муу үйл хэчнээн ихээр үйлдсэн үнэн боловч тэд бидний салшгүй нэгэн хэсэг биш юм гэж ухаарах ёстой. Тэд бол толинд туссан зэрэглээ мэт үзэгдэх бидний төөрөгдсөн сэтгэлээр бүтээсэн толбо буртаг аргагүй мөн билээ.

Сэтгэлд бий болсон дүрслэлээ тогтоон барьж Базарсадын зуун үсэгт тарнийг уншиж эхэлнэ. Энд бидний үзүүлэх *Базарсадын Догшин Тарни* бол сэтгэлийг ариусгахад онцгой хүчирхэг үйлчилдэг хувилбар юм.

"ОМ ШРИ БАЗАР ХЭРУКА САМАЯ МАНУПАЛАЯ\БАЗАР ХЭРУКА ТЭНОПА\ТИШТА ДИДО МЭБАВА\ СУТОКАЯ̈О МЭБАВА\ АНУРАКТО МЭБАВА\ СУПОКАЁО МЭБАВА

САРВА СИДИ МЭ ПРА ЯТЦА| САРВА КАРМА СУЦАМЭ| ЦИТАМ ЦЭРЯН КУРУ ХУМ|ХА ХА ХА ХО| БАГАВАН БАЗАР ХЭРУКА МАМЭ МУНЦА| ХЭРУКА БАВА МАХА САМАЯ САДУ А ХУМ ПАД"

Энэ урт тарнийг аль болох олон давтвал сайн боловч мөн богино хэлбэрээр ч уншсан бас болно.

"ОМ БАЗАРСАДУ ХУМ"

Базарсадын ариусгал таны гол дадлага байх үед та урт тарни дээр төвлөрөх хэрэгтэй. Эхэндээ тогтооход бэрхтэй байж болох ч сүүлдээ хэлэхэд зүгшрээд ирэх болно. Ариусгалын дадлагыг өдөр тутмынхаа дадлагад оруулан дор хаяж гурвантаа уншаад дараа нь богино тарнийг багаар бодоход нэг эрхи тоолох хэрэгтэй.

Тарнийн Утгыг Ухаарах

Тарни давтах олон давхар үйлчилгээтэй. Хэл ярианы давхаргад үсэг болгон амьсгалыг тодорхой нэг замаар урсах болгох ба энэ хэмнэл нь нарийн биеийн хийнүүдийг ариусган бясалгалд илүү зохимжтой болгож өгнө. Бидний зорилго бол сэтгэлээ төвлөрүүлэх орон ба объект болгон тасалдалгүй дуу чимээний урсгалыг хөгжүүлэх явдал юм. Үүнийг тулд амьсгал гаргах үеэ дуу авиа гаргахад ашиглаад зогсохгүй амьсгаа авах үеэ ч мөн адилхан ашиглах ба дадлагыг явцад үүнд суралцдаг билээ. Цагаа болохоор амьсгал, сэтгэл хоёр хоёулаа урьдынхаас хамаагүй илүү нарийн болж хувирна.

Сэтгэлийн давхаргад бид тарнийн утган дээр ухамсраа хадгалж байх дээр анхаарч ажиллана. Урт тарнийн үгс доорх байдлаар орчуулагдана:

Тарний хэллэг	Утга
ОМ	Мөргөмүү танд
ШРИ БАЗАР ХЭРУКА САМАЯ	Сүр жавхаат догшин Базарсад та андгайнхаа дагуу
МАНУПАЛАЯ БАЗАР ХЭРУКА ТЭНОПА	Өө Базарсад аа, ариун тангаргыг минь хамгаалаач
ТИШТА ДРИДО МЭБАВА	Сэтгэлд баттай үлдээ
СУТОКАЁО МЭБАВА	Төгс аз жаргалыг болгоогооч
АНУРАКТО МЭБАВА	Намайг энэрэн хайрлаач
СУПОКАЁО МЭБАВА	Буян хишгийг минь арвижуулаач
САРВА СИДИ МЭ ПРАЯТЧА	Бүхий л увдис шидээрээ намайг ивээгээч
САРВА КАРМА СУ ЦА МЭ	Тавилан заяаг минь харуулаач

ЦИТТАМ ЦЭРЯН КУРУ	Сэтгэлийг минь бэлэг дэмбэрэлтэй, өөдрөг болгооч
ХУМ	Базарсадын шим \зүрхэн үсэг\
ХА ХА ХА ХА	4 цаглашгүй сэтгэл, 4 авшиг, 4 цэнгэл, 4 лагшин
ХО	Баярлан дуу алдах
БАГАВАН	Өө, хамаг Бурхадын биелэл болсон адистид минь
БАЗАР ХЭРУКА МА МЭ МУНЦА	Намайг бүү орхиоч
ХЭРУКА БАВА	Таван ухааны очирт мөн чанарыг надад үзүүлээч
МАХА САМАЯ САДУ	Өө, аугаа оюун билигт нэгэн та
А ХУМ ПАД	Намайг өөртэйгөө нэгтгэхийг зөвшөөрөөч

Хүснэгт 16-1: Базарсадын урт тарнийн утга

Энэхүү орчуулганд үндэслэн тарнийн жинхэнэ утгыг сийрүүлбэл:

"Сүр хүчит Догшин Базарсад та бээр андгай тангаргынхаа дагуу Бодийн ариун тааллаар сэрсэн нэгэн буюу. Таны гэгээн таалал сансар орчлонд зовогсдыг аврах ариун үйлийг аяараа төрүүлэх буюу. Аз жаргал, зовлон гуниг юу ч тохиолдлоо гэсэн таны гэгээн таалал намайг хэзээд бүү орхих болоод үргэлжид залуурдаж явах болоосой. Дээд заяанд төрөх хийгээд бусад бүх жаргалыг минь тогтворжуулж хайрла. Энгийн болоод дээд ухамсарлахуйд хүрэхэд минь туслаач. Таван билгүүний жавхааг сэтгэлд хоногшуулж хайрла"

Тарни уншиж байх үедээ энэхүү утгыг санаж байхыг оролдох хэрэгтэй юм. Тийм маягаар давтлага болгон гэгээрэлд хүргэх мөргөл болж хувирах юм.

Ариусгалын нэмэгдэл Дүрслэл

Урт тарнийг дээрх дүрслэлтэй хамт хэрэглэх нь дадлагын үндсэн зарчим билээ. Мөн тарни унших завсартаа дүрслэх өөр хэд хэдэн дүрслэл байдаг нь аугаа Их багш мастеруудын оньс зааварчилгаануудад үндэслэсэн болно. Бусад дүрсэллүүдийг мэдэх нь өөрт хамгийн их таарсан аргыг сонгоход тустай байдаг билээ.

Та аргуудыг хооронд нь солбих юмуу эсвэл аль нэгийг нь тарни уншихтайгаа хослуулж болно. Энэ дадлагад анхаарахад жишээ нь Базарсадын бясалгал хийж байх үеэр үр ашгаа нэмэгдүүлэх үүднээс бүгдийг нь дадуулж бас болно. Гэвч таны гол дадлага биш байгаа нөхцөлд аль нэгийг нь голчлох нь ашигтай байдаг.

Ямар дүрслэл сонгоно хамаагүй Базарсадын урт тарнийг тасралтгүй хэмнэлээр уншиж байх ёстой бөгөөд энэ завсраа үнэнхүү зүрх догдлом гэмшлийн сэтгэлээ өдөөж хийсэн муу буруу болгондоо харамсах сэтгэлийг төрүүлэх хэрэгтэй.

Сэтгэлийн хамаг түйтгэрүүдээ арилгах бололцоо гарч ирсэнд харин хамгаас илүү баярлаж хөөрөх хэрэгтэй бөгөөд энэхүү үйлдлээрээ өөрийн болоод хамаг амьтны жаргахын шалтгааныг бүтээж байгаа хэрэг юм.

Охь Цацралын Дэлгэрэнгүй

Энэ хувилбар бол дээрх дүрслэлийн илүү чөлөөт хэлбэр юм. Базарсадын зүрхэн тус газарт цагаан саран дэвсгэр дээр ХУМ үсэг байгаагаар дүрсэлнэ. ХУМ үсгийг тойроод зуун үсэгт тарни нар буруу эргэж үзэгдэнэ. Энэ дүрслэлийг сэтгэлдээ төсөөлөн Базарсадын тарнийг уншихад ХУМ үсгнээс тарнийн үсэгнүүд рүү гэрэл цацран тэд цөм сүүн цагаан гэрэлд хайлан шингэснээ дараа нь хослон гэгээрсэн Базарсадын Яв-Юмын биед нэвчин орно. Охь гэрэлтэн тэдний арьсны нүх болгоноос бүхий л Бурхадын орон руу цацрахад цацрагийн үзүүрт Базарсад Яв-Юмын тааллын амгалангаас бүтсэн Бурхад Бодьсадва нарт зориулсан арвин их тахилыг тээсэн байна.

Охь эргээд Бурхад Бодьсадва нарын лагшин, зарлиг, тааллын адистидаар хүч сэлбэгдэн буцаж ирнэ. Тэдгээрийн лагшингийн адистид тоолшгүй олон Базарсад ядмын дүр, зарлигийн адистид бүх огторгуйг хамарсан тарнийн уншлага, тэдний тааллын адистид, Базарсадын гэгээрсэн таалал болон таны өөрийн ариун ухамсраас салшгүй нэгэн болно. Зарлигийн адистидыг бас тарнийн үсэгнүүд болгон, тааллын адистидыг очир, хонх мэтийн эрхэм шүтээний хэрэгсэл болгон дүрслэх хувилбар бий. Энэ бүхэн Базарсад Яв-Юмд шингэн уусаж сүүн цагаан охь болон тэдний арга билиг нийлсэн хэсгээс хүчтэй цацран таны зулайн хүрдэнгээр орно.

Охь таны зулайнаас доошлон тоолшгүй олон төрлийн сөрөг үйлийн үрийг арилгана. Тэдгээр бузар барцад цөм хар хөө, утаа, өт хорхой, цус нөж болон хөл рүү тань урсан хөл хийгээд бөгсний нүхээр гарч газарт шингэнэ. Газрын гүнд та Үхлийн Эзэн Яама ядмыг дүрсэлж болох бөгөөд тэр тэдгээр бүх хилэнц нүглийг сорон авч тааламжтай сайхан эд зүйлс болгон хувиргах нь урт нас, сүсэг бишрэлийн зам дахь ахиц, бэрхшээл тотгорыг арилгаж, үйлийн үрийн өр ширийг даран төлөх зэрэгт зориулагдах ажээ. Дараа нь таны бие болор мэт тунгалаг болж гэрэлтсэн цагаан охиор дүүрлээ гэж төсөөлнө.

Дүрслэлээ төгсгөсний дараагаар эхнээс нь дахиад эхэлнэ. Дахин дахин давтахдаа асар их тахилыг өргөл болгохтой хамтруулбал буян хишиг далай ихээр хураах болно.

Өвчин Эмгэг хийгээд Сөрөг нөлөөг Арилгах

Дараагийн нэг хувилбар бол өвчин анагаах болон муу нөлөөлөл, мара зэргийн хорлолыг арилгах зорилготой. Мара гэдэгт төрөл бүрийн түвшний сөрөг нөлөөллүүд орно: яахын аргагүй хорон санаатай гадаад амьтан, сэтгэлийн түйтгэр, мэдэгдэхүүний түйтгэр мэтийн дотоод бэрхшээл, сүсэг бишрэлийн ухамсарлахуйн замд тохиолдох бусад саадууд үүнд багтана. Дээр дурдсан дүрслэлийг мөн үүсгээд энэ удаад охь өвчин эмгэг, биеийн хямрал, бүдүүн хийгээд нарийн биейн тэнцвэр алдагдах явдлыг арилгахад чиглэнэ. Тэд таны арьсны нүхнүүдээс хар цус нөж, өт шавьж, могой, хилэнцэт хорхой зэргийн дүртэйгээр шахагдан гарч газарт сорогдон орно. Базарсадын тарнийг давтан уншиж өөрийгөө ариуслаа хэмээн дүрсэлнэ.

Хамаг Амьтныг Ариусгах

Дараагийн хувилбар бол Базарсадын ариусгалыг өргөжүүлэн хамаг амьтныг хамруулна. Энэ бол Их хөлгөний болон Очирт хөлгөний ганц өөрийн төлөө бус хамаг амьтны төлөө гэсэн зорилготой бясалгагч нарт маш хамааралтай учраас та Базарсадаас гэрэл арван зүгтээ цацарлаа гэж дүрслэхдээ хэмжээлшгүй олон Базарсадын Яв-Юм таныг тойрон хүрээлсэн амьтан болгоны орой дээр заларлаа гэж бодно. Таны дээрээс охь урсахад тэдгээр амьтдын дээрээс мөн адил асгаран бууж зулайн хүрдэнгээр орон бүх биейг нэвчиж тоолшгүй олон галавт хураасан хилэнцийг арилгалаа гэж төсөөлнө. Тэдний бие махбод болор мэт тунгалаг болоод адистидтай гэрэлтсэн цагаан охиор дүүрнэ. Та мөн тэдгээр амьтдыг ариусах болтугай гэсэн тэмүүлэл агуулсан байх ёстой.

Хийн Төвүүдийг Ариусгах

Бас нэгэн ариусгалын дүрслэл бол охь биейн дагуу урсан нарийн биений бүхий л хийн төвүүд болсон хүрднүүдийг ариусгалаа гэж бодно. Тархины голд байрлах духны хүрднээс эхлэн доош сүлжээ судлуудаар орон урсаж гол судланд нийлнэ. Гол судалнаас найман зүгтээ салаалсан сүлжээнд орон тус бүрдээ хоёр салаалсан нь нийт арван-зургаан салаа болно. Тэдгээр судлууд цөм ариусан бие махбодтой холбоотой бэрхшээлүүд ариллаа гэж бодно.

Охь дараа нь гол судлаар үргэлжлүүлэн доош урсаж хүзүүний суурины дээхнэ байдаг хоолойн хүрдэнд хүрнэ. Тэнд гол судалнаас найман салаа судал гарч тэдгээр нь тус тусдаа хоёр салаалан нийт арван зургаа болно. Тэд бүгдээрээ мөн өөрийн ээлжинд хоёр салаалан гучин хоёр болгоно. Эдгээр судлууд охиор ариусан хэл ярианы бүхий л бэрхшээлүүдийг арилгана.

Дараагийн хүрд зүрхэнд байрлах бөгөөд найман судлаас бүрдэж тэдгээр нь найман зүгтээ салаалсан байна. Охь тэдгээрийг ариусгахад түйтгэрт бодолтой холбоотой бүхий л бэрхшээлүүд ариллаа гэж төсөөлнө.

Сүүлчийн чакра буюу хүрдэн бол хүйсний нүхнээс дөрвөн хуруу орчим доор байрлах хүйн хүрдэн юм. Хүйн хүрдэн дөрвөн судлаас эхэлж найм болон салаална. Гол дөрвөн зүг тийш чиглэсэн судлууд тус бүр гурав салаалсан байх нь цаашаа нэг бүр тав салаалан нийт жаран-дөрвөн судал үүсгэнэ. Эдгээр бүх судлууд охиор ариусаж дуусахад хоёрдмол зуурлтын бэрхшээлүүд цөм арилна.

Орчлонг Базарсад болгон Хувиргах

Эцсийн хувилбар бол бясалгалын голдуу төгсгөл болон үйлчилдэг. Базарсадын зүрхэн дэх ХУМ үсэгнээс гэрэл гадагш цацарч хамаг амьтан руу тусахдаа тэдний бие, хэл, сэтгэл дэх барцад хилэнцийг арилган тэдгээрийг Базарсадын гэгээрсэн лагшин, зарлиг ба таалал болон хувиргаж бүх дүрс нь Базарсадын Яв-Юм болон, бүх үг яриа Базарсадын зуун үсэгт тарни, бүх бодол санаа Базарсадын Яв-Юмын язгуурын билиг билгүүн, хувирашгүй амгалан хийгээд хоосон дүрсний нэгдэл боллоо хэмээн төсөөлнө.

Дадлагын Төгсгөл

Тарни уншиж дүрслэл үүсгэх дадлагаа гүйцэтгэж дуусаад таны зулай дээр заларсан Базарсад Яв-Юмаас гэрэл нэлэнхүйдээ тусан таны эргэн тойрныхыг гийгүүллээ. Тэд гэрэлд уусан хайлж Базарсад Яв-Юмын дүртэй болсон нугуудад шингэн уусаж тэдний унаган ариун чанарыг бэлэгдэнэ. Хүчирхэг соронзонд татагдах мэт тэдгээр олон Базарсад нугууд гэрэлд уусан нэгдэж таны зулай дээр заларн буй Базарсадтай нэгдэнэ. Итгэл бишрэлээр дүүрсэн сэтгэлээр доорх мөрүүдийг уншина:

"Аугаа хамгаалагч минь ээ, мунхаг болоод төөрөлдсөн сэтгэлээр ариун самаягаа уналд оруулан доройтуулжээ би. Энэрэнгүй Лам Базарсад минь ээ, хамаг барцад хилэнцийг арилгаж намайг хамгаалж хайрла. Их Очирыг атгагч, энэрэхүй сэтгэлийн их сан, хамаг амьтныг чөлөөлөгч тандаа би авралыг одуулмуй.

Би бээр бие, хэл, сэтгэл гурваараа үйлдсэн бүхий л нүгэл, түүний дотор үндсэн хийгээд салбар сахилууд лугаа харилцах нүглийг үйлдсэнээ илчлэн наманчилмуу. Төрөл тэргүүлшгүй цагаас авахуулаад сансарт хураасан бүхий л толбо буртаг, унал доройтол хийгээд сөрөг муу болгоныг арилгаж хайрлах ажаамуу"

Базарсад ихэд таашаан инээмсэглэн байж тан руу хараад:"Язгуурын хүү буюу язгуурын охин минь, чиний бүх хилэнц ариллаа" гэж хэлнэ. Тэгэхэд та дүрслэлээ доорх үгсийг уншсанаар уусгана:

"Базарсадын Яв-Юм машид баясгалантайгаар цагаан саранд уусаж миний зулайн хүрдэнгээр нэвтрэн орлоо. Базарсадын гэгээн лагшин, зарлиг ба таалалтай миний бие, хэл, сэтгэл салигүй нэгэн боллоо"

Сэтгэлээ бодолгүй төлөвт аль болох удаан саатуулан бариад аливаа түйтгэрээс ангид төгс ариун чанарыг таньж хэсэг зуур төвлөрнө. Тэгээд бүрэн ариуслаа гэсэн өөртөө итгэх аугаа их итгэлээр доорх үгсийг мөн уншина:

"Энэ буяны шимээр би нэн даруй Базарсад Яб-Юмын хутагт хүрч орчлонгийн нэг ч амьтныг хоцроолгүй ариусган нигүүсэх болтугай.Энэ буяны шимээр хамаг амьтан билиг билгүүн, буян хишгийн чинадад хүрч Гэгээрлийн хоёр лагшинг олох болтугай"

АРИУСГАЛЫН ДАДЛАГАД ӨГӨХ ЗӨВЛӨГӨӨ

Ариусгалын энэ дадлага бол Буддын замын нэгэн тулгуур чулуу болдог бөгөөд үйлийн зуршилт хандлагуудтай тулж ажиллах гол арга болсноор буянтай чануудыг хөгжүүлэх боломжтой болдог билээ. Энэ дадлагыг дээд зэргээр ашигтай болгохын тулд доорх хэдэн зүйлийн зөвлөж болно.

Өөрийн Бараан Талаа Хүлээн Зөвшөөр

Бидний сэтгэл буян ба нүгэл гэсэн хоёр төрлийн үйлийн үр ба кармагаар дүүрэн байдаг. Нүгэлтэй үйлийн уршгаар тааламжгүй байдалтай тулгаран хөнөөлтэй үйлд оролцдог. Буянтай үйлийн шимээр харин тааламжтай байдалтай учран өөрийн хийгээд бусдын тусыг бүтээдэг. Энэ хоёр тал хоёулаа бидний мэдрэмжийн гэрэлтэй ба бараан талууд юм. Тэд бол үнэн байдал мөн.

Ариусгал үр нөлөөтэй болохын тулд энэ үнэн байдлаа таньж түүнийгээ хувиргах хэрэгтэй. Бараан талуудаа үл тоомсорлон, дотроо байгаа чөтгөрөө далд ухамсартаа нуун дарагдуулах нь хэнд ч ашиггүй бөгөөд өөрт хохиролтой гэдэг нь гарцаагүй.

Эрт, орой хэзээ нэгэн цагт бид түүнтэй нүүр тулахаас өөр аргагүйд хүрэх бөгөөд нөхцөл байдал өөрчлөгдөж хүчээр тулгарахаас аргагүй байдалд орсноос өөрсдөө сайн дураар тааламдаа нийцүүлэн хийвэл илүү сайн байдаг.

Ариусгалын үйл явц бидний сэтгэлд гэрэл тусган, нуусан байсан болгоныг маань гадаргуу дээр ил гарган харуулж, гардан тулалдах бололцоог бидэнд олгоно. Түүний амьдралд ойрхон мөн чанар нь яг л бүү ичиж зов оо, буруугаа бүү бөөрөнхийл, бид алдаагаа зүгээр л өөрсөддөө хүлээн зөвшөөрч түүнд тохирох саруул билгүүнээ чадахын хэрээр ашиглах хэрэгтэй гэж хэлэх мэт. Бүхнийг ил нээлттэй гаргаж орхиод юу юу буруу хийснээ сайтар харж авагтун. Ингэснээр бидний дотор байсан чөтгөр шуламсын арми хүчээ алдаж бидний ирээдүйг баллах хөг нь өнгөрнө гэсэн үг.

Анагаах энэ үйл явц заримдаа маш аймшигтай байдаг, яагаад гэвэл энэ нь бидний сул талуудыг илчилж харуулдаг, гэхдээ энэ ч мөн ариусгалын дадлагын маань нэг шат мөн билээ. Бэрхшээл арилгах болгонд бидний сэтгэл баттай болж илүү гүнзгий ухах хэрэгцээ гарч бүр уг үндсийг нь онгичих шаардлагатай болно. Их зүйлийг илрүүлэх тусмаа илүү аюулгүй болж байгаагаа мэдрэн тэр хэрээр илүү амгалан зохицолтой болсноо харах болно. Тиймээс зоригтой байж өөрийн эрэл хайгуулдаа эргүүлээгүй чулууг нэгийг ч орхихгүйг хичээн шаргуу хандах хэрэгтэй.

Ариусгаж Болдоггүй Буртаг гэж Үгүй

Бид өөрсдийн үйл хэрэгт чин сэтгэлээр үнэлгээ тавьж үзвэл уучлахын аргагүй тийм зүйл хийсэн шиг мэдрэгдэж болно, жишээ нь, ойр дотныхоо нэгнийг мэхэлсэн юмуу хүн амины хэрэг гэх мэт гэмт хэрэг үйлдсэн ч байж болно. Та өөрийн үйлдлээ харан буруу гэдгийг танина. Гэвч наманчилан ариусгаж дахин хэзээ ч үйлдэхгүй гэж амлахын оронд түүндээ бүрэн дарамтлуулан, хэзээ ч эдгэршгүй шарх болгон хувиргавал өөрийгөө дахин дахин шийтгэж байгаатай л адил болох билээ.

Иймэрхүү байдлаас зайлсхийхийг хичээн бүхий л нүгэлтэй үйлдлүүдээ үнэнийг төөрөгдүүлж харсны гэм, буруу тусгасны харгай хэмээн санах хэрэгтэй. Хэрвээ үнэхээр үнэнийг тодхон харж чадах юм бол алдаа хийхгүй байж болох билээ. Үнэний мөн чанар бол язгуураасаа ариун, аливаа нэгэн төөрөгдлөөс бүрэн ангид байдаг учиртай. Тийм учраас үйлдэл хэчнээн аймшигтай байлаа ч түүнийг ариусгаж болдог ажээ.

Дотоод ариун чанараа танина гэдэг бидэнд шинээр эхлэх бололцоо ямагт байдаг гэсэн үг. Урьд төрлүүдэд алдаа хийсэн байлаа гээд ирээдүйд бас хийнэ гэсэн үг биш. Одоо шархаа аниулж нүгэлтэй үйлдлүүдийн цаад эзэн болох мунхгийг арилгах саруул билгүүнийг хөгжүүлэх хэрэгтэй байна.

Дадлагуудын Хооронд Ухамсарлаж Байх

Ариусгалын нэг томоохон хэсэг бол өөрсдийн ариун чанартаа итгэх явдал мөн. Итгэлгүйгээр өөрсдийн түйтгэрт сэтгэлээсээ байх ёстой нэгэн хэсэг мэт зуурсаар байх болно. Ийм учраас ариун ба ариун бус хоёрын хооронд ялгаагаа бататгахын тулд дадлагуудынхаа хооронд томъёололт мөн чанарыг ухамсарлах явдлыг хөгжүүлэхийг хичээх байх нь тустай. Хорвоотой харьцаж байхдаа:"Би юу тусгаж байна?" гэж асуу. Зургаан мэдрэхүйд тань юу үзэгдэж байгааг ажигла. Тэдгээр мэдрэмжүүдэд ямар итгэлийг тусган харж байгаагаа үгээр илэрхийлэхийг хичээгтүн.

Асуулт асууснаар үүсгэж байгаа саруул оюун өөрөөс зуурах үзлийн эсрэг шууд үйлчлэх ерөндөг болдог. Зохиомол зүйлс сэтгэлд хэрхэн томъёологдсоныг ухаарч эхлэх тусам тэд бидний нэгээхэн хэсэг шиг болчихсон байдаг учраас танихад улам бэрхтэй болдог. Тэд яг л цэлмэг тэнгэрт хуралдаж буй үүлс шиг бөгөөд үүлс гарч ирээд арилж өнгөрдөг бол тэнгэр хэзээд унаган төрхөө алддаггүй билээ. Ийнхүү тусгах нь таны ариусгалын дадлагыг илүү хүчирхэг болгодог билээ.

Тогтмол Ариусга

Сүсэг бишрэлийн замын эхэнд тохиолддог бидний хамгийн гол сорилт бол үйлийн зуршилт хандлагыг буцааж эргүүлэх байдаг. Төрөл тэргүүлшгүй цагаас авахуулаад нүглийг зуршуулсан болохоор гайхмаар зузаан хуримтлал болон хувирсан байдаг. Номыг гарын авлага болгох нь энэхүү урсгалыг сөрж явахтай ижилхэн учраас сэтгэлд маш их эсэргүүцэлтэй тулгардаг. Энэхүү зуршлаа өөрчлөх хүчтэй эрмэлзэл байгаа хэрнээ мөн л алдаа хийсээр байдаг нь уг үйл явцын нэгээхэн хэсэг билээ.

Байдал үнэхээр ийм байгааг хүлээн зөвшөөрснөөр муу үйлийн үрийн боловсролтыг эсэргүүцэх боломж бүхнийг ашиглан энгийн ариусгалын дадлагыг тогтмол хийж байвал зохино. Бидний сэтгэл хөнөөлтэй төлвүүдэд эргэн орсоор байх тул уйгагүй хичээх хэрэгтэй. Өдөр тутмын ариусгалд шантралгүй зүтгэл гаргаснаар тэрхүү зуршлыг багасгаж чадах болно. Хамгийн багаар бодоход л муу үйлийн үр үржихгүй байхад итгэлтэй байж болохоор болно.

Хэрвээ бид сахил, тангараг өргөсөн ёс суртахууныг дадуулагч нэгэн бол сахилаа ариунаар сахих зоригдлыг төрүүлэх ийм тогтмол ариусгал бүр ч их онцгой чухал байх болно. Ёс зүй таны зан байдалд бүрэн шингэх хүртэл сахилаа ямагт доройтуулан алдсаар байх боломжтой байдаг. Ариусгалын дадлага гэмтлийг засаж, сахил тангараа ухамсарлах явдлыг бататгана. Тэднийг ариунаар сахиж явсан цагт бид зорьсон замдаа ахиц гаргахад хэрэгтэй тэр агшнийг бүтээж чадах болно. Энэ бүх шалтгааны улмаас сэтгэлээ чадахын хэрээр тогтмол ариусгах шаардлагатай нь илэрхий болж байгаа билээ.

АРИУССАНЫ ШИНЖ ТЭМДЭГ

Бясалгалын үеэр бясалгагч хүн зуун үсэгт тарнийг уламжлал ёсоор 100,000 удаа давтсан байх учиртай. Ингэж тарнийг олонтаа давтахыг ариусгалынхаа арга болгож чадах эсэх нь дөрвөн хүчийг хэр сайн ухаарсан, хэр хүчтэй хэрэглэсэн зэргээс хамаарна. Тиймээс энэ дадлагын амжилт сэдэл хэр ариун байна, үйлийн үрийн мөн чанарыг хэр тодорхой ойлгосон байна гэдгээс ихээхэн шалтгаалах болно.

Урт хугацаагаар дадуулсны дараа сэтгэл ариуссаны шинж болох тодорхой хэлбэрийн зүүдийг үзэж болно. Жишээ нь, биеэсээ цус нөж ялгарч байгаа ч юмуу бөөлжиж байгаа, биеэ угааж байгаа, гол гатлахаар сэлж байгаа юмуу тэнгэрт нисэж байгаа зүүд үзэж болно. Иймэрхүү зүүд үзвэл дадлага гүн нөлөөлж байгаагийн сайн шинж гэж бодох ёстой.

Мөн таны өдөр тутмын амьдралд өөр өөр ариусгалууд мэдрэгдэж болно. Жишээ нь таны сэтгэл урьдыхаас илүү цэлмэг болох, энэрэнгүй болон бишрэнгүй сэтгэл ихэд нэмэгдэх, сэтгэлийн түйтгэр уур хилэн, залхуурал зэрэгт автах нь багасах гэх мэт. Зүүд үзэх болон өдөр тутмын амьдралд тохиолдох энэ хоёр төрлийн ариуслын шинжүүдээс сүүлчийнх нь хамаагүй илүү ариусал хэмээн тооцогддог бөгөөд энэ нь Номоор сэтгэлээ номхруулж байгааг илтэд үзүүлсэн хэрэг учраас тэр ажгуу.

ГОЛ ХЭСГҮҮДИЙГ ЭРГЭН СӨХВӨЛ

- Бидний давж гарвал зохих гурван төрлийн зууралт бий: 1.өөрөөс зуурах, 2.юмсаас зуурах, 3.хоёрдмол үзэгдлээс зуурах. Цагийн хүрдний дандарын ёсонд гуравдугаарх нь хамгийн ёзоорын үндэс болдог бөгөөд гэгээрэлд хүрэхээс биднийг саатуулж байдаг байна. Ёзоорыг нь тасдахын тулд нөгөө хоёр зууралтыг сулруулах хэрэгтэй.

- Би-д барих зууралтыг багасгахын тулд бидний хүлээн авахуйг төөрөгдүүлж байгаа муу үйлийн үрийн барилдлагыг уусгах хэрэгтэй. Ариусгалын үйл явцаар бид үүнийг хийнэ.

- Ариусгалын их хөлгөний арга Дөрвөн Хүчийг ашигладаг. Үүнд: 1.гэмшилийн хүч, 2.шүтээний хүч, 3.ерөндөгийн хүч, 4.шийдвэрийн хүч.

- Их хөлгөнд муу үйлийн үрийг ариусгах найман арга бий: 1.хоосон чанар дээр бясалгах, 2.ариун шүтээний өмнө мөргөх, 3.бурхан бүтээх, 4.судар бүтээх, 5.суварга бүтээх, 6.Бурхадын магтаал унших, 7.бие хэл сэтгэлээ тахил болгон өргөх, 8.буянаа зориулах.

- Очирт хөлгөнд Базарсад Ядам Бурханыг дүрслэх замаар зуун үсэгт тарнийг уншиж бясалгах аргыг хэрэглэдэг. Энэ дадлага дотоод ариун чанар дээр онцлон өөрсдийн түйтгэр бэрхшээлүүдийн мөн чанарыг ухаарч арилгахад оршдог.

- Базарсадын Ариусгал таван үе шатанд хуваагдана: 1.дадлагын гол туслагчаа болгон Базарсад ядмыг дүрслэх, 2.урьдын муу үйлүүдээ таньж илчлэн наманчлах, 3.дахиад тэдгээрийг үйлдэхгүй гэсэн бат шийдэл гаргах, 4.ерөндөг хэрэглэх замаар дотоод ариун чанараа таньж тарни унших зууртаа сүүн цагаан охь урсаж байгаагаар дүрслэх ба 5.дүрслэлээ уусган ариун чанартаа түр сааaтан амарна.

- Ариусгалыг үр дүнтэй болгох үүднээс бид өөрсдийн бараан тал болох зуршил хандлагуудтайгаа нүүрэлдэх хэрэгтэй. Бидний зорилго бол харанхуйг гэрлээр гийгүүлэх явдал. Бүхий л түйтгэрүүд сайн ч бай муу ч бай олдмол чанартай бөгөөд тэд таны унаган мөн чанарын нэгээхэн хэсэг огт биш.

- Дадлагуудын хооронд өөрийн мэдрэмжийн хоосон чанартайг

ухамсарлаж байх хэрэгтэй. Томъёололт мөн чанарын хоосон дээр тунгаан бясалгаснаар өөрөөс зуурах зууралтыг багасган ариусгалын үйл явцаа ихэд нэмэгдүүлж чадах болно.

- Зуршилт хандлагынхаа эсрэг тэмцэхийн тулд ариусгалыг аль болох тогтмол хийж байвал зохино. Өдөрт дор хаяж нэг удаа заавал ариусгах хэрэгтэй.

- Урт хугацааны туршид ариусгал үйлдсэний дараа хоёр төрлийн шинж илэрч болдог: биеэс цус нөж ялгарч байна гэж юмуу гол гаталж, тэнгэрт нисэж байгаагаар зүүдлэх ба 2.өдөр тутмын амьдралд сэтгэл тодхон уужим, нигүүсэл бишрэлтэй болох явдал юм. Энэ хоёроос сүүлчийнх нь илүү чухал шинжинд тооцогддог.

Хот Мандал Өргөх Замаар Буяны Чуулганаа Арвижуулах

Бүхий л хоёрдмол мэдрэмж бодит ба хийсвэр гэсэн байдлаар ойлгогддог. Ариусгалын дадлагаар биднийг сансарт хүлж байгаа зуурах сэтгэлийг арилгахад зорьдог хийсвэр тал дээр илүү анхаардаг. Би-д барих хандлагадаа өөрчлөлт хийхэд тэр "би" хэмээгчийн орчлонд хандах хандлагыг тэр чигээр нь өөрчилдөг. Бидний аяны дараагийн шат бол өөрсдийн мэдрэмжинд үзэгдэх бодит талыг анхаарах явдал юм.

Эдгээр үэгдлийг орон ба оронтын харилцан хамаарлын мөн чанараас нь шалтаалан шинжлэх хэрэгтэй бөгөөд түүнийг *харилцан томъёолсон холбоо* гэж нэрлэдэг. Бид нэг зүйлийг зохиохдоо цаагуураа бас өөр нэг зүйлийг далдуур зохиож байдаг. Объект буюу орон таны мэдрэмжинд өртсөн даруй мөн түүний зэрэгцээ "би" "өөрөө" гэдэг үзэл мөн адилхан байх ёстой. Сэтгэл юмсаас хоёрдмол үзлээр зөнгөөрөө зуурдаг байна. Бидний туйлын зорилго бол цаглашгүй ахуйн хоёргүй ухамсарт хүрэх явдал учраас "би" хэмээх зуурлт юмс үзэгдлээс зуурах зуурлт хоёрын аль алинаас салах хэрэгтэй.

Хаашаа л харна уу эд юмс олж хардаг. Үзэгдлийн хязгааргүй олон янзаар үзэгдэхээс шалтгаалаад бидний мэдрэмж болгон зууралт үүсэх нөхцөлийг бий болгож байдаг. Орон болгоныг нэг бүрчлэн судалж тэдгээрээс зуурах зууралтыг уусгаж болох боловч тэд хязгааргүй олон янз бүр байдаг учраас энэ нь тийм ч ухаалаг арга биш билээ. Тийм учраас бид шал өөр өнцгөөс ойртож очих болно.

Зууралтыг даван гарах гол түлхүүр бол буяны чуулган хураах байдаг. Буяны чуулган гэдэг бол буянтай үйлсэд сэтгэлээ дадуулна гэсэн үг бөгөөд буян өөрөө үнэний мөн чанар юм. Тиймээс үнэний туйлын мөн чанарт анхаарахад өөрсдийгөө зуршуулах нь буяны чуулган хуримтлуулахад амин чухал шаардлагатай байдаг байна. Буян хураах үйлсэд маань бидний хэрэглэх нэг арга бол өглөгийн дадлага юм. Өглөг бол шунал ба харамч зангийн эсрэг ерөндөг бөгөөд өөрийг энхрийлэн барих сэтгэлийг багасгах маш ашигтай арга болж, саруул оюунтай хослохоороо юмсын "би үгүй"-г ойлгуулж өгдөг байна. Мөн түүнчлэн хамаагүй илүү нарийн давхаргын зууралтыг ч мөн багасгахад үйлчилдэг ажээ.

Буянаа өсгөн нэмэгдүүлэхийн тулд бидний хэрэглэх арга бол эгэлийн үзэгдлээс зуурах зууралтаа тавиулахын хичээж гэгээрсэн бодгалиудад тахил өргөн байж өөрсдийн хүч энергээ туйлын үнэний зүг шилжүүлэх явдал юм. *Мандал* гэдэг үгийг зөв ойлгоогүйгээс будилаан гаргахгүйн тулд эхлээд хэдэн зүйлийг тодруулах болно.

МАНДАЛЫН ТӨРЛҮҮД

Төвдөөр *Мандала*-г "Жил-хор" гэх бөгөөд төв ба түүнийг тойрсон гэдэг утгатай үг юм. *Төв* гэдгээр аль нэг юмны гол утга буюу шимийг, харин *түүнийг тойрон хүрээлсэн* гэдгээр тэрхүү утгыг бэлэгдсэн үзүүлбэр юм. Мандал тэгэхээр түүгээр дамжуулан гүнзгий утганд хүрч болохыг бэлэгдэн үзүүлсэн болж таарах ажээ.

Очирт Хөлгөнд Мандал маш чухал ач холбогдолтой боловч ихэнх хүмүүс Мандал гэж юу болохыг тэр болгон мэддэггүй. Таны ойлголтонд туслуулах үүднээс одоо бид хоёр гол төрлийн Мандал: 1.гэгээрлийн хот Мандал ба 2.Хот Мандал хоёрыг тус тусад нь авч хэлэлцэнэ.

Гэгээрлийн Хот Мандал

Эхний төрлийн Мандал бол *Гэгээрлийн хот Мандал* мөн ба Мандал гэж ярихаар хүмүүс голдуу энэхүү Мандал гэж ойлгодог. Энэ бол Бурханы гэгээрсэн лагшин, зарлиг тааллын бодитоор үзэгдэх байдал бөгөөд Бурханлаг-чанарын үзэгдэх байдалтай харилцах зам болгож түүнийг ашигладаг билээ.

Очирт хөлгөний ёсонд зан үйлийн үеэр гэгээрлийн хот мандлыг олон өнгийн элсээр зориуд бүтээж ядмуудаар дүүргэдэг заншилтай. Энэ байгууламж цаглашгүй ахуйн үнэний үзэгдэх байдлыг төлөөлөхийн сацуу үнэнийг ухамсарлах ариун ухамсарлахуйг мөн төлөөлдөг байна. Энэ дүрслэлд байгаа болгон бэлэгдлийн чанартай орших тул сэтгэлээ хот мандлын зохион байгуулалттай танил дотно болгоснооороо тэдгээрийн төлөөлж байгаа тэр талуудыг сайтар ухамсарлах юм. Дараа нь тэдгээр талуудаа туйлын үнэнийг ухаарах бясалгалынхаа үндэс болгон ашигладаг.

Очирт хөлгөний ёсонд өөр өөр хот мандал хэрэглэдэг боловч туйлын чанартаа тэд цөм туйлын үнэний дээдийн төлөөлөл билээ. Гэвч харьцангуй түвшиндээ өөр өөр бясалгагч нарт адилгүй хэлбэрээр үзэгддэг байна. Зарим хот мандалд харьцангуй цөөхөн ядмууд байхад Цагийн хүрдний хот мандалд 636 ядам байдаг. Хот мандал дахь ядмууд тооноос үл хамаараад цөм таны өөрийн Бурханлаг-чанарыг төлөөлдөг гол ядмын тань өөр өөр талууд гэж тооцогддог. Ийм төрлийн хот мандлын талаар бид энэ номын Боть 3-т тодорхой нарийвчлалтай үзүүлэх болно.

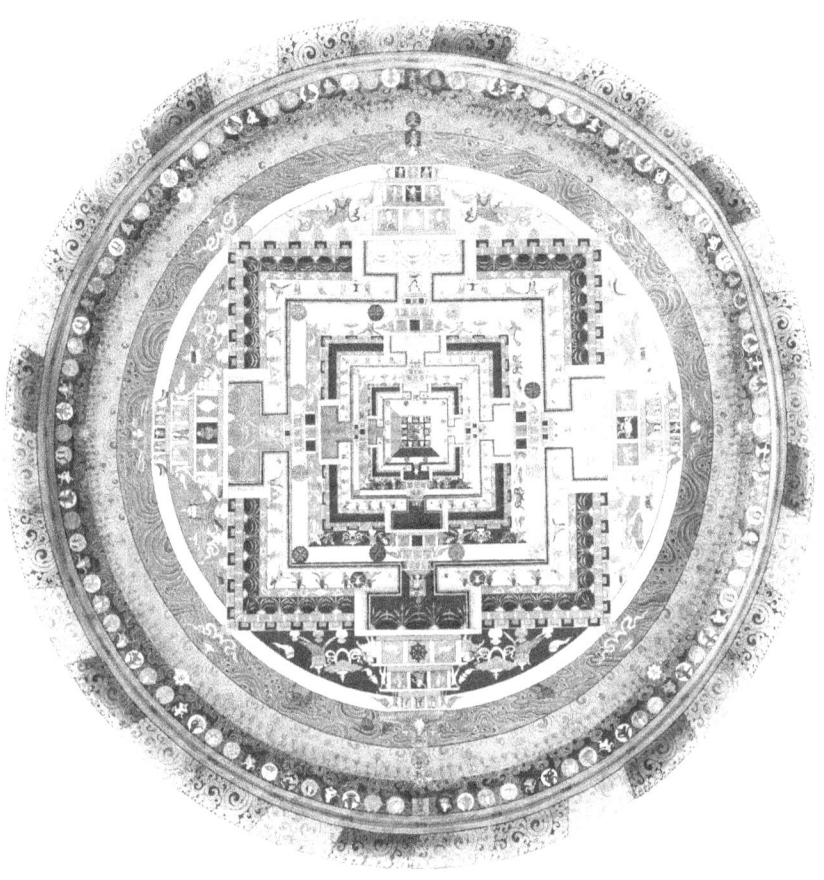

Цагийн хүрдний хот мандал

Хот Мандал

Хоёр дахь төрлийн мандлыг *Хот Мандал* гэх бөгөөд хамаг амьтны сэтгэлд орчлон хэрхэн үзэгддэгийг түүгээр төлөөлүүлж үзүүлсэн ажээ. Үүнийг буянаа арвижуулах зорилгоор тахил өргөхөд суурь болгон хэрэглэдэг. Гэгээрлийн хот мандал Бурханлаг-чанарын *үр дүнг* онцгойлон анхаардаг бол Хот Мандал харин гэгээрсэн хот мандлыг үүсгэн бий болгох сэтгэлийг ариусгах буюу *сууринд* нь голлон анхаарлаа хандуулдаг байна.

Хот Мандал голдуу дугуй төмөр хэрэгсэл болох суурь ба гурван өөр хэмжээстэй цагаригаас бүтдэг. Цагаригуудыг эрдэнийн чулуу болон бусад эдлэв зүйлийн тахилаар дүүргэн гурван давхарга үүсгэх нь шат ахисан цамхаг мэт бөгөөд оройд нь хүслийг гүйцээгч чандмана эрдэнэ ба бусад бэлэг дэмбэрэлтэй тэмдгийг байрлуулдаг. Энэхүү хэрэгслийг тахил өргөлийн бэлэг тэмдэг болгон ашиглана.

Ийм тахил өргөхөд Хот Мандал одоо бидний энэ мэдэрч байгаа эгэлийн ертөнцийг тэр чигээр нь төлөөлсөн байдаг. Үүнд амьтан нэг бүрийн болон тэдний хамтын үйлийн үрээр үзэгдэж, сонсогдож, амтагдаж, үнэртэж байгаа болгон багтана. Энэ мандалд дүрслэгдэж байгаа болгон энэ орчлон хорвоо нэжгээд амьтны сэтгэлд хэрхэн үзэгдэж байгааг илэрхийлэх ба орчлон бидний сэтгэлээс салангид орших зүйл биш болохыг дүрсэлж байгаа ажээ. Эдгээр үзэгдлүүдийг мэдэрч байгаа амьтад зөвхөн бид болохоор түүнийг "бидний" гэж үзэн тахил болгон өргөхөд болох зүйл хэмээн үздэг байна.

Буянаа арвижуулахын тулд Хот Мандлыг буяны хотол чуулган дахь гэгээрсэн бодгалиудад өргөдөг бөгөөд тэдгээр бодгалиудад биднээс үнэндээ юу ч хэрэггүй боловч өргөл тахил амьтны

Тахилд мандал өргөх

сэтгэлийг ариусгаж, буянтай чанаруудыг хөгжүүлэхэд тустай байх болно гэж үзээд энэрэн нигүүлсэх сэтгэлийн угаас түүнийг маань тэд баяртайгаар хүлээн авдаг байна.

Эгэл орчлонгийн эд зүйлсийг гэгээрсэн амьтдад өргөх нь хачирхалтай санагдаж байж болно. Бид мөн ариун бус ийм юмыг төгс ариун амьтдад өргөөд ямар нэмэр байх билээ гэж бодож байж болно. Хүндэтгээгүй болохгүй гэж үү? хэмээн сүрдэн айж ч мэднэ. Гэгээрсэн бодгалиудын зүгээс авч үзвэл бүхий л юмс үзэгдэл цаглашгүй ахуйн дотоодын ариун шинж чанар лугаа тэдний сэтгэлд үзэгдэх тул ариун бус гэдэг ойлголт тэдэнд үгүй байна. Бид л мунхаг сэтгэлээсээ болоод юмс үзэгдлийг ийм байдлаар харж байдаг билээ. Үзэгдлийн цаад мөн чанарыг таних юм бол бидний энэ тахил нь Бурхад хийгээд Бодьсадва нарт өргөвөл зохих эд яах аргагүй мөн.

Хот Мандлын бэлэгдлийн мөн чанар нь далай их буян хишгийг хураахад тусгайлан зориулагдсан байдаг. Дүрслэл хийгээд бодит биеийн хөдөлгөөнөөр мандал өргөх дадлагыг олонтаа давтанаар шуналаа багасгаж, өглөгч сэтгэлийг хөгжүүлэхээс гадна юмс үзэгдлийг өөрөөсөө үүссэн мэт бодон зуурах сэтгэлээ багасгаж болдог байна. Энэ арга маш үр дүнтэй учраас Бурхан багш нэгэнтээ:

"Ариун орондоо заларсан хамаг Бурхадад
Тэрбумаар тоологдох сав орчлонг
Алт эрдэнэс аль тааламжтай болгоноор дүүргэн өргөвөөс
Бурханлагийн ухаан төгөлдөржих болой" гэжээ.

Ийм тахил өргөх дадлагаас маш олон төрлийн ашгийг олж болно. Энэ нь аливаа нэгэн гадаад эх сурвалжид үл түшиглэх учраас баян, ядуу хэн ч байсан орчлонг өргөх бололцоотой. Бидний өргөл болгох юманд зах хязгаар гэж үгүй, санаандаа багтсан болгоныг өргөх боломжтой. Юу гэсэн үг вэ гэвэл одоогийн бидний байгаа үйлийн үрийн нөхцөлдөлтөөс үл хамааран зорьсон замдаа урагшлахын тулд буян хишгээ арвижуулах бололцоо ямагт байдаг билээ.

Дараагийн нэг сайн тал бол тахил сэтгэлд дүрслэгдэх тул түүний хэмжээнд хязгаар гэж үгүй билээ. Тиймээс бид жинхнээрээ байж боломгүй тийм арвин тансаг тахилыг ч өргөх боломжтой. Бидний тахил өргөн хүрээг хамрах тусмаа сэтгэлд илүү их буян арвижихад нөлөөтэй бөгөөд энгийн нөхцөлд байж боломгүй тийм их буян хишгийг ч арвижуулж болох ажээ.

Эцэст нь хэлэхэд Хот Мандлыг өргөх дадлага бол асар их адислалыг тээн авчрах маш хүчирхэг арга юм. Зуун зууны туршид манай урсгалын аугаа багш нар болон егүзээр мастеруд энэ аргад түшиглэн далай их буяны хураасаар гэгээрэлд хүрцгээсэн билээ. Тэдгээрийн шилийг даган явж бид ч гэсэн ихээхэн ашгийг хүртэх бололцоотой.

Хот Мандлыг өргөх нь Цагийн хүрдний замын үндсэн хэсэг мөн боловч эд материал, Номын өглөг өгөх зэргийн дадлагыг хийх хэрэггүй гэж байгаа хэрэг биш юм. Байдал ямар байх нь хамаагүй бусдад ашиг авчрахаар байвал бид чадах бүхнээ хийх хэрэгтэй. Тийм замаар гэгээрсэн бодгалиудад мандал өргөх бидний гол дадлага маань хамаг амьтанд өглөг өгөх ерөнхий дадлагын тусламжтай хамтарч явагддаг байна.

ЦАГИЙН ХҮРДНИЙ ЗАМЫН ДАГУУ ОРЧЛОН ЯМАР БАЙДАГ ТУХАЙ

Хот Мандлыг тахил болгохдоо бид орчлон гэж нэрлэгддэг өөрсдийн мэдрэмжийг өргөл болгодог. Материаллаг нийгэмд төрж өссөн бидний хувьд "орчлон" гэдэг од ба гараг эрхэсийн бөөгнөрөл мэт санагддаг. Энэ ойлголт ихэнхдээ бодит үзэгдэл дээр хийсэн шинжлэх ухааны нээлтэнд тулгуурласан байдаг.

Цагийн хүрдний энэ номд орчлон гэдэг бидний харж судалж дассан орчлон хорвоогоос маш их ялгаатай билээ. Үүнээс шалтгаалаад эртний ном сударт гардаг орчлонгийн загвартай холбоотой олон асуултуудыг гаргаж ирэхэд хүрч болох бөгөөд тэднийг "шинжлэх ухааны" үзэлтэй илүү ойртож очих дадлага болгон засварлах гэж оролдоход ч хүргэж мэдэх юм. Энэ нь тийм ч буруу зүйл биш боловч ингэх нь маш хязгаарлагдмал бөгөөд түүнээс хүртэж болох ашиг шимийг багасгахад хүргэж болзошгүй билээ.

Энэ алдаанаас зайлсхийхийн тулд уламжлал болсон орчлонгийн дүрслэлийг хэлэлцэхээсээ өмнө өөрсдийн мэдрэмжийг бодол сэтгэхүйгээрээ хөрвүүлсэн төсөөллийн загваруудын мөн чанартай эхлээд танилцах хэрэгтэй. Нэг загварын нөгөөгөөсөө хязгаарлагдмал болохыг ойлгосноор аль нь бидний хэрэгцээнд илүүтэй нийцтэй болох талаар болон яагаад тийм их чухал гэдгийг олж харах болно.

Төсөөллийн Загвартай Ажиллах

Төсөөллийн загвар бол өөр өөр үзэгдлүүдийн хоорондын холбоог дүрслэхэд ашигладаг санаануудын цуглуулга гэж хэлж болно. Ерөнхийдөө шууд олж харах аргагүй нуугдмал далд үзэгдлийн шинж чанарыг тайлбарлахад загваруудыг хэрэглэх нь нийтлэг байдаг. Жишээ нь, хэдийгээр бидний ихэнх маань хүний биеийн дотор эрхтнийг хэзээ ч хараагүй хэрнээ тархи, зүрх болон гэдэс гээд голлох дотор эрхтнүүдийг төсөөллөөрөө загвар гаргаад дүрсэлчихэж чаддаг.

Хэрвээ бид өөрсдийн төсөөллийг анагаахын эмч, мэс засалч хүмүүсийн гаргасан загвартай харьцуулах бол хамаагүй өөр болохыг ажиглах болно. Тэд тодорхой үзэгдлүүдийн холбоог биднээс илүү нарийн хэлбэрээр мэдэж байгаа учраас тэр юм. Мөн түүнчлэн зарим эмч нар хоол боловсруулах эрхтэн, мэдрэлийн системыг судлахдаа анхаарлаа төвлөрүүлэхэд тустай гэж тусгайлан бүтээсэн загваруудыг ч хэрэглэх нь бий. Тэдгээр загварууд маш өвөрмөц зорилгоор зохиогдсон байдаг байна.

Бид газрын зураг хэрхэн ашигладаг бас нэгэн жишээг сана л даа. Хамгийн энгийнээр харахад л А цэгээс Б цэгт ингэж явж хүрнэ гэсэн зүг чиг заасан газар зүйн тэмдгүүдийг уншиж танихад л болоод явчихна. Гэвч бид түүний уртраг, өргөрөгийг мэднэ гэвэл газрын өндөрлөг зэргийг үзүүлсэн газрын зураг хэрэглэх шаардлагатай болно. Түүнтэй адилхан, хамгийн ойрхны метроны буудал олох гэж байгаа бол агаарын газрын зургийг харах хэрэггүй замын зураг харах болно. Зорилго өөрчлөгдөхөд хэрэглээ өөрчлөгдөнө.

Эдгээр зүйлүүдийг санаандаа хадгалаад одоо орчлонгийн нэг загварыг нөгөөгөөс илүүд үзэхийн ашгийг бодож үзэцгээе. Шинжлэх ухаанаар дүрсэлсэн орчлонг авч үзэхэд түүний зорилго нь бодит орон зай орчин тойрноо хүний хэрэгцээнд хэрхэн ашиглах вэ гэдэг дээр түшиглэсэн байдаг. Шинжлэх ухааны загварууд бодит үзэгдлийн хэлбэр хэмжээг бидэнд харагдаж байгаа байдлаар нь нарийвчлан хэмжиж, тооцож гаргасан байдгаас бид цаг хугацааны туршид хэрхэн өөрчлөгдөж болохыг урьдчилан тооцоолж чаддаг. Энэхүү өвөрмөц зорилгоор шинжлэх ухааны загвар маш ашигтай бөгөөд өнгөрсөн хэдэн зууны туршид үнэхээр гайхамшигтай олон нээлтэнд хүрэх явдлыг ихээхэн хөнгөвчилж өгсөн гэдэг нь маргаангүй билээ.

Бурхан Багш юутай ч бидэнд харагдаж байгаа юмсыг хэмжиж үзэхийг нэг их сонирхоогүй ажээ. Одон орон заасан түүний зорилго бол үнэний туйлын мөн чанарыг ухамсарлах ба тэгснээр зовлонг үндсээр нь хувиргахад туслах явдал байлаа. Тийм ч учраас түүний дүрсэлсэн орчлонгийн дүрслэлд агуулагдах тоо ба шинжүүдийг шинжлэх ухааны загваруудаас бид хайгаад олохгүй ажгуу.

Бурханы дүрсэлсэн орчлон нэгжгээд амьтны сэтгэлийн үүднээс харж байгаад хамгийн том ялгаа байгаа аж. Туршлагын ямар ч загварын адилаар гэгээрэлд хүрэхэд бидний мэдрэмжинд ямар хүч хэрхэн нөлөөлдгийг ойлгохын тулд үүнийг ашиглаж болно.

Одон орны системын гаргасан нэг дүгнэлт бол хамаг амьтныг агуулсан сав болдог ганц бие даасан орчлон гэж байдаггүй гэдэг дүгнэлт юм. Харин амьтан нэг бүрийн үйлийн үрийн холбоосонд тохируулсан хязгааргүй их тооны хийсвэр үнэний оршихуй л байдаг ажээ. Тэдгээр хийсвэр үнэнийг нэг нэгэндээ нөлөөлөх хүчинд нь үндэслэн хэсэг бүлэг болгон хуваагснаар *ертөнцийн тогтолцоо* бий болдог байна. Энэ бол ижилхэн үйлийн үрээр нэгдсэн амьтны хувааны мэдрэх мэдрэмжийн талаар бидэнд хэлэлцэх боломжийг олгож байгаа төсөөллийн загвар төдий юм. Хэмжээ хязгааргүй үйлийн барилдлагатай амьтан байгаа гээд бодохоор үнэндээ тоолшгүй олон ертөнцийн тогтолцоонууд байх боломжтой ажээ.

Ийм их өргөн чадвар мэдрэмжийн ээдрээтэй сүлжээнд хоорондоо харилцахын тулд Бурхан багш тэр цагт нийтлэг байсан загварыг бидэнд зориулж зурж үлдээсэн билээ. Тэрбээр шавь нартаа ойлгодох нэршлүүдийг хэрэглэн байж энэ сургаалаа номлон, илүү гүнзгий утганд нэвтрэх маш чадварлаг аргыг тэдэнд олгосон байна.

Бурхан Багшийн үеэс эхлээд Цагийн хүрдний сургаалд танилцуулсан тэрхүү загвар хийсвэр мэдрэмжийг сайжруулахад гарцаагүй ашигтай гэдэг нь нотлогдсоор иржээ. Тийм ч учраас энэ загвар Цагийн хүрдний урсгалын багш егүзэр, мастеруудаар дамжин хойч үедээ уламжлагдан явсаар өнөөдрийг хүрээд байгаа нь энэ ажээ. Цагийн хүрдний загвар бодит зүйлсийн хоорондын холбоог дүрслэх гэж огтоос оролдоогүй болохоор шинжлэх ухааны загвартай зөрчилддөггүй билээ. Үүнтэй адилаар шинжлэх ухааны загварууд хамаг амьтны хийсвэр мэдрэмжийг илэрхийлье гэж хэзээ ч зориогүй учраас Калачакратай мөн зөрчилдөх зүйл үгүй юм. Одоо үүнийг мэдсэнээр Цагийн хүрдний загварыг тодруулан харж үзэцгээе.

Орчлонгийн Цорын Ганц Үнэн Дүрслэл

Цагийн хүрдний замын дагуу үзүүлсэн орчлонгийн дүрслэл гадаад орчин ба дотоод бүтэц буюу хүний хоорондын холбоо харилцааг үзүүлсэн сав, шимийн ертөнц юм. Зөв ухаарч ойлгож чадвал туршлагатай бясалгагч хүн энэхүү сав, шимийн харилцаа холбоо гадаад орчин хувь хүнд хэрхэн нөлөөлдөг, эсрэгээр хүн орчиндоо бас хэрхэн нөлөөлдөг болохыг таньж чадах юм. Энэ мэдлэг хамаг амьтны мэдрэмжинд илүү амгалан зохицлыг авчрахад туслах Цагийн хүрдний одон орон ба анагаах ухааны үндэс болон хэлбэрээ олдог байна. Мөн түүнчлэн гэгээрэлд хүрэхийн тулд дотоод нарийн биеийн хийгээ хэрхэн ашиглаж болохын үндсийг ч тавьж өгөх болно.

Ийм ухамсрыг хөгжүүлэх гол түлхүүр бол махбодуудын хоорондын харьцангуй хэмжээсийг ойлгох явдал мөн. Бидний харж байгаагаар махбод тус бүр тодорхой маш нарийн хэмжээсээр танилцуулагдсан байх бөгөөд ерөнхийдөө йояана \yojana\ гэдэг нэр бүхий эртний Энэтхэгийн нэгжийн хэмжигдэхүүнийг хэрэглэсэн байдаг. Эдгээр хэмжээсүүдийг яг тоогоор нь авч үзэх шаардлагагүй бөгөөд гол зорилго нь пропорц бий болгох гэсэн харьцуулсан үзүүлэлт гэж ойлговол зохино. Түүнийг яг л газрын зургийн хэмжээс гэж үзэж болох бөгөөд нэгжийн хэмжээ өөрчлөгдөхөд бид орчлонг харьцааг нь алдагдуулахгүйгээр томруулж, жижигрүүлж бас чаддагтай адилхан байх болно.

Цагийн хүрдэнд орчлонг маш тодорхой нарийвчлалтайгаар үзүүлсэн байх боловч түүнийг таван үзүүлэлтээс бүтсэн нэгэн ертөнцийн систем ба тогтолцоо гэж дүгнэж үзэж болно: 1.махбодуудын суурь, 2. Сүмбэр Уул, 3.аугаа алтан шороон газар, 4.огторгуйн орой, 5.тэрхүү тогтолцоонд амьдрагч амьтад. Тэд нийлээд сансар орчлонг бүхлээр нь харуулах бөгөөд нэжгээд амьтны мэдрэмжинд нөлөөлдөг үзүүлэлтүүдийн нийт тоотой тэд тэнцүү байдаг байна.

Энэхүү системын нийт өргөн ба уртын хэмжээ аль аль нь 400,000 йояана байж тэгш өнцөгт дөрвөлжин хэлбэр үүсгэсэн байдаг байна. Энэ нь гараа алдалж зогссон хүний биеийн хэмжээтэй яг таардаг гэдгийг бүрэн пропорцоор нь үзүүлсэн алдарт Леонардо Да Винчигийн *Ертөнцийн Хүн* \Vitruvian Man\ хэмээх уран зурагт дүрслэгдсэн байдаг ажгуу.

Махбодуудын Суурь

Одоо бид сав, шим ертөнцийн системын талаарх өөрсдийнхөө мэдрэмж дэх махбодын суурийг бий болгохоос эхлэх болно. Цагийн хүрдний одон оронд ертөнц зургаан махбодын бүрэлдэхүүнээс тогтдог ажээ: 1.огторгуй, 2.хий, 3.гал, 4.ус, 5.шороо ба 6.ухамсар юм. Махбод болгон бидний мэдрэмжийн өөр өөр талуудыг төлөөлөхөөс гадна цөм нийлж бидний учирдаг үзэгдлүүдийг хэлбэржүүлдэг байна. Энэ зургаагаас ухамсар бол бодит бус мөн чанартай цорын ганц махбод бөгөөд үлдсэн тав нь бодит байдлаар ухамсарт хамрагдан оршдог ажээ.

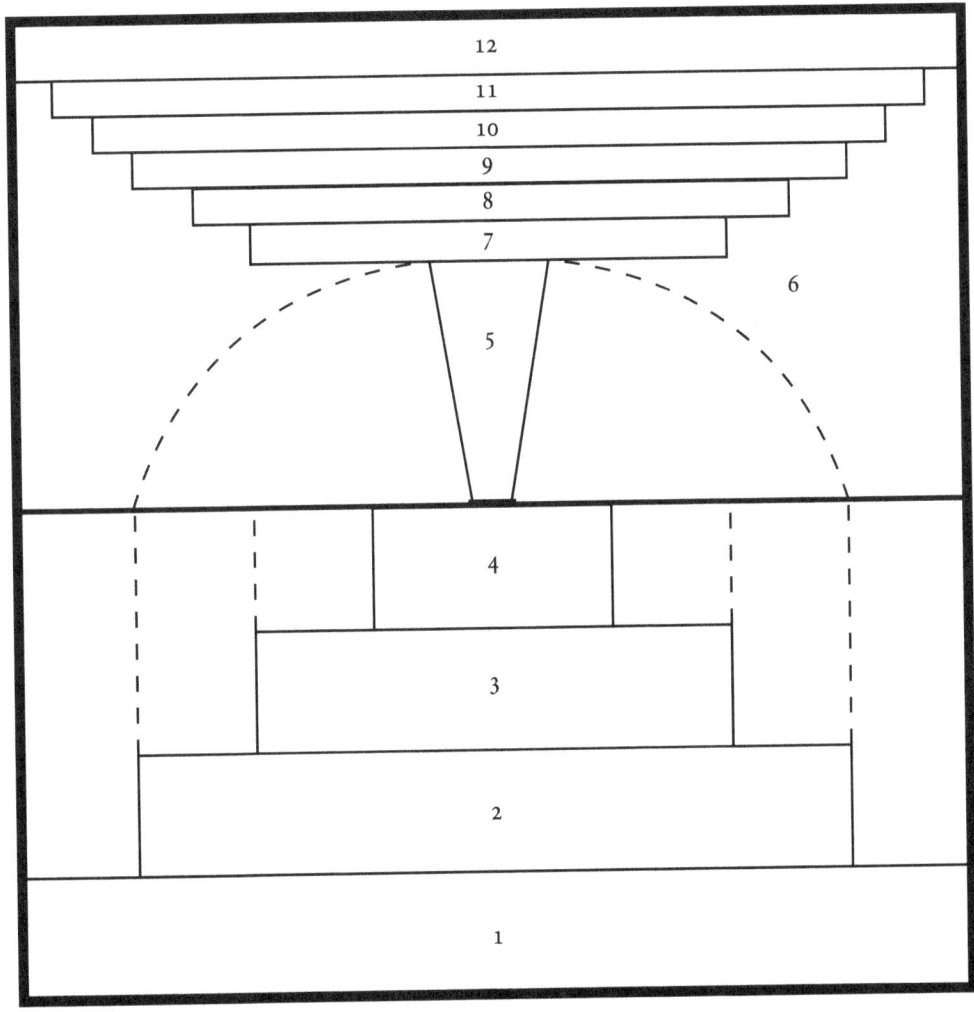

1. Хийн Суурь	7. Хүсэлт Тэнгэрийн Орон
2. Гал Суурь	8. Шороон махбодтой Дүрст Тэнгэрийн орон
3. Усан Суурь	9. Усан махбодтой Дүрст Тэнгэрийн Орон
4. Шороон Суурь	10. Гал махбодтой Дүрст Тэнгэрийн Орон
5. Сүмбэр Уул	11. Хий махбодтой Дүрст Тэнгэрийн Орон
6. Огторгуйн Орой	12. Огторгуй махбодтой Дүрсгүй Тэнгэрийн Орон

Зураг 17-3: Цагийн хүрдэн дэх Орчлонгийн Загвар

Бодит үзэгдэлд хамааруулан хэлбэл тодорхой нэгэн махбод давамгайлсан байдлаар нь хий махбодтой гэхчилэн бүлэг болгон хувааж үздэг. Тэр байтугай бусад махбодууд үзэгдэхгүйгээр дан ганц огторгуйн махбод байх санаа хүртэл байж болдог байна. Ийм замаар нарийнаас бүдүүн рүү гэсэн зохион байгуулалттай махбодуудын хоорондын ерөнхий харьцааг бид тодорхойлж болох ажээ.

Уламжлал болсон Хот Мандалд ертөнцийн-тогтолцооний суурийг дөрвөн цагариг дэвсгэрээр үзүүлсэн байдаг. Эхний цагариг хар хөх өнгөтэй хий махбодыг төлөөлсөн, диаметрээрээ 400,000 йояана бөгөөд ертөнцийн суурь болно. Хоёр дахь цагариг гал махбодыг төлөөлсөн улаан өнгөтэй ба 300,000 йояана диаметртэй. Түүний дараа цагаан ба шар цагаригаар ус ба шороон махбодыг төлөөлүүлж тус бүр 200,000 ба 100,000 йояана хэмжээстэй оршино. Бүх цагариг тус бүр 50,000 йояана зузаантай учраас нийт 200,000 йояана болох нь ертөнцийн системын яг талтай тэнцүү байх болно. Тэдгээрийн зузаан нь хүний хөлийн өсгийнөөс бүсэлхий хүртэлх хэмжээг дөрөв нугалсантай тэнцдэг байна.

Эхний гурван махбодын цагариг тус бүрээс өөр өөрийн тохирсон материалаар дараагийн махбодод тултал дүүргэгдэх ба шороонд суурь дээр нь тулна. Хий махбод яг 150 йояана, гал махбод 100 йояана ба усан махбод 50 йояана зузаантай байдгийг дотор дотроо багтдаг дөрвөн аяга ижил өндөртэй байгаатай адилтгаж болно.

Уулсын Хаан - Сүмбэр Уул

Түрүүн хэлсэн ёсоор ухамсрын махбод энэ ертөнцийн системын тал болгонд нэвтрэх чадвартай ажээ. Бидний хаа оршин байгаагаас шалтгаалаад ухамсар өөр өөрөөр үзэгддэг байна. Жишээ нь, системын доод хэсэгт бүдүүн махбодууд бидний мэдрэмжийг эзэмшин оршдог бөгөөд дундаас дээшээ хөдлөх тусам махбодууд хамаагүй нарийсч ирэн, үнэний мөн чанарыг харьцангуй илүүтэй хянах боломжийг ухамсарт олгодог байна.

Энэхүү сайжруулсан хяналтын хэмжээг чөлөөлөлтөнд хүрэх сүсэг бишрэлийнхээ замд үндэс болгон ашиглах бололцоотойг Бурхан багш таньж мэдсэн байна. Тиймээс Үлэмж Үзэхүй ба Амирлан Оршихуйн нэгдэлд хүрснээр хүн цаглашгүй ахуйг шууд мэдрэх чадалтай болох бөгөөд тэрхүү ухамсарлахуйнхаа хүчээр бүхий л түйтгэрүүдээ даван гарч чадах ажээ. Энэ үйл явцтай харьцахын тулд тэрбээр зорчих замыг үлгэр домгийн Сүмбэр Уулын хэлбэрээр харуулсан байдаг. Ууланд "авирах" энэ үйл ажиллагааны дүнд ухамсрынхаа хамгийн оргилд хүрч гэгээрлийн дээд увдисыг олж авах болно.

Ертөнцийн тогтолцоо ба системын дүрслэлд Сүмбэр Уул шороон махбодын дээр оршино. Дугуй тойрог хэлбэртэй бөгөөд дээшээ 100,000 йояана өндөртэй. Сүмбэр уулын суурийн диаметр 16,000 йояана, оройн хэсэгтээ 50,000 йояана шовгор орой нь уруугаа харсан мэт хэлбэртэй ажээ. Сүмбэр уулын өндөр суурнаасаа оройдоо хүртэл хүний бүсэлхийнээс мөр хүртэлх зайтай тохирдог байна.

Сүмбэр Уулын орой дээр "хүзүү, нүүр ба зулайн товгор" байрлана. Эдгээр бол тэр хавийн маш нарийн хэлбэрийн хий, огторгуй махбодуудад өгсөн нэрс бөгөөд хүзүү нь уулын оройгоос 25,000 йояана үргэлжилж, нүүр нь 50,000, зулайн овгор 25,000 йояана ажээ. Энэ бүхэн хүний хүзүү, нүүр ба үсний захаас зулай хүртэлх хэмжээтэй таардаг байна. Сүмбэр Уулын 100,000 йояана, түүний дээр орших огторгуй махбодын 100,000 йояана нийлээд 200,000 йояана болно. Үүний дээр махбодуудын цагаригнуудын нийлбэр 200,000 йояана нэмэгдэхээр 400,000 йояана буюу хүний биеийн улнаас зулайн орой хүртэлх бүтэн хэмжээстэй яг таардаг ажгуу.

Уул өөрөө таван өөр өнгийн хэсэгт хуваагдах нь уулын төв суурь хэсэг ногоон, зүүн зүг нь хар хөх, өмнө зүг нь улаан, хойд зүг цагаан ба баруун зүг нь шар. Орой нь таван өндөрлөгтэй, тавуулаа таван хэсэгтэй холбогдсон өнгөтэй байна. Даранатагийн сургаснаар 25,000 йояана хэмжээстэй голын ногоон оргил Цагийн хүрдний гэгээрсэн хот мандлын гол суурь болдог ажээ.

Уламжлалт эх бичигт Сүмбэр уулыг маргад, номин, шүр, болор болон молор эрдэнэ мэтийн үнэт чулуугаар бүтсэн гэж дүрсэлсэн байх хэдий боловч түүнийг хорвоо дээр байдаг энгийн нэгэн уултай адилтган бодож болохгүй. Сүмбэр Уул цэвэр оюуны үзэгдэл учраас мэдрэгдэж болох байлаа ч таван мэдрэхүйн эрхтнээр түүнийг мэдрэх боломжгүй билээ.

Аугаа Замбуутив – Алтан Шороон Газар

Бидний энэ дэлхий Сүмбэр Уулын сууринд орших шороон махбодын цагирган дээр оршино. Энд амьдрагч хэн ч болов таван махбодыг мэдэрч ерөнхийдөө таван мэдрэхүйн үзэгдлүүдэд захирагдан аж төрнө. Энэхүү мэдрэмжийн хүрээнд үйлийн үрийн барилдлагаанаас шалтгаалаад хүмүүс олон өөр орчинд төрдөг байна.

Цагийн хүрдний урсгалын дагуу авч үзвэл Сүмбэр Уулын суурнаас 1,000 йояана хиртэй сунасан ирмэгт тэмдэгт зааг байх бөгөөд хамаг амьтныг бодит биеийнхээ буянаар Сүмбэр уул руу өгсөхөөс хязгаарлан, нэвтрэх аргагүй хаалт болон оршдог байна. Тэрхүү хаалтны цаана төрөхийн тулд зөвхөн бясалгалын тусламжтайгаар л хувиргалд орох хэрэгтэй байдаг ажээ.

Ирмэгийн гадаад хүрээнээс 16,000 йояана сунасан зайд 50,000 йояана диаметртэй дугуй бүс нутаг бий. Энэ бүс нутаг томоосоо багассан зургаан дотоод тивтэй, тив бүр нь газар болоод далайтайгаар уулыг тойрон байрласан байна.

Уулыг тойрсон зургаан цагаригийн гадуур *Алтан Шороон Газар* \Аугаа Замбуутив\ хэмээн нэрлэгдэх долоо дахь тойрог хүрээлсэн байх нь гадагшаа 25,000 йояана тэлж шороон махбодны ирмэгт тулсан байна. Энэ хэсэг арван-хоёр хязгаар нутагт тэнцүүхэн хуваагдах нь цагны нүүр гэлтэй. Бүс нутаг болгонд далайгаар хүрээлэгдсэн нэг гол тив байдаг байна.

Алтан Шороон Газар дахь арван хоёр тив дөрвөн зүг рүү чиглэсэн дөрвөн бүлэг салбаруудад хуваагдах нь: дорно зүгт Үлэмжийн Биетэн, өмнө зүгт Замбуутив, умар зүгт Муу Дуут ба өрнө зүгт Үхэр Эдлэгч гэнэ. Салбар болгон гурван тив буюу нэг төв хоёр арай жижгэвтэр тив хоёр талд нь байрлана. Зүүн салбарт орших гурван тив хагас дугуй хэлбэртэй бөгөөд хавтгай ирмэгээрээ Сүмбэр Уул руу чиглэсэн байна. Өмнө зүгт орших гурван тив гурвалжин хэлбэртэйгээр сууриа Сүмбэр уул тийш чиглүүлэн байрлана. Хойд зүгт орших гурван тив бөөрөнхий бөгөөд баруун зүгт оршсон нь дөрвөлжин хэлбэртэй ажгуу.

Шороон махбодын ирмэгээс аугаа их давст усан далай 50,000 йояана үргэлжилсэн нь усан махбодын ирмэгт тулж таардаг байна. Энэ далай *Сарнишгүй Их Хүрээнд* хашигдан оршиж тэр нь цаашаа гал ба хий махбодоор хүрээлүүлдэг байна. Хий махбодын цагаригийн гадуур юу ч үгүй хоосон орон зай оршдог ажгуу.

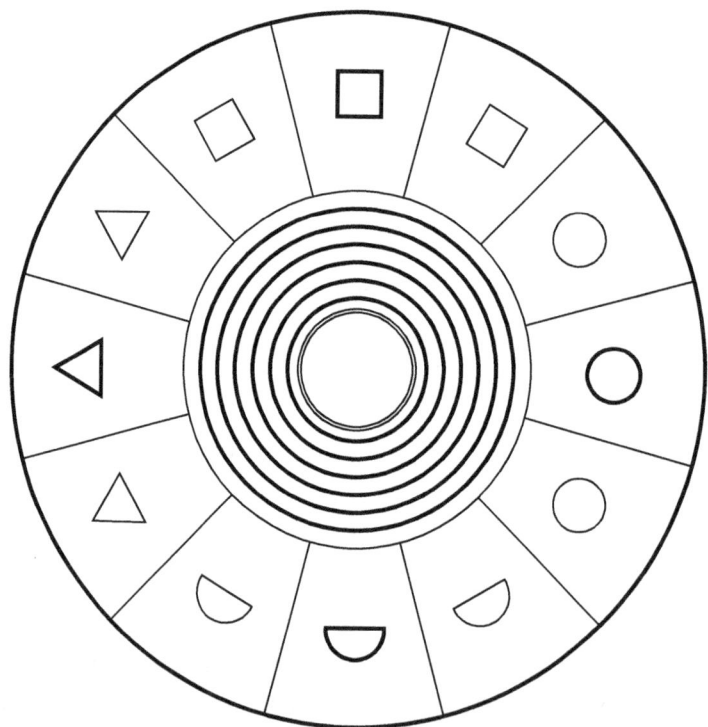

Зураг 17-4: Их Замбутивын Арван-Хоёр Тив

Огторгуйн Орой

Алтан Шороон газрын дээр байх огторгуйд Сүмбэр Уулын дээд ирмэгээс гал махбодын цагариг хүртэл уулнаас доошоо дээвэр мэт сунасан дугуй хийн бүслүүр байдгийг *Огторгуйн Орой* гэж нэрлэнэ. Энэхүү хэсэгт одод хийгээд гараг эрхэс зэргийн огторгуйн үзэгдлүүд үзэгддэг байна. Эдгээр огторгуйн биетүүд өөр ертөнцийн тогтолцоонд харьяалагдах хэдий боловч тэдний хөдөлгөөн манай гарагийн системтэй холбоотой байж бидний мэдрэмжинд нөлөөгөө үзүүлж байдаг байна.

Алтан Шороон Газар дээр өмнө зүгийн Замбутивын ертөнцөд амьдрагчдын зүгээс авч үзвэл бидний юу мэдрэх вэ гэдэг тэр чанарт нөлөөлж байдаг арван хоёр одны орд байдаг нь: 1.Хонь, 2.Үхэр, 3. Ихэр, 4.Мэлхий, 5. Арслан, 6. Охин, 7.Жинлүүр, 8.Хилэнц, 9. Нум, 10. Хумх, 11. Бумба, 12. Загас юм. Эдгээр оддын бөөгнөрлүүд арван хоёр огторгуйн аймаг үүсгэх нь Алтан Шороон Газар дээрх арван хоёр тивийн толинд туссан дүрс мэт ажээ.

Цагийн хүрдний зурхайн ухаанд Сүмбэр Уулыг тойроод тойрог замаар эргэлдэн байдаг арван гарагийн хөдөлгөөнийг шинждэг нь: 1. Нар, 2. Сар, 3. Марс, 4. Меркури, 5. Юпитер, 6. Венус, 7. Сатурн, 8. Кэту, 9. Раху ба 10. Калагни билээ. Эдгээр гараг эрхсийн эхний найм нь Сүмбэр Уулыг тойрсон тойрог замаар цагийн зүүний эсрэг эргэлддэг. Гэхдээ эдгээр гарагуудыг шинжлэх ухааны үзлийн үүднээс ойлгож болохгүй гэдгийг санах нь чухал. Яагаад гэвэл шинжлэх ухаанд Нар бол од, Кэту бол сүүлт од, Раху ба Калагниг нар ба сарны хиртэлт гэж үздэг билээ.

Нар, Марс, Юпитер ба Сатурныг бидний нарийн биеийн хийнүүд баруун судлаар гүйхэд нөлөөлдөг гэж үздэг учраас хортой гэж тооцдог бол Сар, Меркури, Венус болон Кэту нарыг хий зүүн судлаар гүйхэд нөлөөлдөг учраас ашигтай гэж үздэг байна. Гараг эрхсийн хөдөлгөөнийг Дэлхий дээрх далайн таталт түлхэлтэнд Сар нөлөөлдгийн нэгэн адил бидний биеийн энергийн тэнцвэрийг өөрчилж байдаг соронзон татах хүч гэж ойлгож болно. Энэхүү шалтгаалагч холбоог ойлгосноор тодорхой үйл хэргийг гүйцэтгэх боломжтой нөхцөлийг таних бололцоотой билээ.

Шим Ертөнцөд Амьдрагчдын Төрөл Зүйл

Бид ийнхүү өөрсдийн өвөрмөц ертөнцийн тогтолцоо ба системын шинж талуудыг дүрсэлж дууслаа. Саяын энэ үзүүлэн бол нэжгээд амьтны сэтгэлд орчлон ертөнцийн үзэгдэх байдал билээ. Бидний ухамсар өөрсдийн хот мандлынхаа гол болон ухамсарт өртсөн бүх үзэгдлийнхээ төв дунд ямагт байрладаг байна. Ертөнцийн системын ерөнхий хэлбэр бидэнд хэрхэн үзэгдэх нь бидний хамаг амьтантай тогтоосон барилдлаганаас шалтгаалж байдаг гэдэг.

Хамтын нийтлэг үйлийн үрээр бид нэгэн шинж төрх бүхий нэг ертөнцийг мэдэрч байна. Амьтны мэдрэмж хэзээч зуун хувь адилхан байдаггүй боловч нийтлэг байдлаараа харьцангуй төстэй байдаг ажээ. Тийм учраас хамаг амьтдыг өөр өөр *Мэдрэмжийн Оронд* "амьдрагч" хэмээн нэрлэж байгаа юм. Цагийн хүрдний сургаалд гучин-нэгэн төрлийн амьтан байдаг, түүнээс арван-нэг нь хүсэлт орон, арван-зургаа нь дүрст орон, дөрөв нь дүрсгүй оронд амьдрагч нар ажээ. Амьдралын явц, үхэл ба үйлийн үрийн боловсролт зэргээс болж амьтан болгон зогсоо чөлөөгүй ертөнцийн системын өөр өөр хязгаар нутагт төрөл авсаар байдаг байна.

Хүсэлт Орон хий махбодын ёроолоос Сүмбэр Уулын хүзүүнээс дээшээ эхний гурван орныг хамран барагцаагаар 308,000 йояана байдаг. Энэ бүс нутагт амьдардаг арван-нэгэн төрлийн амьтад бол: 1.шороон махбодын дэвсгэрийн доод хагасаас доошоо хий, гал, усан махбодын хүрээнд амьдардаг тамын амьтад, 2.шороон махбодын дэвсгэрийн дээд хагаст амьдрагч лус ба хагас-тэнгэрүүд, 3.шороон махбодын дэвсгэрийн дээр өөр өөр тивүүдэд амьдрагч хүмүүс болон 4.адгуус ба 5.бирд, 6.Сүмбэр уулын бүс нутгийн газраас мөрөнд хүртэл үргэлжлэх бүсэд амьдрагч Дөрвөн Их Хаадын Тэнгэрийн Орны тэнгэрүүд, 7.Сүмбэр уулын оройгоос хүзүүний доод гурван үе хүртэл бүс нутагт амьдрагч Гучин-Гурван тэнгэрийн орны тэнгэрүүд, 8. Тэмцлээс хагацсан, 9. Төгс Баясгалант, 10. Хувилахад Баясгалант, 11. Бусдын Хувилгааныг Эрхэнд Үйлдэгч тэнгэрийн орны тэнгэрүүд юм.

Дүрст Тэнгэрийн Орон Сүмбэр Уулын дээр хүзүүний гуравдугаар үеэс 67,000 йояана огторгуйг эзлэн оршино. Энэ огторгуй дөрвөн махбодод үндэслэсэн дөрвөн хэсэгт хуваагдах нь: шороон махбодтой холбоотой хүзүүний үлдсэн хэсгийн гуравны хоёрыг эзлэн орших – 1. Эсрэнгийн Язгуур, 2. Эсрэнгийн Түшмэл, 3. Их Эсрэн ба 4.Бага Гэрэлт, эрүүний орчим усан махбодтой холбоотой орших – 5.Хэмжээлшгүй Гэрэлт, 6. Тодорхой Гэрэлт, 7. Бага Буянт ба 8. Хэмжээлшгүй Буянт, хамарны орчим гал махбодтой холбоотой орших -- 9. Буян Дэлгэрэгч, 10. Үүл үгүй, 11. Буян Төрөх 12. Үр Ихт мөн түүнчлэн духанд хий махбодтой холбоотой орших – 13. Их Үгүй, 14. Энэлэл Үгүй, 15. Сайн ба Мууг Машид Мэдэгч болон 16. Доор бусын тэнгэр эдгээр юм.

Дүрсгүй Тэнгэрийн Орон Сүмбэр Уулын зулайн товгорын үлдсэн 25,000 йояана   огторгуйг эзлэн оршино. Дөрвөн төрлийн тэнгэрүүд тэнд амьдардаг нь: 1. Хязгааргүй огторгуйн тэнгэрүүд, 2. Хязгааргүй Ухамсрын орны тэнгэрүүд, 3. Юу ч үгүй орны тэнгэрүүд, 4. Хуран мэдэл үгүй, хуран мэдэл үгүй бус орны тэнгэрүүд билээ.

МАНДАЛ ЯАЖ ӨРГӨХ ТУХАЙ

Ертөнцийн тогтолцоо ба системын өөр өөр талуудын талаар ерөнхий ойлголттой болсон болохоор одоо тэрхүү орчлон ертөнцөө гэгээрсэн амьтдад хэрхэн тахил болгон өргөх сэдэв рүү шилжих боломжтой боллоо. Энэ дадлагыг гурван алхмаар гүйцэтгэх бөгөөд: 1.мандал өргөх бэлтгэл болгож буяны хотол чуулганыг урин зална, 2.тахилд өргөх орчлон мандлыг бүтээх ба 3.буянаа зориулах ерөөл өргөх эдгээр билээ.

Мандал Өргөх Бэлтгэл

Их хөлгөний аль ч дадлагад байдагчлан бид мандал өргөхдөө эхлээд аврал одуулж Бодь сэтгэл үүсгэнэ. Мөн богино хэмжээний Базарсадын ариусгалыг хамтруулбал зохимжтой байдаг. Ариусгал болон буян аривижуулах хоёр нөхцөл үтүйгээр сүсэг бишрэлийн замдаа ахиц олно гэж байдаггүй. Ганц ариусгалаар зорилгодоо хүрэх боломжгүй учраас буянтай чанаруудаа хөгжүүлэх явдлыг бататган буян хишгээ арвижуулах хэрэгтэй.

Бэлтгэлийн зэргүүдийг гүйцэтгэж дууссаны дараагаар өөрийн багшийг Очирдарь Гүрү Багш болгон дүрсэлнэ. Таны өмнийн огторгуйд эрдэнэсийн зүйлсээр бүтээсэн, цаст уулын найман арслан дэмнэсэн суудал дээр дөрвөн дэвсгэр буюу цагаан саран, улаан наран, хар хөх раху ба шар калагнийн дэвсгэр тавьжээ. Таны Гүрү Багш хөх Очирдарийн дүртэйгээр Урсгалын лам нар хийгээд өнгөрсөн, эдүгээ, ирээдүй гурван цагийн Ядам, Бурхад Бодьсадва, Архадууд тэнгэр хийгээд охин тэнгэрүүд, Номын Сахиуснууд нараар хүрээлүүлэн сууна. Гурван Эрдэнээс салшгүй нэгэн чанартай энэхүү аугаа хотол чуулганыг бишрэн сүрдсэн байдалтай авралын туйлын эх сурвалжаа болгон харна.

Бидний мандал өргөх дадлага үр дүнтэй болж буяныг маань арвижуулаасай гэж бодож байгаа учраас сэтгэлийн төлвөө машид ихээр хичээвэл зохино. Танд хэрэгтэй гурван чухал үндэс суурь нь: 1.энэрэл нигүүсэлд суурилсан сэдэл, 2.сатааралгүй төвлөрсөн сэтгэл, 3.тахил өргөгч, тахил өөрөө болон тахилын эд зүйлс цөмөөрөө хоосон чанартайг ямагт ухааран байх явдал юм.

Дүрслэлээ бий болгоод сэтгэлээ тогтоож авсныхаа дараагаар үнэн бишрэнгүй сэтгэлээр уншина:

> "Үүрийн цолмон адил хормын төдийд гэгээрүүлэх чадалтай
> Эрдэнэ мэт энэрэлт Лам Очирдарь багш түүнээ
> Лянхуан өлмий дор сөгдөн мөргөмүү
> Дээдийн амгалангийн наран мэт гялалзсан
> Мунхгийн харанхуйг гэгээрлийн үнэнээр арилгагч

> *Эндүүрэлгүй харах саруул оюуны мэлмий*
> *Эрдэнэ мэт Лам түүнээ хэмжээлшгүй талархан мөргөмү"*

Багшийгаа Гурван Эрдэний амьд биелэл гэж төсөөлөх амаргүй байж болох болович дээрх үгс түүнийг хэнээс ч илүүтэй эрхэм нэгэн мөн гэж сануулахад туслах ажээ. "Лянхуан өлмий" гэдгээр арслан суудалд заларсан Гүрү багшийн лагшинг магтан дуулсан байна. Тэрбээр бүхий л гэгээрсэн амьтдыг төлөөлсөн нэгэн учраас түүний очирт лагшингаар Гүрү багшийн гэгээрсэн хэлбэрийн сарнишгүй бат бөхийг төлөөлүүлдэг. Бид туйлын үнэний хувиршгүй дээдийн амгаланг олохын тулд тоолшгүй галвуудыг элээх болох болович очирт багшийн адислал дор түүнийг хормын төдийд олж харах бололцоотой болохоор түүнээс эрхэм нандин нэгэн гэж үгүй байхаас аргагүй билээ. Цаашилбал, Гүрү багш бидний далд байгаа дутагдлуудыг олж харах чадвартай болохоор "эндүүрэлгүй харах саруул оюуны мэлмий" хэмээгээд эрген тойрноо харах бололцоог бидэнд олгодог нарны гэрэлтэй зүйрлэсэн байна.

> *"Та бол бидний эцэг хийгээд эх болой*
> *Та бол хамаг амьтдын эзэн, үнэн болоод буянт нөхөр болой*
> *Та бол хамаг зүйл амьтдын тусад зүтгэсэн хамгаалагч болой*
> *Та бол барцад хилэнцийг булаан арилгагч аугаа аврагч болой*
> *Та бол хилэнц бүгдээс төгс ангижирч бүхий л сайныг тэгш агуулсан болой"*
> *"Өөрийг энхрийлэх сэтгэл хийгээд бусад зовлонгийн үндсийг таслагч, доодсыг хамгаалагч, эд баялгийн эх ундрага, хүслийг гүйцээгч чандмана эрдэнэ, дайснаа дарсан Номын Их Эзэн багш лугаа итгэлийг одуулмуй би"*

Дараагийн мөрүүдэд сүсэг бишрэлийн тал дээр Багш буяны садан бол таны эцэг, эх яах аргагүй мөн бөгөөд аав шиг тань аян замд хамгаалан явдаг ба ээж шиг тань хайрлаж торддог гэдгийг өгүүлсэн билээ. Сүсэг бишрэлийн замдаа хэнийг газарчлах вэ гэдэг дээр тэр хэзээд үл ялгаварлан хандаж, хамаг амьтныг гэгээрэлд хүрэн хүртэл нь асран дагуулж явахаар андгай өргөсөн нэгэн. Дээдийн мэргэн чанарт багшийн заасан сургаалаар л дамжин хүрч болдог тул түүнийг хүний дүрээр үзэгдсэн Бурхан гэж үздэг билээ. Түүнийг мөн "хүслийг гүйцээгч эрдэнэ" гэж нэрлэдэг нь хязгааргүй гэгээрсэн чанарыг харуулдгаас тэр ажээ.

Эдгээр үгсийг уншихдаа сүсэг бишрэлийн багштайгаа болон бусад гэгээрсэн бодгалиудтай холбоогоо зузаатгаж байна гэдгээ мэдрэх хэрэгтэй. Тэдний хязгааргүй сайхан сэтгэлтэйг бодож тэдэнд талархах сэтгэлдээ бишрэлийг тань улам чангаруулж өгөх бололцоог олгогтун.

Мандал Өргөх Бодит Дадлага

Хот Мандал өргөх дадлага дөрвөн үе шаттай: 1.хэрэгслээ цуглуулах, 2.суурна бэлтгэх, 3.тахил болгох зүйлсээ дүрслэх ба 4.мандлаа өргөх юм.

Хэрэгслээ Цуглуулах

Уг дадлагыг зүгээр гарны хөдөлгөөнөөр ч гүйцэтгэж болдог хэдий ч орчлонг тахил болгон өргөхөд хэрэгтэй хэрэгслүүдийг олж бодит зүйлсээр өргөхөд хичээл зүтгэл гаргах нь илүү үр дүн авчирдаг. Үүнд гурван зүйл хэрэгтэй болно:

1. **Мандал Өргөх Хэрэгсэл:** Уламжлалт мандал өргөх хэрэгсэл бол суурь ба гурван цагариг, оройн дуаз зэргээс бүтдэг. Алт, мөнгө, зэс , гууль болон модоор ч хийсэн байх нь бий. Тиймээс та өөрийн бололцоонд тааруулан олдож болох хэрэгслийг ашиглаж болох бөгөөд бололцоогүй бол бүтэн цуглуулга авах гэсний хэрэггүй билээ. Хамгийн бага шаардлага л хавтгай дугуй таваг юмуу хад чулуу ч байсан болно.

2. **Сүрчиг:** Суурийг адислахын тулд танд сүрчиг юмуу анхилуун үнэрт нунтаг байх хэрэгтэй. Эрт цагт ариусгах чадалтай гэж тооцон үхрийн хатаасан аргал хэрэглэдэг байжээ. Сүрчиг олдохгүй бол цэвэр ус хэрэглэсэн ч болно.

3. **Тахилын Зүйлс:** Хагас үнэт эрдэнийн чулуу буюу түүнийг төлөөлүүлсэн зүйлс өргөхөд тохиромжтой байдаг. Олоход хэцүү байвал хөх буудай эсвэл үр тариа байж болно. Тахилыг өргөхдөө өргөлийн зүйлсийг даавуун дээр асган өвөр дээрээ тавьдаг нь дадлагыг үеийг гүйцээж дүүргэхэд гарт ойрхон байлгах зорилготой ажээ. Өргөлийн зүйлст шороо, чулуу зэрэг хог хаягдал оролцуулахгүй байхад анхаарах хэрэгтэй.

Суурийг Бэлтгэх

Бүх хэрэгслээ бэлтгэсний дараагаар мандлын суурийг авч:

ОМ БАЗАР БУМИ А ХУМ гэж уншина.

БАЗАР БУМИ гэдгээр дугуй тавгаар төлөөлүүлсэн очирт ариун газар дэлхий, бидний мэдэрч байгаа одоогийн мэдрэмжийн хүчирхэг суурийг хэлж байна. ОМ А ХУМ гэдгээр Бурханы лагшин, зарлиг, тааллын адистидыг авчирч байна. Эдгээр үгсийг уншихдаа сүрчгээ цацан алганыхаа өсгийгөөр дугуй тавгийг үрж цэвэрлэнэ. Энэ зууртаа дугуй тавгийг тайван сэтгэлийн төлөв, сүрчиг нь Бодь сэтгэл гэж үзэн тавгийг зүлгэн ариусгахдаа Бодийн дээд ариун сэтгэлд хувирлаа гэж бодно. Энэ суурин дээр хий, гал, ус, шороон махбодын цагаригуудыг байна гэж дүрслээд үргэлжлүүлэн уншина:

ОМ БАЗАР РЕХЭ А ХУМ

БАЗАР РЕХЭ гэдэг нь *Алтан Шороон Газар* болон *Их Давст Усан Далайг* тойрсон хий ба гал махбодын сарнишгүй их хүрээг хэлж байна. Энэхүү хүрээг бэлэгдэн хамгийн том цагаригийг мандлын суурин дээр тавина. ХУМ гэж хэлэхдээ маш удаахнаар хэлж бүхий л ариун бус үзэгдлүүд өөрийнхөө хоосон ариун чанарт шингэлээ гэж бодно.

Тахилын Зүйлсийг Дүрслэх

Суурь тавигдсаны дараагаар одоо тахилын хивийг мандалдаа байрлуулж эхэлнэ. Хэр их хугацаа зарцуулах боломжтой байгаагаас тань шалтгаалаад урт, дундаж ба богино гэсэн гурван хэмжээгээр мандал өргөх хувилбар байдаг. Гол ялгаа нь нарийвчлалынх нь хэмжээ билээ.

Хивээ мандалдаа байрлуулж эхлэхдээ гол дөрвөн зүг харьцангуй мөн чанартай гэдгийг санах хэрэгтэй. Зүүн талыг ямагт танд хамгийн ойр байгаагаар тооцно. Тэгэхээр өмнө зүг таны зуун гар тал, хойд зүг таны баруун гар тал, харин баруун зүг танаас хамгийн хол байгаа мандалын нөгөө өнцөг болж таарах учиртай.

Дэлгэрэнгүй Хот Мандал Өргөх

Дэлгэрэнгүй мандал өргөлтөнд тавин хив үнэт зүйлсийг дараалуулан өргөдөг. Хивийг байрлуулах болгондоо ертөнцийн аль нэг талыг санан тахил болгож санаандаа нэгэн зэрэг дүрсэлнэ. Энэ бол дадлагынхаа эхэнд гүйцэтгэхэд таарах сайхан тахил болох юм.

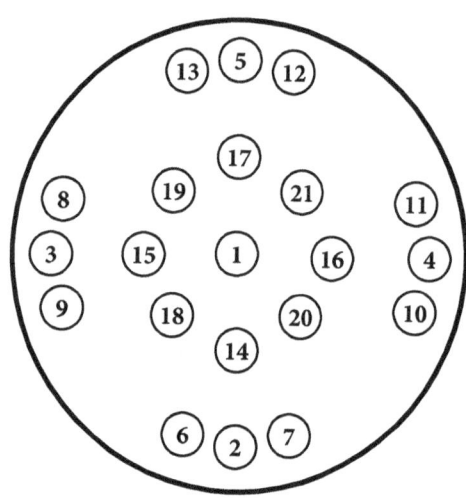

Зураг 17-5: Мандлын эхний цагариг

Мандлынхаа гол дунд эхлээд нэг хив тавьж түүгээрээ 1. *Сүмбэр Уулыг* төлөөлүүлнэ. Үүнийг гүйцэтгэхдээ Цагийн хүрдний замын дагуу та энэхүү ууланд авирснаар нэгэн насандаа гэгээрэлд хүрэх боломжтой гэдгийг тусгаж бодох хэрэгтэй.

Дараа нь үргэлжлүүлэн *арван хоёр тивийг* төлөөлүүлэн тус бүр нэг хивийг тавихдаа хүний орчлонд мэдрэхүйн хамгийн гоё сайхан гэгддэг болгоныг төлөөлүүлнэ. Дөрвөн зүгт: 2.зүүн зүгт Пурвавидэха, 3.өмнө зүгт Замбутива, 4.хойд зүгт Уттаракуру ба 5.баруун зүгт Апарагоданияг төлөөлүүлэн хивээ байрлуулна. Дараа нь нөгөө жижиг тивүүдийг төлөөлүүлэн тэдгээрийн хоёр талд буюу: 6.зүүн зүгт Дэха ба 7. Видэха, өмнө зүгт 8.Чамара ба 9.Апарачамара, хойд зүгт 10.Куру ба 11.Каурава, баруун зүгт 12.Шата ба Уттарамантрина гэж хивээ байрлуулна.

Дараагийн тахилд *орторгуйн оройэ дуаз* гараг эрхэстэйгээ оддын ордуудтайгаа багтах бөгөөд Сүмбэр Уул ба тивүүдийн голд дөрвөн хив байрлуулж: 14.зүүн зүгт хар Раху, 15.өмнө зүгт улаан нар, 16.хойд зүгт цагаан сар, 17.баруун зүгт шар Калагниг төлөөлүүлнэ. Энд нар, сар хоёроор баруун зүүн судлыг, Раху, Калагни хоёроор гол судлын дээд доод хэсгийг төлөөлүүлж байгаа билээ. Эдгээр судлуудаар гүйх хийнүүдээр үүсгэгдэх тааламжтай үзэгдлүүд хийгээд хорвоогийн тэнгэрүүдийн жаргал цэнгэлийг сэтгэлдээ авчирна.

Завсрын зүгүүдэд *зүйрлэшгүй дөрвөн эрдэнийг* төлөөлүүлсэн: 18.зүүн өмнөдөд эрдэнийн уул, 19.баруун өмнөдөд хүслийг гүйцээгч мод, 20.зүүн хойдод аяараа багсайх арвин ургац, 21.баруун хойдод хүслийг биелүүлэгч үнээг хивээр орлуулна. Эдгээр бол хүн хийгээд тэнгэрүүдийн эд баялаг элбэг дэлбэг бүхний дээдийн бэлэг тэмдэг билээ.

Үүнийг гүйцэтгэж дуусмагцаа үлдсэн хэсгийг тахилын зүйлсээр дүүргэн цагиргаа битүүлж хүний орчлонгийн хамгийн гайхамшигтай сайхан болгоноор дүүргэж байна гэж төсөөлнө. Ялангуяа өөрийнхөө хувийн шунал хүсэл төрүүлсэн зүйлс, хүмүүс, хоол ,газрууд зэргээ үүнд багтаан бодох ёстой.

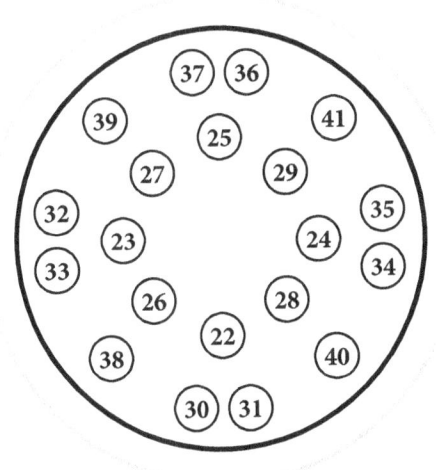

Зураг 17-6: Мандлын хоёрдугаар цагариг

Хоёр дахь цагиргыг дээр нь тавихдаа Дээдийн ариун Шамбалын Орон гэх мэт Бодьсадвын ариун газруудыг санаандаа оруулан төсөөлнө. Дотоод цагиргыг *хааны эрхэм сүлд болсон долоон нандин зүйлс* болон *их эрдэнийн бумбыг* төлөөлүүлэн: 22. зүүн зүгт Хүрд эрдэнэ, 23.өмнө зүгт Чандмань эрдэнэ, 24. Хойд зүгт Түшмэл эрдэнэ, 25.баруун зүгт Хатан эрдэнэ, 26.зүүн өмнөдөд Заан эрдэнэ, 27.баруун өмнөдөд Морин эрдэнэ, 28.зүүн хойдод Баатар эрдэнэ ба 29. баруун хойдод Их эрдэнийн бумбыг төлөөлүүлэн хивээ байрлуулна.

Эдгээр цэгүүдэд хивийг байрлуулахдаа нэг л өдөр хамаг амьтны тусын тулд Шамбалын Номын Хүрд Эргүүлэгч Хааны төлөвт хүрэх юм шүү гэсэн хүслийг өвөртөлсөн байх хэрэгтэй.

Энэ дотоод цагаригыг тойруулаад Цагийн хүрдний сургаалд тахилын *арван хоёр дагинасыг* төлөөлүүлэн арван хоёр хивийг гэгээрсэн бодгалиудад өргөнө. Үүнд: хар хөх дагинаст зориулан зүүн зүгт хоёр хив 30.сүрчигт ус ба 31.цэцэгс, улаан дагинаст зориулан өмнө зүгт хоёр хив 32.хүж ба 33.зул, цагаан дагинаст зориулан хойд зүгт хоёр хив 34.хүнс ба 35.жимс, шар дагинаст зориулан баруун зүгт хоёр хив 36. гоо үзэсгэлэн болон 37.инээд, зүүн өмнөдийн ногоон дагинаст нэг хив 38.хөгжим, баруун өмнөдийн ногоон дагинаст нэг хив 39.бүжиг, баруун хойдын цэнхэр дагинаст нэг хив 40.дуу, баруун хойдын цэнхэр дагинаст нэг хив 41.хүсэл мөрөөдөл болгон өргөнө. Цагаригны үлдсэн хэсгийг дүүргэн битүүлэхдээ өргөлийн дагинасыг хаа сайгүй огторгуйг нилэнхүйд нь бүрхэн байж орчлонг гоё сайхан юмсаар өнцөг булан болгоныг дүүргэж байна хэмээн сэтгэнэ.

Мандлыг гүйцээхийн тулд одоо гурав дахь цагаригыг саяын дүүргэсэн талбай дээрээ тавьж *Өлзий дэмбэрэлт найман тахил тэмдгийг* тахил болгон: 42.зүүн зүгт нар зөв эргэсэн Цагаан Лавай, 43.өмнө зүгт Эрдэнийн Шүхэр, 44.хойд зүгт Дуаз, 45.баруун зүгт Алтан Загас, 46.зүүн өмнөдөд Номын Хүрд Эрдэнэ, 47.баруун өмнөдөд Төгсгөлгүй Өлзийт Хээ, 48.зүүн хойдод Лянхуа Цэцэг, 49.баруун хойдод Эх Сангийн Хумх байна гэж төсөөлнө. Үлдсэн цагиргыг дүүргэж байхдаа бэлэгтэй сайхан учралууд тохиолдож та хийгээд хамаг амьтан зовлонгоос бүрэн чөлөөлөгдөж болно гэж өөртөө сануулна.

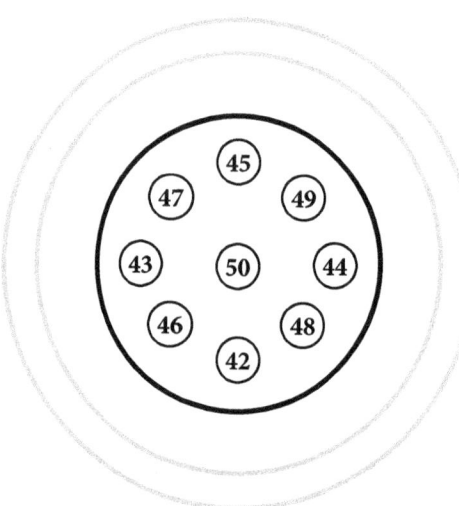

Эцэст нь 50.эрдэнэсийн чимэгт оройн дуазыг хамгийн дээр тавихдаа орчлонгийн тогтолцоо арван зүгтээ олшрон арвижиж, эдгээр Хот Мандал ч мөн түүнчлэн арав ба түүнээс ч олон болон хувирч огторгүйг Орчлон мандлаар дүүргэлээ хэмээн төсөөлнө. Энэхүү дүрслэлийг *Самандабадрын үүлс мэт тахил* хэмээн нэрлэдэг. Эдгээр тахилын зүйлсийн дотоод ариун мөн чанарыг өөртөө сануулан цаглашгүй ахуйн дээдийн хоосон мөн чанарыг ухамсарлах хэрэгтэй юм.

Зураг 17-7: Мандлын гуравдугаар цагариг

Дундаж хэмжээний Мандал Өргөх

Мандал өргөлт таны гол дадлага байх үед арай багасгасан хувилбарыг ашиглах нь нийтлэг байдаг. Дундаж мандлын залбирлыг доор үзүүлбэл:

"ОМ БАЗАР БУМИ А ХУМ"

Алтан өнгөт ариун шороон суурьтай

"ОМ БАЗАР РЕХЭ А ХУМ"

Эргэн тойрон аугаа төмөр хүрээтэй, голд нь уулсын хаан - Сүмбэр Уул.

"Зүүн зүгт Үлэмжийн Биетэн, өмнө зүгт Замбуутив, хойд зүгт Муу Дуут

ба баруун зүгт Үхэр Эдлэгч. Нар, сар, раху, калагни, тэдгээрийн голд тэнгэр хийгээд хүний ертөнц дэх цог учралт бүхэн төгс цогцолсон.

Энэ бүх эд баялгийн дээдийг хэмжээлшигүй бишрэх сэтгэлээр эрхмийн дээд үндсэн болон урсгалын лам нар, Ядам Бурхад, Бодьсадва, Шарвага, Брадигабуд, ханд дагинас хийгээд бүхнийг харагч билгийн мэлмийт Номын Сахиус нугуд дор өргөмү"

Эрдэний чулуу эсвэл арвай буудайнаас нэг хив авч тавагны голд 1. Сүмбэр Уул, дөрвөн тивийг төлөөлүүлэн бусад хивийг байрлуулна. Эхний хив зүүн зүгт байх 2. Пурвавидэха дараа нь өмнө зүгт байх 3. Замбутив, хойд зүгт 4.Уттаракуру болон баруун зүгт 5. Апарагодания.

Дараа нь тэнгэрийн объектуудыг дотроо дүрслэн өмнөө байгаа цагиргыг дүүргэж эхэлнэ. Зүүн зүгт 6. Раху, өмнө зүгт 7.нар, хойд зүгт 8.сар ба баруун зүгт 9. Калагни. Үүгээр дадлагын үндсэн суурь тавигдлаа гэж үзэж болно.

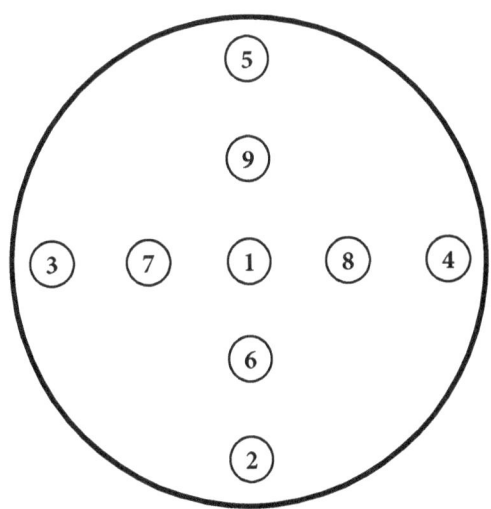

Зураг 17-8: Дундаж хувилбарын Мандал өргөх

Эхний цагиргыг дүүргэж дуусаад хоёр дахь цагиргыг бас нэгэн төмөр хашаа хүрээ болгон тавган суурин дээрээ тавина. Эрдэнийн чулуу, арвай буудайн хивээ байрлуулахдаа дөрвөн тивийг тойрсон арлууд болон Гучин гурван тэнгэрийн орон, дүрст ба дүрсгүй тэнгэрийн орон, бэлэг дэмбэрэлт найман тэмдэг, хааны долоон сүлд, алтан хувцас, торго, зүүлт, алмааз, эрдэнийн харш, үзэсгэлэнт цэцэрлэг гээд энэ дэлхий орчлонд байдаг хамгийн л гоё сайхан болгоныг төлөөлүүлэн дүрслэж бодно.

Хоёр дахь цагариг дүрсний дараа гуравдугаар цагиргыг тавьж түрүүчийнх шигээ дүүргэнэ. Түүнийг дүүрмэгц ялалтын дарцаг оройд нь хатгаж мандлаа лацдаж арван зүгтээ гэрэлтэх адистидыг бэлэгдэнэ.

Богино Хэмжээний Мандал Өргөх

Эцсийн хувилбар болох хамгийн товчхон мандал өргөх дадлага буян арвижуулахад асар их тохиромжтой байдаг. Түүнд зориулсан залбирал голдуу доорх маягаар хийгдэнэ:

"Газар дэлхийг хүжсээр сүрчиж, цэцэг дэлгээд
Сүмбэр уул, дөрвөн тив, наран, сарнаар чимэглэсэн үүнийг

Бурханы оронд зорин өргөснөөр

Хамаг амьтан ариун оронд эдлэх болтугай"

Энэ дадлагад тавгаа түрүүчийн ёсоор цэвэрлэж тахилын долоон хив Сүмбэр Уул ба дөрвөн тив, нар ба сарыг төлөөлүүлэн өрөөд хурдхан шиг энэ тахилаа өргөл болгон дахин эхнээс нь давтахдаа залбирлыг тарни тоолох мэт үргэлжлүүлэн давтсаар байдаг. Уламжлал ёсоор бол энэ янзаар тасралтгүй үргэлжлүүлж 100,000 Мандалын тоог нь гүйцээх учиртай. Гэхдээ тоо үнэн хэрэгтээ тийм их чухал биш болохыг дээр дурдсан бөгөөд сэтгэл сүжиг л энд хамгаас чухал билээ.

Богино мандал өргөхдөө урт ба дундаж мандлын хувилбаруудыг дунд нь оролцуулж байвал сайн. Жишээ нь, нэг урт мандал өргөөд зуун богино мандал өргөх гэх мэтээр гүйцэтгэвэл зохино.

Хот Мандалаа Өргөл Болгох

Дүрслэлээ гүйцээж мандлаа босгочихсон хойноо одоо түүнийгээ өргөнө. Буяны хотол чуулганыг өмнөө байгаагаар харж бишрэнгүй сэтгэлээр доорх тарнийг уншина:

"ЯДАМ ГҮРҮ РАДНА МАНДАЛА ХАМ НИРЯА ДАЯАМИ"

Энэ залбирлын утга нь "Гүрү тандаа энэхүү эрдэнийн мандлыг өргөмүү" гэсэн үг. Тарнийг уншиж байхдаа өргөсөн бүх тахил мандал сэлт нь гайхамшигт хурц гэрэл болон уусаж авралын хотол чуулганд шингэлээ гэж төсөөлнө. Юу ч авч үлдээгүй гэсэн сэтгэлийг өөртөө төрүүлэхийг хичээн бүхнээ тахилд өргөлөө гэж бодно.

Мандал өргөх дадлага таны гол дадлага байх тохиолдолд тахилын зүйлсийг өвөр дээрээ буцаан асгаж суурийг цэвэрлэн дахин эхнээс нь давтана. Дадлагынхаа хугацааг дуустал энэ маягаар үйлдэнэ.

Дадлагаа Төгсгөх

Мандал өргөх дадлагыг төгсгөхдөө авралын хотол чуулганыг өмнөө байгаагаар төсөөлөөд та болон хамаг амьтныг чөлөөлхийн төлөөнөө үүнийг хүлээж авна уу хэмээн гуйж ялангуяа Цагийн хүрдний Очирт Зургаан Йогийг би ухамсарлах болтугай гэж мөргөх хэрэгтэй. Тэгээд богино мандал дахин өргөснийхөө дараагаар:

"Энэрэн хайрлах сэтгэлээр энэхүү мандлыг би хийгээд хамаг амьтны тусын тулд хүлээн авч намайг адислаж ажаамуу

Гурван цагийн туршид би хийгээд хамаг амьтны бие, хэл сэтгэлээрээ хураан хуримтлуулсан буянаар бүтсэн энэхүү эрдэнийн мандал, бодитоор бүтээсэн болон бодолдоо дүрсэлсэн Самандабадрын тахилыг Лам Гурван

Эрдэнэ дор өргөмү. Их энэрэхүй бээр амьтны тус дор аван соёрх. Аваад
намайг адислан соёрх оо"

Дадлагаа төгсгөхдөө буяны хотол чуулганыг өөртөө усанд ус юүлэх мэт
шингэн орж байгаагаар дүрслэн тэдгээрээс салшгүй нэгэн боллоо гэдэгтээ
итгэлтэй болно. Тэгээд буянаа гэгээрлийн төлөө зориулан ерөөнө.

МАНДАЛ ӨРГӨХӨД ӨГӨХ ЗӨВЛӨГӨӨ

Орчлонг Мандал болгон өргөхтэй адилхан буян арвижуулдаг дадлага ховор
байдаг учраас дадлагынхаа гол хэсэг болгон авч үзэх хэрэгтэй. Таны дадлагаас
хүртэх ашгийг нэмэгдүүлэхэд тустай байх хэдэн аргыг доор толилууллаа.

Сэтгэлдээ Тахилаа Өргө

Орчлон мандал өргөх үйл явц сэтгэлд явагдах бөгөөд бодит биетээр бэлэг өгч
оронд нь юм солилцож байгаа хэрэг биш цэвэр бэлэгдлийн чанартай дадлага
юм. Дадлагын гол хүч нь үзэгдлүүдийг бүтээж бий болгоод түүнийгээ бусад өгч
байгаад оршдог. Ингэснээр зуурах сэтгэлийн эсрэг буянт сэтгэл хоногшин үлдэх
чадварыг хөгжүүлж байгаа билээ.

Тийм учраас өргөл болгох эд зүйлсээ цаг гарган сайтар дүрслэн бүтээх бөгөөд
тавган дээр зүгээр будаа шидэх дасгал дахин дахин хийх хэрэггүй. Харин атгасан
болгондоо утга учрыг бүрэн агуулж байвал зохино. Тахилын зүйлсээс атгаар
авахдаа ямар нэгэн таашаалтай сайхан зүйлст санаандаа хувирган байж Мандал
дээрээ дараагийн хивийг байрлуулж саяын дүрсэлснээ буцаагаад сэтгэлдээ
бүдгэрүүлнэ.

Дадлага эхлэхээс өмнө тахил болгох сайхан эд зүйлс юу байна бодож бэлтгэсэн
байвал дээр бөгөөд тэр болгон дээр нэг бүрчлэн цаг гаргах хэрэгтэй. Ялангуяа
богино хувилбарын мандал өргөлтөнд энэ нь хурдан учраас маш ашигтай байдаг.
Жишээ нь, нэг удаадаа та янз бүрийн цэцэгс өргөж болно, эсвэл өөр нэг удаа
төрөл бүрийн гэрэлт зул өргөж болно. Өөрийн мэдрэмжийн цар хүрээг шалган
туршиж байгаа бүхнээ өгмөөр байгаагаар мэдэр.

Гоё Сайхан Болгоныг Өргө

Тахил өргөх нь ганцхан дадлагаар л хийж болдог зүйл биш юм. Үнэн хэрэгтээ
өөрийн амьдралын тал болгоныг тахилын үйлдэл болгон хувиргаж чадвал маш
их ашигтай. Үүнийг хийх нэг сайхан арга бол өөрт тохиолдсон азтай тохиолдол
болгоноо Гурван Эрдэнэд өргөх байдаг. Өдрийн туршид аль сайхан санагдсан
болгоноо, үзэсгэлэнтэй харагдсан болгоноо, харц булаасан болгоноо, чихэнд
чимэгтэй болгоноо, амтат хүнс болгоноо Багш хийгээд Гурван Эрдэнэ дор

сэтгэлээрээ өргөж заншлх хэрэгтэй.

Зориудаар цаг гаргах хэрэгцээгүй, зүгээр сайхан зүйлтэй учрах болгондоо "ЯДАМ ГҮРҮ РАТНА МАНДАЛА ХАМ НИРЯА ДАЯАМИ" гэж хэлчихээд тэр мэдрэмжээ тавьж явуулах хэрэгтэй. Энэ өргөлийн мэдрэмжээсээ сэтгэлийн таашаал хүртэж өдрийнхөө төгсгөлд үйлдсэн бүх буянаа зориулга ерөөлөөр гэгээрлийн үйлсдээ зориулахаа бүү март.

Шуналаа Өргө

Тахил өргөх үйл болгон тань буян хураах таатай боломж төдийгүй мөн саруул оюунаа арвижуулахад ч тустай байдаг. Өдрийн турш өөртөө хяналттай хандаж өөр өөр мэдрэмжинд хэрхэн сэтгэлийн хөдөлгөөнөөр хариу үзүүлж байгаагаа анзааран шунал ургах хором болгоныг тань.

Шуналын орон юу болохыг мэдэж аваад анх ургах болсон уг мөн чанарыг нь бодож олохыг хичээгтүн. Яагаад ийм үзэгдэл ургав? Ямар чанаруудын тусгал энэ байхав? Тэдгээр чанарууд өөрөөсөө үүсэлтэй гэжүү? Үзэгдлийн туйлын мөн чанар нь юу юм бэ?

Орон ба объект дээр төвлөрөн шинжилж үзээд уг гарал үүслээрээ илбэ мэт хоосон зүйл болохыг ухаарна. Өөрийгөө зүүд үзэж байна, үзэгдсэн болгон сэтгэлд байгаагаас өөр бодитой огт биш, тиймээс үүнийгээ Багш хийгээд Гурван Эрдэнэ дор өргөчихье гэхэд болохгүй юу байхав хэмээн сэтгэгтүн.

АМЖИЛТАНД ХҮРСНИЙ ШИНЖ ТЭМДЭГ

Жонангийн ёсонд мандал өргөх дадлагыг тусгайлсан хорин-нэг хоногийн бясалгалаар дадуулдаг. Гэхдээ түүнээс өөрөөр дадуулж болохгүй ба хэрэггүй гэсэн үг огт биш билээ. Мандал өргөлтийг өдөр тутмынхаа дадлагад нэмэгдүүлэн хуримтлуулсаар байж болдог. Тогтмол дадлага сэтгэлийг тань цэвэрлэж шунал зууралтыг тань багасгаж өгнө.

Энэ дадлагыг хичээнгүйлэн дадуулснаар эцэстээ буян хишиг арвижсаны шинж тэмдэг илрэх болно. Арслан суудалд сууж байна гэж зүүдлэх, толгойныхоо ард том дугуй гэрэл үзэх, Номын дээл хувцас өмсөж байна, олон хүмүүс таны зүг харан мөргөж залбирч байна гэх мэтийн зүүд юмуу үзэгдэл үзэж болдог. Хэрвээ таны сэтгэл цэвэршин тунгалаг болж, түйтгэрүүд багасч буяны үйлд зорих нь ихсээд ирвэл амжилтанд хүрсний хамгийн дээд шинж тэмдэг болох билээ.

ГОЛ ХЭСГҮҮДИЙГ ЭРГЭН СӨХВӨЛ

• Хот Мандлыг өргөх дадлага буян хишиг нэмэгдүүлэх болон шунал зууралтыг тавиулахад зориулагдсан байдаг.

• Очирт хөлгөнд хоёр төрлийн Мандал хэрэглэдэг: 1.Гэгээрсэн хот мандал буюу орчлон гэгээрсэн амьтдад хэрхэн үзэгддэгийн бэлэгдэл ба 2.Тахил Мандал буюу орчлон эгэл амьтанд хэрхэн мэдрэгддэгийг төлөөлсөн бэлэгдэл юм. Гэгээрсэн Мандал биднийг Бурханлаг-чанартайгаа танил дотно болоход тусалдаг бол Хот Мандлыг буянаа арвижуулахаар тахил болгон өргөхөд хэрэглэдэг ажээ.

• Мандал өргөх гурван ашигтай талтай: 1.мандал өргөснөөр баян ядуугаас үл хамааран хэн ч буянаа арвижуулах боломжтой, 2.өргөлийн хэмжээнд хязгаар гэж үгүй ба 3.түүнийг ашиглан гэгээрэлд хүрсэн тоо томшгүй бясалгагч нарын хүчээр машид ихээр адислагдсан байдаг.

• Төсөөллийн загвар бол зорилгодоо хүрэхийн тулд өөр өөр төрлийн үзэгдлүүдийн хоорондын холбоог дүрсэлж үзүүлдэг. Яагаад гэвэл тэд үнэний зохиомол ойлголт юм. Таны хэрэгцээнд үндэслэн загвараа өөрчлөх нь хоорондоо зөрчилддөггүй.

• Орчлонгийн талаарх Бурханы гаргасан загвар нэжгээд амьтны хийсвэр мэдрэмж дээр үндэслэсэн, мэдрэмжид нөлөөлдөг төрөл бүрийн үзүүлэлтүүд дээр онцгойлсон байдаг. Энэ бол анх Энэтхэгийн эртний одон орон судлалд ашигладаг тогтсон нэршлүүдийн ээдрээтэй санааг чадварлагаар танилцуулсан явдал билээ.

• Цагийн хүрдний хувьд орчлон таван бүлэг шинжээр дүгнэгдэж болно: 1.махбодуудын дэвсгэр, 2. Сүмбэр Уул, 3.алтан шороон газар, 4.огторгуйн орой, 5.тогтолцоонд амьдрагч амьтан бүхэн.

• Орчлон зургаан махбодод агуулагдана: 1.огторгуй, 2.хий, 3.гал, 4.ус, 5.шороо ба 6.ухамсар. Эхний тав нь бодит сүүлчийнх нь бодит-бус бөгөөд нөгөө тавыгаа хамарч оршдог. Орчлонгийн суурь хий, гал, ус ба шороо гэсэн дөрвөн махбодын дэвсгэрээс тогтдог.

• Сүмбэр Уулаар шороон махбодын дэвсгэр дээр нэжгээд амьтны төвлөрлийн төлвийг бэлэгддэг. Сүмбэр Ууланд авирснаар мунхгийг уусгаж зовлонгоос чөлөөлөгдөх илүү нарийн сэтгэлийн төлөвт орох боломжтой.

• Шороон махбод дэвсгэр гурван хэсэгт хуваагдана: 1. Сүмбэр уулыг тойрсон нэвтрэх аргагүй зааг, 2.уулсаар тусгаарлагдсан зургаан тив бүхий дотоод цагариг, 3.аугаа их давст усан далайгаар хүрээлэгдсэн арван хоёр тивд хуваагддаг гадаад цагариг. Энэ бүхэн хий ба гал махбодын сарнишгүй хүрээнд хашигдаж оршино.

- Алтан Шороон Газрын дээр огторгуйд огторгуйн орон хэмээх од эрхсийн ордуудын бөөгнөрөл бий. Тэдгээр однуудын хөдөлгөөн бодит биеийн хийн тэнцвэр хийгээд бидний мэдрэмжийн чанарт нөлөөлж байдаг байна.

- Нийтлэг үйлийн үрээр бидний мэдрэмжинд олон төрлийн амьтан оршдог. Цагийн хүрдний ёсонд гучин-нэгэн төрлийн амьтан бий гэж таньсан байдаг нь: хүсэлт орны арван нэг, дүрст орны арван зургаа, дүрсгүй орны дөрвөн төрөл амьтан ажээ. Хүсэлт оронд бүх махбодуудын дэвсгэр хийгээд Алтан Шороон Газар, Сүмбэр Уул багтах ба дүрст болон дүрсгүй тэнгэрийн орон Сүмбэр Уулаас дээшээ огторгуйд оршдог байна.

- Мандал өргөх гурван шат бий: 1.мандал өргөхөд бэлтгэж буяны хотол чуулганыг залах, 2.орчлон мандал бүтээх ба 3.буянаа зориулж тахилаа өргөх.

- Дадлагын үеэр сэтгэлдээ гурван чанарыг сахих хэрэгтэй: 1.энэрэнгүй сэдэл, 2.сатааралгүй төвлөрөл ба 3.тахил өргөгч, тахил болон тахилын үйл гурвын хоосон мөн чанартайг ямагт ухаарч байх.

- Мандал өргөхөд дөрвөн алхам хийх шаардлагатай: хэрэгслээ цуглуулах, 2.сууриа бэлтгэх, 3.тахилын эд зүйлсийг дүрслэх ба 4.мандлаа өргөх.

- Мандал өргөлт сэтгэлд явагддаг үйл явц учраас дүрслэлээ үүсгэхэд зүтгэл гарган атгасан болгоноо учир утгатай зүйлийн биелэл болгоно.

- Дадлагуудын хооронд сайхан явдал таатай тохиолдол болгоныг өргөл болгож зурших хэрэгтэй.

- Өөрийн тахилыг цаглашгүй ахуйн тахил болгон хувиргаж, түүний илбэ мэт чанартайг төсөөлөн бодож шунал төрүүлж байгаа зүйлсээ гэгээрсэн амьтдад өргөл болгох хэрэгтэй.

- Шаргуу дадлагаар Мандал өргөлтийг дадуулсны дүнд шунал багасаж бодол санаа тов тодорхой болж ирдэг.

Хавсралт

Жонан-Шамбалын Судрын хийгээд Тарнийн Ёсны Дамжлага

Дараахь зураглалаар Жонан ёсны хоёр гол урсгалыг үзүүлсэн нь: Цагийн хүрдний Очирт Зургаан Йогийн тарнийн ёсны дамжлага ба 2. Шандон Төв Үзлийн судрын ёсны дамжлага билээ.

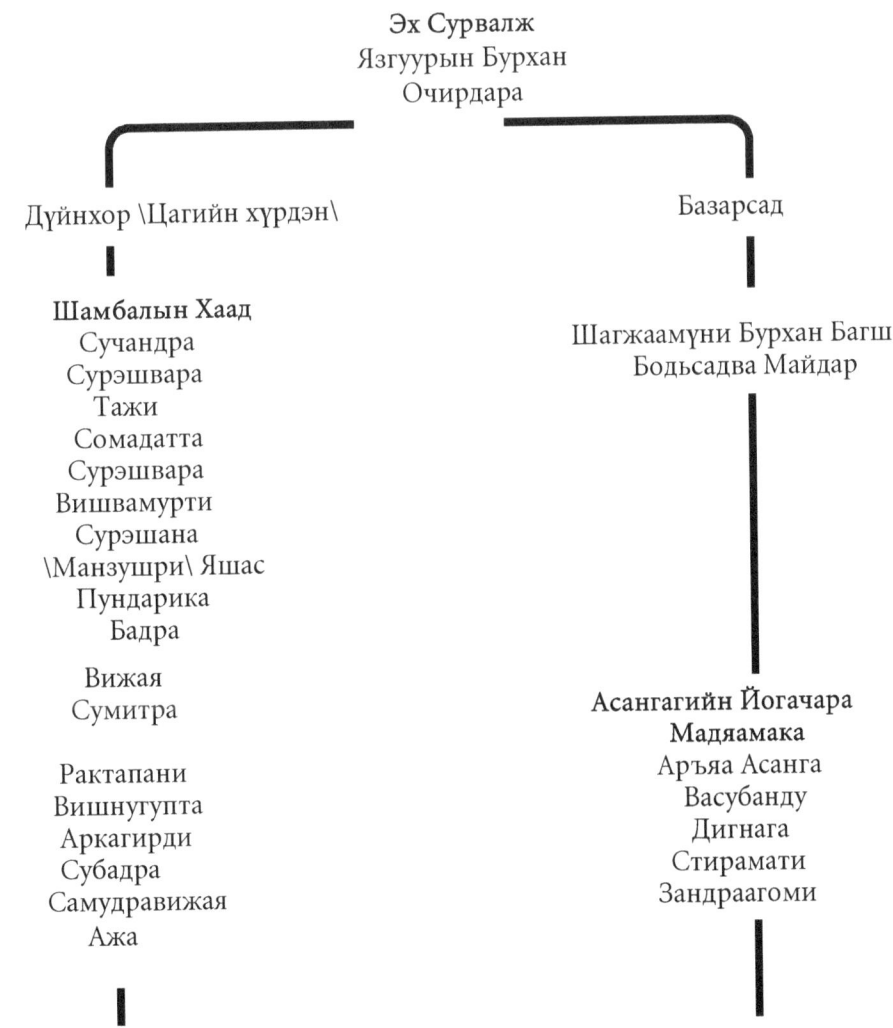

Эх Сурвалж
Язгуурын Бурхан
Очирдара

Дүйнхор \Цагийн хүрдэн\

Базарсад

Шамбалын Хаад
Сучандра
Сурэшвара
Тажи
Сомадатта
Сурэшвара
Вишвамурти
Сурэшана
\Манзушри\ Яшас
Пундарика
Бадра

Вижая
Сумитра

 Рактапани
Вишнугупта
Аркагирди
Субадра
Самудравижая
Ажа

Шагжаамүни Бурхан Багш
Бодьсадва Майдар

Асангагийн Йогачара
Мадяамака
Аръаа Асанга
Васубанду
Дигнага
Стирамати
Зандраагоми

Цагийн хүрдний Наландагийн урсгал
Манжуважра
Шри Бадра
Бодибадра
Соманата

Очирт Зургаан Йогийн До урсгал
Дортон Лозава
Лама Лхажэ Гомбо
Лама Дортон Намсэг
Лама Дүвчэн Юмо
Сичог Дармэшвара
Гэва Намхай Одсэр
Мажиг Брүлгү Жобум
Лама Түдэв Сэчэн
Чойжэ Жамъян Сарма
Гүнчэн Чойжи Одсэр

Жонан Калачакра урсгал
Гүнбэн Түгжэ Зундуй
Жамсэм Жалва Иш
Жэвзүн Ёндон Жамц

Майдарын Төгс Үзлийн урсгал
Майтрипа
Ратнакарашанти
Анандагирди
Санжана

Лозава Гаавий Дорж
Цэн Гаавочэ Дэрмээ Шарав
Дарма Зундуй
Иш Жунай
Жанчүв Жав
Шону Жанчүв

Нартан урсгал
Монлам Чүлтэм
Жумдаан Ригби Ралди
Жодон Жамъян Дагва

Гүнчэн Долбува Шарав Жанцан
Чойжал Чогла Намжал

Чимэд Нябон Гунгаа

Жонан Шандон Урсгал
Дүвчэн Гунгаа Лодой
Жамъян Гончиг Самбуу
Дэмчиг Намхай Цэнчан
Банчэн Намхай Балсан
Лочэн Раднабадра
Балдан Гунгаа Долчог

Жэнцэн Лүндэг Жамц

Чойжэ Бал Гомбо
Лодой Жамц
Донёод Бал
Банчэн Шагжаа Чогдэн
Донёод Дүваа
Жамгон Дүбва Бавуу
Гунгаа Жанцан
Дагдан Дүваа

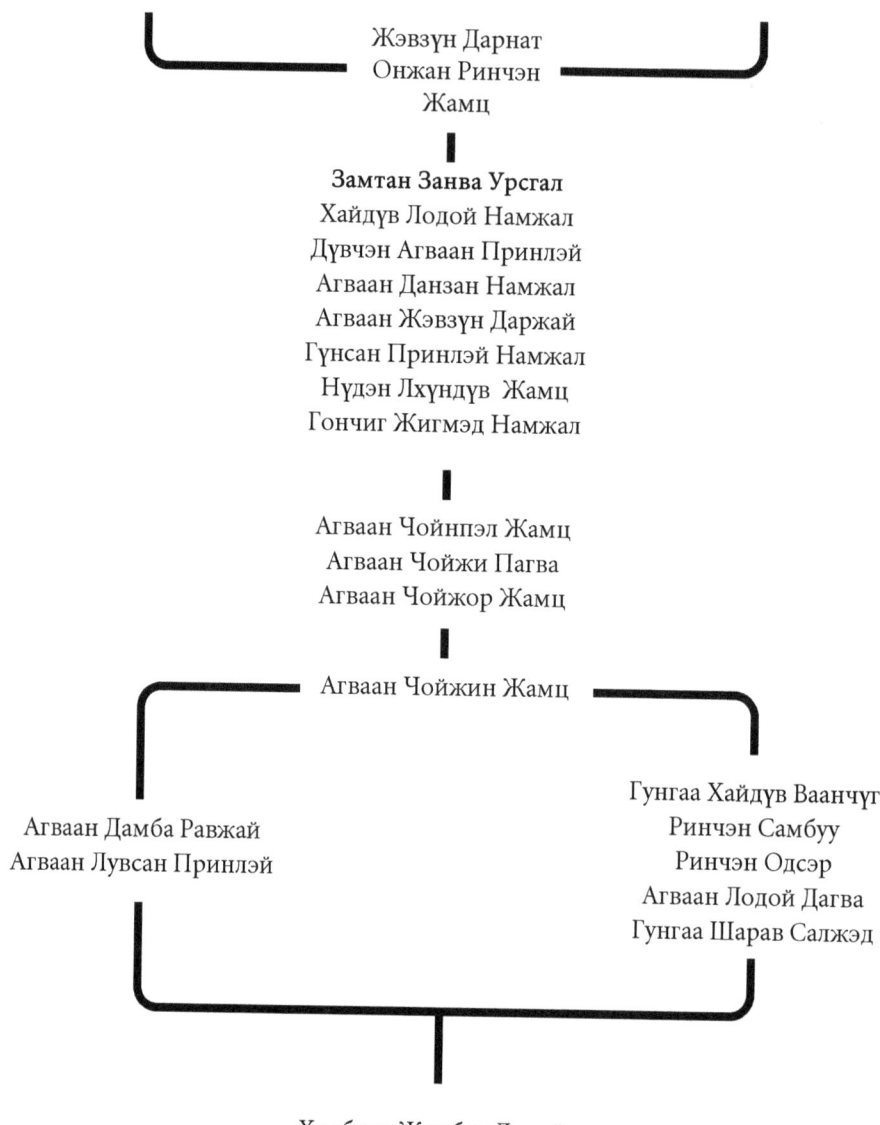

Жэвзүн Дарнат
Онжан Ринчэн
Жамц

Замтан Занва Урсгал
Хайдүв Лодой Намжал
Дүвчэн Агваан Принлэй
Агваан Данзан Намжал
Агваан Жэвзүн Даржай
Гүнсан Принлэй Намжал
Нүдэн Лхүндүв Жамц
Гончиг Жигмэд Намжал

Агваан Чойнпэл Жамц
Агваан Чойжи Пагва
Агваан Чойжор Жамц

Агваан Чойжин Жамц

Агваан Дамба Равжай
Агваан Лувсан Принлэй

Гунгаа Хайдүв Ваанчүг
Ринчэн Самбуу
Ринчэн Одсэр
Агваан Лодой Дагва
Гунгаа Шарав Салжэд

Ханбрүл Жамбал Лодой

Нэгэн Биеийн Чөлөөнд Зоригсдын Аврал Одуулах Ам Өчиг ба Сахил

ГУРВАН ЭРДЭНЭД АВРАЛ ОДУУЛАХ САХИЛ

Гурван Эрдэнэд Аврал Одуулахтай холбогдсон гурван бүлэг сахил бий: гурван зүйлийн орхил, гурван зүйлийн авал болон 3.нэмэгдэл гурван сахил юм.

Орхигдохуун Гурав

1. Хамаг амьтныг авралын туйлын эх сурвалж болгох.
2. Хамаг амьтныг хохироох.
3. Хорвоогийн нөхдийн нөлөөнд орох.

Авагдахуун гурав

1. Гэгээрсэн тааллын бэлэгдлийг дээдлэн хүндлэх.
2. Гэгээрсэн зарлигийн бэлэгдлийг дээдлэн хүндлэх.
3. Гэгээрсэн лагшингийн бэлэгдлийг дээдлэн хүндлэх.

Нэмэгдэл Гурав

1. Гурван Эрдэнийг хүндэтгэн дээдэлж тахих.
2. Гурван Эрдэнийн адислалыг ухамсарлах.
3. Гурван Эрдэнийн зүг талархах сэтгэлийг хөгжүүлэх.

НЭГЭН БИЕИЙН ЧӨЛӨӨНД ХҮРЭХ АНДГАЙ

Энгийн хүмүүсийн авдаг хоёр бүлэг сахигдахуун бий: 1. Энгийн Таван Сахил ба 2. Хорин дөрвөн цагийн Найман Сахигдахуун юм. Хорин дөрвөн цагийн сахигдахуун түр зуурых байдаг болохоор нэгэн биеийн чөлөөнд хүрэх шаардлагыг бүрэн хангасан сахил гэж тооцогддоггүй.

Энгийн Таван Сахил

1. Амьтны амь хохироохоос зайлсхийх.
2. Хулгай хийхээс зайлсхийх.

3. Буруу хурьцалд орохоос зайлсхийх.

4. Худал хэлэхээс зайлсхийх.

5. Согтууруулах ундаа хэрэглэхээс зайлсхийх.

Хорин дөрвөн цагийн Найман Сахигдахуун

1. Амьтны амь хороохоос зайлсхийх.

2. Хулгай хийхээс зайлсхийх.

3. Буруу хурьцал хийхээс зайлсхийх.

4. Худал хэлэхээс зайлсхийх.

5. Согтууруулах ундаа хэрэглэхээс зайлсхийх.

6. Үнэтэй бөгөөд өндөр, ор, дэвсгэр дээр унтахаас зайлсхийх.

7. Гоёл чимэг зүүж бүжиг, дуунд оролцохоос зайлсхийх.

8. Үдээс хойш хоол идэхээс зайлсхийх.

САЛБАР САХИЛУУД

Аврал одуулсныхаа дараагаар орхивол зохих таван бүлэг сахил бий: 1. Арван хар Нүгэл, 2. Завсаргүй Таван Нүгэл, 3. Ойрын Таван Нүгэл, 4. Дөрвөн Хүнд Нүгэл ба 5. Найман Буруу үйлдэл юм.

Арван Хар Нүгэл*

1. Амь таслах

2. Хулгай хийх

3. Буруу Хурьцал

4. Худал үг

5. Ширүүн үг

6. Хов үг

7. Чалчаа үг

8. Хорон санаа

9. Муу сэтгэл

10. Буруу үзэл.

*Эхний дөрвөн сахил нь энгийн үндсэн сахилтай адилхан байдаг.

Завсаргүй Таван Нүгэл

1. Аавыгаа хөнөөх

2. Ээжийгээ хөнөөх

3. Арахадыг хөнөөх

4. Бурханы биеэс цус гаргах

5. Хуврагуудын хооронд будилаан үүсгэх.

Ойрын Таван Нүгэл

1. Буруу хурьцлын замаар Арахад хүний эхийг доромжлох нь мөн Арахад байх.
2. "Баттай оршсон" Бодьсадва хүний амийг хөнөөх.
3. Суралцахуйн замд яваа Аръяа бодьгалыг хөнөөх.
4. Хуврагийн эд юмсыг буруу зорилгод ашиглах.
5. Суварга, шүтээн устгах.

Дөрвөн Хүнд Нүгэл

1. Илүү дэвшилтэт түвшний бясалгагч нараас хүндэтгэл хүлээж авах
2. Чин сүжигт бясалгагч хүний эд хөрөнгийг ашиглах
3. Сүжиг бишрэлтэй хүнийг буян хийхэд саад болох
4. Номын багшаа хууран мэхлэх.

Найман Буруу Үйлдэл

1. Сайныг муушаах
2. Нүгэл хийсэн хүнийг магтан сайшаах
3. Буянтай хүний буянаа арвижуулахад саад болох
4. Бишрэнгүй нэгний сэтгэлийг зовоох
5. Номын багшаа орхих
6. Ядамтайгаа тавьсан тангаргаа зөрчих
7. Номын ахан дүүсээ орхих
8. Хот мандал устгаж, бясалгалын үеэр дүрэм журам зөрчих.

ХАВСРАЛТ ГУРАВ

Бодьсадвын Андгай

ЕРӨӨХҮЙН БОДЬ СЭТГЭЛИЙГ ДАДУУЛАХ

Ерөөхүйн Бодь сэтгэлийг дадуулж байгаа хүмүүст зориулсан хоёр бүлэг сахил бий: 1. *Бодь сэтгэлээ энэ насандаа алдахаас сэргийлэх* ба 2. *Ирэх төрлүүддээ Бодь сэтгэлээ сэргээн үүсгэх* эдгээр юм.

Бодь Сэтгэл Алдагдахаас Сэргийлэх Сахилууд

1. Бодь сэтгэлийг хөгжүүлэхийн ашиг тусыг тунгаан бодох
2. Өдрийн турш хэдэнтээ Бодь сэтгэлээ сэргээж байх
3. Хилэнцээ ариусгаж буяныг хураах
4. Хамаг амьтныг хэзээд үл орхих.

Ирэх Төрлүүддээ Бодь Сэтгэлийг Үүсгэхэд Туслах Сахилууд

Дөрвөн Хар Дадлагыг Орхих

1. Багшаа төөрөгдүүлэн будлиулах
2. Бусдыг гэмших зүйл хийгээгүй байхад гэмшихэд хүргэх
3. Их Хөлгөнд зөв алхаж орсон нэгнийг дайрч доромжлох
4. Бусдыг хууран мэхлэх зорилгоор алдаатай буруу ойлголт өгөх.

Бодь сэтгэлээ батжуулан Дөрвөн Цагаан Дадлагыг Авлага Болгох

1. Бүх төрлийн худал хэлэхээс зайлсхийх
2. Бусдад Ном суралцахад туслах
3. Бодьсадва хүмүүст хүндэтгэл бишрэлээ үзүүлэх
4. Хамаг амьтныг үнэн энэрэх сэтгэлийг баримтлах

ОРОХУЙН БОДЬ СЭТГЭЛИЙГ ДАДУУЛАХ

Орохуйн Бодь сэтгэлтний баримтлах сахил хоёр бүлэг сахилд хуваагдана: 1. Арван-Найман Үндсэн Сахил ба 2. Дөчин-Зургаан Салбар Сахил юм.

Арван-Найман Үндсэн Сахил

Дараахь зүйлсийг орхивол зохино.

Асангагийн Урсгалын Дагуу Дөрвөн Үндсэн Сахил

1. Хуурамчаар ухамсарлахуйд хүрсэн гэж ам гарах
2. Эд зүйлсийн болон номын өглөг үл өгөх
3. Өршөөл гуйсан нэгнийг уучлахаас татгалзах
4. Их Хөлгөнийг орхих буюу буруу суртгаалыг дагах.

Нагаржунайн Урсгалын Дагуу Арван-Дөрвөн Үндсэн Сахил

5. Гурван Эрдэнийн эд юмсыг хулгайлах
6. Номлолоос татгалзах
7. Муу зүйл хийсэн нэгнийг хашраах
8. Шууд үр дагаварт хүргэх хүнд нүглийг үйлдэх
9. Буруу үзлийг судлах
10. Хот, суурин, аймаг, үндэстнийг сүйрүүлэх
11. Туршлагагүй нэгэнд хоосон чанарыг номлох
12. Хэн нэгнийг Бодь сэтгэлээ орхиход хүргэх
13. Хэн нэгнийг бага хөлгөний сахилаа алдахад хүргэх
14. Бага Хөлгөнийг түйтгэрүүд арилгах чадваргүй хэмээн тунхаглах
15. Өөрийг дөвийлгөн бусдыг дорд үзэх
16. Хүрсэн ухамсарлахуйгаа хэтрүүлэн үнэлэх
17. Хаанд торгууль төлөх шалтгаан тарих
18. Бясалгагч хүний эд юмсыг хулгайлах

Дөчин-Зургаан Салбар Сахил

Өглөгийн Барамидтай Холбогдсон Сахилууд

1. Гурван Эрдэнэд гурван төрлийн бишрэлийг үл үзүүлэх
2. Шуналаа хяналтгүй зоргоор нь тавих
3. Сүсэг бишрэлийн ахмад нэгнийг хүндэтгэхээ орхигдуулах
4. Асуултанд хариулахаас татгалзах
5. Урилга үл хүлээж авах
6. Алт болон бусад хэлбэрийн баялаг хүлээж авахаас татгалзах
7. Ном эрж хайж яваа нэгэнд заахаас татгалзах

Ёс суртахууны Барамидтай Холбоотой Сахилууд

8. Муу буруу сэтгэлтэй нэгнийг орхих

9. Бусдад итгэх итгэлээ нэмэгдүүлэхэд өөрийгөө үл дадуулах

10. Хамаг амьтны тусын тулд цөөхөн үйл хэрэгт оролцох

11. Өрөвдөх сэтгэлээ орхигдуулах

12. Буруу амжиргааны арга хөөх

13. Оюуны хөөрөлд орох буюу хэтэрхий баярлаж цэнгэх

14. Сансар хорвоод сэтгэл хангалуун байх

15. Муу нэрээ цэвэрлэж авахаа орхигдуулах

16. Сөрөг муу үйлдлийг намжаах арга хэмжээ үл авах

Тэвчээрийн Барамидтай Холбоотой Сахилууд

17. Бусдыг хохироохоос үл зайлсхийх

18. Уурласан нэгнийг тоолгүй орхих

19. Өршөөл гуйсныг уучлахаас татгалзах

20. Уураа хяналтгүй зоргоор нь орхих

Хичээнгүйн Барамидтай Холбоотой Сахилууд

21. Нэр төр, ашиг хонжооны зорилгоор шавийг дагуулах

22. Залхуурлыг арилгахаа орхигдуулах

23. Шуналын зорилгоор хов үгэнд оролцох

Бясалгал Дияаны Барамидтай Холбоотой Сахилууд

24. Нэгэн үзүүрт төвлөрөлд хүрэхийг тэмүүлэхээ орхигдуулах

25. Бясалгалын замдаа тохиолдсон бэрхшээлүүдийг арилгахаа орхигдуулах

26. Бясалгалаар амгалан цэнгэл эдлэхийгээ сайн гэж бодох

Билгүүний Барамидтай Холбоотой Сахилууд

27. Бага Хөлгөний сургаалаас татгалзах

28. Их Хөлгөний сургаалыг дагахаа орхигдуулах

29. Буддын-бус сургаалыг Буддын сургаалаас илүүтэй судлах

30. Буддын-бус сургаалаас таашаал авах

31. Их хөлгөний сургаалыг дорд үзэх

32. Өөрийг магтаж бусдыг доромжлох

33. Сурах мэдэхийн хойноос хөөцөлдөхөө орхигдуулах

34. Ном болоод Номын багшаа үл хүндэтгэх

Бусдын Тусыг Бүтээхтэй Холбогдсон Сахилууд

35. Бусдад туслахаа орхигдуулах

36. Өвчтэй хүнийг асрахаа орхигдуулах

37. Зовсон нэгэнд туслахаа орхигдуулах

38. Бусдад юу зохилтойг үл тодорхойлох

39. Бусдаас хүртсэн ашгийн хариуг үл барих

40. Бусдын гашуудлыг үл хуваалцах

41. Хоол зэргийг эрсэн хүнд өгөхөөс татгалзах

42. Шавьдаа туслахаас татгалзах

43. Бусдыг хүслийг харгалзахаа орхигдуулах

44. Магтвал зохих нэгнийг магтахаа орхигдуулах

45. Буруу зүйл хийсэн нэгнийг даран номхруулахаа орхигдуулах

46. Увьдис шидээ хэрэглэхээ орхигдуулах.

ХАВСРАЛТ ДӨРӨВ

Жод (Лүйжин)

Өөрийг Энхрийлэн Барих Сэтгэл хийгээд
Мунхгийн Чөтгөрийг Тасдан Хяргах Ёсон

Цагийн хүрдний замын гол шим нь асрал ба энэрлийн сэтгэлийг хөгжүүлснээр гэгээрэлд хүрэх явдал билээ. Энэ замд тохиолдох нэг гол саад бол бидний хоёрдмол үзэл болон сэтгэлийн олон түйтгэрүүдийг тэжээн тэтгэж байдаг өөрийг энхрийлэн барих сэтгэл билээ. Цагийн хүрдний дадлагуудыг хичээнгүйлэн дадуулж эдгээр бүх бэрхшээлүүдийг яаралтай арилгавал зохино.

Шууд ба шууд бус хоёр аргаар энэ хэргийг гүйцэлдүүлж болно. Шууд бус арга нь өөрийг энхрийлэх сэтгэл төрөх нөхцөлүүдийг судалж, түүнийг урган гарахаас сэргийлэх явдал байдаг бол шууд арга нь тэрхүү сэтгэлтэйгээ шууд тулж харьцах замаар бидэнд хор хүргэж чадахаас сэргийлдэг. Ерөнхийдөө, шууд бус арга нь тайван замаар харин шууд арга нь илүү хүч хэрэглэсэн догшин хэрцгий арга байдаг байна.

Бодьсадвын Замыг тодруулан үзүүлсэн энэхүү номны гол зорилго нь одоог хүртэл төрөл бүрийн шууд бус аргуудтай танилцах замаар Ерөөхүйн Бодь сэтгэл ба Гэгээрлийн дээд сэтгэлийг үүсгэн хөгжүүлэхэд туслах явдал байсан билээ. Энэхүү хавсралтдаа бид дадлагын туслах хэрэгсэл болгон үүнээс хамаагүй илүү шууд нэгэн аргатай танилцах болно. Цагийн хүрдний сургаалд эдгээр дадлагууд дотоод бэлтгэлийн зэрэг гэж тооцогддог.

Бидний судлах арга *Жод* буюу *Тасар Татах Ёсон* билээ. Төвөдийн бүхий л гол гол урсгалуудад анхааран авлага болгодог энэхүү өвөрмөц дадлагыг би хэмээх эго буюу өөрийг энхрийлэн барих сэтгэлийг арилгахад хамгийн тустай гэж үздэг байна. *Жод* гэдэг үг "тасдах" гэсэн утгатай. Хяргах, тасдах гэдэг бол тийм аядуу зөөлөн хийдэг үйл угаасаа биш. Энэ бол огцом ширүүн үйлдэл юм. Хяргалт явагдах тэрхэн хоромд холбоо тасарч салдаг нь Жодын сургаалын гол мөн чанар мөн. Хэрвээ бид модыг зайлуулмаар байвал зүгээр мөчир ба ишийг нь тасдаад нэмэргүй харин түүний үндэс рүү хандах хэрэгтэй. Үндсийг тасдахад л мод хатаж үгүйрэх болно.

Билиг Бараамид Бурхан - Ширчинма

ЖОДЫН СУРГААЛЫН ЭХ СУРВАЛЖ

Жод хэмээх энэ сургаал Билиг Барамидаас гаралтай. Энэ бол Бурханлаг-чанарын бас нэгэн өөр талыг нэрлэсэн нэр бөгөөд юмс үзэгдлийн хоосон мөн чанарыг ухамсарласан - Аугаа Эх - билиг билгүүний нэгэн шинж билээ. Хүнтэй адилхан эцэг, эхээс тэр төрөөгүй, харин би-үгүйн сэтгэшгүй ахуйн шижир тунгалаг оюунаас төрсөн бөгөөд Очирдара Бурхан хийгээд бидний Язгуурын Багшаас салшгүй нэгэн мөн чанартай ажээ. Билиг Барамидын сургаалууд Хоёрдугаар Номын хүрдний сургаалууд дотор нэг хэсэг нь үзэгдэж Гуравдугаар Номын хүрдэнд бүрнээрээ агуулагддаг бөлгөө.

Эдгээр сургаалууд Төвөдөд арван нэгдүгээр зууны үед Энэтхэгийн Аугаа шидтэн Паадамба Санжай дээдсээр дамжин дэлгэрсэн бөгөөд Энэтхэгт Бярманы гэр бүлд Дамба Санжай гэдэг нэртэй төрж өссөн тэрбээр арван таван настайдаа Викрамашила хийдэд хуврагийн санваар хүртэж Камалашила гэдэг нэр авчээ. Тэрбээр 54 алдартай егүзэр багшаас номын барилдлага тогтоож Судар хийгээд Тарнийн ёсны гүнзгий мэдлэг эзэмшсэн байна. Амьдралынхаа ихэнхи хэсгийг Энэтхэг, Непал зэрэг орнуудаар хөндлөн гулд аялан Бодьгаяа болон Жайрүнхашор ба Сваяамбунат Суварга гэх мэтийн адистидтай газруудаар дияан бясалгал хийж явжээ.

Дамба Санжай бээр Төвөд рүү олонтаа аялал хийн ном сургаал заах болсон нь хэдийгээр Төвөд хэл мэдэхгүйн учраас бэлэг тэмдгийн чанартай, үг хэл оролцуулахгүй дохио зангаагаар зааж эд зүйлсээр дамжуулан адислах, богино хэлбэрийн оньс зааварчилгаа өгөх зэргээр үйлчилж явсан байна. Тэдгээр сургаалуудыг ойрын шавь нар нь бичгэнд буулгаснаар түүний мэргэн ухааны гол хөрвүүлэг болон үлдсэн ажээ. Түүнээс шууд гаралтай тэдгээр сургаалуудын цуглуулга "Жижэ" хэмээх урсгал болон хэлбэрээ олсон нь "амирлуулах" гэсэн утгатай ажээ.

Паадамба Санжай нь эмэгтэй бясалгагч нарт туслахдаа онцгойлон анхаардаг байсан ба тэр үейин нийгэмд эмэгтэй хүн ийм зам хөөх амаргүй байдаг байснаас тэр болой. Түүний олон шавь нар дотроос хамгийн алдартай эмэгтэй шавь нь Мажиг Лавдонмаа байсан бөгөөд багшийнхаа дэргэд жил гаруй хугацаагаар суралцахдаа Билиг Барамидын Судруудыг гарын авлага болгоход маш их цагийг зарцуулж Паадамба Санжай болон түүний шавь Жотон Содном Лам нараас ихээхэн олон зүйлд суралцсан байна.

Мажиг Лавдонмагийн амьдралын түүх маш өрөвдөлтэй агаад бага залуу насандаа олон үхэл үзэх тавилантай байсан ажээ. Арван гурван настайдаа эцгийгээ алдаж, гурван жилийн хойно эхийгээ мөн алдсан байна. Түүнийг хорин нас хүрэхэд том эгч нь нас барснаар долоохон жилийн дотор хамаг ойр дотныхноо алдаж дууссан аж. Энэхүү гашуун амьдрал түүнийг Номын замд алхан ороход нь түлхэц болж Билиг Барамидын судрууд түүнд маш их ойр мэдрэмж төрүүлэх болсон гэдэг. Даваа Онош гэдэг ламын удирдлаган дор Мажиг Лавдонмаа Билиг Барамидын урт барын судрыг цээжээр унших чадалтай болсон бөгөөд багшийхаа хүсэлтээр шавь нарт нь уншиж өгдөг болсон байв. Энэ дадлагынхаа үр дүнд хоосон чанарын ухаарал төрж сэтгэлээ чөлөөлснөөс хойш Мажиг Лабдонмаа хүн болоод газар орон, эд юмст дахиад хэзээ ч сэтгэл татагдах нь үгүй болсон гэдэг билээ.

Нэг өдөр тэр Дова Бадраа хэмээгч егүзээр-бадарчинтай дайралдаж түүний хань болоод гурван хүү, хоёр охин төрүүлсэн нь: Нянбуу Дүваа, Дүвчүн, Яндүв, Гончам ба Лачам гэдэг нэртэй байжээ. Гучин долоон нас хүрэхдээ хорвоог огоорсон амьдралдаа буцаж орох сонголтыг хийн Төвөд, Балба, Энэтхэг зэрэг гурван орноор аялах боллоо. Түүнийг эмэгтэй шидтэн гэхээр хүмүүс итгэхгүй шалгаж сорих нь их байсан тул тэдгээр сорилт болгоныг даван гарч гайхамшигт ухамсарлахуйнхаа гүнийг бусдад харуулж явлаа. Тэгээд ч удалгүй олон шавийг араасаа дагуулсны дотор хамгийн шилдгүүд нь түүний төрүүлсэн хөвгүүд байжээ.

Мажиг Лавдонмагийн заадаг байсан "Жод" хэмээх номын тогтолцоо нь тухайн цагт нэн шинэлэг зүйл байсан бөгөөд түүний ухамсарлахуйн хүчнээс урган гарсан эд байв. Паадамба Санжай дээдийн "Жижэ" урсгалын баримталдаг олон зарчмуудтай нэгдсэн байсан ч гэлээ түүний дадлага бүтээл ихэд ховор нандин, онцгой зүйл байсан юм. Гайхалтай үр ашигтай гэдгээрээ "Жод"-ын ном Төвөдийн хаа сайгүй алдарших болж бусад бүх томоохон урсгалуудын дадлагад яваандаа нэгдэн орох болжээ. Мажиг Лавдонмагийн гайхалтай сургаалын сураг улмаар Энэтхэгт хүрч тэнд ч мөн дамжлагаа өгнө үү гэсэн хүсэлт ирэх боллоо.

Хэрэв та энэ "Жод" номын дадлагыг анхааран авлага болгохоор шийдэх юм бол эхлээд уг сургаалтай болон уг урсгалын багш егүзэрүүдтэй барилдлага тогтоон холбоогоо бататгах шаардлагатай. Энэ бол үнэхээр гүнзгий сургаал бөгөөд дамжлагын адислал үгүйгээр ашиг олох боломжгүй ажгуу. Энд номын хавсралт болгон ерөнхий танилцуулгыг хийх нь шаардлага хангасан дамжлага урсгалын багш дээдсүүдтэй дараа тулж ажиллахад тань хэрэг болох болов уу гэж найдсаных билээ.

САНСАР ОРЧЛОНГ ҮНДСЭЭР НЬ ХЯРГАХ

"Жод"-ын сургаалын дагуу авч үзвэл сансарт эргэлдэхийн үндэс ёзоор нь үнэхээр бүтсэн "би"-д барих шунал ажээ. Энэхүү бодлын зууралт дээрээ үндэслээд бид зовлон ба будилаанд ордог. Бүх юм буцаад л нөгөө "би" хэмээх үндсэн үзэл рүүгээ очиж таардаг байна. Тэгэхээр энэ зууралтыг арилгаснаар орчлонгийн үндсийг тасалж чадна.

Хамаг амьтны хувьд "би" гэгч үнэхээр байгаа мэтээр үзэгддэг боловч гэгээрсэн бодгалиудад бол тийм биш байдаг. Яг одоо бид "би" гэж байхгүй, бидэнд үзэгдэж мэдрэгдэж байгаа шигээр оршдоггүй гэж итгэж байлаа ч хэрвээ тийм юм бол бид хэн юм бэ? Үнэмлэхүй чанартаа бид бол Бурханлаг-чанар гэж хэлж болно. Тэр бол бидний мөн чанар, жинхэнэ ариун үнэн нүүр царай. Гэхдээ тэр бидний боддог шиг "би" арай бишээ. Бодит ба хийсвэр гэдэг үзлийг төгс урвуулан үгүй болгохын цагт хоёргүй үзэлд суурилсан "би" аяндаа урган гарах болно.

Аз болоход бид энэ тухай туршлагаасаа мэдэж болно. Хэрвээ бид өөрсдийн тэр хатуу баримталсан "би" юмуу "минийх" гэдэг үзлийнхээ мөн чанарыг судлаад үзэх юм бол тэд сарнин алга болохыг харах болно. Үнэхээр оршсон бат цул үнэн гэсэн зүйл маань шинжлэл, судалгааны үр дүнд сарнин арилж шимгүй, үндэсгүй барьцгүй болох нь илэрхий болох болно. Гэвч үнэн байдал шинжлэлээр алга болж өгдөггүй шүү дээ. Хэдийгээр бүхий л бодлыг үгүй болгож чадлаа ч гэсэн шижир тунгалаг ухамсар маань - юу ч биш хэрэг биш - хэмээн эсэргүүцсэн хэвээр үлддэг. Энэ сэтгэл бидэнд яагаад ойлгомжтой бус байгаа вэ гэвэл бидний зохиосон нэр томъёоноос хэтийдэж гарсан зүйл учраас тэр бөгөөд тиймээс бид үүнийг "жинхэнэ би" гэж нэрлэхээр шийдээд байгаа юм. Энэ нь ч мөн зүгээр ойлгуулахын тулд л өгч байгаа нэр томъёо болохоос бас л жинхэнээрээ "би" биш билээ.

"Жод" тэгэхээр бидний аль нь "би", аль нь "би үгүй" юм гээд будлиад байгаа асуудлыг таньж чаддаг байна. Ерөнхийдөө "би" гэхээр энэ биеэ гэж хүмүүс ихэвчилэн боддог. "Би үгүй"-н үзлийг бид ойлгож байгаа хэрнээ мөн л бидний бие бол "би" бөгөөд үхнэ гэхээс айх зэргийн санаа гүнзгий угтаа байж л байдаг. Бид энэ эрхэм нандин биесээ сална гэхээс үнхэлцгээ хагартал айдаг. Тиймээс "Жод" нь таны энэ биетэйгээ холбогдсон шуналын хүлээсийг тасар татан хяргаж өөрийн унаган мөн чанараа идэвхжүүлэхэд анхаарлаа чиглүүлдэг ажээ.

Таны хөлсөлсөн байшин гэнэт шатлаа гээд бод доо. Юуны түрүүнд тэндээс бушуухан л гаръя гэж бодон аюулаас аль болохоор холдохыг бодно. Гадаа гарчихсан хойноо байшингаа шатаж дуусахыг харж, байргүй боллоо гэдэгтээ жаахан харамсалтай ч гэлээ бие бүтэн байгаа нь их юм гэж бодно.

Түүнтэй л адилхан бие махбод ч гэсэн байшин л юм. Гэнэт бие махбод аюулд орход бариднийг айдас дорхноо эзэмдэн авдаг. Сэтгэлийн уттаа бид нар бие хохирвол бид хохирно гэж үздэг байна. Бид энэ хоёр зүйлийг тааруулан хольж хутгаж байгаа болохоос үнэндээ бие махбод яаж ч хохирсон сэтгэл хэзээ ч хохирохгүй билээ. Бие махбодоо алдах таагүй байлгүй яах вэ, гэвч сэтгэлийн унаган мөн чанар мөнхөд ариунаараа сэвтэшгүй үлддэг. Үүнийг таньсан "Жод" хэмээх энэ сургаалаар бие, сэтгэл хоёроо салгаад дараа нь биеэ бусдад тахил болгон өргөж буянаа арвижуулдаг байна.

"Жод"-ын сургаал хэрхэн өөрөөс зуурах сэтгэлийг арилгадгийн ганцхан жишээг доор толилуулж байна. Энэ номын өвөрмөгц тогтолцоо олон түвшний шуналтай тулж ажиллах тул сэтгэлийг хязгаарлан барьж байдаг болгоныг цөмийг нь бүрэн арилгах чадвартай ажээ. Энэ сургаал хэрхэн үйлчилдгийг мэдэхийн хүсвэл эхлээд "Мара" бидний амьдралд ямар үүрэгтэй байдгийг хэлэлцэх хэрэгтэй болно.

МАРАТАЙ НҮҮР ТУЛАХ НЬ

Сансар орчлонгоос ангижирч гэгээрэлд хүрэхэд саатуулж байгаа хүч болгоныг "Мара" гэнэ. Энэ нь "нүгэлт шуламс" гэсэн утгатай Самгарьд үг юм. Бүхий л "Мара" бүгд "би" "миний" хэмээн шунан тачаах тэр сэтгэлд байдаг. Энэ бол бидний давж гарах ёстой гол шулмас мөн.

Чөтгөр шулмыг уг нь цус сорогч, урт соёотой, махир хумстай, араатан мэт бодит бие амьтан гэж нийтээрээ дүрсэлдэг боловч мунхаг хийгээд түйтгэрүүд урган гарах үндэс болж буй болгоныг "Мара" гэж "Жод"-ын сургаалд үздэг байна. Хэрвээ тийм юм бол шунан зуурах сэтгэлээр л хандвал бидний найз нөхөд, гэр бүлийхэн ч шулмас болох бололцоотой ажээ.

"Жод"-ыг дадлага болгосноор "Мара"-ны хүчийг сулруулах бөгөөд бидний сэтгэлд тэд нөлөөгөө үзүүлж чадахгүй болно. Хэдэн төрлийн "Мара" байдгийг таньснаар тэдэнтэй тулгарахын цагт зоригтойгоор нүүр тулж, зорьсон замдаа гуйвшгүй чин сүжгээр зориглон зүтгэж чадах болно. Тиймээс хоёр бүлэг "Мара"-г анхааралдаа авбал зохих нь: 1. Судрын ёсонд заасан нийтлэг дөрвөн "Мара" ба 2. "Жод"-ын сургаалд заасан өвөрмөц дөрвөн "Мара" билээ.

Нийтлэг Дөрвөн Мара

Сүсэг бишрэлийн замд зарчмын садаа болдог дөрвөн төрлийн шулам бий:

1. **Бүрдэл цогцын Мара:** Бие гэнэ үү, сэтгэл гэнэ үү юу гэж нэрлэх нь хамаагүй тэр болгоныг бүрдэл цогцонд багтаана. Тэд бидний үйлийн үрийн зохиолдолгоор үүсгэгдэж, "би"-д барих зохиомол үндсийг тавьж өгдөг. Өөрийгөө гэсэн үзэгдэл ургахад бид түүнийгээ үнэхээр оршсон үнэн гэж боддог. Ийм төрлийн *зуурах сэтгэлээр* удирдуулсаар байх юм бол бид сансрын зовлон энэлэлийг зогсоо чөлөөгүй эдлэсээр байхад хүрнэ.

2. **Түйтгэрийн Мара:** Өөрөөс зуурах дээр үндэслэн сэтгэлд үнэний мөн чанарыг таних явдлаас саатуулсан олон төөрөгдөл буруу хүлээн авахуйн давхаргууд хөгжиж эхэлдэг. Үнэн хэрэгтээ ямар оршиж байгааг мэдэхгүй мунхаг бид энэхүү "би" хэмээгчдээ хадагдан, өөрийг хамгаас илүү чухал гэж үзсэнээр "бусад" гэгчийг гаргаж ирнэ. Ийм маягаар *өөрийг энхрийлэх* ялгавартай үзэл

төрөн бий болж сэтгэлийн түйтгэрүүдийг тэжээж эхэлдэг ажээ.

3. **Эрлэгийн Эзний Мара:** Өөрийг энхрийлэх сэтгэл баттай болсны дараагаар бид бүрдэл цогцоо заналхийлэл болгоноос хамгаалах гэж элдвийн сорилттой тулгаран амиа бөөцийлөх хэрэгтэй болно. Хамгийн аюултай заналхийлэл бол үхэл бөгөөд бие, сэтгэл хоёр уусахад бидний саяхан улайран хамгаалж байсан "би" арилж одно. Энэ "Мара" биднийг байнга сүрдүүлж бачимдуулан мөнх бусыг мэдрүүлж байдаг. Энэ айдас хүйдэс дээрээ үндэслээд заналхийлсэн болгон руу хандсан *хорсол, хилэн* бий болно. Хорсол, хилэн сэтгэлд давамгайлаад ирхээрээ бусдад хохирол учруулан зовлон эдлэхийн шалтгааныг үржүүлж эхэлдэг ажээ.

4. **Тэнгэрийн Хөвгүүний Мара:** Сүүлчийн "Мара" бол энхрийлэн байгаа өөрийг таашаалаар хангах дээр үндэслэн бий болно. Амьдралд тохиолддог төрөл бүрийн мэдрэмжээс бид зарим зүйлийг нөгөөгөөсөө илүү тааламжтай юм гэж бодох болно. Цаг хугацааны туршид тэр зүйл рүүгээ гүнзгий шигдсэн шуналын сэтгэлээр хандах болсноор нөгөө тааламжгүй зүйлсийн ялгаа улам тод болно. Энэ "Мара" сүсэг бишрэлийн дадлагад гарч ирдгээрээ алдартай бөгөөд Номыг орхин хуучин зуршил байдалдаа эргэн орооход хүргэдэг билээ.

Энэ дөрвөөс эхнийх нь сансар орчлонгийн ёзоор, хоёр дахь нь нэгээсээ уламжилж гардаг гэж үздэг бол сүүлчийн хоёр нь хоёрдугаар Марагаас урган гардаг байна. Иймээс өөрөөс зуурах сэтгэлийг тасар татсанаар бид өөрийг энхрийлэх сэтгэл, шунал, хилэн зэргийг цөмийг нь хамтад нь устгаж чадах болно. Хэрвээ шууд бус замыг сонговол огоорлын сэтгэл, үхэл мөнх бус, асрахуй ба энэрхүй сэтгэл зэрэг дээр төвлөрөн бясалгах хэрэгтэй. Ингэснээр сүүлчийн гурван Мараны хүчийг сулруулж бүрдэл цогцын хоосон мөн чанар дээр төвлөрөн бясалгаж нэгдүгээр Маратай тулж ажиллах нөхцөлийг бий болгож өгч чадах билээ.

Өвөрмөц Дөрвөн Мара

"Жод"-ын сургаалд хэрэглэдэг арга зам сэтгэлийн мөн чанартай шууд тулж ажиллан өөрөөс зуурах сэтгэлийг тасдахад чиглэдэг. Тийм учраас дөрвөн Мараг арай өөр байдлаар ойлгох хэрэгтэй болно. Жодын сургаалд: 1.барьцтай мара, 2.барьцгүй мара, 3.өргөмжлөлийн мара ба 4.өсөлтийн мара нарын тухай сургадаг. Тус бүр сэтгэлийн хоосон чанарыг ухамсарлах явдалд ашиглаж болох сэтгэл дэх тусгай нэг талуудыг тодотгож өгдөг байна.

Барьцтай Мара

Эхний Мара бол дүрс, дуу, амт, үнэр, хүрэлцэхүй зэрэг бидний гадаад ертөнцийг мэдрэх үндэс болсон мэдрэхүйн эрхтний үзэгдлүүдэд хамаардаг. Тийм учраас "барьцтай" гэж нэрлэсэн ажээ. Мэдрэхүй эрхтний мэдрэмждээ үндэслээд дуртай зүйлдээ шунаж, дургүй зүйлээ үзэн ядах сэтгэлийг үүсгэнэ. Үүний дунд амьтныг хохироосон үйлийг хийхэд хүрч зовлон эдлэх шалтгааныг бүтээдэг байна.

Тэгэхээр барьцтай Мара бол бидний *юмс үзэгдлээс зуурах* сэтгэл ажээ. Тэдгээрийг яг үнэнээрээ оршин байгаа гэж зуурч байгаагаас бүх түйтгэрүүд үүсдэг. Тиймээс ийм Мараны эсрэг ерөндөг бол шунал, хорсолын сэтгэлгүйгээр юмс үзэгдлийн хоосон чанар дээр төвлөрөн бясалгах байдаг. Бид сэтгэлээ мэдрэх эрхтэн болгоны суурин дээр саатуулан бясалгаваас үзэгдэл хэдийгээр ургалаа ч гэсэн тэд аль ч талаас нь харсан хүчин төгөлдөр эд биш гэдгийг танина. Үүнийг танимагц тэр үзэгдэл илбэ эсвэл зүүд мэт болоод сэтгэлийг цаашид дарамталж чадахаа больдог байна.

Барьцгүй Мара

Барьцтай Мара бодит биет орон ба объекттой холбоотой байдаг бол барьцгүй Мара юмс үзэгдлийн хариуд төрөх хийсвэр сэтгэхүйд хамаардаг байна. Тэр бидний дэлхий ертөнцөд хандах "сайхан" "муухай" гэсэн бодлуудын байгууламжаас бүтэх бөгөөд тааламжгүй айдас, тааламжтай баяр хөөр, хүсэл мөрөөдлийн аль нэгийг мэдрэхэд хүргэдэг ажээ. Эдгээр үзэгдлийн хариуд төрдөг сэтгэл хөдлөл сэтгэлээс өөр хаа ч дангаараа оршдоггүй учраас "барьцгүй" гэж нэрлэдэг байна.

Үзэгдлүүд сэтгэлд ургахад тэдгээрийн шинж тэмдгүүдийг дор нь тусгаад авдаг байна. Тэдгээр шинжүүдээс тааллагдсаныгаа "чанартай", тааллагдаагүйгээ "дутагдалтай" гэж үнэлнэ. Олон алдаа дутагдалтай хүн тааралдвал бид "чөтгөр" гэж нэрлэнэ. Харин олон сайн талтай хүн байвал "сахиулсан тэнгэр" гэнэ. Ийм замаар зөвхөн өөрсөддөө ямар үзэгдэж байгаагаар, зөвхөн бодолд тулгуурласан үнэнээс зуурах сэтгэлийг төрүүлдэг байна.

Барьцгүй Мара бол *бодлын зохиомол төөрөгдлөөс зуурах* явдал мөн бөгөөд түүнийгээ өөрөөсөө бүтсэн үнэн зүйл шиг үздэг байна. Энэ Мараг даван гарахын тулд сайн, муу гэдэг бодлууд нь зөвхөн л бодлууд юм гэж ухааран, ямар сэрэл, мэдрэмж төрөхөөс үл шалтгаалан сэтгэлээ тайван төлөвт амраасныар үүнийг даван болдог. Бодлын бүтэц, дурсамж зэрэг тийм чухал зүйл биш юм. Тэдгээрт анхаарал хандуулахын оронд тэдгээрийн утга учир дээр анхааран, ухамсраа сэтгэлийн хоосон мөн чанарын өргөн уудам огторгуйд саатуулан амраах хэрэгтэй. Ингэснээр сэтгэл аяндаа байрандаа орж, усан оргилуур мэт ундарсан бодлууд үл мэдэгдэм болж ирнэ. Энэ дадлага бол үйл хөдөлгүй хийгддэг дадлага тул гол нь өөрсдийн мэдэрсэн болгондоо хариу сэтгэлийн хөдөлгөөн үзүүлж байдаг зуршлаа л эвдэх ёстой билээ.

Өргөмжлөлийн Мара

Барьцтай болон барьцгүй Маратай тулж ажиллах явцдаа бясалгалын олон үзэгдлүүдийг мэдэрч болдог. Тэдгээр амжилт хорвоогийн тансаглал ба олон шавийг дагуулах, ядам бурхадын нүүр харах эсвэл увьдис шидийг эзэмших зэрэг байдлуудаар илэрч болдог. Хэрвээ иймэрхүү амжилтандаа шунан дурлах юм бол бид бардам зан, дээрэнгүй байдлыг үзүүлж эхэлнэ. Энэ бол өргөмжлөлийн Мара бөгөөд хэрвээ үүнийг арилгахгүй юм бол түүндээ сэтгэл бүрэн ханаад цаашаа ахих сонирхолгүй болчихдог.

Энэ Мара бол бидний *өөрийнхөө сайн чанараас зуурах* сэтгэл мөн. Мөн чанараараа барьцгүй Маратай адилавтар боловч энэ Мара дотогшоо чиглэсэн өөрийг таних мэдрэмж, өөрийгөө би хэн бэ гэж бодох бодлын байгууламжтай байдгаараа онцлогтой. Энэ Мараг давж гарахын тулд бидний хүлээн авч байгаа тэдгээр сайн чанаруд бол өөрөөсөө бүтээгүй хоосон мөн чанартай юм гэдгийг таних хэрэгтэй. Сэтгэл дэх бусад үзэгдлүүдийн адилаар барьцтай ч бай, барьцгүй ч бай тэд цөм илбэ мэт мөн чанартай шим-үгүй зүйлс бөгөөд хэсэг зуур үзэгдээд арилдаг зүүд л гэсэн үг. Энэ мөн чанартай өөрсдийгөө танил дотно болгосноор хүрсэн амжилтаа хэтрүүлэн үнэлэхгүй даруу төлөв байж юу ч болж байсан энэ байдлаа хадгалан үлдэж чадах болно. Ийм хүлээн авагчийн байр сууринаас хандах хандлага мэдрэмжийнхээ илүү гүнзгий давхарга руу зүсэж орох боломжийг бидэнд олгодог.

Өсөлтийн Мара

Сүүлчийн Мара бол дээрх гурвын үндэс ёзоор мөн. Сэтгэл юмс үзэгдлүүдээс өөрөөсөө бүтсэн мэт хуурамчаар зуурах үед хадагдсан нэгэн үзэл бий болдог. Энэхүү хадагдсан үзлээс бодлын төсөөлөл урган гарч тухайн орон ба объектын талаар хэрхэн мэдэрч байгаагаа дүрсэлж гаргадаг. Энэ бодлын хуурамч төсөөлөл нь сэтгэлийг хөнөөлт зан байдлуудад оруулах бөгөөд хилэнц, түйтгэр үржин хуримтлагдах энэ үйл явцыг "өсөлт" хэмээн нэрлэдэг байна.

Өсөлтийн Мараг даван гарахын тулд *орон ба ухамсар (оронт) гэсэн хоёрдмол үзлийн зууралтыг* тасдах хэрэгтэй. Үүний тулд бид ухамсраа өөрийнх нь унаган төрхөнд нь саатуулан амраах бүхий л юмс үзэгдлийн хоосон чанартайг ухаарах хэрэгтэй. Энэ ухамсарлахуйдаа өөрсдийгөө зуршуулаад ирэхээр сэтгэл аяндаа орон ба оронт хэмээн хоёр тусдаа зүйлс байна гэж зуурахаа болино, тэгснээр бодлын төөрөгдөл төрөх нь зогсоно. Сэтгэл бодлоос ангижрахад өөрийн унаган мөн чанар – цаглашгүй ахуйн дээдийн хоосонд саатан орших болно. Ийм замаар дөрвөн Мараг зайлуулснаар туйлын үнэний мөн чанарыг төгс ухамсарлан, бүхий л хэлбэрийн зууралтыг арилгаж чадах болно.

476

ЖОДЫН ДАДЛАГА

Өвөрмөц дөрвөн Марагийн утгыг ойлгосноор "Жод" хэмээх гүнзгий дадлагыг дадуулж эхлэхэд бэлэн болно. Дадлага хоёр хэсгээс бүрдэнэ: 1.албан ёсны дадлага ба 2.албан бус дадлага. Албан ёсны дадлагад "би"-д баригч сэтгэл рүү зүсэн орж зууралтаа тасар татаж буй өвөрмөц дүрслэлийг ашигладаг бол албан бус дадлагад тэрхүү "би" хэмээх ухамсраа улам өндөрсгөж түүнтэй шууд бус байдлаар тулж ажиллах аргыг хэрэглэдэг ажээ.

Эдгээр дадлагууд Судрын аймагт түшиглэдэг бөгөөд тэд оньс түлхүүрийг нь эзэмшдэг гүнзгий нэгэн урсгалд хадгалагддаг байна. Тийм учраас эхлээд шаардлага хангасан багш буюу урсгалын уламжлал баригчаас дамжлагыг хүртэх ёстой. Урсгалын адистидын хүчээр та хэрэгцээгүй олон бэрхшээлүүдтэй үл тулгаран, сэтгэлдээ ашигтай үр дүнг гарцаагүй бий болгож чадах болно.

Албан Ёсны Дадлага

Жодын албан ёсны дадлага бол ер бусын өглөгч сэтгэл мөн. Ердийн үед тахил болгон өргөдөг цэцэг, хоол хүнс, таалашжтай сайхан эд зүйлсүүд болон алт эрдэнэсийн оронд өөрсдийн бие махбодоо өргөлд барина. Тэр бол бидний хамгаас илүү хайрлан эрхэмлэдэг, нүдний цөгий мэт нандигнадаг чухал өмч маань билээ. Өөрийн биеийг бусдад давтан, давтан өгч дүрслэснээр биеэ хайрлах шуналын сэтгэлээ багасгахад дадлагын гол зорилго оршино. Энэ нь бие ба сэтгэлийн хоорондын холбоог тасалж, сэтгэлийнхээ унаган мөн чанарт анхаарлаа хандуулан, мунхгийн ёзоорыг таслах боломжийг олгодог ажээ.

Дадлага дөрвөн шаттай хийгдэнэ: 1.бэлтгэл, 2.ухамсрын шилжүүлэг, 3.биеэ тахилд өргөх ба 4.буянаа зориулах.

Бэлтгэл

Гол дүрслэлдээ орохын өмнө хэсэг байзнаж доорх мөрүүдийг унших зуурртаа утга төгөлдөр сэдэл сэтгэлдээ үүсгэнэ:

> *"Эх болсон хамаг амьтныг Бурханы хутагт дагуулан хүргэх Гурван Эрдэнэ дор итгэлийг одуулмуй*
>
> *Өөрийг энхрийлэх сэтгэл хийгээд бие махбодоо хамаг амьтанд өргөн байж итгэлийг одуулмуй*
>
> *Олон аймшигт амьтад цөм миний хайртай нэгнүүд байсныг ухааран байж итгэлийг одуулмуй*
>
> *Үнэн чанартаа хамаг амьтад цөм гэгээрсэн бодгалиуд гэдгийг ухааран байж итгэлийг одуулмуй"*

Эдгээр мөрүүдийг уншихдаа Урсгалын багш егүзэр мастерууд, Ядам, Бурхад, Бодьсадва нар, Дагинас хийгээд Номын Сахиусан нутуудыг эргэн тойрон хүрээлэн зогсоод таны андгайг сонсон гэрч болж байна гэж төсөөлнө. Тэдний тусламжтайгаар та амьтны тусад зориулан чадах бүхнээ хийхэд бэлэн байгаадаа итгэлтэй болно.

"Би бээр гурван цагийн хамаг Бурхад хийгээд Бодьсадва нарын адил хэмжээлшгүй хайр нигүүслийг үүсгэн байж Бодийн дээд эрдэнийн сэтгэлийг төрүүлмой"

Далай мэт их хамаг амьтныг эргэн тойрондоо байна гэж төсөөлөөд тэдний эдэлж буй хэмжээлшгүй зовлон гасланг сэтгэлдээ авчрагтун. Өрөөс зуурах "Мара"-наас салж ангижран, хамгийн дээд чадвараа амьдруулахын төлөө төгс гэгээрлийн хутгийг олох эрчимтэй хүслээ өдөөнө.

Дараа нь буяны хотол чуулган тэр чигээрээ гэрэлд хайлан Мажиг Лавдонмаагийн дүртэй цагаан туяа болон хувирах нь нэгэн нигур, гурван мэлмийтэй ажгуу. Тэр баруун мутартаа дамар, зүүн мутартаа хонх барин хэмнэлт хөдөлгөөнөөр бүжих үзэгдэнэ.

Мажиг Лавдонмааг өөрийн үндсэн Гүрү багшаас салшгүй нэгэн гэдгийг таньсан даруй "Жод"-ын сургаалд үнэнхүү чин сүжиг, бишрэл төрөхийг мэдэрнэ. Дараа нь зулай дээр тань ойртон ирж гэрэлд уусан шингэх нь таны Бурханлаг-чанарын салшгүй нэгэн хэсэг болон хувирна. Энэхүү зуурлтаас ангид оюун ухамсартаа сэтгэлээ түр амраагаад азна.

Ухамсрын Шилжүүлэг

Бие махбодоо бусдад өргөхийн тулд бид эхлээд бие сэтгэл хоёрынхоо холбоог тасдах хэрэгтэй. Та сэтгэлийнхээ мөн чанар дээр төвлөрөн бясалгаж сурсан байвал тэрхүү мөн чанараа дор нь сэргээж болох бөгөөд нэгэн үзүүрт төвлөрөлдөө бодол үгүйгээр саатан амарч хэдэн минут болоод дадлагадаа орж болно. Тийм биш бол доорх дүрслэлийн тусламжтайгаар бие сэтгэлээ салгана.

"Миний ухамсар болох хүйн хүрдэнд саатсан жижиг ягаан дусал гол судлаар дээш өгслөө:

"ПАД...ПАД...ПАД...ПАД!"

Миний сэтгэл огторгуйд уусан одоход миний бие махбод үхдэл цогцос мэт газарт ойчлоо"

Өөрийн ухамсраа гялтганасан цагаан ба улаан дусал хүйн хүрдэнд байрлаж байна гэж төсөөлснөөр эхэлнэ. Таны өөрийгөө гэж боддог зүйл энэ дусал мөн гэдгийг тусган таны. ПАД гэдэг үгийг хүчтэйгээр дуудахад тэрхүү дусал хүйн хүрднээс гол судлаар дамжин дээш өгсөж зүрхний тань хүрдэнд очино. Дахин нэг ПАД гэж уншихад зүрхнээс тань хоолойн хүрдэнд шилжинэ. Гурав дахь удаагаа ПАД гэж хэлэхэд хоолойноос зулайн хүрдэнд шилжлээ, эцсийн ПАД гэсэн дуудахад биеэс гарч дээд огторгуйд шингэн уусна. Тэгэхэд доошоо хараад бие махбодоо амьгүй үхдэл мэт ойчихыг харна.

"ОМ СВАБАВА ШУДДА САРВА ДАРМА СВАБАВА ШУДДО ХУМ"

Энэ тарнийг уншихад бүхий л эгэлийн юмс үзэгдэл зохиомол байдлаас ангижран төгс хоосон чанартаа шингээд зүүдний үзэгдэл болохыг үзэн хэсэг зуур тайван амарна.

"Бүх үзэгдэл юмс хоосон чанарт шингэхэд энэ төлвөөс гэнэт миний үндсэн Гүрү багшаас салшгүй нэгэн болсон дээдийн Дагина Мажиг Лавдонмаа таван аймгийн Дагинас хийгээд урсгалын лам нараар хүрээлүүлэн ургаму. Танд би бээр сөгдөн мөргөмү, адис жанлаваа хайрлан соёрх"

Хоосон чанарын агаараас өөрийн үндсэн багш буяны саднаа Мажиг Лавдонмаагийн дүрээр урсгалын лам нар болон дагинасын хамтаар гарч ирлээ гэж төсөөлнө. Та тэдгээрийн адислалыг гуйж мөргөн өөрийг энхрийлэн барих сэтгэлээс салахын тулд биеэ тахил болгон өргөх "Жод"-ын гүнзгий дадлагыг үйлдэх зөвшөөрлийг хүсэж байна.

"Миний ухамсар улаан өнгөт Очирт-йогини болон үзэгдэнэ"

Буяны хотол чуулганаас гэрэл цацран туяандаа таныг умбуулан байж ариун урсгалын адистидаар мялаалаа. Энэхүү гэрлийн дотор таны ухамсар гэнэт улаан лагшин бүхий нэг нигур, хоёр мутартай гэгээрсэн Очирт-йогини болон хувирлаа. Та баруун мутартаа махир хутга, зүүн мутартаа гавлын ясан аяга барьсан харагдана.

Биеэ Өргөх

Дараагийн алхам бол биеэ өргөлд өргөх явдал юм. Өөрийн биеийг өмнөө байгаа газар дээр нүцгэн тэрийж хэвтсэн байгаагаар дүрсэлнэ. Үхсэн малын сэг харах мэт хэсэг зуур өөрийгөө ширт.

"Цогцсын зулайн орой хэсгийг хутгаар тасдан авахад тив дэлхий мэт том тахилын аяга болон хувирна. Арьс, мах, цус, шөрмөс, яс, уушиг, гэдэс, мэдрэх эрхтнүүдийг цөмийг нь салган эвдэж тахилын аяганд хийгээд чөлөөлөлтөнд хүргэх гэгээрлийн охь болгон хувиргана"

Махир хутгаараа толгойн орой хэсгийг тасдан авч байна хэмээн дүрсэлнэ. Тэгээд өмнөө дээш нь эргүүлэн тавихад гэнэт аварга том тахилын аягануд болон хувирна. Цогцсыг хэсэг хэсгээр нь тасчин аяганд хийхдээ арьсыг нэг аяганд, мах өөх зэргийг өөр нэгэн аяганд гэх мэтчилэн хувааж хийнэ. Бүхэл цогцсыг ийнхүү эвдэж дуусаад аяга бүрт тахилын зүйлсээр бялхаж байгааг харна.

Одоо та тахилаа өөр өөр амьтдад өөр өөр байдлаар өргөл болгож болно. Үндсэндээ хоёр төрлийн тахил байж болдог нь: 1. Цагаан Махчин ба 2. Улаан Махчин юм. Цагаан махчинд хайр нигүүслийн тайван замаар тахилын өргөж өөрийг энхрийлэх сэтгэлийг багасгана. Улаан махчинд догшин аргаар тахил өргөж бидний өөрийг энхрийлэх сэтгэлийг шууд өдөн тулна. Эхнийх нь амьтанд тусыг бүтээхэд чиглэдэг бол хоёр дахь нь өөрийг энхрийлэх сэтгэлийн мэдрэмжийг тэвчих ухааныг авчрахад чиглэдэг ажээ.

Цагаан Махчин

Эхлээд тахилын өргөлийг гэгээрсэн амьтдын хотол чуулганд өргөнө:

> "Тахилын зүйлс цэцэг, зул, хөгжим, хүж, хүнс, сүрчиг, торго болон чимэглэл болж үзэгдэнэ. Эдгээрийг дамжлага урсгалын лам нар, Ядам бурхад хийгээд бүхий л гэгээрсэн бодгалиудад өргөмүү"

Таны өмнийн огторгуйд Ядам, Бурхад, Бодьсадва, Дагинас зэрэг бүхий л гэгээрсэн амьтад тэнгэрээр дүүрсэнд та хийгээд хамаг амьтанд үзүүлдэг тэдний хязгааргүй их энэрэхүй сэтгэлийг санан, тахилын аяган дахь зүйлс болгон гэрэлтсэн цагаан охь болон хувирч байгаагаар төсөөлнө. Таны зүрхнээс өргөлийн ядмууд тоогүй олноор хувилан гарч, охийг тэдгээр гэгээрсэн хотол чуулганы бодьгал болгонд түгээнэ. Тэд үнэхээр таашаалтай байх нь үзэгдэн ийм гайхамшигтай тахил өргөсөнд баяр хөөрөөр бялхан байна гэж дүрсэлнэ.

> "Охь дараа нь эрдэнэс баялгийн сан, гоо үзэсгэлэн, залуу нас, эм тан, хүнс ундаа, хувцас гоёл, цэцэрлэг, байшин, найз нөхөд, хайртай бүхэн гээд хэрэгтэй болгонд хувирч үзэгдэнэ. Тэгээд цаашаа халин асгарч эх болсон зургаан зүйл амьтан, ялангуяа чөтгөр, сүнс, агаар, шороо ба галын савдаг, хагас бурхад, хамгаалагч нар болон миний өртэй болгон, тэрчлэн тоолшгүй олон төрлүүдэд миний хамгийн хайртай ойр дотны байсан нэгэн тэр бүгдэд мөн адил хүртээнэ. Тэдгээр амьтдад тахил өргөлийн зүйлс мөрөн, далай юмуу уулс мэт арвин ихээр өргөл болно"

Төрөл тэргүүшгүй цагаас таны эх болж явсан тоолшгүй олон амьтныг нэгийг нь ч үлдээлгүй сэтгэлдээ ургуулан, баярлаж талархах сэтгэлийг тэдний зүг төрүүлэн, ээж болгоныхоо эдэлж буй зовлонг санан, ачийг нь хариулах хүслээ өдөөнө. Зүрхнээс дахин өргөлийн дагинас хувилан гаргаж аягатай охиос шанагадаж аван зургаан зүйл амьтанд өргөлөө гэж дүрсэлнэ. Тэднийг зүйл болгоны амьтанд тахилаа өргөхөд тахилын эд юмс хэрэгтэй зүйлс нь болон хувирснаар тэдний сэтгэл машид ханаж, амгалан зохицолд умбалаа гэж бодно.

> "Зургаан зүйл амьтны хооронд ялгавар үгүй, тэд цөм миний эцэг эх, найз нөхөд, хамаатан садан, үр хүүхэд багш гээд хамгаас эрхэм хүмүүс маань байсан билээ. Миний эрдэнэ мэт эрхэмлэдэг тэдгээр амьтан болгон

гэгээрлийн хутагт хүрэх болтугай"

Эцэст нь, өөрийн эх болгоноо дээдлэн эрхэмлэх сэтгэлээр таны өргөсөн тахил тэдэнд хүслийг гүйцээгч эрдэнэ болон очиж, тэд гэгээрэлд хүрэх замд орлоо гэж байгаагаар төсөөлнө. Ариун Номыг анхааран авлага болгосны хүчээр тэд бүхий л бэрхшээл түйтгэрүүдээ даван гарч төгс гэгээрлийн хутагт хүрэх болно. Баяр хөөр бялхаж ирэхийг мэдрэн дүрслэлээ уусгаад ухамсраа амраана. Тэгээд дараагийн шатанд орно.

Улаан Махчин

Улаан махчинд тахил өргөхдөө аймшигт чөтгөрүүдийн хотол чуулганыг сэтгэлдээ дүрсэлнэ. Тэдгээр амьтад бол таны өөрийг энхрийлэх сэтгэлийн харгайгаар гаргасан хохирлын үзэгдэх хэлбэр мөн. Тэд шүдээ ялзайлган архирч, олзолсон амьтнаа эргэх өлөн чоно мэт таныг тойрон заналхийлнэ. Аюул ойртсоныг мэдэрч өөрийг гэх сэтгэлээ төрөхийг мэдрэн хөгжөөх нь өөрийн тулж ажиллах орон ба объектоо бэлдэж байгаа хэрэг юм.

Дараа нь өөрийг энхрийлэх сэтгэлийн үзэгдэл болсон биеэ газарт хэвтээгээр дүрслээд түрүүчийнх шигээ тасдан эвдэж эхэлнэ. Гэхдээ энэ удаад дээр, дээрээс нь овоолж яс махан уул овоо босгоно. Догшин араатнууд тойрон шавж сүүлчийн хэсэг махыг хүртэл залгиж дуусгана. Тэдний хэчнээн тааламжтай байгааг мэдрэхийг хичээж үйлийн үрийн бүх өрөө төллөө гэж төсөөлнө. Тэгээд доорх байдлаар тунгаана:

> *"Ямар ч амьтан харагдаж төсөөлөгдөж байгаа шигээ үнэнээр оршидоггүйтэй адилхан айх юм огт үгүй амуй. Гурван орны амьтад хийгээд гэгээрсэн амьтдын хооронд ялгаа нь үгүй билээ. Юм бүхэн гэгээрлийн төгс чанаруудыг агуулах нь туйлын үнэнийг мэдэрсэнтэй эгээл ижил ажгуу"*

"ОМ ГАДЭ ГАДЭ БАРА ГАДЭ БАРА САМ ГАДЭ БОДХИ СУХА"

Энэ тарнийг олонтаа давтах зууртаа бүх дүрслэлээ хоосонд уусгана. Хоосны ямар ойлголт хөгжүүлж чадсанаа эргэн сана. Тарни уншиж дуусмагцаа бодол үгүй зууралтаас ангид чөлөөтэй төлөвт хүссэний хэрээр удаан саатан амарна.

Зориулга Ерөөл

Дадлагаа Бурханы хутагт хүрэхийг зорьсон ерөөлөөр төгсгөнө. Дараахь мөрүүдээр дадлагаа өндөрлөнө:

> *"Бие махбодоо тахилд өргөсөн энэ буяны ёзоор, гэгээрэлд зорьсон бат шийдлээр тэнгэр хийгээд зэтгэр тэргүүтнийг тахьсан буяны ёзоор, мөн түүнчлэн гурван цагийн турш хурааж хуримтлуулсан буяны ёзоор алин буй тэр бүхнээ догшин тэнгэрүүд хийгээд зэтгэрүүд, гурван орны амьтан бүхний тусын тулд зориулмуй"*

Буянаа зориулсан энэхүү ерөөлөөр тэдгээр олон догшин тэнгэрүүд хийгээд зэтгэрүүд, бусад эх болсон амьтан бүхний хилэнц барцад арилан ариусах болтугай. Үүний шимээр тэд зургаан зүйлийг төгөлдөржүүлж туйлын мөн чанартаа оршихболтугай.

Төрөөгүй Эхийн сэдлийн хүчээр тэтгэгдэн тэдгээр амьтан бүгд ялсан болгоны эцэг Очирдарь эзний хутагт хүрэх болтугай. Хутгийг олсон даруйдаа сансрын хүрдийг хоосрох хүртэл амьтан болгонд янз болгоноор далай их тусыг хүртээх болтугай"

"Тасар татах ёсонг дадуулсан бүхэн

Би-д барих сэтгэлээ тасдан хаяж

Өөрийг цаашид чөтгөр лугаа үзэхээ цэглэх болтугай.

Ямар ч сайн чанаруудургасан

Бардамнах сэтгэлийг бүү төрүүлээсэй

Ямар ч муу бодлууд ургасан

Өөрөөс зуурахуйг бүү бүтээгээсэй.

Тасар Татах Ариун сургаал

Тэнгэрийг гийгүүлэх наран адил

Түмэн зүгтээ мөнхөд түгэх болтугай"

Албан бус Дадлага

"Жод"-ын Албан бус дадлага хоёр гол хэсгээс бүрддэг: 1.аюумшигт газруудаар аялдаг Гадаад Жод ба 2.бодлын урсгалыг тасдан хаях Дотоод Жод юм.

Гадаад Жод

Эхний албан бус дадлагаар өөрийг энхрийлэх сэтгэлийг илэрхий гарч үзэгдүүлэн байж дотоод Жодын аргаар тасдах бололцоог олгоход зорьдог. Үүний тулд биеэр айдас төрүүлдэг газруудаар явах хэрэгтэй. Айх, заналхийлэлд өртөх үедээ өөрийг энхрийлэх сэтгэл маш илт тодорч ирэхийг харах болно. Айдас дүүрээд ирмэгц өөрийгөө хамгаалах гэсэн бодлын олон олон давхаргууд урсан гарч ирэхийг ажиглах болно.

Энэ бол зөв дадлага хийхэд яг тохирсон маш шулуухан хүчирхэг арга мөн. Айдас мэдрүүлэхдээ үүнийгээ багаас эхэлж аажуухнаар нэмэгдүүлэх аргаар хийх нь чухал. Тэгэхгүй гэнэт ихээр айлгаж орхивол өөрийгөө гэх сэтгэл хүчтэй төрж давамгайлан дадлага хийх боломжийг хааж орхих болно. Тиймээс тайван амгалан нөхцөлд, гэр орон нийтийн хөлийн газраас эхэлж өөрийгөө тахилд өргөх дадлагыг хийвэл зохино.

Дадлагатайгаа танил дотно болоод гартаа оруулаад ирэхээр орчноо өөрчилж шөнийн ой болон айдас төрүүлэм газарт очих хэрэгтэй. Аймшигтай байх хэрэггүй боловч зүгээр ямар нэг эвгүй, тааламжгүй байдал үүсгэж байхад хангалттай. Тэндээ очиж сэтгэлдээ айдаа сайтар төрүүлж аваад дадлагаа эхэлнэ.

Цаашдаа бүр илүү аймшигтай газарт очиж болно. Үнэхээр туршлагатай бясалгагч л биш бол өөрийгөө хэтэрхий аюултай нөхцөлд бүү оруулаарай гэж сануулах байна. Та өөрийгөө зүгээр айлгах гэж байгаа болохоос алуулах гэж байгаа хэрэг биш гэдгийг санах хэрэгтэй. Тиймээс хэр хэмжээгээ мэдвэл зохино. Тиймэрхүү газруудбол хүмүүсийн яриагаар сүнстэй, гүйдэлтэй гэгддэг газруудболон хаягдаж орхигдсон байшин, үхэл хагацал болсон газруудоршуулгын газар, дайны талбар байж болно. Маш сонин сэтгэгдэл төрүүлсэн тааламжгүй газар байх нь зохимжтой.

Энэхүү дадлагын дундолох ашиг болгон та өөрийгөө энхрийлэх сэтгэлийг асар ихээр багассаныг олж мэдэх болно. Амь биендээ учиргүй шуналтай байхаа больж аймшиггүй чин зоригтойгоор дадлагаа гүйцэтгэж байх болно. Өөрийг энхрийлэх сэтгэл үгүйгээр таны сэтгэл асрал, нигүүслээр аяндаа дүүрч уужран цаглашгүй уудам болоод учирсан дайсныг гуйвшгүй тэвчээрээр дардаг болно. Энэ бүхний үр дүнд гадаад нөхцөл байдлаас үл хамааран дадлага хичээлээ баяр хөөр дүүрэн гүйцэтгэдэг болдог билээ.

Дотоод Жод

Бодлын үргэлжлэлээр өдөөгддөг нүгэл хураах үйл явц өөрийг энхрийлэх сэтгэлд үндэслэн гарч ургадаг. Заналхийлэлд "би" хэмээх сэтгэл өртөх үед дотоод бодлын яриа үүсэн гарч: "Юун чимээ вэ? Яагаад намайг хэн нэгэн хараад байгаа юм шиг сэтгэгдэл төрөөд байнаа? Тэнд нэг юм зогсож байна уу, үгүй юү?" гэх мэтчилэн элдэв бодлууд орж ирдэг. Хэрвээ та "Жод"-ын дадлагуудыг сайн дадуулж зурщсан бол айдасаас болж бодлын олон давхарга гарч ирж үзэгддэгийг мэдэх болно.

Дотоод Жодбясалгалын эрчимтэй хэлбэрээр эдгээр бодлуудын үргэлжлэлийг тасдан зогсооход чиглэдэг. Сэтгэлдбодол үүсэх тоолонд түүнийг таньж ПАД гэдэг үгээр таслан зогсооҗ байх хэрэгтэй. Энэ нь таны үргэлжилсэн бодлуудыг тасдан зогсооҗ зай гаргана. Дахиад бодол орж ирвэл дахиад ПАД гэж хэлээд бодолгүйн төлөвтөө саатан амарна. Хичээнгүйлэн үйлдвэл бодлуудын үргэлжлэл харьцангуй буурч дарагдан, сэтгэл цэлмэг болоод унаган мөн чанараа мэдрэх боломжийг олгож эхэлдэг.

Олон нийтийн газар хурц ширүүн огцом дуу гаргавал анхаарал татаж болзошгүй тул дуу гаргаж хэлэх шаардлагагүй. Сэтгэлдээ чимээгүйхэн ПАД гэж хэлэхэд хангалттай. Гол нь хүчилсэн, огцом агаар гаргах байдлаар хэлбэл сэтгэл цэлмээд явчихна.

Биеэ өргөл болгох албан ёсны дадлага ба бодлын урсгалыг тасдах албан бус дадлагатай хослуулан хэрэглэснээр дөрвөн Мараг арилгахад маш их тустай билээ. Ийм маягаар тэд олон давхаргын бэрхшээлүүдийг хурдан хугацаанд арилган хоосон чанарыг ухамсарлахад тусалдаг. Цагийн хүрдний сургаалд энэ дадлага бидний гол дадлага гэж тооцогддоггүй хэдий боловч маш ашигтай туслах материал болж чадах бөгөөд Үүсгэлийн зэрэг болон Төгсгөлийн зэргийн дадлагад орохын өмнө сэтгэлээ бэлтгэхэд ихээхэн тустай бөлгөө.

Англи хэлнээс орчуулсан Дарьганга овогт Самдангийн Отгонтөгс.

2019 оны 7 сар, АНУ

Зохиогчийн Тухай Хэдэн Үг

Ханбрүл Ринбүчи бол Төвөдийн Буддын шашны Секторын-бус үзэлт Мастер билээ. Тэрбээр Төвдийн гол гол урсгалуудын хорин-тав гаруй багш мастеруудаас олон ном сургаалыг суралцан дадуулах үйлсэд бүхий л амьдралаа зориулсан бөгөөд аливаа урсгалын системд чин хүндлэл бишрэлээр хандахын зэрэгцээ өөрийн даган явж ирсэн гол урсгал болох Жонан-Шамбалын урсгалын Цагийн хүрдний тарнийн ёсондоо хамгаас итгэлтэй явдаг нэгэн эрхэм юм.

Ринбүчи бүхий л зүйлд сониуч хийгээд шийдмэг сэтгэлээр хандана. Түүний сургаал үргэлж ойлгомжтой шулуун дардан замаар байндаа тусч утга төгөлдөр байдаг нь онцгой ажиглагддаг. Олон жилийн турш тэрбээр шавь нартаа зориулан Цагийн хүрдний сургаалын дамжин явах үе шатуудыг үзүүлсэн ном товхимол олныг бүтээж мөн орчуулах тал дээр асар их зүтгэл гаргасныг хэлэхгүй өнгөрч болохгүй юм.

Бид байгал дэлхийгээ хайрлах, хүн хүнээ гэх сэтгэлээр амгалан энхийн зохицлыг энэ ертөнцөд жинхэнэ утгаар нь хөгжүүлж чадна гэдэгт Ринбүчи хэзээ ч эргэлзэж байгаагүй бөгөөд Цагийн хүрдний системт сургалтаар Шамбалын *Алтан Эринийг* ойртуулах ч боломжтой хэмээн итгэсний үндсэн дээр дэлхийн улсуудаар хэдэнтээ тойрон явж ялгавар үгүй "Римэ" үзэл бүхий өвөрмөц урсгалынхаа нандин ухааныг дэлгэрүүлэн номлож яваа нэгэн билээ.

РИНБҮЧИГИЙН ҮЗЭЛ БОДОЛ

Зогдэн бол манай дэлхий дээр амгалан энхийн нийгмийг байгуулах Ханбрүл Ринбүчигийн үзэлд туслах зорилгоор тусгайлан байгуулагдсан ашгийн бус байгууллага бөгөөд өдөр өдрөөр хөгжиж дэвшихийн хэрээр улам олон хүнийг хамрах болоод байгаа юм. Ринбүчигийн үзэл бодлын цар хүрээний талаар ойлголт өгөх үүднээс холын ба ойрын найман зорилго тавьсныг нь доор үзүүллээ.

Нэн Даруй Хийвэл Зохих Ойрын Зорилго

Үнэн чанартаа хувь хүн бүр өөртөө гүнзгий өөрчлөлт хийж байж л жинхэнэ аз жаргалд хүрч болно. Одоо бид саруул оюуныг улам хөгжүүлж өөрсдийн хязгааргүй боломжийг нээх л юу юунаас илүү чухал болоод байна. Тиймээс Ринбүчи Жонангийн Цагийн хүрдний урсгалыг хадгалах энэхүү хүнд үүргийг өөртөө аваад дөрвөн замаар энэ зорилгодоо хүрэхээр найдаж байгаа юм. Юу гэвэл:

1. **Төвөдийн алслагдсан нутагт байгаа Цагийн хүрдний урсгалыхантай холбоо тогтоон, энэ хэрэгт бүх амьдралаа зориулсан чин сүсэгт бясалгагч нартай хамтарч ажиллах бололцоог хүмүүст олгох.** Бидний зорилго бол Цагийн хүрдний ёсыг мянга мянган жилийн өмнөх тэр уламжлалт байдлаар нь хадгалан буй мастеруудын сургаал зааврын дагуу заншил ёсоор нь суралцахад хүмүүст бүх талаар туслах явдал юм. Үүний тулд бид Бурхадын зураг, баримал, судар ном зэргийг дэлхийн улсуудаар түгээх, өндөр ухамсарлахуйн түвшинд хүрсэн бясалгагч нарын туршлага дээр тулгуурласан зургийг уламжлалт материалаар бүтээх чанарын тал дээр онцгой анхаарах болно.

2. **Цагийн хүрдний ёсыг судалж анхааран авлага болгоход зориулсан олон улсын бясалгалын төвүүдийг байгуулах.** Сурсан мэдсэнээ эрчимтэй дадлага болгон хувиргах бололцоо тэр бүр олдоод байдаггүй тул манай бүлгийн гишүүдэд урт богино хугацаагаар бясалгалд суухад нь туслах газруудыг зохион байгуулах тал дээр бид ажиллаж байна. Үүнд тохиромжтой нутагт газар худалдаж аван ганцаар буюу бүлгээрээ бясалгал хийх байгууламж барих явдал голлож байна. Цаашид дэлхий даяар сүлжээ үүсгэн бясалгагчдад туслах өргөн хүрээний дэмжлэгт ажлыг бид өрнүүлэх болно.

3. **Цагийн хүрдний мастеруудын ховор судар бүтээлийг орчуулж хэвлэх.** Төвөдийн түүхийн урт хугацаанд Цагийн хүрдний сургаал тоолшгүй олон судар бүтээлийн сэдэв болсоор иржээ. Үүний зөвхөн өчүүхэн хэлтэрхий л баруунд орчуулагдаад байна. Онолын ном хэчнээн чухал ч гэлээ бид энэхүү гүнзгий сургаалын гүнд орон нэвтрэхийн тулд гарамгай мастеруудын оньс зааварчилгаануудыг нийтийн хүртээл болгох тал дээр онцгой анхаарвал машид зохилтой гэж үзэж байна.

4. **Зохион байгуулалттай сургалтын программ хэрэгслийг хөгжүүлэх.** Дэлхий нийтээр орчин үеийн технологийг сургалтанд нэвтрүүлсэн байгаа өнөө үед цахим сургалтыг хөгжүүлэн олон улсын хүмүүст ойр харьцаатай, зохион байгуулалттай бөгөөд чанартай сургалтын хөтөлбөрт хамрагдах бололцоог олгоно.

Холын Зорилго

Бид бүхэн дотоод сэтгэлийн амгалан зохицолт байдалд тэмүүлэх зуургаа маш олон ургалч үзлээр дүүрэн агуу ертөнцөд амьдарч байгаагаа мартаж болохгүй. Хувь хүн янз бүрийн итгэл үнэмшилтэй болж түүнээсээ шалтгаалан бусадтай харилцаанд ордог. Энэхүү шүтэн барилдлага бүхий ертөнцөд хүндлэл, тэсвэр тэвчээр авчрах аргыг олох амаргүй. Тийм ч учраас Ринбүчи дөрвөн тодорхой үйлдлийг голлон санал болгож байгаа нь:

1. **Римэ ухааныг бусад урсгалуудтай зөвшилцөн хөгжүүлэх.** Олон ургалч үзэл бүхий нийгмийн бүтээлч нэгэн гишүүний ёсоор бусад урсгалуудтай ялгаагаа зөвшөөрөлцөн найрамдах хэрэгтэй. Ингэснээр бие биесээ хүндэтгэж, шинэ санаа бодолд нээлттэй хандах, мунхаг сэтгэлийг ялан гарах хүслийг өдөөх ашигтай чануудыг хөгжүүлэхэд зорьж чадах болно.

2. **Чин зүтгэлтэй бясалгагч нарт санхүүгийн дэмжлэг үзүүлэн ухамсарлахуйн гүнзгий түвшинд хүрсэн үлгэр жишээ болох хүмүүсийг бэлтгэх.** Бидний урсгал үнэн гэдгийг батлан харуулах үүднээс хүмүүсийг үнэхээр далд ухамсарлахуйн гүнзгий түвшинд хүргэх чухал ач холбогдолтой байна. Тиймээс чин сүсэгт, тууштай бясалгагч нарт ямар системийн бясалгал хийж байгаагаас нь үл хамааран санхүүгийн тэтгэлэгт хөтөлбөр үүсгэхэд бид зорьж байна. Тэдэнд сурснаа дадлага болгон амжилт гаргахад нь тусласнаар тэд орчин тойрондоо жинхэнэ амьд жишээ болон үлгэрлэж дараагийн шинэ үеийн сүсэг нэгт нөхдийнхөө бишрэл хүндлэлийг хүлээн араасаа дагуулах болно.

3. **Тусгай дадлагын хөтөлбөрөөр ирээдүйтэй эмэгтэй бясалгагч нарыг бэлтгэх.** Төвөдийн соёлд ирээдүйтэй гэж танигдсан нэгнийг эрчимтэйгээр сурган ухамсарлахуйн гүнзгий түвшинд хүргэсэн түүх олон бий ч харамсалтай нь голдуу эрэгтэй хүмүүс байдаг. Манай дэлхий дээр тэнцвэртэй байдлыг авчирч чадах далд ухамсарлахуйн гүнзгий түвшинд хүрсэн хүчирхэг үлгэр жишээ эмэгтэй хүн бэлтгэх нь маш чухал гэдэгт Ринбүчи итгэлтэй байгаа юм. Тиймээс бид тэдэнд зориулсан өвөрмөц дадлагын хөтөлбөр боловсруулахад анхааран ажиллаж байна. Бидний зорилго тэдний сүсэг бишрэлийн боловсрол дахь бүх талуудад дэм болох санхүүгийн дэд бүтэц хийгээд мөн тусгай сургалтын хөтөлбөр бий болгох явдал билээ.

4. **Чөлөөтэй уян хатан сэтгэж өнөөгийн сургалтын хөтөлбөрийн дагуу үнэнийг илүү уужим байдлаар харах ба ойлгох тал дээр дэмжих.** Бүх зүйл асар хурдацтай хөгжин буй өнөө цагт үр хүүхдүүдээ сурган хүмүүжүүлэх чадвараа хэр түвшинд байгааг дахин нэг бодож үзэх хэрэгтэй юм.

Өнгөрсөн үеийн нийгмийн систем голдуу сурагч оюутнуудыг амьдралдаа тулгарсан сорилтуудыг хэрхэн давж гарахад бэлтгэхэд чиглэсэн буруу арга баримталдаг байсан бол бид тэднийг нөхцөл байдалдаа дадах илүү уян хатан болгох сургалтын программд илүүтэй анхаарч байгаа юм. Энэ сургалтын давуу тал нь тэдний өдөр тутмын амьдралд сэтгэл хэрхэн нөлөөлж байдгийг илүүтэй ухамсарлуулж сургах явдал билээ. Мөн өнөөгийн нийгэмтэй илүү зохицох талаас нь харж шашны боловсролд өөрчлөлт хийх зорилготой байгаа юм.

ТА ХЭРХЭН ТУСАЛЖ ЧАДАХ ВЭ?

Таны тус дэмжлэггүйгээр эдгээрийн аль нь ч боломжгүй зүйл юм. Бидний энэ зорилго сүсэгтэн олон та бүхний олон жилийн турш өргөсөн өглөг, хураасан буяны асар их нөлөөгөөр биеллээ олох болно. Хэрэв та туслахыг хүсвэл эргэлзэх хэрэггүй бидэнтэй холбогдоорой.

Зогдэн

Dzokden

3436 Divisadero Street
San Francisco, CA 94123
United States of America

publications@dzokden.org
office@dzokden.org